사료로 읽는
동아시아의 접경

근현대편

이 저서는 2017년 대한민국 교육부와 한국연구재단의 지원을 받아 수행된 연구임 (NRF-2017S1A6A3A03079318)

접경인문학
자료총서
010

사료로 읽는 동아시아의 접경

근현대편

이근명·조복현·서각수 편역

學古房

중앙대·한국외대 HK+ 접경인문학연구단은 2017년 한국연구재단의 인문한국지원사업(HK+)에 선정되어 1단계 사업을 3년에 걸쳐 수행한 후, 2020년부터 2단계 사업을 시작했습니다. 접경인문학에서 접경은 타국과 맞닿은 국경이나 변경만을 의미하지 않습니다. 같은 공간 안에서도 인종, 언어, 성, 종교, 이념, 계급 등 다양한 내부 요인에 의해 대립과 갈등이 발생하기 때문입니다. 연구단이 지향하는 접경인문학 연구는 경계선만이 아니라 이 모두를 아우르는 공간을 대상으로 진행됩니다. 다양한 요인들이 접촉 충돌하는 접경 공간(Contact Zone) 속에서 개인과 집단이 이를 어떻게 인식하고 변화시키려 했는지를 추적하고 분석하는 것이 접경인문학의 목표입니다.

연구단은 2단계의 핵심 과제로 접경인문학 연구의 심화와 확장, 이론으로서의 접경인문학 정립, 융합 학문의 창출을 선택하였습니다. 1단계 연구에서 우리는 다양한 접경을 발견하고 그곳의 역사와 문화를 '조우와 충돌', '잡거와 혼종', '융합과 공존'의 관점에서 규명하였습니다. 이 성과를 바탕으로 삼아 2단계에서는 접경인문학을 화해와 공존을 위한 학술적이면서 동시에 실천적인 방법론으로 제시하고자 합니다. 연구단은 이 성과물들을 연구 총서와 번역 총서, 이론총서 및 자료 총서로 간행하여 학계에 참고 자원으로 제공하고 문고 총서의 발간으로 사회적 확산에 이바지하고자 합니다.

유례없는 팬데믹을 맞아 세상은 잠시 멈춘 듯합니다. 이 멈춤의 시간 속에서도 각종 국가주의와 민족주의가 횡행하며, 국가와 민족 사이의 충돌은 더욱더 첨예해지고 있습니다. 접경은 국가주의의 허구성, 국가나 민족 단위의 제한성, 그리고 이분법적 사고의 한계성을 여실히 드러내는 대안적인 공간이자 역동적인 분석의 틀이라 생각합니다. 우리 연구단은 유라시아의 접경에서 일어나는 다양한 조우들이 연대와 화해의 역사 문화를 성취하는 여정에 대해 끝까지 기록하고 기억할 수 있기를 희망합니다.

중앙대·한국외대 HK+ 접경인문학연구단 단장 손준식

근대에 이르러 동아시아 국가의 명암은 극명히 엇갈렸다. 일본은 에도 시대 난학을 통해 습득한 서양 학문 및 서양 동향에 대한 이해를 바탕으로 급속히 근대화를 추진해 갔다. 그리하여 1900년 전후가 되면 당당히 열강의 일원으로 발돋움하기에 이른다. 반면 한국과 중국에게 있어 근대는 시종일관 험난하고도 슬픈 도정이었다. 한국은 개항 직후부터 일본, 청, 러시아에 휘둘리다 급기야 20세기 초 국권마저 빼앗기고 일제의 식민지로 전락하고 말았다.

중국의 사정 또한 고달프고 험난하기는 매한가지였다. 식민지가 되는 신세는 면하였다 해도 외세의 압박에 무참히 굴복하는 일이 비일비재하였다. 수도조차 수 차례에 걸쳐 외세에 의해 점령되었다. 이런 비참한 현실을 두고 쑨원은 식민지보다 못한 신세라 하여, '차식민지(次植民地)'라 탄식하였다.

이러한 서글프고 힘든 시기였기에 한국인과 중국인의 삶 또한 기구하게 굴곡졌다. 의식 있고 기개 있는 지식인이라면 참담한 현실에 분노를 느끼지 않을 수 없었다. 그래서 독립 운동에, 혁명에 몸을 던져 자신을 불태웠다.

면암 최익현(1833~1907)은 조선 성리학의 계보를 잇는 당대 최고의 학자였다. 하지만 험준한 역사는 그를 책상 머리에만 앉아 있을 수 없게 만들었다. 을사조약으로 국권이 피탈되어 가자 그는 1906년, 나이 일흔을 넘긴 노구를 이끌고 감연히 의병 운동에 나섰다. 그리고 체포되어 일본의 쓰시마로 압송되었다가 그곳에서 단식 투쟁 끝에 절명하고 만다.

중국 역시 마찬가지였다. 기막힌 현실 앞에 혁명이나 투쟁과 전연 어울릴 것 같지 않은 사람들도 혁명 대오에 동참하였다. 그리고 꽃다운 나이에 전선에서 목숨을 바치며, "떨어지는 꽃잎은 무정한 존재가 아니니, 봄날의 퇴비가 되어 새로 피어날 꽃을 지켜주리로다.(落紅不是無情物 化作春泥更護花, 龔自珍「己亥雜詩」其五)"라고 노래하였다. 자신은 비록 덧없이 스러져 가지만, 그 희생을 바탕으로 중국이 훗날 찬란하게 다시 일어서기를 갈구하였던 것이다.

그러한 중국의 지식인 가운데 한 사람이 취추바이(瞿秋白, 1899~1935)이다. 그는 천두슈(陳獨秀)의 뒤를 이어 중국공산당의 제2대 서기가 되었으나 혁명과는 도저히 어울릴 것 같지 않은 성향의 인물이었다. 그는 문학가적 기질을 지닌 서생이었다. 술수와 타협을 모르는 순수한 영혼을 지닌 인물이었다. 뿐만 아니라 러일 사건을 통해 러시아어를 습득할 정도로 남다른 학문적 자질을 지니고 있었다. 젊은 날부터 결핵을 앓아 건강도 좋지 않았다. 하지만 중국의 참담한 근대사는 백면 서생에 가까운 그를 가만두지 않았다. 그는 혁명에 투신하였다가 체포되어 1935년 37살의 나이로 처형되었다.

중국 근대사에 중국 혁명을 위해 죽어간 조선의 젊은이들도 대단히 많다. 국민 혁명기의 광둥(廣東)에도, 1930년 전후 중공(中共) 주도의 소비에트 투쟁에도, 그리고 대장정 및 옌안(延安) 시기의 중공에도 많은 조선의 젊은이들이 있었다. 그리고 그들 중 많은 숫자가 이역만리에서 이름 없이 죽어갔다. 중국 혁명의 성공이 조선 독립의 선결 조건이라는 공산 진영의 지침 때문이었다. 한국과 중국의 근대사는 참으로 안타깝고 가슴 아픈 장면으로 점철되어 있다 해도 과언이 아니다.

이 책은 동아시아의 근현대사, 그중에서도 중국 및 일본의 근현대를 '접경'이라는 키워드로 재구성해 본 산물이다. 이질적인 집단과 문화 사이에 존재하는 경계, 즉 접경의 동태와 귀추를 살피고자 하는 것이다. 구체적으로는 동아시아 지역에 있었던 각국 사이의 교류와 전쟁, 외교 접촉, 그리고 이질적 문화 요소의 도입과 전파 등을, 사료를 통해 확인하고자 하였다.

이 근현대편은 전근대편의 뒤를 잇는 속편이다. 근현대사 관련 사료 가운데 중국사 및 일본사의 '접경'과 관련된 내용을 추출하여 번역한 것이다. 그렇기에 근현대사의 중요한 단면, 사항이라 할지라도 접경의 성격을 지니지 않는다 판단될 경우 제외하였다. 전근대편과 마찬가지로 중국편은 이근명과 조복현이, 그리고 일본편은 서각수가 담당하였다.

동아시아의 근현대사는 약간의 예외를 제외한다면 실로 접경 국면의 연속이라 말할 수 있다. 동아시아의 근대사 자체 개항과 더불어 시작되었다. 이후 지속되는 근대화 운동과 국민 국가의 수립, 그리고 두 차례의 세계 대전으로 말미암은 격동, 현대 세계의 동향 모두, 이질적 세력과 집단의 접촉 및 충돌로 말미암아 파생된 현상이라 할 수 있다. 따라서 전체 내용이 전근대편에 비해 불가피하게 다소 늘어났다.

하나 더 첨언하고 싶은 것이 있다. 편역자들은 이 책을 구성하며 다분히 고등학교 교과서의 세계사와 동아시아사의 교육 과정을 염두에 두었다. 가능한 한 교육 과정의 내용 요소와 부합되는 사항을 추출하여 번역하고자 하였다. 이 책이 고등학교의 역사 교육 발전에 조금이라도 기여할 수 있게 되기를 바라는 마음 간절하다.

2024년 10월
편역자 일동

I
중국 근현대사

1. 개항과 근대화 운동 1

2. 개항과 근대화 운동 2

3. 국민 국가의 수립과 전개

5. 신중국의 대외관계

II
일본 근현대사

1. 개항과 국민 국가의 수립

2. 다이쇼 시기 대외 정책의 굴곡

3. 군국주의의 대두와 태평양전쟁

4. 패전 이후 새로운 길의 모색

I

중국 근현대사

1

개항과 근대화 운동 1

(1) 아편 전쟁

허내제許乃濟의 아편 합법화 주장

아편에 대한 단속이 엄해질수록 폐단 또한 심해지니 응당 신속히 융통성 있게 조치해 주실 것을 간청합니다. 삼가 바라건대 폐하께서는 실태를 통찰하여 주십시오.

본디 아편은 약재로서 정신을 또렷하게 하고 설사를 그치게 하며 장독(瘴毒)[1]을 다스리는 성능이 있습니다. 명대 이시진(李時珍)의 『본초강목』에

---

[1] 瘴毒 : 남방의 열대 우림지역에서 뿜어져 나온다고 여겨졌던 습한 독기. 瘴氣라고도 칭한다.

서는 아부용(阿芙蓉)이라 부릅니다. 다만 아편을 장기간 복용하게 되면 반드시 정기적으로 흡식해야 되기에 이릅니다. 이를 일컬어 중독이라 하는데, 아무 일도 하지 않은 채 시간을 허비하며 오직 아편에만 의지하여 살아가게 됩니다. 심하면 체질이 허약해지고 얼굴 색이 잿빛이 되며 이빨은 검게 변합니다. 이때가 되면 그 해악을 알면서도 그만둘 수 없게 됩니다. 그러니 정부가 엄정하게 조치하여 이 악습을 두절시켜야만 할 것입니다.

아편의 종류에는 세 가지가 있습니다. 하나는 공반피(公斑皮)로서 검은색이며 조토(鳥土)라고도 하는데 벵골에서 납니다. 두 번째는 백피(白皮)로서 뭄바이에서 납니다. 세 번째는 홍피(紅皮)로서 마드라스에서 납니다. 이들 지역은 모두 영국의 식민지입니다. 건륭(1736~1795) 연간 이전의 세관 규정에서는 아편을 약재 항목으로 분류하여 100근 당 은 3냥의 관세 및 분두은(分頭銀)[2] 2냥 4전 5푼을 징수하였습니다. 아편에 대한 수입 금지령은 그 이후에 생겼습니다.

가경(嘉慶) 원년(1796) 아편 흡식자에 대한 처벌은 칼을 씌우고 곤장을 치는 정도에 지나지 않았습니다. 지금은 점차 엄해져서 노역, 유배, 교수형, 사형 등 각종 중형에 처해집니다. 그럼에도 흡식자는 갈수록 늘어나 천하에 두루 퍼져 있습니다. 건륭 연간 이전에는 아편이 세관을 통과하게 되면 세금을 징수한 직후 서양 상인에게 건네졌습니다. 그들은 이를 차(茶) 등의 상품과 바꾸어 갔습니다. 반면 지금은 금지령이 엄해져서 감히 공공연하게 아편과 다른 물건을 거래할 수 없습니다. 그래서 아편 흡식자들은 은을 가지고 은밀히 아편을 구입합니다.

가경(1796~1820) 연간 아편 무역량은 매년 수백 상자 정도였습니다. 그런데 지금은 2만여 상자로 늘어났습니다. 상자 당 무게는 100근입니다. 그중 조토(鳥土)가 가장 비싸서 상자 당 서양 은(銀)으로 800원(元)에 달하니

---

2 分頭銀 : 가격과 무게에 따라 부과되는 추가 관세.

다.[3] 백피(白皮)가 다음으로 가격은 600원이며, 홍피가 그 다음으로서 대략 가격은 400원 가량 합니다. 해마다 중국에 들어오는 아편의 가격은 서양의 은으로 쳐서 천 수백만 원인 셈입니다. 이를 서양 은 1원 당 고평은(庫平銀)[4] 0.7냥의 환율로 계산하면, 매년 천 만 냥 이상의 은이 빠져나가고 있는 것입니다. 서양 상인들은 과거 서양 은을 지니고 중국에 와서 상품을 구매해 갔습니다. 이로 인해 연해 지역 백성들의 살림살이는 자못 그 도움을 받아 나아질 수 있었습니다. 하지만 지금 서양 상인들은 오직 아편만을 싣고 와서 팔 뿐 다른 상품이나 은은 지니고 오지 않습니다. 그리하여 오직 중국의 은만 빠져나가고 서양 은은 들어오지 않습니다.

우리 청조가 들어서서 태평을 이룬 지 200년이나 되었습니다. 그 사이 질서가 안정되어 백성들은 휴식을 찾았으며 사회 곳곳에 재화가 충일해졌습니다. 더욱이 폐하께서는 몸소 절검으로 천하의 모범을 보이고 계십니다. 그리하여 실로 황금이 돌멩이나 다를 바 없으리만치 천하가 풍족하고 평화롭습니다. 종래 은 가격은 1냥 당 동전으로 쳐서 1000문(文) 언저리였습니다. 그런데 근래에는 1천 3, 4백 문에 달합니다. 은 가격은 오르기만 할 뿐 내려가지 않습니다.

염업(鹽業)의 경우 소금을 생산하여 동전을 손에 넣습니다. 그리고 이를 다시 은으로 바꾸어 세금을 납부해야 합니다. 하지만 은 가격이 오르니 소금 상인의 타격은 심히 큽니다. 이에 따라 각 성(省)의 염업도 모두 피폐해지고 말았습니다. 각지의 주현(州縣) 역시 은으로 각종 세금을 징수하는데 그 결손 또한 마찬가지로 막대합니다. 결국 중국에 있는 한정된 재화로써 해외에 있는 골짜기를 끝없이 메우는 격입니다. 은의 유출이 날로 증대되어 장차 그 폐해가 차마 말로 다 할 수 없을 지경이 될 것입니다.

---

3 1842년의 난징 조약 체결 당시 스페인 은 환율은 1원 당 백은(白銀) 0.7냥이었다.
4 庫平銀 : 청조의 國庫 결산에 사용되었던 표준 화폐 단위. 강희 연간에 도입되었다.

어떤 사람은 서양과의 교역을 아예 금지시켜 버리자고 말하기도 합니다. 아편의 폐해를 발본색원하자는 얘기가 되겠습니다. 그러할 경우 우리 중국에게 100여만 냥의 관세 손실이 생기겠지만 진실로 그것은 아까울 것이 없습니다. 그런데 우리가 서양의 여러 나라와 선박을 통해 무역한 것이 천여 년이지만, 아편을 내다 파는 것은 오직 영국뿐입니다. 영국과 무역을 단절하기 위해 모든 나라와의 무역을 단절할 수는 없습니다. 하물며 통상에 기대 살아가는 연해 지역 수십 만 백성들의 생계는 또 어떻게 되겠습니까? 또한 서양 선박이 멀리 바다 저편 적당한 지역에 섬 하나를 택하여 항구로 삼을 경우, 국내의 무역선이 모두 그곳에 가서 거래를 할 것입니다. 이를 어찌 다 막을 수 있겠습니까? 최근 서양 상인들은 푸젠과 저장, 강남, 산둥, 톈진, 봉천(奉天) 등지의 각 항구를 두루 돌아다닙니다. 그 뜻은 아편을 내다 파는 것에 있습니다. 이에 대해 각처의 지방관들이 즉시 내쫓기는 하지만 제가 듣기로 단속을 피한 아편 밀무역의 수량이 적지 않다고 합니다. 그러니 광둥(廣東) 해안의 무역을 단절시켜도 아편 밀수입을 막을 수 없을 것입니다.

또 어떤 사람은 담당 관료가 단속에 힘쓰지 않기에 아편 밀무역이 날로 많아지기에 이르렀다고 말합니다. 그런데 본디 법령이라는 것은 서리라든가 소송 거간꾼에게 모리의 구실이 되는 도구일 따름입니다. 법령이 엄격할수록 서리의 뇌물 수수가 많아지고 소송 거간꾼의 수단이 교묘해질 뿐입니다.

도광 원년(1821) 양광 총독 완원(阮元)이 아편 거래와 관련하여 마카오 상인 엽항수(葉恒樹)를 엄하게 처벌하였습니다. 이에 외국 상인들은 아편을 거래할 방도가 없어지자 영정양(零丁洋)[5]에서 직접 팔았습니다. 그곳은 교

---

5 零丁洋 : 廣東省 珠江 어귀의 內伶仃島와 外伶仃島 사이에 위치한 수역. 동으로는 선전(深圳)과 홍콩에, 서쪽으로는 주하이(珠海)와 마카오에 닿아 있으며 나팔 모양을 띠고 있다. 伶仃洋, 珠江口라고도 불린다.

문(蛟門)의 외곽에 위치하여 수로가 사통팔달로 이어지는 지역입니다. 이곳에 1년이 넘도록 아편을 탑재한 대형 선박 7, 8척을 정박해 두었습니다. 그것이 바로 이른바 돈선(躉船)[6]입니다. 광저우 시내에 있는 아편 매집상은 요구(窑口)라 불렸습니다. 요구가 외국 상관(商館)에게 은을 지불하면 외국 상관에서 그들에게 증표를 발급하고, 요구는 다시 이것을 들고 돈선에게 가서 아편을 건네받았습니다. 돈선에 오갈 때는 호위 선박이 따라붙는데 이를 쾌해(快蟹),[7] 혹은 배룡(扒龍)[8]이라 불렸습니다. 이들 호위 선박에는 포를 위시한 각종 무기류가 구비되어 있었고, 부랑자 수십 명이 탔습니다. 호위 선박은 나는 듯이 물 위를 건너갔습니다. 지나는 검문소에는 빠짐없이 두툼하게 뇌물을 주었습니다. 간혹 단속하고자 하는 군대를 만나면 대담하게 맞서 싸웠습니다. 그럴 경우 전투 과정에서 쌍방 간 많은 인원이 죽거나 다쳤습니다.

이에 전임 총독 노곤(盧坤)은 수군 장수 진유창(秦裕昌)과 향산현(香山縣)의 지현(知縣) 전부(田溥) 등을 파견하여, 상인 양현업(梁顯業)의 아편 판매 선박을 나포하고 침수된 아편 1만 4천여 근을 적발하여 수거하였습니다. 아울러 수십 명을 죽이거나 체포하였으며, 법을 위반한 요구(窑口)인 요구(姚九)·구관(歐寬)을 체포하고 심문하여 그 재산을 몰수하였습니다.

이렇듯 관아의 단속이 결코 느슨하지는 않습니다. 하지만 아편 거래는 여전히 성행하고 있습니다. 법에 대한 두려움보다 모리의 유혹이 훨씬 강렬하기 때문입니다. 또 음험하고 간사한 재주 앞에서는 법률도 때로 효과가 없어집니다. 심지어 내륙의 하천 연변에서는 무뢰배를 관아의 단속반으로 삼는 바람에, 이들이 아편 수색을 명목으로 상인에게 행패를 부리기

6 躉船 : 도매 거래의 선박.
7 快蟹 : '재빠른 게', 즉 여러 발을 가진 게와 같이 아편 운반선을 보호한다는 의미.
8 扒龍 : '붙어 다니며 호위하는 용'의 의미.

도 합니다. 신(臣)이 전에 광둥의 제형(提刑)으로 재임할 때 백성들의 투서가 대단히 많았습니다. 그중에서도 특히 무고 및 사기와 관련된 사건이 매우 많아, 양민이 해를 당하는 일이 이루 다 헤아릴 수 없을 정도였습니다. 이러한 폐단은 모두 아편의 엄금 이후에 발생한 것입니다.

아편 흡식자는 대부분 나태하고 의지가 박약하며 아무런 가치가 없는 무리입니다. 고령의 노인이 아편에 빠지기도 합니다. 아편은 사람으로 하여금 제 명에 죽지 못하게 합니다. 하지만 근래 중국의 인구는 날로 번성하고 있기에, 아편으로 인해 호구가 줄어들까 걱정하는 것은 전연 아닙니다. 해마다 중국의 재화를 갉아 먹고 있어 한시 바삐 큰 대비책을 세워야만 하는 것입니다.

지금 세관을 폐쇄하고 외국과의 무역을 금지할 수는 없습니다. 또 법령은 그 자체만으로 시행되지는 않습니다.[9] 아편 대책은 오직 하나뿐이라 생각합니다. 전통적인 옛 제도를 원용하여 외국 상인으로 하여금 아편에 대해 약재에 해당하는 상세를 납부토록 하는 것입니다. 그리고 세관을 통과하여 양행(洋行)에게 교부된 후에는 오직 물물교환만을 허락하고 은으로 구매하지 못하도록 해야 합니다. 서양인들이 납부하는 관세는 뇌물에 비하면 적을 것이니 저들도 반드시 좋아라 하며 따를 것입니다. 서양의 은도 마땅히 국내의 은 관리 규정에 따라 일체 바깥으로 나가지 못하도록 금해야 합니다. 규정을 어겨 체포된 자는 그가 지닌 아편을 소각하고 은은 몰수하여 포상금 용도로 활용합니다. 문무 관료나 사대부, 병사 등은 현재 공직을 담당하고 있거나 혹은 장차 국가사를 담당할 인재입니다. 이들로 하여금 아편 흡식의 악습에 빠져 시간을 낭비하거나 본분을 잃게 만들어서는 안 될 것입니다. 다만 또 법의 운용이 지나치게 엄격해도 안 됩니다. 그

---

9 원문은 徒法不行. 『맹자』「離婁 上」에 나오는 말로서 '徒法不能以自行'. 법령은 저절로 敎化의 효력을 발휘하지는 못하고, 그 시행자의 善意 및 德望과 결합되어야만 한다는 의미.

럴 경우 오히려 서로 감싸는 결과를 초래하게 됩니다. 만일 관료나 사대부, 병사 등으로서 아편을 흡식하는 자가 있으면, 마땅히 면직시키되 형사 처벌만은 면해주도록 해야 합니다. 이렇게 관용을 보이는 것은 그들 스스로 추후 엄격한 자세를 취하도록 촉구하기 위함입니다. 그 상급자 내지 지휘자로서 사실을 인지하고도 고의로 방치한 자는 엄하게 처벌합니다. 이밖에 민간에서 아편을 판매하거나 흡식하는 자는 일체 방치해야 합니다.

이렇게 할 경우 혹시 누군가 아편 금지의 해제가 국가의 기본 질서를 저해하는 것은 아니냐 의심을 품을 수도 있을 것입니다. 하지만 음주와 임석(袵席)[10]도 모두 건강을 헤칠 수 있습니다. 부자(附子)와 오두(烏頭)[11]는 독성이 있지만 고래로 그 거래를 금지한 적이 없습니다. 하물며 아편의 해제는 어리석고 미천하며 공적인 직무가 없는 부류에게만 적용됩니다. 관료나 사대부, 병사 등은 이전과 마찬가지로 엄격히 금지됩니다. 그러니 국가의 기본 질서에는 아무런 영향이 없습니다. 나아가 물물교환의 방식을 채택함으로써 매년 중국의 은 천여만 냥이 유출되는 것을 막을 수 있습니다. 그러니 무엇이 득이고 무엇이 실인지 그 실체가 명료합니다.

이리저리 살피면서 공허한 명분만을 돌아보는 지금까지의 방식으로는 끝내 아편을 금지시킬 수 없을 것입니다. 그러다가 시간이 한참 흘러 백성이 곤궁해지고 재정이 궁핍해진 연후에야 정책을 변경하려 들면, 그때는 후회해도 어찌할 도리가 없을 것입니다.

신은 용렬하고 능력이 없는 자입니다. 그런데 성은을 입어 급사중 직위로부터 발탁을 받았습니다. 이후 조정과 지방에서 각종 직책을 담당하다가 광둥의 감사(監司)를 맡은 지 벌써 거의 십 년이 되었습니다. 그런데 조금도 은혜에 부응하지 못하여 스스로 부끄럽기 그지없습니다. 하지만 지

---

10 袵席 : 좌석이나 침상, 轉하여 남녀 간의 정사를 가리킨다.

11 附子와 烏頭 : 오두는 미나리아재비과의 식물인 투구꽃, 부자는 그 뿌리를 갈아 만든 한약재. 모두 독성이 매우 강하다.

방의 중대한 현안 문제에 대해, 신은 수시로 사정을 탐문하지 않은 바 없습니다. 그 과정에서 현재와 같은 아편 금지는 날이 갈수록 그 폐단이 커질 뿐이라는 사실을 알게 되었습니다. 그럼에도 아직까지 그 실태를 진실되게 아뢴 사람이 없었습니다.

신이 이미 명확하게 파악하였는데 어찌 감히 폐하께 아뢰는 것을 그만둘 수 있겠습니까? 삼가 폐하께서 광둥의 총독과 순무, 그리고 해관의 책임자에게 명하여 아편의 실태를 은밀히 조사하여 보고토록 하시기 바랍니다. 그리하여 만일 신이 아뢴 내용이 옳다고 판단되시면, 그들로 하여금 신속하게 관리 규정의 변경을 논의하여 폐하께 주청하라 하십시오. 그리하여 폐하께서 결단을 내려 시행하시면 국부의 유출을 막아 국가 재정을 충실하게 할 수 있을 것입니다.

신은 황공하기 그지없는 채로 폐하의 명령이 내려오기만을 기다립니다. 삼가 아뢰었습니다.

부편(附片)[12]

이외에 또 하나 신이 청하고자 하는 사항이 있습니다. 생아편은 양귀비가 씨방을 맺으면 그것에 상처를 낸 다음 그 진액을 모아 달여서 만듭니다. 푸젠(福建), 광둥, 저장(浙江), 윈난(雲南) 일대에서는 종래 양귀비를 재배하고 아편을 제조하여 왔습니다. 하지만 과도관(科道官)[13]들이 엄금할 것을 주청하자 마침내 국내에는 경작하는 사람이 사라졌습니다. 이에 외국인들이 독점하게 되어 그 이익이 모두 바다 바깥으로 나가기에 이르렀습니다. 사실 중원의 토양은 아편에 적합하기 때문에 공력을 덜 들이고도 저렴한 제품을 만들어낼 수 있습니다. 그것이라면 흡식하더라도 사람을 심하게

---

12 附片 : 상주문의 말미에 추가로 간단한 사항을 덧붙이는 것.

13 科道官 : 명청 시대의 관직으로서 六科 給事中 및 都察院의 監察御史로 구성되며, 감찰과 간언을 담당하였다.

해치지는 않으며, 중독되더라도 어렵지 않게 단절할 수 있습니다.

앞서 명대에 여송(吕宋)[14]으로부터 담파고(淡巴菰)라는 것이 들어왔습니다. 지금의 잎담배입니다. 그 성질이 매우 강하여 피우는 사람에게 현기증을 일으켰습니다. 처음에는 이를 금지해야 된다는 사람도 있었으나 결국 민간의 흡연을 허용하였습니다. 그러자 국내 각지에서 재배하게 되어 여송의 담배는 마침내 다시 수입되지 않기에 이르렀습니다. 담배의 흡연도 건강에 그다지 손상을 주지 않게 되었습니다.

지금 만일 국내 백성들에게 양귀비의 경작을 허용한다면, 국내의 아편은 성질이 온화하므로 인체에 큰 위해가 되지 않을 것입니다. 또 국내의 경작이 날로 많아지면 외국 상인의 이익도 갈수록 적어질 것이 분명합니다. 그렇게 되면 그들이 취할 이익이 거의 사라져서, 외국으로부터의 아편 유입은 금지하지 않아도 저절로 없어질 것입니다.

다만 남방의 농경지에 아편을 재배할 경우 농작물 경작에 악영향을 미칠 수 있으니 신중히 고려해야 합니다. 그런데 신이 살펴본 바에 따르면 광동 일대에서는 9월에 늦은 벼를 베어낸 다음 양귀비를 재배합니다. 남방의 기후는 덥기에 이듬해 2, 3월이 되면 양귀비가 개화하여 씨방을 맺습니다. 아편 진액의 수확 이후 이른 벼를 심을 수 있는 것입니다. 그러니 농작물 경작에 아무런 피해를 주지 않고도 농부에게 큰 이익이 생기게 됩니다.

각 지방에 명하여 종래 양귀비를 재배하던 지역을 조사하게 해 주십시오. 이른 벼 및 늦은 벼의 경작에 모두 아무런 영향이 없다는 사실이 판명되면 농민에게 경작을 허용하여 주십시오. 그리하여 외국 상인이 아편의 이익을 독점하는 것을 막을 수 있게 되기를 바랍니다. 이로써 외국 상인이 아편을 밀수입하여 판매하는 문제도 머지않아 해결할 수 있을 것입니다. 이는 또한 비록 아편이라는 작은 문제에 국한된 것이기는 하나 우리가 주

---

14 吕宋 : 오늘날의 필리핀 루손 섬.

도권을 되찾는 일이기도 합니다.

신의 아뢴 주장이 타당한지의 여부에 대해 폐하께서 헤아려 지시를 내려 주시기 바랍니다. 삼가 아뢰었습니다.

출전 齊思和 整理,『黃爵滋奏議許乃濟奏議合刊』, 許乃濟,「鴉片煙例禁愈嚴流弊愈大應亟請變通辨理摺」.

내용 19세기 전반 중국 사회에는 아편으로 인한 사회 문제가 심각한 국면에 처해 있었다. 아편 수입량도 1780년 무렵 1,000상자이던 것이 1830년에는 1만 상자, 1840년 경에는 무려 2만 상자로 급증하였다. 이에 따라 아편에 대한 논의가 부상하여 여러 대책이 개진되었다. 이 가운데 허내제(許乃濟, 1777~1839)의 이금론(弛禁論)은 거의 유일하게 아편에 대한 전면적 합법화를 주장하는 것이었다. 그는 1836년(도광 16) 6월, 이 상주문을 올려 아편 만연의 현실을 인정하고 그 거래를 허용하되 상세를 부과하여 관리와 통제를 가하자고 주장하였다. 농민의 아편 경작도 용인하여 외국으로부터의 밀수입에 대처하자고 말하였다. 하지만 이러한 주장은 황작자(黃爵滋), 임칙서(林則徐) 등 엄금론자들로부터 격렬한 반대와 공격을 받았다. 이로 인해 1838년 가을 탄핵을 받아 직위가 강등되었다가 이듬해 사망하였다.

임칙서 林則徐의 아편 엄금론

폐하의 하명에 따라 아룁니다. 얼마 전 삼가 다음과 같은 상유(上諭)를 받들었습니다.

"보흥(寶興)[15]은 최근의 상주문에서 다음과 같이 말하고 있다.

---

15 寶興: 1837년(도광 17) 이래 四川 총독으로 재임하던 인물. 이 무렵 상주문을 올려 변

'근래 은 가격이 날로 앙등하여, 문은(紋銀)[16] 1냥이 동전 일관(一串)[17]에 6, 7백 전을 더한 액수와 맞교환되고 있습니다. 간교한 상인들이 발행하는 전표(錢票)[18]에 어음 거래가 원칙이라고 적혀 있기 때문입니다. 그래서 전표만 끊임없이 뒤얽혀 사용될 뿐 동전은 자취를 감추었습니다. 청컨대 모든 전포(錢鋪)[19]에 명하여 어음의 연쇄 사용을 엄금하고 각종 거래에서 실물 동전을 사용케 하여 주십시오. 그래야 여러 폐해를 막을 수 있습니다.'

이를 보군통령아문(步軍統領衙門)과 순천부(順天府)·오성(五城)[20]에 하달하여 함께 모여 숙의한 다음 상주토록 하라. 아울러 각지의 총독과 순무에게 하달하여 적절한 대책을 논의하여 그 대처 방안을 상주토록 하라. 짐이 이와 같이 조치하였다."

신이 조사한 바로서 전표의 폐해는 종이 어음만 계속 통용할 뿐 실물 동전을 사용하지 않는 데 있습니다. 무릇 은을 환전하는 사람은 동전이 너무 무거워 휴대하기 어렵다는 점을 걱정합니다. 그래서 전표를 간편하게 여깁니다. 간교한 상인은 이를 노려 이익을 취합니다. 누군가 동전으로 바꾸지 않고 전표 발행을 희망하게 되면 그들은 많은 이익을 취하며 어음이라는 종이와 은을 맞바꿉니다. 또 어리석은 백성은 가볍다는 작은 이익에 유

경 방어책을 개진하며 그 재원 및 錢票와 관련된 문제를 제기하였다.

16 紋銀 : 건륭 연간 이래 규정한 표준 은으로서 각종 예산 집행 및 민간 거래의 기준이 되었다. 足紋이라고도 칭하였다.

17 一串 : 동전을 헤아리기 쉽게 줄로 꿴 한 꾸러미. 민간에서는 지역에 따라 980전, 780전, 660전 등 다양한 방식이 통용되었으나, 청 정부는 공식적으로 800전으로 규정해 두고 있었다.

18 錢票 : 錢鋪, 票號에서 발행하는 어음. 鈔票라고도 불렸다.

19 錢鋪 : 명청 시대 이래 민국 시대까지 활동하던 전통적 민간 금융기관. 각종 화폐의 태환, 예금 및 대출, 어음 발행 등을 담당하였다. 錢莊, 票號라고도 불렸다.

20 五城 : 五城御史. 청대에는 京城의 내부를 동, 서, 남, 북, 중의 5개 지구로 구분하고 있었다.

혹되어, 그 속임수를 아무렇지 않게 받아들이며 잘못을 깨닫지 못합니다. 그러다가 발행한 전표의 액수가 누적되어 거액이 되면, 상인은 그 어음에 맞는 동전을 지불할 수 없게 되어 야밤에 도주해 버립니다. 이에 은을 환전한 사람은 전표를 들고 뒤쫓아가지만 종내 허탕을 치고 맙니다. 이것이 바로 간교한 상인이 전표로 은을 속이는 전형적인 폐해입니다.

신의 판단으로는 폐단이 실제 존재하지만 그 대책도 그리 어렵지는 않습니다. 다섯 개의 전포로 하여금 서로 연대 책임을 지게 한 다음, 그 중 하나라도 어음을 결제하지 못해 연체가 발생하면 다섯 개 전포가 나누어 상환하게 하면 됩니다. 작은 전포 다섯 개를 연대 책임제로 엮고, 여기에 경력이 오래된 큰 전포 및 부유한 은호(銀號)[21]을 추가로 묶어 관아에 보고토록 합니다. 만일 연대 책임제를 결성하지 않으면 전포의 영업을 정지시킵니다. 또 규정 및 법률의 위반이 있을 경우에도 엄하게 징계해야 합니다. 탈주한 전포를 체포하게 되면 재물을 편취한 사기죄의 법률 규정에 따라 처벌합니다. 이처럼 엄중하게 처벌하면 전표로 말미암은 폐해는 저절로 사라질 것입니다.

다만 이상과 같은 폐해는 단지 사기로 백성을 해치는 것과 관련되는 사항입니다. 국가의 재정과는 아무런 관련이 없는 일입니다. 무릇 전표의 통행은 그 연원이 오래되었습니다. 결코 어제 오늘 시작된 것이 아닙니다. 과거에는 문은(紋銀) 1냥이 동전 1관(串)으로 환전되었습니다. 그때에도 전포에서는 전표를 발행하였습니다. 그런데 왜 은 가격이 오늘날처럼 비싸지 않았던 것일까요? 이를 두고 혹자는 오늘날 간교한 상인들이 더욱 악랄해져서 고가를 매겨 남들을 속이기 때문이라 말하기도 합니다. 그런데 전포의 전표 관리 비용 및 수익은 은 1냥 당 동전 몇 전, 많아도 십몇 전에 지나지 않습니다. 어찌 전표 때문에 종래 동전 1관에 지나지 않던 은 1냥의 환

---

21 銀號 : 규모가 큰 錢莊.

전가가, 갑자기 1관에 6, 7백 전을 더한 것으로 뛰어오를 수 있겠습니까? 그럴 수는 없을 것입니다.

하물며 장사치들의 모리 행위는 은 가격이 비싸거나 동전 가격이 비싸거나 아무 상관 없습니다. 어떤 경우에나 환전하며 이익을 남길 수 있습니다. 결코 은 가격이 심히 앙등해야만 이익을 얻는 것은 아닙니다. 설령 제한을 가하여 은 1냥 당 동전 1관으로만 환전토록 할지라도 저들 장사치들은 거부하지 아니할 것입니다. 오직 은을 환전하는 사람들이 입는 피해만 커질 것입니다. 만일 은 가격을 억눌러 싸게 만든다면 진정 은이 외국으로 새 나가는 것을 막을 수 있을까요?

근래의 정황을 살펴보건대 은의 해외 유출로 말미암아, 국가의 재정이라든가 소금 전매제, 관세 수익 등이 모두 산산이 와해되어 버렸습니다. 그리하여 극심하게 긴축하여 경영해야 되는 실정입니다. 오직 민간에서 통행되는 전표로 말미암아 겨우 민생의 부족을 메우고 있습니다. 그럼에도 만일 전표 통용을 불허한다면 어찌 되겠습니까? 궁핍하여 옷소매가 찢어지고 사지가 드러나게 되는 정황이 곧바로 닥쳐올 것입니다.

대저 은이 천하에서 유통되는 것은 물이 땅 위에서 흘러가는 것과 마찬가지입니다. 배를 모는 사람은 물이 깊은지 얕은지 반드시 알아봅니다. 하지만 땅 위를 걷는 사람은 그런 것을 물을 필요가 없습니다. 상거래 하는 자는 반드시 은의 정황을 캐묻겠지만 관료는 그런 사정을 다 알 필요가 없습니다. 비유를 들자면 갑문으로 막아둔 하천에서는 가뭄이라도 만나게 되면 나무 판자를 겹겹으로 덧대서 물이 새 나가는 것을 막으려 합니다. 수위가 낮아져 배가 다니지 못하게 될까 걱정이 되기 때문입니다. 만약 갑문의 단속이 치밀하지 않아 물이 바깥으로 새 나가는데, 뱃사공에게 얕은 곳을 파내며 나아가라고 강요한다면 설사 한두 군데에서는 그럭저럭 흙을 짓이겨 가며 지나간다 해도, 그 앞에서도 능히 지장 없이 계속할 수 있겠습니까? 은이 부족한 것에 대한 대책도 어찌 이와 다르겠습니까?

신은 과거 쑤저우(蘇州)의 남호(南濠), 후베이의 한커우(漢口) 등지에서 관직을 담당한 적이 있습니다. 모두 사방에서 사람들이 모여드는 요충지입니다. 신이 여러 차례 시장에 나가 점포의 상인들에게 은밀히 조사한 바, 모두 '근래 각종 상품의 판로가 꽉 막혀 있다.'고 말을 하였습니다. 이삼십년 전만 해도 어떤 상품의 총 거래액이 1만 금이나 되었는데 지금은 그 절반으로 줄어들었습니다. 나머지 절반은 어디로 흘러 들어갔느냐고 물으니, 모두 입을 모아 아편이라고 대답하였습니다.

지금의 상황은 갑문으로 막아둔 강물이 얕고 또 갑문 바깥으로 물이 엄청나게 새 나가서, 배가 도저히 앞으로 나아갈 수 없는 것과 마찬가지입니다. 그런데 배를 모는 사람이 이러한 실태를 알고서 그냥 배를 세워 둔 채 구차하게 당장의 무사함을 취하고 있는 것입니다.

신이 삼가 판단하건대 사람이 살아가는 데 필요한 일용품 및 음식 비용은, 사치스런 부자의 경우에는 그 소요 액수를 확정할 수 없습니다. 하지만 빈궁한 사람이라면 보통의 경우 대략 한 사람 당 은 4, 5푼으로 하루를 살아갈 수 있습니다. 만일 하루에 은 1전이라면 대부분 넉넉하게 생활할 것입니다. 그런데 아편을 흡식하는 사람에게는 매일 의식비 이외에 추가로 적어도 은 1전이 필요합니다. 이를 합산하면 매년 1인 당 은 36냥이 추가로 소요된다는 의미입니다.

호부가 매년 조사하여 보고하는 전국의 인구수는 약 4억이 넘습니다. 만일 그 중 1퍼센트만 아편을 흡식한다 해도 매년 해외로 새 나가는 은은 1억 냥이 넘을 것입니다. 이는 조금만 계산하면 금방 드러납니다. 그런데 현재 아편 흡식자가 어찌 전체의 1퍼센트에 지나지 않겠습니까? 홍려시경(鴻臚寺卿) 황작자(黃爵滋)는 지난 번에 올린 상주문에서, "해마다 은의 해외 유출이 수천만 냥에 달한다."고 말하였습니다. 그것은 극히 일부의 수량을 말한 것일 뿐입니다. 중국 국내의 재부가 해마다 이처럼 뜯겨 나가는 것을 어찌 상상이나 할 수 있었겠습니까?

더욱이 아편 흡식자는 주변의 지인들을 꼬드겨 중독자로 만들고자 합니다. 중독에 빠질수록 더욱 아무런 거리낌이 없어집니다. 온 정신을 다해 풍속을 무너뜨리려 합니다. 그렇기에 흡식자에 대해 엄격하게 법령을 적용해야 하는 것입니다.

어떤 사람은, 아편 흡식소(烟館)를 운영하거나 아편을 유통시키는 무리를 엄벌에 처하면 아편이 저절로 근절될 것이니, 잠시 흡식자를 가벼운 처벌에 처하여도 무방하다고 말합니다. 이는 얼핏 보기에 그럴듯한 주장처럼 여겨집니다. 하지만 신이 이전의 상주문에서 아뢴 것처럼, 아편 흡식소를 운영하거나 아편을 유통시키는 것에 대해 모두 가중 처벌하고 흡식자에 대해서도 관대히 조치해서는 안 됩니다. 정부 관아에 흡식자가 가장 많기 때문입니다. 막우(幕友), 관원의 친척, 장수(長隨)[22], 서리, 차역(差役) 가운데 아편에 빠진 사람이 열 가운데 여덟, 아홉이나 됩니다. 이들은 모두 아편 판매인을 비호할 수 있는 힘 있는 자들입니다. 만일 이들부터 엄벌에 처하지 않으면 아편 판매자들은 어느 곳에나 아편을 댈 수 있을 터이니, 어찌 아편 판매지만 적발하고 체포하여 공급원을 차단할 수 있겠습니까?

이런 까닭에 아편 흡식소를 개설하는 자는 교수형에 처하도록 되어 있으며 그 처벌은 일찍부터 명확히 규정되어 있습니다. 그렇지만 근래 몇 년 동안 단 한 사람이라도 교수형에 처해졌거나 단 하나의 사건이라도 제대로 파헤쳐졌다는 말을 들은 적이 없습니다. 처벌 조항이 사실상 공문에 가까운 실정입니다. 권세 있는 자들이 얼마나 비호해 왔는지 가히 알 만합니다. 오늘날 아편에 관한 논의가 분분한 것은 이러한 사정과 무관치 않다고 말할 수 있습니다. 만일 흡식자를 사형에 처한다면, 흡식소를 운영하거나 아편을 유통시키는 사람들을 참수하여 효시(梟市)하는 것 또한 지나친 처사가 아닐 것입니다. 흡식소 운영자 및 판매인은 중형에 처하며 흡식자

---

22 長隨 : 관아에서 고용한 잡역부.

본인은 가볍게 처벌한다면 아편 근절에 아무 도움이 되지 않습니다. 그것은 비유하자면 집안의 자제가 바깥에서 방탕한 행위를 하며 온갖 못된 짓을 다 하는데, 다만 그를 유혹한 사람만을 책망하고 정작 그 자제 본인은 내버려 두는 것과 같습니다. 그리하면 그 자제는 아무 두려울 것이 없어서 다시 못된 짓을 하게 될 것입니다. 아편을 금지하고자 한다면 반드시 먼저 흡식자에 대해 무거운 처벌을 가해야 합니다.

아울러 아편 흡식의 죄에 대해 폐하의 분부를 받들어 논의하지 않아서, 현재 다만 징역형이나 장형(杖刑)에 처하고 있는데 장래에도 마찬가지로 중형에 처하지 못하지 않을까 우려가 됩니다. 만일 중형에 처하는 방향으로 논의하더라도 종내 시행하지 못하거나 혹은 약간 가중 처벌이 가해지더라도 생사와는 무관하게 될 수도 있습니다. 그러할 경우 흡연자들은 앞으로 영영 중형이 가해지지 아니할 것을 알게 될 테니 누가 경계심을 갖게 되겠습니까? 그리하여 향후 아편 흡식자는 더욱 많아지고 그 판매 수익도 더욱 방대해질 것입니다. 나아가 죽음을 무릅쓰고 법령을 어기는 자도 반드시 생겨날 것입니다. 아편 흡식소의 개설이나 아편 판매자에 대해서만 엄벌을 가하자는 주장은 법 적용의 균형을 고려한 말이기는 합니다. 하지만 이는 약이 병에 듣지 아니함에도 불구하고 여전히 실효 없는 옛 처방을 고집하는 것일 따름입니다. 세간에 "발목이 절단된 사람들이 다니는 시장에서는 신발을 만들지 않고, 승방 곁에서는 빗을 팔지 않는다."는 말이 있습니다. 아편 흡식자가 없어지면 어찌 누가 아편 흡식소를 개설하거나 아편을 팔고 다니겠습니까?

또 어떤 이는 처벌이 무거워지면 술수나 속임수도 많아질 것이라고 말합니다. 이러한 주장 또한 그럴 듯해 보입니다. 하지만 이는 가벼운 죄에도 술수나 속임수가 많다는 사실을 모르는 말입니다. 처벌이 없어야 술수도 사라지는 법입니다. 아편 흡식자에 대한 처벌은 통상적인 법 규정으로서 유명무실한 실정인데도 술수가 끝없이 지속되고 있습니다. 이에 비하면 사나운 바람이 몰아치듯 엄중한 처벌을 가하여, 흡식자가 발각되면 곧바로 중형에 처함으로써 흡식자가 사라져 술수를 부릴 여지도 없어진 상황이 훨씬 낫지 않겠습니까? 아편 유통의 근절이 쉽지 않을 것이라 우려할 수도 있습니다. 하지만 눈앞의 엄중한 처벌과 사형 도구를 보면 분명 생각이 달라질 것입니다. 중독이 만연하여 너무 많은 사람을 사형에 처할 수 없을 것이라 우려할 수도 있습니다. 하지만 아편이 횡행하는 상황은 1년 이내에 완전히 뒤바뀔 것입니다.

다만 관건은 집행자들이 과연 진정성을 가지고 나설 것인가 하는 점입니다. 진실로 내외가 모두 한마음이 되어 이 해악을 없애야 하겠다고 굳게 맹세해야 합니다. 그리하여 과거의 인습을 떨쳐버리고 또 처벌의 법 규정을 실효성 없는 명문 조항이라 여기지 않아야 합니다. 사람마다 생각을 바꾸고 마음을 고쳐먹어 처벌이 두렵다고 여기게 해야 합니다. 지금까지는 비록 사형에 처하는 법 조항이 있었으나 정작 기한이 다 되도록 사형을 받는 사람이 없었습니다. 앞으로는 기한이 되어 사형에 처해 지지 않는 사람이 없도록 해야 합니다. 그러면 향후 아편을 끊고 건강을 보전하는 사람이 이루 다 헤아릴 수 없이 많아질 것입니다. 중독으로 말미암아 중대한 해악을 입는 것과 비교하여, 어느 것이 득이고 어느 것이 실이겠습니까?

대저 「순전(舜典)」에는 호종적형(怙終賊刑)[23]의 명령이 있고, 「주서(周書)」에는 군음구살(群飮拘殺)[24]의 조항이 있었습니다. 옛 성왕들은 법을 이용한 처벌을 달가워하지 않았으나 법 조항의 입안에는 엄정한 자세를 보였습니다. 폐해의 실상이 가벼운가 무거운가에 따라 법 적용의 경중도 달라지는

---

23 怙終賊刑 : 끝내 죄를 뉘우치지 않는 경우 사형에 처하는 것. 賊刑은 사형의 의미이다. 『상서』 「순전」에 나온다.

24 群飮拘殺 : 무리지어 음주할 경우 구인하여 사형에 처하는 것. 『상서』 「주서」에 나온다. 周는 관리로 하여금 정무에 성실히 임하도록 하기 위해 群飮者를 엄형에 처하였다. 殷商의 舊臣이나 수공업자에 대해서는 예외로 하였다.

법입니다. 그러기에 '형벌은 때로 가벼워지기도 하고 무거워지기도 한다.'라고 일컬어집니다. 실정에 따라 적절히 융통성을 가하는 것입니다.

아편이 성행하기 전에는 그 해악이 흡식자가 자신의 몸을 병들게 하는 것에 그쳤습니다. 그렇기에 곤장이나 징역형으로 그 죄악을 다스리기에 충분하였습니다. 그런데 지금은 그 해독이 천하에 미치고 있습니다. 그로 말미암은 해악도 심히 거대해졌습니다. 이에 따라 법 적용도 당연히 엄해져야만 합니다. 만일 안이하게 대처한다면 수십 년 후 중국에는 적을 방어할 병사도, 그들을 먹여 살릴 은도 거의 다 사라지게 될 것입니다. 여기에 생각이 미치면 어찌 두려워 떨지 않을 수 있겠습니까?

무릇 재물은 억조창생이 살아가는 근원입니다. 그 억조창생의 백성을 위해 마땅히 아껴야만 합니다. 그 재물이 진정 중국 내에만 산포된다면 위에서 덜어내 아래에 보탠들, 백성들 사이에 넉넉히 보관된들 무슨 문제가 있겠습니까?

신은 재능과 식견이 천박합니다. 그럼에도 폐하로부터 심히 큰 은혜를 받아 한 지방을 통할하는 직위를 담당하였습니다.[25] 그리고 아편 문제의 처리에 있어 중대한 시기가 도래하였다고 판단하였습니다. 삼가 적절치 못한 방안이 결정되어 한 번 반포되면 다시 돌이킬 수 없을 것이라 우려됩니다. 어리석음을 무릅쓰고 삼가 마음을 다해 은밀히 상주문을 올립니다. 엎드려 바라건대 한 번 살펴보아 주십시오. 삼가 아뢰었습니다.

출전 『林則徐集』, 「奏稿」, 「錢票無甚關碍宜重禁吃煙以杜弊源片」.

내용 1830년대에 들어서며 청의 관원들 사이에 아편 대책을 둘러싸고 여러 논의가 진행되었다. 특히 1836년(도광 16)에 올려진 태상시소경(太常寺少卿)

---

25 원문은 備職封圻. 封圻는 지방 장관의 의미. 林則徐는 이 상주문이 올려지는 1838년 (道光 18) 10월 당시 湖廣總督의 직위에 있었다.

허내제의 상주문(「鴉片煙例禁愈嚴流弊愈大應亟請變通辦理摺」)은 아편 대책 및 논의에 커다란 분수령이 되었다. 그의 이금론을 접한 이후 도광제(道光帝)는 갈피를 잡지 못하고 주저하게 되었다. 이에 따라 각지의 아편에 대한 단속도 느슨해졌다. 이러한 정황에서 1838년(도광 18) 6월 홍려시경(鴻臚寺卿)의 직위에 있던 황작자(黃爵滋, 1793~1853)가 상주문(「嚴塞漏厄以培國本疏」)을 올려 아편에 대한 엄금을 주장하고 나섰다. 그는 은의 해외 유출(漏厄) 상황과 아편의 연관 관계를 역설하며, 관리의 부정 행위가 아편 금연을 가로막는 주요인이라고 지적하였다. 그리고 이금론을 통렬히 배척하며 말단 흡식자의 단속을 통해 아편 문제를 해결해야 한다고 말하였다. 황작자의 상주문을 접한 후 도광제는 이를 내외 대신에게 배포하고 의견 개진을 명하였다. 이에 따라 호광총독으로 있던 임칙서(1785~1850)는 1838년 6월과 10월, 두 개의 상주문(「籌議嚴禁鴉片章程摺」과 「錢票無甚關碍宜重禁吃煙以杜弊源片」)을 올렸다. 여기서 그는 황작자의 엄금론에 적극 동조함으로써 도광제로 하여금 엄금책의 결심을 굳히게 하였다. 이해 11월 도광제는 임칙서의 두 번째 상주문을 읽고 난 다음 깊이 공감하여 그에게 상경을 명하였다. 이에 따라 임칙서는 12월 베이징에 도착하여 바로 도광제를 알현하였다. 그로부터 8일 동안 도광제는 매일 임칙서를 접견하며 금연의 방략을 논의하였다. 그리고 임칙서를 흠차대신(欽差大臣)으로 임명하여 아편 문제에 대한 전권을 위임하였다. 임칙서는 이듬해(1839) 1월 베이징을 떠나 광저우로 향하게 된다.

외국 상인으로부터의 아편 몰수

각국 상인에게 다음과 같이 고지한다.

외국 상인이 광저우에 들어와 통상하는 실태를 살펴보니 획득해 가는 이윤이 심히 많도다. 이 때문에 종전에는 매해 입항하는 선박이 수십 척에 지나지 않았는데 근래에는 백 수십 척에 달하고 있다. 또 싣고 오는 상품은 그 무엇이든 간에 전량 매각되며, 또 매입을 희망하는 상품은 무엇이든 즉시 입수할 수 있다. 묻노니 천지간에 이처럼 수지 타산이 맞는 항구가 다른 곳에 또 있더냐?

우리 황제 폐하께서는 온 천하를 동일하게 따뜻한 마음으로 대하시며 너희에게 무역을 허가하셨다. 그리하여 너희가 이렇게 이윤을 얻어가는 것이다. 만일 항구를 봉쇄한다면 너희 모든 나라는 어떻게 이익을 추구할 수 있겠느냐? 하물며 너희 외국인은 차(茶)나 대황(大黃)[26] 등을 얻어가지 못하면 살아갈 수 없다. 이에 너희가 해마다 이들 상품을 싣고 나갈 수 있게 허용하면서도 결코 아까워하지 않고 있다. 황제 폐하의 은혜가 막대하도다. 그러니 너희는 모름지기 은혜에 감복하며 법을 지켜야 할 것이다. 이윤을 추구하되 사람을 해쳐서는 안 된다. 어찌 너희 나라에서 먹지 않는 아편을 들여와 재물을 가로채고 또 인명을 해친단 말이냐?

살펴보니 너희가 이것으로 중국의 백성을 해치기 시작한 지 수십 년이 되었다. 그러면서 또 의롭지 못한 재물을 얻어간 것이 얼마나 되는지 이루 다 헤아릴 수 없을 정도이다. 이는 모든 중국인이 공분을 느끼는 바이며 이치상으로도 용납할 수 없는 것이다. 지금까지 우리 중국의 금지 조치가 느슨하여 각처에서 불법 행위가 자행되었다. 이제 황제 폐하께서 그러한 사정을 알고 진노하여 단호하게 철저히 단속할 것을 명하셨다. 중국 백성으로 아편을 판매하거나 아편 흡식소를 개설하는 자에 대해서는 즉시 모두 법대로 처벌할 것이며 흡식자 또한 사형에 처할 것이다. 중국 땅에 들어온 너희도 응당 중국 백성과 마찬가지로 법도를 준수해야 한다.

나는 푸젠의 해안 지방 출신이기에 외국 상인의 모든 술수에 대해 일찍부터 소상히 알고 있다. 그래서 이역 만리를 평정하고 여러 차례 공을 세

---

26 대황 : 항염, 항산화의 효능이 있는 약용 식물.

운 경우에나 수여하는 흠차대신(欽差大臣)의 직함을 황제 폐하로부터 특별히 하사받고 이곳에 부임하였다. 너희 외국인이 여러 해 동안 자행해온 아편 판매의 죄를 추궁하자면 결코 조금도 용서할 수 없을 것이다. 다만 너희가 먼 땅에서 온 외국인이고 또 종전까지 이러한 엄금 조치가 시행되지 않았기에 차마 교화도 하지 아니하고 주살하지는 못하겠노라. 그래서 앞으로 명확히 법을 준수할 것을 확약시키고자 한다.

조사한 바에 따르면 너희는 현재 영정양(零丁洋) 등지에 돈선(躉船)을 정박시킨 채 거기에 수만 상자의 아편을 탑재하고 있다. 은밀히 방매(放賣)하고자 하는 것이다. 하지만 이처럼 해안에서의 단속이 엄중해질 것을 미처 예상치 못했을 것이다. 이제 아무도 아편의 구매를 위해 왕래하는 선박을 호위하겠다고 나서는 사람이 없다. 다른 지방 또한 마찬가지로 단속이 삼엄하니 또 어디서 아편을 팔아넘기겠는가? 지금은 아편이 금지되어 거래가 끊겼으며 사람마다 그 해악을 잘 알고 있다. 너희는 이러한 상황에서 돈선에 아편을 싣고 큰 바다 한 가운데 배를 정박시키고 있으니 무슨 고생인가? 돈이 끊임없이 들어갈 뿐더러 언제 강풍이 몰아치고 또 불이 날지 알 수 없어 두려울 것이다.

이에 유시를 내리노니 마땅히 그것에 따르도록 하라. 유시가 도달하거든 외국 상인들은 즉각 그것을 준수하여, 돈선에 실려 있는 아편을 빠짐없이 관아에 제출하라. 서양 상인은 각각 누구 명의로 몇 상자를 제출했는지, 도합 그 가격이 얼마에 해당하는지 정리하여 장부에 기록해 두라. 이를 관아에서 세밀히 점검하여 접수할 것이다. 그러한 다음 그 아편이 세상에 피해를 끼치지 않도록 남김없이 파기하겠다. 털끝만큼이라도 다른 데 은닉되는 일도 없을 것이다.

동시에 서양의 언어와 한자로 같이 작성된 다음과 같은 내용의 서약서를 제출토록 할 것이다.

"향후 입항하는 선박은 결코 조금의 아편도 실어 오지 않겠습니다. 만일 신고 오다가 적발되면 모두 관아에 몰수될 것이며, 당사자는 즉시 법에 따라 어떠한 처벌도 달게 받겠습니다."

들건대 서양에서는 평상시 문서를 중시한다고 한다. 내가 내린 유시대로 이미 가져온 것은 모두 제출하고 향후 절대 가져오지 않겠다고 서약하라. 그리하면 죄를 뉘우치고 처벌을 두려워하는 것이니 지금까지의 잘못을 더 이상 따지지 않겠다. 또 나 역시 즉각 총독 및 순무와 회동하여, 황제 폐하께 '특별히 은혜를 베풀어달라.'고 간절히 요청드리겠다. 이전의 잘못에 대해 관대히 사면해 줄 뿐만 아니라 은상까지 내려 달라고 요청할 예정이다. 그 회개하는 마음을 격려하고자 하는 것이다.

차후 규정대로 무역에 임하며 선량한 외국인이 되도록 하라. 법령을 준수하며 거래하여도 충분히 이윤을 얻어 치부할 수 있을 것이니 그 어찌 자긍심을 지키는 일이 아니겠는가? 고집을 피우고 뉘우치지 않으며 허위로 보고한 다음 몰래 팔아 넘기려 하지 말라. 거짓 명의의 선원을 내세워 너희와 무관한 것처럼 보고해서도 안 된다. 너희 본국으로 싣고 가겠다고 거짓으로 말한 후 바다에 내버려도 안 된다. 틈을 엿보아 다른 지방으로 가서 팔고자 해도 안 된다. 또 실상을 숨기고 열 가운데 하나 둘만 보고해서도 안 된다. 이러한 행위는 모두 마음 속으로 저항하며 잘못을 뉘우치지 않는 것이다. 우리 중국이 아무리 외국에 대해 너그럽게 포용하는 자세를 취하고 있다 해도, 그러한 불손하고 방자한 행위까지 방치할 수는 없다. 응당 즉시 새로운 방침에 따라 모두 엄벌에 처할 것이다.

이번에 나는 수도에서 직접 폐하를 알현하고, '법 규정대로 집행하라.'는 성유(聖諭)를 받들었다. 더불어 흠차대신에 임명되며 폭넓은 재량권도 부여받았다. 통상적인 업무를 처리하는 다른 직책과는 결코 비교할 수 없는 막중한 직위이다. 만일 아편이 하루라도 근절되지 아니하면 나는 그만큼 더 늦게 돌아가야 한다. 맹세코 나는 이 직무를 완수해 낼 것이며 결코 중간에 그만두지 않겠다. 하물며 돌아보건대 중국 백성들의 심정은 모두 공분으로 들끓고 있다.

만일 서양인들이 죄를 뉘우치지 않은 채 이익만을 좇는다면, 군기가 엄정하고 위세 드높은 육군과 수군 병사를 동원할 것이다. 뿐만 아니라 충분히 명령에 따르고도 남음이 있는 민간의 장정도 있다. 우선 외국 선박의 선실을 봉쇄하고 장차 항구까지 봉쇄할 수도 있다. 나아가 통교 자체를 금지한다 해도 무슨 문제가 있겠는가? 우리 중국은 수만 리에 달하는 판도를 지니고 있다. 모든 물산이 풍부하고 넘친다. 외국의 상품에 의존할 필요가 없다. 반면 너희 각국은 통교가 끊기면 생계가 큰 타격을 받게 될 것이다. 너희는 멀리서부터 와서 무역에 종사한다. 그런데 어찌 노일(勞逸)에 따른 강약의 차이[27]와 중과부적(衆寡不敵)의 형세를 알지 못한단 말이냐?

외국 상관의 주재자 가운데 아편의 판매에 닳아빠진 간교한 외국인이 있다. 나는 이미 그 명단을 갖고 있다. 반면 아편 거래에 관여하지 않는 선량한 외국인도 있다. 그들은 명확히 구분해야만 할 것이다. 간교한 외국인이라 할지라도 명령에 따라 아편을 신고하고 일찍 서약서를 제출한 자는 그 또한 선량한 외국인이라 할 수 있다. 나는 그들에게 포상을 내릴 것이다. 복과 재앙, 영화와 처벌 중에서 무엇을 택할 것인가? 너희가 하기 나름이다.

지금 서양 상인 오소영(伍紹營) 등에게 명하여 상관에 가서 잘 회유하라고 하였다. 사흘의 기한을 줄 것이니 그 안에 회답하라. 이와 동시에 진정성 있는 서약서를 제출토록 하라. 아편 수납의 시기는 총독 및 순무와 협의하여 고시하겠다. 이리저리 눈치를 살피고 핑계를 대며 늦추지 말라. 뒷날 후회해도 그때는 늦게 된다. 특별히 유시를 내리노라.

---

27 원문은 勞逸之殊形. 여기서 勞逸은 전투에 임하는 군대의 상태, 즉 약화된 기세(勞) 및 충분한 휴식과 보급으로 충일해진 전투 태세(逸)를 가리킨다. 중국과 외국 상인 사이에 충돌 내지 분쟁이 발생할 경우, 멀리 떨어져 와 주재하는 외국인이 중국인과 맞설 수 없다는 뜻이다.

출전 『林則徐集』,「公牘」,「諭各國商人呈繳烟土稿」.

내용 1839년 3월 광저우에 도착한 흠차대신 임칙서는 곧바로 아편에 단속과 밀무역 금지 활동에 착수하였다. 임칙서의 부임 이전 양광총독·광둥순무·월해관감독(粤海關監督) 등은, 이미 아편 거래에 대한 검속과 돈선 차단 등에 착수한 상태였다. 임칙서는 광저우 일대의 아편 창궐 정황을 직접 목도하고, 흡식자에 대한 처벌만으로는 문제를 해결할 수 없다는 사실을 절감하였다. 아편을 근절하기 위해서는 아편의 수입을 차단해야 한다고 판단하였다. 그리하여 3월 18일 외국 아편 상인들에게, 아편을 자진 제출하고 향후 다시는 아편을 수입하지 않겠다는 서약서를 내라고 요구하였다. 하지만 아편 상인들은 이러한 요구에 순순히 응하지 않았다. 이에 임칙서는 군대를 동원하여 영국의 상관을 포위하는 등의 무력 행사를 하였다. 결국 이에 굴복하여 영국 상인들은 돈선에 실려 있던 일체의 아편을 제출하게 된다(5월).

영국 상인의 본국에 대한 보고

제가 판단하기에 이번에 취해진 중국 측의 비열한 도발 행위는, 영국 정부가 그간 받아왔던 모든 손해에 대해 보상을 요구할 수 있는 최상의 명분이 될 것입니다. 동시에 향후 우리 나라가 중국과의 무역을 공고한 기초 위에 세울 수 있는 절호의 기회이기도 합니다. 아울러 우리가 지니고 있는 정당성은 추호도 의심의 여지가 없습니다.

저는 이번에 있었던 저들의 용서할 수 없는 폭거에 대해 응당 신속하고도 엄중한 타격을 가해야 한다고 생각합니다. 그리고 행동에 나서기 전 저들에게 단 한 글자의 통지문도 보낼 필요가 없습니다.

중국 정부는 돌연 대영제국의 관원과 국민에게 잔혹한 전쟁 범죄를 저질렀습니다. 최근 저들은 강압적인 방식으로 영국인에게 재산을 포기하고 제출하라고 요구하였습니다. 이는 일종의 침략입니다. 또한 이러한 요구는 원칙적으로 매우 불합리할 뿐더러 실제적으로도 도저히 용납할 수 없는 것입니다. 그러니 조금의 손실에 대해서도 완전한 배상을 요구해야 합니다. 이러한 요구는 정의라는 고상한 가치에 부합하는 의무이기도 할 것입니다.

지구상에서 가장 보잘 것 없는 권력이 국제교류의 정당한 원칙을 무참히 파괴하고 있습니다. 우리의 인자하고 덕망 있는 황제는 이번 사태에 있어 실로 모든 기독교 세계를 대신하는 책임을 지고 있습니다. 진리와 정의를 위해 이 도발 행위에 대해 적절한 처결을 내려야만 합니다.

중국인이 저렇게 행동하는 것은, 결코 그것이 사악한 행위라는 것을 모르기 때문이 아닙니다. 우리 정부가 분노를 표출하는 역량에 대해 알지 못하기 때문입니다. 어쨌거나 저들이 명백히 이해하도록 가르쳐 주어야 합니다. 그것이 필요할 뿐더러 또 적절한 대응입니다.

저는 충정을 다해 대영제국의 정부에 대책을 건의합니다. 즉시 무력을 써서 주산도(舟山島)[28]를 점령하고 광저우와 닝보 두 개의 항구를 엄밀히 봉쇄해야 합니다. 또 바다로부터 대운하의 어귀가 있는 양쯔강까지 곧바로 진군해야 합니다. 그렇게 하면 우리 정부는 원하는 것을 모두 얻어낼 수 있을 것입니다.

그러한 다음 백하구(白河口)[29]로 진군하여 중국의 조정에 통첩을 보내 요구 조건을 제시해야 합니다. 조금이라도 백하구에 도달하기 전에는 요구 조건을 내보여서는 안 됩니다. 그 요구 조건에는, 임칙서와 등정정(鄧廷楨)[30]

---

28 舟山島 : 절강성 닝보(寧波)의 어귀에 위치한 열도. 면적은 약 500 제곱 킬로미터에 달한다.

29 白河口 : 大沽口. 텐진과 베이징의 문호에 해당한다.

30 鄧廷楨(1776~1846) : 아편 전쟁 당시 兩廣總督으로 재임하던 인물. 欽差大臣 林則徐를 도와 금연 정책 및 영국에 대한 강경 대응에 적극적인 활동을 보였다. 아편전쟁이 발

의 파면과 처벌, 빅토리아 여왕에 대해 범하였던 수 차례의 불손 행위를 적절한 수준으로 사과할 것, 폭력으로 말미암아 발생한 손실에 대한 금전적 배상, 영국에 대한 주산도의 정식 할양 등이 포함되어야 합니다. 이에 덧붙여 우리 영국 국민이 연해 항구와 연안 도서 지역에서 상업 활동을 할 수 있다고 명확히 밝히는 중국 정부의 법령이 즉시 발포되어야만 합니다. 그리고 모든 배상이 청산되고 기타 일체의 조건이 충실히 이행된 이후에야 비로소 봉쇄를 해제해야 합니다.

만일 배상금을 500만 파운드로 규정할 경우, 제가 판단하기에는 우리가 입은 거대한 손실을 보상하고 나면 거의 잉여가 생기지 않을 것입니다. 그런데 우리 정부가 위에 든 몇 개 조건 가운데 일부를 더욱 유리하도록 바꾸는 것에 대해 고려해 주시기 바랍니다. 예컨대 영국의 상품이 광저우, 닝보, 샤먼(廈門) 및 난징으로 자유롭게 수입될 수 있다면, 10년만 지나도 그로 인해 얻어지는 이익이 방대해질 것입니다.

저는 대단히 절박한 심정으로 건의드립니다. 응당 충분한 무력을 사용해야만 합니다. 더욱이 이러한 행동은 서양 국가로서 중국에 대해 종래 경험하지 못한 대단히 강력한 방식으로 무력을 행사는 첫 번째 사례가 될 것입니다. 이러한 신속하면서도 강력한 타격은 향후 장기간 다시는 이러한 참극이 발생하지 않도록 만들 것입니다. 중국 정부에 교훈을 주어 대외 의무를 이해하도록 만들어야 하는 시기가 도래하였습니다.

출전 翦伯贊·鄭天挺 主編, 『中國通史參考資料』(近代部分, 修訂本), 「鴉片戰爭」, 「義律致巴麥尊私人機密件」.

내용 흠차대신 임칙서가 외국 아편 상인에 대해 아편 및 서약서의 제출을 요구한 직후인 1839년 4월 초 영국으로 발송된 서신이다. 이 서신의 작성자

_____

발하고 3달이 지난 시점인 1840년(道光 20) 9월 임칙서와 함께 파직된다.

는 당시 광저우 주재 영국 상관의 상무 감독으로 있던 찰스 엘리엇(Charles Elliot, 1801~1875)이며, 수신자는 영국 정계의 유력자이자 외무장관으로 재직하고 있던 파머스턴(Henry John Temple Palmerston, 1784~1865)이다. 파머스턴은 후일 영국의 수상(1855~1858)에까지 오른다. 파머스턴이 이 서신을 접수한 것은 발송한 지 4개월여가 지난 8월 말이다. 이 무렵 영국 정계의 아편 무역에 대한 여론은 우호적이지 않았다. 하지만 이 서신에서 보는 바와 같은 상인들의 적극적인 로비로 말미암아 점차 의회는 강경론으로 선회하여 갔다. 그리고 마침내 1840년 2월에는 중국과의 전쟁을 위한 예산안이 편성되었으며, 4월에는 하원에서 개전을 두고 찬반의 투표가 진행되었다. 개전 여부에 대한 투표는 근소한 차이로 가결되었다. 이후 인도양 각지의 해군으로 편성된 함대가 6월 15일 광저우 앞바다에 도착하며 아편전쟁이 개시되기에 이른다.

도광제道光帝의 지침 하달

기영(耆英)[31]의 보고서에 따르면, '영국 군대가 상륙하여 전장(鎭江)[32]의 상황이 급박하다.'고 한다. 또 이리포(伊里布)[33]의 상주문에 의하면, 그가 전

---

31 耆英(1787~1858) : 만주족 출신의 청 宗室. 1842년 4월 欽差大臣에 임명되어, 이해 8월 영국 대표 포팅어(Henry Pottinger)와 함께 난징 조약을 체결하였다. 1858년 제2차 아편전쟁 시기 영국·프랑스 측과 교섭에 나섰다가 과실이 발각되어 사형에 처해졌다.

32 鎭江 : 양쯔강 하류의 대도시. 대운하의 주요 길목에 위치해 있으며 난징으로부터 약 30여 킬로미터 떨어져 있다.

33 伊里布(1775~1843) : 만주족 출신의 청 종실. 1840년 欽差大臣에 임명되어 저장(浙江) 연해의 군사 작전을 총괄하다가 탄핵을 받아 파직되었다. 하지만 1842년 3월 재차 중용되어, 耆英을 도와 영국군에 항전하는 임무가 주어졌다. 그 후 중국 측 대표의 일원으로 난징 조약의 서명에 참여하였다.

장으로 달려가 기영과 회동한 다음 공동으로 대처하겠다고 한다. 이리포는 전장에 가게 되면 즉시 기영과 회동하여 영국과의 담판을 준비하라.

종전 영국이 요구한 세 가지 사항은 다음과 같다. 하나는 아편 대금과 전쟁 배상금의 지불이요, 또 하나는 대등한 외교 의례요, 나머지 하나는 연해 지역에 무역장을 개설해 달라는 것이다.

이에 대해 짐은 이미 기영에게 은밀히 다음과 같은 지침을 내렸다.

"광둥(廣東)에서 이미 은을 지급하였으므로 아편 대금 문제는 다시 논의하기 어렵다. 전쟁 비용은 피차 마찬가지로 들어갔으니 지급해 줄 수 없다. 대등한 외교 의례는 받아들일 수 있다."

무역장의 개설 문제에 대해서도 이미 기영에게 다음과 같은 지침을 내렸다.

"홍콩 일대를 잠시 빌려줄 수 있다. 아울러 푸젠(福建), 저장 연해에서 통상하는 것도 허용한다."

저들 영국이 호소해온 것에 대해 이처럼 진심을 담아 효유(曉喩)[34]하면 응당 우리의 조치에 따를 것이다. 이전에 저들이 짐의 은혜에 저항한 적이 있지만, 기영과 이리포는 이 때문에 의심을 품지 말도록 하라. 저들은 당혹스런 마음에 들이댄 총부리를 갑자기 거두지 못하였던 것일 뿐이다. 기영과 이리포 그대들은 너그러운 마음으로 다음과 같이 깨우쳐 인도하도록 하라.

"너희가 진정 난리를 일으킨 것에 대해 참회한다면 함께 군사를 거두도록 하자. 그리하면 우리는 황제 폐하께 간절히 상주하여 윤허를 얻어낼 것이다. 너무 걱정할 필요 없다."

기영과 이리포 두 대신은 짐으로부터 특별히 발탁되었으니 국가 질서의 유지에 각별히 힘쓰도록 하라. 영국의 사정을 잘 살펴보아 전쟁을 시급히

---

34 曉諭 : 도리를 들어 잘 깨우치는 것.

멎게 하고 또 연해 지방의 계엄 상태가 해제되도록 조치하라. 그리하여 짐의 기대와 위임을 저버리지 않도록 하라. 혹시라도 나중에 다른 제지나 견제가 있을까 염려할 필요 없다. 마음 속으로 주저하게 되면 일 처리에 아무 도움이 되지 않을 것이다. 이러한 지침을 은밀히 내리니 잘 조치하라.

출전 翦伯贊·鄭天挺 主編,『中國通史參考資料』(近代部分, 修訂本),「鴉片戰爭」,「道光密諭耆英伊里布鎭江危迫著俯順夷情早戢兵萌」.

내용 난징 조약이 체결되기 직전인 1842년 7월 26일, 도광제가 흠차대신 기영 등에게 내린 지시이다. 당시 영국군은 양쯔강에 진입하여 요충지인 전장을 공격하려는 태세를 취하고 있었다. 전장이 함락될 경우 인접한 난징의 방어도 장담할 수 없는 상황이었다. 이러한 절체절명의 국면에서 도광제는 영국측과 서둘러 강화하라는 지침을 하달하고 있다. 하지만 전체적인 어조는 영국의 간절한 호소에 대해 은혜를 베푼다는, 현실에 대해 애써 눈감으려 하는 소아병적 중화주의로 가득차 있다. 결국 중국은 1842년 8월 29일 난징 인근의 양쯔강에 정박중인 영국 해군의 함정 콘월리스 함상에서 영국과 굴욕적인 난징 조약을 체결하게 된다.

애로호 사건 발생 직후 중국 측의 항의

귀하가 발송한 공문[35]을 오늘 접수하여 읽어 보았습니다. 우리 정부에서는 귀국이 중국에 와서 통상하는 것에 대해 예의를 다해 대하여 왔습니다. 지난 10월 8일 선박에서 체포해 온 범인 12명에 대해 담당자로 하여금

---

35 1856년(咸豊 6) 10월 30일 영국의 중국주둔해군사령관 마이클 세이무어(Seymour, Sir Michael)가 보낸 문서를 가리킨다.

심문하게 하였습니다. 그중 9명은 범법 사실이 없기에 10일에 담당자에게 명하여 본디 타고 있던 선박에 돌려보내고자 하였습니다. 하지만 영사인 파크스[36]가 인도를 거부하였습니다. 그리하여 22일 아침, 파크스 영사에게 정중히 공문을 보내며, 범죄 사실이 명확한 양명태(梁明太)·양건부(梁建富)와 증거가 있는 오아인(吳亞認) 등 3명 및 이전의 9명까지 도합 12명을 모두 돌려보냈습니다. 그럼에도 파크스 영사는 송환한 범인 12명과 공문을 접수하지 않았습니다.

조사해본 결과 애로호는 본디 중국인 소아성(蘇亞成)이 건조한 것으로 결코 외국 선박이 아닙니다. 귀국의 국기도 향파녹행(向波磔行)이란 곳에서 구입하였습니다. 이러한 사실은 심문 과정에서 범인 오아인이 명확히 진술한 내용입니다. 우리 병사가 해당 선박에 올라 범인을 체포할 때 본디 외국 선박인지도 알지 못하였습니다. 애로호는 해주포대(海珠砲臺)[37] 인근에 정박해 있었으며 중국인 소아성 소유의 선박입니다.

만일 귀국의 선박이 정박하여 닻을 내리게 되면, 국기는 거두어 들였다가 다시 항해를 시작할 때 게양해야 합니다. 이는 귀국이 정한 규정입니다. 애로호에 올라 범인을 체포할 때 국기는 걸려 있지 않았습니다. 그 사실은 분명합니다. 그런데 무엇을 끌어내렸단 말입니까?

파크스 영사는 여러 차례 항의하였습니다. 모두 국기를 끌어내리며 모독하였으니 보복하겠다는 것이 내용입니다. 하지만 우리측은 조약을 어긴 것이 전혀 없습니다. 또한 양국은 오랫 동안 친선 관계를 유지하여 왔습니다. 어찌 까닭 없이 군대를 동원하는지 결코 이해할 수 없습니다.

출전 翦伯贊·鄭天挺 主編, 『中國通史參考資料』(近代部分, 修訂本), 「第二次鴉片

---

36 해리 파크스(Parkes, Sir Harry Smith) : 애로호 사건 발생 당시 영국의 駐廣州 총영사.
37 海珠砲臺 : 광주 新城의 靖海門 바깥의 강 한 가운데에 1647년 건조된 포대. 강 한복판에 있는 작은 섬의 海珠石에 건설되었기에 海珠砲臺라 칭하였다.

戰爭」,「葉名琛致西馬糜各里照會」.

내용 애로호 사건 발생 직후인 1856년(함풍 6) 10월 31일 양광총독 엽명침(葉名琛, 1807~1959)이 영국의 중국주둔해군사령관 마이클 세이무어(Seymour, Sir Michael)에게 보낸 공문이다. 이해 10월 초, 광저우 앞 주강(珠江)에 정박하고 있던 선박 애로(Arrow)호에 청나라 관리가 올라가 해적 혐의로 선원 12명을 체포하는 사건이 발생하였다. 애로호는 중국 관헌의 단속을 피하기 위해 홍콩에 선적을 둔 바 있었다. 하지만 선장이 영국인이었을 뿐 선박의 소유주는 중국인이며 홍콩 선적 기간도 종료된 상태였다. 영국 측은 선원 12명의 석방과 영국 국기 모욕에 대한 사죄를 요구하고 나섰다. 이 사건을 구실로 영국, 프랑스 연합군이 출병하여 광저우를 함락시키고 3년여에 걸쳐 지배하였으며, 또 조약 개정을 요구하며 톈진과 베이징을 공격하였다. 이를 제2차 아편전쟁이라 부른다.

톈진 조약에 대한 보고

흠차대학사(欽差大學士)[38] 계량(桂良)과 이부상서 화사납(花沙納)이 아룁니다.

서양인들이 중국에 대해 원한을 품은 것은 1848년(도광 28) 이후의 일입니다. 그들이 제기하는 일마다 모두 핑계를 대고 거절하며 처리하지 않았기 때문입니다. 저들은 억울함을 호소할 데가 없다고 판단하였습니다. 그리하여 아무리 회유하여도 듣지 아니하고 수도로 진격하고자 하고 있습니다. 현재 서양인의 공격은 톈진으로 향하고 있는데, 그것은 첫째로 광둥

---

38 欽差大學士 : 欽差大臣으로 임용된 대학사. 桂良은 1858년(함풍 8) 5월 이부상서 花沙納과 함께 흠차대신에 임명된다.

에서 막지 못했고, 두 번째로 상하이에서 막지 못했고, 세 번째로 다구(大沽)에서 막지 못했기 때문입니다. 저들은 지금 중국의 허실을 잘 파악하고 있습니다. 우리 나라의 어려운 형편에 대해 마치 손바닥을 보는 듯 꿰뚫고 있습니다. 그렇기에 온갖 난리를 일으키면서도 아무런 거리낌이 없습니다. 그나마 다행인 것은 영국의 원수 엘긴 백작[39]이 갓 파견되어 왔기에 아직 공을 세우고자 하는 의지가 없다는 점입니다. 그럼에도 이처럼 사태가 어려워진 것은 그 휘하에 있는 웨이드[40]와 이태국(李泰國)[41] 등의 무리 때문입니다. 이태국은 몹시 교활하고 거만합니다. 우리가 이전에 많은 뇌물을 주어 회유하였지만 여전히 음험하게 중국에 해악을 끼치려 하고 있습니다. 극히 악한 자이기에 급습하여 살해하고 싶으나, 혹시 그로 인해 다른 전쟁이 일어나지나 않을까 우려되어 가볍게 움직이지 못하고 있습니다.

지금 주전론을 펴는 사람들은, 문제를 키워 후환을 남기는 것보다는 차라리 전쟁으로 단칼에 승부를 겨뤄보는 게 낫다고 생각합니다. 그러나 이미 톈진의 어귀가 저들에게 함락되었습니다. 협상이 결렬되는 날에는 톈진은 싸워보지도 못하고 빼앗길 것이 분명합니다. 누군가는 또, "차라리 톈진 일대를 떼어내 저들에게 줌으로써 수도로 진격하지 못하게 하자."라고 말합니다. 그러나 서양인이 톈진을 얻은 후 그곳을 자기네 소굴로 만들어버리면, 우리는 그들을 피하여 멀리 북방으로 도망해야 할 것입니다.

우리가 전투에서 승리하기 위해서는 반드시 전함의 추가 동원이 있어야 합니다. 하지만 사실상 그것이 불가합니다. 만일 막아내지 못한다면 저들

---

39 엘긴 백작 : 제2차 아편전쟁 당시 고등판무관으로 재직하였던 제8대 엘긴 백작(Earl of Elgin) 제임스 브루스(James Bruce). 1857년 영국의 전권대표이자 총사령관으로 임명되었다.

40 웨이드(Wade, Sir Thomas Francis) : 제2차 아편전쟁 당시 영국공사관의 漢文正使(參贊)로 재직하였다.

41 李泰國 : 중국 해관의 총세무사로 재직 중이던 레이 호레이쇼(Lay, Hortio Nelson)의 중국식 이름.

은 마침내 도성의 문 앞에 설 것입니다. 그때에 이르러 전투를 벌이면 요행을 바랄 수 없을 것입니다. 그렇다고 저들을 회유하려 한다면 더욱 힘이 들 것입니다. 그때가 되면 원하는 바가 더욱 많아져서 현재의 조건으로는 도저히 회유할 수 없을 것이기 때문입니다. 하물며 저들의 대포는 신속하면서도 위력이 강합니다. 얼마 전 저들이 톈진에서 성벽을 공격할 때 보니 그 빠르기가 실로 놀라웠습니다. 만일 도성의 문 앞에 도달하게 되면 그 재앙이 얼마나 클지 두렵기만 합니다. 이것이 전투가 불가한 첫 번째 이유입니다.

지금 톈진의 민심은 흉흉하기 이를 데 없습니다. 만일 며칠 내에 화약이 체결되지 않으면 필시 안에서 변란이 일어날 것입니다. 게다가 순천부(順天府)·하간부(河間府)의 토비 및 각지의 염적(鹽賊)[42]은 호시탐탐 틈을 엿보고 있습니다. 일단 혼란이 발생하면 이들 각지의 도적이 사방에서 일어나, 관군은 그 대응만으로도 여유가 없게 될 것입니다. 이것이 전투가 불가한 두 번째 이유입니다.

직예성(直隸省)의 예산은 거의 고갈된 상태입니다. 각지에 있는 정부 창고 또한 거의 비어 있습니다. 또 관군과 향용(鄕勇)[43]은 적군을 만나면 대부분 쉽게 무너져 버립니다. 화약도 부족하고 대포도 남아 있는 것이 거의 없습니다. 더욱이 톈진 이북은 도로가 평탄하고 엄호로 삼을 만한 험요지도 없습니다. 이것이 전투가 불가한 세 번째 이유입니다.

국내에는 아직 토비가 토벌되지 않은 상태인데 다시 외환(外患)이 겹쳤습니다. 그렇기에 인력과 물자의 징집이 어려운 실정입니다. 군량의 조달도 쉽지 않습니다. 이것이 전투가 불가한 네 번째 이유입니다.

서양 각국을 회유하여 신속히 통상을 재개하면, 관세 수입이 날로 늘어

---

42 鹽賊 : 무장을 한 채 私鹽을 팔고 다니는 무리.
43 鄕勇 : 청대의 민병 조직.

나 그것으로 군량을 댈 수 있습니다. 반면 회유하지 아니하고 전투를 벌이면, 설령 세관을 폐쇄하지는 않는다 해도 수입이 줄어들 것입니다. 그리하여 남방의 군대는 모두 울부짖으며 보급만을 기다릴 것이니, 아무런 대처나 계획이 불가능해집니다. 이것이 전투가 불가한 다섯 번째 이유입니다.

저희는 전투를 벌일 경우 후환이 얼마나 두려운지 잘 알고 있습니다. 반드시 아무 폐해가 없는 대책을 강구해야만 한다고 생각합니다. 그런데 나아가 싸울 수도 없고 물러나 지킬 수도 없는 형국입니다. 어떻게 하든 큰 문제가 예상되는 상황에서 그래도 가능한 한 피해를 줄일 수 있는 방법을 강구해 보겠습니다.

서양인들은 수도에 공사관을 열어 달라 하고 있습니다. 그것은 한편으로 세력을 과시하기 위함이기도 하지만, 또 한편으로는 조정 가까이에서 쉽게 요구 사항을 제시하고자 하는 것입니다. 결코 다른 심각한 계략이 있는 것은 아닙니다. 저들이 감히 엽명침(葉名琛)을 해치지 아니한 것[44]을 보면 중국을 두려워하는 마음이 분명히 있습니다. 또 저들이 광동에서 일부 지역을 점령하였다가 돌려준 것이라든가 해구(海口)에서 즉시 물러난 것을 보면, 우리 영토를 점거하고자 하는 마음도 없습니다.

만일 저들이 지금 수도로 진격하며 군대와 전함을 현재 상태로 유지한다면 도성에 필시 큰 난리가 날 것입니다. 반면 화약을 맺어 1년 후에 다시 오되 군대를 대동하지 않게 한다면 그 숫자는 수십 명에 지나지 않게 됩니다. 그렇다면 조선의 사신과 다를 바 없습니다. 조정에서 이들에 대해 예의를 지켜 대할 것이고, 그들 또한 본국에서 특별한 자격으로 파견된 것이니 사실상 우리의 1품관과 대등한 신분입니다. 그러니 그들에게 다른 뜻이 있

---

[44] 영국군은 1857년 12월 제2차 아편전쟁의 발발 직후 광저우를 점령하고, 영국에 대해 단호한 자세를 취하고 있던 兩廣總督 葉名琛을 사로잡았다. 영국은 엽명침을 살해하지 아니하고 인도의 콜카타로 끌고 갔다. 엽명침은 이듬해인 1859년, 이곳에서 絶食으로 생을 마감하였다.

을 수 없습니다.

더욱이 그들은 필시 가족과 함께 오려 할 것입니다. 옛 사람들이 말하는 인질이나 마찬가지입니다. 설령 아무리 방비가 엄중하다 해도 체포는 심히 용이할 것입니다. 또한 수십 명이 우리 땅 한 복판에 깊숙이 들어와 있습니다. 그 통제도 어렵지 않을 것입니다. 먼 후일 이들이 반란을 조직하면 그 여파를 예측할 수 없다고 생각할지도 모릅니다. 그러나 도성이 비록 크다고 해도 엄밀히 조사하면 어디 숨을 곳이 없을 것입니다.

나아가 외국인들도 고용인을 두어야 하고 그 고용인은 반드시 우리 정부를 경유해야 구할 수 있을 것입니다. 그러면 그 고용인을 통해 저들의 동정을 살필 수도 있습니다. 서양인들은 돈 쓰는 것을 대단히 두려워합니다. 그러니 조정에서 지원할 필요 없이 스스로 주재비를 대라고 하면 됩니다. 또 여행지에서의 고난을 두려워하니 주재하여 무익하다 판단되면 곧 떠나려 할 것입니다. 이러한 연유로 서양인의 수도 주재를 짐짓 허용하는 것이 좋다고 생각합니다.

각 항구에서의 통상과 관련하여 서양인은 반드시 톈진을 포함시키려 하고 있습니다. 그런데 또 등주(登州)[45]와 우장(牛莊)[46] 두 항구도 절대 포기할 수 없다고 말하고 있습니다. 생각건대 우장은 비록 성경(盛京)[47]에서 가까우나 서양 선박이 들어가기에 대단히 어려운 곳입니다. 또 상거래가 많지 않으며 상품으로 오직 콩이 있을 뿐이며, 서양인은 결코 이곳에서 부두를 설립하지 못할 것입니다. 등주 역시 항만이 좁아 상관을 개설하기 어렵습니다. 이들 두 지역을 톈진과 바꾸어 개방하겠다고 하면 저들은 받아들일 것이고, 우리에게도 달갑지는 않지만 그것이 좋습니다.[48]

---

45 登州 : 오늘날의 산둥성 펑라이시(蓬萊市).

46 牛莊 : 오늘날의 랴오닝성 잉커우시(營口市).

47 盛京 : 淸의 入關 전 수도였던 奉天, 즉 선양(瀋陽).

48 1858년에 체결된 톈진 조약에서는 총 10개의 개항장을 추가로 개설하기로 하였는데

양쯔강에서의 통행 문제와 관련하여서는 위로는 한커우(漢口)까지, 그리고 아래로는 전장(鎭江)까지를 허용하도록 합니다. 하지만 전투 행위가 완전히 종료된 이후에 재론하되 한커우와 전장 등지를 벗어날 수 없도록 하면 됩니다. 전장은 1년 후에 저들로 하여금 왕래하도록 허용하는 것이지만, 통행에 있어 저들은 상품 매매를 중시합니다. 대운하의 운행에는 아무 영향을 미치지 않을 것입니다. 이러한 연유로 양쯔강에서의 통행도 짐짓 허용하는 것이 좋다고 생각합니다.

엎드려 생각하건대 서양과 중국 사이에 알력이 생긴 것은 모두 의심과 오해 때문이라 여겨집니다. 이번의 조치로 저들이 폐하의 은혜에 감격하게 될 것입니다. 또 향후 저들을 관대하게 대하며 믿음과 성의를 보이면, 저들과 영원히 평화 관계를 유지하게 되어 국가의 국방비를 줄일 수 있을 것입니다. 이 또한 저들을 길들이는 방략이 될 것입니다.

내지 여행 문제와 관련하여 저들이 모든 곳에 많은 사람이 몰려 가는 것은 아닙니다. 증명서를 휴대해야 하며 우리의 검사를 받아야 합니다. 또 해안의 변경 지역이 아니면 다른 곳에는 가지 않을 것입니다. 서양인들은 중국으로부터 무시당하는 것을 가장 두려워합니다. 만일 저들 나라 국민으로 도둑이 있으면 수치로 여깁니다. 얼마 전 서양인이 야간에 시가에서 강도짓을 한 적이 있습니다. 제가 그 서양인을 조사해 보니 영국 병정이었습니다. 영국은 그를 인도해 간 후 엄하게 징벌하였습니다. 장래 서양인이 내지에 들어오는 것을 허용한다 해도 그들 스스로 조심할 것은 불문가지입니다. 내지 여행도 짐짓 허용하는 것이 좋다 생각합니다.

전쟁 배상금 문제와 관련하여서는 400만 냥으로 삭감하고 광둥에서 징

여기에 등주와 잉커우가 포함되고 톈진은 빠졌다. 하지만 2년 후인 1860년의 베이징 조약에서는, 톈진 조약에서 지정한 10개에 톈진이 추가되어 총 11개 항구가 개항되기에 이른다.

수해 가는 것으로 하였습니다.[49] 관세액에 관해서는 저들이 반드시 감세하고자 합니다. 또 반드시 요구하고자 하는 내용이 있습니다. 그러니 우리 중국으로서 잃는 부분이 있을 것입니다. 하지만 장래 무역이 활성화되면 그 증가분으로 경감분을 채울 수 있을 것이라 생각됩니다. 그 나머지 조항은 대부분 명분상의 절충에 관계된 것이며, 상선의 관리에 대한 규정 등은 국가 질서와는 관계가 없습니다.

영국인의 요구는 본디 많고 심각하였으나 20여일 간의 논쟁을 통해 이 몇 개 조항만 남겼습니다. 더 이상 삭감을 요구할 수는 없습니다. 최근 내밀한 협상으로 두 개 조항을 추가로 삭감할 수 있었습니다. 저들은 여기서 더 고칠 수는 없다고 말하고 있습니다. 더 조정을 요구하면 군대를 이끌고 도성으로 진격하겠다고 합니다. 저희는 차라리 죽을지언정 사나운 전쟁의 불꽃이 도성에 미치는 것은 원하지 않습니다. 거듭하여 생각건대 하늘의 시세(時勢)가 이러하고 인간세(人間世)의 사정이 이러하고 전체적인 상황이 이러하니 그냥 윤허하는 것이 좋다 생각합니다. 그리하여 저들의 함선을 속히 물리쳐 민심을 가라앉혀 주십시오.

출전 『籌辦夷務始末』, 「咸豊朝」, 「瀝陳英法所請不得不從權允準摺」.

내용 톈진조약의 체결에 즈음하여 청조의 전권대신인 계량(桂良)과 화사납(花沙納)이 1858년(함풍 8) 6월 27일 함풍제에게 올린 상주문이다. 중국과 영국 사이의 톈진조약은 이해 6월 26일에, 중국과 프랑스 사이의 조약은 하루 뒤인 6월 27일에 체결되었다. 영국과 프랑스 연합군은 1857년 12월 광저우를 공격하여 점령하였다. 이어 영국·프랑스·미국·러시아는 1858년 2월 공사를 상하이에 파견하여 중국에 조약개정 협상을 벌이자고 요구하였다. 중국이 이를 거부하자 각국 공사는 20여 척의 군함을 이끌고 북상하여 다구(大沽) 앞

---

49 광저우 세관의 관세를 담보로 하고, 그 관세액에서 수취한다는 의미이다.

바다에 정박한 다음, 중국 정부에 대해 교섭의 진행을 강요하였다. 이어 5월 20일 영국·프랑스 연합군은 다구 포대를 점령하고 톈진으로 진군하기 시작하였다. 이에 중국 정부는 놀라 대학사 계량과 이부상서 화사납을 톈진에 전권대신으로 파견하여 교섭에 들어갔다. 그리고 20여일 만에 중국과 각국 사이에 톈진 조약이 체결되기에 이른다.

(2) 태평천국

영국 공사에게 보내는 태평천국의 유시諭示

진천명태평천국천조화내사속병주좌보정군사(眞天命太平天國天朝禾乃師贖病主左輔正軍師)[50]인 동왕(東王) 양수청(楊秀淸)과 우필우정군사(右弼又正軍師)[51]인 서왕(西王) 소조귀(蕭朝貴)가, 멀리서부터 온 너희 영국인에게 유시하노니 잘 알아들으라.

너희 영국인은 오래 전부터 하늘을 섬기다가 이제 우리 주(主)[52]를 알현하러 왔으니 특별히 유시를 내려 위무한다. 모두 안심하며 의혹을 깨끗이 버리도록 하라.

---

50 眞天命太平天國天朝禾乃師贖病主左輔正軍師 : 東王 楊秀淸의 封號. 이 가운데 '眞天命太平天國天朝'는 '참된 天命을 받은 天朝 太平天國'의 의미이며, '禾乃師贖病主' 가운데 '禾乃'는 秀의 析字로서 '禾乃師'는 楊秀淸을 가리킨다. '贖病主'는 '병을 낫게 하는 능력자'란 의미이다. 이와 관련하여 天王 洪秀全은, "朕是禾王 東王禾乃 禾是比天國良民 禾王禾乃俱是天國良民之主也."라 말하고 있다.

51 右弼又正軍師 : '右弼의 正軍師'란 의미. '左輔右弼'은 '좌우에서 보좌하는 신하'를 가리킨다.

52 우리 주 : 원문은 主, 天王 洪秀全을 가리킨다.

천부(天父)인 상주황상제(上主皇上帝)[53]께서는 맨 처음 6일 동안 천지와 바다, 육지, 인간을 창조하셨다. 이로부터 천하는 한 집안을 이루어 사해(四海)의 안쪽이 모두 형제가 되었다. 서로 간에 아무런 차별이 없다. 그러니 어찌 주인과 하인의 구분이 있으랴? 그런데 인류가 마귀의 시험과 유혹을 받아, 사람의 마음 속 깊이 천부 상제께서 생명을 주시고 또 생명을 유지하도록 은혜를 주셨다는 사실을 망각하게 되었다. 또 천형(天兄)인 예수께서 인간의 죄를 대속하여 주신 무한한 공덕을 홀시하게 되었다. 진흙과 나무, 돌을 신이라 여기며 극도로 어리석고 음란해졌다. 오랑캐인 만주족이 중원을 탈취하고부터는 그 재앙이 더욱 커졌다.

하지만 다행스럽게도 천부와 천형은 너희 영국인에게 복을 내리사, 너희로 하여금 천부인 상제를 섬기게 하고 천형인 예수를 경배하게 하였다. 이 때문에 진리가 널리 퍼졌으며 복음이 보전될 수 있었다.

더욱 다행스럽게도 지금 천부인 상주황상제께서는 크게 자비를 베푸사 천사를 내려보내 우리 주를 승천하게 하셨다. 그리고 친히 권위를 내리셔서 서른 세 하늘에 있는 온갖 마귀를 깨끗이 쓸어내게 하셨다. 이로 인해 마귀는 모두 아래의 지옥으로 내쫓겨났다. 한층 다행스럽게도, 천부인 상제께서는 크게 자비를 베푸사 1848년(도광 28) 3월에 하범(下凡)[54]하시어, 구세주인 천형 예수가 널리 은혜를 보이게 하셨다. 또한 이해 9월에도 강림하셨다. 그 후 6년 동안 천부와 천형께서는 여러 일들을 주도하며 신통력을 보여주셨다. 이루 다 헤아릴 수 없이 많은 기적이 그 증거이다. 이로써 무수한 마귀를 내치고 천왕(天王)을 보호하사 이 땅을 통치하게 하셨다.

너희 해외에 사는 영국인은 천리를 멀다 하지 아니하고 와서 우리 천조

---

53 拜上帝會는 기독교를 유교적으로 재구성하여, 하느님을 홍수전의 天父, 예수를 天兄이라 칭하였다.

54 下凡 : 天上의 신선이 人間世에 내려와 작용을 미치는 것. 拜上帝會에서는 天父나 天兄 예수가 인간의 몸을 빌어 자신의 의지를 피력하는 것을 가리킨다.

(天朝)[55]에 귀순하였다. 이에 우리 천조의 장수와 병졸이 춤추며 환영할 뿐만 아니라 하늘의 천부와 천형께서도 마땅히 너희의 충성스러움을 가상히 여기실 것이다. 이에 특별히 유시를 내리노니, 너희 영국의 책임자들이 너의 인민을 데리고 자유롭게 출입할 수 있도록 허가한다. 마음대로 들어오고 나가도 좋다. 우리 천병(天兵)[56]을 도와 요사스런 적을 섬멸하든 그렇지 아니하든, 혹은 평상시대로 상업을 경영하든, 모두 그 편의대로 할 수 있도록 허가한다. 다만 너희가 능히 우리를 따라 천왕을 힘써 섬김으로써 공적을 쌓고, 또 이를 통해 천부의 깊은 은혜에 보답하기 바란다.

이를 위해 특별히 우리 주 천왕의 명령으로써 너희 영국인에게 깨우쳐 알리나니 모든 사람이 다 천부와 천형을 숭배하도록 하라. 더불어 우리 주 천왕이 계신 곳을 알고, 모든 사람이 마땅히 합심하여 천왕께서 하늘로부터 명을 받으신 것에 대해 경배드리라. 특별히 이를 유시하니 모두 잘 알도록 하라.

출전 翦伯贊·鄭天挺 主編,『中國通史參考資料』(近代部分, 修訂本),「太平天國」,「諭英使文翰」.

내용 1853년 4월, 태평천국의 동왕 양수청과 서왕 소조귀 명의로 발표된 영국에 대한 유시이다. 태평천국이 영국과 동일한 이념 즉 기독교를 기반으로 하고 있으니 서로 연대하기를 제안하는 내용이다. 홍수전(洪秀全)은 1843년 세상의 구제를 목적으로 배상제회(拜上帝會)를 조직하여, 스스로를 여호와 하느님의 아들이자 예수의 동생이라 칭하며 전도 활동에 들어갔다. 이후 교의의 정비와 도덕적 규범을 바탕으로 세력을 급속히 신장시켰다. 이어 1851년 1월 11일, 홍수전의 생일을 계기로 광시성의 금전촌(金田村)에서 무장 봉기를

---

55 天朝 : 태평천국.
56 天兵 : 태평천국의 군대.

일으키고 국호를 태평천국으로 정하였다. 이러한 태평천국에 대해 서양 열강은 변형된 기독교, 즉 배상제회의 존재로 인해 초기에는 매우 호의적인 태도를 보였다. 하지만 태평천국의 정책과 자주성이 열강의 이해와 배치된다는 사실을 확인하고 점차 경계하는 자세를 취하기 시작하였다. 특히 제2차 아편전쟁의 결과 톈진 조약과 베이징 조약으로 청조를 압박하여 막대한 이권을 강요한 다음에는 명확히 청조의 편에 서게 되었다.

태평천국의 봉기 가담을 호소하는 격문

진천명태평천국화내사속병주좌보정군사(眞天命太平天國禾乃師贖病主左輔正軍師)인 동왕(東王) 양수청(楊秀淸)과 우필우정군사(右弼又正軍師)인 서왕(西王) 소조귀(蕭朝貴)가, 하늘을 받들어 오랑캐를 토벌하며 사방에 격문을 살포하여 다음과 같이 말한다. 너희 민중들이여, 내 말을 잘 들으라!

생각건대 천하는 상제(上帝)의 천하다, 만주 오랑캐의 천하가 아니다. 의식(衣食)도 상제의 것이지 만주 오랑캐의 것이 아니다. 자녀와 인민도 상제의 것이지 만주 오랑캐의 것이 아니다. 개탄스럽게도 저들은 만주에서 해독을 퍼트리기 시작하더니 이어 중국을 난리의 땅으로 만들어 버렸다. 중국은 광활한 영토와 거대한 인구를 지니고 있다. 그럼에도 저들로 하여금 멋대로 하도록 내버려 두었다. 가만히 있으며 이상하다 여기지도 않는다. 그러니 중국에 어찌 사람이 있다 말할 수 있으랴?

저 요사스런 오랑캐가 일으킨 전쟁의 불길로 하늘이 타고, 간사한 독으로 하늘 끝까지 더렵혀졌다. 살인으로 말미암아 피 비린 내 나는 바람이 천하를 뒤덮었다. 저들로 인한 요사한 기운은 저 옛날 오호십육국(五胡十六國) 때보다 더 지독하다. 그런데도 중국인은 머리를 낮춰 굴종하며 기꺼이 종 노릇을 하고 있다. 심각하도다, 중국의 사람 없음이여!

대저 중국은 머리이고 오랑캐는 발이다. 중국은 신성스런 땅(神州)이고 오랑캐는 요사스런 족속이다. 중국이 신성스런 땅이라 불리는 것은 무엇 때문인가? 천부(天父)인 황상제(皇上帝)가 진짜 신이다. 하늘과 땅, 산과 바다도 모두 천부께서 만드셨다. 그런데 그 천부께서 본디부터 중국을 신성스런 땅이라 이름 붙이셨다. 오랑캐를 가리켜 요사스런 족속이라 하는 것은 무엇 때문인가? 사마염라요(蛇魔閻羅妖)[57]는 사악한 마귀이다. 그런데 만주 오랑캐는 이를 경배한다. 그런 까닭에 만주 오랑캐를 가리켜 요사스런 족속이라 하는 것이다.

어찌 발이 머리 위로 갈 수 있으랴? 어찌 요사스런 족속이 신성스런 땅을 가로채게 내버려 두고, 또 우리 중국을 모두 요사스런 마귀의 땅으로 바꿔 버리도록 보고만 있겠는가? 남산의 대나무를 모두 잘라 그것을 종이로 삼는다 해도 만주 오랑캐의 죄악을 다 적을 수 없으리라. 동해 바다의 파도라 해도 하늘에 가득 찬 저들의 죄악을 다 씻어낼 수 없으리라.

저들이 세상에서 저지른 커다란 죄악만 몇 개 들어 보겠다. 대저 중국인에게는 중국 고유의 차림새가 있다. 그런데 만주 오랑캐는 모두 삭발하라 명하고 등 뒤로 길다란 꼬리처럼 땋아 내리게 한다. 이는 중국 사람을 금수로 만드는 짓이다. 중국에는 중국 고유의 옷차림이 있다. 그런데 만주 오랑캐는 머리 위에 정대(頂戴)[58]를 쓰게 한다. 오랑캐 옷에 원숭이 관 같은 것을 쓰게 하고 있으니, 이는 전래의 옷차림을 짓밟고 중국인으로 하여금 그 근본을 잊게 만드는 것이다.

또 중국에는 중국의 인륜이 있다. 그런데 이전의 요사스런 강희제는 만주인에게 은밀히 명하여 1인 당 10가구씩 관할시키며 중국 여인을 마음대로 농락하게 하였다. 이는 중국 사람을 모두 오랑캐 족속으로 바꿔버리고

---

57 蛇魔閻羅妖 : 마귀 뱀 모양을 한 閻羅의 요괴. 태평천국에서는 天父를 제외한 雜神과 봉건 지주 세력을 가리켜 閻羅妖라고 불렀다.

58 頂戴 : 청대에 사용한 고깔 모양의 모자.

자 하는 짓이다. 중국인에게는 중국 사람의 배우자가 있어야 한다. 그런데 지금 만주족의 마귀 놈들은 중국의 미녀를 모두 데려가 노비나 첩으로 삼고 있다. 수많은 미인들이 모두 개나 진배없는 오랑캐에 의해 더럽혀졌다. 수백만에 달하는 홍안의 소녀들이 마침내 소란스럽고 악취 나는 오랑캐와 동침해야 했다. 머리에 떠올리려니 통탄스럽기 그지없고 입에 올리자니 혀가 더러워지는 것 같도다. 이는 중국 여인을 모조리 능욕하겠다는 심사이다.

중국에는 중국의 제도가 있다. 지금 만주인들은 악마의 법률을 만들어 우리 중국인으로 하여금 그 그물 속에서 벗어날 수 없도록 하였다. 손발조차 움직일 수 없게 하였다. 이는 중국의 남자를 모두 협박하는 것이다. 중국에는 중국의 말이 있다. 그런데 만주인은 경강(京腔)[59]을 만들어 중국의 발음을 바꾸어 버렸다. 이는 오랑캐 말과 발음으로써 중국 말을 오염시키려는 것이다.

홍수가 나고 가뭄이 닥쳐도 저들은 조금도 불쌍히 여기지도 않으며 구휼도 하지 않는다. 굶어 죽거나 이리저리 유랑걸식하도록 내버려둔다. 잡초처럼 방치한다. 이는 우리 중국인 숫자가 줄어들도록 하려는 것이다. 만주인은 또 탐관오리를 천하에 가득 풀어 백성의 고혈을 짜게 하였다. 그리하여 남녀를 불문하고 모두 길에서 목놓아 울고 있다. 이는 우리 중국인을 가난하게 하려는 것이다. 뇌물을 주어야 관직을 얻을 수 있고 돈이 있어야 형벌을 면할 수 있다. 그러니 부자가 권력을 잡고 똑똑한 사람은 절망에 빠진다. 이는 우리 중국의 영웅호걸로 하여금 모두 억울하게 죽어가게 하려는 것이다.

봉기를 일으켜 중국의 부흥을 꾀하는 사람에게는 곧바로 대역모반의 혐

---

59 京腔 : 베이징 식의 화법, 얼화(儿化)와 경성(輕聲) 등이 특징적이다.

의를 씌워 구족(九族)[60]을 멸하였다. 이는 중국 영웅의 명맥을 단절하고자 하는 계략이다. 만주인이 중국을 우롱하거나 또 중국을 업신여기며 기만하는 방식은 참으로 교묘하기 그지없도다.

옛날 요익중(姚弋仲)[61]은 오랑캐 출신이지만 그 아들 요양(姚襄)[62]을 타일러 중국에 귀순하게 하였다. 부융(苻融)[63] 또한 오랑캐 출신이지만 매번 그형 부견(苻堅)에게 권하여 중국을 침공하지 못하게 하였다. 하지만 지금 만주 오랑캐는 그 추하고 비천한 근원을 망각하고 있다. 저들은 오삼계(吳三桂)의 유인에 편승하여 중국을 점령한 다음 극악무도한 짓을 자행하였다.

만주 오랑캐의 유래를 찾아보면 그 선조는 흰 여우 한 마리와 붉은 개한 마리가 교접한 것에서 시작된다. 그 사이에서 마침내 요사스런 사람이 생긴 것이다. 이들은 서로 결혼하여 그 숫자가 날로 번성하였지만 도덕과 인륜을 전연 알지 못하였다. 그러다 중국에 인재가 부족한 틈을 타고 도둑질하여 점령해 버렸다. 그 다음 사악한 권력자의 자리에 승냥이 같은 부류가 올라앉았으며, 뱀 굴 속에서 원숭이가 관을 쓰고 사람인 체하였다.[64] 우리 중국인은 그 굴을 갈아엎거나 그 구멍을 막아버리지 못하고 도리어 그술수에 걸려들어 버렸다. 그들로부터 능욕을 받으며 그 위협과 사기를 그

---

60 九族 : 그 범위를 두고는 대략 다음의 두 가지 방식이 거론된다. 하나는 高祖로부터 玄孫에 이르는 9대(高祖父, 曾祖父, 祖父, 父, 자신, 子, 孫, 曾孫, 玄孫)를 일컫는 것이다. 다른 하나는 父族 4(부친의 형제와 그 자녀, 부친의 여자 형제와 그 자녀, 딸과 그 자녀, 자신의 동족인 부모 형제와 아들 및 손자 손녀), 母族 3(모친의 조부 일가, 모친의 외조부 일가, 모친의 형제 자매와 그 자녀), 妻族 2(장인 일가, 장모 일가)를 일컫는 것이다.

61 姚弋仲(280~352) : 羌族 출신으로서 永嘉의 亂 이후 流民을 구제하고 梁犢을 평정하여 後秦의 기초를 쌓은 인물.

62 姚襄(?~357) : 姚弋仲의 第5子이자 後秦 건국자인 姚萇(330~393)의 異母兄. 後趙의 말년 中原이 동란에 휩싸이자 東晉에 투항하여 平北將軍, 幷州都督에 오른다.

63 苻融(?~383) : 前秦의 宗室로서 황제 苻堅의 동생.

64 원문은 沐猴而冠. 외양이나 지위만 그럴싸할 뿐 그에 걸맞은 실체나 인격을 갖추지 못한 경우, 혹은 惡人이 도덕군자로 분장한 것을 형용하는 말이다.

대로 받아들였다. 심지어 어떤 비루하고 수치를 모르는 자들은 좁쌀 만한 명리(名利)를 노려, 그 승냥이와 개 무리 사이에 끼어 엎드려 절하였다.

아무 것도 모르는 삼척동자(三尺童子)라 할지라도 개나 돼지에게 절하라 하면 발끈하여 화를 낼 것이다. 지금 만주 오랑캐는 개, 돼지나 마찬가지다. 여러분은 책을 읽어 고사를 안다. 그렇다면 수치스럽지 않은가? 옛날 문천상(文天祥)[65]과 사방득(謝枋得)[66]은 죽음을 맹세하고 원(元)을 섬기지 않았다. 사가법(史可法)[67]과 구식사(瞿式耜)[68]도 죽음을 맹세하고 청(淸)을 섬기지 않았다. 이는 모두 여러분이 익히 들어 알고 있는 사실이다. 생각건대 만주 오랑캐의 무리는 다 합하여 십수 만을 넘지 않는다. 이에 반해 우리 중국의 인구는 적어도 오천 만 이상이다. 오천여 만의 인구가 십만의 지배를 받고 있는 것이다. 심히 수치스런 일이 아닌가?[69]

이제 하늘의 이치는 다시 복원되었으니 중국에 부흥의 길이 열렸다. 또

---

65 文天祥(1236~1283) : 남송 말기의 정치가이자 문학가. 1256년 21세의 나이로 과거에 장원급제하면서 그 文名이 남송 전역에 떨쳐졌다. 하지만 1275년 元의 남침으로 남송이 풍전등화의 위기에 처하여 宋室이 전국에 勤王令을 내리자 이에 응해 의병을 일으켰다. 하지만 이윽고 元에 포로로 잡혀 大都로 압송되었다. 그는 대칸 쿠빌라이로부터 수 차에 걸쳐 투항을 권고받았으나 끝내 거부하고 1283년 47세의 나이로 살해되고 만다. 사형에 처해지기 전 그는 유명한 「正氣歌」를 작성하였다. 「正氣歌」는 후일 지속적으로 傳誦되며 민족 정신을 일깨우고 충의와 절개를 상징하는 시가로 추앙된다.

66 謝枋得(1226~1289) : 남송 말기의 관료이자 시인. 의병을 이끌고 抗元 활동을 하였으나 사로잡혀 大都로 끌려갔다. 그는 대도에서 투항의 권유를 뿌리치고 絶食으로 自盡하였다.

67 史可法(1602~1645) : 명말의 抗淸 名將이자 민족 영웅. 1645년 4월 남하하는 청군에 맞서 南明 福王 정권을 호위하기 위해 揚州에서 처절하게 항전하다 전사하였다.

68 瞿式耜(1590~1650) : 명말의 관료이자 시인. 명이 멸망한 이후 난징의 福王 정권, 샤오싱(紹興)의 노왕(魯王) 정권, 광둥(廣東)의 계왕(桂王) 정권을 차례로 섬기다가, 1650년 구이린(桂林)에서 청에 패배하여 살해되었다.

69 원문은 '亦孔之醜'로서 『시경』 「小雅」 「節南山之什」 「十月之交」에 나온다. 『시경』에서의 본디 의미는, '심히(孔) 나쁜 징조(醜)'.

사람마다 세상의 안정을 원한다. 이는 만주 오랑캐가 반드시 멸망할 징조이다. 210년에 걸쳤던 저들의 요사스런 운세는 끝나고 존귀하고 진정한 황제[70]가 이미 출현하였다. 오랑캐의 죄악이 너무 커서 하늘이 진노하셨다. 이에 우리 천왕(天王)에게 명하여 엄숙히 하늘의 권위를 지니고 의로운 깃발을 치켜들게 하였다. 요사스런 오랑캐를 다 쓸어내고 중국을 깨끗하게 만든 후 하늘을 받들어 처벌을 행할 것이다.

멀리 있든 가까이 있든 모두 와서 도우라! 관료이든 백성이든 서둘러 와서 깃발을 흔들라! 갑옷을 입고 창과 방패를 들고 소리 질러 외쳐라! 남편과 아내, 그리고 남녀를 불문하고 분노의 발걸음을 앞으로 내딛으라! 만주 오랑캐의 팔기 병사를 무찌르고 중국 세계를 안정시키자!

특히 사방의 영웅 준걸에게 명하노니 즉각 상제께 예배드리고 하늘의 뜻을 호위하라. 저 옛날 맹공(孟珙)은 채주(蔡州)에서 완안수서(完顔守緖)를 죽였다.[71] 서달(徐達)은 응창(應昌)에서 토곤 테무르를 사로잡았다.[72] 이를 본받아 오랫동안 빼앗긴 채로 있던 강역을 되찾고 그 위에 상제(上帝)의 윤리와 기강을 바로 세우자. 만약 개와 같은 오랑캐 황제 함풍제(咸豐帝)를 잡아 바치는 사람이 있다면, 혹은 그 머리를 베어 바치는 사람이 있다면, 그리고 만주족 오랑캐의 우두머리 가운데 누구든 잡아 참하는 사람이 있다면, 상주하여 고관의 직위를 내리도록 하겠다. 결코 약속은 저버리지 않겠다. 태

---

70 원문은 '九五之眞人'. 『주역』의 「乾」에, '九五, 飛龍在天, 利見大人(九五는 하늘에 용이 날고 있으니 大人으로 인하여 이롭다.)'라는 구절이 등장한다. 이로부터 九五之尊은 존귀한 帝王을 가리키는 용어로 사용되었다.

71 1234년 남송의 명장 孟珙이 몽골과 연합하여 金을 멸망시킨 것을 가리킨다. 금은 몽골의 지속적인 공격을 피해 남방의 蔡州로 도망하였다. 이곳에서 몽골과 남송 연합군의 공격을 받아 금의 哀宗은 帝位를 末帝에게 넘기고 자살하였다.

72 1369년 명 홍무제의 명을 받은 서달(徐達)·상우춘(常遇春)에 의해 北元의 칸 惠宗 토곤 테무르가 카라코룸의 북방에 있는 應昌府로 도망하였던 것을 가리킨다. 토곤 테무르는 이듬해 昭宗에게 칸의 자리를 물려준 다음 병사하였다.

초에 황상제(皇上帝)께서는 6일만에 천하를 만들어 내셨다. 이제 황상제께서 커다란 은혜를 베푸사 우리 주님 천왕에게 명하여 천하를 다스리게 하셨다. 그러니 어찌 오랑캐가 더 이상 혼란을 지속할 수 있겠는가?

여러분은 대대로 중국에 살고 있으니 모두 상제의 자녀이다. 하늘을 받들어 요괴를 주살하고 군기를 흔들며 앞에 나서도록 하라. 방풍(防風)이 뒤늦게 이르렀던 것[73]을 거울로 삼으라. 그리하면 이 세상에서는 최고의 영웅 대우를 받을 것이요, 하늘 나라에 가서는 끝없는 영광을 누리리라. 반면 만약 고집스레 잘못을 지속하며 진리를 거부하면 살아서는 오랑캐가 되고 죽어서는 오랑캐 귀신이 될 것이다. 순응과 거역에 명확한 구분이 있고 오랑캐와 중국 사이에는 분명한 준별이 있다. 모두 하늘에 순응하여 귀신 말고 사람이 되라! 여러분이 만주족 아래에서 고통을 받은 지 오래되었다. 그럼에도 아직도 마음을 고쳐 먹지 못하고, 마음과 힘을 다해 저 만주 오랑캐 무리를 소탕할 생각을 하지 못한다면, 후일 하늘에 가서 어떻게 상제를 대하겠는가?

우리는 의로운 전투를 시작하였다. 위로 상제를 위하여 하늘을 속인 원수를 갚고, 아래로는 중국을 위하여 백성의 고통을 풀어주려 한다. 그리하여 만주 오랑캐를 깨끗이 쓸어버리고 함께 태평 천하의 즐거움을 누리고자 한다. 하늘에 순응하면 큰 상이 있을 것이요, 하늘을 거스르면 죽음의 처벌이 있을 것이다. 이를 천하에 포고하나니 모두 알지어다.

출전 翦伯贊·鄭天挺 主編, 『中國通史參考資料』(近代部分, 修訂本), 「太平天國」, 「奉天討胡檄布四方論(奉天討胡檄)」.

내용 1852년 태평천국은 후난(湖南)을 향해 진격하며 3편의 포고문을 발포

---

73 虞가 群神을 會稽山에 불러 모았을 때 巨人의 체구를 지닌 防風氏가 뒤늦게 도착하여 사형에 처해진 것을 가리킨다. 『國語』 권5, 「魯語 下」 「孔子論大骨」 및 『史記』 권47, 「孔子世家」에 기록되어 있다.

하였다. 그 가운데 가장 중요하고 또 유명한 것이 「봉천토호격(奉天討胡檄)」이다. 태평천국의 이념과 봉기 목적을 선전하고 청조의 죄악을 적시하는 것이 주된 내용을 이루고 있다. 이 무렵 태평천국은 체제를 정비하고 급속히 지배 영역을 확대해 가고 있었다. 1851년 3월에는 홍수전이 천왕(天王)을 자칭하고, 이어 12월에는 양수청(楊秀清)을 동왕에, 소조귀(蕭朝貴)를 서왕에, 위창휘(韋昌輝)를 북왕에, 석달개(石達開)를 익왕(翼王)에 봉하였다. 「봉천토호격」은 동왕과 서왕의 명의로 발포되었다. 여기서 주목되는 것은 다분히 이 격문이 지식층과 지주층을 중심 대상으로 삼고 있다는 점이다. 그것은 이 격문이 매우 격식을 갖춘 한문 형식을 취하려 하고 있다는 것, 그리고 많은 전고(典故)를 제시하고 있다는 것 등에서 여실히 드러난다. 그리고 격문의 곳곳에서 호소의 대상을 두고 여러분(원문은 公等, 諸公)이라 지칭하기도 한다. 나아가 '여러분은 책을 읽어 고사를 안다.'라고 말하기도 한다. 지배 영역의 확대에 따라 체제 정비에 점차 눈을 돌리게 되었던 것, 그리하여 지주 내지 지식인의 참여가 절실해졌던 것을 반영한다고 여겨진다.

태평천국 반란군의 토벌을 호소하는 격문

역적인 홍수전(洪秀全)과 양수청이 반란을 일으킨 지 5년이 되었다. 그동안 수백만 명의 사람이 살해되고 5천여 리의 강토가 유린되었다. 그들이 지나간 땅에는 크고 작은 모든 선박과 빈부를 막론한 모든 인민이 약탈을 받아 사라져 버리고 풀 한 포기 남지 않게 되었다. 사로잡혀 반란군 진영에 끌려간 사람은 옷이 다 벗겨지고, 돈을 수색당하여 은 5냥이 넘는데 헌납하지 않을 경우 즉시 참수되었다. 남자에게는 하루에 쌀 한 홉[74] 만을 지

---

74 한 홉(合) : 십분의 일 되(升)로서 약 180ml.

급한 채 군대에 편입되어 진격하게 하거나 또는 성을 쌓고 해자를 파게 하였다. 여자에게는 하루에 쌀 한 홉 만을 지급한 채 군대에 편입되어 밤에 보초를 서게 하거나 쌀을 운반하고 석탄을 나르게 하였다.

여자 가운데 전족을 풀지 않은 사람은 즉시 그 발을 잘라 다른 여인들에게 내보였다. 뱃사공으로서 은밀히 집으로 돌아가고자 하는 사람은 그 머리를 잘라 다른 뱃사공들에게 보여주었다. 태평천국 반란군은 자기들은 안락하고 영예로운 자리를 차지하고서 우리 양호(兩湖)와 삼강(三江)[75] 사람들은 협박하여 개나 돼지, 소나 말과 다름없이 대하고 있다. 그 잔인하고 참혹하기가, 피가 흐르는 사람이라면 듣고서 분개하지 않을 수 없을 지경이다.

당(唐)·우(虞)·삼대(三代)[76] 이래 대대로 성인은 유교의 가르침을 지키며 인륜의 도덕을 견지하게 하셨다. 그리하여 군신(君臣)과 부자(父子), 상하와 존비(尊卑)의 질서가 마치 모자와 신발의 관계처럼 흔들리지 않고 엄연히 지켜졌다. 그런데 저들 태평천국 반란 집단은 외국 사상을 표절하여 천주의 가르침을 숭상한다. 또 위로는 가짜 군주와 가짜 재상으로부터 아래로 병졸과 잡역에 이르기까지 서로 형제라 칭한다. 오직 하느님만을 아버지라 칭해야 한다고 말한다. 그밖에 모든 백성의 아버지는 다 형제이고 모든 백성의 어머니는 다 자매라고 한다.

농부는 스스로 경작하여 세금을 낼 수 없다. 경작지는 모두 천왕 홍수전 소유라고 한다. 상인도 스스로 거래를 하여 이익을 취할 수 없다. 마찬가지로 모든 상품은 천왕 홍수전의 소유라고 한다. 사대부는 공자의 경전을 공부할 수 없다. 따로 예수의 가르침이라고 하는 『신약』이란 책을 읽어야 한다. 수천 년 동안 이어져 내려온 중국의 예의와 인륜, 그리고 시서(詩書)와

---

75 兩湖와 三江 : 湖南·湖北과 江西·江蘇·浙江.
76 唐·虞·三代 : 堯(唐)와 舜(虞), 그리고 夏·商·周.

규범을 하루 아침에 빗자루로 쓸어내 듯 없애버렸다.

이것이 어찌 우리 청에 닥친 변란에 그치겠는가? 천지가 개벽한 이래 유교의 가르침이 중대한 위기에 봉착한 것이다. 우리 공자와 맹자가 지하에서 통곡할 일이로다. 무릇 책을 읽은 지식인이라면 어찌 수수방관할 수 있겠는가? 뭐든 나서서 해야 되지 않겠는가?

자고로 살아서 공덕을 세운 사람은 죽어서 신이 된다. 왕도(王道)의 윤리는 밝은 세계를 다스리고 신의 질서는 어두운 세상을 다스린다. 그래서 난신적자(亂臣賊子)[77]라 할지라도 흉포함이 극한에 다다르면 왕왕 신을 두려워하게 된다. 저 옛날 이자성(李自成)도 곡부(曲阜)에 이르러 공자묘를 훼손하지 않았다. 장헌충(張獻忠) 또한 재동(梓潼)[78]에 이르러 문창제(文昌帝)[79]에게 제사를 드렸다. 그런데 태평천국 반란군은 침주(郴州)[80]에서 학교를 불태우고 공자의 위패와 십철양무(十哲兩廡)[81]를 파괴하였다. 그 다음 그 조각을 산산히 부숴 땅에 흩어 버렸다. 그뿐이 아니다. 지나는 지역마다 먼저 사당을 허물었다. 관우나 악비처럼 위대한 충신열사라 해도 그 사당이 더럽혀지고 동상의 목이 잘려 나가는 것을 면치 못했다. 불교 사찰이나 도교 사원, 성황당, 토지묘 등도 모두 불태워졌으며 그 신상이 모조리 파괴되었다. 이는 귀신도 함께 분노하며 어두운 지하 세계에서 설욕을 다짐할 행위라 할 것이다.

본부당(本部堂)[82]은 천자의 명령을 받들어 군사 2만 명을 거느리고 육로

---

[77] 亂臣賊子 : 나라를 어지럽히는 신하와 부모를 해치는 자식, 윤리 도덕을 지키지 않는 무도한 무리.

[78] 梓潼 : 쓰촨성 몐양(綿陽)시의 동북방에 위치.

[79] 文昌帝 : 사대부의 독서와 과거 합격을 돕는 신. 文昌神이라고도 칭한다.

[80] 郴州 : 후난(湖南)성 동남부에 위치.

[81] 十哲兩廡 : 東廡와 西廡에 있는 공자의 주요 제자 10인의 위패.

[82] 本部堂 : 명청 시대 六部尙書나 侍郎의 자칭. 總督, 大學士 등도 尙書, 右都御史의 官銜을 띠고 있었기에 本部堂이라 자칭하였다. 여기서는 吏部左侍郎의 官銜을 지니고 있

와 수로 두 길로 진군해 왔다. 맹세하되 와신상담(臥薪嘗膽)하여 이 흉악한 무리를 모두 무찔러, 빼앗긴 우리의 선박을 되찾고 위협 아래 놓인 우리 백성을 구해내려 한다. 그리하여 소의간식(宵衣旰食)[83]하시는 우리 황제 폐하의 수고로움을 조금이나마 덜고, 공자와 맹자가 가르친 인륜 도덕이 짓밟혀 있는 참상을 걷어내려 한다. 나아가 수백만 인민을 위하여 한 맺히게 피살된 원수를 갚고, 천지의 신명을 위하여 그 능욕의 원한을 갚으려 한다.

이에 격문을 원근 각지에 뿌려 모두 다음 사실을 알 수 있게 하노라. 만일 뜨거운 피가 있는 남자로서 이 의로운 전투에 가담하여 토벌전을 수행하고자 한다면, 본부당은 그를 심복으로 삼고 군량을 적절히 지급할 것이다. 만일 유교의 도리를 지키는 군자로서 천주교가 중원에서 횡행하는 것을 통탄스러워 하며 결연히 분노하여 우리 유교를 지켜 내고자 하는 사람이 있다면, 본부당은 그를 예를 다하여 군중으로 맞아들여 참모로 대할 것이다. 만일 정의롭고 어진 사람이 있어 돈을 내어 군자금을 지원한다면, 천냥 이내의 경우 영수증을 발급하겠다. 천 냥 이상의 경우에는 황제 폐하께 관직의 수여를 주청할 것이다. 또 만일 오랫 동안 적의 진영에 사로잡혀 있다가 자발적으로 적의 두목을 살해하고 성(城)을 들어 항복해 오는 사람이 있다면, 본부당은 그를 우리 군대에 편입시키고 관직의 하사를 상주할 것이다. 또 만일 오랫 동안 저들의 위협을 받아 머리를 길렀으나[84] 전투 도중 무기를 버리고 맨 손으로 투항한 사람은, 모두 사형에 처하지 않고 돈을 주어 본적지로 귀향시킬 것이다.

던 曾國藩 본인을 가리킨다.

83 宵衣旰食 : 새벽에 일어나 옷을 갈아입고 政事를 시작하여 밤 늦게나 식사하는 것. 군주가 열성을 다해 정무에 임하는 것, 나아가 부지런히 각고의 노력을 기울이는 것을 의미한다.

84 태평천국에서는 청조의 변발을 거부하고 한족의 관행대로 머리를 길렀다. 그래서 청조에서는 태평천국을 '長髮賊'이라 부르기도 하였다.

저 옛날 한, 당, 원, 명의 말기에 도적이 구름처럼 일어났다. 하지만 군주가 혼용(昏庸)하고 정치가 어지러웠기에 토벌할 수 없었다. 지금의 천자는 밤낮으로 조심스럽게 정사를 돌보고 있으시다. 하늘을 공경하고 백성을 사랑하여, 토지로부터 더 이상의 세금도 징수하지 아니하고 가구로부터 더 이상의 병사도 징발하지 않는다. 그러면서 성현이 지닌 커다란 인자함을 지니고 저 사나운 무뢰배의 반란군을 토벌하고자 하신다. 그러니 시간의 문제일 뿐 마침내 저들을 멸망시키실 것이다. 그것은 어리석은 자라할지라도 분명히 알고 있다. 설령 위협으로 인한 일이라 해도 저들 반역의 무리를 따르며 조정의 토벌에 항거하지 말도록 하라. 대군이 진압에 나서면 옥석(玉石)이 구분되지 못하고 다 불태워지듯 모두 죽음에 이르게 될 것이다.

본부당은 비록 덕망이 높지 않고 재능 또한 크지 아니하나 충성과 신뢰, 두 가지를 행군의 근본으로 삼고 있다. 하늘에는 해와 달이 있고, 지하에는 귀신이 있다. 밝은 지상에는 호호탕탕히 흐르는 장강의 물이 있고, 어두운 지하에는 앞서 순절한 충신 열사의 혼이 있다. 우리의 마음을 통찰하여 주실 것이다.

모두 이 권고에 귀 기울이도록 하라. 이 격문이 도달하거든 법 조항을 따르듯 하라. 조금도 소홀함이 없기 바란다.

출전 『曾國藩全集』 권3, 「討粤匪檄」.

내용 1853년(함풍 4) 2월 증국번(曾國藩, 1811~1872)에 의해 작성된 격문이다. 태평천국이 발발하였을 때 청의 정규군인 팔기(약 20만)와 녹영(약 60만)은 거의 아무런 전투력을 발휘하지 못하였다. 그렇기에 체제 붕괴의 위기 의식을 느낀 한인 관료와 지식인층은 스스로 무장 집단(團練, 혹은 鄕勇)을 조직하였다. 그 결정적 계기로 작용하게 되는 것이 증국번의 상군(湘軍)이다. 증국번은 1852년 모친상을 당하여 고향인 상향현(湘鄕縣)으로 내려가 복상하게 되었다. 그에게 함풍제가 이듬해 단련 조직의 명을 내렸다. 이에 그는 지주와 관료의 자제를 간부로 삼고 농민을 병사로 하여 동향적 군대인 상군(湘軍, 湘勇)이라는 자위군을 조직하였다. 이후 상군은 강한 동향적 결속력과 우수한 급여 및 무장 등을 바탕으로 급속히 세력을 확대해 갔다. 육군뿐만 아니라 수군도 편성되었으며 최성기에는 총 병력이 10만에 달하게 되었다. 특히 1860년 봄, 청의 정규군이 태평천국군의 공격으로 궤멸된 이후에는 상군이 유일한 전투 집단이 되었다. 이듬해인 1861년에는 증국번이 장쑤, 저장, 장시, 안후이 네 개 성의 군무를 통할하게 되었다.

서양인의 눈에 비친 태평천국의 여성 정책

여자는 전족의 악습에서 벗어났으며 남자는 노예의 표지인 변발에서 벗어났다. 이는 태평천국의 가장 두드러지며 또 가장 특색이 있는 양대 개혁이다. 이 때문에 그들의 외모도 크게 나아졌으며, 만주족 통치 하의 중국인과 비교하여 바로 눈에 띄는 외견상의 차이를 지니게 되었다. 동시에 이들 정책은 태평천국의 거대한 진보를 보여주는 단면이기도 하다. 태평천국 여성은, 청조의 가족 제도에 속박된 여성에 비해 그 사회적 지위가 훨씬 우월하다. 이것이야말로 태평천국의 찬란한 업적이자 성취 가운데 하나이다.

태평천국의 하층 인민은 한 사람당 하나의 부인만 얻을 수 있으며, 결혼 때 반드시 사제가 주관하는 혼인 예식을 거쳐야 한다. 지도자의 결혼은 대단히 장엄한 축하 속에 성대한 연회의 형식으로 거행된다. 하지만 빈궁한 계층은 적당하다 인정되는 규모로 진행해야 하며 또 상층부의 재가가 있어야 결혼이 가능하다. 태평천국은 청조와 달리 일단 혼인이 맺어진 다음에는 그것을 무효화하여 이혼하는 것이 영구히 불가능하다. 이 때문에 중국에서 흔히 있던 풍습대로, 남편이 멋대로 부인을 내쫓거나 내다 파는 것이 불가능하다. 혹은 영국의 이혼 법정에서 흔히 보이듯, 멋대로 갈라서는 것도 태평천국에서는 허용되지 않는다.

태평천국의 성인 여성은 결혼하여 가족의 일원이 되거나 혹은 자매관(姉妹館)에 들어가야 한다. 대부분의 큰 도시에는 모두 자매관이 개설되어 전문 담당자에 의해 관리된다. 여성 혼자 다른 생활 방식을 취하는 것은 용인되지 않는다. 이러한 규정은 매춘을 금지하기 위한 조치이다. 위반한 사람은 사형에 처해진다. 이는 대단히 유효 적절한 방법이어서 태평천국 영역 내의 도시에서는 매춘부가 완전히 사라졌다.

…(중략)…

태평천국에서는 여성의 사회적 지위를 존중하여 여성을 남성의 반려자로 대우한다. 교육에서도 여성은 동등한 처우를 받으며 종교적으로도 대단히 정성스러운 가르침을 받는다. 종교 생활 중에도 여성은 적절한 지위를 누릴 수 있다. 열성적인 성경 해설사 중에 여성도 많다. 요컨대 태평천국은 모든 방법을 동원하여 여성의 지위를 높이기 위해 노력하고 있다.

자매관에서는 정식으로 지정된 여성이 책임을 맡는다. 이곳에는 특별한 부서가 있어 보호자가 없는 청년 여인을 돌보고 가르친다. 남편이 장기간 바깥에 나가 일을 하거나 돌볼 사람이 없는 기혼 여성도 그 혜택을 받을 수 있다.

많은 여성들이 남편을 따라 군대의 일원으로 전쟁에 나설 수도 있다. 때로 강렬한 의지가 있는 사람은 전쟁에서 위험하고 어려운 일을 분담하기도 한다. 여성들은 군대에서 대부분 작은 말이나 당나귀, 노새를 타고 다닌다. 봉기 초기에 여성들은 용감하게 참전하여 경우에 따라서는 장교 직위를 담당하기도 하였다. 군대에서 남녀는 따로 기거하다가 종교 의식을 거행할 때만 함께 모인다.

태평천국은 사람들이 증오하는 노예제를 철저히 폐지하였다. 이 금지령은 엄숙히 집행되어서 이를 어기는 사람은 남녀를 불문하고 모두 참수형에 처해졌다. 중국에 남자 노예는 거의 없었기에 남자 노예를 금지하는 법률은 그다지 엄밀하지 않았다. 하지만 여성 노예는 많든 적든 존재하였고, 따라서 노예 금지 법률은 대단히 중대한 혁신조치였다.

출전 蔣世弟·吳振棣 編, 『中國近代史參考資料』, 「太平天國革命親歷記」.

내용 1861년 초부터 1864년까지 4년 간 태평천국에 직접 가담하여 활동하였던 영국인 린들레이(Lindley, August Frederick)의 기록 가운데 일부이다. 그는 태평천국이 멸망한 후 영국에 돌아가, 1866년 런던에서 자신의 경험을 책으로 펴냈다. 여기서 태평천국의 군사, 사회 정책, 조세 행정, 사법 체계 등에 대하여 술회하고 있는데 전반적으로 대단히 호의적인 시선을 보이고 있다. 위에 소개된 부분은 여성 정책에 관한 내용이다. 전족의 폐지, 이혼의 금지, 매춘의 근절, 노예제 폐지, 여성의 사회적 지위 등에 대해 매우 긍정적인 평가를 내리고 있다.

태평천국을 이용한 영국의 이익 추구

현재 반란 집단은 아무런 방해도 받지 않은 채 제국의 심장부를 향해 신속히 진격하고 있습니다. 이로 인해 난징과 베이징이 동시에 위협을 받고 있습니다. 현 상태에서 정세의 위험성을 판단하건대, 즉시 모든 방향으로 중대한 변동이 발생할 수 있습니다. 즉, 우리 영국에게 유리할 수도 있고, 또 반대로 우리의 상업적 이익을 파괴할 수도 있습니다. 어떻게 사태가 발전할지는 대단히 헤아리기 어렵습니다. 그러한 만큼 매우 신중하게 대처해야 할 것입니다.

대단히 중요한 순간이자 기회이지만, 이 기회가 얼마나 눈 깜짝할 사이에 사라지고 말지 그 누구도 알지 못합니다. 파괴적인 전쟁이 견고했던 정권의 모든 기초를 신속하게 무너뜨리고 있습니다. 또 우리의 상업 명맥도 파괴하고 있습니다. 우리 대영제국은 혹시 중국 해안 일대에 함대를 지니고 있는 서양의 여타 3개 국가와 연합하여 이 파괴적인 전쟁을 제지해야 되는 것인지도 모르겠습니다. 그리고 나서 아직 조약 체결의 권한을 지니고 있는 중국 황제를 압박하여, 그 간섭의 댓가를 받아내는 게 유리할 수도 있습니다.

과거의 경험에 비추어 볼 때 통상의 이익을 확보하기 위하여 그리고 중국과의 우호 관계를 영구히 유지하기 위하여, 이 기회에 우리가 무언가 이익을 얻어내야 합니다. 저는 내지 및 연해 지역 모든 항구에 대한 아무런 제제 없는 왕래, 베이징에서의 직접적인 외교 관계 수립, 아편 합법화 등의 권익을, 이때를 이용하여 모두 얻어낼 수 있다고 굳게 믿습니다. 향후 두 달이 지나가기 이전에 정식 조약의 형식으로 획득해야 합니다.

반란 집단에 의해 중국이 와해될 위험에 처해 있습니다. 더욱이 지금 중국의 황제가 막 교체되어 무정부 상태로 빠져들 수도 있습니다. 반란군의 세력 확대를 저지하고 최후에는 반란 세력을 일소시키기 위해, 저는 두 가지 일만 하면 충분하다고 생각합니다. 첫째로 대영제국이 단독으로 혹은 가장 적당하다고 여겨지는 서양 국가와 연합하여, 작은 규모의 함대 하나를 양쯔강의 대운하 입구에 파견하는 것입니다. 그리고 반란군을 향해, '베이징의 황제를 위하여 함대를 파견할 몇 개의 중요 지점을 장악하고 있다.'고 선포하는 것입니다.

…(중략)…

지금 중국 황제의 지위는 절망적인 상황입니다. 반란군에 맞서 싸울 만한 병사도 없고 달리 군대를 고용할 만한 예산도 없습니다. 그가 승리할 수 있는 유일한 희망은 서양 열강의 적절한 원조뿐입니다.

중국 황제가 현행 조약의 규정을 이행하는 것에 대해 아무런 관심이 없다는 점은 명확한 사실입니다. 우방의 위기를 이용하여 어부지리를 취하는 것은 의롭지 못한 행동입니다. 그렇기에 주저되는 바가 없지 않습니다. 하지만 중국 황제를 두고 그리 생각할 필요가 없습니다. 오래 전부터 저는 다음과 같이 판단하게 되었습니다. '이번 반란이 아니었다면 중국 황제는 이미 한참 전부터 우리 영국을 향하여 더욱 강력하게 적대적 태도를 취했을 것이다.'라고 생각합니다.

출전 翦伯贊·鄭天挺 主編,『中國通史參考資料』(近代部分, 修訂本),「太平天國」,「阿禮國上文翰機密報告」.

내용 1853년 3월 3일, 중국 주재 영국 외교관 알코크(Alcock, Sir Rutherford)가 영국의 홍콩 총독 겸 중국 주재 전권공사이자 상무 감독으로 있던 본햄(Bonham, Sir Samuel George)에게 올린 보고서이다. 당시 태평천국은 급속하게 세력을 증대시켜 광시(廣西)에서 후난(湖南)·후베이(湖北)로 북상하고, 또 양쯔강을 따라 동진하여 안후이(安徽)·장시(江西)·장쑤(江蘇) 등지를 차례차례 점거해 가고 있었다. 난징도 풍전등화의 위기에 처해 있었다. 난징은 이해 3월, 마침내 태평천국군에 의해 점령되어 수도(天京)로 지정되었다. 태평천국의 초기인 1853년 3월의 시점에 이미 영국의 중국 현지 외교관 가운데 일부는 영국의 이익을 위하여 태평천국을 진압해야 한다는 자세를 분명히 하고 있었다.

(3) 양무운동

중체서용론의 초기 형태

지금 서양 학문을 채용하고자 한다면 마땅히 광저우나 상하이에 하나씩 통역 학교를 세워야 한다. 그리고 인근 지역에서 15세 이하의 영민한 아이를 뽑아 학생으로 삼고 장학금을 주도록 한다. 이들은 기숙사에서 숙식을 하며 공부에 전념해야 한다. 교사로는 서양인을 초빙하여 여러 나라의 말과 글자를 가르치게 한다. 또한 중국의 좋은 학자를 초빙하여 경전과 역사서 등을 가르치고, 이밖에 수학도 함께 익히게 한다. 서양 학문은 모두 수학에 기초를 두고 있으며, 서양인은 10세 이상이 되면 누구나 수학을 익힌다. 지금 서양 학문을 채용하고자 한다면 수학을 공부하지 않을 수 없고 서양인을 스승으로 삼지 않을 수 없다. 중국인일지라도 수학을 잘 아는 사람이라면 교사로 채용해도 좋다.

들건대 영화서원(英華書院)[85]과 묵해서원(墨海書院)[86]에는 장서가 대단히 많다고 한다. 또 러시아가 1847년(도광 27) 천여 종의 서적을 기증하여 현재 방략관(方略館)[87]에 소장되어 있다. 이 가운데 적절한 것을 택하여 번역하도록 한다. 이에 의거하여 통역 학교에서 수학과 기초 과학, 제조 기술 등을 두루 학습하도록 한다. 이어 공부해야 할 것은 함선과 무기 외에도 여러 가지가 있다. 이를테면 역법(曆法)은 예로부터 지금에 이르기까지

---

[85] 英華書院 : 홍콩에 있는 중학교. 1818년 스코틀랜드 선교사에 의해 말레이반도의 말래카에 설립되었다가 1843년 홍콩으로 이전하였다.

[86] 墨海書院 : 1843년 영국 선교사에 의해 상하이에 세워진 학교. 1863년에 폐교되었다.

[87] 方略館 : 청대에 설치된 『方略』 등의 관찬 서적을 편찬하던 기관. 자금성 내에 위치하였으며 軍機處에 예속되었다.

오랜 기간 동안 변하지 않았다. 지금의 시헌력(時憲曆)[88]은 건륭제 시대인 1744년(건륭 9)에 제정되었으니,[89] 그 사용된 기간이 이미 100년도 넘었다. 그러기에 점차 격차가 많아져 1844년(도광 24)에 개정하였으나 기본적으로 여전히 서양의 구 역법을 묵수하고 있다. 그 차이를 약간 조정하였다고 해도 그것에 의거하기에는 부족하다. 반드시 고쳐야 할 것이다.

현재 서양인이 사용한다는 지동설은 천문 현상과 잘 부합된다. 이에 따라 시간을 규정해야 할 것이다. 또 과거 대운하의 준설에는 백룡수사기(百龍搜沙器)란 것을 사용하였으나 효과가 없어 파기하였다. 그런데 서양인의 항만 준설 방식은 대단히 우수하다고 한다. 이를 원용하면 운하의 유통에 매우 도움이 될 것이다. 또 노동자들에게 필요한 농기계와 직물 제조 기구는 대부분 돌아가는 기계를 사용하는데, 들어가는 공력은 적으면서도 많은 성과를 만들어 낸다. 이 역시 농사와 공장에 매우 도움이 될 것이다. 이 밖에도 서양의 물산으로 국가와 민생에 유익한 것이 대단히 많다. 여기서 기이한 기술이나 요망한 물건은 제외해야 할 것이다.

통역 학교를 운영하여 3년이 지난 후 여러 나라 언어를 잘 구사하는 학생은 각급 유학(儒學)[90]의 생원(生員)이 되게 한다. 재주가 매우 뛰어나 성적이 우수한 학생은 통상대신(通商大臣)의 추천을 거쳐 거인(擧人)의 지위를 준다. 중국에는 우수한 사람이 많다. 서양 오랑캐에게 배워 오히려 오랑캐를 뛰어넘는 사람이 반드시 있을 것이다. 이것이 진실로 서양 학문을 논하는 제일의 목적이다.

---

88 時憲曆 : 서양 천문학의 영향을 받아 청대에 제정된 역법. 入關 직후인 1644(順治 원년) 최초로 반포되었으나 우여곡절을 거쳐 1670년(강희 9)에 다시 시행되기에 이르렀다.

89 이 부분의 서술은 착오가 있다. 시헌력은 강희제 시기 이후 개폐 없이 청말까지 시행된다.

90 儒學 : 각급 지방 단위의 공립 학교. 府學, 州學, 縣學을 가리킨다. 儒學의 在籍生이 生員이다.

대저 학문은 경제(經濟)[91]를 이루기 위한 것이다. 일찍이 사마천은 정치에 대하여 논하며, '근래의 법을 본받아야 한다. 시대가 가까워 풍속과 습관이 유사하기 때문이다. 또한 논의가 쉬워야 잘 시행될 수 있다.'[92]라고 말한 바 있다. 내가 생각하기에 지금은 마땅히 다음과 같이 말해야 할 것이다.

"다른 나라를 거울로 삼아야 한다. 다른 나라와 시대를 같이 하고 있고 또 부단히 접촉하고 있다. 부강을 이루는 길은, 서로 비슷하여 쉽게 시행할 수 있는 것 가운데 가장 두드러진 요소를 취하는 데 있지 않겠는가? 만일 중국의 윤리와 유교를 근본으로 삼고, 이에 다른 나라가 부강해진 방식을 보조로 삼는다면, 최고의 길이 아니겠는가?"

출전 馮桂芬, 『校邠廬抗議』, 「采書學議」.

내용 풍계분(馮桂芬, 1809~1874)은 청말의 사상가로서 경세치용의 학문에 바탕을 둔 서양 학문의 도입을 주장한 인물이다. 그는 인재의 양성에도 노력하여 상하이, 난징, 쑤저우 등지에서 학교를 개설하여 운영하였다. 양무운동의 선구적 인물로서 중체서용론을 맨 처음 고취하였다. '중국의 윤리와 유교를 근본으로 삼고, 서양이 부강해진 방식을 보조로 삼는다(以中國之倫常名敎爲原本, 輔以諸國富强之術).'는 주장이 그것이다. 이것이 장지동에 의해, '중국 학문을 체로 삼고, 서양 학문을 용으로 삼는다(舊學爲體, 新學爲用).'는 말로 명확히 정리되고, 이어 1890년대 중반이 되면 많은 논자에 의해 중체서용론이 빈번히 제기되기에 이른다.

---

91 經濟 : 經世濟民, 즉 세상을 다스리고 백성을 구하는 것.
92 『사기』 권15, 「六國年表」에 나오는 내용이다.

장지동張之洞의 중체서용론

학교의 규정은 대략 다음의 다섯 가지를 내용으로 해야 한다.

첫째로 신(新)과 구(舊)를 함께 공부한다. 『사서』와 『오경』, 중국 역사서, 정서(政書),[93] 지리 서적이 구학(舊學)이고, 서양 정치와 서양 예술, 서양 역사 등이 신학(新學)이다. 중국의 구학을 체(體)로 삼고 서양의 신학을 용(用)으로 삼아 어느 한쪽으로 치우치지 않도록 한다.

둘째로 제도와 기술을 함께 공부한다. 학교, 지리, 재정, 조세, 군사, 법제, 산업, 통상 등은 서양의 제도이다. 산수, 미술, 광업, 의학, 음향학, 화학, 전기 등은 서양의 기술이다(서양의 제도 가운데 사법 체계가 가장 훌륭하다. 서양의 기술 가운데 의술이 군사 문제에 가장 유익하므로 국방 담당자는 이를 중시해야만 한다-원문의 주석). 재능과 식견이 크고 나이도 많은 사람은 마땅히 서양의 제도를 공부하고, 사고가 정밀하고 민첩하며 나이가 젊은 사람은 서양의 기술을 공부한다. 소학(小學)에서는 먼저 기술을 가르치고 나중에 제도를 공부한다. 대학과 중학에서는 먼저 제도를 공부하고 나중에 기술을 가르친다. 서양의 기술에는 전문 분야가 있어 적어도 10년은 배워야 한다. 반면 서양의 제도는 몇 가지 분야를 같이 공부할 수 있으니, 3년이면 가히 대체적인 내용을 터득할 수 있다. 대저 시대적 과제를 해결하거나 국가의 지도 방향을 결정하는 데 있어서는 제도가 기술보다 훨씬 유용하다. 하지만 서양의 제도를 익히는 사람은 서양 기술의 효용에 대해서도 어느 정도 이해해야 한다. 그래야 서양 제도의 성격과 의미를 이해할 수 있다.

셋째로 어린 소년을 교육시켜야만 한다. 산수를 배우는 사람은 정신력과 체력이 모두 재빠르고 날카로워야 한다. 지도는 시력이 좋은 사람이, 물리·화학·제조는 머리가 영민한 사람이, 외국어는 구강 구조가 깨끗한 사람

---

93 政書 : 典章制度의 沿革을 서술한 서적, 『通典』 『通志』 『文獻通考』의 三通으로 대표된다.

이, 체조는 체력이 강하고 건강한 사람이 배워야 한다. 중년 이상은 재능과 체력이 이미 감소되어 왕왕 학습 과정을 따라가지 못한다. 또한 주관이 이미 형성되어 허심탄회하게 받아들이기도 어렵다. 그리하여 학습의 성과가 더딜 뿐 아니라 깊이 있는 공부로 들어가지 못하기도 한다. 노력은 배로 들지만 효과는 현저히 못 미치는 것이다.

넷째로 팔고문(八股文)[94]을 가르치지 않는다. 학교에서 서양의 신학을 학습 과목으로 둔다면, 그것은 과거 팔고문을 익히는 것과 마찬가지인 셈이다. 하물며 이미 경서를 배웠고 여기에 더하여 역사·지리·정치·산수를 공부한다면 틀림없이 팔고문 작성에도 도움이 될 것이다. 그러니 서양 신학을 배우면 팔고문은 학생 스스로 집에 가서 익혀도 충분하다. 군이 학교에서 그 노력을 분산시키고 시간을 뺏어 팔고문을 가르칠 필요가 있겠는가? 주자(朱子)는, '과거 답안지의 문장 형식에 대해 조정의 당국자는 그다지 신경 쓰지 않는다. 수험생들이 스스로 조바심을 낼 뿐이다. 너희는 배우려 들지 않아도 된다.'[95]라고 말한 바 있다.

다섯째로 이익을 다투지 않도록 한다. 외국의 학교는 소학에서 대학까지 모두 등록금을 납부하도록 하여 숙식비와 학비로 사용한다. 학습 보조금은 지급하지 않는다. 중국 서원의 폐단 가운데 하나가 빈한한 독서인을 구제하는 장소로 잘못 인식된 점이다. 그래서 왕왕 공부보다는 보조금 지원을 노려 오는 사람들이 많았다. 이 때문에 학교의 본래 취지는 퇴색해 버리고, 걸핏하면 서로 보조금을 두고 세밀하게 따지고 싸우며 비방하게 되었다. 서원은 기강이 무너져 학문에 뜻을 두지 않게 되었으며 학규(學規)도 문란해졌다. 표절과 명의 도용이 난무하고 학교의 품격이란 것이 사라졌다. 지금 갑작스레 서양의 방식을 따를 수는 없지만 적절히 옛 제도를

---

94 八股文 : 명청시대 과거 시험에서 사용된 문체. 制藝·時文이라고도 불렸다. 전체 문장을 여덟 부분으로 구분하되 두 단락 씩 대비되는 구조를 갖추어야 했다.

95 『朱子語類』 권109에 나온다.

고쳐가야 한다. 학교에서 숙식을 제공하되 등록금을 납부하게 할 수는 없다. 생활 보조금도 더 이상 지원하지 않는다. 다만 북송 시대 국학(國學)의 분류 방법을 준용하여 매월 그 학업 성취도를 시험한다. 그리고 성적이 좋은 자에게는 장학금을 수여한다. 이렇게 하여 수년이 지나면 그 좋은 점을 알게 될 것이다. 그때 등록금을 납부하게 하여 소요 비용을 충당하도록 한다. 그러면 학교 숫자는 더욱 많아지고 인재도 더 많이 길러낼 수 있을 것이다. …(후략)…

출전 張之洞, 『勸學篇』, 「外篇」「設學」.

내용 '중국 학문을 근간으로 하여 서양 학문을 활용한다.'는 중체서용론은 청말 양무운동의 지도 이념이었다. 중국의 윤리 및 문사철(文史哲) 학문의 토대 위에서 서방의 과학 기술을 응용한다는 논리였다. 이러한 중체서용론은 1860년대 초 풍계분(馮桂芬)에 의해 최초로 제기된 다음 장지동(張之洞, 1837~1909)의 『권학편』(1895년 4월 출간)에서 체계적으로 정리되었다고 통상 일컬어진다. 하지만 이러한 관념은 양무운동의 주도자 사이에 일관되게 견지되고 있었다. 이를테면 이홍장(李鴻章, 1823~1901)은 1864년(同治 3) 4월, '중국의 문무 제도는 모두 서양보다 낫다. 화기(火器)만이 못 미칠 뿐이다.'라는 유명한 말을 하고 있다. 이른바 양무파 관료들은, 중국의 제도와 학술을 기반으로 하여 서양의 우수한 단면, 즉 무기와 공장 체계를 도입한다는 정책을 추구하였다. 그것이 바로 1860년대부터 1890년대 초에 추진된 양무운동이었다.

총리아문總理衙門의 설치

흠차대신 공친왕(恭親王)과 대학사 계량(桂良), 그리고 호부좌시랑 문상(文祥)이 아룁니다.

삼가 생각건대 서양 오랑캐의 발호는 가경(1796~1820) 연간에 싹이 튼 다음 난징 조약에 이르러 그 기세가 심히 거칠어졌습니다. 이어 올해 도성에 난입[96]하면서 더욱 심각해져서 오랑캐로 말미암은 재앙이 극단적인 상황에 이르렀습니다. 어떤 사람은 이전 시기의 오랑캐 문제를 거울 삼아 단호히 토벌하자고 주장하고 있습니다. 자고로 오랑캐를 통어하는 방법은 그것 외에는 없다고 말합니다. 하지만 신 등은 시세의 변화에 따라 대처해야 한다고 생각합니다. 현재 각국 오랑캐 가운데 영국은 강하고 사나우며 러시아는 예측이 어렵습니다. 프랑스와 미국은 슬며시 그들에 부회하고 있습니다.

삼가 생각건대 지난번 다구(大沽)에서 패배[97]하기 이전까지만 해도 그때는 토벌도 가능했고 또 한편으로 회유도 가능했습니다. 하지만 다구에서 패한 다음부터는 회유만 남을 뿐 토벌이 불가능해졌습니다. 오랑캐 군대가 도성에 들어온 후로는 싸우는 것도 수비하는 것도 모두 불가능해져서 토벌과 초무가 다 해롭게 되었습니다. 그러니 둘 가운데 적절히 그 경중을 판단하여 그때그때 상황에 따라 조치하며 목전의 다급함을 해결해가야만 합니다.

베이징 조약이 체결된 이후 영국과 프랑스는 텐진으로 물러났다가 다시 분분히 남으로 떠났습니다. 그들의 요구 사항은 베이징 조약만으로 모두 해결되었다 여기고 있습니다. 그러니 저들은 우리의 영토와 인민을 노리지 않는 것입니다. 저들을 신의로써 구슬러 잘 달래게 되면 스스로의 활동에 집중할 것입니다. 이러한 상황은 이전 시대와는 조금 다릅니다.

신 등이 천하의 국면을 종합해 보건대 지금 오랑캐에 대처하는 방안은 저 옛날 촉(蜀)이 오(吳)를 대했던 것과 비슷해야 된다고 여겨집니다. 촉은

---

96 1860년 10월 영불 연합군에 의해 청의 수도 베이징이 함락된 것을 가리킨다.
97 1860년 7월 영불 연합군 17,000명에 의해 다구 포대가 점령된 것을 가리킨다.

오와 원수였습니다. 그럼에도 제갈량이 정권을 담당하자 사신을 보내 우호 관계를 맺고 같이 위(魏)를 치기로 약속하였습니다. 그들도 어찌 하루라도 오를 병탄하고자 하는 마음을 버린 적이 있겠습니까? 하지만 진실로 형세(形勢)에 따라야만 하는 때와 그렇지 않을 수 있는 때가 있고 또 일에 급한 것과 그렇지 않은 것이 있습니다. 이를 알기에 그 분노의 마음을 안으로 참았습니다. 그렇지 아니하고 경솔하게 대립하였다면 그로 인한 재앙이 심히 컸을 것입니다.

지금 서양 오랑캐와의 관계를 비록 오와 촉의 사이에 비교할 수는 없으나 서로 원수라는 점에서는 동일합니다. 지금 오랑캐가 창궐하여 혈기가 있는 사람은 누구나 한 목소리로 원한을 토로합니다. 신 등은 의리에 대해서는 잘 알지 못하지만 어찌 국가의 대계를 잊을 수 있겠습니까? 지금 북방에서는 염비(捻匪)[98]가 치열하고 남방에서는 장발적(長髮賊)[99]이 횡행하고 있습니다. 군량은 고갈되었고 병사는 피폐해진 상태입니다. 서양 오랑캐들이 우리의 허약함을 노려 도발한다면 그들에게 제압될지도 모릅니다. 그러니 분함을 이겨내지 못하고 그들과 원수가 된다면 하루 아침에 큰 변고가 생길 것입니다. 또 만일 그들이 해악을 끼친다는 사실을 잊고서 전연 대비책을 세우지 않는다면 후손에게 근심을 남길 것입니다. 옛 사람들은, '화친은 임시방편으로 여기고 전쟁을 구체적인 실제 국면이라 생각하라.'고 하였습니다. 참으로 정확한 말이라 하겠습니다.

신 등이 생각하는 지금의 형세는 다음과 같습니다. 염비와 장발적으로

---

98 捻匪 : 태평천국과 거의 같은 시기 화북에서 일어난 농민층 중심의 대규모 반청 봉기. 1840년대 이후 지속된 황하의 범람 및 역병의 만연 등이 직접적인 영향을 미쳤다. 구심점이 없이 5개 집단이 느슨한 연합체를 구성하여 활동하였다. 이 때문에 청의 정규군이나 湘軍을 위시한 鄕勇의 공격에 매우 취약한 면모를 보여, 대략 1860년대 후반까지 대부분 진압되기에 이른다.

99 長髮賊 : 태평천국에 대한 청조측의 지칭. 변발을 거부하였기에 붙여진 칭호이다.

인한 난리의 중첩은 가슴 한복판의 근심거리입니다. 러시아는 영토가 맞닿아 있고 우리 중국의 땅을 잠식하려는 뜻을 지니고 있으니 주액(肘腋)[100]의 우환입니다. 영국은 통상에 뜻을 두고 있지만 사납고 도리를 지키지 아니하니, 제지하지 아니하면 우리에게 많은 피해를 입힐 것입니다. 그러니 지체(肢體)의 고통 거리입니다. 따라서 장발적과 염비의 소탕이 최우선이요, 러시아에 대한 대처가 그 다음이요, 영국에 대한 대응이 또 그 다음입니다.

은밀하게 사나운 기세를 꺾어야 곧이어 토벌을 실행에 옮길 수 있습니다. 만일 하늘이 재앙을 걷어가서 장발적과 염비가 소탕된다면, 폐하의 명찰(明察)에다가 신 등이 어리석으나마 힘을 더하여 능히 성취를 이룰 수 있을 것입니다. 지금 당장의 대책으로는 조약을 잘 준수하며 밖으로 서양 오랑캐와 신의와 우호를 돈독히 하는 것입니다. 그로써 저들을 은밀히 구슬리면, 수년 사이에 설령 무슨 추가 요구가 있다 하더라도 큰 해가 되지는 않을 것입니다.

삼가 현재의 전체 형세를 헤아려 다음의 여섯 가지 사항을 보고합니다. 폐하께서 살펴보아 주시기 바랍니다. 그리고 조령을 내려 왕대신(王大臣)[101]으로 하여금 숙의토록 해 주십시오. 만일 재가를 내리신다면 신 등이 즉시 그에 따라 처리해 가도록 하겠습니다. 그 나머지의 번쇄한 사무 가운데 혹시 중요한 일이 생길 경우에는 수시로 다시 상주하겠습니다.

첫째로 경사(京師)에 총리각국사무아문(總理各國事務衙門)을 설립하여 업무를 전담케 하여 주십시오. 지금까지 외국 관련 업무는 각지 독무(督撫)[102]가 재량적으로 처리하고 그 결과를 군기처(軍機處)에 보고하는 구조였습니

---

100 肘腋 : 팔꿈치와 겨드랑이.

101 王大臣 : 親王 및 大臣. 청조 권력의 핵심을 구성하는 종실과 주요 귀족, 侍衛 近臣을 가리킨다.

102 督撫 : 總督과 巡撫.

다. 그런데 근래 각지에서 외국과 관계된 군사 보고가 끊이지 않을 뿐더러 기타 외국 사무도 두서없이 혼란스러워졌습니다. 이제 외국인이 경사에 주재하게 될 경우 전담 부서를 두어 신중하게 처리토록 해야 할 것입니다. 그렇지 아니하고 대처가 늦어지면 적절한 때를 놓치게 될 수도 있습니다. 총리각국사무아문은 왕대신으로 하여금 통할하도록 하는 것이 좋습니다. 혹은 군기대신(軍機大臣)[103]이 폐하의 뜻을 받들어 그 직무를 아울러 통할해도 좋을 것입니다. 이렇게 겸직을 시켜야 이견이나 착오가 생기지 않을 것입니다. 또한 별도로 건물을 마련해 주어 업무처리에 편의를 기하는 한편 외국인을 접견하기에도 불편이 없도록 해 주십시오. 그 부서의 관원은 내각과 육부·도찰원(都察院)·군기처의 장경(章京)[104] 가운데 만주족과 한족을 각각 8인 씩 선발하여 돌아가며 담당시킵니다. 그리고 군기처의 방식에 따라 업무를 담당하도록 합니다. 이후 군사적 현안이 모두 진정되고 외국 사무도 간소해지면 이 기구를 폐지하는 것이 좋습니다. 그리하여 그 업무를 군기처에 귀속시킴으로써 예전의 제도로 복귀하면 됩니다. …(후략)…

출전 『籌辦夷務始末』, 咸豐朝, 권71.

내용 1861년(咸豐 10) 1월 11일 공친왕 등이 함풍제에게 올린 상주문이다. 이 상주에 따라 3월 1일 총리아문(總理衙門, 總理各國事務衙門의 약칭)이 설립되었다. 이전까지 이무(夷務), 즉 외국 관련 업무는 양광총독의 전판(專辦, 전결 사항)이었다. 이 때문에 영국, 프랑스 등 각국은 불편을 느끼고 여러 경로를 통해 청조에 외교 업무를 관장할 중앙 상설 기구의 설치를 요구하였다. 이러한 외국의 요청을 받아들여 마침내 총리아문을 개설하게 되는 것이다. 이로부터 청조는 서양 제국과의 원활한 교섭 관계를 유지하며 서양의 과학 기술 도

---

103 軍機大臣 : 軍機處의 장관. 3인 이상의 복수로 구성되으며, 大學士·尙書·侍郎 등이 임용되는 겸직이었다.

104 章京 : 문서 처리를 주업무로 하는 문관.

입에 적극적인 자세를 취하게 된다. 이 때문에 통상 총리아문의 개설을 양무운동의 기점이라 평가한다. 총리아문은 최초 영국 부서, 프랑스 부서, 러시아 부서, 미국 부서만 있었으나 1883년 해방(海防) 부서가 증설되었다. 1894년에는 해방 부서가 일본 부서로 개칭되었다. 총리아문은 1901년 청이 열강과 체결한 신축조약에 따라 외무부로 개칭되었다.

서양 함선과 대포의 구매

폐하의 지시에 따라 삼가 상주문을 올려 방책을 아뢰니 살펴보아 주시기 바랍니다.

신은 삼가 다음과 같은 군기대신자기(軍機大臣字寄)[105]를 받들었습니다.

"1861년(함풍 11) 5월 30일 아래의 상유가 내려졌다.

'공친왕(恭親王) 혁흔(奕訢) 등의 상주에 따라, 프랑스로부터 총포를 구매하고 또 기술자를 파견하여 그 제조 방법을 배워오게 하였다. 증국번(曾國藩)과 설환(薛煥)[106]으로 하여금 그 업무를 담당토록 하였다. 오늘은 다시 혁흔 등이 상주하여 함선과 대포의 구매를 청원하였다. 그들의 상주문에 따르면 장강 일대에 수군을 배치하여 두었으나 방어할 수 있는 선박이 전혀 없다고 한다. 그리하여 도적[107]들의 양식 운반을 차단할 수 없을 뿐만 아니라 쑤저우(蘇州)와 창저우(常州)로부터 진격하여 도적을 소탕하는 것도 불

---

105 軍機大臣字寄 : 청대에 시행된 기밀 문서의 형식. '軍機大臣의 명의로 발송하는 上諭'라는 의미로서 字寄라고 略稱하였다. 대부분 각지의 督撫와 欽差大臣 등 최고급 관료에게 하달되었다.

106 薛煥(1815~1880) : 양무운동 선구자의 한사람. 1861년 당시 江蘇巡撫 겸 署兩江總督의 지위에 있었다.

107 태평천국을 가리킨다.

가능하다고 말하고 있다. 이 때문에 도적의 위협으로부터 장강의 북방도 위태로울 수 있다는 것이다.

한편 로버트 하트[108]의 보고에 의하면 소형 기선 10여 척을 구매하고 여기에 최신 대포를 장착하는 데 수십만 냥이면 된다고 한다. 그 항해 기술도 광둥과 상하이 등지에서 중국인을 선발하여 적절히 학습시키면 충분하다고 한다. 여기에 덧붙여 외국인을 고용하여 조타실 및 대포 관리의 총책임을 맡기면 된다고 주장하고 있다. 그 구입 비용도 먼저 절반만 지급하고서, 구매하여 시험해 본 다음 나머지를 지급하면 된다고 한다. 그마저 아편과 관련한 세금으로 충당할 수 있을 것이라 한다. 현재 아편은 입항한 후 신고서에 의거하여 세관에서 상자 당 각종 세금 45냥을 징수한다. 이어 수입된 다음에는 어디에 가서 판매하든 해당 지방의 관아로부터 증빙서를 발급받아야 된다. 그러면 상인들이 공문서를 수령할 때 수수료를 내는 방식에 따라 소정의 은을 납부한다. 이 과정이 적절히 관리될 경우 세관에서 징수하는 세금 이외에 매년 은 수십만 냥이 확보된다. 이것을 함선과 대포 구입 비용으로 할당해 두면 족히 충당할 수 있을 것이다. 지금 로버트 하트는 톈진으로 돌아간 상태이나, 그에게 명하여 함선과 대포의 구매에 필요한 비용을 정리하여 문서 형태로 보고하라 명해 두었다.

현재 동남 일대에서 도적의 기세는 대단히 드센 상태이다. 만일 서양으로부터 함선과 대포를 구입할 수 있다면 도적의 소탕에 큰 힘이 될 것이다. 다만 각지에 있는 군대에 대한 지원이 충분하지 않다. 이에 대한 재정적 고려와 대비를 충분히 염두에 두며 구매 비용을 마련해야 한다.

공친왕 혁흔 등은, 먼저 상하이와 광둥의 각 세관에서 그 구매의 선금을 염출한 다음 후일 지방 관아의 아편 증빙서 대금을 취합하여 잔금을 치루

---

108 로버트 하트(Robert Hart 1835~1911) : 영국인으로서 1861년부터 1908년까지 중국 세관의 총세무사 직위에 있던 인물.

자고 말하고 있다. 또한 로버트 하트에게 공문서를 주어 구매를 진행시키는 것이 좋다고 말한다. 함선이 인도되면 광둥과 장쑤(江蘇)의 총독과 순무에게 보내, 중국인을 고용하여 그 운행 기술를 학습시키자고 주장하고 있다. 이에 따라 노숭광(勞崇光)[109]·기령(耆齡)[110]·설환 등에게 알려 미리 적절히 대책을 세워두라고 하명하였다. 군대의 배치 및 부대 통솔, 그리고 육로를 통한 진격 등은 관문(官文)[111]·증국번·호림익(胡林翼)[112]에게 명하여 적절히 처리토록 하였다. 함선이 도착하게 되면 그 운용 방법도 논의하여 상주하라 하였다.

도적으로 말미암은 내부의 우환이 제거되면 외국도 감히 중국을 경시하지 못하게 될 것이다. 그러니 함선과 대포의 구매는 실로 대세에 크게 유익할 것이다. 각지의 총독과 순무들은 마땅히 전심을 다해 준비하여 그 실행에 만전을 기하라. 그리고 국난에 임하여 두려워 떨며 구차하게 안일을 구하려 말지어다. 공친왕 혁흔 등의 상주는 여러 부본을 만들어 두루 열람시키라.'

폐하의 뜻이 이와 같으니 그 명에 따라 실행하라."

폐하의 주도면밀한 판단, 즉 안내양외(安內攘外)[113]의 의미를 잘 우러러 살펴보았습니다.

현재 반역의 도당들은 난징에 정도한 채 장쑤(江蘇)·저장(浙江)·안후이(安徽)·후베이(湖北)·장시(江西) 등지를 점거하고 있습니다. 장강 연안에 있는 저들의 점령지 가운데 우리가 반드시 빼앗아야 할 곳은 난징과 안칭(安慶),

---

109 勞崇光(1802~1867) : 兩廣總督의 직위에 있었다.

110 耆齡(1804~1863) : 廣東巡撫의 직위에 있었다.

111 官文(1798~1871) : 湖廣總督의 직위에 있었다.

112 胡林翼(1812~1861) : 湖北巡撫의 직위에 있었다.

113 安內攘外 : 내부를 안정시킨 다음 외환에 대처한다는 것. 즉 먼저 태평천국을 진압한 다음 외국의 侵冒에 대응하는 것을 가리킨다.

우후(蕪湖) 세 군데입니다. 장강과 떨어져 있는 지역으로 우리가 반드시 빼앗아야 할 곳은 쑤저우(蘇州)와 뤼저우(廬州), 닝궈(寧國) 세 군데입니다.

장강과 떨어져 있는 지역의 공략에 필요한 장비는 거룻배와 장룡(長龍)[114]이면 됩니다. 하천 지류의 작은 포구라면 언덕이 높을 뿐더러 다리가 많아, 거룻배나 작은 배라 할지라도 제대로 그 효용을 발휘할 수 없습니다. 하물며 거대한 기선이 드나들 수 없다는 것은 폐하께서 분명히 통찰하고 있으실 것이라 생각됩니다. 반면 장강 연안의 세 지역은 작은 기선이 충분히 드나들 수 있으나, 그것으로는 물 위에 있는 도적을 제압할 수 있을 뿐입니다. 강 기슭 너머에 있는 도적은 소탕할 수 없습니다. 저들이 장강을 넘어 북진하는 것을 막기 위해서는 그 물자 공급을 차단해야 합니다. 하지만 장강이 너무 길기에 모든 곳을 방비하기는 어렵습니다. 현재 저들의 기세가 비록 드세지만 장강을 제압할 수 있는 기선은 지니고 있지 못하여 우리 수군과 대적하지 못 합니다. 신은 지난 겨울 상주문을 하나 올려서, '난징에서 장발적이 횡행하고 있으나 그것은 육지에서의 일이요, 바다에서의 일은 아닙니다. 안후이와 장쑤(江蘇)의 관군이 허약하지만 그 또한 육지에서의 일이요, 바다에서의 일은 아닙니다.'라고 아뢴 바 있습니다. 모두 실제 정황에 근거한 보고입니다.

공친왕 혁흔 등이 상주하여 함선과 대포의 구매를 요청하였습니다. 이는 현재의 위기를 타개할 수 있는 최고의 급무입니다. 무릇 내가 지니고 있지만 남이 지니고 있지 못하는 것에 의지하여 뽐내는 것이 세상의 관행입니다. 익숙한 것에는 심드렁하지만 처음 보는 것에 놀라는 것 또한 세상의 관행입니다. 기선의 재빠른 속도와 대포의 원거리 타격은, 영국이나 프랑스가 그들만 지니고 있다고 뽐내는 것이요, 또 우리 중국은 처음 보기에 놀라워하는 대상입니다. 만일 이것들을 계속 구매하여 우리 것으로 만든

---

114 長龍 : 중국의 구식 장총.

다면, 중국도 익숙해져서 놀라지 않게 될 것이고 영국과 프랑스 또한 점차 그 믿는 바를 잃게 될 것입니다.

강희(1662~1722)·옹정(1723~1735) 연간 윈난(雲南)의 구리가 중앙에 운송되지 않을 때, 상인에게 명하여 해외로부터 구리를 수입하여 베이징의 구리 용기 제조에 대게 하였습니다. 그렇게 수십 년이 지났지만 아무런 폐해가 발생하지 않았습니다. 하물며 지금은 조약이 체결되어 중국과 외국 사이에 무역이 행해지며 필요 물자를 활발하게 거래합니다. 외국의 물건을 구매하는 것에 명분상 아무런 저해 요소가 없습니다. 구매가 완료된 후 깊은 견식이 있는 지식인 및 재주가 뛰어난 기술자를 모집하여 그것에 익숙해 지게 하고, 이어 직접 제조할 수 있게 유도해야 합니다. 그렇게 한두 해가 지나면 기선은 필시 내외의 관원과 백성이 두루 이용하는 물건이 될 것입니다. 나아가 이를 통해 장발적을 토벌하고 또 국가의 장대한 계획을 도모할 수 있을 것입니다. 폐하께서 유지를 내려, '그 실행에 만전을 기하라. 그리고 국난에 임하여 두려워 떨며 구차하게 안일을 구하려 하지 말지어다.'라고 이르셨습니다. 우러러 폐하의 깊이 있는 성찰과 용단, 그리고 해박한 지식 및 국가 대사의 이해에 대하여 감복할 따름입니다.

군대의 배치 및 부대 통솔에 대하여 아룁니다. 서양 함선이 안칭과 한커우(漢口)에 도착하면 매 함선마다 서양인 서너 사람을 고용하여 그 조타실 및 대포 관리의 총책임을 맡도록 하겠습니다. 그 나머지는 후난(湖南)의 수군 가운데 날랜 병사로 하여금 운행을 배우도록 하고 또 대포의 관리와 발사법 또한 후난의 병사로 하여금 익히게 하겠습니다. 이들이 비록 단기간에 숙련되지는 않겠지만 교습을 통해 점차 익숙해 질 것이라 판단됩니다. 부대의 통솔과 관련하여서는 현재 수군의 장수 가운데 적절한 인물을 선발하고 있습니다. 신과 관문, 호림익이 상의하여 적절한 때에 그 결과를 상주토록 하겠습니다.

바라기는 내지의 백성과 군사들이 모두 지혜로운 자는 마음을 다하고

용기 있는 자는 힘을 다하게 되면 좋겠습니다. 그리하여 능력과 재주를 다 발휘함으로써 점차 떨치고 일어나 폐하의 심모원려에 부응하게 되기를 바랍니다.

폐하의 지침을 준수하여 준비하고 의논한 사항을 삼가 상주문으로 구성하여 역전(驛傳)을 통해 아룁니다. 삼가 엎드려 폐하께서 읽으시고 훈시하여 주시기 바랍니다. 삼가 아뢰었습니다.

출전 『曾國藩全集』, 「奏稿」 권 14, 「覆陳購買外洋船炮摺」.

내용 양무운동을 추진한 중심 세력은 태평천국 진압 과정에서 부상한 한인 관료들이었다. 태평천국이 폭발하였을 때 청의 정규군인 팔기나 녹영(綠營)은 거의 아무런 대응을 하지 못하였다. 증국번, 이홍장을 중심으로 하는 한인 관료 및 이들을 매개로 한 지주층의 지원에 의해 가까스로 청조 지배 체제의 위기를 극복할 수 있었다. 증국번, 이홍장 등은 태평천국의 진압 과정에서 서양 무기 체계의 우수성을 절감하였다. 그리하여 일찍부터 함선과 대포 등 서양 무기의 도입 필요성을 적극적으로 개진하였다. 중앙 정부에서 이들과 보조를 같이하며 양무운동을 선도한 인물은 공친왕 혁흔과 대학사 계량(桂良), 문상(文祥) 등이었다. 그들은 청조 지배 체제의 유지를 위해 서양 근대 병기의 도입이 필요하다는 주장에 적극 동조하였다.

서양식 무기의 제조

총리각국사무아문의 공친왕 등이 아룁니다.

총리아문에서는 올해(1866) 7월 6일 상주하여 직예(直隸) 일대의 군비를 확충해야 한다고 아뢰었습니다. 이 상주문과 부편(附片) 속에서, '무기 제작을 위해 공장을 개설하고 장인을 모집하는 일을 우선 강구해야 합니다. 도성이나 톈진에 관료를 파견하여 제조 업무를 전담케 하고 모두 칙명으로 시행하도록 해 주십시오.'라고 청원하였습니다. 이에 대해 오늘 군기대신이, '열람하였다. 그대로 시행하라.'라는 칙지를 전달하였습니다. 현재 병부에서는 회의를 열어 군대를 훈련하고 병기를 조달하는 규정을 입안하였습니다. 그 가운데 직예성에서 관원을 파견하여 톈진에 공장을 짓고 병기를 제작하게 하는 조항이 들어 있습니다.

신 등은 군대를 조련하는 데 있어 병기의 제작이 최우선 업무라 생각합니다. 과거 중국의 병기는 필요가 있을 때마다 각지에서 장인을 선발하고 자재를 구입하여 세심하게 제작해 왔습니다. 바다 멀리 출정할 경우 대포와 탄약, 그리고 각종 무기는 군사 활동의 최고 관건이 됩니다. 신기영(神機營)은 지금 위원대(威遠隊)를 두고 있는데[115] 우수 무기가 더욱 절실합니다.

중국에서는 현재 장쑤성(江蘇省)에만 탄약 공장 세 개를 개설하였는데 점차 그 효과가 두드러지게 나타나고 있습니다. 하지만 이곳에서의 제작만으로 모든 지방의 수요를 맞출 수는 없습니다. 지금 직예에서 군대를 증설하고자 하고 있습니다. 마땅히 가까운 지방인 직예에서부터 무기 제조 공장을 만들어가야 할 것입니다. 이 지역의 해군 무기 체계가 완비되면 이를 바탕으로 실력을 육성하여 다방면으로 이용할 수 있습니다. 유사시에는 다른 지역에 가서 군대를 데려오는 것보다 군수 물자의 조달도 용이할 뿐더러 동원 자체가 대단히 편리하게 됩니다.

중국인 중에는 본디 총명하고 영리한 인재가 적지 않습니다. 일을 시작할 때에는 서양인 가운데 기계에 익숙한 자 몇 사람을 잠시 고용하는 것이 불가피합니다. 그 아래 중국인을 고용하여 학습시킵니다. 그리고 서양인으로 하여금 각기 자신의 장기 내지 비법을 전수하도록 합니다. 이러한 상

---

115 神機營은 청대 아편전쟁 후 설립된 부대. 서양식 무기로 무장하였기에 洋槍隊라고도 불렸다. 그중 최고 정예 부대가 威遠隊였다.

태에서 중국인 학습자가 노심초사하여 정밀하게 습득해 간다면 머지않아 스스로 제작할 수 있게 될 것입니다. 그렇게 되면 우리는 전쟁에 임하여 무궁한 효용을 얻게 될 것이요, 또 저들 서양인이 수시로 위협하는 걱정도 사라지게 될 것입니다.

신 등은 공동으로 협의하여, 텐진에 공장을 설립하고 이곳에서 해군 관련 각종 무기를 제작토록 하는 것이 좋다고 판단하였습니다. 그리고 몇 명의 서양인을 고용하여 교습을 시키는 한편, 몇 명의 관료를 파견하여 감독하도록 하고, 또 몇 명의 사람을 선발하여 학습토록 합니다. 아울러 이를 관리하는 관련 부서를 하나 혹은 몇 개 설립합니다. 교습인 및 학습인 몇 명의 급여, 이들의 숙식 비용, 재료비 및 기타 잡다한 비용 등은 삼구통상대신(三口通商大臣)[116] 숭후(崇厚)로 하여금 성의를 다해 지급하도록 했습니다. 이러한 규정은 총리아문의 회의에서 결정하였습니다. 이와 관련한 일체의 비용은 삼구통상대신이 지급하되 관세 관련 규정 아래 정식 지출 항목의 하나로 설정하였습니다.

공장의 설립 이후에는 수시로 그 능력에 대한 시험을 쳐서 우열에 따른 상벌을 가하도록 규정하였습니다. 이를 통해 장려와 징계를 보임으로써 응분의 댓가를 받게 한 것입니다. 이러한 규정은 모두 실제 효과를 도출하여 서양인과 같은 무기를 얻고자 하기 때문입니다. 그리하여 소기의 목적을 달성하게 되면 저들이 이전과 같이 무기를 믿고 멋대로 하지 못할 것입니다. 이를 통해 저들에 대한 통제도 가능해지고, 앞으로 서양인으로부터 받을 모욕도 사라지게 될 것입니다.

---

[116] 三口通商大臣 : 總理衙門 휘하에 설치된 두 大臣 가운데 하나. 나머지 하나는 南洋通商大臣이다. 三口通商大臣은 天津에 주재하며 牛莊·天津·登州의 通商 사무를 관장하였다. 1870년(同治 9) 11월 三口通商大臣은 철폐되고 洋務 및 海防 업무는 모두 直隷總督이 兼掌하게 되었다. 이후 直隷總督은 北洋通商大臣(北洋大臣)이라는 직함을 겸직하게 된다.

출전 『籌辦夷務始末』, 同治朝 권 44, 奕訢 等,「請在天津設局制造軍火機器摺」.

내용 공친왕 혁흔 등이 1866년(동치 5) 10월 8일에 올린 상주문이다. 이에 따라 이듬해 청 중앙정부가 직할하는 형태로 톈진기기제조국(天津機器制造局, 天津機器局이라 略稱)이 설립되었다. 최초의 명칭은 군화기기총국(軍火機器總局)이었으며 설립 비용은 20여만 냥에 달하였다. 그 규모는 강남제조국(江南制造局)에 버금갈 정도로서 양무기업의 대표 가운데 하나가 되었다. 톈진기기국은 1870년 이홍장이 직예총독 겸 북양대신에 취임한 이후 그 관할 아래 속하게 되었다. 고용된 노동자 숫자는 평균 2천여 명에 달하였다. 특히 1883년의 청불전쟁과 1894년의 청일 전쟁 시기에는 밤낮으로 공장을 가동하며 탄약 및 각종 무기를 만들어 청 군대에 제공하였다. 그 후 의화단 사건 시기인 1900년 8개국 연합군이 톈진을 점령하면서 톈진기기국은 심대한 파괴를 당하고, 이후 폐쇄되기에 이른다.

2

개항과 근대화 운동 2

(1) 청일 전쟁

전쟁 발발 직전 러시아의 중재

6월 29일의 전보에 답합니다.

이홍장과 담판을 나누었습니다. 중국 및 일본 양국으로 하여금 조선에서 동시에 군대를 철수시키기 위해 우리 나라가 조정하고 있다는 사실에 대해 중국도 이미 잘 이해하고 있었습니다. 또한 그것이 전쟁을 피할 수 있는 유일한 방도라는 사실도 알고 있습니다. 우리의 노력이 효과를 거두기 위해서는 중국이 한 가지 사실을 인정해야 합니다. 바로 우리 러시아가 중국·일본 양국과 마찬가지로 조선 내부의 문제를 해결하는 데 있어 권리를 지니고 있다는 사실입니다.

이홍장은 우리에게 도움을 요청하였습니다. 일본으로 하여금 러시아와 중국 양국이 공동으로 조선의 개혁을 시도하고 있다는 점에 동의하도록 하는 것입니다. 이 개혁을 위해 중국과 일본 양국의 군대는 철수해야만 합니다. 저는 히트로보[1]가 일본으로 하여금 이 사항을 받아들일 수 있도록 전력을 다해 노력할 것이란 사실을 믿습니다. 이 사항은 우리 나라 및 일본 모두에게 대단히 유리합니다. 이렇게 합의할 경우 조선의 질서가 향후에도 유지될 수 있을 것입니다. 조선 내 중국의 우월한 지위와 세력도 사라질 것입니다. 아울러 어떠한 열강도 새로이 조선을 침범하는 것을 방지하는 유일하면서도 유력한 보증 수단이 될 것입니다.

출전 翦伯贊·鄭天挺 主編, 『中國通史參考資料』(近代部分, 修訂本), 「中日戰爭」, 「俄國駐北京公使致俄外交大臣電」.

내용 청일 전쟁 발발 직전인 1894년 7월 3일, 베이징 주재 러시아 공사가 러시아 외교대신에게 보낸 전보이다. 당시 청과 일본 양국은 동시에 조선으로 군대를 파견한 상태였다. 하지만 일본의 병력이 청에 비해 숫적으로 훨씬 우위에 있었다. 청은 러시아 측에 조정을 요청하고, 이에 따라 러시아는 조선 내 청과 일본 양국 군대의 동시 철병을 유도하려 노력하였다. 하지만 일본은 이를 받아들이지 않고 경복궁을 장악한 다음 일방적으로 조선의 내정 개혁인 갑오경장을 선포해 버렸다.

---

1 히트로보(M. Hitrovo) : 1894년 당시 러시아의 주일본공사.

풍도豐島의 해전

1894년 4월, 이홍장은 칙명을 받들어 해군을 사열하였다. 남양(南洋) 함대의 남침(南琛)·남서(南瑞)·경청(鏡淸)·환태(寰泰)·개제(開濟)·보민(保民) 등 6척, 광둥(廣東)의 광갑(廣甲)·광을(廣乙)·광병(廣丙) 등 3척이 모두 웅장하게 집결하였다. 사열이 종료된 후 이홍장은 톈진으로 돌아갔으며 남침호 등 6척은 남양으로 복귀하였다. 광갑호는 광둥으로 복귀하였다. 후일 광갑호는 광둥에서 해마다 공납하는 여지(荔枝)를 싣고 톈진에 왔다가 그대로 웨이하이(威海)에 머물렀다. 광을호·광병호는 웨이하이에 머물렀다.

4월 말, 조선의 전라도 전주가 반란군에게 함락되어 구원을 청하였다. 6월 4일, 이홍장은 우리 해군의 제원함(濟遠艦)[2]으로 하여금 양위호(揚威號)와 평원호(平遠號)를 이끌고 조선에 가서 구원하게 하였다. 이들 함선은 인천에 정박하였다. 그 얼마 후 남부에서의 군사 작전을 지원하기 위해 초용호(超勇號)에 섭사성(聶士成)의 군대를 태우고 아산으로 갔다. 9일, 상선인 해안호(海晏號)와 해정호(海定號)가 엽지초(葉志超)[3]의 군대를 싣고 인천에 도착하였다. 이홍장은 엽지초의 군대가 소수이므로 양위호에 탑승하여 아산으

---

2 濟遠艦 : 순양함으로 북양 함대의 주력 함대 가운데 하나. 배수량 2,300톤으로서 독일에서 건조되어 1885년 북양 함대에 인도되었다.

3 葉志超(1838~1901) : 청일 전쟁의 발발 직전인 1894년 6월, 병력 2천 명을 이끌고 조선에 파견되었다. 하지만 아산 전투 및 평양 전투에서 잇달아 패전하였다. 귀국 후 청 정부는 그 책임을 물어 관직을 삭탈하였다.
참고로 본 역서에서는 '葉'이 성으로 쓰일 경우 '섭'이 아닌 '엽'으로 표기한다. 이와 관련하여 국내 일부 논자들이 '섭'이라 고집하는 사례가 적지 않다. 하지만 남송시대 인물인 鄭樵(1103~1162)의『通志』「氏族略」에는, "葉氏는 옛 발음이 攝과 동일하였지만, 후세에 나뭇잎의 葉字와 같아졌다."라고 기술하고 있다. 남송보다 훨씬 이전부터 성씨로서의 '葉'은 '엽'이라 발음되고 있었던 것이다. 뿐만 아니라 우리 先人들 역시 이러한 사실을 알았기에 '섭'이 아닌 '엽'이라 발음하였다. 이에 대해서는 근대 한학의 대가였던 卷宇 洪贊裕 선생이나 靑溟 任昌淳 선생도 분명히 지적한 바 있다.

로 가서 초용호와 합류하라 명하였다. 당시 인천에 있는 우리의 군함은 제원함과 평원호 두 척뿐이었다. 반면 일본의 군함은 마쓰시마(松島)·야에야마(八重山)·지요다(千代田)·야마토(大和)·아카기(赤城)·쓰쿠시(筑紫) 등 6척이 항만에 정박해 있었다. 이후 일본 군함은 날마다 육군 병력을 태우고 인천항에 도착하였다. 어뢰와 기뢰(機雷), 전깃줄, 부교(浮橋), 군마 등도 분분히 실어 날랐다. 인천에 정박 중인 전함은 우리보다 늘 3배나 많았다.

17일, 제원함의 함장 방백겸(方伯謙)이 닻을 올리고 도망하여 돌아와 버렸다. 초용호 역시 웨이하이로 돌아왔다. 정여창(丁汝昌)[4]은 일본 군대가 조선에 많은 것을 전보로 이홍장에게 보고하였다. 이홍장은 일본이 중국과 개전할 리는 만무하다고 말하였다. 그리고 정여창에게 전보를 보내, 다만 각 군함의 함장들에게 일러 병사들이 육지로 올라가는 것을 단속하라고 지시하였다. 그리하여 일본과의 사이에 문제가 발생하지 않도록 하였다.

19일, 진원함(鎭遠艦)[5]에 명하여 광병호 및 초용호를 이끌고 인천으로 향하게 하였다. 인천에는 22일 도착하였다. 이 무렵 왜인 관련 사태가 더욱 엄중해져서 평원호는 조선 주재 도원(道員)[6] 위안스카이의 권속(眷屬)을 태우고 중국으로 돌아왔다.

7월 1일, 이홍장은 조선에 있던 모든 함선을 중국으로 불러들였다. 이후

---

4 丁汝昌(1836~1895) : 매우 빈궁한 가문 출신으로 일찍이 태평천국에 참가하였다가 이윽고 湘軍에 투항하였다. 그리고 그 얼마 후 다시 淮軍에 가담하였다. 이후 이홍장에 의해 발탁되어 북양 해군의 제독으로 승진하였다. 청일 전쟁의 막바지 무렵 山東의 威海衛 전투에서 북양 함대를 이끌고 일본군의 포위 공격에 맞서 끝까지 항전한 것으로 유명하다. 최후에는 일본군 함대의 사령관 伊東祐亨의 항복 권유를 뿌리치고 음독 자결하였다.

5 鎭遠艦 : 북양 함대의 주력함 가운데 하나. 배수량은 7,335톤이었다. 독일에서 건조되어 1888년 북양 함대에 편입되었다. 청일 전쟁 시기 일본군에 노획되어 이후 일본 군함으로 사용되었다.

6 道員 : 省의 督撫와 府의 知府 사이에 위치한 지방 장관으로 官品은 정4품. 督糧道·管河道·海關道·驛傳道 등이 여기에 해당하였다. 道臺라고도 불렸다.

조선 영내에는 중국의 함선이 마침내 하나도 없게 되었다.

7월 초순, 왜인들이 조선의 왕을 사로잡고 한강 입구에 기뢰를 무수히 부설하여 바닷길이 막혔다. 당시 엽지초 등이 고립된 군대를 이끌고 아산에 주둔해 있었다. 이홍장은 강자강(江自康)에게 명하여 인자영(仁字營)[7]을 이끌고 가서 도우라고 하였다. 강자강의 군대는 애인호(愛仁號)와 비경호(飛鯨號)라는 두 작은 상선으로 하여금 싣고 가게 하였다. 또 영국의 상선인 고승호(高陞號)를 임대하여 북당(北塘)[8]의 방어를 담당하던 2개 영(營)[9]을 실어 나르게 하였다. 더불어 작은 수송선인 조강호(操江號)에 대포 등 무기를 싣고 함께 조선을 향해 출발하게 하였다. 이들 선박을 호위하기 위해 제원함 등의 군함도 같이 출항하였다.

7월 22일, 제원함과 광을호 두 척의 군함과 함께 연습선인 위원호(威遠號)도 아산으로 향하였다. 이튿날, 제원함 등 3척과 애인호, 비경호가 모두 아산의 섬에 도착하였다. 이날 영국 군대가 우리 측에게, '일본 함대가 곧 공격해 올 것이다.'라고 알려주었다. 이에 위원호는 목제 연습선인 관계로 먼저 출항하였다.

제원함과 광을호가 웨이하이를 출발할 때 정여창은 이홍장에게 전보를 쳐서, 우리 해군 대부대를 이끌고 가서 지원하자고 요청한 바 있었다. 24일, 불이 타오르고 전함 등이 오가며 전쟁이 막 터지려 하는 시점이었음에도 불구하고 이홍장은 전보를 묵살하여 해군이 출동하지 못하였다.

7월 25일 새벽 4시 경, 제원함과 광을호가 아산으로부터 출항하였다. 아

---

7 仁字營：遼寧省 營口에서 新募한 군대로 총 5營에 2,500명으로 구성되었으며 提督 江自康에 의해 통솔되었다. 仁字虎勇이라고도 불렸다.

8 北塘：北塘의 포대로서 톈진의 海口에 위치하여 북방의 海防을 담당하던 요새. 19세기 말 大沽砲臺와 서로 호응하는 형세를 구축하였다. 의화단 운동 이전까지 義勝營·仁富營·右營·左營·仁正營의 5개 營 편제로 되어 있었다.

9 營：대대에 해당하는 부대 단위로서 약 500명으로 구성되었다.

침 7시 반 인천을 돌아 풍도의 서북쪽에 다다랐을 때, 멀리 왜군의 군함 요시노(吉野)·나니와(浪速)·아키쓰시마(秋津洲) 등이 바다를 가로질러 오고 있는 것이 보였다. 이들과 서로 포격을 주고받으며 1시간 정도 전투를 벌였다. 광을호는 큰 타격을 받아 옆으로 기울어졌으며 30여 명이 전사하고 40여 명이 부상을 당하였다. 이에 어쩔 수 없이 동북방으로 달아났다. 제원함은 철제라서 견고했으므로 큰 손상은 당하지 않았으나 역시 수많은 포탄을 맞았다. 함선의 망루와 전방의 포대에 포탄이 명중되었으며, 대부도사(大副都司) 심수창(沈壽昌), 이부수비(二副守備) 가건장(柯建章), 학생수비(學生守備) 황승훈(黃承勛), 군공(軍功) 왕석삼(王錫三), 관기(管旗) 유곤(劉鵾)이 전사하고 그밖에도 수십 명이 전사하였다. 이에 제원함도 서북방으로 달아났다.

그 무렵 우리의 수송선인 조강호와 영국에서 임대한 상선 고승호가 도착하였다. 왜군의 쾌속선 요시노는 우리의 제원함을 추격하던 중이었다. 저들의 아키쓰시마는 우리 조강호를 공격하였다. 조강호는 본디 작은 선박이라서 맞설 수 없기에 백기를 내걸고 항복하여 끌려갔다. 나니와는 고승호에 타고 있던 우리 군대에게 항복하라 요구하였으나 우리 군대가 강하게 거절하였다. 왜군은 이에 어뢰를 발사하여 고승호를 격침시켜, 우리 장졸 가운데 목숨을 건진 자는 불과 백 수십 명이었다. 이들은 모두 프랑스 군함에 의해 구조되었다.

광을호는 비록 위험에서 벗어났지만 타격이 너무 심하여 어쩔 수 없이 한반도 해안의 얕은 기슭에 배를 붙였다. 그리고 남은 병사들을 상륙시킨 다음, 땅을 파서 웅덩이를 만들고 그곳에서 화약을 터트려 불태워졌다. 영대(營帶) 임국상(林國祥) 이하의 장졸들이 영국 군함에 승선하려는 때 다시 왜군의 군함이 나타났다. 왜군은 그들에게 군사 관련 사항을 영구히 발설치 않는다는 내용의 서약서를 제출하게 하였다. 임국상 등은 연대 서명하고 나서야 풀려나 돌아올 수 있었다.

한편 제원함이 달아나자 왜군의 요시노함이 맹렬하게 추격하였다. 요시노는 신식 쾌속선이라 시간당 23해리를 갈 수 있었다. 함장 방백겸은 요시노가 바짝 뒤쫓아 오자, 백기를 내걸었다가 얼마 후 다시 일본기를 내걸었다. 하지만 왜군은 계속 추격하였다. 그러자 왕씨(王氏) 성을 가진 선원이 분노하여, "누가 나를 도와주겠는가?"라고 소리쳤다. 그는 평소 힘이 약하였다. 이에 다른 선원이 돕겠다고 나섰다. 두 사람은 십오생특미포(十五生特尾炮)[10]를 조준하여 연달아 네 발을 발사하였다. 그중 한 발은 왜군 선박의 조타실에 명중하였고, 두 번째 포탄 역시 명중하였다. 세 번째 포탄은 빗나갔고 네 번째 포탄도 선박의 한가운데 명중하여 뱃머리가 즉시 기울어졌다. 왜군 선박이 우리 제원함을 추격할 때, 후미의 대포가 파괴되었다 판단하고 바짝 뒷머리로 따라왔다. 그래서 우리 후미에 있는 대포의 발사각을 좌우로 움직이며 계산할 필요도 없었다. 그래서 조준도 쉬웠으며 잘 명중되었던 것이다. 하지만 안타깝게도 그때 제원함은 선수를 돌리지를 않았다. 그랬다면 뱃머리에 있는 대포 몇 발로 큰 승리를 거두었을 것이다. 어쩌면 고승호를 위기에서 구해냈을지도 모른다. 함장 방백겸은 그저 살아난 것을 기뻐하며 웨이하이로 돌아왔다. 그리고 왜군 해군의 장군을 죽였다는 승전의 보고문을 올렸다.

7월 하순, 웨이하이 만의 동서 양 입구를 가로막았다. 동쪽 입구인 일도(日島) 북방으로는 나무 난간을 2층으로 부설하고 그 둘레를 철제 방어 장비로 에워쌌다. 또 주변에 기뢰를 다섯 겹으로 살포하였다. 일도 남방으로는 목제 난간을 1층으로 부설하고 기뢰를 다섯 겹으로 살포하였다. 서쪽 입구에는 목제 난간을 2층으로 부설하고 기뢰를 겹겹으로 설치하였다. 정여창 스스로도 만반의 방어 체계를 구축하였다고 여겼다.

---

10 十五生特尾炮 : 독일에서 제작한 사정 거리 15킬로 미터의 대포. 당시로서는 최신식 무기였다.

제원함이 풍도에서 패배한 이후 왜군의 함대는 마음대로 황해를 가로질러 다녔다. 조정에서는 정여창에게 명하여 바다로 나가 순시하라고 하였다. 이에 그는 7월 말 함대를 이끌고 바다에 나갔다가, 왜선을 만나지 못하였다고 보고하였다. 8월 9일, 다시 바다로 나가 압록강 하구 일대를 순시하겠다고 보고하였다. 그 이튿날, 왜선이 웨이하이에 이르러 발포하여 우리 포대를 공격하였다. 우리 포대도 응수하여 저들의 군함 한 척에 타격을 입히자 왜선은 돌아갔다. 8월 13일, 우리 해군은 모두 웨이하이로 돌아왔다. 이후 우리 해군은 입구 일대만 순시하였고, 왜군 함정은 수시로 와서 웨이하이를 감시하였다. 우리 해군은 늘 순시에 나섰으나 왜군 함정을 만나지 못하였다고 보고하였다.

출전 翦伯贊·鄭天挺 主編, 『中國通史參考資料』(近代部分, 修訂本), 「中日戰爭」, 「東方兵事紀略」 권 4, 「海軍篇」.

내용 1894년 7월 25일 일본은 선전 포고도 없이 풍도에 주둔하고 있던 청의 해군을 기습 공격하였다. 이것이 청일 전쟁의 시작이었다. 일본 정부는 한반도와 만주 남부의 지배를 위해 일찍부터 청의 북양 함대에 대항할 해군의 건설에 노력하였다. 청불 전쟁 이후 청은 북양 함대의 개선에 노력하여 독일로부터 정원함(定遠艦), 치원함(致遠艦) 등을 구입하였다. 모두 7,000톤을 상회하는 순양함으로 당시로서는 최대급의 군함이었다. 이밖에도 총계 50여 척, 약 5만 톤에 달하는 해군력을 갖추었다. 하지만 1890년대 이후에는 군함의 구입 및 함포의 설비를 중지하여 장비가 낙후되어 갔다. 반면 일본은 그 사이 기동력이 뛰어난 중소 신예 함정을 구입하고 또 자력으로 순양함을 비롯한 다수의 함선을 건조하였다. 특히 북양 함대에는 단 하나도 없던 최신의 속사포를 155문이나 구비하였다. 그리하여 1894년 청일 전쟁의 개시 시점이 되면 북양 함대는 일본의 함선에 비해 평균 시속도 뒤떨어졌으며 함포의 발사 속도도 5, 6배나 늦게 되었다. 이러한 정황에서 발생한 풍도의 해전은 일본군의 압승으로 끝났다.

평양 전투

왜놈들이 친선 관계를 깨고 전쟁을 일으켜 조선을 점거하였다. 또 우리 수송선인 고승호를 격침시키자 서태후와 광서제는 진노하여 장수에게 명하여 출격하게 했다. 그리고 조선의 평양에 군대를 집결시켰다. 당시 봉군(奉軍)[11]을 통솔하던 사람은 제독(提督) 좌보귀(左寶貴)였으며, 의군(毅軍)[12]을 통솔하던 사람은 총병(總兵) 마옥곤(馬玉昆)이었다. 또 서단병(西丹兵)[13]을 통솔하던 사람은 부도통(副都統) 풍승아(豐升阿)였으며, 회군(淮軍)을 통솔하던 사람은 기명제독(記名提督)[14] 위여귀(衛汝貴)였다. 직예의 제독 엽지초(葉志超) 역시 아산으로부터 북상하여 합류하였다.

…(중략)…

평양은 조선의 수도로부터 5백 리나 떨어져 있기에 왜인들이 빨리 도착하지는 못할 것이라 여겼다. 풍승아의 군대는 특히 취약하여, 그 내부의 충

---

11 奉軍 : 청말 奉天에 주둔하던 군대. 1879년 盛京將軍 岐元이 정식으로 개편하여 5營 체제를 이루었으며 이후 지속적으로 확대되었다. 1894년 청일 전쟁이 일어나자 總兵 左寶貴가 6營을 이끌고 남하하여 평양 전투에 참가하였다. 左寶貴의 전사 후에는 總兵 耿鳳鳴에 의해 통솔되었다.

12 毅軍 : 1862년 창설되어 毅勇巴圖魯라 불리던 宋慶에 의해 관할되던 부대. 1882년 旅順으로 이동되었다가 청일 전쟁 시기 평양 전투에 참가하였다.

13 西丹兵 : 만주족의 幼丁, 즉 나이 및 신체 조건이 正丁에 못 미치는 壯丁으로 편성된 군대. 일종의 豫備軍이었다.

14 記名提督 : 청 말기에 도입한 관직. 태평천국 진압 직후 軍功을 세운 인물들에게 재정 부족으로 인해 賞賜를 지급하지 못하게 되자 實職 대신 虛銜을 수여했던 것을 가리켜 記名이라 부른다. 당시 記名이 남발되어 실제 提督은 18명에 불과하였는데, 記名提督은 6천여 명에 이르렀다.

돌도 막지 못하는 모습을 보고 조선 백성들은 '오리알 군대[鴨蛋兵]'라 불렀다.

9월 9일, 왜인 군대가 평양으로 오고 있다는 소식을 듣고 좌보귀와 엽지초가 협의하였다. 좌보귀는 싸울 것을 주장하고 엽지초는 퇴각을 주장하여 의견이 일치되지 않았다. 이에 좌보귀는 분격하여 말하였지만 엽지초는 그저 사과만 할 뿐이었다.

9월 11일, 왜병이 평양에 이르렀다. 마옥곤의 4개 영(營)은 동쪽에 진을 치고, 위여귀와 풍승아의 두 군대 18개 영은 남쪽에 진을 쳤다. 이들 군대는 모두 성 바깥에 있었다. 좌보귀의 군대 6개 영은 북산(北山)을 지키고 그 위에 포대를 구축하였다. 좌보귀 군대와 엽지초 군대의 6개 영은 모두 성 안쪽에 있었다. 적은 강 너머로 공격해 왔는데 이에 맞서 싸우는 우리 군대가 매우 유리한 형세였다. 그런데 엽지초가 돌연 철수하라는 명령을 내렸고, 적은 강을 건너 산을 차지하였다. 엽지초는 성을 버리고 도망가려 하였지만 좌보귀가 허락하지 않았다.

9월 15일 새벽, 적이 대거 공격하여 남문으로 들이닥쳤다. 엽지초와 위여귀가 지휘하는 두 부대는 급거 백기를 내걸고 후퇴하였다. 풍승아 군대도 무너졌다. 마옥곤의 군대는 여러 차례 승리를 거두었지만 고립된 형세가 되어 역시 후퇴하였다. 좌보귀는 성 안쪽을 지키다 적의 기세가 약화된 것을 보고, 산 위로 올라가 대포를 발사하여 적에게 많은 피해를 주었다. 하지만 적이 기를 쓰고 싸우고 또 총탄이 비처럼 쏟아져 도저히 견뎌낼 수 없었다. 좌보귀는 내려와 황마괘(黃馬褂)[15]와 정령(頂翎)[16]을 꺼내 착용한 뒤 다시 산 위에 올라 직접 대포를 발사하였다. 영(營)의 장수인 양모(楊某)도 좌보귀의 뒤를 따랐다. 좌보귀가 그의 손을 맞잡았다. 얼마 후 우리 대포가

---

15 黃馬褂 : 청대의 관복, 侍衛內大臣과 護軍統領 등이 착용하였다.
16 頂翎 : 청대의 冠飾, 위로부터 아래로 공작의 꼬리 모양으로 내려뜨리는 장식물. 花翎, 孔雀翎이라고도 불렀다.

적의 포탄에 맞아 파괴되었고 그 파편이 좌보귀의 갈비뼈를 관통하였다. 하지만 좌보귀는 부상 부위를 감싸고 전투를 독려하였다. 그러던 중 홀연 총알 하나가 날아 그의 이마에 명중하였고 그는 쓰러지고 말았다. 그 직후 군진(軍陣)은 무너져 버렸다. 양모(楊某)는 그 시신을 지닌 채 북문으로 탈출하려 하였다. 하지만 적병이 이미 성내로 들어와 거리를 가득 채우고 있었다. 양모도 결국 전사하였다.

이날 큰 비가 내리고 있었다. 우리 군대는 이 틈을 타고 달아났다. 왜인들은 비 때문에 뒤쫓아 갈 수 없었다. 대신 적들은 곳곳에 매복하고 있다가 우리의 패잔병들이 지나가면 즉시 사격을 가하였다. 이로 인해 죽은 자가 서로를 덮을 지경이었다. 장수들은 패잔병을 모아 의주로 퇴각하였다가, 다시 의주를 버리고 구련성(九連城)에 이르러서야 비로소 멈추어 진영을 재편하였다. 구련성은 평양으로부터 5백 리 떨어져 있었다.

우리 군대가 평양에 있을 때, 무질서하게 약탈하다가 패전하여 달아나자 조선 사람들은 성 위에 올라가 총을 쏘아댔다. 하지만 약탈의 피해를 입지 않은 촌락의 백성들은 자기 옷을 벗어 패잔병에게 내주며 도망가는 것을 도와주었다.

이때 명군(銘軍)[17] 15개 영과 익탕가(依克唐阿)[18]가 지휘하는 9개 영은 이미 압록강을 넘은 상태였지만, 의주가 함락되었다는 소식을 듣고 다시 후퇴하였다. 구련성은 중국과 조선의 경계 지점으로서 중간에 압록강을 끼고 있어 그것을 넘으면 조선의 의주가 된다. 우리 군대의 양대(糧臺)[19]는 본디 구련성에 있었다. 그런데 좌보귀가 평양의 쌀값이 비교적 저렴한 것을 보고, 그 대금인 은을 모두 거두어 평양으로 가서 쌀을 매입하려 하였다.

---

17 銘軍 : 淮軍 장수인 劉銘傳 휘하의 부대. 1862년(同治 원년) 이래 조직되었다.

18 익탕가(1834~1899) : 만주족으로 대 일본, 대 러시아 전쟁에서 큰 공을 세웠다.

19 糧臺 : 청대 군대의 출동 시 연도에 설치되어 군량 공급을 담당하던 부서.

하지만 패전과 함께 모두 왜인에게 빼앗겼다.

출전 翦伯贊·鄭天挺 主編, 『中國通史參考資料』(近代部分, 修訂本), 「中日戰爭」, 「盾墨拾餘」권 5, 「魂北魂東雜記」.

내용 1894년 9월, 평양 전투를 앞두고 청은 약 12,000명의 육군을 평양에 집결시키고 있었다. 일본군은 17,000명을 동원하여 단 2일만의 식량과 보급품, 제한된 탄약만을 휴대한 채 공격을 감행하였다. 당시 일본군의 보급 상황은 대단히 열악한 상태였다. 일본군은 9월 15일 새벽 전면적인 공격에 나서 청의 군대를 제압하였다. 청의 군대는 통일된 작전을 수행하는 것이 불가능할 정도로 지휘 체계가 난맥상을 보였다. 특히 엽지초는 전투의 의지가 거의 없어 부하 장병으로부터 기피당하는 상황이었다. 좌보귀의 부대만이 격렬히 전투에 임하였으나 엽지초의 퇴각으로 말미암아 청의 전선은 일거에 무너졌다. 평양 전투의 승패, 즉 청군의 패배는 일본군의 충실한 전쟁 수행 능력 때문이 아니라 청 측의 총체적 결함에 의해 초래되었다.

이홍장의 전략적 실패에 대한 비판

삼가 신이 듣기에 최근 군사의 전권을 이홍장에게 부여했다고 합니다. 조정에서는 이전의 노고를 감안하여 중차대한 권한을 그에게 주고 모든 전략과 대책을 주도하게 했습니다. 우리 황제께서 공신을 배려하시는 것이 이전 시기를 훨씬 뛰어넘고 있습니다. 만일 그리하여 아무 문제가 없다면 신 또한 이리저리 무슨 말을 꺼내고 또 어찌 국가 대사를 가로막고 나서겠습니까?

하지만 신이 널리 여론을 탐지하고 또 조심스레 현재의 정황을 살피건대 일찍이 지금처럼 위급한 때가 없었습니다. 그런데 이홍장에게 이처럼 거대한 권한을 부여하는 것은 실로 결코 마땅한 처사가 아니라 판단됩니다. 사태가 긴박하기 그지없는데 만일 사실을 알면서도 말하지 않는다면 나중에 무슨 면목으로 폐하를 대할 수 있겠습니까? 삼가 이홍장의 여러가지 잘못과 최근 사태 처리의 어이없는 착오에 대해, 폐하께 소상히 아뢰겠습니다.

이홍장이 총독 및 순무와 같은 지방의 중책을 맡은 지 수십 년이나 됩니다. 지난 날 양광(兩廣) 및 염(捻)의 역도(逆徒)[20]를 소탕할 때는 서양인들의 도움으로 공을 세울 수 있었습니다. 이후 그는 서양인을 본받아야 한다고 여기며 종신토록 바꿀 줄을 몰랐습니다. 얼마 전에는 프랑스인으로 말미암아 시끄러운 일[21]이 터졌으나 그는 허둥대며 아무런 대책을 제시하지 못하였습니다. 다행히 이때 프랑스가 더 이상 북진하지 않아 아무 일이 없었습니다. 당시 그는 해군이 없어 바다로 나가 베트남에 출정할 수 없었다고 말하였습니다. 이에 해군을 창설하고 천 수백만 냥에 달하는 재원을 지급하였지만 지금까지 단 한 번도 싸운 적이 없습니다. 이것이 이홍장이 대국을 그르친 첫 번째 일입니다.

이번 전쟁의 패배는 사실상 이홍장의 안일함과 나태함으로 말미암아 초래된 것입니다. 전투 당시 왕봉조(汪鳳藻)[22]·원세개(袁世凱)[23]·엽지초(葉志超)

---

20 兩廣 및 捻의 逆徒 : 태평천국 및 捻軍의 반란을 가리킨다.

21 1884년 8월에서 1885년 4월까지 벌어진 청불 전쟁을 가리킨다. 이 전쟁은 베트남에 대한 청의 종주권을 인정할 것인가 하는 문제가 발단이 되었다. 결국 청은 패배하고 1885년 6월 톈진에서 강화조약을 체결하여 베트남에 대한 프랑스의 보호권을 인정하였다.

22 汪鳳藻(1851~1918) : 1894년 당시 중국의 駐日欽使로서 일본의 의도를 경계하며 重兵의 조선 增派를 시종 주장하였다.

23 袁世凱가 증원군의 파병을 요청하였다는 본문의 내용은 사실과 다르다. 동학 농민 운동이 발생하자 그는 청 조정에 그 진압을 위해 신속한 파병을 요청하였다. 청 조정은 파병이 일본에 의해 이용될 우려가 있다고 판단하여 주저하였지만, 원세개는 그것이 杞憂에 불가하다고 보고하였다. 원세개는 청일 전쟁의 발발 당시 거의 단신으로 조선

의 증원군 파견 요청에 따라 미리 먼저 군대를 진격시켜야 했습니다. 그렇다면 어찌 요충지가 왜군에 의해 점거되고 또 조선의 왕이 왜군의 포로가 되었겠습니까? 또 어찌 적군이 착착 진군하여 먼저 점거하고 우리 군대는 나아갈 길이 없게 되었겠습니까? 이홍장은 사사건건 서양인의 종용에 따르다 진군의 시기를 놓쳐버렸습니다. 이것이 이홍장이 대국을 그르친 두 번째 일입니다.

아산의 전투 당시 그 승전의 소식[24]이 들려오자마자 바로 군대를 신속하게 증파하여 공격하였다면 족히 적들의 간담을 서늘하게 만들었을 것입니다. 그런데 오히려 군대로 하여금 고립무원의 처지에 빠지게 하였습니다. 또 엽지초 군대를 절체절명의 위기에 방치한 채 돌보지 않았습니다. 북양 해군의 거대한 함선에 병사를 싣고 나섰으나 간사한 일본인들이 은밀히 전보를 주고받은 후 왜국의 선박이 바닷길을 가로막아 버렸습니다. 이로 인해 우리 장수와 병사가 섬멸되다시피 하였습니다. 하지만 이홍장은 사전에 깨닫고 미리 방비책을 세우지 못하였습니다. 이것이 이홍장이 대국을 그르친 세 번째 일입니다.

정여창은 비천한 무뢰배 출신임에도 이홍장은 그를 제대로 알아보지 못하고 중용하였습니다. 정여창은 전투를 앞두고 두려워하며 앞으로 나아가지 않은 채 교묘히 둘러댔습니다. 그리고 군법을 엄정히 하여 부대를 격려하지 못하였습니다. 이것이 이홍장이 대국을 그르친 네 번째 일입니다.[25]

에서 탈출하여 天津을 통해 귀국하였다.

24 葉志超는 牙山에서 일본군의 기습 공격으로 패전한 후 한양의 동쪽을 거쳐 평양으로 도주하였다. 이후 일본군은 북상하다 성환에서 淸의 將領 聶士成의 매복에 걸려 천여 명이 사살되거나 부상당하는 피해를 입었다. 하지만 섭사성은 얼마 후 더 이상 버티지 못하고 공주로 후퇴하였다가 평양으로 북상하였다. 엽지초는 이 소식을 듣고 李鴻章에게, '성환에서 누차 승리하였다.'고 허위 보고를 하였고, 이에 따라 청 조정은 엽지초에게 대대적인 포상을 내렸다.

25 이 상주문이 올려진 것은 1894년(光緖 20) 8월로서, 이듬해 2월 丁汝昌이 威海衛에서

일본의 간사함을 알고도 일일이 따지지 않고 모두 불문에 부쳤습니다. 일본이 석탄과 쌀을 구입하려 할 때 이 또한 묻지 않고 들어주었습니다.[26] 후에는 서양인의 책략에 따라 일본과 강화하는 것만을 고집하였습니다. 평양에서 패전한 다음 그는 공격을 명하지 않았습니다. 폐하의 조령을 명백히 어겼을 뿐만 아니라 여론도 돌아보지 않았습니다. 이것이 이홍장이 대국을 그르친 다섯 번째 일입니다.

일본에 대한 개전의 유지(諭旨)가 내려지기 이전 그는 러시아에게 요청하여 일본과의 강화를 도모하다 실패하였습니다.[27] 다음에는 영국에게 요청하여 강화를 도모하였으나 또 실패하였습니다. 그러다가 폐하의 유지가 명확히 내려지자 그는 서양인의 교묘한 계략에 말려들었다는 사실을 알게 되었습니다. 이후 하늘을 우러러 탄식하며 자고 먹는 것까지 모두 그만두게 되었습니다. 최근에는 극히 불안해져서 완고하게 고집을 피우며 전쟁을 주장하는 자를 모두 질책하거나 배척하고 있습니다. 그리고 함부로 전쟁을 벌여서는 안 된다고 말하는 두세 명의 간사한 무리를 믿는 상태입니다. 서양인들도 이에 따라 전쟁을 반대하며 은밀히 그를 부추기고 있습니다. 그는 일본과 강화하려는 뜻만을 지니고 있습니다. 하지만 유지가 엄정하기에 감히 공공연하게 그것을 입 밖에 내지 못할 뿐입니다. 사실 그 마음속에는 싸우고자 하는 의지가 없습니다. 그래서 병사와 무기가 부족하다는 것을 핑계로 대며 함선을 추가로 매입하였습니다. 병력의 증파를 늦

일본군의 공격에 마지막까지 맞서다 자결하는 시점보다 4개월 전이었다.

26 청일 전쟁 개전 직전 일본은 청으로부터 석탄과 쌀을 구매하는 계약을 체결하였다. 개전 이후에도 이홍장은, 계약이 성사된 것이 전쟁 이전이므로 약속대로 이행해야 한다고 말하며, 석탄 3천 톤과 쌀 3천 석을 일본에 보내주었다.

27 당시 李鴻章은 조선에 진주한 청군과 일본군 사이의 교전을 피하기 위해 양국 군대의 동시 철병을 실현시키고자 하였다. 이 문제를 둘러싸고 청·일 간에 교섭이 진행되었는데 이에 일본이 소극적인 태도를 보였다. 그러자 이홍장은 러시아로 하여금 일본에 압력을 행사하여 교섭을 타결지으려 하였다.

추고자 하는 계략일 뿐입니다. 목마를 때 우물을 파는 식의 대처로는 결코 일을 해결할 수 없습니다. 그 함선이 즉각 우리에게 인도된다 하더라도 어찌 갑작스레 해군 장수들이 그것을 거느려 이용할 수 있겠습니까? 지난번 평양의 전투 당시 우리 군대는 만여 명이나 되었습니다. 하지만 그는 단 한 차례도 전투를 명하지 않았습니다. 이러한 점으로부터 보건대 그의 가슴 속에는 강화만이 있는 듯합니다. 그렇기에 톈진 사람들은, 그의 주변 사람들을 모두 저 옛날의 진회(秦檜)와 같이 여기고 있습니다. 대저 전투를 유리하게 이끌어야 능히 강화를 할 수 있습니다. 맹목적으로 적에게 비위를 맞추려 하는 것은 국위를 손상시키고 사기를 해치는 일입니다. 이것이 이홍장이 대국을 그르친 여섯 번째 일입니다.

신이 이해할 수 없는 일이 하나 더 있습니다. 설령 처음에 잘못 대처하였다 할지라도 위엄과 기세가 유지되었다면 혹시 그것으로 적을 두렵게 할 수 있을지도 모릅니다. 그런데 얼마 전 그는 유명전(劉銘傳)[28]을 추천하여 유지를 받들고 전장에 나가게 하였습니다. 이에 유명전은 지병을 이유로 사양하였으나 그는 단 한 마디도 견책하지 않았습니다. 만일 진실로 유명전에게 지병이 있었다면 그는 추천하지 말았어야 합니다. 반면 지병이 없었다면 그는 옛 부하 한 사람도 부리지 못하는 셈입니다. 어찌 적을 이길 수 있겠습니까?

들건대 그는 최근 부대 편제를 다소 변경하였다고 합니다. 성선회(盛宣

---

28 劉銘傳(1836~1896) : 淮軍의 간부이자 洋務派의 중요 인사 가운데 하나. 1885년 10월 타이완이 福建에서 분리되어 독립 省이 된 후 초대 巡撫로 부임하였다. 1891년 사직하고 고향인 安徽省 合肥에 거주하다가, 시모노세키 조약의 체결로 타이완이 일본에 할양된다는 소식을 접하고 1896년 1월 憤死하였다.

懷)[29]와 이경방(李經方)[30] 등을 중용하는 미봉책을 꺼내 들었습니다. 정밀하지 않은 눈으로 본다면 주도면밀하다 여겨질지도 모르겠습니다. 하지만 톈진은 경사로부터 매우 인접해 있습니다. 그의 노쇠하고 무능한 실태가 누구의 눈에도 분명합니다. 더욱이 그는 매일 서양의 약을 복용하며 하루하루 버티고 있습니다. 죽은 사람마냥 겨우 숨만 내쉬며 아무런 조치도 취하지 못하는 상태입니다. 그러니 그에 대한 성토가 빗발치는 것도 이상하지 않습니다. 천하의 사람 모두 그에게 통탄스러워 합니다. 그의 건강 상태에 비추어 도대체 그가 이 대임을 맡을 수 있는 것이며, 또 그러한 상태로 어찌 승리로 이끌 수 있겠습니까?

또 신이 듣건대 왜인들은 교활한 계책을 세우고 장차 톈진과 다구(大沽)를 공격하여 그 속셈을 이루려 할 것이라 합니다. 그런데 조정이 이대로 이홍장에게 전권을 부여하고 이홍장은 또 정여창 등만을 신임한다면, 저들의 군대가 진격해 올 경우 막을 수 없을 것입니다. 그때 가서야 두 사람의 죄를 엄히 다스린다 해도 너무 뒤늦을 것이라 생각됩니다.

이에 신은 엄중한 처벌을 받을 각오를 하고 감히 폐하께 현 상태를 하나하나 아뢰겠습니다. 신 또한 적을 앞에 두고 장수를 바꾸는 것이 금기 사항 가운데 하나라는 사실을 잘 알고 있습니다. 하지만 참으로 위급한 이때를 당하여 고정 관념에만 집착해서는 사태를 도저히 수습할 수 없다 여겨집니다. 신속히 군사를 아는 대신을 선발하여 밖으로 나가 군대를 통솔하게 하여 주십시오. 만일 이것이 불가능하다면 톈진과 경사에 단련(團練) 및 정병을 모두 동원하여 방비를 강화하여야 합니다.

---

29 盛宣懷(1844~1916) : 李鴻章의 幕府에 들어가 양무파 관료 및 官辦商人으로 성장하였다. 1911년 郵傳部大臣으로 취임하여 鐵路國有化 정책을 추진하고, 이것이 단초가 되어 保路運動과 辛亥革命을 촉발하였던 사실은 잘 알려져 있다.

30 李經方(1855~1934) : 李鴻章의 조카이자 후일 養子로 입적된 인물. 일본대사, 영국대사, 郵傳部左侍郎 등을 역임하였다.

…(후략)…

출전 翦伯贊·鄭天挺 主編, 『中國通史參考資料』(近代部分, 修訂本), 「中日戰爭」, 余聯沅, 「疆臣貽誤大局瀝陳危急情形摺」.

내용 1894년 8월 26일에 올려진 예부급사중 여연원(余聯沅)의 상주문 가운데 일부이다. 1894년 조선에 동학 농민 운동이 발생하자 청과 일본 양국은 조선으로 출병하였다. 당시 조선에 진주한 청의 군대는 약 2천여 명이었던 것에 반해 일본군은 8,000명으로서 그 몇 배에 달하였다. 이러한 숫적 우세를 바탕으로 일본은 경복궁을 점거한 후, 철수하는 청에 기습 공격을 가함으로써 청일 전쟁이 발발하게 된다. 청일 전쟁에서 청 측 군대를 총지휘한 인물은 이홍장(李鴻章, 1823~1901)이었다. 그는 당시 나이 72세였다. 청일 전쟁이라 해도 청 측의 군사 또한 이홍장 휘하의 북양군이 전부였다. 전쟁이 시작되자마자 전세는 급속히 일본 쪽으로 기울었다. 1894년 9월 중순 평양 부근의 전투에서 회군(淮軍)을 중심으로 한 청의 육군은 대패하였고, 해군(북양 해군) 또한 9월 17일 황해 해전에서 괴멸적 타격을 입어 제해권은 일본군 수중에 들어갔다. 이로써 청의 패전은 개전으로부터 채 2개월도 되기 전에 거의 확정적으로 되고 말았다.

이홍장의 패전 원인 분석

전황이 심히 위급하여 아룁니다. 신의 능력으로 감당할 수 없어 사실대로 소상히 보고하니 폐하께서 살펴보아 결단을 내려 주십시오.

삼가 생각건대 왜인이 전국의 군대를 동원하여 평양을 포위하는 바람에 대단히 위급한 상황입니다. 전에 엽지초(葉志超)가 수 차례 보내온 전보를 모두 총리아문에 전하여 대신 상주해 달라 하였습니다. 현재 의주(義州)에서 보내온 전보에 따르면 안주(安州) 이북의 전선(電線)이 절단되어 버렸습니다. 엽지초의 전보도 8월 15일 이후 전연 도달하지 못하고 있습니다. 풍문에 평양이 실함되었다 하여 지원군으로 명군(銘軍) 소속의 해군 함대를 대동구(大東溝)³¹로 파견하였습니다. 명군 함대는 18일 대록도(大鹿島)³² 해상에서 왜국 함선과 6시간에 걸쳐 악전고투를 벌였습니다. 그 결과 서로 간에 타격이 있었습니다만 그 내용 또한 전보를 통해 상주되었습니다. 각국이 탐문하여 알려준 바에 의하면 왜인은 장차 대군을 파견하여 베이징을 공격할 것이라 합니다. 또 선양(瀋陽)도 공격하려 계획하고 있다고 합니다. 지금 수군과 육군이 모두 패배한 직후라서 저들의 기세가 날로 거세지고 있습니다. 신의 지휘가 적절치 못하였습니다. 죄상이 산적하여 비판하는 책망의 목소리가 증대되고 있으나 그렇다고 사임할 수도 없는 상황입니다.

일이 이 지경에 이르게 된 전말 및 전체적인 국면에 대한 판단을 폐하께 하나하나 곡진히 아뢰고자 합니다. 왜국과 관련한 문제가 발생하였을 때, 내외의 논자들은 모두 동방의 작은 나라라고 경시하며 우려할 바가 못 된다고 하였습니다. 하지만 신은 오랫동안 국가의 어려움을 경험하며 어렴풋하게나마 지금의 급무를 이해하고 있었습니다. 그렇기에 주야로 노심초사하며 왜인으로 말미암은 전쟁이 벌어지면 수습이 어려울 수 있다는 점을 알고 있었습니다. 일찍이 왜인들의 면밀한 대비 및 중국의 어려운 국면이 하루이틀 사이에 걸친 일이 아님을 잘 알고 있기 때문입니다. 그들과 우리 사이 실상의 차이를 감안할 때 결코 가볍게 보아서는 안 됩니다.

무릇 전투에서 승패를 결정짓는 요소는, 해전에서는 함선과 대포이며 육상 전투에서는 총과 대포입니다. 그것에 조금이라도 격차가 있다면 실

---

31 大東溝 : 현재의 遼寧省 東港市 앞 바다. 압록강 어귀에 위치해 있다.
32 大鹿島 : 遼寧省 東港市 앞에 위치한 섬.

제 전황에서는 현저한 차이를 낳게 됩니다. 왜인들은 최근 10년 사이 한 마음으로 군대를 육성하며 서양의 방식을 배웠습니다. 또 나라의 예산을 쏟아부어 함선과 무기를 구매하고 또 제작하였습니다. 반면 우리 중국은 예산 부족 및 부서 간 이견 등으로 말미암아 전력을 기울일 수 없었습니다. 이 때문에 마침내 저들보다 뒤지게 되었습니다.

우리 해군은 쾌속선과 대포가 부족하여 겨우 해안 일대만 방어할 수 있을 뿐 해전을 감당하기 어려운 실정입니다. 이에 대해서는 신이 소상히 아뢴 바 있습니다. 육군의 교전에서도 왜인들은 모두 신식 소총과 대포로 무장하였습니다. 그 무기는 정밀하면서도 숫자가 많았습니다. 우리 중국이 수년 전에 구입한 구식 무기와 비교하여 훨씬 용이하면서도 사거리가 길었습니다.

이번 평양 전투에서 왜군은 몇 배의 군대로 우리를 앞뒤로 포위하고서 몇 갈래로 맹공하였기에 마침내 맞서지 못하고 패배하였습니다. 숫적으로 중과부적의 상황이었을 뿐더러 또한 무기도 현격히 차이가 났습니다. 지휘자의 판단 착오나 배치 상의 잘못 때문이 결코 아닙니다.

신은 전보를 통해 여러 차례 상주하여 이 무렵 적에 맞서는 전력이 대단히 미흡하다고 보고한 바 있습니다. 하지만 황해 북부의 연안에 있는 각 항구의 방어는 매우 중요하므로 오히려 군대의 증원을 논의하는 과정에 있습니다. 이곳에서 군대를 차출할 수는 없습니다. 이에 성군(盛軍)[33] 가운데 톈진과 다구(大沽)를 호위하는 병사를 제외하고는 모두 동원하였으며, 또 베이탕(北塘)과 루타이(蘆臺)·산하이관(山海關)·뤼순(旅順) 등지를 방어하는 부대 중에서도 차출하였습니다. 그래서 곳곳의 방어가 공허한 상태가 되었습니다. 지난 번에는 대련만(大連灣)의 명군(銘軍) 중에서 4천 명을 차

---

33 盛軍 : 淮軍의 핵심 장수 가운데 하나인 周盛傳(1833~1885)이 지휘하는 부대. 淮軍의 정예 부대라 칭해졌다. 盛字營, 盛字軍이라고도 불렸다. 周盛傳의 사후에는 衛汝貴의 지휘를 받았다.

출하였습니다. 다급하지 않은 곳에서 다급한 지역으로 이동한 것인데, 사실상 부득이한 조치였습니다. 신병을 선발할 경우 그 훈련에 수개월이 필요하기 때문입니다. 그렇다고 다른 지역에서 징발하자니 대부분 여기저기 흩어져 있는 까닭에 제때 기한에 맞춰 소집할 수 없었습니다. 또 병사가 있다 해도 무기를 지급해야만 합니다. 이전까지 소총과 대포를 비축하였다지만 그 숫자가 그다지 많지 않았습니다. 전쟁 발발 후 외국에서 구매해 오려 하였으나 중국에 도달하기까지 많은 시일이 걸립니다. 이처럼 군대와 무기 모두 창졸간에 급히 모을 수 있는 것이 아닙니다.

신은 군대에 투신한 지 30여 년이 되었습니다. 그 사이 장발적과 염군(捻軍)을 소탕하여 다소나마 공을 세울 수 있었습니다. 하지만 그것은 모두 내지의 비적입니다. 외국 세력은 성격이 전연 다릅니다. 최근 몇달 간 신은 밤낮으로 고민하며 먹고 자는 것까지 잊어버릴 정도였습니다. 날이 새도록 이루 다 말할 수 없이 분하고 초조하였습니다. 더욱이 폐하의 인자한 배려로 무거운 처벌에 처해지지 아니하고 가볍게 책망을 받았을 뿐입니다. 오히려 앞으로 잘 하라는 격려가 내려졌으니, 그 감격에 눈물이 앞을 가려 어찌 보답해야 될지 모르겠습니다.

이 위중하기 짝이 없는 때 감히 파직을 청함으로써 도피할 궁리를 꾀하지는 않겠나이다. 다만 신이 노쇠한 몸이고 재주가 부족할 뿐더러 판단력도 모자라지만, 북양(北洋) 한 지역의 군사력으로 왜국 전체의 군대를 막아낼 수 없다는 사실을 잘 압니다. 만일 심사숙고하여 사실대로 아뢰지 아니함으로써 폐하로 하여금 오판하게 만든다면 백 번 죽어도 그 잘못을 갚을 수 없을 것입니다. 엎드려 바라건대 폐하께서는 국가 대사를 주재하시며 적을 가볍게 여기는 마음을 버려 주십시오. 모든 신하들에게 명하여 군량을 축적하고 정병을 많이 조련해 내도록 하십시오. 또 내외가 한 마음이 되고 남북이 합세함으로써 전력을 기울여 지구전으로 나아가도록 하십시오. 하루 아침의 급한 공적을 요구하지 마시고, 저들의 속전속결을 추구하는 간계에 빠지지 말아야 합니다.

지금 당장의 형세에 대해 말씀드리자면, 발해(渤海) 일대를 삼엄하게 방비함으로써 경사 일대의 방어막을 굳건히 해야 합니다. 또 선양(瀋陽)을 힘써 지켜내야 합니다. 동북 일대의 근본이기 때문입니다. 그러한 연후에 병력을 대거 일으켜 재차 저들과 맞서야 합니다.

…(후략)…

출전 『李鴻章全集』, 「奏稿」 권 78, 「据實陳奏軍情摺」.

내용 1894년 9월 19일에 올려진 이홍장의 상주문 가운데 일부이다. 당시 청은 평양 전투와 황해 해전에서 연달아 패배하여 심각한 위기 국면으로 내몰린 상태였다. 이 상주문에서 이홍장은 청이 전쟁에서 패배하게 된 요인을 나름대로 분석하고 있다. 여기서 그 자신의 책임은 거의 없다고 말하고 있으나, 그의 전략적 실패도 전쟁의 귀추에 큰 영향을 미쳤다. 무엇보다 그는 양무운동의 성과나 진배없는 북양 해군을 거느리고 있었지만, 연안 방위(海防)라는 관념에 얽매어 공세적인 전투를 수행하지 못하였다. 또 개전 초부터 영국과 러시아 등 열강의 조정을 통해 전쟁을 회피하고자 노력하였다. 이 상주문에서 그는 지구전을 통해 전열을 가다듬은 후 재기를 도모하자고 주장하였다. 하지만 일본군은 진격을 계속하여 1894년 9월 말에는 뤼순(旅順)을 점령하고, 이어 이듬해 1월 산둥 반도의 웨이하이웨이(威海衛)에서 북양 해군을 무장해제시킴으로써 전쟁은 종료되었다.

시모노세키 조약과 삼국 간섭

4월 21일, 이홍장이 경사에 시모노세키 조약의 내용을 알려왔다. 22일, 손육문(孫毓汶)[34]이 광서제에게 조약을 비준해야 한다고 재촉하고 서용의(徐用儀)[35]가 그것에 동조하였다. 광서제는 머뭇거리며 윤허하지 않았다. 이홍조(李鴻藻)[36]와 옹동화(翁同龢)[37]는 비준의 유예를 강력히 주장하였다. 특히 이홍조는 관을 벗고 연신 머리를 조아리며 그치지 않았다. 이에 논의를 그만두었다. 이날 바깥에서는 아직 조약과 관련한 사정을 알지 못하기에 상주문은 올라오지 않았다.

23일, 상주문이 9건이나 올라왔다. 간원(諫垣)[38]에서 넷, 국자감에서 하나, 한림원에서 둘, 남재(南齋)[39]에서 하나, 상재(上齋)[40]에서 하나였다. 모두 연명의 상주였으며 특히 한림원의 상주 가운데 하나는 83명이 서명한 것이었다. 이날 상주에 이름을 올린 사람은 모두 120여 명이었다. 광서제가 진노하였다. 광서제가 시랑 왕명란(汪鳴鑾)을 접견하였을 때, '어제 손모(孫

---

34 孫毓汶(1833~1899) : 청일 전쟁 시기 軍機大臣으로서 主和論을 펼치며 李鴻章의 타협에 적극 동조하였다.

35 徐用儀(1826~1900) : 청일 전쟁 시기 軍機大臣으로서 李鴻章·孫毓汶 등과 主和論을 펼치며 주전론자인 翁同龢 등과 대립하였다.

36 李鴻藻(1820~1897) : 光緒 연간 淸流派의 지도 인물로 翁同龢와 더불어 主戰論을 견지하며 시모노세키 조약의 체결에 적극 반대하였다.

37 翁同龢(1830~1904) : 晩淸의 정치가이자 서예가. 同治帝와 光緒帝의 師傅로 조정 내 요직을 두루 섭렵하였다. 청일 전쟁 시기에는 주전론을 폈으며, 이른바 帝黨의 대표이자 淸流派의 영수라 여겨졌다. 청일 전쟁 패배 후에는 變法을 주장하며 1898년 「明定國是詔」를 起草하여 百日維新의 서막을 열었다.

38 諫垣 : 諫官의 근무 부서.

39 南齋 : 南書房, 乾淸宮 서쪽에 설치된 황제 직속의 侍從 근무 기구.

40 上齋 : 監生이 國子監에서 수업을 받는 것을 의미하지만, 여기서는 國子監 監生을 가리킨다.

某)가 나에게 재촉하였으나 다행히 휘둘리지 않았다.'라는 유시가 있었다. 이날 군기처에서 품신(稟申)하고 손육문이 다시 조약의 비준을 진언하였으나 엄한 훈계를 받았다. 이에 조약 파기의 주장이 드세지고, 연일 상주하여 비판하는 자가 끊이지 않았다. 그중에는 황실 귀족도 있었다. 광서제의 뜻은 조약 파기로 거의 기울어졌다.

27일, 서태후가 광서제 및 경친왕(慶親王) 혁광(奕劻)을 만나 다음과 같이 말하였다.

"바깥의 의론이 이와 같으니 조약을 파기하고 전쟁 재개를 논의하는 것이 좋겠소."

이어 유곤일(劉坤一)[41]과 왕문소(王文韶)[42] 두 사람의 의견을 물어보았다. 또 전쟁할 경우 승리 가능성이 있는지도 물었다. 이날 광서제는 중신들을 만나, 조약을 파기하고 전쟁을 재개하겠다는 뜻을 알렸다. 이에 경친왕이 강력히 반대하며 광서제의 진짜 뜻은 이것이 아니라고 말하였다. 그는 이어, '폐하의 말이 이러하지만 폐하의 뜻은 다르다면 그것은 폐하 말이 거짓이라는 사실을 보이는 것'이라고 말하였다. 이에 대해 광서제는 대답하지 못하였다. 그 후 손육문이 머리를 조아리며 말하였다.

"전쟁을 벌여서는 승산이 전무하지만 화의를 체결하면 확실히 안전해집니다."

그의 어조는 매우 격앙되어 있었다. 이렇게 경친왕과 함께 주화를 말하니, 결국 최종 방침은 바깥 의론이 어떠한지에 따라 결정하기로 하였다. 이

---

41 劉坤一(1830~1902): 晚清 시기 軍政의 重臣이자 후기 湘軍의 지휘자. 兩江總督과 兩廣總督, 南洋大臣 등을 역임하였다. 청일 전쟁 시기 欽差大臣으로 山海關에 주재하며 내외 육군을 통솔하였다. 청일 전쟁의 패배 후에는 화의에 반대하며 주전론을 견지하였다.

42 王文韶(1830~1908): 雲貴總督, 直隸總督 겸 北洋大臣 등을 역임하였다. 시모노세키 조약에 반대하고 주전론을 폈다.

날 광서제는 서태후 앞에 가서 서쪽으로의 천도 의사를 피력하였다. 서태후는 미소를 지으며 머리를 흔들었다.

"그럴 필요 없다."

조금 후 말을 이었다.

"화의와 전쟁의 문제는 네가 결정하라. 이것은 내 뜻대로 하겠다."

독판군무처(督辦軍務處)[43]는 유시를 받들어 유곤일 및 왕문소에게 다음과 같이 지시하였다.

"새로 확정한 화약의 내용에 대해 유곤일 및 왕문소는 잘 알고 있을 것이다. 두 곳의 땅을 할양하고 배상금으로 2억 냥을 지급하는 것 모두 대단히 윤허하기 어려운 일이다. 그런데 왜인들은 여러 차례 승리한 것을 믿고, 이것이 아니면 전쟁을 그만둘 수 없다고 고집하고 있다. 만일 화의가 결렬되면 북으로 랴오닝(遼寧)과 지린(吉林)을 공격하고, 서쪽으로 경기(京畿)를 공격하겠다고 공언하고 있는 상태이다. 조정의 신하들은 연일 많은 상주문을 올리고 있다. 모두 화약을 재가해서는 안 된다고 주장한다. 실로 지당한 말이다. 하지만 선양(瀋陽)과 경사 두 곳은 대단히 중요한 지역이다. 반드시 고려해야만 한다. 조약을 파기하면 즉시 전쟁이 벌어질 것이다. 전쟁이 벌어져서 이기지 못하면 그 참화는 즉각 나타나 수습할 수 없게 될 것이다. 유곤일은 이전의 전보에서, '전쟁하여 이기지 못한다면 차라리 현상유지를 강구하는 것이 좋다.'고 말한 바 있다. 왕문소는 또한, '섭사성(聶士成) 등의 군대는 승전한 전력이 많으니 일전을 벌일 만하다.'고 말한 바 있다. 지금 목전의 상황은 매우 긴박하다. 전쟁과 화의 두 사안에는 실로 중대한 이해 관계가 걸려 있는데 즉시 단안을 내려야 한다. 유곤일과 왕문소에게 명한다. 현재의 정황 및 각 지방의 군사 상황을 면밀히 헤아려 보도

---

43 督辦軍務處 : 청일 전쟁의 발발 직후 軍務의 총괄 처리를 위해 설치한 기관. 督辦大臣 1인(恭親王), 幫辦大臣 1인(慶親王), 會辦大臣 4인(翁同龢·李鴻藻·榮祿·長麟)으로 구성되어 戰局의 판단, 군사의 배치, 명령의 適實性 등을 논의하였다.

록 하라. 그리하여 전쟁을 벌이는 것이 좋은지 어떠한지 각각의 견해를 밝히도록 하라. 머뭇거리거나 혹은 둘 다 옳다는 식의 말로 책임을 피하려 해서는 안 된다."

이것이 25일의 일이었다. 조정의 논의는 연일 쟁론을 벌이며 결정되지 않았다. 유곤일, 왕문소의 보고 및 공친왕의 휴가 만료와 등청(登廳)만을 기다릴 뿐이었다.

30일, 왕문소의 보고가 총서(總署)에 도착하였다. 그때 마침 회의가 열려 옹동화와 이홍조가 모두 자리에 앉아 있었다. 손육문은 보고서를 본 다음 크게 웃으며 말하였다.

"내가 뭐라 말했던가!"

옹동화와 이홍조는 서로 바라보며 얼굴 색이 바뀌었다. 그리고 한 마디 말도 하지 않았다.

5월 1일, 공친왕이 휴가를 연장하고자 하였다. 서태후는 이총관(李總管)[44]을 공친왕의 사저로 보내 불허한다는 유시를 전하였다.

"시국이 이와 같은데 남에게 맡겨둘 수 없다."

여기에는 만일 등청하지 않으면 화의가 지장을 받을 수 있다는 의미가 담겨 있었다. 당시 비준의 방침이 이미 결정되어 있었다.

그런데 그 얼마 후 러시아·독일·프랑스 3개국이 끼어들어 모두, '중국이 영토를 할양해서는 안 된다.'고 하였다. 그들은, '서양에서는 무력으로 빼앗기지 않은 것을 남에게 할양할 수 없다. 지금 중국이 타이완을 떼 주었는데 이는 각국에 대단히 민감한 사안으로 만국공법에 저촉될 소지가 많다. 또 중국은 왜인에게 배상금을 지불하였다. 여기에 덧붙여 랴오둥 남부까지 왜인에게 할양하는 것은 또한 만국공법에 위배된다. 이 두 가지 사항에 대해 우리는 윤허할 수 없다.'고 하였다. 러시아는 특히 랴오둥 남부를

---

44 李總管 : 서태후의 심복이었던 太監 李蓮英.

중시하여 더욱 강력히 문제를 제기하였다.

출전 翦伯贊·鄭天挺 主編, 『中國通史參考資料』(近代部分, 修訂本), 「中日戰爭」, 「盾墨拾餘」권 5, 「魂北魂東雜記」.

내용 청일 전쟁은 1895년 4월 시모노세키 조약에 의하여 종결되었다. 일본은 이 조약에 의해 조선을 청의 간섭으로부터 분리시키고, 타이완과 랴오둥 반도의 할양을 얻어냈다. 또한 2억 냥의 배상금과 치외법권도 강요하였다. 당시 청의 연간 총 세입은 약 8,000만 냥이었다. 2억 냥은 그것의 2배 반에 해당하는 엄청난 액수였다. 그런데 일본의 랴오둥반도 영유는 3국 간섭을 야기하였다. 러시아는 시베리아 철도를 연장하여 만주 철도를 건설하고, 이것을 기반으로 만주와 한반도에 진출한다는 계획을 지니고 있었다. 독일은 산둥 반도의 쟈오저우(膠州)만에 눈독을 들였다. 프랑스는 러시아·프랑스 동맹에 따라 러시아를 지지하였다. 결국 일본은 3국 간섭에 굴복하여 청으로부터 3천만 냥의 댓가를 받는 대신 랴오둥반도를 돌려주지 않을 수 없었다.

미국 공사의 시모노세키 조약에 대한 회고

뤼순(旅順)이 함락되기 이틀 전 나는 베이징에서 아래와 같은 내용의 전보를 수령하였다.

"1894년 11월 19일 워싱톤 국무부 발송.

일본 측이 우리의 주도쿄 공사에게 통지하여, '중국이 베이징 주재 미국 공사를 경유하여 일본에 직접 회담을 청구해 올 경우 고려해 볼 수 있다.'고 전하였다."

이로써 외교, 즉 유쾌한 외교가 그 걸음을 내딛기 시작하였다.

얼마 전 총리아문에서 미국·영국·독일·프랑스·러시아·스페인·이탈리아 등의 공사를 소집하여 회의를 열었다. 청 측은 우리에게, '각국 정부가 평화를 위해 중재에 나서도록 설득해 달라.'고 간절하게 요청하였다. 내가 이 회의 결과를 대통령에게 보고할 때, 대통령은 그 어떠한 조정의 제의에도 응하지 않겠다고 말하였다. 설령 중국과 일본 양국이 모두 조정을 요구해 온다 할지라도 간단한 사항만 중재할 것이라고 하였다. 유럽 각국도 그때 모두 간여를 원하지 않았다.

이 때문에 나는 앞서 얘기한 전보 내용에 따라 자유롭게 행동할 수 있게 되었다. 1894년 11월 22일, 나는 총서(總署)[45] 관계자와 면담을 하였다. 나는 그들에게 아직도 이 전쟁을 계속할 여력이 있느냐고 물었다. 그들은 그럴 수 없다고 대답하였다. 그들은 군량도 없고 군수 물자나 병원도 없으며 병사도 없었다. 내가 말하였다.

"너희는 아무 일도 없이 베이징에 병사 2만 5천 명을 두고 있다."

그들이 대답하였다.

"그들은 전투 능력이 없다. 중국 군대의 목적은 작전에 있는 것이 아니라, 백성들을 위협하는 데 있다."

이에 내가 말하였다.

"저들은 더 이상 싸워서 아무런 이익이 없다 생각되면 강화에 나설 것이다."

그들이 말하였다.

"저들도 자연히 강화를 희망하게 될 것이다. 다만 문제가 하나 있다. 일본과 통신이 불가능하다. 그런데 저들이 어떻게 할지 모르겠다."

내가 대답하였다.

"만일 너희가 나에게 부탁한다면, 나는 도쿄 주재 미국 공사를 경유하여 담판을 진행할 수 있다."

---

45 總署 : 總理衙門의 약칭.

그들은 대단히 기뻐하며 나에게 즉시 나서달라고 요청하였다.

이에 나는 일본으로 다음과 같은 내용의 전보를 쳤다.

"중국이 조선 독립 및 합리적 수준의 전쟁 배상금 지불을 조건으로 하여 일본과 강화를 진행하고자 한다."

일본은 즉각, '우리도 화평 제의를 고려할 수 있다. 다만 강화 조약을 체결해야 한다.'고 응답하여 왔다.

나는 이에 협상이 진행될 동안 정전을 제의하였으나 이 제안은 거절당하였다. 그로부터 한참 시간이 지나 이홍장이 시모노세키에서 어느 난폭한 사람에게 총격을 당해 부상을 입었다. 그러자 일본은 마침내 정전을 받아들임으로써 중국에게 이 흉포한 행위에 대한 배상을 하였다.

1895년 1월 말에 이르러 중국과 일본 사이의 담판이 마찬가지로 미국 공사들의 중개로 진행되었다. 이 담판에 대해서는 여기서 다시 언급하지는 않겠다. 양국은 서로를 신임하지 않았다. 중국는 늘 일본이 제기할 가능성이 있는 요구를 미리 알고 싶어 하였다. 그것을 통해 영국이나 러시아의 간여를 이끌어 내고자 하였다. 어찌되었든 1895년 1월 중순, 중국의 두 전권대표인 장음환(張蔭桓)과 소우렴(邵友濂)은 일본의 히로시마로 갈 준비를 마쳤다.

…(중략)…

그때 일본은 웨이하이웨이(威海衛), 즉 중국의 두 번째 중요한 군사 기지를 공격하며 돌연 담판을 중단하였다. 일본은 늘 외국의 간섭을 우려하고 있었다. 그래서 전쟁을 빨리 마무리짓고 싶어 하였다. 이에 따라 중국의 사신이 귀국해 버리자, 우리의 중개 업무는 오리무중의 상태에 빠져 버렸다.

하지만 일본은 러시아의 간섭을 떨쳐버리기 위해서라도 다시 서둘러 담판에 복귀할 수밖에 없었다. 일본 측은 나에게 전보를 보내, '만일 중국이 책임도 있고 성망(聲望)도 있는 사신을 파견한다면 다시 담판을 열 수 있다.'고 말하였다. 중국 측에서는 일본이 이홍장의 파견을 원한다는 사실을 모두 알고 있었다. 그가 정부 내 가장 큰 권력을 지니고 있는 인물이었기 때문이다.

…(중략)…

하지만 불행히도 이홍장은 당시 매우 곤경에 처해 있었다. 중국이 전쟁에서 참패하였기 때문에 1894년 9월 17일 황제가 유시를 내려 그로부터 삼안화령(三眼花翎)[46]과 황마괘(黃馬褂)[47] 착용 자격을 삭탈하였다. 더욱이 그는 일본에 가고 싶어 하지 않았으며 일본에서 암살될까 두려워하였다.

…(중략)…

나는 이홍장에게 말하였다.

"중국은 조정으로부터 수모를 받은 사람을 일본에 파견해서는 안 된다." 이 때문에 그로부터 삭탈되었던 영예가 다시 회복될 수 있었다. 이와 같은 회유, 그리고 그가 국가를 위해 헌신할 수 있다는 우리의 그럴 듯한 회유를 통해, 그는 마침내 이 위험한 임무를 담당하겠다고 동의하게 되었다.

…(후략)…

출전 翦伯贊·鄭天挺 主編, 『中國通史參考資料』(近代部分, 修訂本), 「中日戰爭」 「田貝論中日戰爭」.

내용 청일 전쟁 시기 미국의 주중국공사로 재임하였던 찰스 덴비(Charls Denby, 1830~1904)의 회고 가운데 일부이다. 그는 1885년 주중국공사로 부임하여 1898년까지 재임하였다. 시모노세키 조약은 청일 전쟁을 마무리 짓기 위한 조약으로서 1895년 4월 17일에 체결되었다. 1894년 11월, 일본군이 랴오둥에 침입하자 놀란 청 조정은 덴비에게 화약의 주선을 요청하였다. 이에 미국 정부 역시 청에 영향력을 행사할 수 있는 호기라 생각하고 동의하였

---

[46] 三眼花翎 : 공작의 꼬리 깃털로 만든 세 가닥의 장식. 깃털에 있는 눈동자 모양이 드러나도록 만들었다. 청대 관원 및 귀족에게 허용된 冠飾이었다.

[47] 黃馬褂 : 청대 大臣과 護軍統領이 착용하던 官服.

다. 이홍장과 공친왕은 처음 강화 조건의 협의를 위해 독일인을 파견하였으나 일본이 회담을 거절하였다. 이어 1895년 1월에는 호부시랑 장음환과 호남순무 소우렴을 파견하였지만, 일본 측은 '전권 부족'의 이유로 역시 거부하였다. 이에 어쩔 수 없이 3월 중순 이홍장이 시모노세키로 건너가 담판을 진행하게 된다.

타이완인의 격문

아, 슬프도다 ! 이제 우리 타이완 사람들은 더 이상 청의 국민이 아니게 되었다. 우리 청 황제께서는 왜 우리 타이완 사람들을 버리시는가? 도적 같은 신하가 있기 때문이다. 대학사 이홍장, 형부상서 손육문(孫毓汶), 이부시랑 서용의(徐用儀)가 그들이로다. 이홍장, 손육문, 서용의는 타이완 사람과 무슨 원수를 졌는가? 너희는 청의 선대 황제들과 무슨 원수를 졌는가? 서태후 및 황제 폐하와는 또 무슨 원수를 졌는가? 너희는 우리 청의 발상지 및 황릉(皇陵)이 있는 땅을 왜놈들의 비위를 맞추기 위해 떼내 주었다. 지하에 있는 선대 황제들도 그 사실을 알고 있으시다. 우리 태후와 황제 폐하께는 뭐라 둘러대었는가? 너희는 그러고도 모자라 남부 일대의 문호인 타이완을, 바다 한 가운데서 200년 동안 하늘을 떠받치고 있던 타이완을, 역대 황제들께서 크나큰 인자함을 베푸셔서 단 한 사람도 불행해지지 않도록 만들고자 했던 타이완을, 모두 내다 왜놈들에게 바쳐 버렸구나.

우리 타이완 사람들은 집을 팔아서라도 나라의 빚을 갚을 수 있다. 우리 타이완 사람들은 조정을 위해 목숨을 바칠 수도 있다. 우리 타이완 사람들은 너희 이홍장, 손육문, 서용의처럼 몰염치하지 않다. 너희처럼 지위를 유지하기 위해 나라를 팔아 천지와 조상께 죄를 짓는 짓은 하지 않는다. 우리 타이완 사람들의 부모와 처자식, 전답과 조상의 분묘, 생업과 가산, 그리고 가족의 목숨까지 모두, 왜놈의 손에 죽거나 사라진 것이 아니다. 실상 저 도적 같은 신하인 이홍장, 손육문, 서용의의 손에 죽어 없어진 것이다.

우리 타이완 사람들은 이제 곤궁해도 어디 의지할 곳이 없어졌다. 분해도 어디 하소연할 데가 없어졌고 선대 황제들의 영령에 호소할 수도 없게 되었다. 나아가 태후나 황제 폐하께 울며 매달릴 수도 없게 되었다. 모두 죽는 수밖에 없다. 나라를 위해 저 도적 같은 신하들을 없애버리고 죽으면 청의 자랑스러운 귀신이라도 될 수 있으리라.

우리 타이완 사람들과 저 이홍장, 손육문, 서용의는 불구대천의 원수이다. 그놈들 당사자는 물론이려니와 그 자손이나 백부·숙부·형제·조카에 이르기까지, 배나 차 안, 혹은 거리에서 마주치더라도, 여관이나 관공서에서 만나도 그만두지 않을 것이다. 우리 타이완 사람들은 하나도 빠짐없이 모두 나서서 손에 손에 총 한 자루와 칼 하나씩 들고 즉시 죄다 죽여버릴 것이다. 그리하여 천지와 선대 황제들, 태후와 황제 폐하께 사죄할 것이다. 또 타이완 사람들의 부모와 처자식, 전답과 조상의 분묘, 생업과 가산, 그리고 가족의 목숨에 대하여 앙갚음하리라. 우리는 본디 아무런 원한을 산 적이 없는 상태에서 이홍장, 손육문, 서용의로부터 날벼락 같은 해를 당하였다. 저들을 처단함으로써, 천하에 더없이 몰염치한 짓, 지위를 유지하기 위해 나라를 팔아 천지와 조상께 죄를 지은 행위에 대한 거울이 되게 하리라.

수도와 각지 부두에서 공고문을 내걸어 알리는 것을 제외하고는 그다지 사정이 알려지지 않았다. 그래서 혈기 넘치는 애국자도 아직 타이완의 할양 소식을 듣지 못한 사람이 많다. 각 신문사들이여, 그대들은 국가 덕분에 유지될 수 있었다. 또 오랜 기간 공론을 지키며 우리 타이완 사람들로부터 존경을 받아 왔다. 이에 『신보(申報)』『호보(滬報)』『신문보(新聞報)』의 책임자들에게 부탁드린다. 이 소식을 매일 큼지막한 글자로 신문의 첫머리에 실어 달라. 그리하여 나라를 어지럽히는 신하와 부모에게 도적 같은 자식이 모두 주살되고 황제의 조령이 밝게 드러나게 하라. 그대 신문들이 하나

하나 소상히 보도하면 우리 타이완 사람들이 살아날 한 줄기 희망이 생길 것이다. 이에 우리 타이완 사람들은 결초보은하리라. 그런데 만일 도적 같은 신하의 이름을 숨기면 우리 타이완 사람들은 총과 칼을 손에 들고 그대들을 이홍장, 손육문, 서용의 대하듯 할 것이다. 생사가 달린 문제이니 경솔히 처리하지 말라. 그대들 신문사는 잘 알아두기 바란다.

대청(大淸) 광서 21년(1895) 4월, 도적 같은 신하와 함께 살기를 바라지 않는 타이완의 백성들이 널리 알린다.

출전 翦伯贊·鄭天挺 主編, 『中國通史參考資料』(近代部分, 修訂本), 「中日戰爭」 「臺灣人民抗戰檄文」.

내용 이 격문은 본디 창화현(昌化縣) 관아 앞에 게시되었다고 한다. 청일 전쟁의 패배는 중국 지식인에게 커다란 충격이었다. 무엇보다 패전의 상대가 일본이었기 때문이다. 일본은 메이지 유신 이래 전력을 기울여 신속하게 부국강병의 길로 나아가고 있었지만, 정관응(鄭觀應), 황준헌(黃遵憲) 등 일부를 제외하고 그러한 사정을 인지하는 중국인은 드물었다. 일본은 어디까지나 동방의 소국에 불과하였다. 그런데 일본, 패배해서는 안 되는 상대에게 완패했다는 사실은, 과거 영국이나 프랑스와는 달리 중국 지식인에게 엄청난 충격을 안겨주었다. 여기에 덧붙여 타이완의 할양도 커다란 굴욕감을 불러일으켰다. 타이완은 독립된 하나의 성(省)이었던 까닭에 아편전쟁으로 인한 홍콩의 할양이나 청불전쟁으로 말미암은 베트남에 대한 종주권 상실과는 비교가 되지 않는 큰 타격이었다. 그리하여 강유위 등은 공거상서(公車上書)에서, 타이완 할양이 천하의 인심을 이반시켜 장차 중국을 토붕와해(土崩瓦解)로 이끌 것이라 경고하고 있다.

(2) 변법자강 운동

정관응鄭觀應의 양무운동 비판

『중용』에서는, '군자는 때(時)에 따라 맞게(中) 한다.'고 하였고, 『맹자』에서는, '공자는 성인으로서 때(時)에 맞춰 알맞게 따르신(中) 분이다.'[48]라고 하였다. 때(時)의 중요성은 실로 크도다. 『주역』에서는, '궁하면 변하고, 변하면 통하며, 통하면 오래 간다.'[49]고 하였다. 지혜가 있다 하더라도 시세(時勢)를 타는 것만 못하며, 재능과 지략이 있어도 때를 기다리는 것만 못하다.

그러므로 '따르고 맞춰가는 것(中)'은, 성인이 하늘과 땅을 본받고 또 시종여일할 수 있었던 근본 원칙이다. 때(時)란 것은 성인이 천지에 조응하여 모자람도 없고 지나침도 없을 수 있는 이유이다. '따라 맞춰가는 것(中)'은 근간(體)이니 바뀌지 않는 것이며 성인의 경전과 같은 것이다. 때(時)는 '따르고 맞춰가는 것(中)'의 활용(用)이니, 변하는 것이며 성인의 임시변통과 같은 것이다. 근간(體)이 없으면 어찌 설 수 있으며 활용(用)이 없으면 어찌 행해질 수 있으리오? 경전이 없으면 어찌 기본적인 법도가 있으며, 임시변통이 없으면 어찌 변화에 맞출 수 있으리오?

최근 60년 동안 만국과 통상하게 되어 여기저기서 떠들썩하게 개혁을 말하게 되었다. 누구는 수구를 말하고 누구는 양무를 말하고 또 누구는 해방(海防)을 말한다. 누구는 옛날이 옳고 지금이 틀리다고 하고, 또 누구는 지엽말단을 따르다 근본을 잃었다고 한다. 그런데 근본을 통찰하며 큰 방

---

48 『맹자』, 「萬章 下」에 나온다.
49 『주역』, 「繫辭傳 下」에 나온다.

향을 밝게 제시할 수 있는 사람이 몇이나 되리오? 손자는, '자신을 알고 남을 알면 백 번 싸워 모두 이긴다.'고 하였다. 이 말은 비록 짧지만 실로 큰 의미를 지니고 있다.

나는 비록 불민(不敏)하나 어려서 경전과 역사서를 읽고 장성하여서는 무역에 종사하였다. 그러다가 저들의 요구에 분개하며 중국 조정의 실착을 안타까워하였다. 이에 서양 언어를 배운 후 바다를 건너 외국에 나가 매일 도시 사람들과 교류하였다. 그 과정에서 저들의 습속을 살피고 그 정치와 교육을 조사하였다. 풍속의 장단점 및 흥망성쇠의 유래도 고찰하였다.

이를 통해 그 성공과 실패의 근원 및 부강해진 까닭이 모두 강한 함선과 대포에만 있는 것이 아니란 사실을 알게 되었다. 의회 제도를 통해 상하가 한마음이 되었기 때문이다. 그리하여 적절한 법률 체계를 구성하고, 학교를 일으키며 기술을 중시하였다. 업무 평가를 엄정히 함으로써 모든 사람이 그 재능을 다 펼칠 수 있게 하였고, 농업을 진흥시키고 관개 시설을 건설함으로써 척박한 땅을 좋은 경작지로 탈바꿈시켜 땅의 생산성을 높였다. 철로를 부설하고 전기를 보급하였으며, 세금을 가볍게 하고 상업을 진흥시켜 만물이 활발히 거래되도록 만들었다.

저들의 각 직업 종사자들을 살펴보면 모두 그 업무에 정통하다. 문관은 반드시 관료 양성 학교를 나왔으며 무관은 모두 무관학교 출신이었다. 그들 모두 승진이 있되 다른 직무로의 변환은 없어, 모두 자신의 능력을 발휘하여 적절히 직무를 수행하고 있었다. 이러한 점에서 중국의 관료 선출 제도와는 다르다.

장수성(張樹聲)[50]은, '서양의 국가 체제는 모두 원칙이 있다. 예악과 교화

---

50 張樹聲(1824~1884) : 淮軍系의 武將으로서 同治 연간 이후 光緒 연간까지 兩江總督, 直隷總督, 兩廣總督 등을 역임한 인물.

는 비록 중국에 멀리 못 미치지만 부강에 이르게 된 데에는 체(體)와 용(用)의 작용 때문이다.'라고 말한 바 있다. 인재를 학교에서 육성하는 것, 의회에서 정치를 의논하는 것, 군민(君民)이 일체를 이루고 상하가 한마음인 것, 실질을 숭상하고 허영을 경계하는 것, 미리 계획한 다음 행동에 옮기는 것, 이러한 것이 그 체(體)이다. 함선과 대포, 소총, 어뢰, 철로, 전기 등은 그 용(用)이다. 중국은 그 체를 빼놓고 용만 본받으려 하니, 느리게 걷든 빨리 내닫든 늘 따라갈 수 없는 것이다. 설령 철제 함선이 많아져 이리저리 항해하고 철로가 사방으로 통한다 해도 과연 그걸 제대로 운용할 수 있겠는가?

우리 중국은 과거 인자함과 은혜의 정신을 담아 제도를 입안하였다. 그렇기에 대단히 훌륭한 국가를 구축하였다. 오늘날 바다를 열어 다른 나라와 교류하고 있다. 그런데 형세가 완전히 뒤바뀌어 서양에 비해 매우 허약한 상태에 놓였다.

『주역』에는, '하늘에 선행(先行)하여도 하늘이 하는 일이 그에 어긋나지 않고, 하늘의 뒤를 이을 때에도 천시(天時)를 따른다. 진퇴(進退)와 존망(存亡)을 알면서 바른 도를 지키는 사람은 오직 성인뿐일 것이다.'[51]라고 적혀 있다.

근래 조정에서 양무를 추진하고 있다. 무기를 제조하고 전선을 깔아가고 철로를 부설하고 있다. 또 광산을 개발하고 직포(織布) 공장 등을 건설하고 있다. 하지만 기계를 구동할 때 필요한 기술자는 모두 외국에서 데려온다. 상하가 과거의 인습에 얽매어 변화하지 못하고 있다. 얼마 전 독일의 재상 비스마르크는, '중국이 다만 함선과 대포를 구입하는 것만 알 뿐, 기술과 교육을 중시하지 않고 상업도 진흥시키지 않는다. 아직 부강의 근본을 모른다.'고 지적하였다. 실로 빈말이 아니다.

---

51 『주역』, 「乾」「文言傳」에 나온다.

출전 鄭觀應, 『盛世危言』, 「自序」.

내용 정관응(1842~1921)은 중국 근대에 최초로 변법개혁론을 제창한 이론가이다. 1858년 채 스물도 안된 나이에 상하이로 나가 영국 무역상과 거래하는 중개 상인(買辦)이 되었으며, 양무운동 시기에는 대표적 양무기업의 하나인 윤선초상국(輪船招商局)의 총판(總辦)이 되었다. 그는 영어에 비교적 능통하였다. 또 젊은 날 홍콩·마카오·상하이, 그리고 타이·베트남·싱가포르 등지에서의 견문을 통해 서양 제도와 학문의 우수성을 절감하게 되었다. 『성세위언』 및 『이언(易言)』은 그러한 개혁 사상이 집약된 저술이라 할 수 있다. 그는 양무운동의 한계를 지적하며 중체서용론에 대해서도 준엄하게 비판하였다. 서양의 정치 제도와 사상을 도외시하고 외피(군사와 기술)를 도입하여 보았자 아무런 실효가 없다고 주장한다.

공거상서 公車上書

거인(擧人) 강유위 등이 아룁니다. 국가의 안위를 위하여 명확히 조령를 내려서, 대대적으로 상벌을 행하고 천도하여 군사를 조련해 주십시오. 아울러 새로운 법제를 강구하여 주십시오. 이를 통해 강화 조약의 체결을 중단하고 외국 오랑캐를 막아내야 합니다. 그리해야 강토를 지키고 국가의 명맥을 유지할 수 있습니다. 이 상주문을 폐하게 올려주십시오.

삼가 듣건대 일본과 강화 조약을 체결하여 봉천(奉天) 연변 및 타이완성(省)을 할양하고 배상금으로 2억 냥을 지급하기로 했다고 합니다. 또 쑤저우(蘇州)와 항저우(杭州)를 열어 저들과 통상하며 각종 상품을 내지로 유통시킬 수 있게 하였습니다. 저들에게는 이금(釐金) 등의 세금도 면제해 주었습니다. 이밖에 무기 인도, 포로 송환, 백성 이주 등의 소문까지 있습니다. 『상하이신보(上海新報)』에 따르면, 온 천하가 큰 소용돌이에 휘말려 갑론을 박하고 경사에 거주하는 사람들은 놀라 두려워하는 상태입니다.

또 들건대 타이완 백성들은 조령에 따르지 않은 채 여전히 우리 청조를 받들려 한다고 합니다. 이처럼 민심이 굳건한 것은 진실로 선대 황제로부터 금상 황제 폐하에 이르기까지 인자함과 은택이 수백 년 동안 지속되었기 때문입니다.

그런데 며칠 간 바람에 쏠리듯 저자세를 취하다 조약을 체결하기에 이르렀습니다. 분명한 조령을 내려 일본의 요구를 준엄하게 거절하고 협의에 나섰던 대신의 죄를 엄하게 징벌한다는 얘기는 못 들어보았습니다. 커다란 치욕을 달게 받아들이고 백성을 포기하였습니다. 선대 황제들께서 마음을 다해 어렵사리 얻은 것을 하루 아침에 잘못 판단하여 버리게 되었습니다. 선대 황제들께서 어떻게 여기시겠습니까? 또 천하 백성들은 뭐라 하겠습니까? 황제 폐하께서는 효성을 다해 천하를 다스리고 있습니다. 그런데 어찌 위로 종묘를 저버리고 아래로 그 백성을 버릴 수 있습니까?

진실로 화의를 주도한 대신의 말에 잘못 이끌렸기 때문일 것입니다. 그는 '경사는 중요하고 변경의 성(省)은 가볍다. 영토를 할양해 주면 수도 일원을 능히 지킬 수 있지만, 그렇지 아니하면 수도 일원도 위태로워진다.'고 말하였을 것입니다. 그래서 구차하게 임시변통으로 영토를 할양해 주었습니다. 또한 중론이 분분하여 화의에 강하게 반대하였으나, 국가의 보전을 장담할 수 없어 끝내 참고 화의에 나서는 것이 좋다 판단하였던 것입니다. 구차하게 잠시 동안 명맥을 늘리고자 하였습니다. 나아가 지난 날 화의가 이루어진 후 십수 년 동안 무사할 수 있었다고 판단하였습니다. 1860년 이후 그러하였습니다. 좌우의 근신과 귀족 모두 이와 같이 말하였습니다. 조정에 가득찬 반대는 배척하고 화의를 주도한 대신의 말은 굴욕적이지만 받아들이기 쉬웠습니다. 그리하여 기꺼이 영토를 할양하고 백성을 버리면서 돌아보지 않았습니다.

삼가 생각건대 타이완 백성을 버리는 것은 작은 일이지만 천하 백성의 민심이 흩어지게 만드는 것은 큰 일입니다. 영토 할양은 작은 일이지만 나라를 망하게 하는 것은 큰 일입니다. 사직의 안위가 지금 이 일에 달려 있습니다. 저희 거인들은 국가의 전복을 심히 우려하여, 참람의 죄로 주살되는 것을 무릅쓰고 현 상황을 헤아려 황제 폐하께 아뢰겠나이다.

왜 타이완 사람들을 버리는 것이 천하 백성의 민심을 흩어지게 만드는 것인지 말씀드리겠습니다. 천하 사람들은 각각 자신이 조정의 백성이라 여깁니다. 그런데 조정이 타이완 사람들을 버릴 수 있다면 나도 버릴 수 있다고 생각합니다. 갑자기 일이 생기면 차례로 버려 가다가 마침내 자신도 버려져서 청의 백성이 아니게 될 수 있다는 것을 알게 되었습니다. 이렇게 민심이 이반하면 장차 토붕와해(土崩瓦解)[52]의 근심에 빠질 것입니다. 『춘추』에 양(梁)의 멸망이 적혀 있습니다. 사실 양은 멸망한 것이 아닙니다. 스스로 그 백성을 버렸기에 망한 것이나 다름없었습니다.[53] 그렇기에 타이완 백성을 버리는 것은 작은 일이지만 천하 백성의 민심이 흩어지게 만드는 것은 큰 일이라고 말하는 것입니다.

일본은 타이완을 향하여 화살 하나 날리지 않았습니다. 그저 큰 소리로 협박함으로써 섬 전체를 빼앗아 갔습니다. 지금 각국 오랑캐들은 중국을 속이기 쉽다 여기고 있습니다. 프랑스는 윈난(雲南)과 광시(廣西)를 엿보고 있고 영국은 티벳과 광둥(廣東)을 엿보고 있으며 러시아는 신장(新疆)을 엿보고 있습니다. 독일·오스트리아·이탈리아·일본·포르투칼·네덜란드 등도 호시탐탐 틈을 노리고 있습니다. 이 가운데 함께 하지 않고 홀로 나서는 나라가 무릇 일본입니다. 이 때문에 수도 일원이 놀라 두려워하였습니다. 만일 이들이 요구할 때마다 들어준다면 고기처럼 먹혀 팔 다리와 배 한 가운데까지 언젠가 다 사라질 것입니다. 겨우 머리만 덩그렇게 남을 것이니

---

52 土崩瓦解 : 철저히 붕괴되어 수습할 수 없는 국면이 되는 것.

53 『춘추좌씨전』 제6, 僖公 中, 20년에 실려 있다.

그래도 살아남았다 할 수 있겠습니까? 하물며 지방의 성(省)들이 다 사라지면 수도 일원으로 어찌하겠습니까? 그런 까닭에 영토 할양은 작은 일이지만 나라를 망하게 하는 것은 큰 일이라고 말하는 것입니다.

이러한 이치는 지극히 간단하여 아이들도 가히 알만합니다. 그런데 화의를 주도한 대신은 간교하게도, '땅을 할양해야 수도 일원을 지킬 수 있다.'고 말하였습니다. 이는 감히 폐하를 속이고 천하를 우롱한 것입니다. 이것이야말로 중국이 통곡할 일이고, 일본이 속으로 기뻐할 일이며 각국 오랑캐들이 몰래 웃음 지을 일입니다.

각국 오랑캐들은 우리가 오직 수도 일원을 지키는 일에만 매달리는 것을 압니다. 그렇기에 장차 겉으로는 수도 일원을 위협하는 척하면서 내심 변경 지역을 노리게 될 것입니다. 머지않아 그렇게 될 것입니다. 일본은 매일 같이 도성을 공격한다고 큰소리쳤지만 끝내 다구(大沽)를 향해 대포 한 발 쏘지 않았습니다. 우리 속 사정을 잘 알고 있었기 때문입니다. 각국 오랑캐들이 재빨리 일본을 본받지 않을까 두렵습니다. 기실 우리가 영토를 할양함으로써 그들을 부추긴 셈입니다. 폐하께서 영토를 할양하여 강화하자고 주장했던 대신을 불러 시험 삼아 한 번 이 사실을 들어 질책해 보시기 바랍니다. 다른 신하들도 이 강화 때문에 향후 다른 오랑캐가 침범해 오고 경사도 두려움에 떨게 될 것이라 말할 것입니다.

그렇다면 지금 영토를 할양하고 백성을 버리는 문제는 어찌해야 되는 것일까요? 폐하께서 결단코 불허하셔야만 합니다. 누군가 1860년으로부터 그 후 20년이 지나서야 1884년의 전쟁이 있었으며,[54] 그 사이 20년 간 중국이 자강(自强)을 도모할 기회를 갖게 되었다고 말할지 모릅니다. 지금 비록 영토를 할양하지만 다시 천천히 국력의 회복을 도모할 수 있으리라 말할 것입니다. 이는 감히 미사여구로 폐하를 기만하는 것이오, 천하를 내

---

54 1860년 영국·프랑스 등과의 베이징 조약과 1884년 청불 전쟁의 발생을 가리킨다.

다 팔자는 말과 진배없습니다.

대저 천하의 다스림은 기세와 같습니다. 활 시위에 얹어진 화살처럼, 그리고 울타리 속에 있는 말처럼 고요해야 하며 움직이게 해서는 안 됩니다. 둑이 무너져 뿜어져 나오는 물살이나 고산에서 떨어지는 바위처럼 조금이라도 움직이면 내리누를 수 없습니다. 아무 일도 없을 때 어렵게 되지 않도록 잘 살펴보아야 하며, 일단 움직여 변하게 되면 썩은 나무는 모두 우환거리로 탈바꿈할 것입니다.

지난 날 1881년 이전까지 우리의 속국에 아무런 문제가 없었습니다. 이후 일본이 류큐를 멸망시킬 때 우리는 아무 말도 하지 못하였습니다. 그러자 프랑스가 베트남을 차지하였고 영국이 미얀마를 멸망시켰습니다. 조선도 개항되었으며 타이는 절반이 잘려 나갔습니다. 불과 3, 4년 사이에 우리 속국은 모두 사라졌습니다.

1894년 이전 우리 내지(內地)에 아무런 문제가 없었습니다. 그런데 지금 동쪽으로는 타이완이 할양되었고, 프랑스가 윈난과 광시를 넘보고 있으며, 영국은 윈난과 광둥 및 티벳을 넘보고 있습니다. 러시아는 신장과 지린(吉林)·헤이룽장(黑龍江)을 넘보고 있습니다. 가히 발꿈치를 맞대며 오고 있다 할 정도입니다. 어찌 느릿느릿 예의와 겸손의 미덕으로 나라를 돌볼 수 있겠습니까? 하물며 지금은 수십 개 나라가 뒤에서 급하게 쫓아오고 있습니다.

비유하면 현재 우리는 큰 병에 걸렸다가 나아서 원기가 약해진 상태입니다. 외부의 병균이 침투하기 쉬울 뿐더러 변이 증상이 여러 형태로 나타나고 있습니다. 어찌 동치(1862~1874) 연간에 우리 국세가 아직 왕성하고 외부 오랑캐의 침탈 양상도 미미하던 시절과 비할 수 있겠습니까? 하물며 지금은 민심도 흐트러졌고 향용(鄕勇)들도 방치되어 있습니다. 내우와 외환의 위기가 언제 닥칠지 모릅니다. 그럼에도 구차하게 강화조약을 맺어 목전의 안일만을 구하고 있습니다. 망국(亡局)이 언제 닥칠지 모르는 상황이며 지금 그것이 시작되고 있는 것입니다. 온갖 증상이 다 나타나고 있는데도 편작(扁鵲)을 부르지 않고 있습니다. 이에 우리 거인들은 밤낮으로 두려워하며 참월을 꺼리지 않고 국가 대사에 대해 발언하게 되었습니다.

현재 항전을 말하는 사람은 민심을 단결시켜 국면을 전환시킴으로써 국가의 존속을 도모하고 있습니다. 반면 강화를 말하는 사람은 백성을 흩트리고 오랑캐를 고무시켜 국가가 속히 망하도록 이끄는 셈입니다. 영명하신 폐하께서 무엇이 좋고 무엇이 해로운지, 무엇이 득이고 무엇이 실인지 면밀하게 헤아려 판단해 주십시오. 그리고 용단을 내려 결연히 국책을 바꿔 주십시오. 저희는 어리석기 짝이 없으나 국가의 대계를 헤아려 보건대, 가까이는 항전하여 전쟁을 종식시켜야 영토를 할양하고 백성을 버리는 일이 없어질 것이라 생각합니다. 또 멀리는 부강을 이뤄야 적국으로부터의 외환이 사라질 것입니다. 엎드려 바라건대 폐하께서는 조령을 내려, 천하의 기운을 북돋우고, 천도를 통해 천하의 근본을 바로잡고, 군사를 조련하여 천하의 기세를 강화하고, 변법으로 천하의 치세를 이뤄 주십시오.

…(중략)…

삼가 생각건대 지금은 마땅히 개창의 기세로 천하를 다스려야지 수성(守成)의 기세로 천하를 다스려서는 안 됩니다. 마땅히 열국과 공존하는 기세로 천하를 다스려야지 통일 제국 군주의 지엄한 자세로 천하를 다스려서는 안 됩니다. 무릇 왕조를 개창하자면 모든 법도를 새로이 바꾸는 것이요, 수성할 때라면 옛 규정을 그대로 따라야 합니다. 열국과 병존할 때라면 지혜와 부강을 다투는 것이요, 통일 제국의 지엄한 군주라면 팔짱을 끼고 무위(無爲)의 자세를 취하는 것입니다. 옛 규정을 그대로 따른다고 말하지만 외부로부터 변화가 밀려오니 옛 규정을 지키지 않을 수 없는 것이요, 무위의 자세를 취한다 하지만 여러 나라가 다투어 침범하니 사분오열되지 않을 수 없습니다.

『주역』에서는, '궁한즉 변하고 변한즉 통한다.'고 하였습니다. 또 동중서

(董仲舒)는, '정치가 조화롭지 못하게 되면 심한 경우 다 고쳐야 비로소 바르게 된다.'고 말하였습니다.[55] 만일 선대 황제들의 법도를 바꾸어 안 되는 것이라면, 왜 우리 세조(世祖) 장황제(章皇帝)[56]께서는 일찍이 태종 문황제(文皇帝)[57]의 법도를 바꾸셨을까요? 또 만일 옛날 그대로 팔패륵제(八貝勒制)[58]를 유지하였다면 우리 청조가 능히 오랫 동안 치세를 구가할 수 있었을까요?

법도를 바꾸지 아니한 채 선대 황제의 강토를 할양하면서 천천히 망해 가는 것과, 법도를 바꾸어 종묘에 모신 영령들을 빛내며 부강을 이루는 것 가운데, 어느 것이 좋고 어느 것이 나쁘겠습니까? 또 어느 것이 득이고 어느 것이 실이겠습니까? 이는 누구라도 알 수 있을 것입니다. 저희는 어리석기 짝이 없으나 삼가 폐하를 위하여 자강을 위한 방략을 아뢰어 만세의 평안을 도모하고자 합니다. 옛 법도를 바꾸지 아니하고는 치세를 이룰 수 없습니다. 그 개혁은 부국을 우선 목표로 삼아야 합니다.

현재 호부의 세입은 은 7,000만 냥이지만 늘 부족하기만 합니다. 재정 관료는 먼 산을 바라보고 탄식하며 무슨 수라도 쓰려 하여, 관직을 팔고 도박에 세금 물리는 일까지 별짓을 다하지만 거의 아무런 소득이 없습니다. 하물며 가뭄이나 홍수를 당해도 아무 조치를 취하지 못하고, 함선이나 무기를 구입하려 해도 그 예산이 엄청나 감당할 수 없습니다. 듣건대 일본에 주어야 할 배상금이 2억 냥이라 합니다. 이는 나라 전체의 신하와 백성이 3년 동안 굶어야 마련할 수 있는 액수입니다. 여기에 만일 서양으로부

---

55 『한서』권 56, 「董仲舒傳」에 실려 있다.

56 世祖 章皇帝 : 順治帝, 재위는 1644년~1661년.

57 太宗 文皇帝 : 太宗 홍타이지, 재위는 1636년~1643년.

58 八貝勒制 : 貝勒은 부족 내지 旗의 수장을 가리키는 버일러의 한자 표기. 八貝勒制는 누르하치 시기인 1622년(天命 7)에 시작된 것으로 八旗의 수장인 8버일러의 共治體制였다.

터 채무라도 지게 되어 그 이자까지 합해지면 백 년 동안 모아도 갚을 수 없을 것입니다. 이는 스스로 죽는 길입니다. 일본에 그 2억 냥을 갚느니 그 돈으로써 차라리 바깥으로 군대를 양성하고 안으로 법도를 고치는 것이 어떻겠습니까?

…(후략)…

출전 翦伯贊·鄭天挺 主編, 『中國通史參考資料』(近代部分, 修訂本), 「戊戌變法」 「公車上書」.

내용 1895년 4월 중순, 시모노세키 조약의 소식이 베이징에 전해졌다. 당시 베이징에는 회시(會試)에 응시하기 위해 전국 각지에서 수험생, 즉 거인들이 운집하고 있었다. 광둥 출신의 거인 강유위(康有爲, 1858~1927) 및 그 제자인 양계초(梁啓超, 1873~1829)도 그중의 하나였다. 강유위는 양계초에게 각지 수험생을 규합하라고 명하고 그 자신도 광둥 출신에게 공동 행동을 호소하였다. 이렇게 며칠이 지나 전국의 수험생들이 단결하여 18개 성(省) 출신 총 1,200여 명이 연명으로 상주하기로 결의하고 강유위에게 상주문의 기초를 의뢰하였다. 강유위는 이로부터 이틀만에 무려 18,000여 자에 달하는 상주문(「公車上書」)을 작성하였다. 공거(公車)란 한대 이래 선거(選擧)에 응하는 거인을 지칭하는 의미로 사용되었다. 이 「공거상서」는 당시 중국 조야에 커다란 충격을 주었다. 아울러 이후 수년 간에 걸쳐 전개된 변법자강 운동의 출발점이 되었다. 이 상주문은 시모노세키 조약의 거부, 천도, 변법의 3항목이 중심을 이룬다. 일본과의 강화를 거부하고, 수도를 내륙으로 옮겨 철저히 항전하면서 여러 제도를 근본적으로 개혁할 것을 주창하고 있다.

강학회强學會의 조직

…(전략)…

강유위는 조정에서 변법이 추진되기를 바랐지만 그 일은 매우 지난하였다. 하지만 각국의 개혁은 국민으로부터 비롯되지 않은 것이 없었다. 이에 천하에 개혁을 부르짖기 위해 국민 사이에 여론을 환기시키고자 하였다. 또 국민의 정신을 쇄신하여 후일을 위해 그 힘을 비축해 두기로 하였다. 이를 위해 스스로 자금을 조달하여 경사에서 『만국공보(萬國公報)』[59]를 창간하여 지식인과 고관들에게 두루 보냈다. 그는 양계초(梁啓超), 맥맹화(麥孟華)와 함께 이를 간행하여 매일 2,000부 씩 발송하였다.

이어 베이징에 강학회(强學會)를 창설하였는데 여기에 모인 사대부가 수십 명이었다. 위안스카이(袁世凱)와 문정식(文廷式)도 참여하였으며 영국과 미국의 인사도 회원으로 이름을 올렸다. 열흘 마다 한 번씩 모였으며 모임에서는 강연이 진행되었다. 당시 장지동(張之洞)이 남양대신(南洋大臣)으로 있었는데, 이 소식을 듣고 좋다고 여겨서 5,000냥을 기부하여 그 기금으로 사용하라고 하였다. 당시 경사에는 신문이 없었으며 중국 사대부 사이에 학회도 없었다. 강유위가 처음으로 창도한 것이다. 하지만 대학사 서동(徐桐)과 어사(御史) 저성박(褚成博) 등은 강유위를 탄핵하고자 하였다.

1895년 9월, 강유위는 경사를 나서서 난징으로 향하였다. 여기서 장지동을 만나 상하이에 강학회의 분회를 설립하는 일에 대해 논의하였다. 이에 장지동이 크게 기뻐하여 마침내 그 분회가 만들어졌다.

강학회가 하는 일은 크게 다섯 가지였다. 첫째는 동양과 서양의 서적을 번역하는 일이요, 둘째는 신문을 간행하여 배포하는 일이요, 셋째는 대도

---

59 『萬國公報』: 1895년 8월 17일 北京에서 창간되어 무료로 배포된 隔日 간행의 신문. 1895년 12월 16일 『中外紀聞』이라 改題되어 强學會의 기관지로 되었다. 1896년 1월 20일 광서제의 명에 의해 强學會가 해산되며 함께 정간되었다.

서관을 개설하는 일이요, 넷째는 박물관을 설립하는 일이요, 다섯째는 정치학교를 건립하는 일이었다. 우리 나라에 협회와 학술 단체가 생겨난 것은 이것이 처음이다.

여기에 강유위가 쓴 강학회의 창립 선언문을 아래에 옮겨 싣는다.

"러시아는 북쪽에서 내려다 보고, 영국은 서쪽에서 엿보고 있으며, 프랑스는 남쪽에서 노려보고, 일본은 동쪽에서 주시하고 있다. 이렇게 4대 강국의 한 가운데 중국이 있으니 실로 위태롭도다. 하물며 이 밖에도 침탈을 노리는 것이 십여 나라나 된다. 랴오둥과 타이완은 아득한 남의 땅이 되었고 회족(回族)의 반란은 어지럽게 지속되고 있어, 민심은 소란스럽고 사세는 복잡하기 이를 데 없다. 실로 하루도 마음 놓을 수 없는 상태이다.

과거 인도는 아시아의 대국이었다. 그런데 옛것만 고집하고 변하지 않는 바람에, 영국이 12만 냥을 들여 만든 동인도회사로 통상하며 황폐화시켰다. 또 과거 튀르크는 이슬람의 대국이었다. 그 영토는 아시아, 유럽, 아프리카의 세 대륙에 걸쳐 있었다. 그런데 옛것만 고집하고 변하지 않는 바람에 여섯 나라에 의해 점령되어 그 땅은 쪼개지고 그 군주는 폐위되었다. 기타 베트남·미얀마·조선·류큐·타이·페르시아·아프가니스탄·발루치스탄,[60] 그리고 태평양 및 아프리카에 있는 나라들 천 수백 개는 현재 망했거나 거의 땅을 빼앗긴 상태이다. 지구상에 옛것만 지키는 나라 치고 온전히 보전된 것은 없다.

우리 중국은 지금 열강의 한가운데 놓여 있어 마치 불붙은 장작더미 위에 누워 있는 형국이다. 그런데 정치는 폐단 속에 방치된 채 개선의 기미가 없고 관리들은 옛 법령만 따를 뿐 시대의 변화를 알지 못한다. 사대부들은 과거만 살피고 현재의 변화에 관심을 기울이지 않으며, 백성들은 예

---

60 발루치스탄 : 이란 고원의 남부 및 파키스탄 서부에 위치한 땅으로 발루치족이 거주한다.

전대로만 따를 뿐 멀리 내다보지 못한다. 맹자는, '나라는 스스로 망쳐진 다음 남에 의해 정벌된다.'[61]고 하였다. 현재 몽골·랴오닝(遼寧)·지린(吉林)· 칭하이(青海)·신장(新疆)·티벳 등 토사(土司)[62]가 지배하던 변경 지구는 이미 모두 다른 나라의 지배 하에 들어갔다. 허베이(河北) 북부·산둥·푸젠(福建)· 저장(浙江)·장시(江西)·화이난(淮南)·후베이(湖北)·광둥·쓰촨(四川)·구이저우 (貴州)·윈난(雲南)·광시(廣西) 등의 기름진 땅은 모두 도적 떼가 들끓는 지역 이 되었다. 우리는 이제 튀르크와 흑인이나 다를 바 없게 되어 버렸다.

서양인들은 아주 냉혹한 부류이다. 자기보다 못하다 여겨지는 족속을 무시한다. 프랑스는 베트남을 장악하고서 베트남 사람들이 과거제를 통해 상층부로 진출하는 길을 없애 버렸다. 종래 관료였던 사람들은 이제 장사 치가 되었다. 영국이 인도를 장악한 지는 백년 정도 되었다. 영국인이 누리 는 자유의 권리를 인도인은 단 한 사람도 얻을 수 없다. 허다한 토착민들 은 모두 소나 말 같은 취급을 받고 있다.

만일 우리가 서둘러 변화를 꾀하지 않고 분열된다면 총명하고 뛰어난 사람, 저 옛날 육조(六朝)의 왕씨(王氏)와 사씨(謝氏) 같은 명문 자제들도 모 두 미개인 취급을 당할 것이다. 충성과 의분에 찬 원씨(原氏)와 극씨(郤氏)[63] 도 전락하여 노예가 될 것이다. 그리하여 이천(伊川)의 머리 모양[64]이 만방 에 두루 퍼질 것이요, 종의(鍾儀)의 관(冠)[65]은 어디에도 보이지 않게 될 것

---

61 『맹자』「離婁 上」에 나온다.

62 土司 : 관할 지역을 세습하여 지배하던 소수 민족의 추장. 土官이라고도 불렸다.

63 原氏와 郤氏 : 춘추시대 晉國의 귀족 가문.

64 『춘추좌씨전』 제 6, 僖公 中 22년에 등장한다. 周의 東遷 이후 周 大夫인 辛有가 利水 에 갔다가 머리를 풀고 들에서 제사 지내는 사람을 보고, "不及百年, 此地戎乎.(앞으로 백 년이 못 가서 이 지역은 오랑캐 땅이 되겠구나.)"라고 탄식했던 일을 가리킨다.

65 『춘추좌씨전』 제 12, 成公 上 9년에 등장한다. 鍾儀는 춘추시대 楚國의 樂官으로 鄭에 포로로 잡혀간 이후에도 楚의 모자(冠)를 그대로 착용하며 楚에 대한 충성을 표시하 였다.

이다. 또 삼주(三州)의 부자(父子)[66]는 다른 나라의 노예로 뿔뿔이 흩어질 것이요, 두보(杜甫)의 형제 자매처럼 각각 타지로 흩어져 고향을 그리워하게 될 것이다. 진(秦)의 궁정에서 아무리 울어도 헤어 나올 길이 없고,[67] 그렇다고 주(周)의 곡식을 먹어도 결코 달게 느껴지지 않으리라.[68] 이성량(李成梁)의 하인들[69]을 죽 늘여놓는다 해도 사마귀가 지렁이로 될 뿐이요,[70] 그렇다고 도연명(陶淵明)의 무릉도원을 찾아도 그 어디도 안전한 한 뼘의 땅조차 없으리라. 간과 뇌가 들을 뒤덮고 옷들이 불타 진흙 속에 파묻힐 것이다. 아, 우리 신령스러운 민족이 어찌 이리 비참한 처지에 빠지고 말 것인가!

대저 우리 중국은 지구상에서 신성하게 이어지기로 가장 유명한 나라이다. 사상과 제도, 문물이란 면에서 세계 최고이며, 그 영토의 넓이는 3위요, 인구의 숫자는 1위이다. 그 위도는 온대에 위치하고 그 국민은 총명하며 그 토양은 비옥하다. 무릇 그 영역이 만국 가운데 비할 대상이 없을 정도이다. 다만 풍속이 개창되지 아니한 까닭에 인재가 배출되지 못하여 수

---

66 庾信(513~581)의 「哀江南賦」에 나오는 어귀이다. 三州는 荊州·江州·郢州를 가리킨다. 「哀江南賦」는 남조 梁의 흥망성쇠 및 侯景의 亂 이후 江陵 일대의 禍亂을 읊고 있다. 특히 梁室의 昏庸으로 인하여 백성이 겪은 전란과 고통, 가족의 瓢散 등에 대해 凄然하면서도 기백 넘치는 필치로 묘사하고 있어 고래로 賦史라는 찬사를 받았다.

67 『춘추좌씨전』 제20, 定公 3년에 등장한다. 춘추 시대 吳가 楚를 정벌하여 楚王이 본국을 버리고 피신하였다. 이후 申包胥는 秦으로 가서 구원을 요청하며 궁정의 담장에 기대어 7일 동안 식음을 전폐하고 울었다. 그 울음 소리가 晝夜로 그치지 아니하자 秦이 비로소 원병을 출동시켰다. 이후 타처에 가서 원병을 요청하는 것을 두고 '哭秦庭'이라 칭하게 되었다.

68 伯夷와 叔齊가 周의 商 정벌 이후 周粟을 거부하고 首陽山에 들어갔던 고사를 가리킨다. 周의 곡식을 먹는다는 것은 정복자에게 복종하는 일을 의미한다.

69 李成梁(1526~1615)은 명 말기 遼東總兵으로 여진족 鎭剿에 많은 공적을 세운 인물, 그 家丁도 출정 시마다 분전하여 戰勝에 크게 기여하였다.

70 葛洪의 『抱朴子』 「內篇」 권8, 「釋滯」에 실려 있다. 周 穆王의 南征 때 전사자가 지렁이(沙虫)로 되었다 하여, 이후 沙虫이 전사한 士卒을 가리키는 말로 사용되었다.

모를 당하고 있다.

지난 날 증국번(曾國藩)과 왜인(倭仁) 등이 경사에서 강연을 하고 강충원(江忠源)과 나택남(羅澤南)이 후난(湖南)에서 강의와 훈련을 병행하여 마침내 태평천국의 반란을 진압하였다. 프러시아에는 애국 단체가 있어 프랑스에 원수를 갚을 수 있었다. 일본에는 존왕양이의 무리가 있어 유신을 성공시켰다. 대저 학업은 노력하여 이뤄가는 것이요, 인재는 배양하여 만들어 내는 것이다. 여러 사람의 힘을 합하면 책은 쉽게 편찬되고, 여러 사람의 마음을 합하면 견문은 쉽게 확산되는 법이다. 그렇기에 『주역』에서는, '군자는 친구끼리 모여 강습한다.'[71]고 하였다. 『논어』에서는, '모든 기술자는 작업장에 머물면서 그 일을 이뤄내고 군자는 배워서 그 도(道)에 이른다.'[72]고 하였다.

열강의 도발로 바닷물이 들끓고 귓속에서나 꿈속에서나 대포 소리가 요란하다. 천하의 지식인들이여, 우리 모두 패배자가 되어 버릴 걱정을 지니고 있지 아니한가? 비난에 귀 막은 채 두문불출하는 사람이 되겠는가? 아니면 나아가 유신을 부르짖겠는가? 성스러운 청조(淸朝), 이제(二帝)·삼왕(三王)[73]과 공자의 가르침, 그리고 4억 국민의 부탁이 우리 앞에 있지 아니한가?"

무릇 중국인은 지금까지 문을 닫아 걸고 바깥과 통하지 않았기에 나라의 위험을 전연 알지 못하였다. 설령 약간 사세를 아는 사람일지라도 국가의 문제로만 여기고 자기와는 무관하다 생각하였다. 과거 역성혁명으로 왕조가 바뀌는 일은 자주 있었다. 하지만 새로운 왕조에 항복하게 되면 이전의 지위를 그대로 유지할 수 있었다. 백성들 또한 아무런 영향 없이 생

---

71 『주역』「卦爻辭」「兌」에 실려 있다.

72 『논어』 제19, 「子張篇」에 실려 있다.

73 二帝와 三王 : 二帝는 요와 순, 三王은 禹·湯·文王을 가리킨다.

업에 종사할 수 있었다. 불행히 국가가 망할지라도 그리하면 된다 여겼다.

하지만 오늘날 서양인의 타국에 대한 정복은 예전의 역성혁명과는 전연 다르다. 이 때문에 강유위는 강학회를 창립하고 그 창립 취지문을 적으며, 망국 이후 닥쳐올 참상을 통렬히 지적하며 민심을 일깨웠다. 이를 읽은 사람은 대부분 눈물이 흐르고 뜨거운 피가 끓어 올랐다. 그리하여 민간의 기세가 점차 솟구치게 되었다. 하지만 수구의 무리들은 이를 싫어하였다. 어사 양숭이(楊崇伊)는 상주하여 사사로이 회당(會黨)을 만들었다고 탄핵하고 나섰다. 그리하여 금지 명령을 내려 해산시킬 것을 청하였다. 이에 따라 베이징강학회는 창립한 지 불과 4개월, 상하이강학회는 창립한 지 겨우 2개월이 되어, 1895년 11월 마침내 해산되었다. 장지동은 조정이 두려워 회원명부에서 삭제해 달라고 요청하였다. 무릇 중국의 유신은 이로부터 출발하였으며, 신당(新黨)과 구당(舊黨)의 싸움도 이때로부터 비롯되었다.

강학회는 비록 금지되었으나 이로 인해 점차 풍기가 개방되어 더 이상 억압할 수 없는 상황이 되었다. 마침내 1896년 2월 어사 호부신(胡孚宸)이 해금을 주청하였다. 그리고 베이징강학회는 관서국(官書局)으로 개칭되고 대신을 파견하여 그 업무를 관리하게 되었다. 다만 이로부터 그 본래의 취지는 잃어버리고 그 외양만 남게 되었다. 회원인 황준헌(黃遵憲)·양계초·왕강년(汪康年) 등은 상하이강학회에서 『시무보(時務報)』를 간행하기로 하였다. 『시무보』가 간행된 이후 뒤따르는 자가 더욱 많아졌다. 각지의 뜻있는 지식인들은 다투어 자금을 모아 새로운 학문을 공부하는 모임을 창립하였다. 그 모임은 대부분 강학회의 다섯 개 취지와 다르지 않았다.

…(후략)…

출전 翦伯贊·鄭天挺 主編, 『中國通史參考資料』(近代部分, 修訂本), 「戊戌變法」, 梁啓超, 「改革起原」.

내용 강유위는 광서제의 스승인 군기대신 옹동화(翁同龢)를 비롯하여 문정식(文廷式) 등 이른바 청의파(清議派) 관료들과 제휴하여 강학회를 조직하였다. 공거상서로 인해 고양된 개혁의 기운을 지속시키는 데 목적을 둔 것으로서, 학회의 형식을 빌린 일종의 정치 단체라 할 수 있다. 여기에는 문정식, 강유위, 양계초 이외에 옹동화·위안스카이·장지동·유곤일(劉坤一) 등의 대관료도 관여하고 있었다. 외국인인 티모시 리처드나 리드(G. Reid) 등도 참여하였다. 그런데 보수파에서는 강학회에 대해 강한 반발을 드러냈다. 특히 이홍장 일파가 가장 적극적인 반대 입장을 취하여, 마침내 그 일원인 어사 양숭이의 탄핵 상소에 따라 폐쇄의 명령이 내려졌다. 강유위는 강학회를 통해 개혁을 지지하는 관료와 신사를 결집하고자 하였다. 지식인을 우군으로 만들어 위로부터의 개혁을 시도한 것이다. 특히 상하이에서 간행한 『시무보』는 큰 반향을 불러 일으켰다. 이로 인해 상하이, 광둥, 후난을 중심으로 각 성 단위의 신사층이 중심이 되어 여러 학회가 결성되고 또 출판, 교육 활동이 일어났다.

변법의 지향과 제도 개혁

폐하의 명에 따라 상주합니다. 삼가 전체적인 상황을 널리 헤아려 나라를 위기에서 구해 주십시오. 폐하께서 이 상주문을 검토하여 주시기 바랍니다.

최근에 독일이 산둥의 쟈오저우(膠州)를 점령하였으며 러시아는 뤼순(旅順)·다롄(大連)을 엿보며 노리고 있습니다. 각국이 우리를 둘러싸고 기회를 노리고 있으니 실로 위태로운 망국의 위기에 처해 있습니다. 1894년 일본과 강화한 이후 신은 여러 차례 상주하여 간곡하게 위기 상황을 아뢰었습니다. 그리고 강력하게 변법을 요청드렸으나 그 상주문이 폐하께 도달하지는 못하였습니다. 그 다음 귀향하여 원통한 마음에 움집에서 문을 닫아걸고 눈물을 흘렸습니다.

그로부터 채 3년이 지나지 않아 형세가 이러한 지경에 이르렀습니다. 이후 신은 만리 바다를 건너 다시 폐하를 알현하였습니다. 폐하께서는 신이 무능하다고 내치지 않으시고 특별히 총리각국사무아문의 왕대신(王大臣)[74]을 통해 국가의 대계를 전해 물으셨습니다. 그리고 이에 대해 상주하여 아뢸 것과 신의 저술 『일본변정고(日本變政考)』 및 『러시아 표트르 대제의 변정고(俄大彼得變政考)』를 폐하께서 읽으실 수 있도록 진상하라 명하셨습니다. 이는 종래 거의 볼 수 없었던 특별한 조치였습니다. 실로 보잘 것 없는 채소라도 채취하는 것처럼 모든 인재를 포용한다는 성스러운 일이었습니다. 신은 어리석으나 이 남다른 처우를 받았기에, 이 어려운 시국에 당하여 감히 모든 역량을 다하여 아뢰겠습니다. 살펴보아 적절한 것을 채택하여 주십시오.

신이 듣기에 현재 지구상에 있는 모든 수구(守舊)의 나라들은 분할되어 망국의 위기에 처하지 않는 것이 없습니다. 폴란드는 그 영토와 국민이 서서히 분할되어 망해 버렸습니다. 미얀마는 그 이권을 모두 빼앗겨 단번에 망했습니다. 베트남은 영토와 국민을 모두 빼앗기고 빈 껍데기 이름만 남았습니다. 인도는 이권을 빼앗긴 다음 망했습니다. 튀르크와 이집트는 먼저 이권을 내주고 서서히 분할되어 망했습니다. 우리 나라는 현재 장교와 병사도 없고 군량도 없으며, 함선이나 무기도 없습니다. 비록 명색은 나라이나 영토·철로·기선·상공업·은행 등이 모두 적들의 명령에 따라 하자는 대로 다 들어주어야 합니다. 비록 망하지는 않았으나 사실상 망한 상태입니다. 앞으로 어떻게 될지에 대해서는 신은 차마 말하지 못하겠습니다.

지구상의 각국을 살펴보면 변법을 단행한 나라는 모두 강하지만 수구(守舊)의 정책을 취하면 망하였습니다. 그런즉 수구와 개혁의 효과는 명확히 알 수 있습니다. 현명한 폐하께서 만국의 추세를 한 번 살펴보아 주시

---

74 王大臣 : 親王 및 大臣.

기 바랍니다. 변한즉 온전하지만 변하지 않은즉 망했습니다. 모두 개혁하면 강해졌지만 조금 변하면 역시 망했습니다. 폐하와 대신들께서 진실로 병폐의 근원을 파악하셨다면, 그 병환을 낫게 하는 처방 또한 자명해질 것입니다.

대저 현재의 문제는 옛 법도를 강하게 지키려 할 뿐 변화를 모르며, 여러 나라가 경쟁하는 세상에서 통일 제국의 독단 방식을 취하는 데 있습니다. 이것은 비유컨대 이미 한 여름이 되었는데 두꺼운 털옷을 입고, 물을 건너는데 마차를 타고 있는 것과 마찬가지입니다. 이렇게 하면 더위 먹지 않을 수 없고 모두 물에 빠지지 않을 수 없습니다. 『대학』에서는, "날로 새롭게 한다."고 말합니다. 『맹자』에서는, "그대의 나라를 새롭게 한다."[75]고 말하였습니다. 『논어』에서는, 효성스런 자식이 부친의 방식을 고치지 않는 것도 3년 동안이라고 합니다.[76] 그러니 3년 후에는 반드시 고쳐야 되는 것입니다.

대저 만물은 새것이면 씩씩하고 오래되면 노쇠해집니다. 새것이면 신선하고 오래되면 부패합니다. 새것이면 유연하지만 오래되면 딱딱해집니다. 새것이면 통하지만 오래되면 막힙니다. 이것이 만물의 이치입니다. 법도 오래되면 반드시 온갖 폐단이 생깁니다. 그러기에 백 년 동안 변하지 않는 법은 없습니다. 하물며 지금의 법은 한·당·원·명으로 이어진 폐정(敝政)의 산물이니 어찌 청의 전통적인 법도라 할 수 있겠습니까? 또한 서리들이 농단하고 작폐하는 근거이니 어찌 선대 황제들의 초심이 추호라도 담겨 있겠습니까? 지금 선대 황제들이 세운 전통이라 말하는 것은 실로 선대 황제들을 욕보이는 것입니다. 나아가 법은 국가의 영토를 보위하는 근거입니다. 그런데 지금 이미 선대 황제들의 영토를 지키지 못하게 되었는

---

75 『맹자』 권 5, 「滕文公 上」에 실려 있다.
76 『논어』 권 1, 「學而篇」에 실려 있다.

데 무슨 선대 황제들의 법이 있단 말입니까? 설령 선대 황제들의 법도를 지킬 수 있다손 치더라도 선대 황제들의 영토를 지키지 못하는 것과, 선대 황제들의 법도를 약간 변화시켜 선대 황제들의 영토를 지키는 것 가운데 무엇이 득이고 무엇이 실이겠습니까? 무엇이 중요하고 무엇이 중요하지 않겠습니까? 이는 굳이 따질 필요도 없겠습니다. 하지만 변법을 하려 해도 국시(國是)가 아직 결정되지 않아 온갖 의론이 분분한 상태입니다. 어떻게 능히 옛것을 버리고 새로운 것을 도모할 수 있을까요?

대저 나라에 국시가 있는 것은 선박에 키가 있는 것이나 방향을 정할 때 나침판이 있는 것과 마찬가지입니다. 국시는 나라가 나아갈 방향을 결정하는 것이요, 천하가 따라야 하는 방침을 정하는 것입니다. 만일 나침판이 남북으로 흔들린다거나 선박이 동서로 배회한다면 방황만 할 뿐 아무 곳에도 갈 수 없을 것입니다. 길을 나선 사람은 어디로 가야 할지 모를 것이고 머물 곳을 찾는 사람도 어디로 향해야 할지 모를 것입니다. 물살의 한가운데 놓여 어디서 쉬어야 할지도 모르고 남북을 분간 못하여 어느 방향으로 나아가야 할지도 모르는 것과 같습니다. 이런 상태로 바다를 건너는 커다란 함선을 운전하다가 하늘을 뒤덮는 거대한 파도를 만나면 어찌 되겠습니까? 게다가 마침 드센 바람과 짙은 안개라도 겹치면 어찌 침몰하지 않을 수 있겠습니까?

지금 조정에서는 조금씩 변법을 채용하지 않는 것은 아닙니다. 하지만 폐하께서 시행하시면 대신들이 뒤흔들고 또 말 많은 사람들이 비방하고 있습니다. 또 옛 신료들이 공박하며 외국의 장점을 받아들여 중국을 변화시킨다 하지 않고, 전통의 법제를 어지럽힌다고 말하고 있습니다. 이처럼 풍설과 비방이 들끓고 온갖 공격이 빗발치고 있습니다. 이러한 상황에서 변법의 효과를 구하는 것은 뒤로 물러나며 전진을 구하는 것이나 마찬가지입니다. 아무런 효과가 있을 수 없습니다. 폐하께서는 이미 시세를 파악하시어 변하지 않을 수 없다는 사실과 구법을 폐지하지 않을 수 없다는 점을 알고 계십니다.

신은 폐하께서 마음을 굳게 결단하시고 먼저 국시를 정해 주시기를 요청드립니다. 국시가 일단 정해지게 되면 정책을 내릴 때의 무게와 당위성이 달라지게 됩니다. 조치의 권위도 크게 높아져 설령 방해가 있을지라도 영향을 미치지 못하게 것입니다.

신은 어리석으나 일찍이 예로부터 지금에 이르기까지, 그리고 중국과 외국의 정치에 대하여 살펴보았습니다. 요순 시절과 삼대(三代)의 법도는 지극히 훌륭합니다. 하지만 이러한 상고 시기는 지금과 너무 멀리 떨어져 있습니다. 그 대신 신은 원컨대 폐하께서 매일 『맹자』를 읽으시며 그 백성을 사랑하는 마음을 본받으시면 좋겠습니다. 한·당·송·명의 정치는 본받을 점이 있습니다만, 현재 여러 나라와 경쟁하는 형세와 그때 통일 제국이 홀로 있던 상황은 대단히 다릅니다. 신은 원컨대 폐하께서 『관자(管子)』를 읽으시고 그 국가 통치의 기본 원리를 본받으시면 좋겠습니다.

미국 및 프랑스의 민주 정치나 영국 및 독일의 입헌 정치는 우리 나라와 멀리 떨어져 있고 풍속도 다릅니다. 뿐만 아니라 개혁을 시작한 시점이 오래 되어 그 변화 과정을 살펴볼 수도 없습니다. 그렇기에 신은 폐하께서 러시아 표트르 대제의 개혁 정신을 본받고 일본 메이지 시대의 정치를 모범으로 삼으시기 바랍니다. 그 중에서도 우리와 거리도 가깝고 그 개혁의 시기도 멀지 않을 뿐더러 사상이나 습속도 비슷한 일본의 유신을 모델로 삼는 것이 제일 좋다고 생각합니다. 메이지 유신은 그 효과도 두드러졌으며 추진 방향도 적절하였습니다. 명화(名畫)나 훌륭한 서예 작품으로 치면 아직 붓 놀림의 자취가 남아 있어 본뜨기도 쉽습니다. 궁궐의 의상으로 치면 그 재단 방식이 흡사하여 곧바로 따라 할 수 있는 정도입니다.

일본도 처음에는 그 수구의 방식이나 서양에 대한 배척 등이 우리와 동일하였습니다. 더욱이 막부의 봉건적 지배 체제가 우리와 달라 각 지방의 다이묘가 번(藩)을 장악하고 있어 변법은 더욱 힘들었습니다. 그럼에도 신속하게 성공할 수 있었던 것은 변법의 시행 당초에 시정의 방침과 개혁의 원칙이 정해졌기 때문입니다. 그 개혁 초기에 여러 조치가 시행되었으나 가장 중요한 시책은 세 가지였습니다. 첫째는 천황이 신하들에게 국시를 선포하였던 점이고, 둘째는 적절한 기관을 설립하여 우수한 인재를 선발하였던 점이며, 셋째는 제도국(制度局)을 개설하여 헌법을 제정하였던 점입니다. 그들의 「오개조서문(五個條誓文)」은, 모든 정책을 공론(公論)에 따라 결정하는 것, 세계의 좋은 제도를 채택하는 것, 국민의 일치협력을 도모하고 종족을 차별하지 않는 것, 상하의 마음을 하나로 하고 사무라이와 서민의 차별을 없애는 것 등이었습니다. 그리고 신하들에게 명하여 이 서문에 따르게 하고 심기일전하여 개혁에 따르게 하였습니다. 이로써 국시가 정해지고 여론이 통일되었습니다. 이어 전국에서 우수한 인재를 선발하여 정부에 상주하도록 하고, 5일에 한 번씩 그 상주문을 열람하여 마땅한 자를 등용하였습니다. 이에 민간의 의견이 정책에 반영되고 인재가 발탁될 수 있었습니다. 또한 제도국을 궁중에 개설하고, 공경과 제후·대부(大夫) 및 민간의 인재 20명을 선임하여 그들로 하여금 관할케 하였습니다. 이들은 주요 정책의 결정 과정에도 참여시켜, 개혁 방향의 논의 및 헌법의 초안 작성에도 간여하게 하였습니다. 이에 논의가 주도면밀해졌고 법령이 잘 정비되었습니다. 일본의 부강함은 이로부터 비롯되었습니다.

만일 폐하께서 변법을 결심하셨다면 청컨대 다음의 세 가지부터 시행하여 주십시오. 첫째는 조정의 신료들을 천단(天壇)이나 종묘, 혹은 건청문(乾淸門)[77]에 집결시킨 다음 조서를 내려 국시를 정하는 것입니다. 이때 폐하께서 몸소, '옛것을 버리고 개혁하여 백성과 함께 다시 시작하겠다.'고 서약하십시오. 이어 조정 신료들로 하여금 연명으로 상주하여, '구습을 모두

---

77 乾淸門 : 자금성 內廷의 門. 內廷이란 황제와 황후의 寢宮 및 妃嬪, 皇子 등의 거주 공간이다. 乾淸門은 內廷 後三宮(乾淸宮, 交泰殿, 坤寧宮)의 정문으로서 청대 황제가 정사를 주도하는 聽政의 중심이었다.

버리고 유신에 헌신하겠으며 그렇지 못할 경우 자진 사퇴하겠다.'고 약속하게 하십시오. 이로써 개혁의 여론을 다져야 합니다.

둘째는 여론을 수렴하기 위해 오문(午門)[78]에 상서처(上書處)를 설치하고 매일 어사 2명을 번갈아 파견하여 관할하게 하십시오. 그리고 천하의 사대부와 백성으로 하여금 누구나 이곳에 상주문을 제출할 수 있게 해야 합니다. 관료들의 상주는 장관인 당관(堂官)을 경유하지 않고도 직접 상신할 수 있게 해야 합니다. 그래야 통제나 간섭을 배제할 수 있기 때문입니다. 유익한 의견을 제출한 사람은 불러서 접견한 다음 그 재능에 따라 등용하도록 합니다. 이렇게 하면 민간의 여론이 정치에 반영되고 또 많은 인재를 발탁할 수 있을 것입니다.

셋째는 궁궐 안에 제도국을 개설하고 천하의 인재 10여 명을 선발하여 근무시키되 왕·공경(公卿)·사인을 막론하고 모두 동등한 자격으로 대우하는 것입니다. 여기에 과거 강희제 시기의 남서방(南書房)[79]이나 옹정제 시기의 군기처와 유사한 기능과 역할을 부여합니다. 폐하께서 매일 이곳에 왕림하시어 토론하며, 무엇을 늘리고 무엇을 고칠 것인지, 무엇을 남기고 무엇을 폐지할 것인지 협의토록 하십시오. 이러한 협의를 통해 정무 일체를 점검하고 규정을 검토한 연후 시행토록 하면 모든 문제점이 개선될 것입니다.

최근 서양의 정치에서는 모두 삼권 분립을 지향하고 있습니다. 정치 논의의 기구, 행정 기구, 사법 기구가 그것입니다. 삼권이 분립되어야 정치 체제가 완비되었다고 할 수 있습니다. 우리 나라로 치면 폐하는 원수로서 모든 정치를 통할합니다. 군기처는 정부로서 황제 폐하의 명령을 실행에

---

78 午門 : 자금성의 정문으로 天安門 바로 뒤에 위치해 있다.

79 南書房 : 乾淸宮 서쪽에 설치된 황제 직속의 侍從 근무 기구. 강희 16년(1677) 설치되었다. 翰林 文人이 入侍하며 황제의 詔令을 起草하고 황제의 불시 자문에 응하는 기구였다. 황제의 詔令을 出納하며 점차 직능이 강화되어 機務를 관장하는 기능을 하게 된다.

옮기지만 잠깐 폐하 앞에 무릎을 꿇고 있을 뿐 정무를 협의하지는 못합니다. 폐하의 의중을 전달하는 기관일 뿐 정무를 논의하는 권한은 없습니다. 중앙의 6부 9시(九寺) 및 지방의 총독·순무는 다만 행정 기구로서 비유하자면 손발처럼 단지 명령대로 움직일 뿐 사전 논의에 참여하지는 못합니다. 그중 6부의 상서 등은 통상 과거의 전례를 지키는 것이 직무입니다. 만일 이들과 정치 개혁을 논의하면 그 일 자체가 과거 전례와 다르므로 반드시 반대할 것입니다. 그러니 어찌 손발과 더불어 정책을 협의할 수 있겠습니까?

…(후략)…

출전 翦伯贊·鄭天挺 主編, 『中國通史參考資料』(近代部分, 修訂本), 「戊戌變法」, 康有爲, 「應詔統籌全局摺」.

내용 강유위는 광서제에게 총 7편의 상주문을 올리고 있다. 이 가운데 두 번째가 앞서 소개한 「공거상서」이고, 이 상주문은 1898년(광서 24) 1월 29일에 작성된 그 여섯 번째에 해당된다. 이 해 1월 24일 광서제는 이홍장, 옹동화, 영록 등에게 명하여 강유위를 총리아문으로 불러 변법론에 대해 상세하게 청취해 보라고 지시하였다. 이어 이튿날에는 직접 궁중으로 불러 접견하고자 하였다. 하지만 이 시도가 서태후와의 대립 심화를 염려하는 공친왕의 반대로 무산되자, 강유위에게 자신의 정론을 소상히 아뢸 것을 명하였다. 이에 응하여 올린 상주문이 바로 여기에 소개된 「응조통주전국접」이다. 이로부터 약간 시간이 흐른 6월 초, 서태후가 잠정적으로 광서제에게 전권을 부여하였다. 그 직후인 6월 11일 마침내 광서제는 '명정국시(明定國是)'의 상유를 발표하고 신정(新政)을 시작하였다. 이때부터 9월 21일까지 103일 간이 이른바 무술변법의 시기였다. 하지만 신정은 출발부터 극히 취약하였다. 서태후가 고급 관료의 인사권, 북양 3군의 군권, 수도 일대의 군사력을 장악한 상태였기 때문이다. 이러한 상황에서 6월 16일 광서제가 마침내 강유위를 접견하고, 그의 제안에 따라 정치·경제·사회·문화 각 부분에 걸친 위로부터의 개혁이 시도되었다. 강유위는 입헌군주제의 실시와 만한(滿漢)의 차별 철폐, 변발의 폐지, 도시의 건설 등 과감한 정책을 제안하였다. 이러한 강유위의 의견에 따라 이른바 신정(新政)의 상유(上諭)가 잇따라 반포되었다. 하지만 극히 일부 지역을 제외하고는 전연 실효가 없었다. 관료들의 관망하였기 때문이다. 이로 인해 신정은 다만 상유의 연속으로 끝나고 말았다.

변법의 좌절

…(전략)… 1898년 4월 10일 이후 광서제는 매일 옹동화(翁同龢)와 더불어 개혁을 논의하였으며, 서태후는 매일 영록(榮祿)과 더불어 광서제의 폐위를 논의하였다. 4월 23일, 광서제는 개혁을 반드시 추진하겠다는 조서를 내렸다. 25일, 조서를 내려 강유위 등으로 하여금 28일에 알현하라 명하였다.

그런데 27일 서태후는 난데없이 유시 하나를 내려 광서제로 하여금 선포하라고 강요하였다. 그 내용은 대략 다음과 같았다.

"대학사 겸 호부상서인 옹동화는 근래 여러 차례 상주문을 올려 다른 대신을 탄핵하였다. 또 알현할 때 불손한 말을 하며 권세를 장악하고자 하는 무도한 모습을 보였다. 마땅히 엄히 처벌해야 할 것이나 황제를 동궁 시절부터 모셨던 정상을 참작하여, 현직에서 해임하여 낙향하는 것을 허락한다. 이처럼 보호하고자 한다. 이대로 시행하라."

광서제는 이 유시를 보고 두려워 떨며 얼굴 색이 변하여 어찌할 바를 몰랐다. 옹동화마저 떠나면 자신의 고굉지신(股肱之臣)[80]이 모두 사라지는 셈

---

80 股肱之臣 : 군주에게 팔, 다리와 같이 가장 신뢰할 수 있는 신하.

이었다. 옹동화가 경사를 떠나던 날, 영록은 그에게 천 냥을 전해 주었다. 그리고 손을 붙들고 울며, '어쩌다 광서제에게 죄를 얻게 되었느냐?'고 물었다. 오호라, 이림보(李林甫)[81]의 '입에 꿀이 있고 뱃속에 칼이 있던 모습(口有蜜 腹有劍)'을 오늘에 다시 보는구나. 소인(小人)의 재주는 참으로 두려울 따름이로다.

이것이 4월 27일의 일이었다. 그날 함께 몇 개의 조서가 내려졌는데 모두 서태후의 뜻에 따른 것이었다. 그 첫 번째는 2품 이상의 관직에 있는 사람은 모두 황태후 앞에 나아가 은혜에 대한 감사를 표하라 명하는 것이었다. 두 번째는 왕문소(王文韶)·유록(裕祿)은 경사에 오되 장지동은 경사로 올 필요 없다고 명하는 것이었다.[82] 세 번째는 영록을 직예총독 겸 북양대신으로 임명하는 것이었다. 9월에 광서제가 서태후를 모시고 톈진으로 가서 열병식을 거행하는 것 또한 이날 결정되었다. 무릇 광서제 폐위에 관한 음모가 이날 모두 꾸며진 것이다.

영록이 군기대신에 임명되지 않고 북양대신이 된 것은 무슨 까닭일까? 오로지 북양 3군을 통제 하에 두기 위해서였다. 북양 3군은 동복상(董福祥)의 감군(甘軍), 섭사성(聶士成)의 무의군(武毅軍), 위안스카이의 신건군(新建軍)을 가리킨다. 이 세 사람은 모두 영록에 의해 발탁된 바 있으며, 3군은 모두 수도 주변에 주둔해 있었다. 영록은 어사 이성탁(李盛鐸)에게 넌지시 지시하여 열병식의 거행을 주청하게 하였다. 그리고 서태후와 함께 톈진으로 행차하는 것을 결정하였다. 광서제를 위협하여 톈진으로 가게 한 다

---

81 李林甫(683~753) : 당 현종 시기의 權臣. 권모와 술수를 통해 20년 가까이 재상 직위에 있으며 정적을 제거하였던 것으로 유명하다.

82 直隸總督 겸 北洋大臣으로 있던 王文韶(1830~1908)에 대신하여 西太后의 甥姪이자 심복인 榮祿(1836~1903)을 直隸總督代理에 임명함으로써 北洋三軍을 그의 지휘 하에 두기 위한 조치였다. 당시 四川總督으로 재직중이던 裕祿(1840~1900)은 이때 경사로 불리워 軍機大臣에 임명된다.

음 병력을 이용하여 폐위시키려 한 것이다. 이 음모는 당시 만주인 대부분이 알고 있었다. 한인 중에도 많은 사람이 알고서 광서제를 위해 걱정하였지만 감히 진언하지 못하였다. 옹동화도 알고 있었지만 차마 분명한 형태로 말하지는 못하였다. 다만 머리를 조아리며 톈진에 가지 마시라 간언할 따름이었다. 그러한 옹동화를 영록 등은 서태후의 세력을 이용하여 제거한 것이다. 광서제의 위기는 이때 최고조에 이르러 있었다.

처음에 2월과 3월 무렵 영록은 6부와 9경의 연대 서명으로 상주문을 올려 서태후의 수렴청정 재개를 요청하고자 했다. 이를 먼저 병부상서인 서부(徐郙)에게 묻자 서부는, "청의(淸議)[83]는 어찌하려오?"라고 답하였다. 이에 그 추진을 멈추었다. 이성탁은 다시 어사의 연대 서명으로 수렴청정을 요청하고자 하였다. 이를 위해 며칠 간 분주히 움직였으나 뜻을 이루지 못하였다. 어사 가운데 오직 두 명만이 아무래도 좋다고 말할 뿐이었다. 이러던 차에 톈진으로 가는 일이 결정되어 더 이상 추진하지 않았다.

서태후와 영록 등은 이처럼 주도면밀하게 일을 꾸민 후 광서제를 거의 빈 껍데기 취급을 하였다. 내버려 두어도 달아날 수 없다는 것을 알기에 아무런 방비도 하지 아니한 채 광서제가 하고자 하는 대로 들어주었다. 그래서 광서제는 수 개월 동안 외견상 약간의 권한을 장악하고 개혁을 주도하는 듯 보였다. 하지만 광서제가 개혁을 추진할 때 만주인 대신 및 내각의 관료들은 대부분 서태후 앞에 무릎을 꿇고 그 명령을 받았다. 이들이 광서제를 제지하여 달라고 청할 때도 서태후는 웃으며 아무 말 하지 않았다. 누군가 눈물을 흘리며 간곡히 청하자 서태후는 한편으로는 웃고 또 한편으로는 화를 내며 말하였다.

"너는 대체 이 한가한 일과 무슨 관련이 있느냐? 내 안목이 어찌 너만

---

[83] 淸議 : 洋務派에 맞서 大淸의 祖制 嚴守와 기강의 엄정, 유학의 弘揚, 외침에 대한 단호한 대응을 주장하던 정파. 李鴻藻·翁同龢·張之洞·文廷式 등이 대표적 인물이었다. 이들은 무술변법 시기 광서제를 지지하며 개혁을 옹호하게 된다.

못할 것이라 생각하느냐?"

이후 다시는 아무도 말을 하지 않았다. 누군가 영록에게 물었다.

"폐하께서 조정에서 대대로 내려온 법도를 이처럼 함부로 바꿔도 되는 것인가요?"

영록이 대답하였다.

"짐짓 몇 달 동안 멋대로 어지럽히도록 놓아두게나. 천하가 공분을 느낄 만큼 그 죄악이 가득 차면 그때 어떻게 할 수 있지 않겠는가?"

이처럼 그들의 계획은 미리 정해져 있던 까닭에 아무런 움직임을 보이지 않았다.

4월 이래로 베이징의 항간에는 떠도는 소문이 무성하였다. 그 대부분이 광서제가 중병에 걸렸다는 내용이었다. 처음에는 오줌소태에 걸렸다고 하다가 이어 이질에 걸렸다고 하였으며, 다시 생식기 계통 질병이라고 했다가 나중에는 해소 천식이라고 하였다. 모두 궁중의 태의원(太醫院)으로부터 전해졌으니 확실한 근거가 있는 말이라 하였다. 누군가는 장음환(張蔭桓)[84]이 붉은 환약을 바쳤다고도 하고 또 누군가는 강유위가 붉은 환약을 바쳤다고도 했다. 이러한 말 또한 근거가 확실한 듯이 유포되었다. 모두 서태후와 영록 등이 후일 광서제를 시해하기 위해 이러한 소문을 퍼트린 것이라 판단된다. 그때 강유위와 장음환 등도 같이 죄를 묻기 위한 심산이었을 것이다. 그들은 광서제가 늘 중병을 달고 살았다고 했다. 하지만 이 무렵 광서제는 매일 정무를 처리하며 대소 신하들을 불러 만나고 있었다. 더불어 며칠에 한 번씩 반드시 이화원에 가서 서태후에게 문안을 드렸다. 그때마다 늘 영수원(瀛秀園) 문 앞에 꿇어앉은 채 서태후를 맞고 또 보냈다. 이 어찌 병자가 할 수 있는 일인가?

---

84 張蔭桓(1837~1900) : 戊戌變法 시기 강유위와 긴밀한 관계를 유지하며 개혁을 지지하던 인물.

그 무렵 누군가 군기대신 왕문소에게 물었다.

"폐하의 병은 실제 어떠하시오?"

"제가 매일 폐하를 뵙습니다. 달리 병이 있다 느껴지지 않았소이다. 다만 간이 조금 안 좋으실 뿐이오."

무릇 광서제는 늘 신하들의 태만함과 소홀함을 원망하며 큰 소리로 책망하고 있었다. 그래서 왕문소는 간에 화병이 있다고 말했던 것이다. 담사동(譚嗣同)이 알현할 때 직접 광서제에게 건강이 어떠한지 물은 적이 있다. 이에 광서제는 대답하였다.

"짐은 지금껏 병을 앓은 적이 없소이다. 그대는 왜 갑자기 그렇게 묻는가?"

담사동은 황공해 하며 갓을 벗고 사죄하였다고 한다. 이로써 보건대 광서제에게 병이 없었던 것은 확실하다. 저들이 이런 말들을 지어낸 것은, 후일 광서제를 시해한 다음 병으로 붕어하였다고 세상에 포고하여 사람들의 말을 막으려 했기 때문이다. 또 장음환이나 강유위가 붉은 환약을 바쳤다고 꾸며댔던 것은, 광서제를 시해한 다음 궁중에 출입하였다는 사실을 죄목으로 하여 두 사람을 무고하려 했던 것이다. 저들의 구상이 가히 이처럼 면밀하였다.

8월 6일 정변이 일어나던 날 베이징으로부터 상하이로, '강유위가 바친 붉은 환약에 의해 광서제가 시해되었다. 죄인은 현장에서 사형이 집행되었다.'는 내용의 전보가 날아갔다. 상하이도(上海道)[85]에서는 이 전보를 각국 영사관에 전달하고 협조를 구하였다. 이를 영국 영사가 직접 보았다고 한다. 대저 광서제는 지금도 생존해 계시다. 그런데 저들은 8월 6일 강유위를 황제 시해의 죄에 얽어매고자 하였다. 저들은 오래 전부터 모의하여

---

85 上海道 : 청대의 행정 구역. 上海縣 및 松江府보다는 상위이고 江蘇省보다는 하위였다. 정식 명칭은 分巡蘇松太常等地兵備道.

광서제를 시해하고 그 죄를 강유위에게 덮어씌우려 하였다. 그렇기에 먼저 이 소문을 날조하여 사람들에게 믿게 하려고 했던 것이다.

7월 초에 이르러 광서제는 갑작스레 경친왕(慶親王)에게 말하였다.

"짐은 죽어도 텐진에는 가지 않겠소이다."

7월 중순, 텐진 행차가 취소되었다는 소문이 시중에 널리 퍼졌다. 그때는 마침 예부의 당관(堂官)[86] 6인을 교체하고 군기처에 4인의 경경(京卿)[87]을 발탁하던 때라서 수구당(守舊黨)이 매일 만났다. 7월 20일 무렵, 만주족 대신인 화이타부(懷塔布)와 리산(立山) 등 7인이 함께 텐진으로 가서 영록을 만났으며, 그 며칠 후에는 어사 양숭이(楊崇伊) 등 몇 사람이 또 텐진으로 가서 영록을 만났다. 모두 어찌할 바를 몰라 허둥댔다. 그런데 영록이 갑자기 섭사성의 군대 5,000명을 뽑아 텐진에 머물게 하고, 또 동복상의 군대에게 명하여 베이징의 창의문(彰義門)으로부터 40리 떨어진 장승점(長隆店)으로 옮겨 주둔하게 하였다.

7월 28일에는 광서제가 양예(楊銳)를 불러 접견하였다. 이날 위안스카이에게 입경하라고 명하는 유시가 내려졌으며, 8월 1일 그를 불러 접견하고 즉시 시랑으로 발탁하였다. 2일, 다시 위안스카이를 불러 접견하였으며, 이날 또 임욱(林旭)을 불러 접견하였다. 어사 양숭이·장중흔(張仲炘) 등도 또한 이날 이화원으로 서태후를 찾아가 국사를 상주하였다고 한다.

3일, 영록이 보낸 전보가 갑자기 베이징에 도착하였다. '영국과 러시아가 해참외(海參崴)에서 개전하여 현재 각국의 군함 수십 척이 탕구(塘沽)에 집결해 있다. 즉시 위안스카이로 하여금 텐진으로 돌아와 방비하게 해달라.'고 요청하는 내용이었다. 4일 위안스카이는 경사로부터의 출발을 요청하였고, 광서제는 5일에 출발하라고 명하였다. 5일이 되어 광서제는 다시

---

86 堂官 : 명청 시대 중앙 각부의 尙書, 侍郎에 대한 통칭.
87 京卿 : 衙門의 장관을 가리킨다. 京堂이라고도 칭하였다.

위안스카이를 불러 접견하였는데, 6일에 마침내 서태후의 수렴청정이 선포되었으며 강유위 등의 지사(志士)에 대한 체포령이 내려졌다.

7월 28일 양예를 불러 접견할 때, 8월 2일 임욱을 불러 접견할 때, 그리고 5일 위안스카이를 불러 접견할 때 광서제는 모두 붉은 붓으로 쓴 밀유(密諭)를 내려주었다. 28일의 유시는 양예와 강유위·담사동·임욱·유광제(劉光第) 5명에게 주는 것이었으며, 8월 2일의 유시는 오로지 강유위에게 주는 것이었다. 5일의 유시는 오로지 위안스카이에게 주는 것이었다고 한다. 위안스카이는 물러난 다음 다음과 같이 말하였다고 한다.

"폐하께서 만일 나에게 군대를 동원하라 명하신다면 나는 감히 조령을 받들 수 없다. 그렇지 아니하고 다른 일이라면 내가 모르는 바이다."

당시 베이징 사람들은 모두 광서제가 내린 3개의 밀조 가운데 대신들과 의논하여 서태후를 유폐시키라는 내용이 있었을 것이라 의심하였다. 정변이 발생하였을 때 저들 도적과 같은 신하들은 이것을 빌미로 이화원의 서태후를 포위하라는 광서제의 명령이 있었다고 하였다. 또 이를 가지고 광서제를 무고하였다. 후일 강유위는 앞선 2개의 밀유를 공개하였다. 이에 따르면 대신들에게 강유위에 대한 보호를 부탁하고, 아울러 강유위에게 바깥으로 나가 도움을 청하라고 명하는 말뿐이었다.

…(후략)…

출전 中國史學會 主編,『中國近代史資料叢刊』,『戊戌變法』1, 梁啓超,「戊戌政變記」「戊戌廢立詳紀」.

내용 광서제와 강유위 중심의 변법이 구체화되어 감에 따라 이에 대한 반대도 심화되어 갔다. 특히 과거제의 개혁은 보수파를 결집시키는 데 큰 작용을 하였다. 반대파의 구심점이 된 서태후는 심복인 영록을 직예총독 대리에 임명함으로써 북양 육군을 장악하게 하였다. 이어 광서제에 대한 폐위의 모의도 진행시켰다. 이러한 움직임에 맞서 변법파들은 보수파인 예부상서 화이타부를 파면하는 한편, 담사동·양예·임욱·유광제 등 4명을 군기장경(軍機章京)으로 삼아 신정의 중추에 참여시키고자 하였다. 하지만 보수파의 위협과 반격이 구체화되자, 위기를 느낀 변법파는 최후의 방법으로 군사적 선제 공격을 도모하였다. 과거 강학회의 회원이었던 위안스카이를 포섭하여, 그 휘하의 신건군(新建軍)을 동원하고자 한 것이다. 담사동의 설득에 의해 원세개는 최초 광서제를 위한 거사에 동의하였으나, 이윽고 입장을 선회하여 영록에게 이 사실을 보고하였다. 이에 서태후는 계획을 앞당겨 9월 21일(음력 8월 6일), 이화원에서 나와 광서제를 유폐시키고 담사동 등 6명의 변법파를 처형하였다. 강유위와 양계초는 일본 공사관의 도움으로 가까스로 탈출하여 일본에 망명하였다. 이것으로 광서제의 상유(上諭)로부터 비롯된 무술년의 개혁, 즉 변법자강 운동은 3개월 남짓한 기간에 종료되고 말았다. 그리하여 무술 개혁은 백일유신, 백일변법이라 불리기도 한다.

(3) 의화단 운동

의화단의 공고문

중원 각지의 시장 상인과 농민은 잘 들으라.

지금 천주교와 예수교 교회당이 신령님과 성현을 비방하며, 위로는 중국의 천자와 관료를 속이고 아래로는 중국의 백성을 억압하고 있다. 천인이 공노할 일이지만 사람들은 침묵하고 있다. 우리는 오랫동안 의화단의 신령스런 권법을 수련하여 이로써 중원을 보호하고 서양 도둑놈들을 쫓아내려 한다. 또 기독교 신자들을 다 죽이고 백성을 도탄에서 구해 내겠다. 이 게시문으로 농민들에게 널리 알리노니 너희가 어디에 살든지 주변에 기독교 신자가 있으면 신속히 내쫓으라. 교회당이나 그들의 집은 모두 불살라 버리고 남겨두지 말라. 만일 누구든지 이에 따르지 않고 기독교 신자를 숨겨주는 사람에 대해 우리는 똑같이 죄를 묻겠다. 불로 태워 죽이고 사지를 찢어 죽이겠다. 아무 고지 없이 죽일 수도 있다. 무단히 연루되지 않도록 하라. 이 지시를 어기지 말도록 하라. 특별히 지시한다.

1900년 5월 28일

출전 翦伯贊·鄭天挺 主編, 『中國通史參考資料』(近代部分, 修訂本), 「義和團運動」「義和團告白」.

내용 1900년 봄부터 여름에 이르기까지 의화단운동은 최고조에 달하였다. 농민이 중심이 되고 여기에 운송 노동자와 실직 병사, 유민 등이 가세하여, 교회와 철도, 전신주 등에 이르기까지 모든 서양적 존재를 공격하였다. 특히 교회에 대한 적개심이 강하여 교회 및 기독교 신자를 무차별적으로 파괴하고 살상하였다.

베이징 인근에서의 의화단 고지

경사의 순천부(順天府) 완읍(宛邑)에 있는 제가사마란촌(齊家司馬蘭村)에서 경건하게 의화단을 설립하였다. 이를 계기로 인근 지역에 의화단의 규약을 알린다.

천주교는 함풍(1851~1861) 연간 서양 세력을 등에 업고 들어와 중국에 재앙을 일으키고 있다. 국가 예산을 축내고 신을 모신 사당을 파괴하고 있다. 또 불상을 훼손하고 민간의 묘지까지 점거하는 등 온갖 악행을 저질러 백성들의 원한이 사무치고 있다. 심지어 천주교의 저주로 인해 백성들이 경작하는 나무와 곡식, 채소 등도 매해 가뭄과 병충해에 시달리고 있다. 나라도 태평을 잃고 백성들도 불안한 상태라서 하늘도 노하였다.

이에 천제(天帝)께서 은혜를 베푸사 여러 신을 지상에 내려보내셨다. 도장을 설립하고 신들이 우리에게 신비로운 권법을 전하여 교습하게 하였다. 우리는 청을 도와 서양 세력을 몰아내고, 하늘을 대신하여 올바른 도(道)를 시행할 것이다. 국가를 도와 사직을 보호하고, 백성을 도와 농사가 잘 되게 하고 향촌을 안정시킬 것이다. 이야말로 고난이 다하고 태평이 도래할 조짐이다. 다만 우려되는 것은 우매한 무뢰배들이 이 틈을 타고 횡행하여 약한 백성을 괴롭히는 일이다. 이런 일이 있으면 촌락의 지도자나 의화단 단장에게 보고하라. 공정하게 다루어 법대로 처리할 것이다. 사사로움이 개입되지 않도록 하겠다. 만일 사사로운 처리가 있으면 신의 눈이 번개와 같이 지켜보며 작은 죄에도 엄한 처벌을 내릴 것이다.

천주교가 사악한 술책으로 사람들을 미혹시키기에 하늘이 노하여 아래 세상의 도장에 많은 신을 내려보내셨다. 그리하여 세상 사람들에게 의화단을 따르게 하였다. 정의가 자비심이요, 화목한 것이 예절이다. 도덕이 근본으로 자리 잡아야 향촌에 자비심과 예절, 화목함이 가득하게 된다. 농사에 힘쓰고 불교에 귀의하라. 의화단에 의지하여 사적인 원수를 갚아서는 안 된다. 부자가 가난한 사람을 억압해서도 안 되며, 강하다고 약자를 괴롭혀서도 안 된다. 옳고 그름을 제대로 지켜 판정하여야 한다.

출전 翦伯贊·鄭天挺　主編,『中國通史參考資料』(近代部分, 修訂本),「義和團運動」「馬蘭村坎字團告示」.

내용 의화단 세력이 1900년 이후 급신장할 수 있었던 데에는 몇 가지 요인이 작용하였다. 첫째로 1899년부터 이듬해 봄에 걸쳐 북중국에 큰 가뭄이 엄습하였다. 이를 두고 의화단은 교회당이 기도하여 비가 내리지 않은 것이라 선전하였다. 이에 따라 많은 민중이 의화단에 합류하게 되었다. 둘째로 서태후를 위시한 보수 세력이 의화단을 이용하여 서양 열강을 물리치고자 하였다. 청조는 의화단에 대해 호의적인 태도를 취하고, 심지어 의화단 장려의 상유를 내리고 장려금을 하사하였다. 이와 때를 같이 하여 의화단은 '부청멸양(扶淸滅洋)'의 슬로건을 내세웠다.

의화단의 고시

신이 돕는 권법(拳法)을 구사하는 의화단은 외국 놈들[88]이 중원에서 소란을 피웠기에 생겨났다. 저들은 기독교를 믿으라 권하며 멋대로 날뛴다. 부처님도 경배하지 않고 조상도 받들지 아니한다. 남자는 인륜을 지키지 않고 여자는 정절을 지키지 않는다. 그러니 외국 놈들은 인간이 아니다. 믿기지 않거든 자세히 보라. 외국 놈들의 눈동자는 모두 푸른색이다. 비가 내리지 않는 것도 땅이 건조해지는 것도 모두 교회당이 하늘에 그렇게 해 달라 기도했기 때문이다. 이에 신이 노하고 신선이 답답하여 산에서 내려와 도를 전하고 있다. 헛소문이 아니다. 그 신선은 아무 힘이 없는 하얀 꽃 같은 존재가 아니다. 입으로 주문을 외워 보라. 황표(黃表)[89]를 높이 들고 향을 불사르며 신선이 내려오기를 기도하라. 그러면 신이 동굴로부터 나오고 신선이 산에서 내려와 우리에게 권법을 가르쳐 줄 것이다. 그렇게 병법을 배우고 권법을 익히면 외국 놈들을 몰아내는 것이 어렵지 않다. 철로를 뒤엎고 전선을 잘라 버려라. 기선을 불태워 버려라. 그러면 프랑스는 간담이 서늘해지고 러시아도 쓸쓸히 물러날 것이다. 외국 놈들을 모두 죽여 없애야 청의 통치가 굳건해진다.

---

88 원문은 鬼子. 외국인에 대한 적개심과 모멸을 담은 지칭이다.

89 黃表 : 도교에서 예배나 의식에 사용하는 노란 색 종이 두루마리. 통상 부적이나 주문 등이 적혀 있다.

출전 翦伯贊·鄭天挺 主編, 『中國通史參考資料』(近代部分, 修訂本), 「義和團運動」「義和團揭帖」.

내용 의화단 운동의 성격을 여실히 보여주는 고시이다. 의화단 운동은 기본적으로 반기독교 운동에서 출발하여 서양에 대한 총체적 배격으로 발전하였다. 이 고시에서는 서양 세력이 반인륜적일 뿐더러 중국 민중의 일상 생활을 위협하는 행태를 보이고 있다고 공격한다. 그리고 의화단에 참여하면 모든 문제가 해결될 것이라 말하고 있다. 마지막에는 의화단의 부청멸양(扶淸滅洋)이라는 슬로건을 강한 어조로 내세우고 있다.

청 조정의 의화단 금지 명령

1900년 5월 29일 내각은 폐하의 상유를 받들어 다음과 같이 고시한다.

근래 수도 인근 지역의 농민들이 권법을 수련하고 있다는데 그중 선악의 무리가 뒤섞여 있어 다른 사단을 만들어 내지 않을까 걱정스럽다. 폐하의 유시에 따라 수도와 지방의 각 관아에 명하노니 엄격히 금지하도록 하라. 최근 들건대 권법을 펼친다는 백성 가운데 도망 군인과 회비(會匪)[90] 등도 그 속에 모습을 감추고 있다고 한다. 그들이 이에 의지하여 소란을 일삼으며, 심지어 무관을 죽이고 전신주와 철로를 불태운다고 한다. 이처럼 멋대로 행동하며 법을 두려워하지 않는다면 반란 도당과 무엇이 다른가? 지방에 주둔하고 있는 무장(武將) 및 문무 관료들은 즉시 신속하게 그 수령을 포획하여 무리를 해산시키라. 만일 이들이 무기를 들고 항거하면 즉시 소탕함으로써 엄격히 깨우치도록 하라. 현재 민심이 불안하여 무슨 일이라도 생기면 큰 변란으로 발전할 수도 있다. 모든 교회당과 기독교 신자에

---

90 會匪 : 會黨의 匪賊, 즉 天地會, 哥老會, 三合會 등 비밀결사의 조직원.

대해 빠짐없이 힘을 다해 보호하라. 이들을 안전하게 지키고 변란이 생기지 않도록 하라.

출전 翦伯贊·鄭天挺 主編, 『中國通史參考資料』(近代部分, 修訂本), 「義和團運動」「諭內閣嚴禁拳民滋事保護教堂教民」.

내용 의화단 운동이 발생하자 최초 청조는 열강의 압박에 순응하여 강력히 진압한다는 자세를 취하였다. 의화단 또한 청조의 공격에 맞서 때로 관군에 상당한 타격을 가하기도 하였다. 1900년 5월 12일에 있었던 허베이(河北)의 라이수이(涞水) 전투에서는 의화단이 청군의 장수 양복동(楊福同)을 전사시키고 대승을 거두었다. 이후 의화단은 추가 군대의 파견을 막기 위해 철로를 파손시켰다. 여기에 든 청조의 명령, 즉 의화단에 대한 소탕령은 이러한 상황에서 내려진 조치이다.

조정 대신의 의화단에 대한 대책 촉구

신하 조서교(趙舒翹)[91] 및 하내영(何乃瑩)[92]이 무릎 꿇고 아룁니다. 직예성(直隷省) 일대의 의화단 세력이 수도 일원으로 난입하여 철로를 불태워 훼손하고 있습니다. 청컨대 군대를 파견하여 진압하여 주십시오. 삼가 상주문을 올려 은밀히 아뢰니 폐하께서 살펴보아 주시기 바랍니다.

주어저우(涿州)의 지주(知州)인 공음배(龔陰培)가 다음과 같이 보고하였습니다.

---

91 趙舒翹(1848~1901) : 의화단 운동 당시 總理衙門大臣 겸 軍機大臣. 8개국 연합군의 베이징 점령 이후 서양 세력의 압력에 따라 청 조정으로부터 자결 처분을 받게 된다.

92 何乃瑩(1843~1911) : 의화단 운동 당시 順天府 府尹.

"1900년 5월 27일 신시(申時)[93]에 직예성 라이수이현(淶水縣) 석정역(石亭驛)의 의화단 백성 약 2, 3천명이 주어저우 읍내로부터 약 8리 가량 떨어진 영락촌(永樂村)에 난입하였습니다. 이어 주변의 철로와 순포방(巡捕房),[94] 전신주 등을 모두 불태워 파괴하고 있습니다."

또 총리아문에서 서신과 기록을 담당하는 성선회(盛宣懷) 및 번역관 연방(蓮芳) 등이 전보를 보내와, '의화단 백성들이 리우리허(琉璃河)[95] 일대로부터 몰려와 노구교(蘆溝橋)[96]로 들이닥쳤으며 풍대(豊臺)[97]까지 밀려왔습니다.'라고 말하였습니다.

또 서로청(西路廳)[98]의 임소청(林紹淸)은 다음과 같이 보고하였습니다.

"노구교 일대에 의화단 백성들이 날로 늘어나고 있습니다. 그 인근에는 철로가 있고 서양인들도 매우 많기에, 앞서 총독에게 기병과 보병을 파견하여 진압해 달라 요청하였는데 아직 도착하지 않았습니다. 주어저우와 양향현(良鄕縣)·완평현(宛平縣) 등지에서는 도로와 창고가 직예 일대에서 난입한 의화단 백성에 의해 불타 파괴되었습니다. 또 의화단 백성과 삼합장(三合莊)[99]의 서양인 사이에 충돌이 발생하여 서양인이 소총을 쏘아 이름을 알 수 없는 사람이 부상을 당하였습니다. 그 직후 다행히 포도 순찰(巡察)

---

93 申時 : 오후 5시에서 7시 사이.

94 巡捕房 : 오늘날의 경찰 사무소. 捕房이라고도 불렀다.

95 琉璃河 : 오늘날의 베이징 房山區 琉璃河. 涿州로부터 서북방으로 약 2킬로미터 떨어져 있다.

96 蘆溝橋 : 바오딩(保定) 및 주어저우(涿州) 등의 남부에서 베이징으로 들어가는 관문격의 교량. 베이징 서남부에 위치한다. 1937년 7월 7일 중일전쟁의 발단이 되는 루거우차오 사건으로 유명하다.

97 豊臺 : 오늘날의 베이징시 펑타이구(豊臺區), 베이징 남부에 위치한다.

98 西路廳 : 順天府의 서부 일대를 관할하는 행정 관서. 路는 府와 縣 사이에 위치한 행정단위로 1688년(강희 27)에 도입되었다. 順天府에는 동·서·남·북의 4개 路가 있었다.

99 三合莊 : 오늘날의 베이징 房山區 張坊鎭에 있는 三合莊村.

이 투입되어 진압했으므로 서양인은 아직 다치지 않았습니다. 하루 빨리 군대를 출동시켜 보호해 주십시오."

또 남로청(南路廳)의 여품율(呂品律)은 "황촌(黃村) 기차역의 관리인들이 모두 도망할 길이 없다는 소문을 듣고 군대를 파견하여 기차역을 보호해 달라고 요청하였습니다."라고 보고하였습니다.

이러한 보고를 접하고 신들은 참으로 기이한 일이 생겼다고 여기지 않을 수 없었습니다.

삼가 살펴보건대 순천부 관내 지역에 지난 겨울 이래 여러 차례 상유가 내려와, 신들은 각처 지방관으로 하여금 정성을 다해 수시로 교화에 임하라 명하였습니다. 또 각 지방관들을 접견할 때마다 현안의 처리 방향에 대해 직접 지시하였습니다. 폐하의 의중을 잘 받들어 회유와 선도에 힘쓰라 하였습니다. 그 결과 지난 반년 동안 백성과 교회 신자 사이에 아무 일도 발생하지 않았습니다. 바저우(霸州)의 임시 지주 정보(鄭輔)와 같이 그 처리가 미흡했던 경우는 즉시 파직시켰습니다.

베이징에 거주하는 각국의 선교사들은 지금까지 수 차에 걸쳐 서신을 보내, 군대를 파견하여 보호해 달라 요청하였습니다. 이에 대해 신들은 그 때마다 답장을 보냈습니다. 이에 따라 주교들 또한 편지를 보내 모두 감사를 표하며 안심이 된다고 하였습니다.

그런데 지난 달, 바저우의 의화단 백성들이 다시 소란을 일으켜서 총독을 통해 군대를 파견하였습니다. 신 등은 바저우의 임시 지주 유우우(劉于祐)에게 지시하여, 부대와 지휘관에게 조금 멀리 주둔하면서 경내로의 진입을 조금 늦추라 명하게 하였습니다. 그리고 직접 각 촌으로 가서 조정이 백성을 자식처럼 사랑하는 것을 널리 알리게 하였습니다. 이에 의화단 백성들은 모두 감격하여 눈물을 흘리며 해산하였습니다. 그 즉시 파견된 조정의 부대 역시 지휘관에게 알려 철수시켰습니다. 이후 지금까지 바저우의 백성과 기독교 신자들은 아무 일 없이 잘 지내고 있습니다. 나머지 지역도 이 소식을 듣고 모두 복종하였습니다. 이제 비록 그 뿌리를 잘라 버리지는 못하였으나 단비가 제때에 내려 가뭄이 끝나면 모두 농사에 바빠질 것이므로 자연스레 우환 거리도 사라질 것입니다. 이렇게 하여 신 등은 순천부 각지의 문제를 처리하여 백성과 기독교 신자로 하여금 서로 잘 지내며 소동이 발생하지 않도록 하였습니다.

이에 앞서 주어저우(涿州)의 쌍류수촌(雙柳樹村)과 궁촌(宮村)에서 기독교 신자를 연이어 살해하는 사건이 두 차례 발생하였습니다. 비록 라이수이(淶水)의 비적 잔당이 영향을 미친 것이었고 피해자도 두세 명에 지나지 않았지만, 해당 지역의 지주(知州)가 사전 방비에 소홀하였기에 즉시 파면하였습니다. 대신 따로 유능한 관료를 선임하여 임시 지주 직위를 수행하게 하였습니다. 아울러 해당 지주에게 지시하여, 지역 주민을 깨우쳐 본업에 충실토록 하고 경계를 넘어 다른 지역의 비적과 연계하지 못하도록 하였습니다. 그리하여 조정이 돌보아 주는 은혜를 저버리지 말라 하였습니다. 이와 동시에 전임 지주인 공음배(龔蔭培)로 하여금 안무를 돕도록 하였습니다. 이미 해임되었다 하여 책임을 신임 지주에게 모두 떠넘기지 못하게 하였습니다.

직예성과 순천부의 접경 지역에 위치한 라이수이현(淶水縣)의 사건, 즉 의화단 무리와 기독교 신자 사이에 충돌이 발생한 사건은 잘 처리하여 일단 해산시켰습니다. 하지만 그 여파가 직예성의 주어저우에까지 미쳤습니다. 이렇게 정세가 혼란해진 원인에 대해서 신 등은 다만 전해 들었을 따름입니다. 총독이 상주한 보고도 아직 보지 못한 관계로 감히 함부로 논단하지 못하겠습니다. 총독이 올린 상세한 상주문을 참조하시기 바랍니다.

현재 직예성의 의화단 비적은 이미 장신점(長辛店)과 노구교 일대까지 확산된 상태입니다. 만일 미리 대비책을 세운 다음 군대를 파견하여 진압하지 않는다면 그 재난이 얼마나 커질지 모르겠습니다. 총리아문의 포도영(捕盜營) 군사는 단지 도둑을 잡는 데 쓸 수 있는 정도입니다. 그조차 대부분 사로청(四路廳)에 파견되어 있어 경사에 현존하는 숫자는 수십 명에 불과합니다. 더욱이 현재는 경사의 인원도 도로에 자갈을 까는 공사를 방호하는 업무에 차출되어 있습니다. 그러니 사실상 동원될 수 있는 병사가 없는 셈입니다. 총독을 통해 외지의 군대를 동원하는 길도 있습니다. 하지만 지난 번에 듣기로 선로가 절단되어 기차는 이미 통행이 정지된 상태라 합니다. 지금 500리 떨어진 지점으로부터 군대를 동원한다 해도 언제 도착할 수 있을지 모르는 상황입니다.

사정이 매우 급박합니다. 수도 부근에 주둔하고 있는 부대로부터 일부 군사를 서둘러 차출하여 노구교와 장신점 인근의 철로를 보호하게 해 주십시오. 이들을 요충지에 주둔시켜 미연의 사태를 막을 수 있도록 해야 합니다. 아울러 총리아문을 통해 각지에 엄히 훈시하여 주십시오. 각 지역이 조심스레 대처 방안을 강구함으로써 다른 사단이 발생하지 않도록 대비해야 합니다.

직예 일대의 의화단 백성들이 대거 경사 인근에 난입하였습니다. 군대를 동원하여 진압해야 되는 연유를 삼가 상주문을 통해 은밀히 아뢰었습니다. 삼가 황태후와 황제께서 살펴보아 주십시오.

부편(附片)[100] 1.

일반 백성과 교회 신자 사이의 불화는 그 유래가 오래되었습니다. 각국의 선교사들은 천주교와 개신교의 차이는 있지만 그 최종 가르침은 사람을 선행으로 이끄는 것입니다. 하지만 아쉽게도 그 신도 중에는 선량한 자와 그렇지 못한 자가 뒤섞여 있습니다. 기독교를 믿어 선행을 하는 사람도 진실로 적지 않습니다. 하지만 교회와 사제를 등에 지고 향리에서 악행을 일삼는 자 또한 여기저기에 많습니다. 때로는 작은 금전 문제 때문에 소송

---

100 附片 : 상주문 말미에 附記하는 추가 사항.

을 일으키는 자도 있습니다. 심한 경우에는 교회의 압력으로 옳고 그름이 뒤바뀌고 흑백이 뒤섞이는 수도 있습니다. 지방관도 판결이 공정하지 않다는 사실을 잘 알고 있지만 교회 때문에 대충 처리하지 않을 수 없습니다. 그리하여 힘없는 백성들은 그 침탈을 받아 교회에 대한 반감이 쌓여 있습니다.

이러한 정황을 서양 각국의 주교들이 어찌 알 수 있겠습니까? 그들은 교회 신자들의 일방적인 말만 듣고 백성이 잘못이고 교회가 옳다 말할 따름입니다. 그리하여 약한 백성들이 그 원통함을 어디에 호소할 곳이 없어, 쌓이고 쌓여 의화단으로 발전한 것입니다. 만일 이러한 사정을 돌아보지 않은 채 통상적인 비적과 마찬가지로 엄히 다스린다면, 그들은 어쩔 수 없이 몰려 비적이 되고 말 것입니다. 나아가 백성들의 의기도 크게 상하게 될 것이니 신중하게 처리해야만 됩니다.

주어저우 쌍류수촌의 사건을 조사해 보니 다만 일반 백성과 교회 신자 양측을 깨우치는 것만으로 종료가 되었습니다. 실내의 물건 하나 없어지지 않았습니다. 진실로 그들에게 고대 협객의 풍모가 있었습니다. 그들이 진심으로 비적이 되고자 하지 않는다는 사실은 이것으로 명확히 드러납니다. 그들이 철로와 전선을 훼손한 것은 서양인이 건조했다고 오해했기 때문입니다. 국가가 건설한 사실을 몰랐던 것입니다. 이밖에 약탈하거나 불태우고 도둑질한 사실은 전연 없습니다. 이럴진대 지방관이 적절히 회유하고 안무하였다면 어찌 관원을 살해하는 큰 사건으로 비화할 수 있었겠습니까?

라이수이현(淶水縣)의 사건도 지방관의 잘못이 상당한 영향을 미쳤습니다. 삼가 듣건대 라이수이현(淶水縣)의 지현(知縣)인 축불(祝芾)이 이 사건을 처리하며 몇 가지 잘못을 범했다고 합니다. 순천부의 소속이 아닌 관원들까지 모두 총독에게 처분을 구하여 탄핵하였습니다.

너무도 중요한 문제이기에 신들은 들은 바를 모두 사실대로 아뢰었습니다. 징벌을 가할 필요가 있는 부분에 대해서는 폐하께서 분부를 내려 주십시오. 삼가 부편 형식으로 은밀히 아뢰며 살펴보아 주시기를 엎드려 구합니다.

부편 2.

의화단이 만연하여 아무리 주살해도 다 없앨 수 없을 지경입니다. 차라리 회유하여 조정에서 받아들이는 것이 낫다고 여겨집니다. 장수로 하여금 통솔하여 군대로 편입시키는 것이 좋습니다. 저들의 교회에 대한 분개심을 과감한 사기로 바꿀 수 있을 것입니다. 또 사사로운 원망을 공적인 의로움으로 변모시킨다면 유사시 군대로 쓸 수 있을 것입니다. 이렇게 처리하는 것이 하나의 방법이라 생각됩니다. 특히 의화단은 '서양 세력을 몰아낸다.'라는 것을 기치로 내세우고 있습니다. 서양인을 원수처럼 여기니, 우리가 받아들여 이용한다면 이들도 반드시 거부하지 않을 것입니다. 더욱이 각국이 군대를 육성하는 것은 스스로를 지키는 것이 목적입니다. 다른 나라가 이를 두고 간여할 수 없습니다. 나아가 이들에게 문제를 야기하지 않기로 다짐을 받아두면 일상적인 평화 국면에 아무런 장애가 되지 않을 것입니다. 좁은 소견으로는 이럴 경우 약간의 보탬이 있으니 채택 여부를 고려해 주십시오. 삼가 부편 형식으로 은밀히 아뢰며 살펴보아 주시기를 엎드려 구합니다.

출전 翦伯贊·鄭天挺 主編, 『中國通史參考資料』(近代部分, 修訂本), 「義和團運動」, 趙舒翹 等, 「爲直隸拳民進入近畿請派兵彈壓摺」.

내용 1900년 5월 하순이 되면 청조 내부에 의화단 문제의 처리를 두고 복잡한 시선이 교차된다. 많은 관료들은 의화단의 불법적인 파괴 행위를 제지하고 진압해야 한다고 판단하였다. 하지만 일부는 그 서양에 대한 배격에 주목하여 이용 가능성을 재고해 보아야 한다고 주장하였다. 특히 서태후를 중

심으로 하는 보수 세력은 의화단을 이용하여 서양 세력에 맞서고자 하는 열
망을 품었다. 서태후 중심의 보수파는 민중의 배외적 열기에 편승하여 자신
들의 서양 열강에 대한 적의를 펼치고자 하였다. 위에 든 조서교 등의 상주
문은 이러한 복잡한 인식을 잘 반영해 준다. 한편 부편 1은 왜 기독교가 중국
근대사에서 문제가 되는지, 반기독교 운동이 어떠한 맥락에서 비롯되었는가
하는지 매우 간명하게 설명하고 있다.

의화단의 규약

황제 폐하의 명에 따라 의화단을 통솔하는 왕대신(王大臣)이 다음과 같
은 규약을 선포한다.

대신인 내가 명을 받들고 의화단을 통솔한 이래 간부들과 함께 현 상황
에 대해 몇 차례 토론하였다. 모두 충성스럽고 성실하며 원수에 대해 적개
심을 지니고 있었다. 다만 지금까지 명확한 규정이 없어 간혹 사리를 정확
하게 판단하지 못하고 잘못을 범하는 사례가 있었다. 이에 간부들과 함께
불교 교리를 참작하여 규약을 제정하니 단원들은 잘 준수토록 하라. 규약
10개 조를 아래와 같이 적어둔다.

1. 의화단은 오로지 하늘의 명을 받아 불법(佛法)을 받들고 서양인을 주
살하며 교회의 도적들[101]을 제거하는 것을 목표로 삼는다. 이로써 나라를
지키고 선량한 백성을 보호하고자 한다. 정의와 화목, 그리고 성실을 도모
하니 실로 진리의 단체이다. 모든 단원은 이 취지를 마땅히 엄숙하게 지켜
야만 한다. 함부로 남의 말을 듣고 다른 사람의 재물을 갈취하거나 문제를
일으켜서는 안 된다. 혹시 이러한 사단을 일으키는 사람은, 가벼운즉 의화

---

101 교회의 도적 : 원문은 敎匪. 기독교 신자를 가리킨다.

단에서 축출시키고 무거운즉 불교 율법에 따라 다스린다.

2. 의화단은 본디 공적인 의로움을 추구하며 사사로움이 없다. 모든 단원들은 불교 율법을 엄격히 지키고 마음을 깨끗이 하라. 규약을 지키지 않고 사사로운 이익을 추구하거나 혹은 편파적인 일을 해서 분규를 일으켜서는 안 된다. 양민에게 피해를 주거나 사사로이 복수를 해서도 안 된다. 또 잘못된 말을 꾸며내거나 멋대로 살인해서도 안 되며, 멋대로 불사르고 약탈해서도 안 된다. 이는 교회 도적들이나 하는 짓이니 천인이 공노할 바이며 불교 율법이 용납하지 않을 것이다. 의화단을 통솔하는 나 역시 몹시 분개할 것이다. 만일 이러한 행위에 대한 확실한 증거가 있거나 혹은 이름을 명확히 대며 고발되었을 경우, 본부에 보고하여 감사를 행할 것이다. 그리고 사실로 판명되면 도적에 준하여 처벌하겠다. 이에 항거하면 당연히 주살에 처한다. 하지만 임의로 처벌하여서는 안 된다.

3. 의화단은 신령님의 감화를 받아 행동하기에 교회 도적놈인지 아닌지 한눈에 알아볼 수 있다. 단 한 사람도 잘못 죽이지 않는다. 하지만 혹시 사정을 잘 모르는 사람들이 소란스럽게 이의를 제기할지도 모른다. 그러므로 교회 도적놈을 잡으면 반드시 단상에 데리고 올라가 진짜인지 아닌지 명확히 가려 대중의 눈앞에 내보이도록 하라. 진짜 교회 도적으로서 아무런 반성이 없으면 총본부에 보고하고 법대로 다스리도록 한다. 만일 교회 신자이나 진심으로 뉘우치게 되면 신령님께 아뢰어 이전의 잘못을 속죄시켜 준다. 그리고 총본부로 데리고 가 불교 율법에 따라 삭발한다.

4. 의화단은 하늘의 명을 받아 불법(佛法)을 받들고 국가를 보위한다. 이로써 우리 자신과 가족을 지키고자 함이다. 만일 적을 만나 전투를 하게 되면 마땅히 용맹스럽게 적을 죽여야 할 것이다. 두려워 물러서서는 안 된다. 마땅히 관군과 더불어 하나의 대오를 이뤄야 하며 서로 간 조금이라도 구별을 두어 일을 그르쳐서는 안 된다. 우리 의화단은 진심으로 국가를 위하는 만큼 반드시 신령의 보호가 있으리라. 결코 뜻밖의 사태가 발생하지

않을 것이다. 적과 맞닥트려 물러선다든가 혹은 아군 서로 간 구별을 두는 것은 고의로 불교 율법을 어기는 것이니 신령이 결코 지켜주지 않을 것이다.

5. 각 단원들은 만일 선발되어 출정하게 되면 마땅히 명령에 철저히 복종해야 한다. 조금이라도 머뭇거려서는 안 된다. 어기는 것은 불교 율법에 따르지 않는 것이니 마땅히 불교 율법에 따라 다스릴 것이다.

6. 각 단원들이 서양인이나 교회 도둑 가운데 간부를 사로잡을 경우 수도 인근 지역 일원이라면 통솔하는 친왕이나 대신에게 인계하라. 지방이라면 지방관에게 인계하라. 모두 조사를 거쳐 처리할 것이다.

7. 각 단원이 적의 무기를 노획한 경우 지방관에게 제출하라. 사정을 파악하여 처리할 것이다.

8. 각 단원은 교회 도둑을 처형한 다음 마땅히 그 재산을 몰수하여 관아에 제출하라. 불태워서는 안 된다. 일체의 가장집기는 조사하여 모두 관아에 제출한 다음 팔아서 공공 재산으로 삼는다. 큰 소리치며 약탈해서는 안 된다. 다른 사람의 재산에 대해서는 마땅히 손대거나 추궁해서는 안 된다.

9. 각 단원은 마땅히 관군 병사들과 서로 화목하여 한 집안을 이뤄야 한다. 그리하여 힘을 합쳐 적을 죽이고 국가를 지켜야 한다. 우연히 약간의 오해가 생길지라도 마음에 두어서는 안 된다. 만일 관군이 의화단을 기만하거나 윽박지를 경우 수도 인근 지역원에서는 통솔하는 친왕이나 대신에게 보고하라. 지방이라면 지방관에게 보고하라. 담당 관리로 하여금 처벌케 할 것이다. 갑작스레 서로 집단 싸움을 벌여 내분으로 치닫게 함으로써 큰 일을 그르치게 만들면 안 된다. 의화단의 수령들은 관군과 잘 연락하며, 혹시 서로 간 살상하는 등의 일이 생기면 공정하게 처리토록 하라.

10. 각 단원은 무슨 이유를 막론하고 모두 한 집안이다. 마땅히 서로 화목해야 한다. 만일 의화단 내부에 연합할 일이 있으면 모름지기 부드럽게 상의해야 한다. 결코 각각의 입장을 내세워 틈이 벌어지게 해서는 안 된다.

무슨 일이든 공정한 여론에 따르며 결코 사심을 앞세워서는 안 된다. 억지 주장을 강변하거나 옳고 그름을 뒤바꿔 버려도 안 된다. 만일 이를 따르지 않는 자가 있으면 즉시 자격을 박탈하고 내쫓는다. 그리고 지휘자가 불교 율령에 따라 처벌한다.

이상의 내용을 산둥(山東) 조주부(曹州府) 차오현(曹縣)의 의화단은 잘 지킬지어다.

1900년(광서 26) 7월 27일.

출전 翦伯贊·鄭天挺 主編, 『中國通史參考資料』(近代部分, 修訂本), 「義和團運動」「團規」.

내용 1900년 여름 청조의 의화단 운동에 대한 지원 방침이 확립된 이후 만들어진 규약이다. 이 규약은 청조에서 파견된 고위 인사에 의해 제정되었다. 그것도 왕대신(王大臣)이라는 최고위급 실력자가 의화단의 통솔자로 지명되었다고 기록하고 있다. 규약의 내용 또한 이 단계 의화단의 슬로건인 부청멸양(扶淸滅洋)을 선명히 반영하고 있다. 규약의 주요 정신은, 청조 관군과의 효율적 연합작전 수행, 의화단 내부의 기율 유지, 서양인 및 기독교에 대한 단호한 파괴 등이다. '부청멸양'의 구호는 1898년 10월 직예성 남부에서 발생한 봉기(冠縣 봉기)에서 처음 등장하여, 1900년 6월 이후 보편적으로 사용되었다.

청 조정의 열강에 대한 선전 포고

1900년(광서 26) 6월 21일 내각은 상유를 받들어 다음과 같이 포고한다.
"우리 청은 이백 수십 년 동안 중국에 온 먼 땅의 외국인에게 선대 황제 이래 깊은 인자함과 큰 은혜의 마음으로 회유하며 대하였다. 그리고 도광

(1821~1850) 및 함풍(1851~1861) 연간에 이르러 저들에게 통상을 허용하였다. 또 우리 나라에서 기독교 전도를 요청하기에 조정에서는 사람을 선행으로 이끄는 것이라 여겨 청하는 대로 윤허하였다. 저들은 처음에는 우리의 통제를 받으며 약속한 바를 잘 지켰다.

그런데 최근 30년 이래 저들은 우리의 관용과 인자함을 믿고 점점 난폭해지더니 마침내 우리 나라를 기만하고 모욕하기에 이르렀다. 나아가 우리 영토를 점령하고 우리 백성을 유린하였으며 우리 재물을 약탈하였다. 이에 대해 조정이 다소 굴복하는 자세를 보이자 저들은 그 세력에 기대어 그 흉포함이 날로 드세졌다. 작은즉 평민을 속이고 압박하였으며 큰즉 신성을 모욕하였다. 이에 우리 백성들이 원한에 사무쳐 사람마다 그 분함을 달래고자 하였다. 의롭게 일어나 교회당을 불사르고 교회 신자를 살해한 것은 그로 말미암은 것이다.

조정에서 지금까지 전쟁이 터지는 것을 애써 막으며 이전처럼 교회 및 신자를 보호했던 것은 우리 백성이 다칠까 봐 걱정했기 때문이다. 그래서 재차 명령을 내려 외국 공사관을 지키고 교회 신자를 보호하였다. 얼마 전 '의화단 백성과 교회 신자 모두 우리 국민이다.'라는 유시를 내린 것도, 본디 백성과 교회 신자 사이의 해묵은 갈등을 해소하려는 취지였다. 우리 조정이 먼 땅으로부터 온 외국인을 대하는 것이 이처럼 지극하도다.

하지만 저들은 감격하기는커녕 도리어 무리한 요구를 내밀었다. 어제는 뒤 샤일라르[102]가 공문을 보내, '다구커우(大沽口) 포대에서 우리 군대를 철수시키고 그것을 외국 관할로 이관하라. 그렇지 아니하면 무력으로 빼앗겠다.'고 위협하였다. 무력을 사용하여 수도 일원을 공격하겠다는 의도를 보인 것이다. 평상시 우리는 외교적으로 저들에게 실례를 범한 적이 없다.

---

102 뒤 샤일라르(1844~1923, Du Chaylard, Jean Marie Guy Georges) : 의화단 운동 당시 톈진 주재 프랑스 영사.

저들은 자칭 문명 국가라고 말한다. 그런데 이처럼 무례한 횡포를 일삼으며 우세한 군사력을 믿고 우호 관계를 결렬시키고 있다.

짐은 즉위한 지 30년이 가까워지고 있다. 그간 백성을 자손처럼 대하였으며 백성 또한 짐을 천제(天帝)처럼 우러르고 있다. 하물며 황태후께서는 종묘를 중흥하여 그 은혜가 만백성의 온몸에 두루 미치고 있다. 이에 선대 황제들도 지하에서 찬탄하고 신령님도 감탄스러워 하신다. 그리하여 백성마다 충성을 맹세하니 일찍이 없었던 일이로다.

이제 짐은 울면서 종묘에 고하고 울분에 차서 옛 성현께 맹세한다. 구차하게 생존을 도모하여 후대에 길이 수치를 남기느니 크게 들고 일어나 승부를 걸어 보겠노라.

지금까지 매일 대소의 신하를 불러 협의를 마쳤다. 수도 일원 및 산둥(山東) 등의 의병으로 서로 약속하지 않고 달려온 숫자가 수십만 명에 달한다. 아래로는 키가 5척에도 못 미치는 어린아이까지 창과 방패를 들고 사직을 지키기 위하여 달려왔다.

저들은 사악한 음모에 기대고 있으나 우리는 하늘의 이치를 믿는다. 저들은 난폭한 무력에 의지하지만 우리는 민심을 믿는다. 우리 나라는 충성과 신의를 갑옷으로 삼고 예의를 방패로 삼는다.[103] 뿐만 아니라 사람마다 용감히 싸우다 죽는 것을 두려워하지 않는다. 영토는 20여 개 성(省)에 달하고 인구는 4억 명에 이른다. 어찌 저들의 흉악한 기세를 꺾고 우리 국위를 떨치는 것이 어렵겠는가?

저들에 대해 원수 대하듯 적개심을 지니고 용맹하게 전진하라. 그렇지 못하면 의롭게 자금을 출연하여 군자금을 돕도록 하라. 그리하면 조정은 파격적인 상전을 내려 그 충성을 격려하리라. 스스로 방관자로 여겨 적을 앞에 두고 물러나서는 안 된다. 자원하여 저들에게 따르면서 매국노가 되

---

103 『예기』「儒行」에 나오는 말. 『예기』의 원문은 '忠信以爲甲冑 禮義以爲干櫓'이다.

어서도 안 된다. 이들은 짐이 즉각 주살해 버리고 결코 관용을 베풀지 않을 것이다. 하늘 아래 모든 신하와 백성들이여, 모두 충성과 정의의 마음을 지니고 천인이 공노할 분노를 풀어버리자. 짐이 실로 두터운 기대를 지니고 있노라."

출전 翦伯贊·鄭天挺 主編, 『中國通史參考資料』(近代部分, 修訂本), 「義和團運動」「諭內閣以外邦無禮橫行當召集義民誓張撻伐」.

내용 1900년 봄 이후 의화단 운동이 화북 일대에서 급속히 확산되어 가자 열강은 청 조정에 진압을 요구하였다. 하지만 청조는 의화단을 두고 관망하는 자세를 취하였다. 나아가 의화단 진압의 역량도 의지도 지니고 있지 않았다. 이에 4월 6일 영·미·독·불 4개국 공사는 본국 정부의 지침에 따라 총리아문에 2개월을 기한으로 의화단 토벌을 요구하였다. 이것이 이행되지 않을 경우 4개국이 직접 화북에 출병하여 진압에 나설 것이라 통고하였다. 이에 대해 청조가 아무런 반응을 보이지 않자 6월 초 각국의 함선을 다구(大沽) 앞 바다에 집결시켰다. 이어 6월 15일에는 영국·러시아·독일·프랑스·미국·이탈리아·오스트리아·일본 8개국 연합군이 출병을 결의하고, 17일 다구 포대를 점령하였다. 이러한 상황에 직면하여 청 조정은 위에 든 것처럼 열강에 대한 선전포고를 내린다. 청은 각국 공사관에 통보하여 24시간 이내에 퇴거할 것을 명령하였다. 이렇게 하여 이른바 의화단 전쟁이 개시되기에 이른다. 하지만 8개국 연합군 앞에 청조와 의화단은 거의 대응을 못하여, 7월 14일 톈진이 함락되고 이어 8월 15일에는 베이징마저 점령되고 말았다.

동남호보 東南互保

　서양 각국이 전보를 통하여, 의화단 비적이 함부로 살인을 자행함으로써 전쟁의 가능성이 커지고 있다고 전하고 있습니다. 우리가 신속히 토벌하지 않으면 각국의 분노를 사 전쟁이 발생하게 될 것입니다. 일본도 전보를 보내와, '만일 비적을 토벌하면 아직 상황을 변화시킬 수 있다.'고 합니다. 경사가 위급합니다. 초조하게 북방을 바라보고 있습니다.

　의화단 비적들은 부적으로 사람들을 미혹시키며 세력을 확장시켜 난리를 선동하고 있습니다. 하지만 사실 그 주술이 총포를 피할 수는 없습니다.[104] 저들은 1808년(가경 13) 이래 유시를 통해 오랫동안 금지되었습니다. 만일 민간의 전설대로 참으로 직예성의 의로운 백성들이 의거를 일으켰다면, 어찌 산시(陝西) 출신인 이래중(李來中)[105]이 그 수령으로 있겠습니까? 이는 사교(邪敎)입니다. 그것이 마땅히 토벌되어야 하는 첫 번째 이유입니다.

　저들은 해산하라는 조령을 따르지 않고 경사 내외에서 난동을 부리며 살인을 자행하고 있습니다. 그리하여 중국인과 서양인을 막론하고 모두 그 피해를 입고 있습니다. 심지어 조정에서 파견된 사신을 위협하여 신청현(新城縣)과 라이수이현(淶水縣)의 지현을 살해하고자 했습니다. 저들은 아무런 기율도 없습니다. 반란 도당일 뿐입니다. 이것이 마땅히 토벌되어야 하는 두 번째 이유입니다.

　저들은 깃발에 '청을 도와 서양 세력을 몰아낸다.'고 적고 있습니다. 이

---

104 의화단의 연원이 되었던 大刀會는 白蓮敎 계통의 민간 결사였다. 그들은 무술 훈련과 주술적 행위를 통해 근육을 단련시키면 칼이나 총탄을 맞아도 살 수 있다고 주장하였다.

105 李來中 : 의화단의 지도자. 1899년 산둥에 와서 의화단을 지도하며 세력 신장에 기여하였다. 위안스카이의 진압 이후에는 톈진, 직예성 일대에서 활동하다가, 의화단 전쟁 발발 이후 8개국 연합군의 베이징 진격에 맞서 전투를 벌였다. 그 이후 행적은 알려지지 않았다.

는 각지 비적들이 사용하는 상투적 문구입니다. 만일 청 조정을 돕는다면 왜 그 명령에 저항하겠습니까? 북쪽으로는 경사로부터 동쪽으로는 톈진에 이르기까지, 그리고 서쪽으로는 바오딩(保定)까지, 남쪽으로는 허지안(河間)에 이르기까지 주변 천여 리가 모두 그 소란으로 피해를 입고 식량을 빼앗겼습니다. 교회 신자가 아니더라도 살상을 당했습니다. 현재 수도 일원은 가뭄으로 백성들이 곤경에 처해 있습니다. 이들은 비적입니다. 이것이 마땅히 토벌되어야 하는 세 번째 이유입니다.

저들은 국가가 부설한 수백만 냥 가치의 철로와 전신주를 훼손시켰습니다. 이로써 상주문의 전달을 방해하고 군대의 이동을 가로막고 있습니다. 또한 수도와 지방에서 서양식 건물과 백성의 가옥을 불문하고 무수한 건축물을 불태웠습니다. 이는 도둑떼입니다. 이것이 마땅히 토벌되어야 하는 네 번째 이유입니다.

그러한즉 열강과 전쟁을 벌이지 않으려면 응당 저들을 토벌해야만 합니다. 하물며 저들은 아무 까닭 없이 서양인을 죽이고 서양 건물을 파괴하였습니다. 또 일본의 외교관을 살해하였습니다.[106] 지금 바다 어귀는 이미 점령되었고[107] 도성은 서양 군대로 가득 차 있습니다. 서양의 군대와 전함은 날로 늘어나는 상태입니다. 재앙이 눈 앞에 닥쳤습니다. 차마 말하기도 어려울 정도입니다.

고래로 국내의 반란 도당이 멋대로 살상을 자행한 다음 나라를 맡아 태평으로 이끈 적이 없습니다. 또 한 나라가 아무 까닭 없이 6, 7개 강국과 전쟁을 벌였다가 명맥을 보전한 경우도 들어보지 못하였습니다. 영국과 러시아만 해도 강국입니다. 하물며 우리 혼자 각국이 힘을 합하여 공격하는 것을 견뎌낼 수 없습니다. 또 우리는 탄약과 포탄이 부족합니다. 전쟁이

---

106 1900년 6월 11일 北京의 永定門에서 일본 외교관 杉山彬이 살해된 것을 가리킨다.
107 1900년 6월 17일 8개국 연합군에 의해 大沽 포대가 점령된 것을 가리킨다.

장기화할 경우 우리는 무기와 탄약이 보충되지 않는 반면 저들은 군대를 더욱 늘려갈 것입니다. 저들이 하천과 바다의 각 입구를 모두 봉쇄하고 여러 갈래로 나누어 진공한다면 전국의 방어가 무너질 것입니다. 어떻게 전쟁을 계속할 수 있겠습니까?

의화단은 총기도 없고 기율도 없습니다. 그래서 산둥(山東)에서도 직예에서도 모두 관군에 대적하지 못하였습니다. 최근에는 낙벌(落垡)에서 서양 군대의 공격을 받아 무수히 전사하였습니다. 교민항(交民巷)에서도 서양 군대의 공격 앞에 패배하였습니다. 그들이 창과 대포를 피할 수 있었다는 얘기는 들어 보지 못하였습니다. 오합지졸의 반란 도당이 대규모 서양 병사와 맞서 싸울 수는 없습니다. 그러기에 이처럼 참패를 거듭한 것입니다.

우러러 황태후와 황제 폐하의 현명한 판단을 간절히 바랍니다. 종묘 사직을 생각하여 속히 옳은 결정을 내려 주십시오. 망령된 말을 믿지 마시고 분명한 유지를 내려, 사악한 비적을 토벌하고 포악한 군대를 엄히 금지함으로써 사단이 발생하지 않도록 해 주십시오. 이어 각 공사관을 안무하며 결코 강화 조약을 어길 의사가 없다고 강조하셔야 합니다. 그러한 연후에 이홍장을 불러 그로 하여금 각국과 협의하여 방안을 강구토록 하십시오. 듣자 하니 미국은 다구 포대를 향해 대포를 발사하지 않았다고 합니다. 먼저 미국 공사에게 조정을 부탁하여, 각국에 전쟁의 정지를 권하도록 하는 것이 좋습니다. 우리는 또 비적의 소탕에 전념해야 합니다.

아울러 속히 전보를 발송하여 황태후와 황제 폐하의 뜻을 알려 주십시오. 또 각국에 주재하는 우리 공사로 하여금 해당 국가에 사과의 뜻을 표명토록 하십시오. 특히 일본은 공사관 참찬이 살해되었으므로 특별히 더 위무하고 향후 보호에 더 힘쓰겠다고 전하는 것이 좋습니다. 각 지역에도 유시를 내려 서양 상인과 선교사를 보호토록 해 주십시오. 이렇게 하여 각국의 분노가 점차 가라앉으면 서서히 사후 처리와 회복을 논의해 갈 수 있을 것입니다.

종묘 사직의 안위가 걸린 문제로서 사태가 긴박합니다. 며칠 시간을 놓치게 되면 사세를 그르치게 될 것입니다. 그렇게 되면 그때 후회해도 늦습니다. 서둘러 황송하기 그지없습니다. 이병형(李秉衡) 등의 의견도 똑같습니다. 삼가 폐하께서 살펴보아 주시기를 간절히 바랍니다.

이병형·유곤일(劉坤一)·장지동·녹전림(鹿傳霖)·왕지춘(王之春)·송수(松壽)·우음림(于陰霖)·유엽삼(兪廉三)이 함께 올립니다.(길이 막혀 두 갈래로 부칩니다. 하나는 총리아문에, 다른 하나는 영중당(榮中堂)[108]에게 보냅니다. 둘 가운데 하나는 반드시 도착하기를 희망합니다. 답장의 전보를 부탁드립니다.)

출전 翦伯贊·鄭天挺 主編, 『中國通史參考資料』(近代部分, 修訂本), 「義和團運動」, 張之洞 等, 「致總署榮中堂」.

내용 1900년 6월 20일 장지동 등이 연명으로 서태후의 최측근 인물인 군기대신 영록(榮祿)에게 보낸 서신이다. 북방에서 의화단 전쟁이 전개되고 있던 시기 동남의 여러 성(省)은 기묘한 행동을 보였다. 청 조정이 열강에 대해 선전포고를 내리자, 열강과 긴밀한 관계에 있던 양강총독(兩江總督) 유곤일, 호광총독(湖廣總督) 장지동, 양광총독 이홍장 등은, 열강 특히 영국과의 협의 아래 6월 20일 이후의 조칙을 위조(僞詔, 조작된 조칙)로 간주하고 따르지 않을 것을 선언하였다. 그들은 나아가 영국 영사와 협의하여 6월 26일 이른바 동남호보조약(東南互保條約)을 체결하였다. 이러한 움직임에 산동순무 위안스카이, 절민총독(浙閩總督) 허응규(許應騤), 절강순무(浙江巡撫) 유수당(劉樹堂) 등도 동조하였다. 이렇게 하여 광둥(廣東)·광시(廣西)·장쑤(江蘇)·안후이(安徽)·장시(江西)·후난(湖南)·후베이(湖北)·저장(浙江)·푸젠(福建)·산둥(山東)의 10개 성(省)이 서태후의 명을 거부하고 전선에서 이탈해 버렸다. 이를 동남호보라고 부른다.

---

[108] 榮中堂 : 당시 軍機大臣으로 있던 榮祿(1836~1903)을 가리킨다. 中堂은 政廳의 한가운데라는 의미로서 宰相 및 宰相에 준하는 유력자에 대한 지칭으로 사용된다.

3

국민 국가의 수립과 전개

(1) 청의 신정新政

광서제의 상유上諭

세상에 영원히 변하지 않는 근본은 있지만 한번 제정된 이후 변하지 않는 법도란 없다. '궁하면 변하고, 변하면 오래 간다.'라는 이치는 『주역』에 나오고,[1] '제거하거나 추가된 것을 알 수 있다.'는 말은 『논어』에 실려 있다.[2] 대저 변하지 않는 것은 삼강오륜이다. 이는 해와 별이 세상을 비추는 것처럼 분명하다. 변하는 것은 여러 가지 법령이다. 이는 악기의 줄을 바꾸

---

1 『주역』, 「繫辭傳」 下에 실려 있다. 『주역』의 원문은 '窮則變 變則通 通則久.'
2 『논어』 제2, 「爲政篇」에 등장한다. 원문은 '損益可知.' 夏商周의 三代가 모두 이전 시대의 제도에 변화를 주어 계승한 것을 가리킨다.

듯 고쳐도 무방하다.

태고 이래 신설과 개혁은 대대로 있었다. 우리 청조 또한 역대 황제들이 시세에 맞게 제도를 시행하였기에 자주 변화가 있었다. 입관(入關) 이후가 되면 이미 선양(瀋陽)에 도읍하던 때와는 달라졌다. 가경(嘉慶, 1796~1820) 과 도광(道光, 1821~1850) 연간 이래는 옹정(雍正, 1723~1735)·건륭(乾隆, 1736~1795) 연간의 옛 제도를 점차 바꾸었다. 대저 법도는 오래 되면 폐단 이 생긴다. 폐단이 생긴 법은 바꾸어야 한다. 오직 나라를 부강하게 하고 백성을 이롭게 하는 것에 중점을 두어야 할뿐이다.

파천(播遷)[3] 이래 황태후는 밤낮으로 고뇌하고 있으시며 짐 또한 책임을 통감하고 있다. 깊이 헤아리건대 최근 수십 년 동안 적폐가 계속 이어졌다. 그럼에도 옛 관습에 얽매어 안일하게 대처하는 바람에 큰 난리[4]를 초래하 게 되었다. 지금 강화(講和)를 논의하고 있다. 모든 정치 제도를 철저히 개 혁하여 서서히 부강을 이루어야만 한다. 의훈(懿訓)[5]에 따르면 외국의 장점 을 취하여 중국의 단점을 제거해야만 한다. 이로써 이전의 실패를 바로잡 고 차후 정책의 지침으로 삼아야만 한다.

1897년과 1898년 이래 잘못된 주장이 난무하여 망령되이 과거와 현재 를 구분하였다. 역도(逆徒)인 저들 강유위 무리로 말미암은 재앙은 홍건적 의 피해보다 심하였다. 저들은 현재 해외로 도망가 있지만 아직도 부귀를 유인하는 표[6]로써 사람들을 모역(謀逆)으로 유도하고 있다. 나아가 보황(保

---

3 의화단 전쟁 시기 서태후와 광서제가 西安으로 피신하였던 것을 가리킨다.

4 의화단 전쟁으로 인한 참화와 베이징 점령을 가리킨다.

5 懿訓 : 제왕의 訓導. 여기서는 서태후의 가르침을 의미한다.

6 變法維新派인 唐才常(1867~1900)이 1900년 自立軍 봉기를 일으키기 1년 전 富有山堂 을 조직하고 富有票 貴爲票 등을 발행한 사실을 가리킨다. 富有山堂은 哥老會의 수법 을 모방하여 이들 증서를 약 2만여 매나 살포하고 봉기의 성공 후 금전과 관직으로 상 환하겠다고 선전하였다.

皇)과 보종(保種)[7]이라는 간사한 계략에 의거하여 궁정을 이간시키고 있다. 특히 역도인 강유위가 말하는 신법(新法)은 법도를 어지럽히는 것이지 변법(變法)이 아니다. 저들 역도는 짐의 건강이 좋지 못한 틈을 이용하여 은밀히 역모를 꾸몄던 것이다. 당시 짐은 간절히 황태후에게 훈정(訓政)을 부탁하여 위기에서 벗어날 수 있었다. 이로써 하루 아침에 간계(奸計)를 몰아낼 수 있었지만, 이는 사실상 반역을 사전에 차단한 것이라 할 수 있다.

황태후는 일찍이 변혁이나 법제의 개편을 불허한 적이 없다. 짐도 일찍이 구래의 폐단을 없애는 것에 소홀히 한 적이 없다. 적절한 방침을 선별하여 통치하는 것, 그리고 좋은 것을 채택하여 따른다는 점에 있어, 우리 모자(母子)는 한 마음이다. 또 그것은 신민(臣民) 모두 바라는 것이기도 하다. 이제 삼가 황태후의 명을 받들어 오로지 국가의 진흥에 매진할 것이다. 신구(新舊)라는 명분에 얽매이지 않고, 중국의 전통 및 외부의 요소를 가리지 않고 모두 혼용할 것이다.

중국의 약점은 관습과 전통이 지나치게 강하고 법률 규정이 너무 조밀하다는 점이다. 또 안일하고 비루한 관리가 많으며 호걸과 같은 지사는 적다. 법률 규정이란 것은 용렬한 자가 몸을 숨기는 도구이자 서리가 모리하는 수단이다. 공사 간에 많은 문서가 오가지만 아무런 실제 효과는 없다. 또 인재는 그 출신 자격을 제한하는 바람에 능력을 발휘하지도 못하고 사라져 버린다. 국가를 그르치는 것은 사사로움 때문이요, 천하에 재앙을 초래하는 것은 관습 때문이다.

최근 서양을 배운다고 하지만 그 언어와 문자, 공장, 기계에 그칠 따름이다. 이들은 서양의 기술을 구성하는 껍데기일 뿐 서양 학문의 본질은 아니다. 윗자리에 있을 때는 관대해야 하며 아랫사람을 대할 때는 간명해야

---

7 戊戌變法 시기 康有爲, 梁啓超 등이 설파한 保皇(立憲君主制에 의거한 황제 체제의 유지), 保種(中華民族의 자립과 보존), 保敎(孔敎 이념의 유지)를 가리킨다.

한다. 말에는 신용이 있어야 하며 행동에는 결과가 뒤따라야 한다. 그리고 옛 성현의 가르침에 복종해야 한다.

서양인이 부강하게 된 밑바탕에 대해 중국은 힘써 배우지 않는다. 다만 그 말 한 마디와 기술 하나, 재주 하나를 배우고자 할 따름이다. 더욱이 그 것을 배우되 정실에 치우치거나 일신의 이익만을 추구하는 폐단에서 벗어나지 못한다. 그 본질은 버려두고 배우지 아니한 채 그 껍데기만 배우지만, 그것조차 정밀하지 않다. 그러니 천하가 어찌 부강해질 수 있으랴? 요컨대 법령이 바뀌지 않으면 고루한 옛 습성은 깨트려지지 않는다. 국가의 진흥을 꾀할진대 모름지기 개혁이 뒤따라야만 한다.

군기대신, 대학사, 6부와 9경[8], 각국에 외교 사절로 나가 있는 대신(大臣), 각 성(省)의 독무(督撫) 등은, 각각 현재의 문제점에 대하여 중국 및 서양 각국의 정치를 참조하여 보고하라. 조정의 법도, 국정, 지방 행정, 민생, 학교제, 과거제, 군사 제도, 재정 등에 대하여 마땅히 개혁해야 할 사항 및 마땅히 줄이고 합병해야 할 사항을 검토하도록 하라. 그리하여 어떻게 국세를 일으킬 수 있을 것인지, 어떻게 인재를 육성할 수 있을 것인지, 어떻게 하면 국가 재정이 윤택해질 수 있을 것인지, 또 어떻게 하면 군비(軍備)를 증강할 수 있을 것인지 방안을 강구토록 하라. 그러한 연후에 각각의 식견에 기초하여 그 방안을 2개월 이내에 곡진히 기술하여 상주토록 하라.

출전 『光緖朝東華錄』, 光緖 26년 12월 丁末.

내용 1900년 의화단 전쟁이 폭발하자 서태후는 광서제 및 100여 명의 종실을 이끌고 베이징을 탈출하여 시안으로 갔다. 이후 자금성으로 복귀한 다음에는 어쩔 수 없이 8개국 연합군이 제출한 신축조약을 추인해야 했다. 이때의 경험은 서태후 및 청의 보수파에 심대한 영향을 미쳤다. 그리하여 개혁의

---

8 九卿 : 都察院·大理寺·太常寺·光禄寺·鴻臚寺·太僕寺·通政使司·宗人府·鑾儀衛의 장관.

불가피성을 깨닫고 1901년 12월, 광서제의 명의로 신정의 상유를 발포한다. 이후에 진행된 개혁, 즉 신정을 청말의 신정, 광서 신정, 혹은 서태후 신정이라 부른다. 청의 신정은 사실상 1898년에 추진되었던 강유위·양계초 중심의 변법자강 운동과 극히 유사하였다. 하지만 시간이 흐를수록 심화되어 마침내 1905년에는 과거제까지 폐지하였다. 청의 신정은 비록 그 한계가 분명하였으나 중국 사회의 변화를 초래하여 혁명 운동에 중요한 기초를 제공하게 된다.

과거제의 폐지

삼가 생각건대 과거제의 폐단에 대해서는 고래로 많은 사람들이 논한 바 있습니다. 아울러 과거제가 학교를 저해하고 인재에 해악을 끼치는 점에 대해 신(臣) 위안스카이와 장지동(張之洞) 등이 여러 차례 상주문을 올렸습니다. 그러니 폐하께서 소상히 알고 계실 것이므로 다시 거듭 아뢰어 귀를 번거롭게 하지 않겠습니다.

폐하께서는 이전에 유지(諭旨)를 내려 과거 합격자의 정원을 축소하고, 또 앞으로 세 차례의 과거 다음에는 과거제를 폐지하겠다고 알리셨습니다. 또 10년 후에는 모든 관료를 학당에서 선발하는 것을 천하에 명확히 선포하셨습니다. 이로써 개혁의 기반을 구축하고 서서히 적절한 시기가 도래하기를 기다리려는 것입니다. 학교의 진흥과 인재의 양성에 노력하는 것은 실로 심원(深遠)한 대책입니다.

그런데 신 등이 조용히 현재의 상황을 살피고 시세의 동향을 엄밀히 헤아려 보건대, 지금의 위태로운 정황은 지난날보다 훨씬 심각합니다. 실로 일각을 천금처럼 여겨 온 힘을 다해 노력해야만 합니다. 과거제를 하루라도 일찍 폐지하지 않으면, 사인(士人)들이 모두 요행히 합격하고자 하는 마음을 갖게 하여 열심히 공부하고자 하는 마음을 가로막게 될 것입니다. 그리하여 민간에서는 추이를 관망할 것이고 사립 학교를 세우고자 하는 사람도 드물어질 것입니다. 학교는 공공의 재원으로 그 보급을 모두 감당할 수 없습니다. 자연히 크게 학교를 진흥시키고자 하는 바람도 다 사라지게 됩니다. 지금 당장의 상황을 살피건대 과거제를 즉시 폐지하고 학교 설립에 노력하더라도, 인재가 배출되기 위해서는 10년을 기다려야 합니다. 만일 10년 후에나 과거를 폐지한다면 학교 설립은 또 그만큼 늦어질 것입니다. 인재는 결코 속성으로 양성되지 않기에 반드시 20년은 기다려야 적절한 인재를 얻을 수 있게 됩니다.

강대한 국가가 우리를 둘러싸고 있습니다. 어찌 우리에게 여유가 있겠습니까? 최근 몇 년 동안 각국은 우리의 유신을 바라보며 우리에게 변법을 권유하였습니다. 하지만 우리가 구습에 얽매어 개혁을 추진하지 못하고 이리저리 눈치만 살피는 것을 비판해 왔습니다. 각국은 그러한 우리를 믿지 못하며 경멸하는 마음을 품고 있습니다. 그런데 일순간 일본과 러시아 사이에 화의가 결정되어 중국의 상황은 더욱 위급해졌습니다. 이러한 때 특별한 대책이 세워져야만 합니다. 그리하여 각국의 의심과 경멸을 일소해 버려야만 합니다.

과거제는 예전부터 외국인에 의해 병폐라 지목되어 왔습니다. 또한 학교는 개혁의 가장 중요한 근간입니다. 단안을 내려 의연하고 결연하게 옛것을 버리고 새 제도를 도입해야 합니다. 그러면 그 소문이 두루 퍼져 각국의 주목을 받게 될 것입니다. 각국은 새로운 눈으로 바라보며 진심을 지니고 우리를 대할 것입니다. 해외로 유학을 나가 있는 중국의 학생 또한 귀국 후 진로를 학교에서 찾을 수 있게 됩니다. 그리하여 더욱 학업에 매진하며 잘못된 얘기나 뜬 소문에 현혹되지 않게 됩니다. 이는 유용한 인재를 확보함과 동시에 혹시 있을지 모를 음모를 사전에 차단하는 효과도 있습니다. 실로 연관되는 효과가 심히 엄청난 일이라 하겠습니다.

또한 학교의 설립은 인재 양성만을 목적으로 하는 것이 아닙니다. 백성의 정신을 개화하는 것에 주된 목적이 있습니다. 모든 사람에게 일정 정도의 교육을 받게 하여 보통의 지혜를 구비하도록 하는 것입니다. 그리하여 위로는 국가에 충성하고 아래로는 자기 생계를 꾸려가게 합니다. 좋은 재능을 가진 자는 국가의 정치를 담당하지만, 그만 못한 사람도 국민으로서 적절한 수준을 지니게 해야 합니다. 병사와 농민, 수공업자, 상인 모두 그 의무를 다하며 맡은 바 직무를 잘 감당할 수 있어야 합니다. 여성과 아이들도 적절한 본분을 다하도록 가정에서 교육을 해야 합니다. 모든 지역에 학교가 개설되도록 하고 모든 사람이 배울 수 있도록 합니다.

이렇게 한다면 어찌 부강해지지 않을 수 있겠습니까? 그렇기에 프러시아가 프랑스에 승리한 것이나 일본이 러시아에 승리한 것을 두고도, 식견 있는 사람들은 모두 그 공을 소학교 교사에게 돌립니다. 기타 문명 국가들 역시 그 강성의 근본은 모두 교육에 두고 있습니다. 다만 우리 나라만 부족함을 보이고 있는 것은 과거제가 폐지되지 않았으며 학교가 널리 세워지지 않았기 때문입니다. 그리하여 사인들의 마음이 굳게 확정되지 않았고 백성들의 정신 또한 크게 개명되지 않은 상태입니다. 이러한 상태에서 진보와 발전을 바라기는 어렵습니다.

그래서 지금의 어려움을 타개하기 위해서는 반드시 학교의 보급부터 시작해야만 합니다. 또 학교의 보급을 위해서는 반드시 먼저 과거제부터 폐지해야만 합니다.

출전 『袁世凱奏議』 권 35, 「請立停科學推廣學校幷妥籌辦法折」.

내용 위안스카이와 장지동이 조이손(趙爾巽)·주복(周馥)·잠춘훤(岑春煊)·단방(端方) 등 지방의 총독·순무와 함께 연명으로 올린 상주문이다. 이 상주문이 제출된 것은 1905년 9월 2일이었다. 이를 계기로 수 문제 시기 도입되어 1,300년 동안 지속된 과거제는 정식으로 폐지되었다. 그 이전까지 도광제 이래 광서제에 이르는 네 황제 80여 년 동안 모두 18차례나 과거제의 개혁을 위한 상주문이 올려진 상태였다. 청 정부도 더 이상 지체할 수 없다고 판단하고 위안스카이 등 6대신의 상주가 있자 그 즉시 내각의 동의를 받아 과거제 폐지의 조칙을 발표하였다. 이에 앞서 1904년 1월, '과거 시험을 향후 3회 체감(遞減)하여 10년 뒤에는 완전히 폐지한다.'는 분과체감(分科遞減)의 조령이 내려져 있었다. 분과체감이란 과거 합격자 수를 매회 3분의 1씩 줄이고 그만큼 학교에 배정한다는 것이었다. 1905년 9월 분과체감의 조령을 철회하고 급작스럽게 과거제 폐지령를 반포한 것에는 일본의 러일전쟁 승리가 결정적 계기로 작용하였다. 일본의 부상과 조야의 과거제 반대에 직면하여 청조는 체제 불안을 타개하기 위해, 과거제의 폐지와 학교제의 보급, 그리고 새로운 관료 선임 제도의 채용을 선택한 것이다.

자정원資政院의 설치

전서우전부우참의(前署郵傳部右參議)[9]·기명승참(記名丞參)[10]·후보참의(候補參議)인 신(臣) 천이(陳毅)가 무릎 꿇고 아룁니다. 자정원이 법정 인원을 충족시키지 못하여 자정원의 장정(章程)을 위반하므로 개회하지 못하고 있습니다. 중요 안건에 대해서는 국회가 소집되기를 기다려 다시 논의함으로써 법을 준수한다는 사실을 명확히 보여주실 것을 청원합니다. 삼가 상주하여 폐하의 열람을 기다리겠습니다.

삼가 자정원 장정 제10조를 살펴보면 의원의 정수를 200명으로 하고 있습니다. 또 34조를 보면, 의원 가운데 3분의 2 이상이 출석하지 않으면

---

9 前署郵傳部右參議 : 전직 署郵電部右參議. 여기서 署는 正任官이 아닌 署任官을 의미한다.

10 記名丞參 : 正任이 아니라 功績에 의해 부여된 丞參이란 의미.

자정원은 개회할 수 없다고 되어 있습니다. 하지만 진실로 중국은 땅이 넓고 인구가 많기에 이 조항은 각 성(省)의 동의를 얻기 어렵습니다. 더욱이 우창(武昌)에서 변란[11]이 발생하여 경기 일대에 경계가 강화된 이후 의원들이 분분히 경사를 떠나고 있습니다. 민선 의원[12]은 하나도 남아 있지 않습니다. 떠나지 않은 사람은 대부분 다른 직책이 있는 의원뿐입니다. 개회 때의 출석 의원 숫자는 많으면 107명이요, 적을 때는 8, 90명, 때로는 50여 명에 불과할 때도 있습니다. 심지어 몇 개 성(省)에서는 한 사람도 출석하지 않기도 합니다. 자정원의 장정에 따르면 전체 의원 가운데 3분의 2가 출석하지 않으면 의사(議事)를 진행할 수 없을뿐더러 각 성의 민의를 확인하여 의결하는 일도 할 수 없게 되어 있습니다.

자정원의 장정에 따르지 않는 행위는 위법이자 각 성으로부터 동의를 구할 수도 없는 처사입니다. 이는 또 신의를 잃는 것이기도 합니다. 경향 각지의 신문이 자정원에 대해 논평한 것에 따르면, 작년에는 지저분한 논쟁만 벌였다고 적고 있습니다. 올해는 다시 쥐새끼처럼 도망쳤다고 공박합니다. 자정원은 전국의 여론을 대표하는 기구이자 입법을 담당하는 최고 기관입니다. 마땅히 어떻게 신중한 자세로 법률을 지킬 것인지, 또 어떻게 명확하게 신용을 지켜갈 것인지 노력해야만 합니다. 그런데 오히려 스스로 법률을 위반하기를 이와 같이 하고 스스로 신용을 잃기를 이와 같이 하고 있습니다. 이는 천하를 불법으로 이끄는 것이요, 천하를 불신으로 몰아가는 것입니다. 이렇게 해서는 전국의 여론을 대표한다는 가치를 상실하는 것입니다. 명색은 여론을 대표한다 하지만 이미 언론 기관으로부터 경시되고 있습니다. 실로 부끄럽기 짝이 없습니다. 지금 우리 국가는 위기에 처해 있습니다. 내각을 새로이 설립하는 시점에 믿을 것은 법률을 지키

11 1911년 10월 10일에 발생한 무창 봉기를 가리킨다.
12 資政院에는 欽選과 民選 두 종류의 의원이 있었다. 그중 민선 의원은 100명이었다.

고 신뢰를 회복함으로써 민심의 동의를 확보하는 일뿐입니다. 하지만 민심의 동의를 확보하는 일은 단언컨대 자정원이 감당할 수 없습니다. 법을 어기고 신뢰를 잃었기 때문입니다. 청컨대 명확히 유지를 내려, 일체의 중요한 안건은 국회가 소집되기를 기다려 다시 논의하게 해 주십시오. 그리하면 조정이 올바르며 또 진정으로 천하의 민심을 수람하고자 노력한다는 사실을 보여줄 수 있을 것입니다.

자정원은 정족수를 채우지 못하여 자정원 장정에 위배되므로 개회할 수 없습니다. 청컨대 중요 안건은 국회가 소집되기를 기다려 다시 논의하게 해 주십시오. 그렇게 해야 법률에 대한 신뢰를 높일 수 있습니다. 삼가 상주문으로 아룁니다. 엎드려 바라건대 폐하께서 살펴보아 훈시를 내려 주십시오.

출전 故宮博物院明清檔案部編, 『淸末籌備立憲檔案史料』, 第二編, 「議院」「候補參議陳毅奏資政院開會不足法定人數重要事件應俟國會召集時再議摺」.

내용 1911년 11월 21일에 올려진 상주문으로 자정원의 지리멸렬한 상태를 고발하고 있다. 당시는 우창 기의가 발생한 이후여서 자정원의 의원들이 대부분 베이징을 떠난 상태라 말하고 있다. 자정원은 청 정부가 이른바 예비 입헌 과정에 설치한 중앙의 자문 기구였다. 1908년 11월 14일과 15일, 광서제와 서태후가 연달아 작고하자 불과 3세의 선통제(宣統帝)가 즉위하였다. 섭정을 맡은 선통제의 부친 순친왕(醇親王) 재풍(載灃)은 입헌의 계속 추진을 천명하는 동시에 황실 귀족 권력의 강화를 도모하여 실력자 위안스카이를 면직시켰다. 이어 1909년 10월에는 각 성에 자의국(諮議局)을 설치하였다. 각 성의 자의국은 입헌파에 의해 장악되었다. 1910년 10월에는 베이징에 자정원을 설치하였다. 자정원은 의결 기구가 아니라서 황제에게 법안을 제안할 수 있는 제청권만 부여되어 있었다.

(2) 신해혁명

동맹회의 결성

중화국민군 군도독(軍都督)은 군정부(軍政府)의 명령을 받들어, 군정부의 취지와 맥락을 국민에게 포고한다. 이제 국민군이 일어나 군정부를 세웠다. 우리는 260년에 걸친 오욕을 씻어내고 4천 년에 걸친 조국을 부흥시킴으로써 4억 명의 복지를 실현시키고자 한다. 이는 군정부가 담당해야 하는 책무일 뿐만 아니라 우리 국민 모두 자신의 책무로 여겨야 할 일이기도 하다.

우리 중국은 국가를 건설한 이래 중국인이 중국인을 다스려왔다. 비록 중간에 이민족에게 빼앗긴 적은 있었으나, 우리 선조들은 늘 이민족을 몰아내고 광복을 이루어 후세에 물려주었다. 지금 한인(漢人)들이 정의로운 군대를 일으켜 만주족 오랑캐를 몰아내고자 하는 것은, 위로 선조의 유업을 잇는 일이며 대의가 있는 일이다. 한인이라면 마땅히 이를 명확히 알아야 한다.

명의 건립이나 태평천국과 같은 이전의 혁명은 다만 이민족을 몰아내고 광복을 이루는 것만을 목표로 삼았다. 이밖에는 다른 변화가 없었다. 하지만 우리가 지향하는 오늘의 혁명은 이전 시대와는 다르다. 만주족 오랑캐를 몰아내고 중화를 회복하는 것 이외에 국가 체제와 민생(民生)도 마땅히 변혁시켜야 한다. 그 길도 여러 갈래지만 반드시 견지해야 할 이념이 바로 자유·평등·박애이다. 이러한 까닭에 이전 시대에는 영웅의 혁명이었다면 오늘날은 국민의 혁명이다. 이른바 국민의 혁명이라는 것은, 한 나라의 국민이라면 모두 자유·평등·박애의 정신을 지녀야 하고 또 모두 혁명의 책무를 져야 한다는 것이다. 군정부는 다만 그 중추 기구일 뿐이다. 앞으로 국민의 책임은 즉 군정부의 책임이며 군정부의 공적은 즉 국민의 공적이니, 군정부와 국민은 한마음으로 힘을 합하여 책임을 완수해야 한다. 이에 진심을 담아 현 단계 혁명의 방향과 장차 도래할 국가 체제의 이념 등을 천하에 포고한다.

(1) 만주 오랑캐를 몰아낸다. 지금의 만주는 본디 변방 바깥에 있는 동호(東胡)의 땅이었는데, 명대에 이르러 자주 침범하여 변경의 근심거리가 되었다. 이후 중국의 혼란을 타고 멀리 산해관을 넘어 우리 경내로 침입하였다. 그리하여 우리 중국을 멸망시키고 우리 정부를 빼앗은 다음 우리 한인을 그 노예로 삼았다. 이에 따르지 않으면 살육하여 그 숫자가 이루 헤아릴 수 없이 많았다. 우리 한인이 망국의 백성이 된 지 이제 260년이나 되었도다! 만주족 정부의 극악무도함은 이제 그 절정에 달하였다. 우리 정의로운 군대의 목적은 만주족 정부를 전복시키고 우리의 주권을 되찾는 것이다. 만주족이나 한인 군인 가운데 잘못을 뉘우치고 투항해 올 경우 그 죄를 면해줄 것이다. 반면 감히 저항한다면 죽일 뿐 용서해 주지 않는다. 한인으로 만주족의 노예 노릇을 하여 매국노가 된 자도 또한 마찬가지이다.

(2) 중화를 회복한다. 중국은 중국인의 나라이다. 중국의 정치는 중국인이 맡아야 한다. 만주족 오랑캐를 몰아낸 후 우리 민족의 국가를 회복할 것이다. 감히 석경당(石敬瑭)[13]이나 오삼계(吳三桂)가 한 짓을 따라하는 자가 있으면 천하가 함께 공격할 것이다.

(3) 민국을 건립한다. 이제 평민의 혁명으로 국민 정부를 건립하면 모든 국민은 평등하게 참정권을 지닌다. 대총통도 국민이 함께 선출한다. 의회 또한 국민이 함께 선출한 의원으로 구성된다. 의회는 중화민국의 헌법을

---

13 石敬瑭(892~942) : 五代 왕조의 하나인 後晉의 건립자. 후진의 건립 과정에서 거란 태종의 원조를 받아 그 댓가로 燕雲十六州를 할양하고 稱臣하였다.

제정하여 모두 함께 지킬 것이다. 감히 황제 체제를 부활하려는 자는 천하가 함께 공격할 것이다.

(4) 지권(地權)을 평등하게 한다. 문명화된 나라의 복지는 국민이 평등하게 향유한다. 마땅히 사회의 경제 조직을 개편하고 천하의 토지 가격을 조사하여 확정해야 한다. 현재의 토지 가격은 그대로 원 소유주에게 귀속시키되, 혁명 이후 사회의 개혁과 진보에 따라 인상된 부분은 국가에 귀속시켜 국민 모두가 함께 향유하도록 한다. 사회 복지의 국가를 건설하여 모든 가족과 사람에게 충분한 생활을 보장하고 단 한 사람도 곤궁하지 않도록 한다. 감히 부를 독점하여 국민의 생명을 위협하는 자는 대중과 함께 내쫓을 것이다.

이상의 4개 강령에 대한 시행은 3개 시기로 나눈다. 제1기는 군법(軍法) 정치의 시기이다. 정의의 군대가 일어나 각지에서 혁명을 위한 전투를 벌이고, 토지와 인민이 새롭게 만주족의 지배에서 벗어나려 하는 때를 가리킨다. 적과 당면하여 싸울 때는 한마음이 되어 적개심을 불태우며, 안으로는 한족을 단결시키고 밖으로는 만주족의 복수를 막아내야 한다. 이 시기 군대와 인민은 모두 군법에 따른 통치를 받는다. 군대는 인민을 위해 힘을 다하여 적을 격파하고, 인민은 군대가 필요한 물자를 제공하여 서로 그 생활과 활동을 방해하지 않는다. 적을 이미 물리친 지역이나 아직 물리치지 못한 지역 모두 지방 행정은 군정부가 총괄하며 천천히 적폐를 제거한다. 정부의 압제, 관리의 부패, 동원과 수탈, 잔혹한 형벌, 과도한 징발, 굴욕스런 변발 등 정치적 폐단은, 만주족의 제거와 동시에 근절시킨다. 노비 축적, 잔인한 전족, 아편의 해악, 풍수에 따른 미신 등 풍속의 폐해도 일체 금지시킨다. 아울러 교육을 보급하고 도로를 개설하며, 경찰 및 위생 관련 제도를 시행하고, 농업·공업·상업 등 실업을 진흥시킬 것이다. 군법 정치는 현(縣)마다 3년을 기한으로 한다. 3년의 기한이 종료되거나 혹은 그 이전이라도 성과가 좋으면 군법 정치를 해제하고 약법(約法)을 발포한다.

제2기는 약법 정치의 시기이다. 각 현마다 군법을 해제하고 난 다음 군정부는 지방 자치권을 해당 지역 인민에게 귀속시킨다. 지방 의회의 의원 및 지방 행정관은 모두 인민의 선거에 의해 선임한다. 군정부의 인민에 대한 권리와 의무, 그리고 인민의 군정부에 대한 권리와 의무는 모두 약법에 규정된다. 군정부 및 지방의원, 그리고 인민은 모두 약법을 준수해야 한다. 만일 법을 위반하는 자가 있으며 그 책임을 묻는다. 약법은 천하가 평정된 다음부터 6년을 기한으로 한다. 이후 약법을 해제하고 헌법을 발포한다.

제3기는 헌법 정치의 시기이다. 전국적으로 약법을 6년 간 시행한 후 헌법을 제정한다. 이 시기 군정부는 군사권과 행정권을 내려놓는다. 국민은 선거에 의해 대총통을 뽑으며, 마찬가지로 선거에 의해 선발된 의원으로 국회를 조직한다. 나라의 모든 정치는 헌법에 따라 시행된다.

이상의 3개 시기 가운데 제1기는 군정부가 국민을 통솔하여 이전의 폐해를 일소하는 시기이다. 제2기는 군정부가 지방 자치권을 인민에게 돌려주고 국가 전체의 정치를 총괄하는 시기이다. 제3기는 군정부가 정권을 내려놓고, 헌법상의 국가 기관이 국가 대사를 분할하여 관장하는 시대이다. 우리 국민으로 하여금 순조롭게 전진하여 자유와 평등의 자격을 갖추게 함으로써 중화민국의 근본을 공고히 하는 과정이 모두 여기에 갖추어져 있다.

이상과 같이 강령은 4개이며 시기는 3개이다. 군정부는 나라를 위해 온 힘을 다하며 성심과 성의를 다할 것을 다짐한다. 시종일관 게을리하지 않을 것이다. 우리 국민 또한 분명히 힘써 분발하고 인내하여 함께 대업을 성취할 것이라 확신한다. 한족의 기백은 오랫동안 지구상 어느 민족보다 빛났다. 다만 근래 많은 어려움에 직면해 있었지만, 이제 광복의 시대를 맞이하여 사람마다 모두 그 정신력을 발휘해야 할 것이다. 우리 한인은 모두 헌원씨(軒轅氏)[14]의 자손이고 국민은 모두 형제이고 자매이다. 모두 평등하며 귀천의 차별이나 빈부의 차이도 없다. 평안함과 근심을 같이하며 어려움을 서로 돕고 협력한다. 그리하여 국가를 보위하고 민족을 보호한다. 전사는 그 목숨을 아끼지 아니하고 국민은 전력을 다하여 도와야 한다. 그러면 혁명이 완수되어 민주 정치가 수립될 것이다. 원컨대 4억 인민이여 함께 노력하자!

출전 『孫中山選集』, 上卷, 「同盟會宣言」.

내용 1905년 일본의 도쿄에서 중국혁명동맹회(동맹회)가 결성되면서 발표된 선언문이다. 이 선언문에서는 동맹회의 강령으로서 삼민주의가 명확히 제시되고 있다. 사실 이 단계의 민생주의는 평균지권(平均地權)이 유일한 내용이었다. 그렇기에 민족주의, 민권주의와 더불어 지권의 평등이 4대 강령의 하나로 명시되고 있다. 동맹회의 결성으로 말미암아 이전까지 동향적(同鄕的) 유대에 기반하여 활동하던 혁명파가 하나의 조직 아래 통일되었다. 동맹회에는 사실상 전국의 모든 성 출신이 참여하였다. 그 중핵이 되었던 것은 흥중회(興中會) 계통의 광둥(廣東) 출신, 화흥회(華興會) 계통의 후난(湖南) 출신, 그리고 광복회(光復會) 계통의 장쑤(江蘇)·저장(浙江) 출신이었다. 쑨원은 동맹회 결성을 위한 예비 모임 단계부터 자신의 혁명 이론인 삼민주의를 동맹회의 강령으로 삼을 것을 강력히 주장하여 관철시켰다. 여기에는 화흥회를 주도하였던 황싱(黃興)의 동조와 옹호가 크게 작용하였다. 특히 평균지권에 대해서는 그 개념이 어려워 일부 인사들은 철회를 주장하기도 하였다. 동맹회의 지도부에는 쑨원이 총리로, 다음의 2인자 자리에 황싱이 추대되었다.

---

14 軒轅氏 : 五帝의 하나인 黃帝의 姓, 黃帝를 지칭한다.

동맹회에 대한 쑨원의 회고

1905년 봄 나는 다시 유럽에 갔다. 유럽에 있는 유학생 다수는 이미 혁명에 찬동하고 있었다. 그들은 모두 중국 내지에서 직접 왔거나 혹은 일본을 경유하여 유학을 온 사람이었다. 1, 2년 사이 그들은 혁명 사조로부터 깊이 영향을 받아, 일부는 언론에 투고하기도 하고 또 일부는 더 나아가 행동에 나서기도 하였다. 나는 이에 평생 동안 지니고 있던 삼민주의와 5권 분리의 헌법[15]으로 호소하여 혁명 단체를 조직하였다. 그리하여 제1회 대회가 브뤼셀에서 개최되었다. 가맹자는 30여 명이었다. 제2회 대회는 베를린에서 개최되었는데 가맹자는 20여 명이었다. 제3회 대회는 파리에서 개최되었는데 가맹자는 10여 명이었다.

제4회 대회는 일본의 도쿄에서 개최되었는데 가맹자는 수백 명이었고, 중국 17개 성의 출신이 모두 참여하였다. 다만 간쑤(甘肅)만은 아직 일본에 유학생을 보내지 않아 빠졌다. 이것이 혁명동맹회의 시작이었다. 당시 아직 혁명이란 두 글자를 꺼렸기에 단지 동맹회라 불렸고, 후에도 또한 이 이름으로 더 알려졌다.

혁명동맹회가 성립된 이후 나의 희망은 새로운 단계로 접어들었다. 이전까지 나는 수많은 고초를 겪었지만 세상으로부터는 비웃음과 매도를 당하였다. 한 번 두 번 실패를 거듭하면서도 위험을 무릅쓰고 용맹스럽게 전진하였다. 그러나 만주 세력을 내쫓는 혁명 사업이 내가 살아 있는 동안 성공할 수 있으리라고는 감히 기대하지 못 하였다. 수없이 실패하면서도 꺾이지 않았던 것은, 완전히 의기소침해진 사람들의 마음을 다시 일으키고 거의 쇠잔해진 나라의 기백을 되살려 내려는 생각 때문이었다. 그리하여 나의 뒤를 이을 사람이 나와 완성해 주기를 바랄 뿐이었다.

---

15 행정원, 입법원, 사법원 이외에 監察院과 考試院을 더한 정부 형태를 가리킨다.

그런데 1905년 가을 전국의 호걸을 모아 도쿄에서 혁명동맹회를 결성하던 날, 나는 비로소 혁명의 대업이 내 생애에서 성취될 것이라는 사실을 믿기에 이르렀다. 이에 중화민국이라는 명칭을 정하여 당원 사이에 공포하였다. 그리고 각각 자신이 출신한 성(省)에 돌아가 혁명을 고취하게 하였다. 또 중화민국의 사상을 전파시켰다. 그로부터 채 한 해가 지나지 않아 가맹자는 만 명을 넘어섰다. 동맹회의 지부도 각성에 차례로 설립되었다. 그리하여 혁명의 풍조는 하루에 천 길씩 내닫게 되었다. 그 전진의 속도는 사람들의 기대를 훨씬 앞섰다.

　외국 정부의 중국 혁명 세력에 대한 인식도 괄목상대하게 변하였다. 어느 날 나는 남양(南洋)[16]으로부터 일본에 가기 위해 상하이 인근의 우쑹(吳淞)에 머물게 되었다. 그때 프랑스의 장교인 부카베이(Boucabeille)를 만났다. 그는 육군 장관의 명을 받아 나를 만나러 와서, 프랑스 정부가 중국의 혁명 사업에 대하여 지원할 의사가 있음을 전하였다. 그리고 혁명 진영의 역량이 어떻게 되는지 물었다. 나는 사실대로 대답하였다. 그는 다시, '각 성의 군대 사이 연락 상태는 어떠한가? 만일 매우 진전되어 있다면 우리 정부가 즉시 도와줄 수 있다.'고 말하였다. 이에 대해 나는 아직 파악하지 못하고 있다고 대답하였다. 그리고 그에게 요원을 파견하여 연락 업무를 조사한 후 정비해 달라고 요청하였다.

　그는 텐진에 주재하고 있는 참모부에서 무관 7명을 뽑아 나에게 보내왔다. 나는 랴오중카이(廖仲愷)에게 명하여, 텐진으로 가서 연락 기구를 설립하게 하였다. 또 리중시(黎仲實)에게 명하여 프랑스 무관과 함께 양광(兩廣)에 가서 조사토록 하였으며, 후이성(胡毅生)에게 명하여 프랑스 무관과 함께 쓰촨(四川)과 윈난(雲南)에 가서 조사토록 하였다. 또 차오이자이(喬宜齋)에게 명하여 프랑스 무관과 함께 난징과 우한에 가게 하였다.

---

16 南洋 : 장쑤(江蘇) 이남의 연해 지대.

난징과 우창(武昌) 두 곳의 신군(新軍)은 이들을 크게 환영하였다. 난징에
서는 자오바이셴(趙伯先)이 이들을 맞아, 영장(營長) 이상의 간부와 회합하
여 비밀 회의를 진행한 후 개편을 모색하였다. 우창에서는 류자원(劉家運)
이 이들을 맞아, 동지 군인과 약속하여 교회에서 일지회(日知會)[17]와 회의를
열었다. 이 회의에 참석한 인원은 대단히 많았다. 소문에 의하면 신군의 진
통(鎭統)인 장뱌오(張彪)[18]도 변장하고 회의에 참석하였다고 한다. 회의에서
는 몇 사람이 연설을 한 후 모두 큰 소리로 혁명을 제창하였다. 프랑스 무
관 역시 연설을 하였다. 이 때문에 회의의 비밀이 유지될 수 없었다. 호광
총독 장지동은 이 사실을 알고 세관에 파견되어 근무하는 서양인 한 사람
으로 하여금 프랑스 무관을 뒤쫓게 하였다. 그 서양인은 노상에서 프랑스
무관을 만나 인사를 나누고 거짓으로 자신 역시 중국 혁명에 동조하는 것
처럼 말하였다. 이에 프랑스 무관은 그가 서양인인지라 의심을 품지 않고
그간의 사실을 모두 말해 주었다.

장지동은 그 사실을 청 조정에 상주하여 보고하였다. 그 속에 혁명 세력
의 계획이 담겨 있었는지의 여부는 알 수 없다. 청 조정은 보고를 받은 후
프랑스 공사를 불러 힐문하였다. 프랑스 공사는 아무 사정도 파악하고 있
지 않았다.

얼마 후 프랑스의 정부가 바뀌었다. 신내각은 방침이 바뀌어 중국 혁명
에 대한 지원에 찬성하지 않았다. 부카베이도 본국으로 송환되고 말았다.
이후 류자원 등도 이 사건으로 인해 체포되어 사형에 처해졌다. 이 일은

---

17 日知會 : 1906년 2월 후베이에서 결성된 혁명 단체. 그 요원들은 대부분 新軍 소속이
   었다. 1906년 겨울 同盟會가 조직한 萍瀏醴 봉기 직후 日知會로 하여금 호응하는 봉
   기를 기획하라는 지시를 받았다. 하지만 거사 이전 사전에 누설되는 바람에 湖廣總督
   張之洞의 탄압을 받아 조직이 사실상 와해되고 만다.

18 張彪(1860~1927) : 淸末 陸軍 第八鎭의 統制(사령관)를 역임한 인물. 1911년 우창 봉기
   가 폭발하자 이에 완강히 저항하였다가 패전 후 톈진으로 도망하였다. 중화민국 수립
   이후에는 다시 군대에 복귀하여 중장이 되었다.

혁명 운동에 있어 최초의 국제 교섭이었다.

동맹회가 성립되고 얼마 후『민보(民報)』를 발간하여 삼민주의를 고취하기 시작하였다. 이로 인해 혁명 사조가 전국에 확산되었다.『민보』는 여러 신문 가운데 효과가 가장 성공적이었던 것 중 하나라고 할 수 있다. 당시 정의에 동조하는 사람들은 여기저기서 뛰쳐 일어나 과감히 행동에 나섰다. 홀로 기치를 세우고 행동한 사람도 잇따라 생겨났다. 그중 가장 두드러진 사람이 쉬시린(徐錫麟), 슝청지(熊成基), 추근(秋瑾) 등이다.

…(중략)…

이로부터 종전보다 더욱 드세게 혁명의 풍조가 전국을 뒤흔들게 되었다. 도쿄에 자리 잡은 동맹회 본부도 더 이상 침묵에 빠져 있을 수 없었다. 당시 청 조정도 커다란 위기를 느꼈다. 그리하여 여러 차례 일본 정부에 압력을 가해 나를 일본 바깥으로 축출하려 하였다. 나는 어쩔 수 없이 일본을 떠나 후한민(胡漢民)·왕징웨이(汪精衛) 두 사람과 함께 안남(安南)으로 갔다. 그리고 하노이에 지부를 설립하였다.

…(중략)…

동맹회의 성립 이전까지 자금을 출연하여 혁명을 도운 사람은 내 친구 몇 사람에 불과하였다. 이밖에는 아무도 감히 도와주려 하지 않았고 돕지도 않았다. 그런데 동맹회의 성립 이후 처음으로 다른 사람들이 자금을 지원해 주었다. 당시 가장 용감하게 그리고 가장 많이 자금을 출연해 준 사람은 장징장(張靜江)[19]이다. 그는 파리 사업소의 소득 6, 7만 냥을 모두 혁명 자금으로 내주었다. 가장 용감하게 그리고 가장 정성을 다해 자금을 출연해 준 사람은 안남(安南) 쩌런(提岸)[20]의 황경남(黃景南)이다. 그는 일생을 통

---

19 張靜江(1877~1950) : 江南의 豪商 가문 출신으로 많은 경제적 지원을 하여 孫文으로부터 '革命聖人'이라 칭해졌다. 후일 蔣介石 정권에서 國民黨中央執行委員會常務委員會 主席을 역임하였다. 蔡元培·吳稚暉·李石曾과 함께 국민당 4대 원로라 병칭되었다.

20 쩌런 : 베트남 호찌민시에 있는 차이나 타운.

해 축적한 수천 냥을 모두 군사 자금으로 헌납하였다. 진실로 어렵고 귀한 일이다. 그밖에 안남 사이공의 대상인 이탁봉(李卓峰)·증석주(曾錫周)·마배생(馬培生) 등 세 사람은 각각 수만 원씩 자금으로 내놓았다. 매우 드문 일을 하였다.

출전 『孫中山選集』, 上卷, 「有志竟成」.

내용 쑨원이 1918년에 저술한 『쑨원학설(孫文學說)』의 제8장인 「유지경성(有志竟成)」 가운데 일부이다. 「유지경성」은 쑨원 자신이 혁명에 뜻을 두기 시작한 시점(1885년)부터 혁명의 뜻을 달성한 시점(신해혁명)까지의 회고록이다. 그는 1885년 중국이 청불전쟁에서 패배하던 때 처음 청조 멸망과 민국 건설의 뜻을 세웠다고 한다. 위에 든 내용은 그 가운데 1905년 중국혁명동맹회의 건설을 전후한 시기의 회고담이다. 그는 동맹회의 결성이 중국 혁명의 전개에 큰 분수령이 되었을 뿐만 아니라, 자신에게도 이를 계기로 혁명이 완수될 수 있다는 확신을 갖게 되었다고 회고하고 있다. 나아가 혁명에 대한 인식이 전환되어 전국적으로 동조자가 급증하고, 혁명 진영에 자금을 지원하는 사람도 대폭 늘어났다고 한다.

쓰촨四川 일대 철로 보호 운동[保路運動]의 전개

…(전략)…

천한철로공사(川漢鐵路公司)²¹는 본디 관영[官辦]이었다가 3년 동안 아무런 효과가 없자 민영[商辦]으로 개편하여, 상판천한철로유한공사(商辦川漢鐵

---

21 川漢鐵路公司 : 川漢鐵路, 즉 四川-漢口(武漢) 사이의 철도 노선을 부설하고 운영하기 위해 세워진 회사.

路有限公司)로 명칭을 바꾸었다. 관영 시기에는 회사 정관이나 자본금에 대해 아무런 규정이 없고 다만 강제 임대를 통한 투자 방식을 채용하였다. 후난(湖南)의 미곡 징발 제도를 본떠서, 조세액이 10석(石) 이상인 경우 그 백 분의 3을 추가로 징수하고 대신 증서를 지급해 주었다. 그리고 그 액수가 50냥이 되면 고표(股票)²²로 전환하였다. 민영으로 바뀐 뒤 자본금은 은 5,000만 냥으로 규정되었는데 그 가운데 1,500만 냥은 민간에서 징수한 자금으로 채웠다. 민간의 징수액은 전체 가운데 5분의 2를 넘을 수 없도록 했다. 만일 주식 발행이 원활할 경우 5분의 2에 도달하지 않더라도 즉시 정지하기로 했다.

쓰촨의 철로 공사는 착공한 지 3년이 넘어가고 있었다. 그 무렵 의만선 (宜萬線)²³은 공사가 싼샤(三峽)까지 진척되고 있었으며, 이창(宜昌)으로부터 황자창(黃家場) 사이의 13마일 구간은 이미 완성된 상태였다. 황자창으로 부터 서쪽으로 샹시(香溪)에 이르는 100마일도 5개 구간으로 나누어 공사를 서둘러서 1911년 말이면 철로 부설이 완공될 예정이다. 다만 황자창 부근에는 총 연장 20마일에 달하는 터널 구간이 있다. 세계 3대 터널의 하나로서 공사가 대단히 어렵다. 이 노선의 공사를 위해 자금 1,100만 냥 정도가 모금되었는데 그중 400여만 냥이 이미 투입되었다. 상하이에서 300만 냥이 모금되었고 그밖의 액수는 칠백여 만 냥이었다.

1911년 5월 10일, 천월한철로(川粵漢鐵路)²⁴가 황제의 명령으로 국유화되었다. 18일, 돤팡(端方)이 천월한철로의 독판대신(督辦大臣)으로 임명되었

---

22 股票 : 투자 증권.

23 宜萬線 : 후베이(湖北)의 이창(宜昌)과 쓰촨의 완저우(萬州, 오늘날 重慶의 萬州區)를 잇는 노선.

24 川粵漢鐵路 : 廣東의 廣州로부터 武漢을 거쳐 四川에 이르는 철도. 1900년에 기공되어 1936년에 최종 완공되었다.

다. 20일, 우전부(郵傳部)[25]가 4개국과 합동 차관을 계약하고,[26] 의기(宜夔) 구간을 후베이(湖北) 관할 노선으로 변경하였다.[27] 22일, 황제의 명령으로 쓰촨의 철로 자본금 가운데 민간 임대분을 정지시켰다. 당시 호독(護督)[28]으로 있던 왕런원(王人文)은 상주하여, 우전부가 체결한 차관 계약은 이권을 넘겨주는 것이라고 비판하였다. 이후 그는 7월 1일에 쓰촨 자의국(諮議局)[29]에 전보를 띄워, 중앙 정부에 쓰촨 철로의 국유화를 잠시 유예시켜 달라는 청원을 올리라고 요청하였다.

6월 17일, 탁지부(度支部) 등에서 다음과 같이 상주하였다.

"쓰촨 철로의 잔존 자금 700여만 냥은 주식으로의 전환을 원할 경우, 그 액수 전체를 국가가 보장하는 주식으로 전환하여 5년 후부터 15년 분할 상환하도록 하십시오. 그냥 존치해 두고 이익을 배당받는 것을 허용해도 좋습니다. 이창(宜昌)에서 이미 사용한 자금 4백 수십만 냥에 대해서는 국가가 보장하는 증권을 발급해 주십시오. 또 이창에서 사용한 경비 33만 냥 및 쓰촨에서의 사용분에 대해서도 국가가 무이자 증권을 발급해 주어야 합니다. 그리고 철로가 완공된 이후 철로 회사의 이익으로 10년 간 분할 상환합니다. 이러한 상환금은 향후 쓰촨 일대의 상공업 진흥 자금이 될 것입니다."

---

25 郵傳部 : 1906년에 설치된 중앙 기관. 선박(船政)·철로와 도로(路政)·전기(電政)·우편(郵政) 업무 등을 관할하였다. 신해혁명 이후 교통부로 개칭되었다.

26 영국, 프랑스, 독일, 미국 4개국 은행단과 600만 파운드의 차관 계약을 체결한 사실을 가리킨다. 그 담보로는 川漢線과 粤漢線의 철도 부설권이 제공되었다.

27 宜夔 구간은 湖北의 宜昌으로부터 四川의 夔州(오늘날의 重慶市 동북부 일대)에 이르는 川漢鐵路를 가리킨다.

28 護督 : 護理總督의 약칭으로 임시 총독의 의미.

29 諮議局 : 청말에 설치된 각지의 지방 의회. 청조는 1905년 預備立憲을 선포한 후 1907년 10월 諮議局의 설치를 정식으로 各省에 下令하였다. 이에 따라 1909년 9월 각지에 諮議局이 설치된다.

8월 3일, 쓰촨 총독 자오얼펑(趙爾豊)이 부임하였다. 10일, 천로공사(川路公司)가 출자자 총회를 개최하였다. 여기서 천로주의분공사(川路駐宜分公司)의 책임자인 리지쉰(李稷勳)의 사퇴를 결의하였다. 그가 출자자 총회의 의결을 거치지도 않은 채 우전부의 치침을 수용하는 등, 우전부와 사사로이 공문을 주고받으며 회사의 이익을 헤쳤다 판단했기 때문이다. 출자자 총회는 또 우전부의 전보를 쓰촨 총독에게 전달하였다. 우전부의 전보는 천로공사에게, '철로 부설 공사를 지속하고 직원 전체를 계속 고용해야 하며, 아울러 향후 지출에 그대로 쓰촨의 재원을 사용하라.'고 명하는 것이었다. 이는 철로뿐만 아니라 그 자산까지 빼앗는 조치였다. 16일, 쓰촨 총독이 지역 실태를 전보로 상주하였는데, 조정에서는 그 상주 내용을 천월한철로의 독판대신과 우전대신에게 내려 열람하게 하였다. 이에 우전부에서는 상주하여 쓰촨 일대 철로의 사정을 다시 상세히 보고하였다. 그리고 우전부는 조정에서 쓰촨의 총독에게 명하여, '철로 공사를 총괄하는 책임자인 리지쉰을 그대로 현직에 유임시켜 공사를 관할케 하라.'고 지시토록 할 것을 요청하였다. 24일, 천로공사의 출자자 총회가 주도하는 철로보호대회[保路大會]가 개최되었다. 이날 하오, 청두(成都)에서는 상인들의 전면 철시가 진행되었으며 학교 역시 휴교하였다. 주민과 상인들은 모두 광서제의 신위를 받들고 애도를 표시하였다. 28일, 장군 위쿤(玉崑)³⁰과 총독 자오얼펑이 연명으로 상주하여, 쓰촨의 철로에 대한 국영화를 잠시 보류하고 예전과 같이 민영으로 복귀시켜 줄 것을 청원하였다. 아울러 차관을 위해 철로를 국유화한 문제는 자정원(資政院)과 자의국에 보내 심의할 것을 요청하였다.

9월 1일, 위쿤과 자오얼펑은 다시 연명으로 상주하였다. 정부는 쓰촨의 총독에게 지시하여 철로 보호 운동의 해산을 권유하게 하였으며 다른 방

---

30 玉崑(1860~?) : 만주인으로서 신해혁명 시기 成都將軍으로 재직하였다. 成都將軍은 鎭守成都等處地方將軍의 略稱으로 從一品의 武職, 통상 督撫와 동등하거나 혹은 상위 직위로 규정되었으나 실제 권한은 督撫와 布政使·按察使의 중간이었다.

법이 없다고 천명하였다. 4일, 쓰촨 총독은 다시 내각에 전보를 쳐서, 쓰촨 일대의 철로 보호 운동이 날로 치열해지고 있으며 철시도 12개 주현(州縣)에 달하고 있다고 보고하였다. 나머지 주현 역시 아직 철시에 돌입하지 않았을 뿐이지 불안정하기는 마찬가지라고 말하였다. 또 만일 서둘러 방침을 정하여 명확히 요구 조건에 응하지 않으면 의외의 사태가 발생할지 모른다고 보고하였다. 5일, 독판대신인 돤팡이 상주하여, 총독 자오얼펑이 무능하고 나약하여 사태를 더욱 악화시키고 있다고 탄핵하였다. 이에 돤팡을 쓰촨에 파견하여 실태를 조사하게 하였다. 10일, 돤팡이 2개의 부대를 이끌고 후베이(湖北)로부터 쓰촨으로 향하였다. 이로 인해 쓰촨의 사태는 걷잡을 수 없이 악화되어 갔다. 이 직전인 7일, 쓰촨성은 더 이상 수습할 수 없는 혼란에 빠졌다.

쓰촨의 사태가 발생하자 그 초기에 정부에는 대부분 평화적 대응을 주장하는 사람들이 많았다. 근본적인 해결이 불가능했기 때문이다. 쓰촨 총독도 아직 정부의 지침이 확정되지 않아, 감히 병력을 동원하여 진압한다는 생각을 하지 못하였다. 사태를 더욱 악화시킬 우려가 있기 때문이다. 쓰촨의 철시가 비록 오래되었으나 신사층과 유력자들이 다각적으로 노력하여 폭력의 발생을 적극 방지하였다.

이렇게 십여 일이 지났을 때 갑자기 돤팡이 군대를 이끌고 오고 있다는 소식이 전해졌다. 민심은 극도로 악화되어, 정부가 쓰촨 사람의 생명과 재산을 돌보지 않는다고 오해하게 되었다. 그리하여 〈자위를 논하는 글(自保商權書)〉을 산포하여, 국가를 위한 기부 및 군량 제공의 중지를 주장하는 사람까지 생겨났다. 이에 쓰촨 총독은 방침을 바꾸었다. 주도자 몇 사람의 행위는 역모에 가까우며 비적과 다를 바 없다고 규정하였다. 그들은 날짜를 미리 잡아 거사하여 독립을 도모하는 듯 보이니, 그 주장은 이전의 철로 보호 운동과 비할 바가 아니라 판단하였다. 엄격한 방식으로 대응하지 아니하면 역모를 잠재우고 위태로운 국면을 타개할 수 없다고 여긴 것이다. 그리하여 신사층을 구속하기 시작하였다.

9월 7일, 쓰촨 주민 수천 명이 운집하여, 상업계·공업계·교육계의 대표자를 총독의 관아에 파견하였다. 이들은 돤팡 군대의 쓰촨 진입을 막아달라는 요구서를 제출하였다. 총독 자오얼펑이 이를 허락하자 군중은 해산하였다. 쓰촨 총독은 민중이 무리를 지어 협박한다고 판단하고 엄히 처벌하기로 작정하였다. 그는 즉시 군대를 파견하여 자의국 의장인 푸뎬준(蒲殿俊)과 부의장 뤄룬(羅綸), 천로공사 출자자 총회 회장 옌카이(顔楷)·장란(張瀾), 보로동지회(保路同志會)의 회원 덩샤오커(鄧孝可) 등을 체포한 다음 총독 관아에 구금하였다.

이에 쓰촨 민중은 다시 들고 일어나 가두 행진을 벌인 후 총독 관아로 나아갔다. 군대의 경비는 더욱 엄해졌다. 총독 자오얼펑은 신사층 대표자들을 반역도라 힐난하였고 신사층 대표자들은 항변하며 물러서지 않았다. 자오얼펑은 그들을 죽이려 하였다. 그러자 곁에 따라왔던 사람들이 간절히 하소연하였고, 관아 바깥에 있던 사람들은 통곡하며 소리 질렀다. 이때 자리에 앉아 있던 장군 위쿤(玉崑)이 사태를 진정시키기 위해 중간 조정에 나섰다. 그리고 자신이 대신 감시하겠다고 말하며 신사층 대표자들을 데리고 나갔다. 그런데 총독 관아의 안팎을 둘러싸고 지켜보던 사람들이 아직 해산하지 않은 상태에서 사람들이 계속 몰아닥쳤다. 자오얼펑은 군대로 이들을 밀어부쳤지만 흩어지지 않자 발포하여 몇 명이 죽었다. 또 말 탄 기병으로 하여금 빽빽이 들어선 사람 사이로 내닫게 하여 많은 사람이 죽고 다쳤다. 하지만 군중은 흩어지지 않고 병사들과 대치하였다. 이로 인해 총독 관아의 문이 파괴되어 버렸다. 그 후 다른 신사층 대표자가 군중들에게 간절히 설득하고 나섰다. 또 포정사(布政使)[31]와 제학사(提學使)[32]가

---

31 布政使 : 督撫의 속관으로 一省의 행정과 財賦를 관장하는 장관, 藩司·藩臺라고 약칭되었다.

32 提學使 : 1905년 學政 대신 설치된 省의 관리로 學務를 관장하였다. 學政은 提督學政

나서서 간곡히 설득한 다음에야 군중의 흥분은 비로소 가라앉았다. 이후 육군 및 순방군(巡防軍)[33]이 함께 대오를 이루어 윽박지르고 또 연도의 사람들이 권유하여 군중은 해산되었다.

총독 자오얼펑은, '쓰촨 사람들이 〈자위를 논하는 글(自保商榷書)〉을 살포하여 독립을 기도하고 있으며 또 거사를 위해 날짜를 약속하였다. 사전에 정탐하여 주도자를 체포하기 바란다. 7일에도 수천 명이 총독의 관아를 파괴하고 멋대로 불태우며 사람을 죽였다. 병사도 몇 사람 살상하였다.'고 상주하였다. 이에 대해 13일에 조정으로부터 지시가 내려와, 자오얼펑에게 엄하게 처리하라고 명하였다.

9월 9일, 후베이 총독이 병사를 한커우(漢口)에 파견하여 구금하고 있던 쓰촨 자의국 부의장 샤오샹(蕭湘)을 석방하고, 우창(武昌)으로 보내 감시 하에 두게 하였다. 15일, 호광 총독 루이청(瑞澂)이 전보를 통해 다음과 같이 상주하였다.

"쓰촨의 청두(成都) 바깥으로 불온한 무리 수만 명이 모여 성곽을 에워싸고 공격하고 있습니다. 상황이 대단히 위험하며 청두의 전보가 벌써 며칠째 외부와 단절된 상태입니다. 인근의 각 지역 또한 불온한 무리의 선동이 확산되어 쓰촨 지역 전체가 몹시 위태롭습니다."

조정에서는 돤팡에게 전보로 지침을 내려 서둘러 쓰촨으로 향하라 명하였다. 또 전임 양광총독(兩廣總督) 천춘솬(岑春煊)을 기용하여, 쓰촨으로 가서 자오얼펑과 회동한 다음 군중을 위무하고 해산시키도록 하였다. 20일, 자오얼펑이 다음과 같이 상주하였다.

의 약칭으로 學臺라고도 불렸으며, 科擧 및 각급 儒學의 관리를 담당하는 관원이었다. 學政은 科擧의 鄕試 시행 시기에 중앙에서 파견되었다가 鄕試 종료 후 闕位로 남았다. 提學使 및 學政의 지위는 布政使, 按察使보다 높았다.

33 巡防軍 : 지방 주둔군. 평상시는 巡警과 함께 치안 업무에 종사하다가 전시에는 육군의 보조 병력으로 투입되었다.

"지난 7일 불온한 무리들이 총독 관아를 포위하여 공격한 이후 그날 저녁 다몐푸(大面舖)[34]와 뉴찬커우(牛廛口)의 백성 수천 명이 다시 성곽 아래 집결하였습니다. 또 원장(溫江)·피셴(郫縣)·충칭저우(崇慶州)·관셴(灌縣)·청두(成都)·화양(華陽)·솽류(雙流)·신진(新津)·충저우(邛州)·푸장(浦江)·다이(大邑) 등 10여 개 주현(州縣)의 백성들이 매일 각각 수천 명 혹은 만 명씩 집결하고 있습니다. 이들은 곳곳에서 닥치는 대로 약탈과 살상을 저질러 부근의 주민이 이리저리 도피하였습니다. 특히 청두에서는 육군 및 순방군 부대를 동원하여 해산시키려 하지만 이들은 군중의 숫자를 믿고 사방에서 성내(城內)를 에워싸고 있습니다. 나아가 총을 발포하여 병사를 헤쳤습니다. 이에 대해 우리 군대가 반격하자 저들은 죽음을 무릅쓰고 항거하여 더 이상 버틸 수 없기에 군대를 후퇴시켰습니다. 그 뒤를 이어 비적 무리 수천 명이 청두의 성곽으로부터 50리 떨어진 룽취안이(龍泉驛) 산 봉우리 일대에 주둔하였습니다. 이들은 요해처를 점거하고 대포를 쭉 배치한 다음 청두 시내로 진격하겠다고 공언하였습니다. 이에 관군이 공격하자 비적들은 총을 쏘며 격렬히 맞섰습니다. 그로부터 얼마 지나 관군은 캄캄한 밤을 이용하여 맹렬히 산을 타고 올라가 산등성이를 점령하였습니다. 그들이 지니고 있던 대포 10여 문, 무수한 포탄 및 칼, 창 등도 노획하였습니다. 비적들은 관군의 공격을 피해 산 아래로 뿔뿔이 흩어져 도망갔습니다. 또 서쪽 지역의 시푸(犀浦)·중허창(中和場) 등지에 있던 비적 또한 공격하여 물리쳤습니다. 그런데 비적들은 다시 무리를 지어 솽류현 성내를 에워싸고 신시가지 일대를 불태워 버렸습니다. 이에 관군이 그들과 하루 밤낮을 대치하고 공격하니 비로소 성내의 포위가 풀렸습니다. 시푸·중허창을 공격하다가 이어 탕쟈쓰(唐家寺)를 약탈하였던 비적 또한 물리쳤습니다. 8일 이후 지금까지 7일 간 전투를 지속하여 수많은 비적을 사살하거나 생포하였으

---

34 大面舖 : 오늘날의 成都市 龍泉驛區에 위치한 지역.

며 또 2천여 점의 칼, 창, 기치 등을 빼앗았습니다."

이에 다음과 같은 조정의 지시가 내려졌다.

"자오얼펑은 각군에 엄히 명령을 내려, 비적들을 신속히 공격하여 해산시키고 그 세력이 확장되지 않도록 하라. 또 양민과 불순한 무리를 분별하여 적절하게 소탕과 회유 조치를 시행하라. 어리석은 백성들이 위협에 의해 추종한 경우에는 모두 관대히 조치토록 하라. 이러한 방침을 널리 알려 적절히 안무함으로써 백성이 연좌의 두려움을 지니지 않도록 하라."

총독 자오얼펑의 상주문이 올려진 이래 조정 내외의 여론은, 철로 보호 운동을 펼치는 신사층 및 난동을 일으키는 폭도를 마땅히 구별해야 한다고 여기게 되었다. 그리고 소동을 가라앉히는 방책은 두 가지로서, 소탕과 회유를 적절히 병행하는 것 하나와 철로 문제에 대한 조정의 방침을 재고하는 것 하나라 판단하게 되었다. 또 양민과 불순한 무리에 대해 각각 회유와 소탕을 분리하여 적용해야 하며, 병력을 동원하여 함부로 살육을 벌여서는 안 된다는 점을 인식하기에 이르렀다.

천춘솬(岑春煊)은 조정의 명령에 따라 쓰촨의 사태를 처리하며 백성에 대한 회유와 위무를 기본 방침으로 삼았다. 먼저 공고문을 발표하여 쓰촨 주민을 위무하자, 쓰촨 주민들은 모두 그에게 큰 기대를 걸었다. 천춘솬은 후베이에 도착한 후 루이청(瑞澂)과 협의하였으나 의견이 엇갈렸다. 자오얼펑 또한 생각이 맞지 않자 그는 와병해 버렸다.

쓰촨의 사태는 자오얼펑이 군대를 동원하여 강경하게 진압한 이후 청두는 잠시 잠잠해졌다. 하지만 각지방에서는 폭동이 연달아 일어나 사태는 걷잡을 수 없이 확대되어 갔다. 돤팡이 군대를 이끌고 쓰촨 경내로 진입하였지만 아직 청두에는 들어오지 않은 상태였다. 그런데 10월 10일 우창에서 봉기가 일어나 전국이 소동에 빠졌다.

…(후략)…

출전 翦伯贊·鄭天挺 主編,『中國通史參考資料』(近代部分, 修訂本),「辛亥革命」, 傖文,「川路事變記」.

내용 1911년 5월에 설립된 경친왕(慶親王) 내각, 즉 황족(皇族) 내각은 재정 부족을 타개하기 위해 외국으로부터 차관을 들여온다는 방침을 취하였다. 특히 우전부(郵電部) 상서(尙書) 성쉬안화이(盛宣懷)의 건의에 따라 주요 간선 철도를 국유화하고, 이를 담보로 하여 열강에서 차관을 얻고자 하였다. 청 조정은 민영 노선이었던 천한선(川漢線)과 월한선(粤漢線)을 국유화하였다. 이어 영국·프랑스·독일·미국의 4개국 은행단과 6백만 파운드의 차관 계약을 체결하였다. 그 담보로는 천한선, 월한선의 철도 부설권이 제공되었다. 이러한 조치에 반발하여 각지에서 철로 국유화에 반대하는 운동, 즉 보로운동(保路運動)이 일어났다. 특히 철로 부설 자금의 조달을 위해 부가세 방식 등으로 폭넓게 주민의 참여가 이루어지고 있던 쓰촨 일대의 반발이 컸다. 청두(成都)와 주변 지역에서 보로동지회(保路同志會)가 결성되고 수십만 명이 여기에 참여하였다. 보로동지회의 지도자들은 다수가 입헌파 혹은 그것에 가까운 신사층, 상인층이었다. 그들은 어디까지나 운동을 합법적 테두리 내의 청원으로 한정하고자 하였다. 하지만 운동은 그 범위를 벗어나 확대 일로의 과정을 밟았다. 게다가 쓰촨 총독 자오얼펑(趙爾豊)이 강경한 탄압책을 취하며 보로동지회 지도자들을 체포하자, 운동은 걷잡을 수 없이 확대되었다. 자오얼펑은 운집한 군중들에게 발포하여 많은 사상자가 발생하였고 이에 따라 쓰촨 일대는 사실상 무정부 상태로 함몰하였다. 이에 청조는 인근 후베이의 신군(新軍)을 쓰촨으로 파견하여 사태를 진압하려 하였고, 이것이 우창 봉기로 이어지게 된다.

신해혁명 전후 쑨원의 활동

…(전략)…

이에 앞서 천치메이(陳其美)·쑹자오런(宋敎仁)·탄런펑(譚人鳳)·쥐정(居正) 등이 홍콩 군사 기관[35]의 지시를 받아 광저우(廣州)의 황화강(黃花崗) 봉기[36]를 지원하기로 되어 있었다. 하지만 광저우의 봉기가 실패로 돌아가자 이들은 우한(武漢)에서 봉기를 일으키는 것으로 선회하였다. 우한의 신군(新軍)은 내가 과거 프랑스 무관을 파견하여 연결[37]을 맺은 이후 혁명 사상이 날로 확산되어 무르익은 상태였다.

청(淸) 당국의 단속과 방비도 날로 엄격해졌다. 돤팡(端方)이 군대를 거느리고 쓰촨으로 향할 때, 호광(湖廣) 총독 루이청(瑞澂)은 혁명 사상이 가장 강렬했던 부대를 돤팡(端方)에게 보내주었다. 미연에 문제 발생을 막고자 했기 때문이다.

그러나 광저우에서 황화강 봉기가 발생한 이래 각 지방은 두려움에 빠져 풀과 나무도 모두 군대라 여길 정도가 되었다. 이처럼 청의 관료들은 모두 공포에 빠졌는데 특히 우창(武昌)이 심하였다. 총독인 루이청은 미리 모국(某國)의 영사와 만나 그 나라 함선을 우한으로 파견해 달라고 청하였다. 만일 혁명파의 거사가 있으면 즉시 대포를 맹렬하게 발사하기로 약속하였다. 이처럼 하루에도 몇 차례 놀랄 만큼 사태가 급박하게 돌아가고 있었다.

---

35 黃花崗 봉기를 위해 홍콩에 설립한 統籌部를 가리킨다. 黃興이 部長, 趙聲이 副部長을 담당하였다.

36 黃花崗 봉기 : 同盟會 주류파인 孫文과 黃興의 주도 아래 1911년 4월 총력을 기울여 감행한 봉기이다. 참담하게 실패하여 혁명 진영은 이른바 72열사를 비롯한 많은 정예를 잃고 말았다. 이로 인해 동맹회 내부에 혁명의 전도에 대한 절망감이 확산되는 계기가 되었다. 동시에 孫文 등의 지도 방침에 대한 반주류파의 공격도 강경해져서, 1911년 7월 宋敎仁 등이 중심이 된 中部同盟會가 결성되기에 이른다. 孫文 역시 그 실패에 낙담하여 중국을 떠나 外遊에 나섰다.

37 1905년 프랑스 장교 부카베이(Boucabeille)의 제안에 따라 동맹회의 연락 업무 정비를 위해 프랑스 무관이 武漢으로 파견되었던 것을 가리킨다. 당시 프랑스 무관은 新軍 간부 다수와 회동한 바 있다. 이에 대해서는 본서, 199·200쪽을 참조.

이때 쑨우(孫武)·류궁(劉公) 등은 봉기를 적극 추진하였고, 군대 내부에도 봉기 기운이 꿈틀대며 무르익고 있었다. 그런데 갑자기 지도부가 파괴되어[38] 30여 명이 잡혀갔다. 당시 후잉(胡英)은 감옥에 수감 중이었는데 그 흉보를 듣자 바로 천치메이 등에게 오지 말라고 전갈하였다. 하지만 포병과 공병 등 혁명파에 투신한 병사들은 그들의 명부가 이미 압수되어 이튿날이면 체포될 것이라는 소문을 듣게 되었다. 이에 가만히 체포를 기다릴 수 없다 판단하고 자구책으로 슝빙쿤(熊秉坤)이 먼저 총을 들고 거병하였다. 이어 차이지민(蔡濟民) 등도 무리를 이끌고 진격하여 총독 관아에 사격을 개시하였다.

루이청은 총 소리를 듣고 즉시 한커우(漢口)로 도망가서 모국(某國)의 영사에게, 약속한 대로 발포하여 공격해 달라고 요청하였다. 하지만 1900년의 조약에 따르면 어느 나라도 단독으로 공격에 나설 수 없게 되어 있었다. 이에 영사단 회의를 열게 되었다. 처음에는 다수결로 즉각적인 발포와 봉기 군대의 진압을 결정하려 하였다. 하지만 각국 영사는 이 문제에 대해 아무런 입장이 없었다. 오직 프랑스 영사만이 나와 교분이 있어 혁명의 상황에 대해 잘 이해하고 있었다. 그때는 우창 봉기의 첫날이어서 내 이름을 내걸며 내 명령에 따라 봉기하였다고 선전하는 사람도 있었다. 프랑스 영사는 회의 석상에서, '쑨이셴(孫逸仙)[39] 일파의 혁명당은 정치의 변혁을 목적으로 삼고 있으니 결코 아무 의식이 없는 폭거가 아니다. 그들을 의화단 비적 등과 같이 간주하여 간섭해서는 안 된다.'고 역설하였다. 당시 영사단의 의장국은 러시아였는데 러시아 영사는 프랑스 영사와 동일한 태도를

---

38 10월 9일 漢口의 러시아 조계에서 밀조 중이던 폭탄이 폭발하는 바람에, 러시아 영사관의 요청으로 淸 軍警이 들이닥쳐 봉기 지도부를 검거한 것을 가리킨다. 이때 봉기를 위해 준비한 무기, 탄약과 문서, 黨人 명부 등이 압수되었다. 이로 인해 居正 등은 中部同盟會側과 협의하여 일단 봉기의 유예를 결정하였다.

39 孫逸仙: 孫文. 逸仙은 號.

취하였다. 이에 각국 영사가 대부분 찬성하여 간섭하지 않고 중립을 취한다는 성명을 발표하였다. 루이청은 모국의 영사가 약속을 지키지 않는 것을 보고 의지할 데가 없어 상하이로 도망갔다.

총독이 도망치자 신군의 사령관 장뱌오(張彪)도 도망쳐 버렸다. 이로써 청조 측은 통제권을 상실하여 지휘 질서가 무너졌다. 한편 혁명 진영에서는 쑨우(孫武)가 포탄 취급의 실수로 부상을 당해 있었으며, 류궁(劉公)도 상하이의 인원이 오지 않았다며 대표 자리를 사양하였다. 이에 동맹회의 회원인 차이지민과 장전우(張振武) 등은 리위안훙(黎元洪)을 압박하여 후베이 도독(都督)을 맡게 하였다. 이로써 점차 질서가 회복되어갔다. 그 후 황커창(黃克强) 등이 도착하였다. 이 무렵 후난과 후베이 사이에 의견 대립이 발생하여 이미 명령이 통일되지 않는 상태였다.

우창 봉기의 성공은 뜻밖의 결과였다. 그 가장 큰 요인은 총독 루이청이 도망친 것에 있다. 만일 루이청이 도망가지 않았다면 장뱌오도 달아나지 않았을 것이요, 그의 군대 통제권도 필시 유지되었을 것이다. 질서 또한 혼란에 빠지지 않았을 것이다. 당시 우창의 신군(新軍) 가운데 혁명에 찬성하는 사람은 대부분 이미 돤팡에 의해 쓰촨으로 징발된 상태였다. 아직 우창에 남아 있는 사람은 포병과 공병 등 소수에 불과하였을 뿐이다. 그밖에 우창에 남아 있던 신군은 아무런 의식이 없는 자들이었다. 이 소수 사람들이, 지도부가 파괴되어 위험에 빠진 상태에서 거사의 모험을 일으켰던 것이다. 그 성공 여부를 헤아릴 수 없었는데 처음 불의의 일격이 명중하였다. 이는 하늘이 한족을 돕고 만주족 오랑캐를 멸망시키려 했던 것이 아니겠는가?

우창에서 봉기가 성공하여 점차 오래 버텨 가자, 우한을 도와 혁명을 성공시키기 위해서는 각 지역의 호응이 필요하게 되었다. 우리 혁명 진영의 인사들은 이 점을 인식하고, 서로 약속하지도 않았는데 다같이 각지에서 행동에 나서게 되었다. 그리하여 채 몇 달이 지나지 않아 15개 성이 모두 혁명을 완수하였다. 당시 호응이 가장 컸으며 동시에 전국에 대한 영향이 가장 컸던 것은 상하이였다. 천치메이는 이곳에서 적극적으로 혁명 사업을 추진하였다. 그렇기에 후일 한커우가 위안스카이에게 탈취된 이후 천치메이는 상하이를 근거지로 하여 대항하며, 상하이로부터 난징까지 확보할 수 있었다. 후일 한양(漢陽)이 탈취된 이후에는 우리 혁명 진영이 또 난징을 근거지로 대항할 수 있었다. 혁명의 추세는 이로 인해 더욱 강화될 수 있었으니, 천치메이의 상하이에서의 활약과 공헌은 여타 인물에 비해 현저히 두드러졌다 할 수 있다.

우창 봉기의 다음 날 저녁 나는 마침 미국 콜로라도 주의 덴버에 도착하였다. 사실 그 십여 일 전 황커창이 홍콩에서 발송한 전보를 받았다. 하지만 그 전보를 짐꾸러미 속에 넣어 덴버로 부치는 바람에 나는 여행 도중 확인할 수 없었다. 그날 저녁 도착하여 짐꾸러미로부터 황커창의 전보를 꺼내 들었다. '쥐정(居正)이 우창으로부터 홍콩에 와서, 북방의 신군이 반드시 움직일 것이라고 보고하였다. 청컨대 속히 자금을 모아 와 주시라.'는 내용이었다. 나는 미국의 덴버에 있고, 생각해 보니 자금을 모을 길이 없었다. 나는 즉시 전보를 부쳐, '섣불리 움직이지 말라.'고 명할까 하는 생각이 들었다. 하지만 이미 밤이 늦은 데다가 종일 차 속에서 시달려 몸도 피곤하고 머리도 맑지 않은 상태였다. 그래서 마음을 접고, 이튿날 아침 잠에서 깨어 머리가 상쾌할 때 다시 신중히 헤아려 전보 답장을 보내기로 하였다.

한숨 자고 일어난 이튿날 오전 11시, 배가 고파 먼저 식당에 가서 식사를 하기로 하였다. 가는 길에 복도 끝에 있는 신문 판매대에서 신문 하나를 사 들고 식당에서 읽기 시작하였다. 앉아서 신문을 펼치니, "우창이 혁명파에 의해 점거되었다."는 속보가 실려 있었다. 이를 보자마자 마음 속에 주저하던 전보 답장의 문제가 눈 녹듯 해결되었다. 나는 황커창에게 전보를 쳐서 먼저 답장이 늦은 이유를 밝히고 이어 향후 내 계획을 알려 주었다.

나는 일어나 미국의 동부로 향하였다. 처음에는 태평양을 통해 은밀히 돌아가고자 하였다. 그렇다면 20여 일이면 상하이에 도착할 수 있을 테니 직접 혁명의 현장에서 일생일대의 즐거움을 맛보고자 하였다. 하지만 이내 그 시점에서 내가 혁명 사업을 위해 진력해야 할 일은 전장에 서는 것이 아니라 연회 자리에 앉는 것이고, 그래야 효력도 더욱 클 것이라 생각하였다. 그래서 먼저 외교 방면에 주력하여 이 문제가 해결된 다음 귀국하기로 마음먹었다.

당시 각국의 정세를 살펴보면, 미국 정부는 중국에 대해 문호 개방과 기회 균등, 영토 보전의 정책을 취하고 있었다. 혁명에 대해서는 아무런 입장을 지니고 있지 않았다. 하지만 미국 여론은 대부분 나를 지지하는 상태였다. 프랑스의 경우는 정부와 민간 모두 혁명에 대해 호의적이었다. 영국은 민간에서는 대부분 지지하는 입장이었으나, 정부의 대 중국 정책은 철저히 일본의 노선을 따르는 것이었다. 독일과 러시아 두 나라의 당시 정책은 다분히 청 정부를 지지하고 있었다. 우리 혁명 진영과 두 나라의 정부 및 민간 사이의 교류도 적어, 두 나라의 정책이 바뀔 가능성도 없었다. 일본은 중국과 가장 긴밀하여, 민간의 지사들은 나를 지지할 뿐만 아니라 직접 자신을 희생하여 혁명을 돕는 사람도 있었다. 일본 정부의 방침은 알 수 없는 상태였다. 다만 지난날 일본 정부가 나를 한 차례 추방한 것이라든가 혹은 한 차례 나의 입국을 거부했던 것에 비추어, 중국 혁명에 대한 자세를 충분히 짐작할 수 있다. 하지만 1900년의 조약 이후 일본은 중국에서 단독으로 행동할 수는 없었다.

중국과 관계가 가장 깊은 나라는 6개국인데, 그 가운데 미국과 프랑스 두 나라는 혁명에 지지하고, 독일과 러시아 두 나라는 혁명에 반대하였다. 일본의 경우는 민간은 지지하되 정부는 반대하였다. 영국은 민간에서는 지지하되 정부는 아무 입장이 없는 나라였다. 이런 까닭에 나의 외교에 있어 가장 중요한 나라, 즉 우리 혁명의 성패를 규정지을 수 있는 나라는 영국이었다. 만일 영국이 우리 편에 선다면 일본도 걱정할 필요가 없었다.

나는 일어나 뉴욕으로 향하였다. 거기서 배를 타고 영국으로 향할 예정이었다. 그 도중에 있는 세인트루이스를 지날 때 신문을 하나 사서 읽었다. 거기에는, '우창 혁명은 쑨이셴(孫逸仙)의 명령으로 일어났다. 공화국을 건설하고자 하는데 그 첫 번째 총통은 당연히 쑨이셴이 될 것이다.'라고 적혀 있었다. 나는 신문을 읽고 난 다음부터 각별히 신중을 기하며 일체의 신문 기자를 회피하였다. 허위 보도로 진실을 호도할까 우려했기 때문이다. 시카고를 지날 때 동지인 주쥐원(朱卓文)을 만나 함께 영국으로 가기로 하였다. 뉴욕에 도착했을 때 광둥(廣東)의 동지들이 봉기를 일으켜 광저우를 함락시키기 직전이라는 소식을 들었다. 나는 유혈 사태를 방지하기 위해 양광총독 장밍치(張鳴岐)에게 전보를 보내, 성문을 열고 투항하라 권유하였다. 아울러 동지들에게 명하여 그 목숨을 보전해 주라고 하였다. 후일 이 조정은 그대로 이루어졌다.

영국에 도착한 후 미국인 동지 호머 리(Homer Lea)[40]를 보내, 영국·프랑스·독일·미국의 4개국 은행단 관계자들과 만나 청 조정에 차관 제공을 중지하는 안건에 대해 협상토록 하였다. 앞서 청 조정은 4개국 은행단과 계약을 체결하고, 천한철로(川漢鐵路)를 담보로 한 차관 1억 냥과 화폐 개혁을 위한 차관 1억 냥을 제공받기로 하였다. 이 두 종류의 차관 가운데 일부는 이미 채권이 발행되어 그 대금의 지급이 진행되는 상태였다. 또 일부는 계약 체결이 완료되었으나 채권은 아직 발행되지 않고 있었다. 나는 은행단과 협의하여 이미 지불 대기 중인 차관에 대해서는 그 교부를 중지하고, 준비 중인 차관에 대해서는 그 채권의 발행을 정지시키고자 하였다. 은행의 책임자는 다음과 같이 답변하였다.

---

40 호머 리(Homer Lea, 1876~1912) : 孫文의 추종자이자 군사 고문 역할을 한 미국인. 同盟會에도 가입하였기에 孫文이 同志라 지칭하고 있다.

"중국에 대한 차관의 공여 여부는 모두 외무대신이 주관한다. 이 사안에 대해 은행의 책임자 역시 외무대신의 명령을 따를 뿐이다. 마음대로 처리할 수 없다."

이에 무기 제조 회사인 맥심의 대표[41]를 대리인으로 보내 영국 외무대신과 협상토록 하였다. 나는 영국 정부를 향해 세 가지를 요구하였다. 첫 번째 청 정부에 대한 일체의 차관을 정지하는 것, 두 번째 일본의 청 조정에 대한 원조를 제지시키는 것, 세 번째 나의 귀국을 위해 각지 영국 속령에서의 나에 대한 추방령을 해제하는 것이었다. 이 세 가지는 모두 영국 정부로부터 윤허되었다. 나는 이에 은행단 책임자와 협상을 벌여 혁명 정부에 대한 차관 공여 문제를 협의하였다. 그 책임자는 다음과 같이 말하였다.

"우리 정부는 그대가 요청한 대로 청 조정에 대한 차관 제공을 정지시켰다. 차후 은행단의 중국에 대한 차관의 공여 문제는 신정부와 협의할 사안이다. 그러므로 그대가 중국으로 돌아가 정식으로 정부를 성립시킨 다음에야 협의할 수 있다. 우리 은행단은 은행장 한 사람을 파견하여 그대의 귀국에 동행시키겠다. 정식으로 정부가 성립되는 날 서둘러 협상을 하면 된다."

이로써 나는 영국에서 개인적으로 할 수 있는 역할은 다 완수했다고 판단하였다. 이에 프랑스를 거쳐 동쪽으로 귀국하기로 했다. 파리에서는 과거 교류한 바 있던 조야의 인사들이 모두 나에 대한 최대의 지지를 표명해 주었다. 특히 당시의 총리 조르주 클레망소(Georges Clemenceau)가 가장 진지하였다. 나는 프랑스를 떠나 30여 일만에 상하이에 도착하였다. 당시 남북의 화의[42]가 이미 진행되고 있었으나 국체(國體)는 아직 미정인 상태

---

41 비커스 손 앤드 맥심 회사(Vickers son & Maxim Co.)의 트레버 도슨 경(Sir Trevor Dawson)을 가리킨다.

42 南北의 和議 : 1911년 12월 남방의 혁명 진영과 북방의 袁世凱 진영 사이에 진행된 강화 회의. 袁世凱 진영의 唐紹儀와 혁명 진영의 伍廷芳이 대표가 되어 교섭하였다. 이

였다.

내가 상하이에 도착하기 전 중국 내외의 각 신문은, 내가 혁명군을 돕기 위해 거액의 자금을 지니고 귀국한다고 대대적으로 보도하고 있었다. 상하이에 도착하자마자 동지들도 이 문제에 대해 물었고 또 중국 내외의 각 신문사 기자들도 모두 마찬가지로 이 문제에 대해 물었다. 나는 다음과 같이 대답하였다.

"돈은 한 푼도 없다. 지니고 돌아온 것은 혁명 정신뿐이다. 혁명의 목적이 달성되지 않는다면 화의는 필요가 없다."

이후 각성 대표들은 난징에서 회의를 개최하여 나를 임시 총통으로 선출하였다. 나는 서기 1912년 1월 1일 취임하였다. 그리고 국호를 중화민국으로 정하고, 이 해를 중화민국 원년으로 하며, 양력을 채용한다는 포고령을 발포하였다. 이로써 30년을 하루와 같이 꿈꾸던 한족 국가의 부흥, 공화국 창립의 뜻이 마침내 이루어졌다.

출전 『孫中山選集』, 上卷,「有志竟成」.

내용 손문과 동맹회가 총력을 기울여 감행한 황화강(黃花崗) 봉기가 실패로 끝난 후 혁명 진영은 커다란 좌절감에 휩싸였다. 이러한 정황에서 혁명의 돌파구를 연 것은 1911년 10월 10일, 즉 쌍십절(雙十節)에 발생한 우창(武昌) 신군의 봉기였다. 당시 신군 가운데 다수는 혁명파의 영향을 받아 혁명 이념에 동조하는 상태였다. 우창 신군의 봉기는 악조건 속에서 대단히 큰 위험성을 안고 진행되었다. 봉기가 사전에 발각되어 혁명파 신군 병사가 크게 동요하고 있었기 때문이다. 하지만 봉기의 발발과 함께 호광(湖廣) 총독 루이청(瑞澂)

화의는 國體(입헌군주제와 민주공화제), 수도의 입지(北京과 南京) 문제가 쟁점이었다. 결국 孫文이 임시대총통으로 취임한 이후 총통직을 袁世凱에게 넘겨준다는 조건으로, 이들 쟁점은 혁명 진영의 주장대로 관철되었다. 淸朝 황제의 퇴위와 南京 定都를 袁世凱의 총통 취임과 교환한 것이다.

의 도망으로 정부군이 붕괴되어, 이튿날인 12일 혁명군에 의해 우창 전체가
장악되었다. 우창 봉기가 성공하자 각 지방은 연쇄적으로 들고 일어나 청조
의 통치를 부정하였다. 이러한 사태 전개에 청조는 정관계의 실력자 위안스
카이에게 전권을 위임하고 사태 수습을 명하였다. 위안스카이는 10월 말 군
대를 거느리고 남하하여 한양(漢陽)과 한커우(漢口)를 점령하고 우창을 압박
하였다. 이후 남방의 혁명 진영과 북방의 위안스카이 진영 사이에 남북 화의
가 진행되어 마침내 청조가 멸망하였다. 하지만 대총통 직위는 결국 위안스
카이에게 넘어갔다. 무엇보다 당시 열강이 그를 지지하고 있었고, 또 신해혁
명 과정에서 쑨원이 그다지 영향을 미치지 못하였기 때문이다. 신해혁명은
동맹회 주류에 의해 주도되지 않았다. 후베이(湖北) 그룹 및 장강(長江) 하류
그룹의 주도하에 진행되었다.

(3) 군벌의 지배 시기

백랑白朗 봉기군의 포고문

우리 국민은 만주족 전제 정권 밑에서 거의 삼백 년 간 지나며 물이 깊
고 불이 뜨거워도 어디 하소연할 데가 없었다. 하지만 형세가 궁해지면 변
하고 만물이 극단에 다다르면 돌아간다고 했던가? 서로 부딪히고 서로 부
대끼게 되어 이에 지난 날의 혁명 봉기가 일어났다. 그리고 다행히 전제
권력이 무너지고 민권이 신장되어, 신성한 한족은 이제 법률이 정한 범위
내에서 자유를 누릴 수 있게 되었다. 더 이상 전제 정권의 위세 앞에 해를
당하지 않게 되었다.
하지만 누가 알았으리, 저 도적 위안스카이가 승냥이 같은 야심을 드러

냈다. 멋대로 법률을 만들어 스스로 황제 자리에 오르려 한다. 훌륭한 인 재는 몰아내고 심복만을 총애하고 있다. 총과 칼을 쓰는 테러리스트를 유 공자로 대우하고 후안무치한 자들에게 관직과 금전을 뿌리고 있다. 고륜 (庫倫)[43]이 떨어져 나갔으나 돌아보지 않고, 티벳에 반란이 일어났으나 이 역시 마음을 쓰지 않는다. 종사당(宗社黨)[44]이 은밀히 세력을 키우고 있으 나 이에 대처할 생각은 하지 않고 오로지 여기저기 자기 세력만 심어 이익 을 챙기려 한다. 반대하는 사람은 배제하고 법제를 마음대로 변경시킨다. 또 형제 자매를 이산시키고 백성의 이목을 기만하는 짓만 일삼고 있다. 그 러니 우리 백성을 짓밟는 것이 만주족 정권보다 더 심하다. 천하는 무너져 내리고 있고 백성은 마음 편히 살 수가 없다. 그럼에도 아첨꾼들은 그를 워싱턴이라 칭송하고 있다. 합리적이라 일컬어지는 사람마저 나폴레옹에 비유한다. 하지만 사실 그는 여정(呂政)[45]이나 왕망(王莽)보다 더 횡포를 부 리는 독재자이다.

이에 나 백랑(白朗)은 통분하는 심정에서 봉기를 일으켰다. 그리고 호걸 을 규합하여 백성의 명에 따른다는 뜻에서 '부한군(扶漢軍)'[46]이라 칭하였 다. 공자님은, '넘어지는데도 붙들지 않는다면 누가 그를 맹인에 대해 돕 는 사람으로 쓰겠는가?'[47]라고 하셨다. 지금 한족이 만주족 지배에서 벗어

---

43 庫倫 : 몽골인민공화국의 수도인 울란바토르의 옛 지명. 1924년 울란바토르로 개칭되 었다.

44 宗社黨 : 清의 종묘사직(宗祀)을 지키는 黨與라는 의미. 신해혁명 이후 清 황족이 결성 한 단체. 청조 통치의 유지와 보존을 주장하며 南北和議에 반대하였다. 1912년 2월 12일 宣統帝의 퇴위 선포와 함께 해산되었다.

45 呂政 : 진시황 嬴政. 사실상 呂不韋의 소생이기에 생겨난 지칭이다. 다분히 경멸의 의 미가 담겨 있다.

46 扶漢軍 : '漢族을 떠받드는 군대'라는 의미. 白朗 자신은 扶漢大都督이라 자칭하 였다.

47 『논어』 제16, 「季氏篇」에 나온다.

났다지만 도적 위안스카이가 멋대로 하고 있다. 서둘러 부축하지 않는다면 가다가 바로 넘어지고 말 것이다. 그러면 누가 우리 한족을 쓰려 하겠는가?

무릇 천하의 큰일에는 보통 사람도 책임을 져야 한다. 산시(陝西) 사람들은 고래로 용감할 뿐더러 불타는 애국심을 지니고 있다고 칭해졌다. 그런데 어찌 저 교활한 자가 정치를 주도하는 것을 보고만 있을 수 있는가? 지금 흉악한 무리가 정부를 가득 채운 채 우리 강토를 남에게 떼주고 있다. 한족이 다 죽어가는데 어찌 아무렇지 않게 손 놓고 바라볼 수 있겠는가!

나는 다행히 하늘에 계신 황제(黃帝)의 신령에 힘입어, 봉기를 일으킨 이래 이르는 곳마다 승리를 거두었다. 이제 군대를 이끌고 산시로 향하니 견고한 성이나 험준한 요새 모두 바람에 쏠리듯 항복하였다. 이는 우리 군대가 강력한 탓도 있지만 무엇보다 백성들이 학정에 시달려 다투어 투항했기 때문이다. 이제 진령(秦嶺)을 넘어 대욕(大峪)[48]으로 향하고 있다. 우리 군대는 함녕(咸寧)에서 기세를 떨치고 장안을 내려다 보고 있다. 장안을 함락하게 되면 패공(沛公)이 펼쳤던 삼장(三章)의 약법(約法)[49]대로 할 것이다. 항우가 자행한 세 달 동안의 약탈[50]을 따르지 않을 것이다. 우리 형제 자매들이여, 모두 생업에 안도하며 놀라지 말기 바란다. 이처럼 포고하노라.

출전 翦伯贊·鄭天挺 主編, 『中國通史參考資料』(近代部分, 修訂本), 「北洋軍閥統治時期」「白朗告示」.

---

48 大峪 : 오늘날의 西安市 長安區 인근의 大峪口. 秦嶺의 北麓에 위치해 있다.
49 漢高祖 劉邦이 군대를 이끌고 咸陽에 진입한 이후 父老에게 약속한 三章의 규율(살인자에 대한 사형, 傷害者의 처벌, 盜罪에 대한 처벌)을 가리킨다. 이로 인해 유방은 咸陽의 민심을 수람하여 漢 건국의 기초를 다졌다.
50 項羽가 劉邦의 뒤를 이어 咸陽을 점령한 후 병사를 풀어 屠戮하고 秦의 왕궁을 불태웠던 것을 가리킨다.

내용 1914년 4월, 백랑의 봉기군이 서북 지역으로 진군하며 시안(西安) 인근에 이르러 내건 포고문이다. 백랑은 허난(河南) 보계(寶鷄) 지역에서 활동하던 농민 출신의 비적으로 1912년 위안스카이의 통치에 반대하여 봉기하였다. 이후 소수 병력으로 유격 활동을 하며 토벌군에 대항하다가 1914년 8월 진압되고 만다. 백랑의 봉기는 기본적으로 빈한한 농민을 구제한다는 농민 반란의 전통을 계승하는 것이라 할 수 있다. 이와 동시에 위안스카이의 독재에 반대하고 민주공화정의 수립을 제창한다는 근대적 혁명 이념도 아울러 지니고 있었다.

쑨원의 중화혁명당中華革命黨 결성

우리 중화혁명당은 신해혁명에 의해 성립된 국체(國體)와 정체(正體), 즉 공화제를 공고히 하고 아울러 민생주의와 민권주의를 실행하는 것에 목표를 둔다. 얼마 전 쑹쟈오런(宋敎仁) 사건[51] 및 차관 문제[52]를 계기로 2차 혁명을 제기한 바 있다. 하지만 불행히도 혁명 정신의 퇴조로 인해 실패하고 혁명파들은 잇달아 패주하고 말았다. 그리하여 마침내 망명객이 일본으로 모여들게 되었다. 일본에 모인 사람들의 장래 활동에 대한 의견은 분분하였다. 일부는 입을 다문 채 혁명을 언급하지 않았으며, 또 일부는 10년 후에나 혁명이 가능할 것이라 말하기도 하였다. 모두 회의감에 휩싸여 서로

---

51 宋敎仁(1882~1913) 사건 : 1913년 3월 宋敎仁이 상하이 역에서 袁世凱가 보낸 괴한에 의해 암살당한 사건. 당시 宋案이라 지칭되었다.

52 1913년 열강으로부터 袁世凱 정부가 차입한 차관으로 약 2,100만 파운드에 달하는 거액이었다. 善後借款, 혹은 善後大借款이라 불렸다. 제국주의 열강의 袁世凱 정부에 대한 지지를 상징적으로 보여주는 것으로서, 善後借款이란 명칭은 신해혁명 이후의 제반 문제를 처리하기 위한 자금이란 의미였다. 善後借款은 袁世凱 정권의 공고화 및 반대파에 대한 탄압의 용도로 사용되었다.

헐뜯기도 하였다. 20년 간 지속되어온 혁명 정신이나 혁명 단체는 모두 위축되어 버린 상태였다. 참으로 개탄스럽기 짝이 없었다.

이러한 상황에서 나는 강력한 전진을 주장하였다. 선배들을 다그치고 후진 세대를 격려하며 새로이 중화혁명당을 결성하였다. 이에 국내외 동지들이 서약을 하며 다투어 가입하였다. 지난 6월에는 총리(總理) 선거를 진행하였는데 8개 성의 대표들이 참석하여 나를 총리로 선출하였다. 이어 7월 8일, 일본 도쿄에 있는 쓰키지(筑地)의 세이요켄(精養軒)[53]에서 성립 대회가 개최되었으며 나는 총리 직위에 취임하였다. 그리고 동지들과 선서를 하고 「중화혁명당총장(中華革命黨總章)」을 공포하였다. 이후 착착 진행이 이루어져 본부가 조직되고 중화혁명당이 마침내 성립되었다.

다음으로 국내외 동지들에게 통고하여, 향후 중국 내에 있는 일체의 국민당 본부 및 교통부, 나아가 분회로서 위안스카이에 의해 해산된 것을 모두 중화혁명당이라 개칭하기로 하였다. 해외에 존재하는 국민당으로서 일본의 도쿄에 있어 이미 해산된 것을 제외하고, 나머지 미국과 오세아니아 등지에 소재한 조직도 중화혁명당의 명칭을 사용하게 하였다. 우리 당은 비밀 단체이기에 통상적인 정당과는 성격이 다르다. 따라서 외국에 거주하는 교포는 이전대로 국민당의 명의를 사용하면서 내부 조직을 개혁하여도 좋다. 이 점 유의하기 바란다. 「중화혁명당총장」 제7조의 수속을 마치고 서약을 완료한 사람은 우리 당원으로 간주한다. 한마음으로 협력하여 함께 3차 혁명을 도모하자. 혁명이 성공하여 법령이 반포되고 국가의 기틀이 확정되는 날까지 우리 당원은 모든 책임을 질 것이다.

앞으로 근본적인 숙정에 힘쓸 것이다. 첫째로 관료는 배척할 것이며, 둘째로 가짜 혁명당원을 몰아낼 것이다. 이로써 완전히 통일된 면모를 갖추

---

53 精養軒 : 東京의 上野에 위치한 레스토랑, 프랑스 요리를 제공한다. 1872년(메이지 5)에 창업되었다.

어 제1차 혁명 시대처럼 다른 생각을 지닌 자들이 들어와 거짓이 진정한 존재를 어지럽히는 사태가 발생하지 않도록 하겠다. 국내에서는 물론이려니와 해외 인사에 대해서도 엄격한 심사를 진행토록 한다. 우리 중화혁명당의 지부라든가 교통부에서 특별히 파견한 사람이거나 혹은 그 승인이나 소개를 거친 사람이 아니면, 당에서 일체 업무를 부여하지 않도록 한다. 그리하여 보황파(保皇派)[54]가 잠입하여 준동할 여지를 없앤다.

현재 유럽에는 세계 대전의 먹구름이 짙게 드리우고 있다. 각국은 스스로 돌아보기에도 바빠 우리 중국에 간여할 여력이 없다. 더욱이 세계의 금융 기관은 이미 혼란에 빠져 역적 위안스카이의 재원이 고갈된 상태이다. 저들의 군사비도 이미 텅 비어버렸다. 영웅이 그 실력을 떨칠 수 있는 때가 바로 우리 중화혁명당이 활동을 시작하는 지금이다. 나의 모든 동지들이여! 맡은 바 책임을 다하며 착실히 실천해 가라. 공적을 이루고 기쁨의 술잔을 들 날이 머지않았다.

최근 서약을 이행하지 않아 중화혁명당원이 아닌 자가 국민당의 명의를 지닌 채 우리의 진정으로 열성적인 동지를 혼란에 빠트리는 사례가 있었다. 그들이 사단을 만들어 동지들에게 지장을 초래하는 사례가 자주 보인다. 힘써 조사하여 가려내지 아니하면 우리 중화혁명당의 기틀이나 국시(國是)가 흐트러질 수도 있다. 우리 동지들은 유념해야만 할 것이다.

출전 翦伯贊·鄭天挺 主編, 『中國通史參考資料』(近代部分, 修訂本), 「北洋軍閥政府統治時期」, 孫文, 「中華革命黨宣言」.

내용 쑨원은 제2혁명이 실패로 끝난 후 도쿄로 돌아와 1914년 7월 중화혁명당을 결성하였다. 중화혁명당은 비밀결사적 성격을 농후하게 띤 조직이었

---

54 保皇派 : 입헌군주제의 주창자. 황제 중심 봉건 체제의 온존을 주장하기에 保皇派라 지칭되었다. 1900년대 초기 동맹회가 결성된 이래 혁명 진영과 대립하며 중국 전통 윤리의 보존, 입헌 군주제의 도입 등을 역설하였다.

다. 쑨원은 이전과 마찬가지로 총리라는 직함을 지닌 대표로 선출되었지만, 내부적으로 훨씬 많은 권력을 장악하게 되었다. 뿐만 아니라 당원이 되기 위해서는 쑨원에 대한 절대적 충성을 맹세하고 그를 위해 목숨까지 바친다는 서약을 해야 되었다. 이러한 개인 숭배로 말미암아 황싱(黃興)을 위시한 많은 과거의 동지들이 그의 곁을 떠나고 말았다.

일본의 21개조 요구

우리 나라의 대 일본 관계 역사에서 마땅히 뼛속 깊이 새겨 그 원한과 치욕을 잊지 말아야 할 것이 세 개 있다. 갑오(1894년), 갑진(1904년), 갑인 (1914년)의 일이다. 갑오년의 전쟁에서 군대는 지고 땅은 빼앗겨, 동아시아의 패권을 공손히 일본에게 넘겨주어야 했다. 갑진년의 전쟁은 일본과 러시아가 우리의 만주에서 싸운 것이다. 우리 나라를 전쟁터로 삼았는데 우리는 도리어 방관만 하였다. 그 결과 적의 기세는 더욱 드세지기에 이르렀다. 갑인년의 전쟁은 일본과 독일 사이에 전투가 벌어져 우리 산둥(山東)을 전쟁터로 삼은 것은 러일전쟁 때와 똑같다. 그 뒤의 노림은 망한 한국의 참상을 우리 중국에서 재연하는 것이었다.

이상의 3갑(甲)은 실로 우리 국민이 종신토록 잊을 수 없는 것이다. 나는 이번 갑인년의 일을 보면서 다시 갑오년과 갑진년의 기억이 떠오른다. 칭다오(靑島)의 전쟁은 랴오둥(遼東)에서의 겁박과 다를 바 없고, 그 통첩의 냉혹함은 거의 성하지맹(城下之盟)[55]에 가깝다. 장래 유럽의 전운이 걷히면 우리는 서양의 난폭한 침략 아래 놓일 것이다. 그때 이 비바람에 꺾인 중

---

55 城下之盟 : 적에게 굴복하여 굴욕적으로 맺은 조약. 적에게 성을 포위당하여 견디다가 성 바깥으로 나가 항복하는 것을 가리킨다.

국의 운명은 어떻게 될 것인가? 앞길이 아스라이 멀어 실로 점치기 어렵도다. 우리 나라가 어느 정도까지 떨어질지는 알 수 없다. 하지만 일본은 이번의 세계 대전을 기화로 우리 나라와 민족을 영영 다시는 회복할 수 없는 지경으로 내몰 것이다. 극히 깊은 수렁 속으로 떨어트릴 것이다. 우리는 이전의 쓰라린 기억에 다시 새로운 원한이 덧붙여졌다. 진실로 운명이 이제 우리에게 최후의 분투를 허락하기를 바란다. 그리하여 이 3갑 가운데 갑인년의 기억이 우리로 하여금 미래의 분발을 자극하는 계기가 되기를 바란다.

외교 교섭이 급박하게 돌아가던 시기 나는 그 개략적인 내용이나마 적어보려 하였다. 하지만 외교적 비밀을 도저히 탐지할 수 없어 곧 그만두었다. 국내외 신문의 보도가 간혹 있었지만 그것도 이리저리 단면만 전하는 것이어서 실상을 판별하기 힘들었다. 현재의 시점에 이르러 살펴보니 우리 나라는 결국 적에게 항복해 버렸다. 그 강압적이고 무리한 최후 통첩에 두려워 떨며 국권의 심히 중대한 영역까지 내주었다. 우리 나라는 이제 나라도 아닌 꼴이 되어버렸다!

교섭은 이제 끝이 나서 양국 정부가 모두 공식적인 결과를 공표하였다. 칭다오에서 전투가 개시되었을 때부터 일본이 우리 나라를 향해 요구 조건을 제시할 때까지, 그 사이 교섭의 자세한 정황에 대해 우리는 일찍이 분석 보도를 게재한 바 있다. 레이쥔인(雷君殷)이 쓴 「최근 일본의 우리 나라에 대한 음모(日人謀我近事)」가 그것으로 그 내용이 매우 소상하였다. 레이쥔인은 곧 그 속편을 적어 우리 국민들에게 알려 주려 하고 있다. 지금의 이 글에서는 최근 우리 국민이 겪은 피눈물 나는 일에 대해 그 대요만을 대략 적으려 한다, 그리하여 그 기억을 우리 곁에 두어 영원히 잊지 않도록 하려는 것일 뿐이다.

1914년 8월, 유럽에서 세계 대전이 폭발하자 일본 정부는 8월 4일 공문 하나를 발송하였다. 전쟁에 대하여 엄정 중립을 지키되 만일 영국이 전쟁에 휩쓸려 영일 동맹이 위기에 봉착하게 되면, 일본도 당연히 동맹의 의무를 다하기 위해 필요한 조치를 취할 것이라는 내용이었다. 이에 식견 있는 사람들은 그때 이미 동아시아에 비참한 바람과 구름이 몰아닥칠 것을 알았다. 소위 그 '필요한 조치'라는 말로부터 파도가 일고 격랑이 몰아치리라 예견한 것이다. 8월 6일 오쿠마씨[56]는 내각 회의를 소집하고, 8일 저녁에는 원로 회의를 소집하였다. 이어 9일에는 영국 정부와 교섭을 개시하였지만 영국이 응하지 않자, 일본은 이해 관계를 거론하며 재고를 요청하였다. 결국 12일 저녁 영국의 동의를 얻어냈다. 비록 영국이 조건을 붙인 것이지는 하였지만 이로써 영국과 일본의 교섭은 완료되었다.

8월 15일 오후 7시, 일본은 동아시아의 평화를 지킨다는 명목 아래 독일에 최후 통첩을 보냈다. 독일에게 쟈오저우만(膠州灣)의 조계 전부를 중국에 반환하기 위해 1914년 9월 15일까지 일단 일본에 넘겨달라고 요구하는 것이었다. 아울러 8월 23일 정오까지 이에 대해 완전히 승인한다는 답신을 접수하지 못할 경우, 일본은 필요한 행동에 돌입할 것이라 천명하였다. 기한이 되도록 독일이 아무런 답신을 보내지 않자, 이날 오후 6시 일본 정부는 독일을 향해 마침내 선전 포고를 하였다. 27일, 오스트리아 역시 일본을 향해 선전 포고를 하였다.

이에 앞서 8월 2일, 3일, 4일 유럽에서 전쟁이 일어나 우리 나라는 중립을 선포한 바 있다. 이어 같은 날 우리의 주일본, 주미국 공사가 일본과 미국 정부에 전문을 보내, 우리와 함께 전쟁의 확대 방지를 위해 협력하자고 요청하였다. 이에 미국은 답신을 보내 찬성하였지만 일본은 아무 응답이 없다가, 그 후 쟈오저우만을 공격하고 나선 것이다. 다만 일본의 대리 공사 오바타 유키치(小幡酉吉)는 선전 포고 이전 우리 나라를 향해 다음과 같은 성명을 발표하였다.

---

56 오쿠마 씨 : 당시 일본의 수상이었던 오쿠마 시게노부(大隈重信)를 가리킨다.

"이번의 파병은 동아시아의 평화를 유지하기 위한 것이자 영일 동맹을 이행하기 위한 조치이다. 일본은 결코 중국의 영토를 침범하지도 않을 것이며 중국의 중립을 해치지도 않을 것이다."

그리고 9월 2일, 일본군은 돌연 산둥(山東) 황셴(黃縣)의 룽커우(龍口), 라이저우(萊州)의 진커우(金口), 지모(卽墨)의 후토우커우(虎頭口)에 상륙하여 공공연히 우리의 중립을 침해하였다. 이에 정부가 놀라 어찌할 바를 모르는 상태에서 독일이 항의하고 나섰다. 얼마 후 우리 정부는 일본인 고문인 아리가 나가오(有賀長雄)[57]의 권고에 따라, 러일 전쟁 때의 전례를 원용하여 전투 지역의 제한[58] 및 중국의 중립을 선포하였다. 독일과 오스트리아는 불만을 나타내며 수 차에 걸쳐 항의하였다. 그 항의가 지속됨에도 불구하고 일본은 9월 25일, 산둥의 중부 일대에 도달하여, 정부가 선언한 전투 지구의 바깥에 위치한 유현(濰縣)[59]을 향해 진격해 갔다.

당시 일본이 파견한 신임 중국 주재 공사 히오키 에키(日置益) 씨가 막 부임한 상태였다. 우리 정부가 그에게 다그치자 그는 최초 모르는 일이라고 둘러대다가, 이어 유현이 교전 지구 바깥에 위치한다는 사실을 인정하지 않았다. 일본군은 한편으로 계속하여 서쪽으로 진격하며 우리 정부의 두 차례에 걸친 항의를 모두 무시해 버렸다. 그러다가 10월 2일에 이르러 비로소 다음과 같은 답변을 내놓았다.

'산둥 철로는 독일의 관리하에 있기에 조차지의 연장 지역이라 간주해야 한다. 유현의 서쪽에 있는 철로를 적국인 독일에 내줄 경우 군사적인 위협에 직면할 수 있다. 더욱이 중국은 독일에게 편의를 제공한 사실이 있

---

57 有賀長雄는 국제법 학자로서 1913년 이래 大隈重信의 추천으로 대총통인 袁世凱의 법률 고문이 되어 있었다.

58 袁世凱 정부는 일본과 독일에 대해, 전투 행위가 膠州灣 일대를 벗어나서는 안 된다고 요구하였다.

59 濰縣 : 오늘날의 濰坊市.

다. 왜 중국은 철로를 방어하는 군대를 철수시키지 않았는가?'

10월 3일, 일본은 군대를 지난(濟南)으로 진군시키며 도발을 지속하였지만 우리 정부는 침묵을 지켰다. 침략이 지속됨에도 불구하고 입을 다물고 아무런 항의를 하지 않았다. 그 사이 산둥 주민이 겪은 참상은 실로 심각하였다. 하루도 빠짐없이 놀라 피난에 나서야 했고 또 일본 군대의 침탈을 받아 살해되는 사람도 적지 않았다.

11월 7일, 일본에 의해 칭다오(靑島)가 함락되었다. 이에 중국의 조야에서는, '전투 대상 지역이 점령되었으므로 전투를 더 이상 확대해서는 안 된다. 이곳에서 야기된 국제 문제는 유럽에서의 전쟁이 종료된 다음 열강의 결정에 따라 처분해야 한다. 앞으로 난처한 문제가 다시 발생해서는 안 된다.'고 말하였다. 하지만 어찌 알았으랴? 칭다오의 전투는 뒤따라올 사태 전개의 서막에 불과하였다. 저 옛날 항장(項莊)의 칼날이 몰래 패공(沛公)을 노리고 있었듯,[60] 칭다오의 전투는 독일에 대해 보복하고자 하는 것이 아니었다. 일본이 말하듯 영일 동맹에 따른 조치도 아니었다. 이를 기화로 우리 중국을 침략하고자 하는 속셈이 감추어진 것이었다. 우리를 윽박질러 강탈하고자 하는 첫 걸음일 뿐이었다.

지난 8월, 9월 무렵 일본과 독일 사이 전투가 개시되자, 일본 조야의 각 단체는 외교 당국에 다투어 의견서를 제출하였다. 중국 정부에 요구할 내용이 담긴 것이었다. 일본의 외상 가토(加藤)씨[61]는 이러한 의견을 참작하여 중국에 대한 요구 조건을 작성하였다. 당시 오사카의 각 신문들은 그 내용을 개략적으로 보도하고 있는 상태였다. 그에 따르면 이른바 '일화신

---

60 項羽와 劉邦의 鴻門之會에서, 酒宴 도중 項莊이 일어나 劍舞를 추며 은밀히 沛公 劉邦의 살해를 기도하였던 사실을 가리킨다.

61 加藤 : 제2차 大隈 內閣 당시 외상으로 있던 加藤高明. 제2차 大隈 內閣이란 早稻田大學의 총장으로 있던 大隈重信이 제17대 內閣総理大臣에 임명되어 1914년(大正 3) 4月부터 1916年(大正 5) 10月까지 존속한 내각을 가리킨다.

협약(日華新協約)'이란 것을 지니고 중국 주재 공사인 히오키씨가 베이징에
도임하였다고 한다. 그런데 이는 중국 사람 모두가 알고 있듯 이번에 제기
된 21개조 요구안을 현혹시키려는 술수에 불과하였다. 또 당시 다쿠쇼쿠
신보(拓殖新報)를 통해 우치다 료헤이(內田良平)[62]는, '중국의 내정에 간섭하
여 일본인 정치 고문을 두게 하고, 또 일본어 학교를 각지에 설치하게 하
자.'고 주장하였다. 이러한 것들도 마찬가지로 일본 외교 당국이 완성한 내
용의 일부로 채택되었다.

외상인 가토씨는 11월 2일 야마가타(山縣)[63]를 시작으로 이른바 원로들
을 방문하여 의견을 청취하였다. 또 은밀히 히오키 공사에게 명하여 모친
의 병을 핑계로 귀국시켰다. 이러한 움직임을 통해 무한한 풍랑을 불러올
획책이 꾸며졌다. 각 방면의 의견을 종합한 다음 일본 정부는 사실상 정책
을 결정하였다. 말 타고 활 시위를 당긴 채 기회만 생기면 발사하려는 태
세도 갖추어졌다. 그리고 그 기회로 삼은 것이 칭다오의 관세 문제[64]였다.
우리 정부는 일본의 요청을 받아들여 다롄(大連)의 세관장인 가주(花樹)씨
를[65] 칭다오의 세관장에 임명하였다. 그런데 저들은 도리어 자기네 나라

---

62 內田良平(1874~1937) : 우익 운동가이자 아시아주의자. 19세기 말 이래 일본이 조선
   과 중국으로 세력을 확대해야 한다고 주장하였다. 러일 전쟁을 앞두고는 강경한 개전
   론을 견지하였으며, 조선 합병 과정에서도 핵심적 역할을 수행하였다.

63 山縣有朋(1838~1922) : 長州 출신으로서 육군 참모총장과 내각 수상을 역임한 인물.
   1890년대 이후 원로로서 각 방면에 영향력을 행사하기 시작하였다. 특히 1909년 伊
   藤博文의 사후에는 軍의 대부로서 원로 중에서도 최고의 존재로 군림하였다.

64 靑島稅關問題 : 1914년 전후 중국과 일본 사이에 절충이 행해졌던 외교적 현안. 당시
   일본은 독일의 산둥 권익을 탈취한 상태였다. 이후 靑島稅關長을 누구로 임용할 것인
   가 하는 문제가 현안으로 대두되었다. 일본 측은 熊本의 세관 감독인 大槻龍治을 염
   두에 두고 있었는데, 北京總稅務司에서는 일본과 협의 없이 大連海關長인 立花政樹를
   임명하였기 때문이다.

65 본문의 필자인 李大釗는 이 부분에서 착오를 범하고 있다. 당시 靑島稅關長에 지명
   된 인물의 실제 이름은 花樹가 아니라 立花政樹(다치바나 마사키)였다. 『滿洲日日新聞』

의 위신을 욕보였다고 항의하였다. 진실로, '남에게 죄를 뒤집어 씌우려 하는데 무슨 구실인들 못 붙이겠는가?'[66] 라는 격이었다.

12월 3일, 가토는 다시 원로들을 방문하여 그 동의를 구한 다음 21개조 요구안을 중국에 제출하고자 하였다. 세관 문제를 빌미로 삼고자 한 것이다. 하지만 당시 일본 의회에 내각 탄핵의 목소리가 거셌기에 잠시 접어두었는데, 그 사이 세관 문제가 모호하게 종결되는 바람에 구실로 삼을 수 없게 되어 버렸다.

그러던 차에 올해 1월 7일, 우리 정부는 칭다오가 이미 함락되었음을 일본 및 영국, 독일 세 나라에 정식으로 통고하고, 교전 구역의 폐쇄를 선언하였다. 이에 일본 정부는 중국을 향해 엄중하게 항의하고 나섰다. 일본 민간의 여론도 들끓었다. 『도쿄니치니치신문(東京日日新聞)』 등은 대서특필하며 마땅히 베이징에 문죄사(問罪使)를 파견해야 한다고 주장하였다.

18일, 일본은 마침내 21개조 요구안을 5개 항목으로 나누어 제출하였다. 그리고 비밀 협약을 체결하고 외부에 선포하지 말 것을 요구하였다. 외국에 통고한 것은 그 가운데 11개조에 지나지 않았으며 그 내용 또한 매우 달랐다. 이번에 일본이 제기한 교섭은, 강도가 불난 것을 틈타 노략질하는 것과 똑같은 행위였다. 중국에 대해서는 완전히 위협과 공갈의 책략을 사용하고, 세계 각국을 향해서는 사기와 기만의 방법을 구사하였다. 국제적으로도 불신과 불의에 가득 찬 교섭으로 이보다 더한 것이 없었다.

우리 정부는 이 수모에 당면하여 외교부로 하여금 교섭을 담당하게 하였다. 저들 일본 또한 자기네 잘못을 알기에 무리하게 밀어붙이지는 못하였다. 중국은 서둘러 루정샹(陸徵祥) 씨를 외교총장(外交總長)에 임명하였다.

마침내 교섭은 2월 2일 정식으로 개시되었으며 회의 지점은 외교부의

1914년 12월 17일자 참조.

66 원문은 '欲加之罪 何患無辭?' 『춘추좌씨전』 僖公 10年에 등장한다.

영빈관이었다. 교섭에 나선 인물은, 우리 나라에서는 외교총장인 루정샹, 차장(次長)인 차오루린(曹汝霖), 비서인 스뤼번(施履本)이었다. 일본 측에서는 공사 히오키 에키(日置益), 일등서기관 오바타 유키치(小幡酉吉), 비서 다카오 도루(高尾亨)였다. 회의 기간 동안 일본 공사가 말에서 떨어져 부상을 당하는 바람에 우리 외교 당국자들이 일본 공사관으로 가서 회의를 연 것도 몇 차례나 되었다. 회의 당시 일본 대표단의 태도는 극히 강경하였다. 그 중에서도 오바타 씨가 가장 난폭하였다고 한다. 그 날뛰는 모습은 기세가 흉흉하여 감당하기 어려울 정도였다.

3월 22일, 일본은 부대 재배치를 명목으로 남만주와 산둥 일대에 대규모 군대를 배치하였다. 중국 정부는 일본군의 주둔이 아직 만기에 이르지 않았기에 일본 공사에게, '원래 있던 주둔군은 언제 철수하는가?'라고 질문하였다. 일본 공사는, '교섭이 원만하게 타결되어야만 철수시킬 것이다.'라고 답변하였다. 일본이 우리 나라를 능욕하는 것이 이 지경에 이르렀던 것이다.

교섭을 개시하여 4월 17일에 이르자 기간이 3개월에 다다르고 그 사이 개최한 회의만도 전후 28차례나 되었다. 이 시점에서 전체 요구 조건 가운데 중국이 이미 동의를 표시한 것이 15개 조항이었다.

…(중략)…

10일 간의 회의 정지 이후 일본은 4월 26일에 수정안을 제시하였다. 이 수정안은 총 24개조였다. 만일 중국이 이 24개조를 전부 승인한다면 일본 정부는 장차 쟈오저우만(膠州灣) 일대를 적당한 기회에 조건을 붙여 중국에 반환할 것이며, 이것이 일본으로서 최후의 양보라는 성명을 발표하였다.

중국은 이 수정안에 대하여 5월 1일에 답변하며 또다시 일본의 요구를 받아들였다. 수정안에 제시된 내몽골의 동부와 관련된 4개 조항 가운데 3개를 승인하였다. 그 하나는 일본인의 농업 경영에 대하여 일찍이 중국 정부가 제정한 바 있는 별도 규정을 즉시 철폐한다는 것이었다. 다음으로는 일본인 사이에 혹은 일본인과 중국인 사이에 소송이 벌어질 경우 일본 영사가 사람을 파견하여 방청하는 것을 허용하며 또 그가 요구하는 대로 따른다는 내용이었다. 마지막으로는 '경찰 법령 및 규정'을 '경찰 업무에 대한 위반 규정'으로 고침으로써 중국의 행정권을 축소시키는 것이었다.

한야평공사(漢冶萍公司)와 관련하여서는 이 수정안 중의 요구 사항을 모두 승인하였다. 즉 중국 정부는 한야평공사를 국유로 만들지도 않을 것이며 공유화하는 것도 인준하지 않을 것이라 선언하였다. 또한 한야평공사가 일본 이외의 국가로부터 자본을 차용하는 것도 승인하지 않겠다고 약속하였다.

푸젠(福建) 문제와 관련하여서도 일본에게, '중국 정부는 어떠한 나라도 푸젠의 연안에 조선소나 군용 창고, 해군 근거지 및 기타 일체의 군사 시설을 건설하는 것에 대해 승인하지 않겠다. 뿐만 아니라 중국 스스로도 외국 차관을 들여와 조선소나 군용 창고, 군사 시설 등을 설비하지 않겠다.'고 약속하였다.

정부는 이처럼 답변하며 더 이상 양보하기 어렵다는 고충을 완곡하게 내비쳤다. 그리고 신속한 타결을 요구하였다. 하지만 일본은 종내 만족하지 않은 채 엄중한 수단으로 위협을 지속하였다. 이에 우리 정부는, '승인하지 않은 조항에 대해서도 다시 고려해 볼 수 있다.'고 선언하였다. 일본은 5월 7일 벽력(霹靂)처럼 엄하고 신속하게 최후 통첩을 베이징으로 타전하였다. 이날 저녁 차오루린 외교차장은 일본 공사관에 가서 다음과 같이 말하였다.

"제5호[67] 가운데 학교 용지의 소유권 내지 조차권에 대해서는 아직 협의의 여지가 있지만, 기타 양쯔강의 철로 문제 등은 제3국과의 관계가 해결

---

[67] 21개조 요구안의 최종안에 대해서는 본서, 507~510쪽을 참조할 것.

될 수만 있다면 모두 용인할 수 있다."

일본 공사는 이와 같은 말을 듣고 크게 기뻐하였다. 이른바 그 최후 통첩 중의 요구가 이처럼 신속히 받아들여질 것이라 기대하지 않았기 때문이다. 일본 공사는 즉시 일본 정부에 타전하여 보고하고, 최후 통첩의 내용 가운데 혹시 다시 수정할 사항이 없는지 지침을 달라고 요청하였다. 일본 정부는 전보를 통해, '이미 어전 회의를 거쳤을 뿐더러 각국에도 통고된 상태이므로 다시 수정하기는 어렵다.'고 답변하였다.

일본의 최후 통첩은 7일 오후 3시에 도착하였다. 이 최후 통첩과 4월 26일에 제시된 수정안은 그 내용에 있어 별다른 차이가 없다. 다만 이 통첩에서는 제5호를 현안으로 삼아, 5월 9일 오후 6시까지 중국 정부에게 답변하라고 압박을 가하고 있다. 중국 정부는 이 최후 통첩을 접수한 후 놀라 두려워하며 거듭 검토하였다. 하지만 안으로 일본에 맞설 군사도 없었으며 바깥으로 중국을 도와줄 나라도 없었다. 그것에 대해 승인하는 길밖에 어찌할 도리가 없었다. 마침내 9일, 루정샹 외교총장은 직접 일본 공사관에 가서 정식으로 승인하였다. 이어 5월 25일 오후, 조약은 정식으로 조인되었다.

…(후략)…

출전 翦伯贊·鄭天挺 主編, 『中國通史參考資料』(近代部分, 修訂本), 「北洋軍閥政府統治時期」, 李大釗, 「國民之薪膽」.

내용 일본은 제1차 세계대전 발발 직후인 1914년 8월 독일에 선전포고를 하였다. 그리고 산동 반도의 독일 조차지를 점령해 중국에 대한 군사적 압박을 강화하였다. 이어 1915년 1월에는 위안스카이 정부에 대하여 이른바 '21개조 요구'를 제출하여 산둥, 남만주, 둥베이, 내몽골, 나아가 푸젠성까지 이권을 확대하였다. 나아가 중국 중앙 정부에 일본인 정치·재정·군사 고문을 초빙하도록 압박을 가하였다. 일본인 고문에 대한 부분만 '희망 사항'으로 남기고, 나머지 요구 조항에 대해서는 5월 7일 최후 통첩을 하였다. 결국 중국 정부는 5월 9일 그 요구대로 수락하고 말았다.

쑨원의 제3차 혁명

1913년 역적 토벌의 군사[68]를 일으켰다가 실패한 이후 내가 국민 여러분과 소통하지 못한 지 벌써 3년이나 되었다. 간사한 위안스카이가 권력을 탈취하여 국론이 분열되었다. 나 역시 이 기간 동안 지키지 못할 약속을 하며 국민 앞에 나서는 것을 꺼리고 있었다. 그런데 지금 천하는 한 목소리로 올바른 정치를 대망하고 있다. 나는 비록 무능하나 일찍이 국민 여러분의 성원을 받은 바 있다. 또 실패를 거듭하였지만 조국을 잊지 못하는 것은 국민을 위해 지금의 상황을 전환시키고자 하기 때문이다.

내가 삼민주의를 주장한 것이 20여 년이나 되었다. 그 간 국민과 더불어 혁명에 종사하며 그 목표를 이루고자 하였다. 신해년의 우창 봉기에는 온 나라가 호응하여, 5개 민족이 어우러진 공화제의 꿈이 4억 동포의 가슴 속에 깊이 아로새겨졌다. 당시 나는 임시대총통으로 추대되었으나 군사 업무가 번잡할 뿐더러 모든 제도를 새로 정비해야만 하는 상황에 직면하였다. 그리하여 국민을 받들면서 그 충정에 일일이 부응하지 못했던 것이 한스럽다. 하지만 중화민국이라는 국호를 새로 제정하고, 진정한 민의에 기반하여 모든 것에 대한 개혁을 시도하였다. 그리하여 「민국의 약법(約法)」을 반포함으로써 공화제의 기초를 명확히 확정하였다.

이후 청의 황제가 퇴위하고 남북이 통일되자[69] 나는 총통 직위에서 사직

---

68 1913년 7월 孫文이 陳其美, 黃興 등과 더불어 袁世凱 타도를 목표로 하여 일으켰다가 2개월만에 실패한 봉기를 가리킨다. 討袁의 役, 癸丑의 役이라고도 불린다.

69 신해혁명 직후 북방의 淸朝와 남방의 혁명과 사이에 和議가 진행된 끝에, 양측의 합

하였다. 이어 위안스카이를 참의원(參議院)에 천거하였다. 그가 민심에 복종하고 혁명 군대의 요구에 따를 것이라 믿었기 때문이다. 그리하여 공화제에 찬동하고 중화민국에 충성을 바치며 「약법」을 이행해 갈 것이라 여겼다. 나아가 그는 공화제와 중화민국에 대한 충성을 맹세하였다. 남북 양측 사이의 상호 신뢰가 아직 자리 잡지 않았을 때 나는 양 진영의 융화를 도모하기 위해 직접 베이징으로 갔다. 그리고 위안스카이가 향후 10년 동안 대총통의 직위에 있기를 희망한다고 선언하였다.

그러나 어찌 알았으랴? 위안스카이는 공화제 파괴의 음모를 숨기지 않으며 선량한 사람들에게 잔혹하게 해를 입혀갔다. 법률을 업수이여기며 사회 도덕을 무너뜨리고 인민의 생계를 짓밟았다. 이에 나는 역적인 위안스카이를 토벌하기 위한 군대를 일으켜 국법을 보호하고 정의를 수호하고자 하였다. 그 실패에 대한 우려는 돌아보지 않았다. 하지만 위안스카이는 이미 금권(金權)과 권력을 쥐고 있었다. 그는 사악한 책략을 구사하였으며 공화제 파괴의 야욕도 노골적으로 드러내지는 않은 상태였기에 국민들 또한 미처 그 악랄함을 깨닫지 못하고 있었다. 그리하여 5개 성의 봉기는 꺾여 버렸고, 위안스카이는 그 죄악을 더욱 서슴지 않고 펼치게 되었다.

이후 나는 비록 해외에 거주하였으나 나라에 대한 근심은 조금도 약해지지 않았다. 만일 위안스카이가 존속한다면 우리 나라는 장차 사라질 것이라 판단하였다. 나는 이미 위안스카이의 토벌을 주도한 바 있다. 한 번 시도했다가 실패했다고 해서 바로 포기하는 것은 국가에 불충을 범하는 것이다. 그렇기에 바로 적극적인 진행 계획을 세워 동지들과 함께 추진해 갔다.

하지만 봉기가 실패한 후라서 많은 사람들이 신중론을 폈다. 서서히 도모하자는 사람이 열 가운데 다섯이나 되었다. 국내에는 아직 위안스카이를 신뢰하며 그가 후일 반성하기를 기대하는 사람도 있었다. 또 어떤 사람

의에 따라 淸朝의 멸망과 중화민국의 건립이 결정된 것을 가리킨다.

은 그 권력에 맞설 수 없으니 부득이 진심을 숨기고 처신하다가 서서히 후일을 도모해야 된다고 생각하였다. 때로는 목전의 안일만 바라며 자신의 안전을 해치는 거사는 일으키려 들지 않는 사람도 있었다. 나는 이러한 편견이나 심리적 약점을 이용하여 위안스카이가 그 야욕을 펼치는 것이라 판단하였다. 이로 인해 나는 작정한 대로 계획을 실천에 옮기지 못하였다.

이후 위안스카이는 과연 국회를 해산하고 공공연하게 우리의 신성한 「약법」을 짓밟기 시작하였다. 민권의 제도 역시 모조리 폐지되었다. 지난날 나는 위안스카이가 장차 중화민국을 뒤엎고 스스로 황제에 오를 음모를 지니고 있다고 말한 바 있다. 하지만 아무도 이를 믿으려 들지 않았다. 그런데 이제 그의 악행과 음험한 음모가 하나둘 드러나기 시작하였다.

나는 이에 통렬한 마음으로 몸을 일으켜 국가를 위해 분투하기로 결심하였다. 그리하여 중화혁명당(中華革命黨)을 조직한 다음, 장차 정치와 사회의 모든 독소를 제거하여 우리 나라를 임시 헌법 체제로 복귀시키겠다고 굳게 다짐하였다. 이후 2년 사이 많은 동지들이 규합되었다. 국내에 들어가 혁명 활동에 종사하는 이들은 여러 차례 실패를 거듭하면서도 결코 굴하지 않았다. 자신의 자유나 권리, 생명과 재산을 돌보지 아니하고 희생함으로써 우리 중국의 발전에 밑거름이 되고자 하였다. 스스로 믿는 바를 외롭게 실천하며 남들이 알아주기를 바라지 않았다. 마치 신해 혁명 이전의 중국동맹회를 보는 듯하였다.

유럽에서 세계 대전이 폭발하자 위안스카이는 절호의 기회가 도래하였다고 판단하여 그 야욕을 거리낌 없이 드러냈다. 그는 주안회(籌安會)[70]를

---

70 籌安會 : 1915년 8월 袁世凱의 후원 아래 北京에서 조직된 정치 단체. 楊度, 孫毓筠, 劉師培, 李燮和, 胡瑛, 嚴復 등 소위 '六君子'에 의해 주도되었으며 이윽고 湖南, 吉林, 安徽, 南京 등에 分會도 결성되었다. 학술 단체라는 외양을 갖추고 있었으나 실상 袁世凱의 復辟帝制를 위해 여론을 조성하는 역할을 담당하였다. 袁世凱에 대한 공개 지지의 입장을 취하며 帝制의 회복과 입헌군주제를 주창하였다.

앞세워 민의를 호도하며 그 권유에 따라 황제로 즉위하였다. 그의 칭제로 말미암아 천하가 소동에 휩싸였다. 뜻있는 인사들은 급히 탄식하게 되었다. 이에 우리 동지는 서로를 격려하며 죽음을 무릅쓰고 행동에 나섰다. 그리하여 윈난(雲南)과 구이저우(貴州)가 독립을 선포하였다. 내 판단이 옳았음이 분명해진 것이다.

이전까지 모호하다 여겨지던 것이 이제 분명해졌다. 좋은 동지를 두고 있으니 어찌 일이 그릇될 수 있으랴? 오랫동안 시도하던 일이 지금에 이르러 그릇되지 않았다고 판명되었다.

…(후략)…

출전 翦伯贊·鄭天挺 主編, 『中國通史參考資料』(近代部分, 修訂本), 「北洋軍閥政府統治時期」, 孫文, 「第二次討袁宣言」.

내용 위안스카이의 〈제제(帝制)〉 시도가 본격화되었던 1916년 5월 쑨원에 의해 작성된 선언서이다. 위안스카이의 제제는 1915년 8월 무렵부터 본격화되었다. 그는 주안회(籌安會) 등의 어용 단체와 신문 등을 동원하여 대대적으로 제재 추진 작업에 나섰다. 비판적인 언론에 탄압을 가하는 한편 비밀 경찰을 동원하여 반대론자를 체포하고 살해하였다. 12월에는 국민 대표에 의한 국체 결정의 투표를 거쳐 이른바 중화제국을 선포하고 황제로 즉위하였다. 하지만 곧바로 이에 대한 반대도 빗발쳐서, 위안스카이 휘하의 장군과 고관들이 잇따라 사직하였다. 일본, 영국, 프랑스, 러시아 등의 열강도 반대를 표명하였다. 그때까지 위안스카이 정권의 여당으로 치부되었던 량치차오 등의 진보당도 반대로 돌아섰다. 이어 윈난의 도독(都督) 차이어(蔡鍔)가 지도하는 윈난호국군이 봉기하자 이듬해 5월까지 10개 성이 호응하였다. 이를 제3혁명이라 부른다. 이와 같은 사태의 전개에 위안스카이는 제제를 취소하였다가 1916년 6월 병사하고 만다.

북양 군벌의 이합집산

북양 군벌이 무력으로 전국을 제압하려 기도하면서 국내는 대혼란에 빠졌다. 북양파의 인물들은 본디 군주 시대의 산물이다. 그들의 두뇌와 사상은 민주 정치에 전연 어울리지 않는다. 그들은 종전에 한 명의 황제 아래 통할되었다. 그 권위와 명령에 속박을 받고 있었기에 통치자에게 복속될 수 있었다.

이제 국가 체제가 변혁되어 천하는 만인을 위한 것이 되었다. 이에 그들은 떠돌이처럼 어디 돌아가 매일 데 없는 처지가 되어버렸다. 그런데 마침 소참연병(小站練兵)[71]의 위안스카이가 등장하여 이들 부장(部將) 무리를 통솔하고 나섰기에 뿔뿔이 흩어지지 않을 수 있었다. 하지만 그때에도 종전처럼 철저히 명령에 복종하는 모습은 보이지 않았다. 그러다가 위안스카이가 죽자 우두머리가 사라져 버렸다. 그 가운데 비교적 세력이 있었던 자는 쉬스창(徐世昌), 돤치루이(段祺瑞), 펑궈장(馮國璋)이었다. 자격으로 논하자면 쉬스창이 낫고, 실력으로 논하자면 돤치루이와 펑궈장이 나았기에 삼두정치라는 기묘한 모습이 생겨났다.

그런데 이번의 창웨전투(長岳戰役)[72]를 계기로 차오쿤(曹錕)에게 선무사(宣

---

71 小站練兵 : 袁世凱가 창안한 근대식 군대 관리 체계. 청일 전쟁 직후인 1895년 天津 교외의 작은 역(小站)에 주둔하던 袁世凱가 독일의 軍制를 기반으로 하여 군대 통솔 방식을 재편하였기에 붙여진 명칭이다. 군대의 조직 편제와 군관의 육성 방식, 군사의 훈련 제도, 보급과 月俸의 지급 형태 등을 모두 포괄하는 개념이다. 이후 이러한 체계는 중국 근대 육군, 즉 新建 陸軍의 보편적 운영 모델로 자리잡았다.

72 長岳戰役 : 1918년 초에 벌어진 南北軍, 즉 북방의 北洋 정부와 남방의 護法軍政府 사이에 전개된 長沙 및 岳陽 쟁탈전. 護法軍政府란 1917년 護法運動을 전개하던 孫文이 서남 군벌의 지원을 바탕으로 廣州에 건립한 軍政府를 가리킨다. 長岳戰役은 1918년 3월과 4월 曹錕이 長沙와 岳陽을 차례로 점령하며 종결되기에 이른다.

撫使)와 경략사(經略使)라는 직함이 주어졌다.[73] 그 위세가 전중국에 떨쳐 족히 대세를 좌우할만한 상황이 되었다. 반면 북방의 이른바 중앙 정부는 서로 눈치를 살피기에 바빴다. 그리하여 차오쿤의 세력은 쉬스창·돤치루이·펑궈장의 다음에 자리잡게 되었다.

한편 기타 지방의 인물들은 지리 등의 요소로 말미암아 누구누구는 펑파(馮派), 누구누구는 돤파(段派)로 나뉘어졌다. 하지만 실은 각 지역을 나누어 갖고 제왕 노릇을 하였다. 그들은 세력이 비슷하여 서로 우열을 가릴 수 없었다. 마치 알렉산드로스 사후에 군웅이 할거하는 상태와 유사하였다. 또 후한의 권력이 쇠퇴하고 삼국이 아직 정립되지 않았을 때, 각지의 제후들이 원소(袁紹)를 맹주로 내세웠으나 실질적으로는 서로 맞서며 통속되지 않은 상태와 마찬가지였다.

출전 翦伯贊·鄭天挺 主編, 『中國通史參考資料』(近代部分, 修訂本), 「北洋軍閥政府統治時期」, 「北洋系最近分裂狀況」.

내용 1916년 6월 위안스카이의 병사부터 1928년 6월 북벌이 완성될 때까지 중국 각지에 대소 군벌이 할거하며 상호 전쟁을 벌였다. 이 시기를 '군벌의 지배기' 혹은 '북양 군벌의 통치기'라고 부른다. 이때의 군벌은 다양한 형태와 규모를 보였다. 중앙 정부의 장악을 지향하는 대군벌뿐만 아니라 성(省) 단위를 지배하거나 혹은 하나의 도시를 지배하는 군소 군벌도 존재하였다. 나아가 병력이 수천밖에 안 되는 유동적 군벌도 많았고 대군벌에 의탁하여 유랑하는 군벌도 있었다. 이들 군벌은 역사적으로 청말 북양 육군의 계통을 이어받은 근대적 군사 집단이었다. 그렇기에 북양 군벌이라 통칭되었다.

---

73 북양 정부가 曹錕에게 1918년 1월 30일에 兩湖宣撫使의 직위를, 이어 6월 20일에 四川·廣東·湖南·江西 4개 성의 經略使 직위를 수여했던 것을 가리킨다.

(4) 5·4 운동

리다자오李大釗의 유교 비판

공자와 헌법은 결코 아무런 관계가 없다. 내가 지금 「공자와 헌법」이라는 제목을 붙이고 있는 것은 괴이하기 짝이 없는 일이다. 하지만 괴이하기 짝이 없는 제목이 있기 전 오래도록 괴이한 사실이 있었다. 이 신문[74]의 발행 목적은 사실을 널리 알리는 데 있다. 이 괴이한 제목의 글은 사실 괴이한 일로 말미암아 생긴 것이다. 어찌 그러한가?

괴이한 사실이란 무엇인가? 헌법의 초안 가운데, '국민 교육은 공자의 가르침을 수신(修身)의 근본으로 삼는다.'[75] 라는 내용이 그것이다. 왜 이것이 괴이하다는 것인가? 공자와 헌법의 성격을 서로 비교해 보면 왜 괴이하다는 말을 하는지 알 수 있다.

공자는 수천 년 전에 죽어 해골이 된 사람이다. 헌법은 현대 국민의 혈기와 정신이 되는 것이다. 수천 년 전의 해골을, 현대 국민의 혈기와 정신이자 그 결정체인 헌법에 집어넣자는 얘기이다. 그렇게 되면 헌법은 죽어 썩어버린 사람의 헌법이 되는 셈이다. 우리들 살아 있는 사람의 헌법이 아니게 된다. 황량한 옛 무덤 속의 헌법이지 빛나는 하늘 아래의 헌법이 아닌 것이다. 우상의 권위를 지키는 헌법이지 생민의 이익을 보장하는 헌법

---

74 李大釗의 이 논설(「孔子與憲法」)은 일간지 『甲寅』에 1917년 1월 30일 게재되었다.

75 1913년 11월 1일 國會憲法委員會가 제출한 헌법의 草案 제3장 중의 한 구절이다. 이 헌법은 天壇의 회의에서 기초되었기에 「天壇憲法草案」이라고도 칭해졌다. 이 草案은 얼마 후 袁世凱에 의해 國會가 강제로 해산되는 바람에 파기되고 말았다. 하지만 1916년 袁世凱 사후 국회가 다시 열려 이 헌법 초안이 검토의 대상으로 떠올랐다. 당시 張勳, 康有爲 등은, '孔敎를 國敎로 한다.'는 내용을 명시해야 한다고 주장하였다.

이 아니다. 그것은 공자의 기념비일 뿐이다. 공자의 묘지명일 뿐이다. 어찌 헌법이라 말할 수 있으랴! 어찌 헌법이라 말할 수 있으랴!

공자는 역대 군주 전제의 호신부 역할을 하였다. 반면 헌법은 현대 국민이 누려야 할 자유의 보증 수표이다. 전제 정치는 자유를 용납하지 않는다. 그러니 공자는 헌법 속에 기재되어서는 안 된다. 지금 전제 정치의 호신부인 공자를 자유에 대한 보증 수표인 헌법에 집어넣자고 말한다. 그렇게 할 경우 그 헌법은 장차 전제 정치를 싹틔우는 헌법이 될 것이다. 결코 자유를 길러내는 헌법이 아니다. 장차 백성의 윤리와 도덕을 제약하는 헌법이 될 것이다. 인권을 해방시키는 헌법이 아니다. 장차 야심가에게 이용되는 헌법이 될 것이다. 평민 백성이 일상적으로 향유하는 헌법이 아니다. 이는 전제가 부활하는 신호탄이자 위선적 정치의 실마리가 될 것이다. 어찌 헌법이라 말할 수 있으랴! 어찌 헌법이라 말할 수 있으랴!

공자는 국민 가운데 일부분, 즉 소위 공자를 신봉하는 무리의 성인이다. 헌법은 중화민국의 국민 전체, 즉 그가 부처님을 믿느냐 예수님을 믿느냐 가리지 않고, 또 그가 몽골족인가 회족(回族)인가 가리지 않고, 기대어 살아가며 권리를 향유해야 되는 신조이다. 일부분의 사람들이 존숭하는 성인을 전국민의 목숨이 걸린 헌법 속에 집어넣어서는 안 된다. 그러면 그 헌법은 국민 일부분의 헌법이 될 뿐이다. 국민 전체의 헌법이 아니다. 이른바 공자교도(孔子敎徒)의 헌법일 뿐이다. 한족, 만주족, 몽골족, 장족(藏族), 회족, 불교도, 도교도, 예수교도 모두가 함께 준수할 헌법이 아니다. 작은 일부 사회의 헌법이다. 국가를 하나로 통합하는 헌법이 아니다. 그것은 종교 분쟁을 야기하는 목소리이다. 몽골족과 장족을 떼어내자는 구령이다. 어찌 헌법이라 말할 수 있으랴! 어찌 헌법이라 말할 수 있으랴!

공자의 도(道)는 모호하기 짝이 없는 말이다. 헌법은 그 속의 문장 하나와 글자 하나 모두 극히 정확한 의미를 지니고 있어야 하는, 극히 강력한 효력을 지닌 존재이다. 그런데 지금 모호하기 짝이 없는 말을 의미가 엄정해야 되며 강력한 효력를 지니는 헌법에 집어넣자고 한다. 그리하면 실시되어 효력을 지니지 못할 뿐더러 전국에 보급될 수도 없을 것이다. 일부분의 사람만 이 조문을 준수하려 할 뿐 모든 사람에게 구분 없이 지키라 할수는 없게 된다. 무엇을 공자의 도라 할 것인가? 또 무엇이 공자의 도가 아니라 할 것인가? 어찌하면 공자의 도를 수신의 근본으로 삼았다 할 수 있을 것인가? 또 어찌하면 아니라 할 것인가? 이에 대해 이 조문을 헌법에넣자고 주장하는 사람들에게 물어본다면, 그들 또한 눈만 깜빡이며 어찌대답할지 주저할 것이다. 헌법으로서 효력을 지니지 아니한 것을 전체에게 엄하게 질책하며 따르라 해서는 안 된다. 이는 헌법으로 하여금 자살하게 하는 것이다. 이는 헌법이 스스로 그 효력을 취소시키는 고백일 따름이다. 지금 제시된 헌법은 많은 인사들이 수개월 동안 머리를 쥐어짜 고심한끝에 만들어낸 산물이다. 국가가 수개월 동안 재원을 소모하여 만들어낸것이다. 이러한 노고를 거쳐 제정된 헌법이 사실상 아무런 의미가 없는 것으로 되어버렸다.

요컨대 헌법과 공자를 결부시키는 것은 본질적으로 이치에 닿지 않는일이다. 나는 헌법 초안의 제2차 독회 때에 이 조항을 삭제함으로써 헌법의 효력을 살려내자고 주장하였다. 공자를 존숭하는 일부 사람들은 자유롭게 자신들의 신념을 전파할 수 있다. 국가가 그것을 법으로 금지할 수는없다. 사회 또한 다른 방법으로 그것을 돕고 장려할 수 있다. 하지만 헌법의 권위를 빌어 공자의 권위를 떨치게 하여서는 안 된다. 다른 종교, 다른학파도 마찬가지로 헌법에 유사한 규정을 넣게 해서야 되겠는가?

출전 翦伯贊·鄭天挺 主編, 『中國通史參考資料』(近代部分, 修訂本), 「北洋軍閥政府統治時期」, 李大釗, 「孔子與憲法」.

내용 1910년대 중화민국에 헌법 제정의 움직임이 있을 때 작성된 논설이다. 당시 수구 세력은 공자의 가르침을 헌법에 적시해야 한다고 주장하고 있었다. 이에 대해 리다자오(1889~1927)는 유교에 대한 단호한 반대의 입장을 취하며, 봉건 전제 체제의 이념적 기반이었던 유교가 헌법에 교육의 입각점이라 기록되어서는 안 된다고 말하고 있다. 1910년대 중반에 시작된 신문화 운동은 유교를 비판하며 전통에 대한 전면적 재검토를 제창하였다. 신문화 운동의 선도 인물 가운데 하나인 리다자오는 일본의 와세다 대학에서 유학한 후 귀국하여 1917년 이래 베이징대학의 교수 겸 도서관 주임으로 근무하였다.

『신청년』의 활동

우리 잡지는 지난 3년 동안 총 30호를 발행해 왔다. 우리가 말해온 것은 모두 극히 일상적인 사항이었지만 우리 사회는 그 별것 아닌 일에 너무 놀랐다. 이로 인해 사방에서 비난이 빗발쳤다. 그 가운데 구시대 인물에 대해서야 대응할 필요가 없을 것이다. 그런데 젊은 청년 학생들도 『신청년』을 일종의 사악한 주장이자 괴물로 간주하기도 한다. 경전과 도덕에 반하는 이단이며 성현을 비난하는 반역물이라는 것이다. 우리 잡지의 동인(同人)들은 실로 참담하기 그지없다. 우리 나라의 혁신에 대해 끝없는 절망감을 느끼지 않을 수 없다.

사회적으로 우리 잡지를 비난하는 사람들은 대략 두 부류로 나눌 수 있다. 그 하나는 우리 잡지를 애호하는 사람들이요, 다른 하나는 우리 잡지에 반대하는 사람들이다. 첫째 부류의 사람들은 우리 잡지의 주장에 대해 본디 대부분 찬동한다. 다만 우리 잡지에서 우연히 세계적으로 공인된 폐습에 대해 비난하는 것을 접하게 되면, 즉시 그처럼 세세하게 반대 이유를 제기할 필요가 없다고 지적한다. 또 문장이 신사적 표현을 갖추지 못할 경우, 그로 인해 우리 잡지의 사회적 신용도가 떨어질 수 있다고 우려한다.

이러한 반대에 대해 우리 동인들은 마땅히 그 호의에 감사해야 할 것이다.

　반면 두 번째 부류의 사람들은 우리 잡지의 주장에 대해 근본적으로 반대의 입장에 서 있다. 그들의 우리 잡지에 대한 비난은, 공자교(孔子敎)를 파괴하고 예법(禮法)을 파괴하며 국수(國粹)[76]를 파괴하고 여성의 정절(貞節)을 파괴한다는 것이다. 또한 옛 윤리인 충효를 파괴하고 옛 예술인 중국 희극[中國戲]을 파괴하며, 옛 종교인 귀신 숭배를 파괴하고 옛 문학을 파괴하며 옛 정치인 특권 정치 구조를 파괴한다고 말한다. 이것들이 우리 잡지의 죄목이라고 한다.

　이러한 죄목에 대해 우리 잡지의 동인들은 당연히 진심으로 회피할 생각이 없다. 하지만 그 근원을 더듬어갈진대 우리 잡지의 동인들은 죄가 없다. 단지 저 데모크라시[德莫克拉西]와 사이언스[賽因斯] 두 선생님을 옹호하였기에 이 몇 가지 하늘까지 가득 찰 대죄를 범한 것이다. 저 덕 선생님(德先生, 데모크라시)을 옹호하기 위해 부득이 공자교와 예법·정절·옛 윤리·옛 정치를 반대하게 되었다. 저 새 선생님(賽先生, 사이언스)을 옹호하기 위해 부득이 옛 예술과 옛 종교를 반대하게 되었다. 덕 선생님을 옹호하기 위해 또 새 선생님을 옹호하기 위해 부득이 국수(國粹)와 옛 문학을 반대하게 되었다. 모두 냉정하고 신중하게 생각해 보라. 우리 잡지가 덕, 새 두 선생님을 옹호한 것을 빼고 다른 죄를 지은 바 있는가? 만일 그렇지 아니하다면 청컨대 그대들은 우리 잡지에 대한 비난을 그만두고, 그 대신 기력과 담력을 다해 덕, 새 두 선생님에 대해 반대하라. 그것이 올바른 사람의 도리이자 근본적인 방법일 것이다.

　사회적으로 가장 반대가 큰 것은, 쳰쉬안둥(錢玄同) 선생이 제기한 한문 폐기의 주장이다. 쳰 선생은 중국 문자에 대한 음운학의 전문가이다. 그러니 언어와 문자가 자연스레 진화해 간다는 이치를 어찌 모르겠는가? 사실 나

───────────

76 國粹 : 전통 문화의 정수라는 의미. 전통 문화 내지 전통의 가치를 가리킨다.

는 단지 이 이유 하나 때문에 첸 선생에게 반대할 수 있다고 생각한다. 첸 선생은 자고 이래 한문 서적이라면 모든 책의 모든 페이지, 그리고 모든 줄에 걸쳐 덕, 새 두 선생님에 반대하는 어조를 띠고 있다고 말한다. 또 그는 허다한 한학의 대가들이 입만 열면 국수(國粹)와 옛 학설에 대해 말한다고 한다. 심지어 그들은 한학이야말로 덕, 새 두 선생님이 등장할 기반이라는 성명을 발표하였다. 이에 첸 선생은 분노에 가득 차서 이와 같은 극단적인 주장을 펼쳤다고 한다. 첸 선생과 같이 바윗돌로 낙타의 등을 누르는 것과 같은 요법에 대해 우리 잡지의 동인들은 대부분 찬동하지 않는다. 그런데 어떤 사람들은 그의 주장에 대한 분노 때문에 그를 조롱하며, 나아가 그의 주장에 대해 논박하는 의견의 발표를 거부하기도 한다. 이는 또 무슨 이치인가? 설마 그대들은 한문이 영원무궁토록 폐지되지 아니하고 사용될 것이라 믿는 것인가?

서양인은 덕, 새 두 선생님을 옹호하기 위해서 많은 고난을 겪었으며 많은 피를 흘렸다. 그러한 과정을 거쳐 덕, 새 두 선생님은 비로소 암흑 속에서 점차 그들을 구출하여 광명 세계로 이끌어낼 수 있었다. 우리는 지금 이 두 선생님이 있어야만 중국을 정치적으로, 도덕적으로, 학술적으로, 그리고 사상적으로 일체의 암흑으로부터 구해낼 수 있다는 사실을 알고 있다. 두 선생님을 옹호하기 위해서라면 어떠한 정치적 압박이나 사회적 공격 및 조소에 대해서도, 우리의 머리가 잘리고 피가 흐를지언정 결코 피하지 않을 것이다.

지금은 우리 중국이 덕 선생님의 의견을 채용하여 군주제가 다시 개시되는 것을 막아야 할 시점이다. 그렇기 때문에 나는 우리 잡지가 사회적으로 죄를 얻게 된 연유를 적어 전국에 알리고자 한다.

출전 翦伯贊·鄭天挺 主編, 『中國通史參考資料』(近代部分, 修訂本), 「北洋軍閥政府統治時期」, 陳獨秀, 「本志罪案之答辯書」.

내용 위안스카이의 제제(帝制) 획책이 무르익어 복고의 풍조가 중국 전역을 휩쓸고 있던 1915년 9월, 상하이에서 『청년잡지』가 창간되었다. 천두슈가 주간을 맡은 것으로서 이듬해 간행된 제2호부터 『신청년』이라 이름을 바꾸었다. 『신청년』은 청년들에게 낡은 전통 사상에 대한 철저한 타기와 서양을 모델로 한 새로운 문화의 창조를 고취하였다. 이로 인해 암흑 속에서 고뇌하는 젊은 지식인들의 가슴에 희망의 등불 역할을 하며, 이윽고 신문화 운동이라 불리는 일대 사상 혁신 운동의 중심이 되었다. 당시 청년 학생의 대부분은 1905년에 과거가 폐지된 이래 근대적 학교 교육을 받고 자랐다. 그들이 배운 서구의 근대와 중국적 현실은 너무도 괴리가 있었다. 『신청년』으로 촉발된 신문화 운동은 그러한 청년층에게 엄청난 반향을 불러일으켰다.

천두슈陳獨秀와 신문화 운동

천두슈 선생은 어떠한 사람인가? 그가 신사상을 고취한 서생이라는 사실은 모두 잘 알고 있다.

베이징 정부가 그를 체포한 것[77]은 무엇 때문인가? 그가 신사상을 고취하였기 때문이다. 신사상을 고취한 서생인 그를 베이징 정부는 왜 체포하려 했는가? 지금의 베이징 정부가 완고한 수구파의 정부이자 매국적 정부이기 때문이다. 천두슈 선생은 완고한 수구 사상을 극단적으로 반대하는 최선봉에 서 있다. 또한 문필을 사용하여 정부의 매국적 행위에 대해 반대하여 왔다. 그의 글은 대단히 영향력이 있어서 몽롱한 상태에 있던 일반 청년들을 깨어 일어나게 하였다. 베이징 정부는 그 때문에 매국적 행동

---

[77] 1919년 6월 北京政府는 陳獨秀가 「北京市民宣言」을 발표하자 체포하였다가 9월에 석방하였다.

을 쉽사리 행할 수 없었다. 그래서 신사상을 고취하는 천두슈 선생을 기피하여, '막수유(莫須有)'[78]의 일을 멋대로 그의 머리 위에 덧씌웠다. 그리고 그의 집에서 과격파의 서적과 인쇄물을 찾아냈다고 발표하였다. 이 일은 결코 사실이 아니다. 천두슈 선생이라는 상징적 인물로써 신사상을 고취하는 허다한 일반인을 위협하고자 하는 것이다.

천두슈 선생은 사실 적수공권(赤手空拳)의 일개 서생일 뿐이다. 군대를 이끌고 와서 정부에 대적한다거나 혹은 폭약이라든가 총을 들고 와서 정부 안의 대관료를 암살하려 기도하지 않았다. 그런데 왜 정부는 그에 대해 그처럼 극단적인 자세를 취하여 체포해 버렸던 것일까? 완고한 수구 사상을 지닌 정부는 신사상에 위협을 가하기 위해 신사상 고취에 가장 영향력이 있는 천두슈 선생부터 손을 보려 했던 것이다. 이러한 논단은 공허한 추측이 아니다. 사실상 이번에 베이징 정부가 천두슈 선생을 체포한 저의가 거기에 있다.

정부는 어떻게든 천두슈 선생을 체포하고자 했다. 체포 이후에도 시시각각 그 구실을 둘러대려 하였다. 어떻게 그리 말할 수 있는가? 천두슈 선생이 처음 체포될 때 허다한 사람들이 그를 구하고자 했다. 이에 정부는 일이 그릇될까 봐 전전긍긍하였다. 또 그의 신상에 덧붙일 아무 죄목도 없었다. 정부는 일단 '천두슈가 이미 석방되었다. 아울러 정부는 사람을 파견하여 그의 가족을 위로하였다.'라고 거짓으로 발표하였다. 천두슈 선생을 구하고자 하는 사람들의 항의를 무마하기 위한 것이었다. 현재 천두슈 선생은 아직 석방되지 않았다. 오히려 가족조차 면회가 허용되지 않을 정도로 엄격하게 통제되는 상태이다. 그에게 씌울 죄목을 천천히 만들어 가는 중이다. 정부는 일개 서생인 천두슈 선생에 대해 어떻게 처리해야 할지 고

---

[78] 莫須有 : '필시 존재할 것이다.'라는 의미. 12세 중반의 남송 시대에 秦檜가 岳飛에게 누명을 씌워 사형을 가할 때 사용한 용어이다.

심참담하게 고민하는 듯하다. 그리고 이러한 정부의 태도는 그의 명망을 잘 보여주는 것이기도 하다.

천두슈 선생은 체포되었다. 우리는 그에 대해 다음과 같은 두 가지의 경의를 표한다.

1. 그가 전력을 다해 신사상 고취에 노력한 사람이라는 점에 대해 존경한다.

2. 그가 주의(主義)를 위해 고초를 마다하지 않은 사람이라는 점에 대해 존경한다.

천두슈 선생이 전력을 다해 신사상을 고취하였다는 점은 누구나 잘 알고 있으니 여기서 다시 말하지 않겠다. 그 대신 그가 주의를 위해 고초를 마다하지 않았다는 점에 대해 말해 보겠다.

차이위안페이(蔡元培) 선생이 출경(出京)하였을 때[79] 많은 친구들이 찾아와 천두슈 선생에게도 피신할 것을 권유하였다. 하지만 그는 그 권유를 뿌리치며 다음과 같이 말한 바 있다.

"내 마음은 참담하기 그지없다. 정부가 서둘러 하루라도 빨리 나를 하옥시켜 사형에 처하기 바란다. 이 혼탁한 사회에 더 이상 살고 싶지 않다."

또한 『매주평론』 24호에서는, '연구실과 감옥은 문화의 발상지이다.'라고 말하였다. 이로써 보건대 천두슈 선생은 '주의를 위해 기꺼이 희생할 결심'을 가지고 있었던 듯하다. 그는 여러 가지 제약을 받아 마침내 '희생할 결심'을 내렸다. 그리고 문필을 이용하여 신사상을 고취하고자 하였으나 그것으로써 아직 많은 사람을 계발하지 못하였기에, 자신의 육신을 신사상 고취의 도구로 삼고자 하였던 것이다.

---

[79] 1919년 5월 9일 北京大學 校長 蔡元培가 돌연 過勞를 이유로 들어 校長職을 사직하고 北京을 떠난 일을 가리킨다. 후일 蔡元培는 校長職에서 사퇴한 것은 관료주의의 폐단, 사상의 속박과 부자유, 5·4 운동 당시 北京의 흉흉한 분위기에 대한 반감 때문이었다고 말하였다.

천두슈 선생이 체포되고 이미 많은 날이 흘렀다. 들리는 소식에 의하면 정부는 그를 법정에 세우고자 한다. 우리는 앞으로 정부가 어떻게 조사관에게 지령을 내려 그를 기소하고 또 어떻게 재판관에게 지침을 내려 처벌할지 주시하겠다.

저들이 체포해 간 천두슈 선생은 그 육체일 뿐이다. 천두슈 선생의 정신은 결코 체포하지 못하였다. 천두슈 선생의 육체는 체포할 수 있을지 모르나 천두슈 선생의 정신은 구속할 수 없다.

완고한 수구 사상을 지닌 정부는 신사상을 고취하는 천두슈 선생 한 사람은 체포할 수 있었다. 하지만 신사상을 고취하는 허다한 사람을 모두 체포할 수는 없다. 나아가 설령 정부가 허다한 사람을 모두 체포한다 하더라도 그 허다한 사람의 정신은 손상시킬 수 없다.

오늘날 세계의 나라들이 만일 신사상으로써 개조된 신국가를 건설하지 않는다면 20세기에 살아남을 수 없을 것이다. 베이징 정부는 각성하고 그러한 사실을 깨달아야만 한다. 그리하여 아무런 죄가 없고, 단지 신사상을 지녔을 뿐이며, 또 신사상을 고취한 천두슈 선생을 석방하여야 한다. 그리하여 그가 자유롭게 신사상을 고취함으로써 중국 문명의 진보에 기여하도록 해야 한다. 아, 우리의 말이 또다시 우이독경(牛耳讀經)에 그칠 것인가?

출전 彭明 主編, 『中國現代史資料選輯』第一冊(1919-1923), 北京, 中國人民大學出版社, 1987, 李達, 「陳獨秀與新思想」.

내용 1919년 6월 24일 상해의 『민국일보』에 실린 리다(李達)의 논설이다. 5·4 운동으로 말미암아 중국의 정국이 급박하게 전개되는 가운데 베이징 정부가 천두슈를 체포하자 그의 석방을 촉구하는 내용을 담고 있다. 이에 앞서 6월 11일, 천두슈와 리다자오는 베이징 시내에서 군중을 향해 「베이징 시민 선언(北京市民宣言)」을 발표하였다. 대일 굴욕 외교를 비판하고 그 책임자인 차오루린(曹汝霖)·루쭝위(陸宗興)·장쭝샹(章宗祥) 등의 매국노 6인을 파면하라는 내용 등으로 되어 있었다. 리다의 글에는 신문화 운동에 있어 천두슈의 역할, 그리고 당시 중국 지식인 사회 내 천두슈의 위상 등이 잘 기록되어 있다.

『매주평론每週評論』의 간행사

독일이 세계 대전에서 패배한 이래 '공리(公理)가 강권(强權)에 승리하였다.'는 말이 모든 사람의 입에 회자되고 있다.

여러분은 무엇이 공리이고 무엇이 강권인지 알고 있는가? 간단히 말하여 무릇 자유와 평등에 합치되는 것이 공리이고 자신의 힘에 의지하여 타인의 자유와 평등을 침해하는 것이 강권이다.

독일은 자신의 학문 및 병력에 의지하여 각국의 자유와 평등을 침해하는 것을 일삼다가 오늘날 대패를 당하였다. 반면 공리에 대해 다소 이해하고 있던 협상국이 승리하였다. 그리하여 이를 두고 '공리가 강권에 승리하였다.'고 말하는 것이다.

이렇게 공리가 강권에 승리한 결과 세계 각국 사람들은 모두 명확히 알게 되었다. 대내적으로나 대외적으로나 강권은 믿을 것이 못 되며 공리를 추구하지 않으면 안 된다.

미국의 대통령 윌슨이 여러 차례 연설한 것은 모두 빛나는 진리이다. 그는 현재 세계 제일의 위대한 인물이다. 그가 말한 것은 많으나 그 중에 가장 중요한 것은 두 가지이다. 첫째는 어느 나라든 강권을 이용하여 다른 나라의 자유와 평등을 침해해서는 안 된다는 것이다. 둘째는 어느 나라의 정부이든 강권을 이용하여 국민의 자유와 평등을 침해해서도 안 된다는 것이다. 이 두 가지야말로 진정 공리를 강조하고 강권을 배격하는 것이 아닌가? 그래서 나는 그가 세계 제일의 위대한 인물이라 말하는 것이다.

우리가 발행하는 『매주평론』의 핵심 가치 역시, '공리를 주장하고 강권에 반대한다.'는 명제이다. 다만 앞으로 강권이 공리에 승리하지 않기를 바란다. 그리하면 인류에게 만세가, 우리 잡지에게 만세가 있을 것이다.

출전 彭明 主編, 『中國現代史資料選輯』 第一冊(1919-1923), 北京, 中國人民大學出版社, 1987, 陳獨秀, 「每週評論發刊詞」.

내용 『매주평론』은 주간으로서 1918년 12월 22일 베이징에서 창간되었다. 천두슈와 리다자오(李大釗)가 함께 주편을 맡았으며 후스(胡適)와 저우쭤런(周作人) 등이 참여하였다. 후스가 그 31호에 「문제를 많이 연구하고 주의는 조금만 말하자.」라는 논설을 발표하여 이른바 '문제와 주의 논쟁'을 촉발시켰던 사실은 잘 알려져 있다. 『매주평론』은 신문화 운동 및 5·4 운동에 많은 영향을 미쳤으나, 1919년 8월 31일 북양 군벌 정부에 의해 36호를 끝으로 폐간되고 말았다.

신문화 운동의 의의

근래 신문지상에 신사조를 해석한 몇 편의 글이 실렸다. 나는 이들 글을 읽고 그들이 내세운 신사조의 성격은 혹은 너무도 번쇄하고 혹은 너무도 애매모호하여, 신사조 운동에 대한 참되고 정확한 해석으로 볼 수는 없다고 생각한다. 신사조의 장래 추세를 제대로 지적하지도 못하였다. 예컨대 바오스지에(包世傑) 선생의 「신사조란 무엇인가?」라는 장문의 글은 신사조의 내용을 열거하는 데 얼마나 상세한가? 그러나 그는 결국 저 여러 가지 신사조의 공동 의의가 무엇인가를 명확히 해 준 바가 없다. 비교적 가장 간단한 해석은 나의 친구 천두슈 선생이 내세운, 『신청년』의 양대 죄목'이라고 생각한다. '『신청년』의 양대 죄목'은 실은 '신사조의 양대 죄목'이다. 하나는 덕 선생(데모크라시)을 옹호하고 다른 하나는 새 선생(사이언스)을 옹호하는 것이다. 천두슈 선생은 다음과 같이 말하였다.

"덕 선생을 옹호하려면 공자교(孔子敎)·예법(禮法)·정절(貞節)·옛 윤리·옛 정치를 반대하지 않을 수 없다. 또 새 선생을 옹호하려면 옛 예술·옛 종교를 반대하지 않을 수 없다. 덕 선생을 옹호해야 하고 또 새 선생을 옹호해야 하니 국수(國粹)와 옛 문학을 반대하지 않을 수 없다(『신청년』 6권 1호)."

이 말은 비록 간명하기는 하나 너무 애매모호한 점이 있어 좀 꺼려진다. 가령 어떤 사람이, '덕 선생과 새 선생을 옹호하려는데 왜 국수와 옛 문학을 반대해야 하는가?'라고 물으면, 물론 그 대답은 '국수와 옛 문학이 한 가지로 덕, 새 두 선생이 반대하는 것이기 때문이다.'라고 하게 된다. 또 '덕, 새 두 선생이 함께 반대하는 것을 왜 모두 반대해야 하는가?'라고 묻는다면, 이는 몇 마디의 애매모호하고 간단한 말로 대답할 수 있는 것이 아니다.

내 개인의 관찰에 따르면 신사조의 근본적 의의는 하나의 새로운 태도이다. 이러한 태도는 '비판적 태도'라 할 수 있다.

비판적 태도란 간단히 말해서 모든 일에 있어 좋고 좋지 않음을 다시금 분별하는 것이다. 자세히 말하면 비판적 태도는 다음과 같은 몇 가지 특별한 요구를 포함하고 있다.

(1) 관습적으로 전해 내려온 제도, 풍속에 대하여, '이러한 제도가 아직도 존재할 가치가 있는가?'라고 물어야 한다.

(2) 고대로부터 전해 내려온 성현의 교훈에 대하여, '이 말은 오늘날에도 아직 옳은 말인가?'라고 물어야 한다.

(3) 사회적으로 그럭저럭 공인된 행위와 신앙에 대하여, '여러 사람이 공인하고 있는 것이 혹시 틀린 것은 아닐까? 다른 사람이 이렇게 한다 하여 나도 그렇게 해야 하는가? 그것보다 더 좋고 더 이치에 맞고 더 유익한 것은 없을까?'라고 물어야 한다.

니체는 현대를 가리켜 모든 가치를 재평가하는 시대라고 하였다. '모든 가치를 재평가한다.'는 말은 비판적 태도의 가장 좋은 해석이다. 옛날 사람은 부녀의 발이 작을수록 아름답다고 하였다. 현재 우리는 전족이 아름답다고 보지 않을 뿐 아니라 쉽게 말해 참혹하고 비인도적이라고 말한다. 10년 전엔 개인 집이나 가게에서 모두 아편을 가지고 손님 접대를 하였다. 현재 아편은 금지품이 되었다. 20년 전 캉유웨이(康有爲)는 홍수와 맹수나 마찬가지인 유신당(維新黨)이었다. 현재 캉유웨이는 늙은 골동품으로 변하고 말았다. 캉유웨이가 변한 것이 아니라 평가하는 사람이 변했기 때문에 그의 가치도 따라서 변한 것이다. 이를 두고 모든 가치를 재평가하는 것이라 한다.

내 생각으로는 현재 이른바 신사조에는 아무리 서로 일치하지 않더라도 근본적으로 공통된 점, 즉 비판적 사고가 있다. 공자교(孔子敎)에 대한 토론은 공자교의 가치를 재평가해야 한다. 문학의 평론은 옛 문학의 가치를 다시금 평가해야 한다. 정조에 관한 논의는 현대 사회에 있어서 정조 도덕의 가치를 재평가해야 한다. 옛 희극에 대한 평론은 옛 희극이 지닌 오늘날의 문학적 가치를 재평가해야 한다. 예교(禮敎)에 대한 토론은 고대의 예교와 윤리가 오늘날에 어떤 가치를 지니고 있는가 토론해야 한다. 여자의 문제는 여자의 사회적 가치를 다시금 평가해야 한다. 정부가 있는 것과 무정부에 대한 토론, 사유 재산의 공유에 대한 토론은 정부 및 재산 등의 제도가 오늘날 사회에 있어서 지니는 가치를 다시금 평가해야 한다. 더 나아갈 필요도 없이 위의 예로써 그러한 비판적 태도가 신사조의 공통 정신임을 충분히 증명할 수 있다.

이와 같은 비판적 태도가 실제로 표현될 때 두 가지 추세가 있다. 한편에서는 사회적, 정치적, 종교적, 문학적인 여러 가지 문제를 논의하는 것이다. 다른 하나는 서양의 신사조, 신학술, 신문학, 신신앙을 소개하는 것이다. 전자는 문제의 연구이고 후자는 학술 이론의 수입이다. 이 두 가지가 신사조의 수단이다.

우리는 최근 2, 3년 이래의 신잡지와 신문을 아무렇게나 뒤져봐도 이

두 가지 주제를 찾아볼 수 있다. 문제의 연구라는 면에서 우리는 다음과 같은 것을 지적할 수 있다. ① 공자교 문제, ② 문학 개혁 문제, ③ 중국어의 통일 문제, ④ 여성 해방 문제, ⑤ 정조 문제, ⑥ 예교 문제, ⑦ 교육 개혁 문제, ⑧ 결혼 문제, ⑨ 부자 관계 문제, ⑩ 희극 개혁 문제 등이 그것이다. 학술 이론의 수입이란 면에서는 『신청년』의 「입센 특집」, 「마르크스 특집」, 『민탁(民鐸)』[80]의 「현대 사조 특집」, 『신교육』[81]의 「듀이 특집」, 『건설』[82]이 제기한 「전민 정치(全民 政治)」라는 이론, 그리고 『베이징 농보(北京農報)』, 『국민공보(國民公報)』, 『매주평론(每週評論)』, 『상하이성기평론(上海星期評論)』, 『시사신보(時事新報)』, 『해방과 개조』, 『광저우민풍주간(廣州民風週刊)』 등의 잡지가 소개한 여러 가지 서양 신학설 등이다.

무엇 때문에 문제를 연구하는가? 왜냐하면 우리 사회는 현재 근본적으로 동요하는 시기에 처해 있기 때문이다. 많은 풍속과 제도가 종전에는 문제를 발생시키지 않았는데 현재는 시세의 수요에 적응하지 못하여 사람을 만족시켜 주지 못하여 모두 점점 곤란한 문제로 변해가고 있다. 옛날의 해결법에 잘못이 있는가 없는가, 만약 잘못되었으면 무엇이 잘못인가, 잘못이 밝혀졌다면 더 나은 해결 방법이 무엇인가, 현대의 요구에 부응할 수 있는 무슨 방법이 없을까 등을 철저히 연구하고 따져 보아야만 한다.

예컨대 공자교 문제 같은 것은 전에는 아무런 논란의 대상이 아니었다. 그런데 동방 문화와 서양 문화가 서로 접근하며 공자교의 세력이 점점 쇠

---

80 『民鐸』: 신문화 운동 시기에 간행된 잡지로서 1916년 6월 東京에서 창간되었다. 중국 유학생 조직인 學術研究會가 주간이 되어 처음에는 계간이었으나 이윽고 월간, 격월 간으로 바뀌었다. 1918년 12월부터는 上海로 이전하여 출판하였으며 1931년 1월에 폐간되었다.

81 『新教育』: 1919년 上海에서 창간된 잡지. 蔣夢麟이 主編을 담당하였으며 1925년 10월에 폐간되었다.

82 『建設』: 孫文이 영도하는 中華革命黨이 上海에서 간행한 잡지. 朱執信, 廖仲愷가 主編을 담당하였으며 1918년 8월에 창간되어 1921년 12월에 폐간되었다.

퇴하였다. 이에 공자교를 믿는 사람들이 정부 법령의 권위를 가지고 공자
교의 세력을 회복하고자 하는 망상을 펼치려 하고 있다. 그러한 고압적 수
단이 오히려 일종의 회의적 반동을 불러올 수 있다는 사실은 몰랐다. 그러
므로 1915년부터 1916년까지 공자교 집단의 활동이 가장 활발하였을 때
공자교에 반대하는 사람도 가장 많았다. 공자교의 문제가 사회적으로 떠
오른 것도 이때였다. 현재 사리에 밝은 대다수 사람들은 이미 공자교에 대
한 미망을 버렸으니 이 문제는 장차 점점 더 논란 거리가 아니게 될 것이
다. 그러니 안복구락부(安福俱樂部)[83]의 국회 의원들이 공자교를 수신의 근
본으로 삼는다는 의안을 통과시켰을 때 국내 누구도 그것을 따지려 들지
않았다.

또한 문학 혁명의 문제 같은 것도 종전의 교육은 소수 독서인의 특별한
권리였기 때문에 제기되었다. 당시 대다수 국민은 교육과 무관한 상태였
기에 문자의 어려움은 아무 문제가 되지 않았다. 하지만 오늘날 교육은 모
든 국민의 공공 권리가 되었다. 사람마다 교육을 소홀히 해서는 안 된다는
것을 잘 알고 있다. 그리하여 한문이 교육에 적절하지 않다는 사실을 인식
하게 되었다. 이에 한문과 백화(白話)가 문제로 떠오른 것이다.

…(후략)…

출전 민두기 편역, 『胡適文選』(삼성문화문고, 서울, 삼성문화재단, 1972), 「新思潮
의 意義」.

내용 1919년 11월에 후스(胡適)가 작성한 논설이다. 5·4 운동의 흥분이 일단
가라앉은 시점에서 후스는 5·4 운동을 촉발하는 사상적 토대가 되었던 신문

---

83 安福俱樂部 : 1918년 3월에 결성된 段祺瑞의 皖系 군벌에 부회하는 정객 집단의 조직.
徐樹錚, 曾宗鑑 등이 주축을 이루었다. 이들에 의해 좌우된 당시의 국회도 安福國會라
불렸다. 1920년 直皖戰爭이 발생하고 直系가 승리하여 北京을 장악하자, 段祺瑞의 사
직에 따라 安福國會가 해산되고 安福俱樂部 역시 와해되었다.

화 운동을 결산하고 있다. 당시 문제와 주의 논쟁이 촉발되어 이전까지 단일의 대오를 이루었던 신문화 운동에 균열이 발생한 상태였다. 이 글은 신문화 운동에 대해 자유주의적 견지에서 결산하고 평가하는 성격을 지니고 있다. 따라서 모호한 '주의'보다 구체적인 '문제'의 해결에 주력해야 한다는 후스의 입장이 잘 나타난다. 천두슈 등은 신문화 운동의 성격과 의미를 두고 '민주와 과학'이라는 양대 가치의 제창에 주목한다. 이에 반하여 자유주의자인 후스는 '비판적 태도'라는 정신적 자세를 지적하고 있다.

파리 강화 회의에 대한 항의

재경국민외교협회(在京國民外交協會)[84]는 외교적 현안에 집중하고 있다. 최근 산둥(山東) 문제의 형세가 긴박하다. 협회는 어제 대표 몇 명을 파견하여 총통[85]과 면담하고 당국의 이 문제에 대한 대처 방안을 질문하였다. 아울러 강화 회의 대표단에게 전보를 보내 힘써 투쟁하며 결코 양보하지 말라고 주문하였다. 총통은 신중히 처리하겠다고 답변하였다. 또한 협회는 어제 파리 강화 회의의 4개국 대표 및 중국의 전권 대표에게 각각 아래와 같은 내용의 전보를 보냈다.

4개국 대표에게 보내는 전보

---

84 在京國民外交協會 : 中國國民外交協會의 異稱, 1919년 2월 16일 外交研究會·外交後援會·商會·尚志學會·蘭社·財政金融學會 등 6개 학회가 연합하여 결성한 단체. 張謇·熊希齡·林長民 등에 의해 주도되었으며 중국 내 세력 범위의 철폐, 불평등 조약의 폐기 등을 주장하였다.

85 1918년 10월 이래 재직하였던 段祺瑞系의 徐世昌을 가리킨다.

윌슨 대통령, 클레망소 수상, 로이드 조지 수상, 오를란도 수상께,[86]

우리는 독일이 산둥성에서 취득한 권익을 직접 중국에 돌려줄 것을 거듭 요구합니다. 중국의 역사상 신성한 땅인 산둥성을 독일이 물러간 후 일본인에게 내주어 점령하게 한다면, 중국은 무엇하러 세계 대전에서 협상국에 가담한 것인가요? 이번의 평화 회의가 진정 공리(公理)에 따른 것인가요? 아니면 강권(强權)에 따른 것인가요? 이번의 세계 대전은 만국의 공리를 지키기 위한 것이었습니다. 그런데 어찌하여 일본으로 하여금 중국 고유의 권리를 침탈하게 할 수 있습니까? 중국을 침략하기 위해 체결한 모든 밀약을 우리는 인정할 수 없습니다. 1915년 일본이 프러시아 정책의 일환으로 중국을 압박하여 체결한 중일 협약은 무효입니다. 1918년 9월 중국의 주일 공사는 정부의 승인과 국회의 동의를 받지 아니한 채 일본과 밀약을 체결하였습니다.[87] 이 역시 국민에 의해 취소되었습니다. 우리는 여러분께 공정한 화평을 이뤄주실 것을 간절히 요청드립니다. 대란이 발생하지 않도록 해 주십시오. 만일 평화 조약에서 일본으로 하여금 산둥성 권익을 가져가게 한다면 우리는 결코 인정하지 않겠습니다. 설령 강권으로 압박한다 할지라도 우리 나라 4억 국민은 맹세코 전력을 다해 저항하며 전세계 여론에 호소할 것입니다. 중국국민외교협회 타전, 5월 1일.

루정샹(陸徵祥) 및 기타 대표에게 보내는 전보

파리 주재 중국 공사관의 루정샹 선생 및 기타 대표께,

---

86 파리 강화 회의를 주도한 우드로 윌슨 미국 대통령, 조르주 클레망소 프랑스 수상, 데이비드 로이드 조지 영국 수상, 비토리오 에마누엘레 오를란도 이탈리아 수상을 가리킨다.

87 駐日公使 章宗祥과 日本外相 後藤新平가 서명한 「解決山東懸案換文」을 가리킨다. 이 비준 과정에서 章宗祥은 유명한, '일본 정부의 제안에 흔쾌히 동의한다(欣然同意日本政府之提議)'라는 답신을 보냈다.

일본 대표가 칭다오(靑島) 및 산둥 철도를 강제로 점거하려 한다는 소식을 들었습니다. 아울러 강화 회의에서 1915년의 중일 협약 및 1918년의 밀약을 승인하려 한다고 합니다. 어떠한 이유로든 우리는 이 요구를 승인할 수 없습니다. 전력을 다해 저항해 주십시오. 만일 평화 조약에서 이들 요구를 승인하게 된다면 여러분을 절대 서명해서는 안 됩니다. 그렇지 않으면 국권을 상실한 책임을 모두 여러분이 지게 될 것입니다. 또한 여러분은 무수한 견책을 받을 것입니다. 우리 국민은 자해하는 조약에 서명할 수 없습니다. 만일 열강 정부가 세계 대전 이전의 상황으로 복귀하고자 한다면, 그리고 강권으로 공리를 누르고자 한다면 그리해도 좋습니다. 하지만 우리 국민은 결코 동조하지 않을 것입니다. 전세계 인민의 여론에 의지하여 해결할 것입니다. 여러분은 국가를 위해, 그리고 여러분 자신을 위해, 우리가 수 차례 보낸 경고를 무시하지 말기 바랍니다. 중국국민외교협회 타전, 5월 1일.

출전 彭明 主編,『中國現代史資料選輯』第一冊(1919-1923), 北京, 中國人民大學出版社, 1987, 「國民外交之奮起」.

내용 파리 강화 회의는 1919년 1월에 개최되었다. 중국 대표단은 '21개조는 최후 통첩의 위협에 따른 것으로서 무효이며, 중국이 독일에게 선전포고했으므로 독일과의 조약은 효력을 상실하였다. 독일의 산둥 권익은 중국에게 직접 반환되어야 한다.'고 주장하였다. 하지만 일본은 대전 종결 후의 협약에 대비하여 치밀하게 준비를 마친 상태였다. 우선 중국의 참전 선언에 앞서 영국·프랑스·러시아·이탈리아와, '향후 강화 회의에서 독일 권익을 무상으로 일본에게 양도하기로 한다.'는 비밀 약속을 받아두었다. 또 중국이 참전한 후인 1918년 9월 산둥 문제에 관한 밀약을 돤치루이(端祺瑞) 정부와 체결해 둔 상태였다. 이러한 일본의 사전 조치로 말미암아 파리 강화 회의에서 중국의 요구는 받아들여지지 않았다.

파리 강화 회의의 결정에 대한 투쟁의 호소문

어제 량치차오(梁啓超) 선생이 파리에서 전보를 보내왔다. 이에 의하면 칭다오(青島) 문제는 일본 대표단이 강력하게 주장한 결과 영국과 프랑스가 그쪽으로 기울어져 장차 직접 일본에게 넘겨줄 것이라고 한다.

아아! 이것이야말로 우리 나라 국민 모두가 국가 권익의 회복을 위해 부르짖어야 할 일이 아니던가? 응당 독일이 직접 우리 나라에 넘길 것을 주장하고, 일본에게 독일이 약탈한 권익을 승계할 권리가 없다고 외쳐야만 할 것이다. 이는 우리 정부나 우리 대표단이 우리 나라 모든 인민의 의견을 대표하지 아니한 채 멋대로 결정하여 외국과 결정한 결과이다. 만일 그대로 된다면 쟈오저우(膠州)는 없는 것이나 마찬가지이다. 산둥도 없는 것이나 마찬가지이다. 중국은 나라도 아닌 것이 될 것이다. 나는 이 불행한 소식을 사실 며칠 전에 듣고 있었다. 그러다 량치차오 선생의 전보로써 확실한 상황을 알게 되었다. 이러한 방침은 얼마 전 4개국 회의에서 이미 결정되었다고 한다. 극동 지방에 있는 독일의 권익은 5개국의 협의에 의해 처리하되 관련 당사국의 동의를 구하기로 하였다.[88] 우리가 요구하는 것은 5개국의 협의를 통해 우리 나라에 넘겨주는 것이다. 그런데 어찌 해야 그 정세를 바꿀 수 있을지 알 수 없도다.

또 듣자 하니 일본이 주장하는 이유는 다름이 아니라 1915년의 21개조 및 1918년의 쟈오저우와 관련한 교환 공문[89] 및 철로에 관한 협정 초안[90]

---

[88] 여기서 4개국은 미국·영국·프랑스·이탈리아를 가리키며, 5개국은 여기에 일본을 더한 것이다.

[89] 「關于交還膠澳之換文」을 가리킨다. 제1차 세계 대전의 종결 후 膠州灣 조차지의 일본 귀속을 내용으로 한 것이었다.

[90] 중국 정부가 일본으로부터 차관(西原借款)을 들여와 滿蒙의 4개 철로 노선 및 山東의 濟南으로부터 直隷의 順德府에 이르는 철로, 山東의 高密로부터 江蘇의 徐州에 이르는 2개 철로 노선을 부설한다는 내용이었다.

이라고 한다. 슬프도다! 21개조는 협박에 의한 것이며, 쟈오저우와 관련한 교환 공문은 철로 부설을 확정 짓기 위한 전제일 따름이었다. 결코 쟈오저우를 일본으로 귀속시키는 조치의 근거가 될 수 없다. 지난(濟南)과 순더(順德) 사이의 철로 및 가오미(高密)와 쉬저우(徐州) 사이 철로의 협정 초안은 예비 조사를 위한 것이었다. 아직 정식으로 타결된 협정이 아니다. 더욱이 이들 모두 우리 국민이 승인할 수 없는 것이다.

나라가 곧 망하려 한다. 우리 4억의 국민은 죽음을 맹세코 투쟁에 나서기 바란다.

출전 彭明 主編, 『中國現代史資料選輯』 第一冊(1919-1923), 北京, 中國人民大學出版社, 1987, 林長民, 「外交警報敬告國民」.

내용 제1차 세계 대전이 종결된 후 그 뒤처리를 위한 파리 강화 회의가 개최되자 중국도 대표단을 파견하였다. 중국의 대표단, 즉 전권 대사에게 부여된 최대의 현안은 산둥 반도의 독일 권익을 중국으로 직접 반환하게 하는 것이었다. 그러나 이러한 중국의 기대와는 달리 파리 강화 회의에서 산둥 권익을 일본에 넘기기로 했다는 소식이 1919년 5월 1일 베이징에 전해졌다. 그러자 각계 각층 사이 격분의 소리가 터져 나왔다. 또 회의 상황이 알려지며 일본과의 밀약, 그리고 베이징 정부가 비밀에 붙이고 있었던 교환 공문의 존재도 밝혀졌다. 이러한 동요, 그 중에서도 가장 격분한 청년 학생들의 동향이 5·4운동으로 이어지기에 이른다.

베이징 정부의 학생운동 탄압

대총통이 명령을 내린다. 내무총장(內務總長) 쳰넝쉰(錢能訓)에 따르면 수도 경찰청의 총감(總監) 우빙샹(吳炳湘)이 다음과 같이 보고하였다고 한다.

"지난 4일 베이징 대학 등 13개 학교의 학생 약 3천여 명이 손에 흰 깃발을 들고 톈안문(天安門) 광장에 운집하였다. 이어 대열의 행진 방향을 결정하였다. 대열은 먼저 둥쟈오민항(東交民巷)의 서쪽 출입구에 이르러 공사관 경비병의 제지를 받자 마침내 교통총장 차오루린(曹汝霖)의 자택으로 갔다. 그곳에서 돌을 집어 던지고 막대기를 들어 사람을 구타하였다. 경찰과 군대가 가로막았으나 아랑곳하지 않았다. 얼마 후 거리 쪽으로 나 있는 창문을 깨고 벌떼처럼 우르르 몰려 들어갔다. 이어 집기를 부수고 집을 불살라 버렸다. 주일 공사인 장쭝샹(章宗祥)도 구타를 당하여 심한 부상을 입었다. 경비병들도 구타로 인해 중상을 당하였다. 이에 당시 소란을 피웠던 학생 수십 명을 체포하여 경찰청에서 심문한 다음 법원으로 이송하여 재판을 받게 하였다."

학교를 설립하는 것은 인재를 배양하여 미래에 국가사를 담당하게 하기 위해서이다. 학교의 재학생은 아직 청년이라서 인품이 성숙된 상태는 아니다. 마땅히 학업에 매진하여야 한다. 정치에 간여하고 치안을 소란시켜서야 되겠는가? 현장에서 소란을 피운 모든 학생은 마땅히 경찰청에서 법정으로 넘겨 법대로 처벌을 받아야 한다. 하물며 수도는 수선(首善)의 지역[91]이다. 각 학교의 학풍(學風)을 서둘러 바로잡아야 한다. 담당 기관은 이번 소동의 실상을 명확히 조사하고 그 처리에 대해 승인을 받으라. 아울러 수시로 정성을 다해 감독하며 적절히 훈도하도록 하라. 그리하여 잘 깨우쳐서 향후 좋은 인재로 성장할 수 있게 함으로써 국가가 인재를 양성하는 뜻을 저버리지 않도록 하라.

출전 彭明 主編, 『中國現代史資料選輯』第一冊(1919-1923), 北京, 中國人民大學出版社, 1987, 「徐世昌嚴禁學生干涉政治幷將被捕學生送交法庭令(5月8日)」.

---

[91] 首善의 지역(首善之區) : 가장 좋은 땅, 교화의 모범이 되는 지역. 수도를 가리킨다.

내용 1919년 5월 4일 베이징의 학생 운동, 즉 5·4 사건의 대략적인 전말과 그에 대한 베이징 정부의 처리 방침을 보여준다. 교통총장 차오루린은 21개 조 요구안이 제기되었을 때 외교차장의 직위에 있었다. 또한 이른바 니시하라(西原) 차관의 절충에 있어서도 주역을 담당했던 인물로서 돤치루이 내각의 친일 정책을 주도한 핵심 인사였다. 그는 니시하라 차관 당시의 주일 공사 장쭝샹, 21개조 요구안 당시의 주일 공사 루쭝위(陸宗輿)와 함께 3인의 매국노로 지목되고 있었다. 베이징 정부 당국은 5·4 사건이 벌어지자 학생 32명을 체포하고 엄정한 처리 방침을 천명하였다.

톈진天津 학생들의 동맹 휴학 선언

아아, 슬프도다! 우리 나라는 더 이상 나라도 아니게 되었다. 우리 국민은 더 이상 국민도 아니게 되었다. 매국노들이 일본에 아첨하기 위해 우리 지린(吉林) 삼림 지역의 금광, 난징(南京)의 철로, 안후이(安徽)의 동광(銅礦), 다구(大沽)의 조선소, 한야평공사(漢冶萍公司)를 모두 두 손 모아 일본인에게 바쳤다.[92] 다만 자기네 이익만을 챙기고 우리 조상들이 건립한 보물은 돌아보지 않았다.

최근 칭다오(青島) 문제의 변질도 진실로 일본인이 우리를 업신여긴 결과물이기는 하나, 실은 이 또한 매국노들이 무력으로 국내 여론을 윽박질렀기에 초래된 것이다. 나아가 일본에 넘긴 가오쉬(高徐), 순지(順濟)의 2개 철로 노선[93]은 족히 산둥(山東) 일대를 제압할 수 있는 것이자 직예(直隸) 일

---

92 1917년부터 1918년까지 이른바 大借款(西原借款)을 들여오기 위해 일본에 넘겨준 이권을 가리킨다.

93 高密(山東)로부터 徐州(江蘇), 濟南(山東)으로부터 順德府(直隸)에 이르는 철로 노선을 가리킨다.

대의 생명선과도 같다. 그 외곽으로는 길회철로(吉會鐵路)[94]와 남심철로(南潯鐵路)[95]가 이어진다. 나아가 이번에는 4억원의 대차관을 들여오며 토지세를 그 담보물로 제공하였다.

아, 슬프도다! 매국노들은 죽어서 그 육신을 먹어버려야 한다. 얼마 전 일본 유학생들이 절박한 애국심으로 무리 지어 일본 대리공사인 좡징커(莊景珂)에게 면담을 요구한 바 있다. 이에 좡징커는 거절하고 모습을 나타내지 아니한 채 일본의 경찰과 군대를 동원하여 공사관 내외를 막아버렸다. 마치 적을 대하듯 한 것이다. 뿐만 아니라 일본 경찰과 군대가 말 타고 유학생들을 밀어붙이며 유혈낭자하게 칼을 휘두르는 바람에 30여 명이 부상을 당했다. 그 중 10여 명은 중상을 당해 위중한 상태이다.[96] 심지어 당시 유학생들이 손에 들고 있던 국기도 탈취되는 수모를 당하였다. 이날 체포되어 감옥에 수감된 학생은 모두 50여 명인데, 그 중 아직 감옥에 남아 끝 모를 고통을 겪고 있는 사람이 약 10여 명이다. 진실로 우리 나라는 막심한 치욕을 당하였다.

수도 베이징의 학생들은 머잖아 나라가 망하고 영영토록 회복되지 못하게 되지 않을까 두려운 마음에 의분으로 가득 차게 되었다. 또한 우리 나라가 받은 치욕을 견딜 수 없어 일어나 매국노와 목숨을 다해 싸우고자 하였다. 원수를 제거하여 나라를 구하고자 한 것이다. 이에 매국노 등은 마침내 경찰에 명하여 학생들을 체포하고 귀친광(郭欽光)[97]을 구타하여 죽음

---

94 吉會鐵路 : 吉林省의 吉林으로부터 朝鮮의 회령(會寧)을 잇는 철로.

95 南潯鐵路 : 江西省의 九江으로부터 南昌을 잇는 철로.

96 1919년 5월 9일에 발생한 사건이었다.

97 郭欽光(1895~1919) : 5·4 운동 당시 北京大學의 재학생으로 시위 참가의 후유증으로 사망하였다. 폐병을 앓고 있는 몸으로 5·4 운동에 적극적으로 참여하였다가 趙家樓(曹汝霖의 주택)에서 당국이 학생을 잔혹하게 진압하는 모습에 격분하여 咯血하게 되었다. 이로 말미암아 병세가 악화되어 5월 7일 병사하였다.

에 이르게 하였다. 매국노들의 방장한 횡포가 우리 국민에게 재앙을 미치고 있는 것에 대해 어찌 이루 다 말할 수 있으리오? 또 이에 대해 어느 누가 참을 수 있으리오?

이 때문에 베이징에 있는 27개 학교의 학생들은 모두 동맹 휴학에 돌입하였다. 상하이에서도 이에 동참하였으며 후난(湖南)·후베이(湖北)·난징(南京)의 학생들도 애국의 열정으로써 동맹 휴학을 결정하였다. 톈진 학생들이 이 의로운 일에서 뒤로 물러날 수 있으랴? 떨치고 일어나 베이징과 상하이의 뒤를 잇도록 하자! 전국의 학생과 대오를 함께 하여 의연하게 일본에게 저항하자! 아울러 매국노를 모두 죽이고 망국의 위기에서 나라를 구하자! 이것이 우리 청년들이 마땅히 해야 할 일이다. 원컨대 우리 4억의 동포들이여, 속히 각성하여 외교의 실패를 만회하고 내정의 개혁을 도모하자! 그리해야 우리 나라가 잘 될 것이다. 그리해야 우리 나라가 잘 될 것이다.

출전 彭明 主編, 『中國現代史資料選輯』第一冊(1919-1923), 北京, 中國人民大學出版社, 1987, 「天津學生聯合會罷課宣言書」.

내용 1919년 5월 14일, 베이징 정부는 학생 운동에 대해 강경한 방침을 천명하고 나섰다. 학생 운동 금지령을 발포하고 사표를 제출한 차오루린(曹汝霖)과 루쭝위(陸宗輿)를 유임시켰다. 또한 파리 강화 회의의 결정을 조인하기로 결정하였다. 이에 여론이 요동치고 베이징 학생들은 격분하였다. 베이징 학생들은 18일 긴급 회의를 개최하고 이튿날인 19일부터 동맹 휴학에 들어가기로 결정하였다. 이 동맹 휴학은 전국으로 확산되어 갔다. 각지 학생들은 강연단을 조직하여 국가의 위기를 고취하는 한편 일본 상품을 배격하는 운동을 전개하였다.

문제와 주의 논쟁

이 잡지 제28호에서 나는 다음과 같이 말한 바 있다.

"현재의 여론이 지니고 있는 큰 위험은, 공허한 학설에 편향되어 궁극적으로 오늘날 중국에 필요한 것이 무엇인가 라는 문제를 실질적으로 고찰하지 않는 데 있다. 공자를 존숭하고 하늘에 제사 지내자고 부르짖는 사람들은, 진실로 현재의 사회적 수요를 이해하지 못하고 있다. 그렇다면 저들 군국주의나 무정부주의를 맹신하는 사람들은 현재의 사회적 수요를 이해한다고 말할 수 있을까?

여론을 주도하는 지식인들은 사회의 실제 모습을 세심하게 고찰해야만 한다. 일체의 이론이나 일체의 '주의'는 그러한 고찰의 도구일 뿐이다. 이론을 단지 참고 자료로 삼아야만 우리는 고찰한 상황을 정확하게 이해할 수 있다. 그리하여 어떠한 상황이 무슨 의의가 있는지, 또 어떠한 조치 방법을 사용해야 하는지 명확히 파악할 수 있다."

이러한 주장에 대해 많은 사람들이 불편하게 여길 것이다. 그런데 며칠 전 『베이징공언보(北京公言報)』·『신민국보(新民國報)』·『신민보(新民報)』(이들은 모두 安福俱樂部의 신문이다.) 및 일본어의 『신지나보(新支那報)』는, 안복구락부(安福俱樂部)의 수령 왕이탕(王揖唐)[98]이 펼친 민생주의의 연설에 대해 모두 극력 찬동하였다. 아울러 안복구락부가 설립한 민생주의연구회에 대해 극력 찬양하는 기사를 적었다. 많은 사람들은 본분을 속이고 유행에 따르는 이러한 행위에 대해 조소를 금치 못하였을 것이다. 그런데 나는 이 소식을 듣고 퍼뜩 하나의 생각이 떠올랐다. 무슨 생각인가 하면, '안복구락부

---

98 王揖唐(1877~1948) : 安徽 合肥 출신으로 일본에 유학하여 日本 陸士를 거쳐 法政大學에서 수학하였다. 1907년 귀국하여 端祺瑞 내각에서 內務總長을 역임하였으며 1928년 北伐 이후에는 天津의 일본 租界에 은신하였다. 중일전쟁 발발 후 汪精衛 괴뢰 정부에 가담하여 考試院長을 지냈다. 終戰 후 체포되어 北京에서 총살형에 처해졌다.

도 민생주의를 소리높여 외치고 있는데, 이것이 여론을 주도하는 신지식인에게 하나의 교훈을 주기에 충분하지 않을까?'라는 것이었다. 무슨 교훈을 말하는 것인가? 이에 대해 다음 세 가지로 얘기해 보겠다.

첫째로 듣기 좋은 '주의'를 헛되이 얘기하는 것은 극히 쉬운 일이다. 아무 사람이나 다 할 수 있는 일이고 앵무새나 축음기도 모두 할 수 있는 일이다.

둘째로 외국에서 수입된 '주의'를 헛되이 얘기하는 것은 아무 쓸 데도 없는 일이다. 주의란 것은 모두 어느 때 어느 지역의 뜻있는 사람이 그때 그 지역의 사회적 필요에 따라 제기한 방법론이다. 우리는 현재 우리 사회가 직면한 사회적 수요를 실질적으로 연구해야 한다. 단지 무슨 무슨 주의만 소리 높여 말해서는 안 된다. 의사가 단지 허다한 모범 처방전만 나열해 두고 환자의 증상에 대해서는 진찰하지 않아서야 되겠는가?

셋째로 공허한 '주의'에 편향되는 것은 위험하다. 이러한 헛된 말은 수치를 모르는 정객에 의해 여러 가지 해악을 끼치는 일에 이용될 가능성이 다분하다. 유럽의 정객과 자본가들이 국가주의를 이용하는 폐해에 대해서는 모두 잘 알고 있을 것이다. 오늘날 중국의 정객들 또한 무슨 무슨 주의를 이용하여 사람들을 기만하고 있다. 롤랑 부인[99]은 '자유여! 자유여! 천하의 죄악은 모두 너의 이름을 빌어 행해졌다.'라고 말한 바 있다. 일체의 듣기 좋은 주의는 모두 이러한 위험을 안고 있다.

위의 세 가지를 합해 보면 '주의'의 성격을 알아차릴 수 있다. 모든 주의란 것은 시세에 응하여 생겨났다. 어떠한 사회이든 어느 시대에 다다르면 어떠한 영향을 받아 어떠한 부족한 점이 드러나게 된다. 그리하여 일부 뜻있는 사람들은 이러한 현상을 살펴보고 어떠한 대책을 생각해 낸다. 이것

---

99 롤랑 부인(Marie-Jeanne Manon Roland de la Platière, 1754~1793) : 프랑스의 작가이자 프랑스 혁명의 지도자. '지롱드파의 여왕'이라는 별명을 지녔으며 공포 정치에 의해 39세의 나이로 단두대에서 처형되었다.

이 '주의'의 기원이다. 주의는 처음 발생할 때 모두 그 시대의 문제에 대처하는 구체적 주장이었다. 그런데 시간이 흘러 이 주장이 전파되기 시작하고, 또 전파하는 사람이 간편을 도모하기 위해 몇 개 글자를 사용하여 이 구체적 주장을 호칭하였다. 그리하여 무슨 무슨 주의라고 불렀다. 주장이 주의로 변모하며, 곧 구체적 계획이 하나의 추상적 명사가 되었다.

주의의 약점과 위험이 바로 여기에 있다. 세상에 하나의 추상 명사로서 어떠한 사람, 어떠한 파벌의 구체적 주장을 모두 포괄할 수 있는 단어는 없다. 예컨대 사회주의란 명사가 있지만 마르크스의 사회주의와 왕이탕(王揖唐)의 사회주의는 다르다. 당신의 사회주의와 나의 사회주의도 다르다. 결코 사회주의라는 하나의 추상 명사로 다 담아낼 수 없다. 당신이 말하는 사회주의는 당신의 사회주의이고, 내가 말하는 사회주의는 나의 사회주의이다. 왕이탕은 또 그 자신의 사회주의를 말한다. 하나의 명사를 사용하지만 중간에 7, 8세기가 떨어져 있을 수 있고, 또 중간에 3만 리가 떨어져 있을 수 있다. 그러니 당신이나 나나, 또 왕이탕이나 모두 스스로 사회주의자라고 말하지만, 모두 이 추상 명사 하나를 가지고 남을 속이는 것이다. 이것이야말로 '주의'가 지닌 크나큰 약점이자 크나큰 위험이 아니겠는가?

또한 현재 사람마다 입에 올리고 있는 '과격주의'라는 말을 예로 들어 보겠다. 오늘날 중국에서 이 명사가 어떠한 의미를 지니고 있는지 몇 명이나 알고 있을까? 그런데 모두 통탄하며 과격주의를 매도한다. 내무부는 과격주의를 엄금하는 명령을 내렸고 차오쿤(曹錕)도 공문을 내려 과격주의를 엄격히 금지하였다. 루융샹(盧永祥)[100]도 과격주의를 단속하라는 훈시를 내렸다. 몇 달 전에는 베이징의 몇몇 노관료가 술자리에서, '유감스러운 일이다. 과격파가 중국에도 영향을 미치기 시작했다.'라고 탄식하며 말했다고 한다. 또 며칠 전에는 소관료 하나가 내가 휘호를 적은 부채를 보고 나서,

---

100 盧永祥(1867~1933) : 皖系, 즉 端祺瑞派의 군벌.

'이것은 과격당 후스가 아니던가?'라고 큰 소리로 말했다고 한다. 우습도다! 이것이 바로 '주의'의 용도로구나!

나는 주의를 소리 높여 말하는 것이 위험하다고 생각한다. 그래서 오늘날 여론을 주도하는 지식인 동지들에게 간곡히 권한다. "청컨대 여러분은 문제에 대해 많이 제기하고 공허한 주의는 조금 덜 말해 달라."

또 한 걸음 더 나아가 말한다. "청컨대 여러분은 이 문제는 어떻게 해결하고 저 문제는 또 어떻게 해결할까에 대해 더 많이 연구해 달라. 이 주의는 얼마나 신기하고 저 주의는 또 얼마나 오묘한지에 대해서 소리 높여 말하지 말아 달라."

오늘날 중국에는 시급히 해결해야 되는 문제가 참으로 많다. 인력거를 끄는 사람의 생계 문제로부터 대총통의 권한에 관한 문제에 이르기까지, 그리고 매춘 문제로부터 관직을 팔고 나라를 파는 문제에 이르기까지, 안복구락부를 해산시키는 문제로부터 국제 연맹에 가입하는 문제에 이르기까지, 여성 해방의 문제로부터 남성 해방의 문제에 이르기까지 문제가 허다하다. 어느 것 하나 시급한 해결을 요하지 않는 문제가 있는가?

그런데 우리는 인력거를 끄는 사람의 생계는 연구하지 아니하고 도리어 사회주의를 소리 높여 말한다. 여성을 어떻게 해방시킬 것인가, 가족 제도를 어떻게 바로잡을 것인가는 연구하지 아니하고, 도리어 공처주의(公妻主義)[101]와 자유 연애를 소리 높여 말한다. 어떻게 안복구락부를 해산시킬 것인가, 남북 문제[102]를 어떻게 해결할 것인가 연구하지 아니하고 도리어 무정부주의를 소리 높여 말한다. 그리고 의기양양한 태도로 자랑스럽게, '우리가 말하는 것은 근본적인 해결이다.'라고 말한다. 솔직하게 말하여 이러

---

101 公妻主義 : 一夫一妻의 가족 제도를 반대하고 집단 혼인을 주장하는 것. 극히 일부의 공상적 사회주의자들이 제기한 바 있다.

102 남북 문제 : 북방의 北洋軍閥 정부와 남방의 護法軍政府(孫文) 사이에 전개된 대립과 전투.

한 태도는 자신을 속이고 남을 기만하는 잠꼬대 같은 소리이다. 이것이야 말로 중국 사상계의 파탄을 보여주는 실증이자 중국 사회의 전진에 대한 사형 선고이다.

왜 저리도 주의를 말하는 사람이 많은가? 왜 저리도 문제를 연구하는 사람이 적은가? 이는 모두 게으름 때문이다. 게으름은 어려운 것을 피하고 쉬운 것을 택하는 것이다. 문제를 연구하는 것은 극히 곤란한 일이다. 주의를 소리 높여 말하는 것은 극히 쉬운 일이다.

예를 들어 안복구락부를 어떻게 해산시킬 것인가, 남북의 화의(和議)를 어떻게 해결할 것인가 연구하는 것을 들어 보자. 여기에는 많은 고민과 공부가 필요하다. 온 힘을 다해 자료를 수집하고 여러 의견을 청취해야 한다. 나아가 상황을 고찰하고 위험을 무릅써야만 한다. 그러한 연후에 비로소 그 해결에 대한 하나의 의견을 제시할 수 있다. 참고할 만한 선례도 없으며 인용할 만한 황종희(黃宗羲)라든가 플라톤의 발언도 없다. 참조할 만한 『대영백과사전』도 없다. 오로지 연구하고 고찰하는 노력을 기울여야 한다. 이 어찌 어렵지 않겠는가?

무정부주의를 소리 높여 말하는 것은 이와 다르다. 실사(實社)의 『자유록(自由錄)』[103] 두어 권을 사거나, 영어로 된 무정부주의 관련 소책자 두어 권을 보면 된다. 『대영백과사전』을 몇 번 떠들어 봐도 된다. 그러면 소리 높여 말하는 데 아무 거리낄 것이 없어진다. 이 어찌 극히 손쉬운 일이 아닌가?

주의를 소리 높여 말하며 문제를 연구하지 않는 사람은 다만 어려운 것을 피하고 쉬운 것을 택하기 때문이다. 그것은 게으름 때문이다.

무릇 가치가 있는 사상은 모두 이러저러한 구체적 문제로부터 착수하는

---

103 實社의 『自由錄』 : 實社는 1917년 5월 무정부주의자들이 北京에서 조직한 단체. 『自由錄』은 그 기관지로서 부정기간행물이었다.

것이다. 구체적 문제의 여러 방면에 걸친 여러 사실을 먼저 연구하여 그 폐단이 궁극적으로 어디에 있는지 살펴보는 것, 이것이 사상이 행하는 공부의 첫 번째 발걸음이다. 그 다음 일생 동안 경험한 학문에 근거하여 여러 가지 해결 방법을 제시하고 병을 치료하는 처방을 제시하는 것, 이것이 사상이 행하는 공부의 두 번째 발걸음이다. 그 다음에는 일생 동안 경험한 학문을 사용하고 여기에 상상력을 덧붙임으로써 하나의 해결법을 추정한다. 그 해결법은 마땅히 어떠한 효과를 나타내게 될 것이다. 이제 다음으로 그 효과가 진정 목전의 이 곤란한 문제를 해결할 수 있을 것인가 추정해 본다. 이러한 추정을 통해 하나의 적절한 해결책을 선정하여 나의 주장으로 삼는다. 이것이 사상이 행하는 공부의 세 번째 발걸음이다. 무릇 가치 있는 주장은 모두 이러한 세 차례 발걸음의 공부를 거친 것이다. 그렇지 아니하다면 여론을 주도하는 지식인이라 할 수 없다. 단지 책을 베끼는 사람일 뿐이다.

독자들은 나의 의견에 대해 오해하지 말기 바란다. 내가 사람들에게 일체의 학설과 일체의 주의를 연구하지 말라고 권유하는 것은 결코 아니다. 학술적 이론은 우리가 문제를 연구하는 데 있어 일종의 공구 역할을 한다. 학술적 이론을 공구로 삼지 않는 것은 마치 왕양명(王陽明)이 어리석게도 대나무 앞에 끝없이 앉아 있는 것[104]이나 마찬가지이다. 망령되이 '격물(格物)'을 꿈꾸는 것은 허황한 일이다. 우리는 모든 학설과 주의에 대해 마땅히 연구해야 한다. 많은 학술적 이론을 공구로 삼아 구체적 문제를 고찰해야 비로소 해결 방법을 찾아낼 수 있다.

하지만 중국의 여론을 주도하는 지식인들은 일체의 주의를 머리 속에

---

104 陽明이 모든 사물에 天理가 있다(事事物物皆有理)는 朱子學의 명제에 따라 18세 되던 해 格物致知를 위해 7일 밤낮에 걸쳐 대나무 밭에 앉아 있었다는 고사를 가리킨다. 당시 陽明은 아무런 소득도 얻지 못한 채 臥病하고 말았다. 이를 '陽明格竹'이라 일컫는다.

담아둔 채 단지 참고 자료로만 삼기를 희망한다. 언제나 입에 올리는 만병통치의 주문처럼 사용하지 말아야 한다. 지식이 미숙한 사람들이 완벽하지 아니한 주의를 습득하여 공허하게 말장난하지 말도록 해야 한다.

주의의 위험성은 사람들로 하여금 만족하게 하여 스스로 만병통치의 근본적 해결책을 찾아냈다고 믿게 하는 데 있다. 그리하여 이러저러한 구체적 문제의 해결 방법을 연구하는 것에 노력을 기울이지 못하게 만든다.

출전 周新國·羅瑛 編, 『中國近現代史參考資料』(長春, 吉林人民出版社, 1998), 胡適, 「多硏究些問題, 少談些主義」.

내용 5·4 운동의 심화와 더불어 중국 각지에 많은 결사체가 등장하였다. 그 대부분은 급진적 성향을 띠고 있었다. 1918년 봄에는 이미 베이징에 리다자오(李大釗) 주도로 마르크스주의 연구회가 결성되었다. 이후 5·4 운동을 거치며 전중국 각처에 대소의 좌익 단체들이 조직되었다. 그리하여 1920년 9월이 되면 『신청년』이 상하이 공산주의 그룹의 기관지가 될 정도였다. 이러한 상황에서 이른바 '문제와 주의 논쟁'이 제기되었다. 1919년 7월 사회주의와 무정부주의가 유행하자 후스가 여기에 소개한 논설(『每週評論』 31, 1919년 7월 26일)을 발표하여 여론을 환기시키고 나섰다. 그는 '막연한 주의를 이야기하기 전에 서민의 생계, 매관매직, 매춘 등 구체적인 문제를 논의하자.'고 주장하였다. 이에 대해 당시 이미 공산주의로 경도되어 있던 리다자오 등이 반론을 펼쳤다. '사회 문제의 근본적 해결을 위해서는 포괄적 변혁이 필요하다. 따라서 문제와 주의는 내적으로 긴밀히 연결되어 있다.'(「再論問題與主義」, 『每週評論』 35, 1919년 8월 17일)는 것이었다. 이후 문제와 주의 논쟁에는 많은 논객들이 참여하여 중국근대사의 일대 논전으로 발전하였다. 이 논쟁은 5·4 운동 주도 세력 사이의 노선 분화, 즉 후스를 중심으로 한 온건 자유주의 진영과 리다자오·천듀수를 중심으로 한 급진 사회주의 진영으로의 분열을 상징적으로 보여주는 것이었다.

(5) 국민 혁명

호인정부론 好人政府論

우리는 모두에게 토론의 기초를 제공하기 위해 먼저 중국 정치에 대한 우리의 주장을 제시한다. 많은 사람들의 비평과 토론, 혹은 참여를 기대한다.

(1) 정치 개혁의 목표.

오늘날 정치를 말하지 않는다면 모르거니와 만일 정치에 대해 말하고자 한다면, 마땅히 하나의 절실하고 명료하며 모든 사람이 이해할 수 있는 목표를 제시해야 한다. 국내의 훌륭한 사람들이라면, 그들이 이상시하는 정치 조직이 무엇이든 모두 공평한 태도를 취하고 각각 수준을 낮추어 '좋은 정부(好政府)'를 하나의 목표로 삼아야 할 것이다. 그 이상이 전민정치주의(全民政治主義)[105]이든 길드 사회주의이든 무정부주의이든 상관없다. 누구나 '좋은 정부'가 오늘날 중국 정치를 개혁하는 데 있어 최저한의 요구가 될 것이라는 점을 인정해야 한다. 우리는 한마음으로 협력하여 이 공동의 목표를 지니고 국내의 나쁜 세력과 대적해야만 한다.

(2) '좋은 정부'가 지닌 최소한의 의미.

우리가 말하는 '좋은 정부'란, 소극적으로는 사리(私利)를 추구하며 폐해를 일삼는 일체의 불법적 관리에 대해 감독하고 단속하는 정당한 기관을

---

105 全民政治主義 : 錢穆(1895~1990)이 제시한 정치론이다. 중국처럼 인구가 많은 국가에서는 정당 정치가 적합하지 않으므로, 정당 내지 정파의 비중이 최소화되어 전 인민이 적극적으로 국가 운영에 참여하는 정치 체제를 구성해야 한다는 주장이다.

보유한 것이다. 적극적으로는 다음의 두 가지를 갖추어야 한다.

① 사회 전체의 충분한 복리(福利)를 도모하는 정치 기관을 적절히 운용한다.

② 개인의 발전을 충분히 용납하고 개성의 발전을 보장한다.

(3) 정치 개혁의 세 가지 기본 원칙.

우리는 향후 정치 개혁에 대하여 다음 세 가지를 기본적으로 요구한다.

첫째, 우리는 헌법을 준수하는 정부를 요구한다. 이것이 정치적인 원칙을 지키는 첫걸음이기 때문이다.

둘째, 우리는 공개된 정부를 요구한다. 여기에는 재정의 공개와 공개적인 시험을 통한 인재 등용 등을 포함한다. 우리는 공개야말로 일체의 흑막을 타파하는 유일한 무기임을 믿기 때문이다.

셋째, 우리는 일종의 '계획이 있는 정치'를 요구한다. 우리는 중국의 병폐가 무계획적인 표류에 있다고 믿기 때문이다. 계획이야말로 효율의 근원이며, 평범한 계획이 무계획적이고 맹목적인 모색보다 낫다고 믿기 때문이다.

(4) 정치 개혁을 위한 유일한 시도.

우리는 중국이 이처럼 어려운 처지에 빠진 것에는 여러 원인이 있으나, '좋은 사람(好人)들이 홀로 고고하고 청정하다고 여기는 것'이 중요한 요소의 하나라 믿는다. '좋은 사람은 팔짱을 끼고 있고 나쁜 사람은 업혀서 손쉽게 간다.' 이 때문에 우리는, 오늘날 정치 개혁의 첫걸음은 좋은 사람들로 하여금 분투의 정신을 지니게 하는 것이라 확신한다.

우리 사회의 훌륭한 사람들은 모두 자신을 지키기 위하여, 그리고 사회와 국가를 위하여 나서서 악질 세력과 분투해야만 한다. 우리는 기억해야만 한다. 민국 초기의 새로운 기상은 나라 안의 훌륭한 사람들이 정치 운동에 참여한 효과 때문이 아니던가? 당시 구 관료들은 대부분 칭다오(靑島)나 톈진, 상하이로 달려가 돈을 인출하기에 바빴다. 관직으로 복귀할 생각은 갖지 못하였다. 듣자 하니 당시 차오루린(曹汝霖)은 매일 집에서 문을 닫아걸고 헌법을 연구하며 살 궁리를 했다고 한다. 그 후 좋은 사람들은 점차 정치에 염증을 느끼고 물러나 홀로 은둔하게 되었다. 이에 차오루린은 헌법 책을 내던져 버린 다음 문을 열고 바깥으로 나왔다. 칭다오·톈진·상하이에 숨어 있던 구 관료들도 하나둘 돌아와 참정(參政)이 되고, 자문하는 고문이 되고, 총장(總長)과 차장(次長)이 되었다.

민국 5(1916), 6년(1917) 이래 좋은 사람들은 팔짱을 끼고 중국의 분열을 바라보기만 하였다. 서남의 호법군정부(護法軍政府)가 토벌되는 것을 바라보았으며 안복구락부가 성립되어 창궐하는 것을 바라보았다. 몽골이 떨어져 나가는 것을 바라보았으며 산둥이 팔려 나가는 것을 바라보았다. 또 군벌이 횡행하는 것을 바라보았으며 국가가 파산되어 이 지경에 이르는 것을 바라보았다.

그것으로 충분하다. 죄악과 화란의 수괴가 되다시피 한 좋은 사람들이 이제 일어날 때가 되었다. 좋은 사람이 되는 것만으로는 안 된다. 나서서 싸우는 좋은 사람이 되어야만 한다. 소극적 여론으로는 충분하지 않다. 결전하는 여론이 있어야 한다. 이것이 정치를 개혁하는 행위의 첫걸음이다.

(5) 현재의 정치 문제에 대한 우리의 의견.

우리는 위에서 몇 개 항목의 일반적인 주장을 표명하였다. 이제 구체적 주장을 제시하여 모든 사람과 토론하고자 한다.

첫째, 우리는 만일 남북 문제가 해결되지 않으면 군대 축소라든가, 국회, 헌법, 재정 등의 문제 해결에 착수할 수 없다고 믿는다. 하지만 무력을 통해 남북이 통일되는 것에는 동의하지 않는다. 남북 양측이 한시바삐 정식으로 화의에 나서기 바란다. 하지만 일체의 비밀 협상은 우리 국민이 결코 용인하지 않을 것이다. 우리는 공개된, 그리고 민의를 대표할 수 있는 남북 화의를 요구한다. 비밀 협상과 민의의 배제는 수치스러운 것이다. 반면 동포를 위한 화의는 수치스러운 것이 아니다.

둘째, 우리는 남북 사이에 화해할 수 없는 문제는 없다고 생각한다. 3년 전과 같은 분장화회(分贓和會)[106]는 승인할 수 없다. 우리는 일종의 결사적 여론을 조성하여 이 화의의 감독 역할을 해야만 한다. 우리는 그 화의의 조건으로 아래의 몇 가지를 요구한다.

① 남북의 화의에서는 민국 6년(1917)에 해산된 국회의 재소집을 논의해야 한다. 이것이 국회 문제를 해결하는 가장 간단하고 쉬운 방법이기 때문이다.

② 화의에서는 국회를 통해 서둘러 헌법의 완성을 기하여야 한다.

③ 화의에서는 군대 축소의 방법을 논의해야 하며 그 다음 쌍방이 기한 내 실행에 옮겨야 한다.

④ 화의는 일체의 회의 내용을 공개해야 한다.

셋째, 우리는 군대 축소의 문제에 대해 다음과 같은 의견을 제시한다.

① 기한에 따른 군대 감축을 규정하고 이를 실행한다.

② 정원 가운데 허수[虛額][107]는 인정하지 않으며 결원은 보충하지 않는다.

③ 신병을 추가 모집하는 것은 절대로 인정하지 않는다.

④ 삭감되어 방출된 병사에 대한 처리 방법을 모색한다.

넷째, 군대의 축소 이외에 관원 숫자도 축소할 것을 주장한다. 우리는 현재의 관료 숫자가 국민이 부담하기 힘들 정도로 너무 많다고 본다. 우리는 다음과 같이 주장한다.

---

106 分贓和會 : 장물을 나눠 갖기 위한 회의. 제1차 세계 대전을 종결짓기 위해 개최된 파리 강화 회의를 가리킨다.

107 虛額 : 군대 규모를 과장하기 위해 실제보다 정원을 늘려 규정하거나 공포하는 것.

① 중앙과 각 성(省)의 관제(官制)를 엄격히 규정하고 각 부서의 정원도 엄격히 규정한다. 예컨대 중앙의 각 부서는 큰 부서는 몇 명(교통부 같은 부서), 중간 부서는 몇 명(농상부 같은 부서), 작은 부서는 몇 명(교육부 같은 부서)으로 규정한다.

② 고문 등 명예직으로서 봉급만 축내는 모든 직책을 폐지한다. 각 기관 및 각 성의 외국인 고문도 극소수의 필수 전문가를 제외하고는 모두 삭감한다.

③ 외국의 문관 등용 제도를 참작하여 고시를 통해 임용하는 관리 및 기타 방식으로 임용하는 관리의 범위, 그리고 그 승진 방식을 규정한다. 고시를 통해 임용하는 관직의 경우, 고시를 경유하지 않으면 임용될 수 없다.

다섯째, 우리는 현행 선거 제도에 대해 시급히 개혁할 필요가 있다고 판단한다. 우리의 주장은 다음과 같다.

① 현행의 복선제(復選制)[108]를 폐지하고 직접 선거제를 채용한다.

② 선거 문란 행위에 대한 법률을 엄격히 제정한다. 서양 각국의 선거 문란 행위에 대한 법률을 참조하여 그 세부 조항을 규정하고 처벌 내용을 설정한 후 엄밀히 집행한다.

③ 국회 및 성 의회의 의원 정수를 대대적으로 감축한다.

여섯째, 재정의 문제에 대해서는 다음과 같이 간단한 두 가지 사항을 주장한다.

① 회계 내용의 철저한 공개.

② 국가의 수입에 근거한 국가 지출 예산의 수립.

이상이 중국의 정치에 대해 우리가 주장하는 내용이다. 이러한 주장을 우리는 대단히 간절한 마음으로 제시한다. 또 전국의 인민들이 돌아보아

---

108 復選制 : 선거인단을 선출한 후 그들에 의해 다시 선거를 시행하는 것. 간접 선거.

비평하거나 혹은 동참하여 선전해 주기를 간절한 마음으로 요청드린다.

민국 11년(1922) 5월 13일

출전 彭明 主編, 『中國現代史資料選輯』第一冊(1919-1923), 北京, 中國人民大學出版社, 1987, 蔡元培·胡適 等, 「我們的政治主張」.

내용 1922년 5월 후스(胡適)·차이위안페이(蔡元培)·리다자오(李大釗)·타오싱즈(陶行知)·량슈밍(梁漱溟)·왕충후이(王寵惠) 등 베이징대학 교수를 중심으로 한 명망가 15명이 연명으로 발표한 정치 선언문(「우리의 정치 주장」)이다. 이들은 '좋은 사람들(好人)이 홀로 고고한 자세를 취하며 팔짱을 끼고 중국의 분열을 바라만 보는 것'으로 인해 사회적 병폐가 생기는 것이라고 주장하였다. 그러므로 '좋은 사람들'이 적극적으로 나서서 중국의 문제를 해결해야 된다고 말하였다. 이러한 주장을 '호인정부론', 혹은 '호정부주의'라 부른다. 이들의 제안에 따라 1922년 6월, 우페이푸(吳佩孚)의 지지 아래 왕충후이를 국무총리로 하는 '호인정부(好人政府)'가 성립되었으나 불과 72일만에 붕괴되고 말았다.

연성 자치 운동 聯省自治運動

나의 친구 천두슈는 연성 자치론에 반대한다. 그가 쓴 「현재 중국의 정치 문제에 대한 나의 견해(對于現在中國政治問題的我見)」란 문장의 마지막 세 단락은 이 문제에 대한 토론이다. 그는 연성 자치론을 주장하는 사람들에 대해, '중국 정치 혼란의 근원이 어디에 있는지 연구해 보지 않았다.'라고 함부로 책망한다. 그는 중국 정치 혼란의 근원에 대해 다음과 같이 단정한다. 즉, '봉건적 대소 군벌이 각각 한 지방에서 군림하며 군권과 재정권, 정권을 장악한 채 법률과 여론을 무시함으로써 산업과 교육이 모두 피폐해졌다.'는 것이다.

우리는 진심으로 그에게 반론하고 싶다. 그가 든 것은 다만 혼란의 현상일 뿐이며 혼란의 근원은 아니다. 묻노니, 대소 군벌이 각각 한 지방에서 군림하는 것은 무엇 때문인가? 천두슈는 '위안스카이 제제(帝制)의 유산이다.'라고 말한다. 이 말 역시, '쌀은 쌀 독에 있다.'는 식의 이야기에 불과하다.

우리가 만일 한 걸음 나아가 제제 운동 시기를 연구한다면, 제제 운동은 '억지로 통일을 구하고자 했던' 헛된 꿈을 대표하는 것이라는 사실이 명백해진다. 이 헛된 꿈의 내원은 극히 오래되었다. 진시황 이래 2,000년 간의 역사는 분명히, '통합이 오래되면 반드시 분열되고, 분열이 오래되면 반드시 통합된다.'는 대세를 보여준다. 이 2,000년 역사의 교훈은, 중국이 너무 광대하며 단일 제도의 정치 조직에 적합하지 않다는 사실이다. 그래서 중앙의 통치력이 쇠미해지면 그 즉시 전국이 분열된다. 그 후 모두가 지치고 쇠진하여 분열을 싫어하게 되면 다시 통합되기에 이른다.

명조는 극단적인 전제 정치를 시행하다가 17세기의 대란 상태에 함몰하였다. 그때 분열이라는 말로도 형용하기 어려울 만큼 실로 와해되었다. 청조가 그 대난리의 뒤를 이어 은혜와 권위를 병용하였지만 불과 150년을 지탱하였을 뿐이다. 건륭 연간의 말엽에 이르자 비적(匪賊)의 난리가 사방에서 일어났다. 심지어 아편 전쟁 이후에는 중앙의 늙은 종이 호랑이는 갈기갈기 찢겨져 버렸다.

그리하여 19세기 중엽의 대란이 발생하였다. 홍수전 도당은 18개월 만에 광시(廣西)로부터 난징(南京)까지 올라와 점령해 버렸다. 전국도 명 말기와 마찬가지로 와해되었다. 그 뒤 태평천국을 평정한 것은 중앙의 군대가 아니라 모두 고향을 보위하기 위해 일어난 신군(新軍)이었다. 상군(湘軍)의 조직이나 창장강(長江) 수군(水軍)의 역사를 살펴보면, 당시의 통일이 사실상 각 성의 자위로 인한 것이었다는 사실을 알 수 있다. 창장강 수군이나 상군의 군사비도 중앙에서 나온 것이 아니었다.

　20년에 걸친 대란이 끝난 이후 중국은 다시 통일되었다. 하지만 황실 및 중앙 정부의 통치력이 나약하다는 사실이 얼마 되지 않아 완전히 폭로되었다. 최근의 60년 동안 중앙의 권한은 날로 축소되었고 지방의 자각은 날로 커져 갔다. 신해 혁명이 일어나자 '성의 독립'은 마침내 역사적 기정 사실로 되었다. 위안스카이의 시대가 되자 이러한 현상의 의의는 이미 여러 사람에 의해 간파되었다. 민국 2년(1913), 3년(1914), 4년(1915)에 제기된 연방론(聯邦論)이 그것이다. 연방론이 제기되었지만 위안스카이는 여전히 통일의 헛된 꿈을 지니고 있었다. 그래서 첫 번째 조치로서 자신의 부하, 즉 '원가장(袁家將)'을 각 성에 배치하였다. 그러나 군벌을 분봉하였지만 각 성 독립의 추세를 꺾을 수는 없었다. 위안스카이는 이를 오해하여 황제의 칭호로써 그 무너져 가는 국면을 막을 수 있을 것이라 판단하였다. 그래서 두 번째 조치로서 제제 운동을 일으켰다.

　고로 역사를 통해 살피건대 군벌의 할거나 제제 운동은 모두 무력 통일의 헛된 꿈이 만들어낸 결과이다. 억지로 통일을 구하려 군벌을 각지에 배치하였지만 군벌의 배치가 도리어 각 성의 분열을 촉친시켰다. 그리하여 천두슈가 말하는 정치 혼란의 현상이 생겨난 것이다.

　우리는 한두 개의 간단한 공식으로써 저 복잡한 정치 문제를 해석하기를 원하지 않는다. 하지만 역사적 사실을 통해 보건대 다음과 같이 말하지 않을 수 없다. 즉 집권 형태의 정치 조직을 집권 정치에 도저히 어울리지 않는 중국에 억지로 시행하려고 하는 것, 이것이야말로 오늘날 중국에서 군벌이 할거하는 근본 원인이다. 나아가 우리는 또 다음과 같이 말하지 않을 수 없다. 각 성의 자치에 근거한 연방제, 이것이야말로 군벌을 타도하는 중요한 무기이다.

　다시 역사적 사실에 대해 돌아보자. 천두슈는 다음과 같이 말한다.

"지금 전국의 군권과 재정권은 모두 각 성 독군(督軍)[109]과 총사령(總司令)의 손에 장악되어 있다. 국유 철도도, 소금 전매제의 수익도 모두 이들에게 분점된 상태이다. 그런데 지방의 권한을 확대하자고 하면 도대체 어느 상태로까지 확대해야 된단 말인가?"

하지만 우리는 알고 있다. 각성의 독군과 총사령의 권한이 크다는 사실과 지방의 권한이 방대하다는 것은 전연 다른 일이다. 현재의 제도 하에서 독군의 권한은 크지만 지방의 권한은 극히 작다. 이 점에 대해 모두 특별히 주의하지 않으면 안 된다. 재정권을 가지고 말해 보자. 민국 5년(1916)에 정부는 중앙과 지방의 재정 권한을 나누었다. 그 이전 지방에 귀속되어 있던 재정의 많은 부분을 중앙에서 관리하는 것으로 개편하였다. 예컨대 민국 11년(1922) 안후이성(安徽省)의 국가 수지는 다음의 표와 같다.

국가 세입 경상 부문

1. 조세	5,064,200원(元)
2. 잡수입	170,880원
합계	5,240,080원

국가 세입 임시 부문

합계	129,128원

국가 세입 총액	5,369,278원

국가 세출 경상 부문

1. 외교부 관할	9,840원
2. 내무부 관할	1,471,414원
3. 재정부 관할	62,159원
4. 사법부 관할	560,808원

---

109 督軍 : 민국 초 각 省의 최고 군사권을 장악한 직위.

5. 농상부 관할	58,304원
6. 교육부 관할	35,000원
7. 육군부 관할	3,800,305원
합계	6,557,190원
국가 세출 임시 부문	
합계	375,880원
국가 세출 총계	6,933,070원

우리는 이 표 가운데 5백여 만의 수입과 7백만의 지출이 모두 국가의 수지라는 사실을 알아야 한다. 그것에 대해 성의 의회는 질의할 권한이 없다. 소위 '지방의 수지'는 다만 안후이성의 내무·재정·교육·실업 4개 항목에 국한되어 있다. 이에 대해서만 성의 의회가 질의할 수 있다. 민국 5년(1916) 이래로 모든 성의 상황이 이와 같다. 지방의 재정 범위는 축소되어 성 의회는 절대 부분을 점유하는 국가 수지에 대해 질의할 권한이 없다. 반면 중앙은 그것을 실행하고 관리할 힘이 없기에, 각 성의 재정 권한은 모두 독군과 총사령의 손에 장악되어 있는 것이다. 병권의 역사에 대해서는 더 설명할 필요도 없을 것이다. 그렇기에 우리는, '오늘날 독군의 권한이 클 뿐 지방의 권한은 작다.'고 말한다. 만일 독군의 권한이 크기 때문에 지방의 권한이 큰 것이라고 말한다면, 그것은 바로 천두슈가 말하는 '지적인 혼미함'에 다름 아니다.

우리는 독군과 총사령의 권력이 현재와 같이 확대된 것은 바로 그들이 처한 현재의 상황 때문이라는 사실을 알아야 한다. 그들은 위로 하늘에 닿아 있지 아니하고 아래로 땅에 닿아 있지 아니하다. 중앙에는 그들을 관리할 권한이 있지만 그들을 관리할 힘은 없다. 지방에는 그들을 관리할 잠재력이 있지만 그들을 관리할 권한은 없다. 현재 우리는 군벌의 권력에 대해 제재를 가하려고 한다. 묻건대 그것을 권한은 있되 힘이 없는 중앙에 기대하는가? 아니면 힘은 있되 권한이 없는 지방에 기대하는가? 우리의 답안은 다음과 같다.

"지방의 실권을 증대시킴으로써 그 잠재력을 충분히 발전시켜 군벌과 싸워 군벌 세력을 무너뜨린다. 이것이 성 자치의 의의이자 연방론의 효과이다."

지방이 권한을 지니게 되면 곧바로 군벌에 대해 제재를 가할 수 있을 것인가? 그렇다. 장쑤(江蘇)에서 최근 몇 달 사이에 있었던 공채(公債) 문제가 그 하나의 증거가 될 것이다. 지방이 지니고 있던 대부분의 재정 권한을 중앙에서 수거해 갔기 때문에 최근 지방 수지 항목 아래 '공채' 부문이 설정되었다. 공채는 지방에 소속된 것이기에 지방에 발행의 권한이 있다. 올해 장쑤성에서는 400만원의 공채를 발행하고자 하였다. 그리하여 '장쑤국고분금고(江蘇國庫分金庫)'라는 도안을 붙여 중앙 재정부의 비준을 받으려 했다. 그런데 성 의회를 경유하지 않았기에 성 의회에서 반대하고 나섰다. 한귀쥔(韓國鈞)[110]은 성의 신사들을 소집하여 재정 회의를 개최하고, 400만을 700만으로 증액하여 성 의회의 견제를 피하려 하였다. 하지만 성 의회의 반대는 그치지 않았다. 그 반대의 최대 이유는 다음과 같았다.

"공채의 모집은 행정 기관이 단독으로 집행할 수 없는 일이다. 국가가 공채를 모집할 때는 반드시 국회의 동의를 얻어야 한다. 성 정부가 공채를 모집할 때도 마찬가지로 반드시 성 의회의 동의를 얻어야 한다. 법률에 그처럼 분명히 규정되어 있는데 어찌 그것을 무시하는가?"

이 때문에 장쑤성의 700만원에 달하는 공채 발행 계획은 수포로 돌아갔다. 다음으로 차오쿤(曹錕)과 차오루이(曹銳)[111]의 위세 아래 놓여 있던 직예

---

110 韓國鈞(1857~1942) : 정치가이자 사학가. 1922년 江蘇省에 公債案이 발생하였을 때 江蘇省長의 지위에 있었다.

111 曹銳(1868~1924) : 曹錕의 동생, 曹錕의 후광에 의해 直隸督軍·直隸省長 등을 역임하였다.

성의 의회를 살펴보자. 다른 것은 언급할 가치가 없으나, 최근 몇 년 사이에 직예성 의회는 시종 공채 안건을 통과시키지 않았다. 이러한 사례를 통해 우리는 지방의 권력 범위 내에서 군벌의 권위도 제약을 받지 않을 수 없다는 사실을 알 수 있다.

오늘날 지방 권력이 허약한 상황에서 위와 같은 제제가 완전하게 효력을 발휘할 수는 없다. 하지만 장차 지방의 권한이 많아지고 중앙의 견제가 완전히 사라지게 되면, 지방은 가결과 부결을 최종적으로 좌우하는 기관으로 변모할 것이다. 그러할 경우 군벌 또한 현재와 같이 편안한 상태를 누릴 수 없다. 그때 성 전체의 시선은 모두 성 의회에 집중되고, 성 안의 인재 또한 모두 성 의회에 진출하기 위해 노력할 것이다. 그리하여 성 의회는 군벌과 인민이 결전을 벌이는 전장이 될 것이라 기대한다. 군벌 또한 금전과 무력을 동원하여 최후의 전투를 벌일 것이지만, 이 전투의 결과 반드시 군벌은 패퇴하게 될 것이다.

총괄하여 우리의 의견은 다음과 같다.

(1) 중국은 단일의 정치 조직에 적합하지 않다. 군벌의 할거는 무력 통일이라는 헛된 꿈이 작용한 결과이다.

(2) 현재는 독군과 총사령의 권한이 강대하고 지방의 권한은 극히 작다. 이 두 가지 사실은 결코 서로 연관되어 있는 것이 아니다.

(3) 군벌의 권한이 이처럼 커지게 된 것은 지방에 권한이 없기 때문이다. 아울러 중앙에 권한이 있되 군벌에게 제제를 가할 힘이 없기 때문이다.

(4) 오늘날 중앙 정부에게 결코 군벌에 대해 제제하기를 기대할 수는 없다. 군벌에게 제제를 가하고 또 군벌을 무너트릴 중요한 무기는 지방의 권한을 증대시키는 데 있다. 자치를 행하는 성들의 연방제에 근거해야만 군벌의 할거를 종식시킬 수 있다.

천두슈는 다음과 같이 말한다.

"연방제가 만일 인민의 경제 상황이 서로 다르고 또 언어와 종교가 서로 다른 조건 위에 건설된다면 비난할 수 없다. 하지만 중국의 상황은 결코 그러하지 않다."

나는 이러한 논조를 참으로 이해할 수 없다. 천두슈는 이 논설의 앞 부분에서 중국의 경제 상황에 대해 명확히 지적하고 있다. 그는 중국이 가정 농업으로부터 근대 자본주의 공상업에 이르기까지 세 종류의 엄격히 단절된 경제 상황 아래 놓여 있다고 말한다. 언어와 종교의 불일치와 관련하여서는 숨길 수 없는 허다한 사실이 존재한다. 어찌하여 그는 중국의 상황이 '결코 그러하지 않다.'고 말하는가? 하물며 연방제 국가에 대해 조금이라도 연구한 사람이라면, 연방제가 결코 그처럼 경제 상황이나 언어, 종교가 상이한 조건에서 채용될 필요가 없다는 사실을 잘 알 것이다. 미국이 그 명백한 사례가 아닌가?

천두슈는 또 다음과 같이 말한다.

"그들의 연성론은 완전히 무인 할거의 욕망 위에 세워지는 것이다. 결코 인민의 실제 생활에 대한 고려 위에 세워지는 것이 아니다. 명목상 연성 자치일 뿐이요, 그 실질은 할거하는 군벌의 연합[聯督割據]에 불과하다. 소리 높여 무인의 할거를 제창하는 것일 뿐만 아니라 무인 할거의 현상을 헌법적으로 보장하는 것이다."

이 역시 역사적 사실에 대해 연구하지 아니한 착오의 결과이다. 신해 혁명 이전에 제창되었던 '신후난(新湖南)', '신장쑤(新江蘇)', '신저장(新浙江)' 등에 대해서는 굳이 언급하지 않겠다. 민국 3년(1914), 4년(1915)의 연방론에 대해서도 말하지 않겠다. 그런데 최근 3년 이래의 연성 자치 운동 가운데 어느 것 하나 군벌에 대한 반대 및 할거에 대한 반대에서 연유하지 않은 것이 있는가? 연성 자치 운동의 파도는 이제 멀리 전파되어 사실상 쉽게 억압할 수 없는 상태가 되었다. '연성 자치'라는 4개 글자는 이미 호소력 있는 기치로 발전하였다. 이에 군벌도 주목하지 않을 수 없게 되었다.

군벌은 이 운동에 대해 두 가지의 태도를 보인다. 하나는 이 기치에 투항하여 그 간판 아래 목숨을 연장하고자 하는 것이다. 후난(湖南)의 자오형티(趙恒惕)와 저장(浙江)의 루융샹(盧永祥)이 그 대표적인 인물이다. 고립된 루융샹은 심지어 저장성 독군의 자리를 포기하였다.[112] 그러면 누가 누구에게 투항한 것이라 할 수 있겠는가? 다른 하나는 여전히 무력 통일의 헛된 꿈에 사로잡힌 자들이다. 대부분 몇 개 성을 아울러 지배하는 자들로서 연성 자치 운동은 그들에게 치명상과 같았다. 그들은 루융샹의 모험을 본받을 수도 없었다. 따라서 자연히 연성 자치에 반대하지 않을 수 없다. 군벌 사이 후베이(湖北)를 둘러싼 희극과 같은 쟁탈전[113]을 한 번 돌아보라. 그것에 직계(直系) 군벌[114]이 연성 자치에 대해 반대하는 심리가 잘 나타난다. 연성 자치 운동은 명명백백하게 군벌이 가장 싫어하는 것이다. '연성 자치 운동은 완전히 무인 할거의 욕망 위에 세워지는 것'이라 말하는 것은 그것이야말로 천두슈가 말하는 '지적인 혼미함'을 잘 보여준다.

그래서 우리는 대담하게 다음과 같이 말할 수 있다.

"군벌의 할거를 타도하는 첫걸음은 각 성의 자치를 기반으로 하여 연방제 통일 국가를 건설하는 것이다."

"이 기치에 저항하는 행위는 모두 실패할 것이다."

---

112 1922년 6월 盧永祥은 浙江省 督軍의 직위를 스스로 폐지하고 浙江善後督辦이라 自稱하였다. 이에 앞서 1921년 6월에는 "各省에서 省 헌법을 제정하여 지방 자치를 실현하자."고 주장하고 浙江省에 省憲起草委員會를 설치하였다.

113 1920년 전후 湖北을 지배하는 군벌 王占元의 잔혹한 통치로 인해, 湖北의 각계 인물이 들고 일어나 王占元의 축출 및 '湖北 출신에 의한 湖北 통치(鄂人治鄂)'를 주장하였다. 그 가운데 일부가 直系의 인물인 蕭耀南과 연계하여 그를 맞아들일 준비를 진행시켰다. 이에 直系 군벌의 영수인 曹錕과 吳佩孚가 王占元을 대신하여 蕭耀南을 湖北督軍으로 삼기로 은밀히 결정하였다. 蕭耀南이 湖北 출신이기에 鄂人治鄂의 요구에 부합하기 때문이다.

114 直系 군벌 : 曹錕을 중심으로 한 直隸派 군벌.

출전 彭明 主編, 『中國現代史資料選輯』第一冊(1919-1923), 北京, 中國人民大學出版社, 1987, 胡適, 「聯省自治與軍閥割據」.

내용 1920년대 이래 연성 자치 운동이 제기되기 시작하였다. 군벌 혼전 시대에 분열의 고착이란 상황을 맞이하여 가능한 통일 체제를 모색한다는 논리였다. 그 구체적 지향은, 각 성(省)이 자치 정부를 수립한 후 민주적 개혁을 통해 군벌 내전을 종식시키고, 이를 바탕으로 연방제 형식의 통일 국가를 이룬다는 것이었다. 연성 자치론은 후스(胡適)·량치차오(梁啓超)·장빙린(章炳麟)·마오쩌둥(毛澤東) 등이 주창하였다. 또 후난(湖南)의 자오헝티(趙恒惕), 광둥(廣東)의 천중밍(陳炯明) 등 지방의 일부 군벌도 이에 동조하였다. 연성 자치 운동은 후난(湖南)·후베이(湖北)·윈난(雲南)·광둥(廣東)·저장(浙江) 등 주로 서남 지방을 중심으로 전개되었다. 이 운동에는 민주화 운동 및 중소 군벌의 생존 모색이라는 성격이 병존하였다. 5·4 운동 이래 민주화 운동의 연장선에서 군벌 지배에 대해 반대한다는 성격이 분명히 존재한다. 하지만 이와 동시에 중소 군벌들이 대군벌의 압력 속에서 자기 기반을 확보하려는 성격도 병존하였다. 운동이 진척되며 실제로 몇 개의 지방에서 연성 자치를 위한 개혁이 시도되었다. 후난성이 대표적인 사례이다. 후난에서는 1920년 이래 자오헝티 등이 민주적 성 헌법을 제정하고 각종 선거를 실시하였다. 이에 신사층 등 지배층뿐만 아니라 학생과 지식인도 열렬히 호응하였다. 하지만 성 헌법의 핵심 규정 가운데 하나인 군비 축소는 실현 불가능하였다. 군벌의 자기 부정이었기 때문이다.

당무정리안黨務整理案

1.

나는 혁명 세력의 집중과 혁명 사업의 완성을 위해 국내의 각 계급 혁명

가와 연합할 필요가 있다고 믿는다. 동시에 최근 1, 2년 간에 있었던 합작(合作)의 경험에 의거하건대, 합작한 집단 사이에 서로 믿을 수 있는 규약과 서로 돕는다는 보장이 선행되어야만 한다. 도덕과 충성의 정신으로 합작을 위한 규약을 제정하고 이를 공동으로 준수해야 한다. 그렇지 않으면 상호 간 견제가 수시로 발생하고 오해도 많아지게 된다. 우리는 처음에 내부적으로 불안하고 혁명 세력이 미약하였다. 그 후에는 우리 역량이 쇠퇴하여 적들의 공격에 시달려야 했다. 나는 이러한 연유로 쑨원 총리가 합작을 주장하던 초기 적절한 규약을 세우지 못했던 것이 대단히 아쉽다.

중국 공산당은 혁명 집단이다. 중국 국민당 또한 혁명 집단이다. 공산당원은 국민 혁명이 필요한 과정이라 판단하여 의연하게 국민당에 가입하였다. 국민당은 공산당원이 국민 혁명에 도움을 줄 수 있을 것이라 판단하여 흔쾌히 그들의 가입을 허용하였다. 이처럼 빛나고 올바른 심리를 지니고 합작을 추진하였다. 두 집단 사이 견제와 오해도 없었다.

하지만 2년이 지난 지금 실상은 그와 같지 않다. 합작이 잘못되었기 때문이 아니라 합작을 제대로 추진하지 못했기 때문이다. 나는 쑨원 총리의 주장을 준수하고자 한다. 양당 간 합작의 좋은 뜻을 잃어버리는 것은 안 된다. 혁명 세력이 분열되어서는 안 된다. 그래서 다음과 같은 당무정리안을 제출한다.

(1) 중국 국민당과 공산당의 관계를 개선한다.

(2) 양당 당원 사이 양당의 합작을 방해하는 행동이나 언론을 금지한다.

(3) 중국 국민당 당 강령의 권위를 보장한다.

(4) 공산당원이 중국 국민당에 가입하는 지위와 그 의의를 확정한다.

나는 이상의 4개 사항이 합작의 이론적 토대라 생각한다. 이 이론적 토대의 의미를 확정하고 국민당 내부의 분규 계략을 제거하기 위해, 특별히 국민당과 공산당 사이 연석 회의의 구성을 제안한다. 이를 통해 조직의 대원칙을 별도로 규정해야 한다. 양당 당원이 다시는 규약에 위반되는 행위를 범하지 않도록 하기 위해서이다. 그리하여 혁명 집단 사이의 합작이 원만히 진행되기를 희망한다.

2.

(1) 무릇 다른 정당의 당원으로서 국민당에 가입하는 경우, 해당 정당은 그 당원이 국민당의 기초인 쑨원 총리가 제창한 삼민주의에 순응하도록 지도해야만 한다. 쑨원 총리 및 삼민주의에 대해 의문이나 비평을 제기해서는 안 된다.

(2) 무릇 다른 정당의 당원으로서 국민당에 가입하는 경우, 해당 정당은 국민당에 가입하는 당원의 명부를 국민당 중앙집행위원회 주석에게 제출하여 보존토록 한다.

(3) 무릇 다른 정당의 당원으로서 국민당에 가입하는 경우, 상위 당 조직(중앙당, 성 지부, 특별시 지부)에서 집행 위원을 담당할 때 그 숫자가 해당 조직의 집행 위원 총수 가운데 3분의 1을 초과할 수 없다.

(4) 무릇 다른 정당의 당원으로서 국민당에 가입하는 경우, 국민당 중앙 기관의 부장에 임명될 수 없다.

(5) 무릇 국민당 당적에 소속된 사람은, 당 조직의 허가를 받지 아니하고는 어떠한 이유로도 국민당 명의의 당무 회의를 소집할 수 없다.

(6) 무릇 국민당 당적에 소속된 사람은, 최고 당 조직의 허가를 받지 아니하고는 다른 정치 관계의 조직이나 행동에 나설 수 없다.

(7) 국민당에 가입한 다른 정당의 당원에 대하여 해당 정당이 훈령을 내릴 경우, 반드시 먼저 그 내용을 연석 회의에 제출하여 인준을 받도록 한다. 만일 특별히 긴급한 사유로 인하여 사전에 인준을 받지 못했을 경우, 그 훈령에 대하여 연석 회의의 추인을 청구해야 한다.

(8) 우리 당의 당원은 탈당을 인준받기 이전 다른 당에 가입할 수 없다. 국민당을 탈당하여 다른 정당에 가입한 자는 다시 국민당에 가입할 수

없다.

(9) 당원으로서 이상의 각 항목을 위반할 때는 그 당적을 즉각 취소시키며 그 위반 정도에 따라 징벌을 가한다.

3.

(1) 중앙집행위원회는 혁명 추진의 필요에 따라 잠시 중앙집행위원회 상무위원회 주석 1인을 둔다.

(2) 상무위원회 주석은 중앙위원회 전체 회의를 통해, 중앙집행위원회 위원이나 감찰 위원 가운데 선임한다.

(3) 상무위원회 주석의 직권은 아래와 같다.

갑. 상무위원회 개회 시 그 주석이 된다.

을. 당무정리안 제2결의안 제2조의 규정에 따라 우리 당에 가입하는 다른 정당 당원의 명부를 관리한다.

병. 상무위원회 및 중앙 기관 내 각 부장의 업무를 감독한다.

(4) 상무위원회 주석의 계속 설치 여부는 제2차 중앙집행위원회 전체 회의의 차기 회의가 개최될 때 결정한다.

4.

당원 전체는 이하의 규정에 따라 다시 등록하도록 한다.

(1) 당원 전체는 중앙에서 명령한 당 조직에 다시 등록해야 한다.

(2) 등록 대상 기관은 성 지부, 특별시 지부, 현(縣) 지부, 시(市) 지부를 가리킨다.

(3) 등록 기간은 3개월로 정한다. 다만 해외 지부의 등록 기간은 해외 지부의 별도 규정에 따른다.

(4) 등록 양식에서는 본디 있던 항목 이외에, 특별히 『건국 방략(建國方

略)』,[115] 『건국 대강(建國大綱)』,[116] 삼민주의, 그리고 제1차 및 제2차 전국 대표 대회의 모든 선언과 결의안에 대한 준수를 서약하도록 한다.

(5) 우리 당에서 인정하지 않은 정치 단체에 가입하였던 자는, 등록할 때 특별히 해당 정치 단체로부터의 탈퇴를 서약하도록 한다.

출전 彭明 主編,『中國現代史資料選輯』第二冊(1924-1927), 北京, 中國人民大學出版社, 1988,「整理黨務決議案」.

내용 1926년 이후 장제스(蔣介石)와 중국 공산당 사이에 대립이 심화되어 갔다. 장제스가 점차 반공적 태도를 강화해 갔기 때문이다. 그 대립이 단적으로 드러난 것이 중산함(中山艦) 사건이다. 1926년 3월 공산당원 리즈룽(李之龍)이 함장으로 있던 중산함이 이유 없이 장제스가 있던 황푸(黃埔)로 회항하였다. 장제스는 이를 자신에 대한 쿠데타로 규정하고 리즈룽 및 소련인 고문을 체포하였다. 이에 왕징웨이(汪精衛)가 반대하였지만 장제스와의 권력 투쟁에서 패배하여 유럽으로 떠났다. 장제스는 1926년 5월 유명한 당무정리안을 제출하였다. 국민당 내 공산당의 세력을 제한하기 위한 것이었다. 이러한 장제스 행동에 대하여 공산당은 국공 합작의 유지를 위해 타협적 자세로 일관하였다.

당무정리안에 대한 중국 공산당의 태도

중국 국민당 중앙위원회에 보냅니다.

---

[115] 『建國方略』: 孫文의 3대 저작 가운데 하나. 「孫文學說」, 「實業計劃」, 「民權初步」의 세 부분으로 구성되어 있다. 孫文이 구상한 중국 현대화의 청사진이라 할 수 있다.

[116] 『建國大綱』: 孫文이 起草한 중국에 대한 개혁안. 전체 25조로 되어 있다. 1924년 1월 국민당 제1차 전국 대표 대회에서 통과되었다.

중국은 제국주의 및 군벌의 압박과 수탈 아래 놓여 있습니다. 국민 혁명이 필요성이 절박한 실정입니다. 중국 사회의 모든 혁명 분자가 강력한 연합 전선을 구축해야 할 때입니다. 지금은 세계적으로 사회 혁명의 시기입니다. 우리 당은 중국의 무산 계급을 대표하여, 현재 식민지 및 반식민지의 무산 계급과 노동 평민의 임무는 국민 혁명을 실행하기 위하여 연합 전선을 구축하는 데 있다는 사실을 오래 전부터 인정하였습니다. 그리하여 국제 제국주의에 거대한 타격을 가함으로써 한편으로 중국 민족을 해방시키고 또 한편으로 세계 혁명을 완성해야 합니다. 우리 당의 이러한 정책은 실로 중국 사회의 발전 단계 및 세계 정치의 추세에 부합된다 하겠습니다. 또 이러한 정책은 현 단계에 필요한 근본적 실천입니다. 결코 임시적인 이용 수단으로 채택된 것이 아닙니다.

국민당은 중국 역사상 혁명에 위대한 성적을 올렸습니다. 신해 혁명의 실패 이후에도 압박 받는 민중을 위해 계속 분투해 왔습니다. 우리는 이러한 분투의 목적이 신해 혁명을 완성하여 중국을 제국주의 및 군벌로부터 철저히 해방시키는 데 있다는 사실을 잘 압니다. 이는 현재 국민당에게 부여된 역사적 사명일 뿐더러 동시에 중국 무산 계급을 대표하는 우리 당의 임무이기도 합니다.

…(중략)…

1926년 5월 15일 국민당은 중앙위원회 전체 회의를 개최하여 당내 분규를 해결하기 위해 위와 같은 사실을 보고하였습니다. 우리는 그 가운데 '당무정리안'에 대하여 주목하지 않을 수 없습니다. 제국주의 세력은 이를 보고 국민당이 자신들의 간계에 빠져 혁명 전선을 파괴하고 우경으로 선회하는 것 아닌가 여길지도 모릅니다. 저들은 내심으로 기뻐하며 기회를 엿보아 책동을 부릴 것입니다. 또 일부에서는 국민당이 당무정리안을 제출한 것은 우리 당과의 합작 방식을 재고하기 위한 것이 아닌가 하는 의혹을 보이기도 합니다. 최근 당내 일부 인사들이 합작에 대해 의심과 시기의 눈초리를 보여 왔습니다. 이로 말미암아 반동파들이 그 틈을 타고 세력을 떨치는 것이라 의심되는 것입니다. 혁명 진영을 뒤흔들기 위해 먼저 합작 방식에 있어 몇 가지 변경을 요구한다고 여겨집니다.

혁명 전선을 정비해야 전력을 다해 제국주의 및 군벌의 통치와 압박에 대처할 수 있을 것입니다. 만일 그럴 수 있다면 우리 당과의 합작에 있어 충돌이 결코 발생하지 않을 것입니다. 그렇다면 지켜야 할 근본적인 원칙이 무엇일까요? 혁명 세력을 단결시켜 제국주의에 저항하는 일입니다. 단결 및 합작의 방식은 문제가 되지 않습니다. 그렇게 된다면 우리 양당이 연맹하는 근본 정신은 반동파의 분열 공작에 흔들리지 않게 될 것입니다. 제국주의의 책동도 저절로 그 간사함과 어리석음을 드러내게 될 것입니다.

국민당의 '당무정리안'은 본질적으로 국민당 내부의 문제입니다. 어떻게 결정하든 다른 당에서 간여할 일이 아닙니다. 또 그것에 대해 국민당의 당원이라면 마땅히 지켜야 할 의무가 있습니다. 국민당 바깥의 단체는 그에 대해 간섭할 수 없습니다. 다만 '당무정리안' 가운데 향후 양당의 합작 방식에 관한 문제는 다릅니다. 우리 양당이 본디 혁명의 연맹을 맺고 있는 우군이기에 각자 자기 당의 결정에 근거하여 협상을 벌일 수 있을 것입니다. 문서를 통한 논의이든 대면 회의이든 모두 좋습니다.

요컨대 현재 제국주의 및 반동 세력은 중국을 정복하고 민중을 압박하고자 하고 있습니다. 혁명 세력 또한 날로 그 실력을 확대해 가고 있습니다. 우리 양당은 오늘날 실로 역사적으로 중대하면서도 고난에 찬 사명과 책임을 지고 있습니다. 국민당은 당무정리안 이후 더욱 노력하고 분투하여 반동을 숙청하고 내부를 공고히 해 주기 바랍니다. 우리 당과 일반 민중은 위대하고 광범위한 혁명적 연합 전선을 구축하여 명확한 정책을 펴고 적극적으로 실천해 갈 것입니다. 그리하여 제국주의가 틈타지 못하게 함으로써 중국 혁명에 행운이 있게 하겠습니다.

출전 周新國·羅瑛 編, 『中國近現代史參考資料』(長春, 吉林人民出版社, 1998), 「中國共産黨爲時局與國民黨聯合戰線問題致中國國民黨書」.

내용 '당무정리안' 문제가 제기된 직후인 1926년 6월 4일 공산당 측이 국민당에 보낸 공문이다. 장제스는 국민당 중앙위원회 전체 회의에 당무정리안을 제출하기에 앞서 코민테른 대표로서 광저우에 주재하던 미하일 보로딘의 동의를 얻어냈다. 국민당 중앙위원회 전체 회의에 참석한 공산당원들은 당무정리안에 대해 의견이 분분하였다. 하지만 당시 중앙당을 지도하던 장궈다오 (張國燾)는 보로딘의 의견을 받아들여 수용하기로 했다. 이로 인해 당무정리안은 별다른 마찰 없이 통과되었다. 이후 국민당 중앙당의 부장 및 대리부장 직위에 있던 공산당원 탄핑산(譚平山)·린쭈한(林祖涵)·마오쩌둥 등은 모두 사직하였다.

국민 혁명군의 북벌 선언

현재 중국 인민의 고통은 최고조에 달해 있다. 농민은 피땀 흘려 가꾼 수확물을 모두 군벌들에게 바쳐야 한다. 예징(豫徵)과 특연(特捐)[117]은 끝없이 늘어나기만 한다. 한 해 동안 고생해도 하루도 배불리 먹지 못한다. 그래서 경작지와 소를 내다 팔아 더 이상 농사를 지을 수 없게 되어 버린다. 그래도 이것은 형편이 낫다. 예컨대 직예·산둥(山東)·허난(河南)·산시(陝西) 등지의 농민은 비적의 약탈로 인해 마을이 폐허화하였다. 노약자는 산골짜기와 냇가에서 죽어 가고 장정들은 대부분 포로로 잡혀 갔다. 남자는 소나 말처럼 혹사당하고 여자는 겁탈을 당하였다. 간혹 그 호랑이 발톱으로

---

117 豫徵과 特捐 : 豫徵은 내년도, 내후년도의 조세를 미리 징수하는 것, 特捐은 군수나 재정의 확보를 위해 부호에게 특별 기부를 강제하는 것.

부터 벗어나 겨우 생명을 보존한 사람도 상갓집의 개마냥 불안하기 그지없는 상태이다. 비참하게 천한 일에 종사하거나 혹은 타향으로 떠도는 귀신과 같은 신세이다.

노동자는 종일토록 힘들여 일한다 해도 겨우 목숨이나 부지할 수 있을 정도이다. 그리고는 남는 게 없어 앞날을 기약할 수 없다. 평상시에는 날마다 실업을 걱정해야 한다. 만일 재난이라도 닥치면 유랑 신세를 면치 못한다. 그때가 되어 장사를 하려 해도 밑천이 없고 농사를 지으려 해도 경작지가 없다. 쿨리(苦力)[118]가 되어 서서히 그 생명을 갉아먹거나 그렇지 않으면 굶어 죽어야 한다.

상인은 매판 상인의 압박을 받고 있다. 매판 상인들은 서양 상품뿐 아니라 중국 상품도 판매한다. 대소 군벌 및 비적들로부터도 과중한 세금과 온갖 수탈에 시달려야 한다. 그 때문에 거의 이윤이 남지 않으며 언제나 자본금이 통째로 사라질 위험을 안고 생활한다. 어쩌다 자산을 일구어 점포를 꾸리게 되어도 손실을 견디지 못해 송두리 채 파산해 버리고 만다. 모든 점포가 다 동일하다.

지식인들도 마찬가지다. 교육자는 늘 봉급이 제때 지급되지 않아 생계를 걱정해야 한다. 그러한 상황에서 지식을 전수하기도 쉽지 않다. 학자들도 군벌 사이의 전쟁으로 인해 늘 급여가 끊겨 연구를 진행할 수 없다. 나아가 사회가 피폐해지는 바람에 총명하고 역량 있는 사람이라 할지라도 이리저리 헤매는 실업자 상태를 면하지 못한다. 직예성이나 산동성, 허난성 등지에서는 해마다 전쟁이 벌어져 학교가 문을 닫아 버렸다. 소학교의 교사는 쿨리로 전락하고 청년 학생들은 대부분 굶어 죽을 상황에 처하였다. 그러니 더 말할 필요가 있으랴?

각지 군벌 치하의 군인들은 본디 농민이나 노동자 출신이다. 먹고 살기

---

118 쿨리(苦力) : 힘들고 궂은 일을 하는 노동자에 대한 蔑稱.

위해 군대에 투신한 사람들이다. 하지만 군인이 된 다음에도 생계를 유지할 수 없을 뿐더러 군벌의 야심 때문에 사지로 내몰린다. 의기에 차서 나라와 인민을 위해 싸우는 것이 아니다. 군벌의 하수인이 되어 도리어 인민을 학살해야 한다. 군벌이 공명을 다투고 부귀를 탐하는 데 도구로 쓰일 뿐이다. 세상에 이보다 더 비참한 일이 있겠는가?

공장을 경영하는 기업가는 종전에는 진실로 부자들이었다. 하지만 지금은 판로가 막히다 보니 이윤이 그다지 남지 않는다. 자본 흐름도 적체되어 공장도 문을 닫아 걸어야 한다. 설령 억지로 사업체를 운영한다 해도 잡다한 세금 때문에 지탱할 도리가 없다. 군벌에게 투항하거나 혹은 매판 상인에게 기대야 한다. 그러다 보면 사업체는 남의 손으로 넘어가게 되고 자본금도 태반이 축나게 된다.

요컨대 오늘날 중국은 소수의 군벌과 관료, 매판 상인, 재벌을 제외하고는 모든 국민들이 집에 들어선즉 주린 식구들을 근심해야 되고 바깥으로 나선즉 생계를 도모할 방도가 없다. 돌아다니다가는 약탈당하여 목숨이 위태로워지는 변란을 걱정해야 하고 집 안에 있으면 온 집안이 추위와 배고픔에 시달리는 고통을 겪어야 한다. 그 어려움이 홍수나 화재를 당한 것보다 더하고 그 고통은 거꾸로 매달린 것보다 더 심하다.

이 모두 제국주의의 침략 및 매국적 군벌의 발호 때문이다. 제국주의의 침탈과 수탈은 매년 수억 냥에 달한다. 최근 수십 년 동안 일찍이 멎은 적이 없다. 중국 인민의 신체는 모두 말라 비틀어져 가죽과 뼈만 남았다. 저들은 빚쟁이이고 우리는 빚진 사람이 되어 버렸다. 저들은 일하지 않고도 앉아서 돈을 벌어들이고, 우리는 종일토록 소나 말처럼 일한다. 저들은 경제적 주인으로서 명령과 지휘의 전권을 장악하고 있다. 우리는 경제적 노예로서 저들에게 이리저리 부림을 당하는 처지이다.

제국주의는 경제적으로 중국을 수탈하는 것에 만족하지 않는다. 정치적으로 악질적인 매국 군벌을 이용하여 필설로 이루 다 형용할 수 없는 죄악을 저지르고 있다. 제국주의자는 군벌을 움직여 정권을 도둑질하였다. 군벌을 사주하여 나라를 내다 팔게 하였다. 군벌을 부추겨 내전을 벌이게 함으로써 우리 국민으로 하여금 그 전쟁의 칼날 아래 고통을 받게 하였다. 나아가 군벌을 사주하여 혁명 운동을 탄압하게 함으로써 우리 국민이 영영토록 자립할 수 없게 만들고자 하였다. 또 군벌 정치를 조장하여 토비가 발생하게 만들고 나아가 토비를 군벌로 전환시켜 갔다. 그리하여 군벌은 끊임없이 만들어지고 인민은 끝 모를 고통 속에 처하게 되었다.

군벌은 도마이고 우리 국민은 그 위에 놓인 생선이나 고기와 같은 신세이다. 이런즉 중국 농민이 고향에서 편안히 살지 못하고 노동자가 공장에서 편안히 생활하지 못하며, 상인이 시장에서 편안히 장사하지 못하고 지식인들이 학교에서 편안히 지내지 못하는 것이 이상한 일이 아니다. 군벌 휘하의 군인은 매년 계속되는 전쟁으로 인해 참담하게 죽어가고 있다. 심지어 공장을 경영하는 기업가조차 벌벌 떨며 하루도 편하게 살지 못한다.

제국주의의 침략은 날로 심각해지고 있다. 군벌의 포악함도 날로 엄중해지고 있다. 그래서 중국 인민의 고통도 자연스레 날로 증대되고 있다. 최근 북방 군벌의 혼전이 몇 년째 지속되는 바람에 베이징 정부는 사라진 상태나 마찬가지이다. 우리 중국의 중부 및 북부에 사는 국민에게는 좋은 정부는커녕 나쁜 정부마저도 없다. 기존의 고통이 줄어들기는커녕 새로운 고통이 증가하는 속도조차 줄일 수 없는 상황이다. 이러한 상태가 조금만 계속되면 머지않아 수천 리 토지는 황폐해질 것이다. 수억 명의 인민은 벌레가 되다시피 할 것이다. 정치적으로 경제적으로 노예 신세가 될 것이다.

우리 국민당은 전후의 인과 관계를 살피건대, 중국 인민이 고통 속에 떨어진 근본 원인이 제국주의 및 그 도구 노릇을 하는 매국적 군벌에게 있다는 사실을 잘 안다. 현재 중국이 찾아야 하는 유일한 길은 통일 정부를 건설하는 것이다. 통일 정부가 수립된다면, 밖으로 제국주의의 압박과 위협에 저항할 수 있고 안으로는 군벌로 말미암은 재앙을 막을 수 있다. 통일 정부가 수립되지 않는다면 제국주의의 침략은 날로 치열해지고 내란은 더욱 심해질 것이다. 중국 인민이 겪는 고통도 홍수나 화재처럼 갈수록 심해질 것이다. 그리하여 중국 인민은 장차 다 죽어 나갈 것이다.

우리 국민당은 종래 평화적 방법을 통해 통일 정부를 건설하자고 주장하였다. 무엇보다 중화민국 정부는 중화민국 인민들이 스스로 일어나 건설해야 한다고 여겼기 때문이다. 또 다음으로 민생이 피폐해져 있는 지금 내란의 참화를 다시 견딜 수 없을 것이라 판단하였다. 그리하여 지난 날 쑨원 총리는 북상하여 간곡하게 국민 회의를 열어 시국 문제를 해결하자고 전국에 호소한 바 있다. 그러나 어찌 알았겠는가? 저 도적 돤치루이(端祺瑞)는 겉으로는 국민 회의에 찬동하는 체하며 뒤에서 가로막았다. 제국주의 또한 군벌을 선동하여 그들이 더욱 발호하게 하였다.

이제 우리 국민당의 주장대로 국민 회의를 소집하여 평화적으로 통일을 이룩하는 것은 실현될 수 없는 상황이다. 뿐만 아니라 매국적 군벌 우페이푸(吳佩孚)는 영국 제국주의의 도움을 받아, 죽은 재에 다시 불을 붙이듯 위안스카이의 옛 재주를 본떠 대거 외채를 끌어들였다. 이로써 국민들의 독립과 자유를 쟁취하기 위한 운동을 짓밟았다. 제국주의 세력은 또한 관세 수입을 증대시켜 그 이익을 챙긴 다음 우페이푸에게 자금과 무기를 제공하였다. 이로써 직접적으로는 그가 중국의 국민 혁명을 억압하도록 도와주었으며, 간접적으로는 중국의 관세권을 영구히 장악함으로써 중국의 경제가 영영토록 회복할 수 없는 지경으로 빠트리려 하였다. 도적과 같은 우페이푸는 중국 국민 혁명의 기세가 날로 확산되고 고양되어 가는 것을 보고 매국적 차관을 끌어들이는 교활한 계획을 세웠다. 차관을 통한 국민 혁명의 견제가 실패로 돌아가자 다시 전력을 기울여 국민 혁명의 근거지를 공격하였다. 그리하여 비적으로 하여금 광둥(廣東)을 공격하게 하고 또 일파를 모아 후난(湖南)에 침공하였다. 우리 국민당은 이에 더 이상 참을 수 없어 군대를 출동시키기로 하였다.

우리 국민당은 정중하게 전국의 민중을 향하여 다음과 같이 선언한다.

중국 인민이 겪고 있는 모든 고난의 총 원인은 제국주의의 침략 및 그 도구 역할을 하는 매국적 군벌의 포악함 때문이다. 전국 인민의 유일한 바람은 인민의 통일 정부를 수립하는 것이다. 과거 수년 간의 경험에 비추어 볼 때, 제국주의 및 매국적 군벌은 사실상 평화 통일의 장애이자 혁명 세력의 원수라는 사실이 분명해졌다. 따라서 제국주의 및 매국적 군벌 세력이 타도되지 않고는 통일 정부의 건설에 희망이 없다. 나아가 중화민국의 유일한 희망인 중국 혁명의 근거지도 제국주의 및 매국적 군벌로부터 연합 공격을 받을 위험에 처했다. 우리 국민당은 중국 인민의 유일한 바람인 통일 정부의 건설을 위해, 또 혁명 근거지를 공고히 하기 위해 군대를 출동시켜 매국적 군벌 세력을 제거하기로 하였다. 우리 국민당은 백성의 명령을 받들고 나라를 위해 간사한 무리를 제거하고자 한다. 성공 여부는 돌아보지 않는다. 어떠한 희생이 따르더라도 이겨낼 것이다. 우리 국민당은 쑨원 총리가 제시한 방략을 준수하기 위해 그 직분을 다하고자 한다. 이렇게 정책이 정해졌으므로 목숨을 걸고 추진할 것이다. 평소 우리 국민당의 이념과 정강에 동조하던 전국의 민중들이여, 그 평소의 지지와 지원을 진전시켜 우리 국민당의 출정에 대해 후원해 주기 바란다. 우리 국민당의 출정을 지원하고 또 나아가 우리 국민당의 작전에 참여해 달라. 그리하면 군벌 세력의 타도가 더욱 신속히 진척될 것이다. 또 통일 정부의 건설도 더욱 분명해질 것이며, 국민 혁명의 성공도 더욱 앞당길 수 있을 것이다.

통일 정부의 건설 만세!

국민 혁명의 성공 만세!

중국 인민의 자유와 해방 만세!

중국 국민 혁명군 만세!

출전 彭明 主編, 『中國現代史資料選輯』第二冊(1924-1927), 北京, 中國人民大

學出版社, 1988,「中國國民黨爲國民革命軍出師北伐宣言」.

내용 1926년 7월 6일에 발표된 국민 혁명군의 북벌 선언문이다. 북벌은 파죽지세로 전개되었다. 군벌의 군대는 부패하여 사기가 떨어져 있었으며 더욱이 서로 간에 이해가 대립되어 있었기 때문이다. 군벌의 군대는 혁명 정신에 불타는 국민 혁명군 앞에 하나씩 격파되어 갔다. 먼저 후난(湖南)으로 진격한 북벌군의 주력은 7월 11일에 창사(長沙)를, 10월 10일에는 우한(武漢)을 점령하여 후난과 후베이(湖北)에서 우페이푸 군대를 일소하였다. 후난으로부터 다시 장시(江西)로 진격한 중로군(中路軍, 장제스 지휘)은 직예파 쑨촨팡(孫傳芳) 군대의 주력을 격파하며 11월 8일에 난창(南昌)을 점령함으로써 장시성을 수중에 넣었다. 나아가 10월에는 광저우(廣州)를 출발하여 푸젠(福建)으로 진출한 동로군(東路軍, 何應欽 지휘)이 12월 9일 푸저우(福州)를, 이듬해 2월 18일에는 저장(浙江)의 항저우(杭州)를 점령하였다. 3월 24일에는 중로군과 동로군이 합세하여 쑨촨팡의 본거지인 난징(南京)을 함락시켰다. 그 직전인 3월 21일에는 상하이 교외에 도착하였다. 북벌군은 이르는 곳마다 민중의 환영을 받았다. 민중은 군벌 군대의 동태를 전해 주고, 길을 안내하며 물자의 수송에 협력을 아끼지 않았다. 심지어 북벌군이 도착하기 전 봉기를 일으켜 군벌 군대를 쫓아내고 북벌군을 맞이하는 지역조차 존재하였다.

장제스의 4·12 쿠데타

자베이(閘北)의 주민인 정전둬(鄭振鐸)·펑츠싱(馮次行)·장시천(章錫琛)·후위즈(胡愈之)·저우위퉁(周予同)·우줴눙(吳覺農)·리스천(李石岑) 등은 지난 13일 보산로(寶山路)에서 노동자와 군대가 충돌한 참극과 관련하여, 상하이 임시 정치 분회 위원인 차이위안페이(蔡元培)·리스쩡(李石曾)·우즈후이(吳稚暉)에게 편지를 보냅니다. 그 내용은 아래와 같습니다.

차이위안페이·리스쩡·우즈후이 선생께.

북벌군이 장쑤(江蘇)와 저장(浙江)을 점령하자 상하이의 시민들은 봉로의 토비(奉魯土匪)[119] 군대의 압박으로부터 해방되었다고 기뻐하였습니다. 그런데 어제 자베이에서 공전의 학살 참극이 자행되었습니다. 삼민주의 이념의 세례를 받은 군대에서 어찌 빈손의 군중을 향해 발표하여 일백여 명을 살상할 수 있습니까? '3·18 사건'[120] 때의 돤치루이(端祺瑞) 군대도 그보다 난폭하지 않았으며, '5·30 사건'[121] 때의 영국 경찰도 그보다 잔혹하지 않았습니다. 그런데 우리 신성한 혁명 군인이 차마 어찌 이럴 수 있습니까? 이번 사건에 대해 신문 기자도 상세히 보도하지 않았습니다. 그래서 선생들께서도 그 진상을 소상히는 모르고 있으신 것 아닌가요? 우리는 자베이에 살고 있기에 그 일을 직접 목격하였습니다. 그것을 감히 선생들께 밝히고자 합니다.

4월 13일 오후 1시 자베이의 청운로(靑雲路)에서 시민 대회가 산회한 후

---

119 奉魯의 土匪 : 奉天派(奉系) 군벌인 直隸 督辦 李景林 부대와 마찬가지로 奉系 군벌인 山東 督辦 張宗昌의 부대.

120 3·18 사건 : 1926년 3월 18일 端祺瑞 정부가 北京에서 군중을 향해 발포한 사건. 馮玉祥의 國民軍과 張作霖의 奉軍 사이에 교전이 벌어지자 이해 3월 12일 일본은 군함을 天津의 大沽口에 파견하여 奉軍을 엄호하였다. 그리고 國民軍 진지를 향해 포격을 가하여 國民軍을 패퇴시켰다. 이어 16일에는 일본이 영국, 미국 등 7개국과 연합하여 辛丑條約을 근거로 端祺瑞 정부에게 大沽口 방어군을 철수시키라는 최후 통첩을 보냈다. 이에 18일, 中共 北方區委員會와 國民黨 北京執行委員會의 지도에 따라 北京의 학생 5천여 명이 李大釗 등의 통솔 아래 天安門에서 집회를 열었다. 이후 군중이 행진하자 端祺瑞 군대가 발포하여 47명이 사망하고 199인이 부상을 당하였다.

121 5·30 사건 : 1925년 5월 30일 上海에서 영국 경찰의 발포로 많은 군중이 사망하고 부상을 당한 사건. 이에 앞서 上海와 靑島의 일본계 공장 노동자들이 파업을 벌이다 일본 및 北洋軍閥의 탄압을 받았다. 이에 5월 30일, 上海의 학생 2천여 명이 公共租界의 대로에서 행진을 하다가 백여 명이 租界 경찰에 의해 체포되어 구금되었다. 이러한 소식이 전해지자 학생과 시민 만여 명이 집결하여 체포 학생의 석방을 요구하였다. 이들에 대해 영국 경찰이 발포하여 수 많은 사람들이 죽고 부상을 당하였다.

군중의 대오는 보산로를 거쳐 갔습니다. 당시 군중은 질서가 정연했으며 그 중에는 부녀와 아동도 섞여 있었습니다. 노동자 규찰대는 하루 앞서 이미 무장이 해제된 상태였으므로 이날 결코 무기를 휴대하지 않았습니다. 군중들이 홍흥로(鴻興路)의 입구에서 막 규강로(虬江路)로 전진하려 할 때, 홍흥로 입구의 26군 사령부 정문을 지키고 있던 병사들이 길을 차단하고 나섰습니다. 사령부 수비병들은 즉시 발포하기 시작하였습니다. 또 기관총으로 보산로에 밀집해 있던 군중을 향하여 조준 사격을 가하였습니다. 사격은 15, 6분간이나 지속되었으며 족히 5, 6백 발은 발사되었을 것입니다. 군중들은 빼곡히 밀집하여 피해 달아나는 것이 쉽지 않았습니다. 그 때문에 죽거나 부상당한 사람이 대단히 많았습니다. 보산로 일대 3백여 미터의 길거리는 즉시 피바다로 변하였습니다. 군중들이 소지했던 청천백일기(青天白日旗)[122]는 피에 물든 채 거리에 이리저리 흩날렸습니다. 병사들의 진술에 의하면 현장에서 사망한 군중은 약 5, 60여명이라고 합니다. 병사는 한 사람도 다치거나 죽지 않았습니다. 이후 병사들은 맞은 편에 있는 의품리(義品里)의 민가로 들어가 짧은 파란 옷을 입은 노동자들을 끌어내어 노상에서 총살하였습니다. 이것이 어제 오후 보산로에서 목격한 상황입니다.

우리는 인격을 걸고 맹세합니다. 이 내용에 단 한 글자의 허위 사실도 섞여 있지 않습니다. 국민 혁명군은 인민의 군대입니다. 민족의 해방과 자유를 위해 싸우고 있습니다. 우리 나라 혁명의 역사상 빛나고 영광스러운 지위를 지니고 있습니다. 그런데 이러한 비인도적 만행을 저질렀습니다. 참으로 전연 예상하지 못한 사태입니다. 혁명을 말하지 않겠습니다. 주의를 묻지 않겠습니다. 정의와 인도 같은 것도 따지지 않겠습니다. 자베이에서 이번에 일어난 학살의 참극에 대해서는, 삼민주의이건 공산주의이건 무정부주의이건, 그리고 설령 제국주의자이건 간에 모두 분개해 할 것입

---

122 青天白日旗 : 중화민국의 국기.

니다.

선생들께서는 정의와 평화를 대변하셔서 이 시대에 인망을 받고 있습니다. 또 상하이의 정치 위원을 담당하고 있으며, 상하이 치안에 대해 최고 책임을 지고 있습니다. 그러한 고로 감히 선생들께 말씀드립니다.

우리는 이번에 발생한 4·13 참극에 대해 적어도 아래와 같은 조치가 있어야 한다고 생각합니다.

첫째로 국민 혁명군 최고 당국은 마땅히 이번 만행에 직접 책임이 있는 부대장과 병사를 즉시 엄하게 처벌해야 합니다. 둘째로 당국은 군대가 비무장 상태의 민중을 향해 발포하지 않을 것임을 보장해야 합니다. 군대는 집회의 행렬에 간섭해서는 안 됩니다. 당과 국가의 정책에 대해 우리가 묻고자 하는 것은 아닙니다. 다만 이번에 목도한 비인간적인 행위에 대해 침묵할 수 없는 것입니다. 우리는 이제 진실로 자베이에 사는 수십만의 주민을 차마 마주할 수 없습니다. 지금까지 군벌의 압제에 시달리다가 이제 다시 청천백일기 아래에서 혁명 군대의 학살이 있었습니다. 선생들께서는 깊이 헤아려 주십시오. 울며 아룁니다. 그리고 혁명의 성공을 기원합니다.

출전 彭明 主編, 『中國現代史資料選集』第二冊(1924-1927), 北京, 中國人民大學出版社, 1988, 「鄭振鐸等爲四·一二慘案致上海臨時政治分會書」.

내용 1927년 3월 21일 상하이의 노동자들은 앞선 두 차례의 실패에도 굴하지 않고 세 번 째로 총파업과 무장 봉기를 감행하여, 30시간에 걸친 시가전 끝에 군벌 세력을 몰아내고 자치 정부를 수립하였다. 상하이의 노동자 봉기는 공산당의 저력을 여실히 드러낸 것이었다. 그로부터 얼마 지나지 않은 4월 12일, 장제스는 암흑가를 지배하는 폭력단인 청방(靑幇), 홍방(紅幇)을 동원하여 노동자 규찰대를 습격하였다. 이후 3일 간 상하이는 폭력과 살인이 난무하는 무법 천지가 되었다. 시내의 곳곳에서 공산당원, 노동 운동 지도자들이 체포되어 총살에 처해졌다. 이를 4·12 쿠데타라고 부른다.

제1차 국공 합작의 결렬

우리 국민당은 공산당원의 가입을 용인하여 함께 국민 혁명에 종사하여 왔다. 당원 가운데 펑쯔유(馮自由)[123]와 같이 반공의 명목을 빌어 반혁명 활동을 하는 사람도 비록 소수이지만 존재하였다. 하지만 일반 당원은 모두 쑨원 총리의 지도에 복종하여 공산당과의 합작에 노력하였다. 어떠한 어려움에 직면하더라도 모든 방법을 동원하여 그 장애를 극복하고자 하였다. 올해 3월에 개최된 국민당 중앙 집행위원회 제3차 회의 때에는 공산당과 정기적으로 연석 회의를 열기로 결의하였다. 이 연석 회의에서 합작 형식과 관련한 모든 방향을 토론하여 결정하기로 하였다. 이처럼 우리 국민당은 공산당에 대하여 성의를 다해 왔다. 이 결의에 의거하여 국민당 정치위원회 주석단은 매일, 혹은 격일로 공산당의 간부와 연석회의를 개최하였다. 그 회의는 왕왕 4, 5시간에 걸쳐 진행되기도 하였다. 국내외의 모든 문제가 토론의 의제로 올려져 함께 머리를 맞대고 해결 방법을 모색하였다. 정치위원회 주석단은 이러한 결의를 채택함으로써 여러 정책에 있어 더 많은 효과를 올리고자 하였다.

하지만 불행히도 올해 6월 초순, 정치위원회는 돌연 어떤 공산당의 책임 있는 간부로부터 하나의 비밀 결의안을 넘겨받았다.[124] 이 결의안의 내용은 우리 국민당에 근본적인 위해를 가하는 것이었다. 이 책임 있는 간부의 이름은 발표하지 않겠다.[125] 그 책임 있는 간부의 설명에 따르면 그것은 결코 비밀 행동이 아니라 공개적으로 우리 국민당과 협상하려는 것이었다

---

[123] 馮自由(1882~1958) : 國民黨 우파 인물. 1924년 1월의 國民黨 1전 대회, 즉 改組大會에서도 공산당과의 합작을 반대하였으며, 이후에도 공개적으로 공산당 반대 활동을 하다가 1925년 국민당에서 제명되었다.

[124] 정확히는 1926년 6월 15일의 일이었다.

[125] 코민테른의 대표였던 인도인 마이클 로이였다.

고 한다. 그런데 공산당 측은 즉시 이 책임 있는 간부를 축출하였다. 그 죄목은 비밀을 누설했다는 것이었다. 공산당이 취한 이러한 양면적 자세는 연석 회의의 정신에 반하는 것이어서 정치위원회 주석단을 크게 실망시켰다. 이에 공산당의 책임 있는 간부가 건네준 결의안의 내용을 살펴보면 다음과 같다.

(1) "토지 혁명에 관하여 아래로부터 바로 토지를 몰수하라. 상급 기관인 국민 정부의 명령을 거칠 필요 없다."

이러한 주장이 정당한지는 여기서 논하지 않겠다. 하지만 이는 결코 우리 국민당이 채택한 정책이 아니다. 민생주의에서는 경자유기전(耕者有其田)[126]의 의미를 설명하며, '정치 법률에 따라 해결한다.'고 말한다. 민국 13년(1924) 8월 20일에 쑨원 총리는 광저우 농민운동 강습회(廣州農民運動講習會)에서, 일찍이 거듭하여 경자유기전의 참된 의미를 해설한 바 있다. 그 실현은 반드시 정부의 지도 아래 농민의 자주적 정신에 따라 평화적으로 달성되어야 한다. 그런데 현재 공산당은 정부의 명령과 관계 없이 토지를 몰수하자고 주장하고 있다. 이 어찌 국민당의 정책에 크게 위배되는 것이 아니겠는가? 그리고 만일 공산당 측에서 이 문제를 연석 회의에 제출하여 우리 국민당과 협상했다면 그것으로 정직하고 편파적이지 않다는 성의를 표시하기에 충분했을 것이다. 그럴 경우 필시 연석 회의에서 채택되지 않았을 것이지만 그것은 별개의 문제이다. 하지만 공산당 측은 그렇게 하지 않았다.

지난 5월 21일 후난(湖南)에서 군대와 민중이 충돌하는 사건이 발생하였다.[127] 당시 공산당 측에서는 농민 운동의 성급함과 착오를 인정하고 제재

---

126 耕者有其田 : '경작자인 농민이 그 토지를 소유한다.'는 의미이다.

127 국민 혁명군의 團長(연대장) 許克祥이 長沙에서 군대를 동원하여 國民黨 湖南省 黨部와 省 總工會 省 農民會 등을 습격한 사건을 가리킨다. 5월 21일이 전통 音韻學의 韻目(押韻)으로 치면 馬日이기에 馬日事變이라 불렸다. 許克祥의 부대는 이후 약 1주일

를 주장한 바 있다.[128] 그런데 지금은 입장이 바뀌었다. 그 성급함과 착오의 오류를 범하였던 농민 운동에 대해, 국민당 상급 기관의 지도를 따르지 않아 초래된 일이라 말하지 않는다. 오히려 우리 국민당이 민중을 버리고 제재를 가했기 때문에 발생한 것이라 주장한다.

(2) "국민당 중앙위원회에 대표를 추가로 증원시켜 그것으로 중앙위원회를 대체한다."

이러한 주장은 우리 국민당 중앙 집행위원회의 조직을 근본적으로 파괴하는 것이다. 아울러 중앙위원이 전국 대표 대회에서 선출되는 것을 알지 못하는 소치이다. 만일 중앙위원회에 과오가 있다면 그 자격을 정지시키면 된다. 과거의 양시민(楊希閔)이나 현재의 장제스가 그러한 사례이다.[129] 중앙위원을 증원하는 것은 전국 대표 대회를 거치지 않고는 절대 불가능하다. 공산당은 멋대로 새것을 만들어 옛것을 대체시키려 하고 있다. 이는 우리 국민당 조직을 근본적으로 파괴하고자 하는 것이 아닌가?

(3) "국민당의 현재 기구를 개조한다."

이 주장은 더욱 황당하다. 우리 국민당 파괴의 음모를 여과 없이 폭로하는 것이라 할 수 있다.

(4) "현재의 혁명군 가운데 믿을 수 없는 부대장을 제거한다. 그리고 후난(湖南) 및 후베이(湖北)의 5만 명에 달하는 농민·노동자 중 2만 명의 공산

에 걸쳐 노동자, 농민, 학생에 대하여 잔혹한 처형을 되풀이하였다.

128 북벌이 급속히 전개되던 1926년 말엽부터 1927년 전반에 걸쳐 湖南省에서는 농민 운동이 비약적으로 성장하였다. 그리하여 農民協會가 농촌 내 권력을 장악하고 이른 바 土豪劣紳에 대해 억압하였다. 湖南省 農民協會는 雜稅의 폐지와 地代의 인하를 주장하고 나아가 토지 몰수를 실행하고자 하였다. 이러한 분위기에서 許克祥의 馬日事變이 발생하였다. 이에 農民協會가 전면적으로 무장하여 許克祥 부대와 대치하였는데, 공산당 중앙위가 개입하여 농민군에 대해 무장 해제와 퇴각을 명하였다.

129 4·12 쿠데타가 발생한 직후인 4월 17일, 무한 정부는 蔣介石의 黨籍을 박탈하고 체포령을 내렸다.

당원을 선발하여 혁명 군에 참여시킴으로써 새로운 부대를 조직한다."

이는 공산당 군대를 창건함으로써 국민 혁명군을 파괴하려는 음모이다. 우리 국민당은 쑨원 총리가 용공 정책을 채용한 이래 지금까지 동지를 무장하는 과정에서 공산당원과 비공산당원 사이에 구별을 결코 두지 않았다. 과거 쑨원 총리는 동지를 무장하는 일에 대해 강연하면서, '우리는 생사를 같이 한다.'고 말한 바 있다. 그처럼 간곡하게 우리 국민당의 책임 있는 간부에게 일러 깨우쳤다. 그런데 공산당은 고의로 군대를 나누려 하고 있다. 2만 명의 공산당원으로써 비공산당 군대를 박멸하고자 한다. 소위 농민·노동자라는 미명을 붙이고 있지만 실은 공산당 분자일 따름이다. 이 주장이 실현된다면 국민 혁명군과 공산군 사이에 전쟁이 벌어지는 것은 피할 수 없다. 진실로 이른바 천하 대란이 발생할 것이다.

(5) "이름이 널리 알려진 국민당원을 대표로 하는 혁명 법정을 조직한다. 그리고 반동 장교를 처단한다."

이러한 주장은 실로 코웃음 칠만한 일이다. 공산당의 관념 속에, 이름이 널리 알려진 국민당원은 공산당을 위한 사형 집행자일 따름이다.

정치위원회 주석단은 이상과 같은 결의안을 접한 다음 중대한 문제이기에 반드시 신중히 결정해야 된다고 판단하였다. 경솔하게 혁명의 연합 전선을 파괴하는 것을 원치 않는다는 원칙을 고려하였다. 하지만 동시에 우리 국민당 및 국민 혁명군의 안전에 대해서도 유의하지 않을 수 없었다. 그러던 차에 7월 13일 소위 중국 공산당 중앙 집행위원회에서 성명을 발표하였다. 여기서 우리 국민당에 대해 극히 모멸적인 언사를 사용하였다.[130] 그리고 중국 공산당 중앙 집행위원회는 다시 성명을 발표하여 국민 정부에 참여한 공산당원의 철수를 선언하였다. 이는 사실상 우리 국민

---

130 1926년 7월 13일 중국 공산당은 코민테른의 지시를 수용하여 중국 국민당을 맹렬히 비난하며 국공 합작의 결렬을 선언하였다.

당의 용공 정책을 파괴한다는 최후 표시였다. 무릇 국민 정부는 국민당의 정강과 정책을 집행하는 최고 기관이다. 그러한 정부로부터 철수하는 것은 우리 국민당과의 절연을 통고하는 것이나 다름이 없다. 국민 정부로부터의 철수 후에도 국민당원이라 자칭하는 것은 논리적으로 모순이다. 또한 국민 혁명군 및 각급 정부 기관은 모두 정부의 계통에 속한다. 국민 정부에서 철수했다면 국민 혁명군 및 각급 정부 기관에 남아 있을 필요도 명분도 없다.

공산당이 우리 국민당의 안전에 위해를 가하고 또 국민당으로부터 철수한다는 성명을 발표한 것으로 보건대, 이제 우리 국민당의 용공 정책은 이미 여지없이 파괴되었다. 하지만 우리 국민당은 쑨원 총리의 가르침에 기초하여, 공산당에 대해 여전히 용인하는 자세를 취하고자 한다. 중앙 집행 위원회가 7월 15일에 통과시킨 3개 항의 결의문을 살펴보면, 최선을 다해 혁명의 연합 전선을 유지하려는 명확한 자세를 지니고 있음을 알 수 있을 것이다. 누구도 그것을 부인할 수 없을 것이다.

출전 彭明 主編, 『中國現代史資料選輯』 第二冊(1924-1927), 北京, 中國人民大學出版社, 1988, 「武漢國民黨中央政治委員會主席團聲明」.

내용 1927년 7월 15일에 발표된 우한 정부의 성명이다. 장제스의 4·12 쿠데타 이후 국공 합작에 먹구름이 드리우기 시작하였다. 우한의 국민 정부는 4월 17일 장제스에 대해 당적을 박탈하는 조치를 취하였으나 급속히 반공으로 선회하기 시작하였다. 그 휘하의 군대 지휘관들도 노골적으로 반공의 자세를 취하였다. 왕징웨이(汪精衛) 등 국민당 좌파는 민중 운동의 급진화에 부담을 느끼고 공산당 및 농민 운동, 노동자 운동에 대해 거리를 두고자 하였다. 이러한 상황에서 6월 1일 위에 소개되어 있는 코민테른의 훈령이 전달되었다. 코민테른 대표인 마이클 로이는 이 훈령을 왕징웨이에게 보여주며 승인을 강요하였으나, 왕징웨이는 이를 거절하고 공산당을 배제하기로 결정하였다. 이에 따라 7월 13일 공산당은 우한 정부와의 결별을 선언하고, 7월 15일에는 국민당도 용공 정책을 파기한다고 선언하였다. 이로써 1924년 1월 이래 3년 7개월 동안 지속되어 오던 제1차 국공 합작은 붕괴되고 말았다.

4

국공의 대립과 항일전쟁

중국 공산당과 홍군의 공동 항일선언문

전 중국의 인민들이여!

일본 제국주의가 영국과 프랑스의 제국주의 및 국제연맹의 공개적인 원조 하에 화북을 침입하기 시작했다. 이것은 제국주의 강도들이 더욱 완전하게 중국을 분할하고 전체 중국을 노역시키려고 하는 침략이다. 이러한 침략은 평화롭게 거주하는 주민을 모조리 잔혹하게 학살하고, 도시와 농촌을 궤멸시킨다. 고통과 기근이 증가해서 상하이와 만주의 참상이 대부분의 중국 대지 위에서 대단히 잔혹하게 중복되는 상황을 조성할 것이다.

국민당 군벌 장제스(蔣介石)와 장쉐량(張學良) 등이 저항 없이 투항했기에, 또 그들이 일본에 저항하는 사병들을 억지로 해산시키거나 도살했기에 중국 사병들의 대부분이 제국주의의 포화 아래서 죽어갔다. 국민당 군벌은 일본과 기타의 제국주의자들이 더 많이 침략하고 도살하는 것을 도

왔다. 그리고 그들은 모든 역량을 사용해서 특정 국가 상품을 배척하는 운동이나 군사력을 갖춘 의용군과 같은 반제국주의 투쟁을 진압하였다.

국민당 정부와 그 정객들은 자신들의 죄악을 변명하면서 매국적인 행위를 하는 이유의 하나로서 바로 중국 소비에트의 존재를 들고 있다. 소비에트 때문에 그들은 모든 역량을 동원해서 국토방위를 진행할 수 없다고 말한다. 장제스는 소비에트를 핑계로 대며 일본의 군벌과 전투를 벌이는 것을 회피하고 있다. 그리고 거의 백만 명에 이르는 대군을 이용해서 이미 자신의 소비에트 정부를 수립한 중국의 노동자와 농민을 향해 진공하고 있다.

그러나 중국의 민중들은 자기 스스로 자신을 지키려고 한다. 수많은 부대와 수십만 명에 이르는 국민당 군대의 사병들은 자신의 형제자매를 도살하는 것을 반대한다. 그리고 군사적으로 일본 제국주의에 저항하는 것을 찬성하고 있다. 그들은 오직 무장한 민족 혁명전쟁만이 일본 제국주의의 침략에 저항해서 승리할 수 있다고 인식하기 시작했다. 중국 소비에트 정권과 혁명 군사위원회는 국민당의 변명이 어리석은 거짓말이며 전국 민중의 눈앞에서 자신의 매국 행위를 감추려는 것이라고 질책했다.

중국 소비에트 정권과 혁명 군사위원회는 다시 한번 중국의 민중들을 일깨우면서 작년 4월에 전국의 민중들에게 함께 일본 제국주의에 반대하는 무장투쟁을 진행하자고 호소했다. 이러한 호소에 대한 장제스의 대답은, 모든 군대를 동원해서 중국 노동자와 농민의 정권 및 노동자와 농민의 홍군에게 진공할 것이며 일본 제국주의에 반항하지 않겠다는 것이었다.

중국 소비에트 정권과 노동자와 농민의 홍군 혁명 군사위원회는 중국 민중 앞에서 선언한다. 아래와 같은 조건만 갖춰지면 중국 노동자와 농민의 홍군은 어떠한 무장 부대와도 군사 행동을 위한 협정을 맺어 일본 제국주의의 침략에 저항할 준비가 되어있다.

(1) 소비에트 구역을 향한 진공을 즉시 중지할 것.

(2) 민중의 민주적인 권리(집회, 결사, 언론, 출판, 파업의 자유 등)를 즉각적으로 보장할 것.

(3) 즉각적으로 무장한 민중들로 의용군을 창립해서 중국을 지키고 중국의 독립과 통일 및 완전한 영토를 쟁취할 것.

우리는 중국의 민중과 사병들에게 이러한 호소에 호응하여 일치단결해서 민족 혁명전쟁을 진행하고, 중국의 독립과 통일 및 완전한 영토를 쟁취하기를 요청드린다. 또 일본과 모든 제국주의에 반대하고 제국주의의 앞잡이인 국민당 군벌의 매국과 투항에 반대해서 싸울 것을 요청드린다.

연합하라! 무장 민족 혁명전쟁을 벌여서 일본과 모든 제국주의에 대항하라!

중국 소비에트 임시 중앙정부 주석 마오쩌둥(毛澤東)
중국 농공홍군 혁명 군사위원회 주석 주더(朱德)

출전 中共 中央宣傳部, 『中共黨史敎學參考資料』, 人民出版社, 1957.

내용 원래의 제목은 중국 소비에트 공화국 중앙정부와 농공홍군 혁명 군사위원회가 일제의 화북 침입에 반대하여 3가지 조건 하에서 전국 각 군대와 공동으로 항일을 선언한다는 것(中華蘇維埃臨時中央政府工農紅軍革命軍事委員會爲反對日本帝國主義侵入華北願在三個條件下與全國各軍隊共同抗日宣言)으로 1933년 1월 17일에 발표되었다. 이 선언문은 항일전쟁 시기에 중국 소비에트 정부와 홍군이 일본의 침략에 대항하여 전중국의 민중과 함께 저항할 것을 고취하고 있다. 선언문에서는 세 가지 조건에 대해 비록 구체적으로 설명하지 않고 있지만, 전국적인 역량을 모아서 함께 일본의 침략에 대항하고 항전 승리를 확보한 이후에 새로운 국가를 건설하자는 것이다.

미국 스팀슨 국무장관의 '불승인주의' 각서

1931년 9월 18일 이전에 남만주[1]에 최후까지 남아 있던 중화민국 정부의 모든 행정권이 이미 진저우(鎭州) 부근의 군사 행동과 함께 훼멸되었다. 미국 정부는 여전히 국제연맹이사회에서 권한을 위탁받은 중립 위원단의 기초 작업을 신뢰하고 있다. 이는 중국과 일본 사이에 현존하는 어려움을 최종적으로 해결하는 데 반드시 도움이 될 것이다. 그러나 현재의 형세와 이런 상황 아래서 미국 자체의 권리와 책임을 고려하면, 미국 정부는 일본 제국 정부와 중화민국 정부에 외교 각서를 보낼 의무가 있다고 생각한다. 미국 정부는 사실상 어떠한 정세의 합법성도 인정할 수 없다. 중국과 일본 정부 또는 그 대리인 사이에 체결된 미국 또는 중국에 있는 미국 국민의 조약상의 권리를 침해하는 어떠한 조약이나 협정도 인정할 수 없다. 미국 국민의 조약상의 권리는 중화민국의 주권과 독립 또는 영토와 행정의 완전성, 혹은 통칭 '문호개방정책'이라 불리는 중국에 대한 국제정책을 포함한다. 또 1928년 8월 27일에 중국과 일본과 미국이 모두 조약 체결국이 되어 체결한 파리 비전(非戰) 조약의 조항과 의무를 위반하는 방식으로 획득한 어떠한 상황이나 조약 또는 협정도 승인할 수 없다.

출전 世界知識出版社 編輯部, 『中美關係資料彙編』 제1집, 世界知識出版社, 1957년.

내용 1932년 1월 10일에 발표되었다. 미국의 국무장관을 지낸 바 있는 스팀슨(Henry Lewis Stimson)[2] 주의는 '불승인주의'라고도 한다. 1931년에 만주

---

1 남만주 : 송년(松嫩) 평원과 랴오허(遼河) 평원을 분수령으로 하여 그 이남의 랴오닝성·지린성·헤이룽장성 및 내몽골 동북부 지역과 외싱안링 이남의 지역이 남만주이고, 그 이북의 헤이룽장성과 지린성 지역을 북만주라고 한다.

2 스팀슨 : 1867년 9월 21일 미국 뉴욕시에서 출생한 미국의 정치가이자 전략가이다.

사변이 발생하였고, 이후에 일본은 중국의 동북 3성에 건립된 이른바 '만주국'이라는 괴뢰정부를 지원했다. 이에 대해 미국 국무장관 스팀슨은 1932년 1월 7일 중국과 일본 두 나라 정부에 서한을 보냈다. 스팀슨은 여기서 1928년에 체결된 『파리 비전(非戰) 공약』의 의무를 위반하는 수단으로 야기된 어떠한 정세나 조약 또는 협정도 인정하지 않을 것이라고 하였다. 동시에 미국은 중국에 대해서 문호개방정책을 견지한다고 선언하였다.

외적을 물리치려면 반드시 먼저 내부를 안정시켜야 한다

(1) 외부 세력을 물리치려면 반드시 내부를 안정시켜야 한다. 통일되어야 바야흐로 모욕을 방지할 수 있다. 아직 어떤 나라가 통일되지 않고서 외부에서 승리를 획득할 수 있었던 적이 없다. 오늘날 외부에 대해서는 군사적인 방식을 사용하여 해결하든지 외교적인 방식을 사용하여 해결하든지 모두 국내의 통일을 먼저 이루지 않으면 그 효과를 이룰 수 없다. 대개 전쟁을 주장하려면 반드시 국내의 통일을 추구해야 한다. 또 평화를 주장하더라도 국내의 통일을 추구하지 않으면 결코 평화를 말할 수 없다. 싸울 수 없으면 진실로 평화를 말할 수 없고, 통일되지 않으면 더욱이 평화를 말하거나 전쟁을 말할 수 없다.

(2) 현재 우리 나라는 바로 내우외환이 겹친 때이다. 한쪽으로는 국내에 난폭한 비적(匪賊)이 매일 목숨 걸고 살인과 방화를 저지르고 있다. 또 한쪽으로는 나라 밖에 일본 제국주의가 있어서 매일 우리를 향해 맹렬하게 침략해 오고 있다. 일본이 감히 우리의 영토를 침략해 오고 심지어 공공연

1928년부터 주필리핀 총독이 되었다가 1929년부터 1933년까지 미국 국무장관을 지냈다. 1940년에 전쟁부 장관을 맡다가 1945년에 제2차 세계대전이 종전되자 퇴임하고 1950년 10월 20일에 타계했다.

하게 우리의 국가 전체를 멸망시킬 것을 책동하는 것은 바로 우리 나라 안에 비적이 소란을 피우면서 통일되지 않기 때문이다.

제국주의는 계속해서 남의 재난을 보고 즐거워하며, 약하고 우매한 상대를 공격해서 멸망해 가는 나라를 침탈하고자 한다. 우리는 현재 내부적으로 극심한 혼란을 겪고 있다. 이러한 상황에서 외부로부터 침략과 능욕을 받는 것은 필연적이다. 반대로 말해서 근원부터 바로잡아 깨끗하게 정돈해서 먼저 이러한 몸속의 우환을 제거하기만 한다면 몸 밖의 작은 피부병은 반드시 문제가 되지 않을 것이다. 현재 비적을 토벌하는 것이 바로 몸속의 우환을 치료하는 것이다. 만일 비적을 토벌하는 일에 성공한다면 외부의 적을 물리치는 것은 용이해 질 것이다.

다시 우리의 주관적인 전략에서 본다면 현재 우리 나라는 내부적으로 안정된 통일을 이루지 못했다. 아울러 비적들이 목숨 걸고 소란을 피우고 있다. 그런데 만약 이러한 상황 속에서 외부의 적을 물리치려고 한다면 우리는 즉시 앞뒤로 적을 맞이해서 안팎으로 협공을 당하는 처지에 빠질 것이다. 여러 장관이 모두 알고 있듯이 우리가 얼마나 강력한 무력을 가지고 있는가에 상관없이, 또 큰 전투나 작은 전투와 관계없이 만약 앞뒤로 적을 맞이해서 안팎으로 협공을 당하면 그것은 실패하지 않을 수가 없다.

따라서 우리에게 내부를 안정시키지 않고 외부의 적을 물리치라고 요구하는 것은 잘못이다. 그렇게 해서는 전략적이나 이론적으로 모두 반드시 실패하는 상황에 빠지고 절대로 승리할 희망이 없다. 그런데 어떻게 우리가 원하는 구국의 목적을 이룰 수 있겠는가? 나라를 구할 수가 없을 뿐만 아니라 국가의 멸망을 재촉하게 될 것이다. 우리의 객관적 상황이나 주관적 전략을 총괄해 보면, 오늘날 나라를 구하는 길은 옛사람들이 말했던 '외부 세력을 물리치려면 반드시 내부를 안정시켜야 한다.'라는 이 말에 비춰서 힘써 행해야만 한다. 우리는 반드시 먼저 후방과 내부를 안정시키고 난 후에 외부의 적을 물리치고자 해야 된다. 그래야만 비로소 안팎으로 협공당하는 위급한 상황에 빠지지 않게 될 것이다.

(3) 우리는 마땅히 현재 혁명군이 당면한 책임이 두 가지라고 확고부동하게 믿어야 한다. 첫 번째는 비적을 토벌해서 내부를 안정시키는 것이고, 두 번째는 일본에 대항해서 외부의 적을 물리치는 것이다. 비적을 토벌하는 것이 정말로 항일의 전제이다. 일본에 대항하려면 먼저 비적을 토벌해야만 하고 비적을 토벌할 수 있으면 반드시 일본에 대항할 수 있다. 우리 혁명의 성공과 실패, 혹은 우리 나라의 단절과 연속이 현재는 완전히 비적의 토벌과 관계가 있다는 점을 항상 기억해야만 한다. 만일 비적의 토벌에 실패하면 모든 것을 실패하게 되고, 모든 것을 만회할 수가 없다. 비적을 모두 토벌하지 못한다면 어떻게 다시 일본에 대항할 수 있겠는가? 이것은 자신을 속이고 다른 사람을 기만하는 말이 아니겠는가?

우리가 외부의 세력을 물리치려면 반드시 내부를 안정시켜야 한다는 이치를 명백히 알아야 한다. 그리고 다만 항일이라고 하는 헛된 명분을 좋아해서 비적을 토벌하는 일이 영광스럽지 않고, 공적이 없으며, 또한 알아주는 사람도 없을 것으로 생각해서는 안 된다. 일단 비적의 토벌에 성공하면 신념을 실현할 수 있다. 그래야 우리 혁명 군인이 비로소 역사적으로 최고의 영광을 얻을 수 있다. 또한 비로소 국가와 민족의 영원한 생존을 구할 수 있다. 한 걸음 더 나아가 설령 비적을 토벌하는 일이 진정으로 어떤 공을 세워서 널리 이름을 알릴 수 없더라도 우리 혁명 군인은 또한 자기의 책임을 반드시 인식해야만 한다. 비적을 토벌하는 것만이 국가와 민족이 살 길을 찾는 유일하고 중요한 계책이며, 혁명의 현재 상황에서 가장 절실한 요구이다. 우리 모두 용감하게 앞으로 나아가자!

(4) 이번에 공산당 지배 지역을 포위해서 토벌하는 작전의 성공과 실패 여부는 국가의 생존과 멸망의 관건이다. 비적의 토벌에 성공하면 쑨원 총리의 신념이나 계획에 따라서 모든 것을 행할 수 있을 것이요, 건설 사업을 실행해서 국가의 앞날에도 어느 정도 희망이 생길 것이다. 그러나 만일

이번의 비적 토벌에 여전히 효과가 없다면 중국은 반드시 멸망의 길로 나아가고 외부의 우환이 날로 닥쳐올 것이다. 제국주의의 무거운 압박 아래서 중국이 내부적으로 통일되지 못한다면 중국은 계속 존재할 수도 없을 것이다. 아울러 현재의 비적은 중국의 주요 지역에 있다. 주요 지역에 존재하는 비적의 우환은 실로 국가 몸속의 환부이다. 즉시 깨끗하게 제거하지 않으면 중국은 절대로 부흥하지 못할 것이며 오직 멸망만이 있을 뿐이다.

(5) 우리의 적은 왜구가 아니라 각지의 비적이다. 현재 우리는 일본에게 동삼성(東三省)과 러허(熱河)를 빼앗겼다. 통일 정부를 구축한 상태에서 잃었기에 우리는 마땅히 책임을 저야 한다. 그러나 혁명이라는 관점에서 본다면 그다지 큰 문제는 아니다. 정치적으로나 군사적으로나 동삼성과 러허가 과거에 혁명 세력에 의해서 통치된 적이 없었다. 그리고 혁명이라는 이념을 동북지역에서는 선전할 수 없었다. 이번에 일본이 동삼성과 러허를 점령한 것을 두고 우리의 책임이라 말할 수 없는 것이다.

그래서 우리는 온 마음을 다해 비적을 토벌하고자 한다. 그리고 국가를 위해 장기적으로 평안하게 지낼 수 있는 계책을 세우고자 한다. 혁명을 위해 뿌리 깊고 견고한 기초를 다지기 위해서는 이러한 몸속의 우환을 제거하지 않을 수 없다. 만일 이러한 때에 실제와 부합하지 않는 지나치게 높은 목표를 가지고 일본에 대항한다고 큰소리만 치면서 실사구시의 태도를 버려서는 안 된다. 외부에서 어떠한 비평이나 비방이 있더라도 우리는 항상 내부의 비적을 척결하는 것을 유일하면서 중요한 임무로 우선해야 한다. 만일 그렇게 하지 않으면 그것은 곧 본말이 전도된 것이며 앞과 뒤가 뒤바뀐 것이다.

(6) 진정으로 비적이 있으면 내가 없고 내가 있으면 비적이 없다는 결심을 해야 한다. 무릇 내가 비적을 토벌하는 장교라면 토벌을 완수한 후에 다시 북상해서 일본에 대항하는 명령을 요청해야 한다. 비적을 토벌할 결심이 없는 자는 마땅히 사는 것만 탐하면서 죽음을 두려워하는 자이다. 즉

시 참형에 처하고 용서하지 않을 것이다.

출전 周新國·羅瑛 編, 『中國近現代史參考資料』, 長春, 吉林人民出版社, 1998.

내용 1931년 11월 30일부터 1933년 5월 8일 사이에 발표된 성명과 발언 등이다. 이 시기에는 일본군의 화북 침략이 가속화되고 중국의 위기가 날로 심각해지는 상황이었다. 그러나 장제스는 여전히 공산당과 홍군을 소멸시킬 것을 고집하였다. 1933년 2월부터 3월까지 장제스는 대규모 병력을 동원하여 공산당의 근거지를 공격했으나 3개 사단이 거의 섬멸되는 패배를 경험하였다. 장제스는 무엇보다 우선하여 공산당을 토벌해야 하며 이에 반대하는 자는 참형에 처할 것이라고 하였다.

8·1선언(항일구국을 위해 전체 동포에게 고하는 글)

국내외 노동자, 농민, 군사, 정계, 경제계, 학계 등 여러 분야의 남녀 동포 여러분!

일본 제국주의가 우리에 대한 침략에 박차를 가하고 있다. 난징(南京)의 매국 정부는 연이어 그 위협에 굴복해서 우리 북방의 여러 성도 동북 4개성의 뒤를 이어서 사실상 함락되었다!

수천 년의 문화와 역사를 보유한 베이핑(北平, 北京)과 톈진(天津), 거대한 부의 원천을 보유한 직예(直隸), 산둥(山東), 산시(山西), 허난(河南) 등의 여러 성, 중요한 전략적 의의를 지닌 러허(熱河), 차하르(察哈爾), 수원(綏遠) 지역, 전국 정치와 경제의 명맥이라 할 수 있는 베이닝(北寧), 핑한(平漢), 진푸(津浦), 핑쑤이(平綏) 등의 철도가 현재 실제로는 모두 일본 침략자들의 완전한 군사적인 통제 아래 놓이게 되었다. 관동의 일본군 사령부는 지금 이른바 '몽골국'과 '화북국'을 창설하려는 계획을 적극 추진하고 있다.

1931년 '9·18 사변'이 일어난 이후 동삼성에서 러허로, 러허에서 만리장성의 요새로, 만리장성에서 롼허(灤河) 동쪽의 비전투 지역으로, 다시 비전투 지역에서부터 허베이와 차하르, 수원, 북방의 여러 성까지 사실상 일본의 점령지역은 확대되었다. 4년도 되지 않는 시간 내에 강산의 거의 절반이 이미 일본 침략자들에게 점령이나 침략을 당한 것이다. 다나카(田中)의 상주문에서[3] 예정했듯이 우리 나라를 완전히 멸망시키겠다는 악랄한 계책이 실행되고 있다. 이렇게 가다가는 창장(長江)과 주장(珠江) 유역 및 기타의 여러 지역이 모두 일본 침략자들에게 점차 병탄되는 모습을 눈앞에서 보게 될 것이다. 우리 오천 년의 유구한 나라가 장차 완전한 정복지로 변할 것이고, 4억 명의 동포들도 장차 망국의 노예로 변할 것이다.

근래 몇 년 동안 우리 나라와 우리 민족은 이미 백척간두의 생사의 갈림길에 서 있다. 일본에 대항하면 곧 살 것이고, 일본에 대항하지 않으면 곧 죽을 것이다. 일본에 대항해서 나라를 구하는 것은 이미 모든 동포의 신성한 임무가 되었다!

그러나 가장 가슴 아픈 것은 우리 위대한 동포들 가운데 사람의 얼굴을 하고 짐승의 마음을 가진 소수의 변절자가 보인다는 것이다! 장제스, 장쉐량(張學良), 왕징웨이(汪精衛) 등의 매국노와 황푸(黃郛), 양용타이(楊永泰), 왕이탕(王揖唐), 장췬(張群) 등의 앞잡이들은 몇 년 이래로 '저항하지 않는' 정책을 시행하여 우리의 영토를 팔아먹었다. 그들은 '일본의 침략을 참고 견디자.'라고 주장하면서 일본 침략자의 모든 요구를 받아들였다. 그러면서 '외적을 물리치려면 반드시 내부를 안정시켜야 한다.'라고 독단적으로 선

---

3 『다나카주절(田中奏折)』. '다나카(田中) 상주문'으로 타이완 사람인 蔡智堪이 '동방회의(東方會議)'의 주요 내용을 발견하고 비밀리에 채록했다고 하는 문건이다. 일본의 내각 총리대신인 다나카 기이치(1864~1929)가 일본의 쇼와천황(昭和天皇)에게 바쳤다고 하는 약 4만 자의 비밀 상주문이다. 그 내용은 이후 일본이 실제로 실행했던 침략의 방법과 비슷한 면이 많으나 그의 진위 여부는 여전히 논쟁 가운데 있다.

전해서 내전을 일으켰다. 동시에 일체의 반제국주의 운동을 탄압하며, '10년 동안 인구를 늘리고', '10년 동안 가르치고 훈련시켜서', '복수를 준비하자.'라는 등의 사람을 기만하는 구호를 내세워 인민들의 항일과 구국의 행동을 저지하였다. 그리고 '제2차 세계대전을 기다렸다가 다시 이야기하자.'라는 교활한 계략을 사용해서 억지로 우리 인민들이 앉아서 망하기를 기다리게 하고 있다. 그리고 최근 몇 년 이래로 앞잡이와 매국노들이 '중국과 일본의 친선'이나 '중국과 일본의 협력' 또는 '대아시아주의' 등의 구호 아래서 일본에 투항하면서 나라를 팔아먹는 노골적이고 파렴치한 행동을 하고 있다. 이것은 그야말로 동서고금에 유례가 없는 일이다!

　일본 침략자가 위쉐중(于學忠)과 쑹저위안(宋哲元) 등의 군대에 철퇴를 요구하자, 이들의 군대는 곧바로 명령을 받들어 시카이(西開)로 남하해서 우리 공산당에 대한 토벌전을 진행했다. 일본 침략자가 어떤 군사 행정 장관의 철퇴를 요구하면 그 군사 행정 장관은 곧바로 면직되었다. 일본 침략자가 허베이성 정부에 톈진(天津) 바깥으로 옮겨가라고 요구하자 허베이성 정부는 곧바로 바오딩(保定)으로 옮겨 갔다. 일본 침략자가 어떤 신문이나 잡지의 폐간을 요구하면 그 신문이나 잡지는 곧바로 폐간되었다. 일본 침략자가 『신생(新生)』 등 잡지사에 주필과 신문기자를 징벌하라고 요구하자 『신생』의 주필과 수많은 신문기자를 곧바로 체포해서 감금하였다. 일본 침략자가 중국 정부에 노예화 교육을 하라고 요구하면 장제스와 장징궈(蔣經國)는 곧바로 책을 태우고 학자를 매장하였다. 일본 침략자가 일본인 고문을 초빙하라고 요구하면 장제스와 장징궈의 군사 행정기관은 곧바로 대문을 열어 도둑을 맞아들였다. 심지어 일본 침략자가 국민당에 당 기관을 해산하라고 요구하니 북방과 샤먼(廈門) 등지에 있는 국민당의 당 기관이 곧바로 명령을 받들어 해산했다. 일본 침략자가 남의사(藍衣社)[4] 조직을 해산

---

4 남의사 : 국민당의 특무 조직으로 장제스 정권을 옹호하기 위한 목적으로 1931년 조직

하라고 요구하자 남의사의 북방지역 영수였던 정쿼칭(曾擴情)과 장샤오셴(蔣孝先) 등은 곧 소문을 듣고 몰래 도주하였다.

중국 소비에트 정부와 공산당은 일본 침략자와 앞잡이 매국노들의 우리 나라에 대한 이런 행동이 중화민족의 더없는 수치라고 생각한다. 소비에트 정부와 공산당은 정중하게 선언한다. 우리는 일본 침략자의 우리 나라에 대한 영토 침략과 내정 간섭에 대해 격렬한 저항을 진행한 바 있다. 그리고 설령 일본 침략자가 국민당의 당 기관과 남의사 조직을 해산하라는 요구를 제기해도 이에 대해 단호한 항의를 제기한 바 있다. 공산당과 소비에트 정부가 판단하기에 모든 중국인의 문제는 마땅히 중국인이 스스로 해결해야 한다. 국민당과 남의사를 막론하고 나라를 팔아먹고 백성들에게 재앙을 가져오는 죄악이 하늘에 닿도록 크다고 하더라도 그것에 일본 침략자가 끼어들 여지는 전혀 없다.

영토는 한 성 또 한 성씩 다른 나라에 침략을 받아 점령되고, 인민은 천만 명 또 천만 명씩 다른 사람의 노예가 되었다. 도시와 농촌은 한 곳 또 한 곳씩 사람들의 피로 씻기고, 살 곳을 잃은 동포들은 한 무리 또 한 무리씩 다른 사람에 의해서 쫓겨났다. 모든 내정과 외교는 곳곳에서 다른 사람의 간섭을 받으니, 이것을 무슨 나라라고 할 수 있겠는가? 이것을 무슨 민족이라고 할 수 있겠는가?

동포들이여! 중국은 우리의 조국이다! 중국 민족은 곧 우리 전체의 동포인데 우리가 앉아서 나라가 망하고 민족이 없어지는 것을 바라보기만 해서야 되겠는가? 일어나 나라를 구하고 자신을 구해야 되지 않겠는가?

그럴 수 없다! 절대로 그럴 수는 없다! 에티오피아는 인민이 800만 명인 나라지만 이탈리아 제국주의에 대항해서 용감무쌍하게 무장투쟁을 전

된 단체이다. 당시 유럽 전역으로 확산하던 파시즘을 모방했고 무솔리니의 정치 전위대인 검은 셔츠단을 모방하여 푸른 옷을 입었기에 남의사라고 하였다.

개해서 자신의 영토와 인민을 보호할 수 있었다. 우리처럼 4억 명의 인민이 있는 당당한 대국이 이렇게 팔짱을 끼고 죽음을 기다려서야 되겠는가? 소비에트 정부와 공산당은 깊고 간절하게 믿고 있다. 극소수의 앞잡이 매국노들이 제2의 이완용(李完用), 정샤오쉬(鄭孝胥), 장징후이(張景惠), 푸이(溥儀)가 되어 부끄러운 줄도 모르고 원수를 위해 일하고자 한다. 이런 사람들을 제외한 우리 절대다수의 노동자, 농민, 군인, 정계, 경제계, 학계 등 여러 분야의 동포들은 일본 침략자에게 소나 말과 같은 노예가 될 것을 절대로 달가워하지 않을 것이다.

소비에트 정부는 일본에 대해서 선전포고했고, 홍군은 여러 곳의 군대와 함께 공동으로 항일할 것을 거듭해서 제안했다. 홍군에서 북상한 항일 선발대가 고난과 시련을 이겨내며, 있는 힘을 다해 싸우고 있다. 19로군과 민중들은 쑹후(淞滬)에서[5] 일본에 대항해 혈전을 벌이고 있다. 차하르(察哈爾)와 만리장성 및 롼허(灤河) 동쪽의 각지에서는 군인과 인민들이 용맹스럽게 적을 무찌르고 있다. 푸젠(福建) 인민 정부는 홍군의 제의를 받아들여 연합해서 일본에 대항하고 있다. 뤄덩셴(羅登賢), 쉬밍훙(徐名鴻), 지훙창(吉鴻昌), 덩티에메이(鄧鐵梅), 바이양(伯陽), 퉁창롱(童長榮), 판훙성(潘洪生), 스찬탕(史燦堂), 취추바이(瞿秋白), 쑨용친(孫永勤), 팡즈민(方志敏) 등의 민족 영웅들이 나라를 구하기 위해서 목숨을 바쳤다. 류충우(劉崇武), 톈한(田漢), 두종위안(杜重遠) 등의 애국지사들은 일본에 대항하다가 투옥되었다. 차이팅카이(蔡廷鍇), 장광나이(蔣光鼐), 웡자오위안(翁照垣), 천밍슈(陳銘樞), 팡전우(方振武) 등이 지휘하는 항일 부대는 힘들게 투쟁하고 있다. 쑹칭링(宋慶齡), 허샹닝(何香凝), 리두(李杜), 마샹포(馬相伯) 등 수천 명의 인사들이 중화민족의 대일 작전에 관한 기본 강령을 발표했다. 수년에 걸쳐 우리 노동자, 농민, 경제계와 학계 등 여러 분야의 동포들이 일본에 대항하기 위해 불매,

---

5 淞滬市 : 전체 이름은 淞滬特別市로 1925년에 上海에 설치된 중앙 직할 특별시이다.

파업, 철시, 수업 거부, 시위 등의 구국운동을 진행해 왔다. 더욱이 우리의 동북 지역에서는 양징위(楊靖宇), 자오샹즈(趙尚志), 왕더타이(王德泰), 리옌루(李延祿), 저우바오중(周保中), 시에원둥(謝文東), 우이청(吳義成), 리화탕(李華堂) 등 민족 영웅들의 영도 아래 수십만 명의 무장한 반일 전사들이 앞에서 쓰러지면 뒤를 이으며 용맹스럽게 전투를 벌이고 있다. 그들은 어디서든 우리 민족을 멸망에서 구하고 생존을 도모하는 위대한 정신을 보여주고 있다. 곳곳에서 우리 민족은 일본에 대항해서 싸우며 필연적으로 승리할 것을 증명하고 있다. 현재 일본에 대항해서 나라를 구하고자 하는 우리 동포들의 투쟁이 여전히 마땅히 얻어야 할 승리를 얻지 못하는 까닭은, 일본 침략자와 장제스 부자가 안팎으로 협공하기 때문이다. 그리고 다른 한편으로는 일본에 대항하고 장제스에 반대하는 여러 세력 상호 간에 각종 장벽과 오해가 존재하여 일치단결하지 못하기 때문이다.

따라서 우리 나라가 망하고 종족이 소멸하는 커다란 재앙이 눈앞에 닥친 지금 공산당과 소비에트 정부는 다시 한번 모든 동포에게 호소한다. 각각의 당파 사이에 정치적인 견해나 이해가 다르다는 문제를 따지지 말자. 각 분야의 동포들 사이에 어떤 의견이나 이익의 차이가 있는지를 논하지 말자. 각각의 군대 사이에 어떤 적대적 행위가 있었는가를 논하지 말자. 모두 "형제가 담장 안에서는 싸우더라도 밖에서 모욕받으면 함께 싸운다."라고 진정으로 각오하자. 모두가 먼저 내전을 중지하고 모든 국력(인력, 물력, 재력 및 무력 등)을 집중시켜서 일본에 대항하고 나라를 구하는 신성한 사업을 위해서 분투하자. 소비에트 정부와 공산당은 다시 한번 정중히 선언한다. 국민당 군대가 소비에트 구역으로 진공하는 행위를 즉시 중단하기를 바란다. 어떠한 부대이든 일본에 대해 항전하기를 바란다. 그러면 과거건 현재건 그들과 홍군 사이에 어떤 오래된 원한이 있었는지를 따지지 않을 것이다. 그들과 홍군 사이에 대내적인 문제에 대해서 어떠한 의견이 차이가 있는지도 따지지 않을 것이다. 그리고 홍군은 즉시 그들에 대한 적대

행위를 중지할 뿐만 아니라 그들과 손을 잡고 함께 나라를 구하고자 한다. 이 외에도 소비에트 정부와 공산당은 한발 더 나아가 간절하게 호소한다.

망국의 노예가 되고 싶지 않은 모든 동포여!

나라를 사랑하는 양심적인 모든 장교와 사병 형제들이여!

항일 구국의 신성한 사업에 참가하기를 원하는 모든 당파와 단체의 동지들이여!

국민당과 남의사 가운데 민족의식이 있는 열정적인 모든 청년이여!

조국에 관심 있는 모든 재외동포여!

조국의 경내에서 탄압받는 모든 민족(몽골족, 후이족, 조선족, 짱족, 먀오족, 야오족, 리족, 판족 등)의 형제들이여!

모두 일어나라! 일본 침략자와 장제스 일당의 헤아릴 수 없는 압박을 뚫고 용감하게 나서라. 소비에트 정부 및 동북 각지에서 일본에 대항하는 정부와 함께 중국 전체의 통일된 국방정부를 조직하자. 홍군과 동북 인민 혁명군 및 각종 반일 의용군과 한 몸이 되어 중국 전체에서 통일된 연합군을 조직하자.

소비에트 정부와 공산당은 이러한 국방정부 수립의 발기인이 되기를 원한다. 소비에트 정부와 공산당은 즉시 중국의 항일 구국 사업에 참가하고자 하는 모든 당파, 각 단체(노동조합, 농민조합, 학생회, 상인 협회, 교육회, 신문 기자 연합회, 교직원 연합회, 향우회, 치공당,[6] 민족 무장 자위회, 반일회, 구국회 등 등), 여러 저명한 학자와 정치가 및 지방의 모든 군사 행정 기관과 공동으로 국방정부를 수립하기 위한 협상을 진행하기를 원한다. 협상의 결과로 수립된 국방정부는 마땅히 국가를 멸망으로부터 구하고 민족의 생존을 도모하는 임시 지도기관이 되어야 한다. 이러한 국방정부는 마땅히 진정으로 모든 동포를 대신할 수 있는 대표기관을 소집해서 항일 구국에 관한 여

6 치공당(致公堂): 명말청초에 결성된 반청복명을 구호로 하는 지하 비밀조직이다.

러 가지 문제를 구체적으로 논의해야 한다. 여기서 모든 동포란, 노동자, 농민, 군인, 정치계, 경제계, 학계 등 여러 분야에서 일본에 대항해서 나라를 구하고자 하는 모든 당파와 단체를 가리킨다. 그리고 재외 교포 및 중국 경내에 거주하는 여러 민족이 민주적인 조건 아래서 선출한 대표를 포함한다. 소비에트 정부와 공산당은 인민의 공적인 의견을 절대적으로 존중하는 정부이자 정당이다. 따라서 소비에트 정부와 공산당은 이처럼 전체 인민을 대표하는 기관의 소집에 절대적으로 있는 힘을 다해 협력할 것이다. 동시에 이 기관의 결의를 전력을 다해 집행할 것이다.

국방정부의 주요 책임은 항일 구국에 있으며, 그 행정방침에는 마땅히 다음과 같은 사항이 포함되어야 한다.

(1) 일본에 대항해서 상실한 영토를 수복한다.

(2) 재난을 구제하고 홍수를 다스리며 민생을 안정시킨다.

(3) 중국에 있는 일본 제국주의의 모든 재산을 몰수해서 일본에 대한 전쟁 비용으로 사용한다.

(4) 매국노의 재산과 양식과 토지를 몰수해서 가난하고 고통받는 동포 및 일본에 대항하는 전사들에게 주어서 사용하게 한다.

(5) 과중하고 잡다한 세금을 폐지하고, 재정과 금융을 정리한다. 그리고 농업과 공업, 상업을 발전시킨다.

(6) 노동자의 봉급과 군인들의 급료를 인상해서 노동자, 농민, 군인, 학생 등 각계각층의 생활을 개선한다.

(7) 민주적 자유를 실행하고 모든 정치범을 석방한다.

(8) 무료 교육을 실행하고 실업 청년에게 직장을 준다.

(9) 중국의 경내에 있는 여러 민족에게 일률적이고 평등한 정책을 시행한다. 그리고 국내외에 거주하는 교포들의 생명과 재산과 거주 및 사업의 자유를 보호한다.

(10) 제국주의에 반대하는 모든 민중(일본 제국주의 치하에서 고통받는 일

본 민중, 한국과 타이완 등의 민족)들과 연합해서 우군이 된다. 그리고 중국의 민족 해방 운동에 공감하는 모든 민족이나 국가와 연합한다. 또한 중국 민중의 반일 해방 전쟁에 대해 호의적이고 중립을 지키는 모든 민족이나 국가와 우호적인 관계를 구축한다.

항일 연합군은 일본에 대항하기를 원하는 모든 부대를 통합해서 구성해야 하며, 국방정부의 영도하에 통일된 항일 연합군 총사령부를 구성해야 한다. 이러한 총사령부는 각 군의 항일 장교와 병사에 의해 선출한 대표로 구성한다. 그렇지 않으면 다른 형식으로 구성하거나 각 분야의 대표나 전체 인민의 중의를 모아 결정한다. 홍군은 절대적으로 먼저 연합군에 가입하여 항일 구국의 천직을 다해야 한다.

국방정부가 진정으로 국토방위의 무거운 임무를 담당하도록, 항일 연합군이 진정으로 항일의 무거운 책무를 부담하도록 공산당과 소비에트 정부는 모든 동포에게 호소한다. 돈이 있으면 돈을 내고, 총이 있으면 총을 내자. 양식이 있으면 양식을 내고, 힘이 있으면 힘을 바치자. 전문 기술이 있으면 전문 기술을 바쳐 우리 모든 동포가 총동원될 수 있도록 하자. 아울러 모든 신식과 구식 무기를 이용해서 수천수백만 명의 민중을 무장시키자. 공산당과 소비에트 정부는 만약 우리 4억 명의 동포들에게 통일된 국방정부가 존재하고, 통일된 항일 연합군이 선봉대가 되고, 수천수백만 명의 무장한 민중이 전투를 준비하고, 수없이 많은 동양과 전 세계의 무산계급과 민중들의 응원이 있다면, 안으로는 인민들의 저항이 있고 밖으로는 열강들의 지원이 있을 것이라 판단한다. 그리하여 일본 제국주의를 반드시 이길 수 있을 것이라 굳게 믿는다!

동포들이여 일어나라!

조국의 생명을 위하여 싸우자!

민족의 생존을 위해 싸우자!

국가의 독립을 위해 싸우자!

완전한 영토를 위해 싸우자!

인권과 자유를 위해 싸우자!

중화민족 항일 구국 대단결 만세!

대 중화민족 항일 구국 대단결 만세 !

중국 소비에트 중앙정부

중국 공산당 중앙위원회

출전 中共中央書記處 編, 『六大以來-黨內秘密文件』上卷, 人民出版社, 1981년.

내용 1935년 8월 1일에 발표된 것이다. 이 선언문은 중화민족이 생사존망의 위기에 처해 있을 때 일본에 대항해서 나라를 구하는 것이 전체 중국인들이 마주한 가장 중요한 임무라고 주장하고 있다. 선언문에서는 항일하면 살것이고, 항일하지 않으면 죽을 것이라고 하였다. 그리하여 전국의 인민들이 단결해서 내전을 중지하고 항일과 구국을 위해서 국방정부와 항일 연합군을 조직할 것을 호소했다. 동시에 일본에 대항해서 나라를 구하는 10가지의 구체적인 방침을 제시했다. 이 선언은 제2차 국공합작을 촉진하는 중요한 문건으로서 중국 공산당의 폐쇄주의가 끝나고 항일 민족 통일전선이라는 책략을 시행하기 시작했음을 의미한다.

상하이 문화계 구국운동 선언

국난이 날로 절박해져서 동북 4개 성이 함락되고 다시 화북의 5개 성이 매우 급박하고 위태로운 상황에 빠졌다. 이렇게 생사와 존망의 위험이 바로 코앞까지 닥친 엄중한 시기에 사회를 지도한다는 사명을 지고 있는 문화계도 더 이상 구차하게 편안함을 유지할 수 없다. 마땅히 즉각적으로 떨치고 일어나 민중들의 전면에 서서 구국운동을 이끌어야 할 것이다. 화북

교육계의 '최후의 1과'라는 결심은 찬탄할 만한 가치가 있는 것이다. 화북 청년들의 열열한 구국운동은 더욱이 우리들의 아주 깊은 공감을 불러일으키고 있다. 화북 사건의 교훈으로 인해 우리는 더욱 각오해야 할 것이다. 그들과 함께 적의 칼끝이 우리의 목덜미에 꽂힌 시기에 다시 한번 크게 결심하고 떨치고 일어나는 것이 민족의 원기를 보존하고 민족의 해방을 쟁취하는 데 더욱 효과적일 것이다. …(중략)…

오늘에 이르러서도 여전히 타협이나 협력이나 친선을 생각하거나 심지어 선전하는 방식을 사용하여 상대가 깨닫기를 바라는 사람이 있다. 그러나 그것은 정말로 호랑이에게 가죽을 벗기자고 의논하는 것과 같은 것이다.

민족의 해방을 쟁취하는 것은 중국 인민에게 영원히 변하지 않는 진리일 뿐만 아니라 압박받는 모든 민족에게 영원히 변하지 않는 진리이다. 적의 압박이 더욱 심해질수록 중국 인민의 민족 해방에 대한 요구 역시 더욱 높아질 것이다. 최대한 민중을 동원하고 한마음 한뜻이 되어 무기와 군인을 가지고 적군과 필사적으로 싸우는 것이 중국 민족의 유일한 출로이다. …(중략)… 구습을 그대로 따르는 모든 정책은 모두 민족 전선을 분산시켜서 적이 점차 우리를 소멸시키게 할 뿐이다. 따라서 우리는 주장한다.

(1) 완전한 영토와 주권을 견지하고, 영토나 주권이 손상된 모든 조약과 협정은 부인한다.

(2) 중국의 영토 안에서 어떠한 명칭이라도 외부 세력의 책동으로 성립된 특수행정 조직을 굳게 반대한다.

(3) 동북의 문제나 화북의 문제를 일개 지방 차원의 문제로 여기는 것에 대해 결연하게 반대한다. 이것은 전체 중국의 영토와 주권의 문제이다.

(4) 당장 출병하여 지둥(冀東)과 화북의 괴뢰 조직을 토벌할 것을 요구한다.

(5) 전국적인 군사력과 재력을 이용해서 적의 침략에 대항하기를 요구한다.

(6) 모든 매국노를 엄격하게 처벌하고 아울러 그들의 재산을 몰수하라.

(7) 인민들의 결사, 집회, 언론, 출판의 자유를 요구한다.

(8) 전국의 민중들은 즉시 자발적으로 들고 일어나 가장 유효한 수단을 채택해서 우리들의 구국에 관한 주장이 관철될 수 있도록 행동하라.

출전 鄒韜奮 主編, 『大衆生活』 제1권 제6기, 上海時代書店 大衆生活社, 1935년.

내용 1935년 8월에 중공 중앙이 8·1선언을 발표한 후, 12월에 학생들이 북평(北平)에서 12·9운동을 일으켰다. 이에 12월 12일에 상하이 문화계의 유명 인사인 마샹포(馬相伯)과 션쥔루(沈鈞儒) 등 283명이 8·1선언에 호응해서 이 선언문을 발표하였다. 이 선언문에서 8가지 주장을 제기했는데 그 중심적인 내용은 출병해서 항일하라는 것과 인민의 기본적인 자유와 권리를 보장하라는 것이다. 이 선언문은 지식인이나 청년들에게 큰 영향을 끼쳤다. 그리하여 12월 27일에 상하이 문화계 구국회가 성립되었고, 1936년 1월 28일에 상하이 각계 구국연합회가 정식으로 성립되었다.

내전을 중지하고 함께 일본에 대항하자

난징 국민정부 군사위원회, 모든 해군·육군·공군, 전국의 여러 당파와 여러 단체, 여러 신문사, 망국의 노예가 되기를 원하지 않는 모든 동포 여러분!

노동자와 농민의 민주 정부와 중국 홍군 혁명 군사위원회는 중국 인민 홍군 항일선봉군을 조직하여 황허강을 건너서 동쪽으로 정벌을 떠난 이후로 가는 곳마다 승리하고 이에 전국이 호응했다. 이어 항일선봉군은 통푸

(同蒲)철도[7]를 점령하고 동쪽으로 진군하여 허베이성에서 일본 제국주의와 직접 전투하려고 적극적으로 준비하였다. 이때 장제스는 마침내 10개 사단 이상의 병력으로 산시성으로 진격하여 옌시산(閻錫山)과 협력하여 홍군의 항일 행로를 차단하였다. 아울러 장쉐량(張學良)과 양후천(楊虎臣) 그리고 산시성(陝西省) 북부의 군대에게 산시성과 간쑤성(甘肅省)의 소비에트 지역을 향해 진격해서 우리가 일본에 대항하는 후방을 교란하라고 명령했다.

중국 인민 홍군 항일선봉군은 일본에 대해 직접 교전하려던 본래 목적을 달성하기 위해 전력을 집중해서 항일의 행로를 가로막는 장제스의 군대를 소멸시키고자 하였다. 그러나 노동자와 농민의 민주 정부와 홍군 혁명 군사위원회는 계속해서 고민하였다. 국난이 눈앞에 닥친 상황에서 쌍방이 결전을 벌이면 누가 이기고 누가 패배하는가를 막론하고 모두가 중국 국방력의 손실이자 일본 제국주의가 쾌재를 부를 일이라고 생각했다. 그리고 장제스와 옌시산 두 사람의 부대 안에는 내전을 중지하고 힘을 합해 일본에 대항하기를 원하는 적지 않은 애국 군인들이 있다. 그들은 지금 두 사람의 명령을 받고 홍군의 항일 행로를 가로막는 것에 대해 정말로 자신의 양심에 반하는 행동으로 여기고 있다.

따라서 노동자와 농민의 민주 정부와 홍군 혁명 군사위원회는 국방력을 보존하고 신속하게 항일전쟁을 진행하기 위해 고민하였다. 그리고 우리가 여러 차례 전국의 인민들에게 선언했듯이 내전을 중지하고 함께 일본에 대항하자는 주장을 굳건하게 이행하고자 하였다. 또한 장제스와 그의 부하인 애국 군인들에게 최후의 각오를 촉구하고자 하였다. 그래서 비록 우리가 산시성(山西省)에서 많은 승리를 거두었음에도 인민 항일선봉군을 황허강 서안으로 철수시켰다. 이러한 행동으로 난징 정부와 전국 해군·육군

---

7 同蒲鐵道 : 山西省 大同市에서 산시성 蒲州에 이르는 철도로 전체 길이는 865km이다.

·공군 및 전국의 인민들에게 성의를 보였다. 우리는 내전을 중지하고 일본에 대항하려는 목적을 달성하기 위해 일본에 대항하는 홍군에게 진공하는 모든 무장 부대들과 한 달 이내에 휴전 협정을 실행하기를 원한다.

노동자와 농민의 민주 정부와 홍군 혁명 군사위원회는 특히 신중하게 난징 정부의 여러 당국자에게 제안한 바 있다. 나라가 망하고 종족이 절멸되는 긴급한 시기에 잘못을 뉘우치고 "형제가 담장 안에서는 싸우더라도 밖에서 모욕받으면 함께 싸운다."라는 정신으로 전국적인 범위에서 산시성(陝西省)과 간쑤성과 산시성(山西省)에서 내전을 중지하자고 하였다. 그리고 양측이 서로 대표를 파견하여 일본에 대항해서 멸망에서 벗어날 구체적인 방안을 논의하는 것이 마땅하다고 말했다. 이것이 여러 당국자의 행복일 뿐만 아니라 실제로는 민족과 국가의 행복이기도 하다. 만일 계속해서 잘못을 고집하여 깨닫지 못하고 기꺼이 앞잡이나 매국노가 되고자 한다면 곧 국민당의 통치는 반드시 최종적으로 와해될 것이고, 반드시 전체 중국 인민들에게 미움을 받아 전복될 것이다. 속담에서 말하기를 "천 명의 사람에게 손가락질 받으면 병에 걸리지 않아도 죽는다."라고 했다. 또 다른 속담에는 "백정이 칼을 내려놓으면 즉시 부처가 된다.(악한 사람도 회개하면 성불할 수 있다.)"라고 했다. 여러 당국자는 이 점을 심사숙고하기 바란다.

노동자와 농민의 민주 정부와 홍군 혁명 군사위원회는 호소한다. 전국에 존재하는 무릇 망국의 노예가 되고 싶지 않은 단체, 인민, 당파들이여, 내전을 중지하는 문제를 즉각 협의하자. 함께 일본에 대항하자는 우리의 주장에 찬동해서, 내전 중지를 위한 추진회를 조직하자. 대표를 파견하여 양측의 전선을 차단하고, 이러한 주장이 완전하게 실현되도록 촉구하고 감시하자고 다시 한번 호소한다.

중화 소비에트 인민공화국 중앙정부 주석 마오쩌둥(毛澤東)

중국 인민 홍군 혁명 군사위원회 주석 주더(朱德)

1936년 5월 5일

출전 『紅色中華』 1936년 5월 16일.

내용 1936년 5월 5일에 마오쩌둥과 주더의 명의로 발표되었고, 같은 해 5월 16일에 『紅色中華』에 실렸다. 그 내용은 공개적으로 장제스에 반대하는 구호를 버리고, 장제스와 그 휘하의 부하들에게 함께 항일하자고 호소하는 내용이다. 즉 국난으로 위급할 때 내전은 중국 국방력의 손실이고 일본 제국주의에 도움을 줄 뿐이라고 말한다. 따라서 전국적인 범위에서 내전을 중지하고 양측이 서로 대표를 파견하여 일본에 대항해서 멸망에서 벗어날 구체적인 방안을 논의하자고 하였다.

북방을 보위하기 위한 긴급 선언문

우리는 중앙정부에 즉시 전국을 동원해서 적에게 정면에서 통렬하게 일격을 가하라고 요구한다. 한편으로는 마땅히 각각의 지방 당국에 엄중하게 명령하여 국민에게 각종 항일 활동의 자유를 부여해야 한다. 최소한의 가장 낮은 범위에서라도 국민들로 하여금 그 범위 안에서 항일 활동을 진행하도록 해야 한다. 또 한편으로는 국방의 측면에서 (정치와 경제적으로) 가장 낮은 한도의 준비라도 신속하게 완성해야 한다. 또한, 모든 인재를 집중시키고, 인민의 족쇄를 풀어 우리의 정치와 사회가 모두 성공적으로 최대한의 역량을 발휘할 수 있는 기구가 되도록 해야 한다. 민족 부흥이라는 대업의 완성을 보장해야 한다. 이것은 우리가 이처럼 대외적인 분위기가 대단히 고조되었을 때 제기해야 되는 요구이다.

당연하게도 국민 자체는 정서가 고조되었다가도 진정되고, 태도 또한 열렬했다가도 차분해진다. 하나하나가 모두 착착 들어맞는 웅장하면서 굳센 발걸음과 같다. 정부는 적에 대항하는 지도력을 보호하고 돕도록 해서 간사한 사람들이 이용하지 못하게 해야 한다. 적에게는 틈탈 만한 기회가 없도록 하고, 하나의 강철과 같이 단결된 상황에서 모든 분노를 집중시켜 우리들의 주요한 적(일본 제국주의자)을 향해서 발사하도록 해야 한다.

이외에 전국 각지의 구국회와 회원들, 그들은 모두 국민 가운데 가장 용감하고 가장 나라를 사랑하는 사람들이다. 그들은 언제 어디서나 그들이 가진 모든 것을 그들의 민족에게 바칠 준비가 되어 있다. 그들은 또 언제 어디서나 그들의 경험과 능력으로 일제의 앞잡이가 아닌 단체나 국민을 도울 준비가 되어 있다. 그들은 시간을 최대한 이용하여 구국의 전선에서 획득한 이론·지식·조직 능력·기타의 업무상 기능 등을 시간과 장소에 맞게 최대한 투여할 것이다. 가장 구체적인 예를 들면 각 지역, 각 계급, 각 파벌에서 참가한 조직을 이끌면서 조직, 선전, 위로, 모집, 구호, 방공(防空), 방해(防海) 등의 업무에 종사할 것이다. 아울러 정성을 다해 정부를 옹호할 것이다. 또한 언제 어디서나 그 지역의 정부에 의견을 제기할 것이다.

출전 周天度 主編, 『救國會』, 中國社會科學出版社, 1981년.

내용 1937년 7월 1일에 전국 각계 구국연합회에서 발표한 『위보위북방긴급선언(爲保衛北方緊急宣言)』에서는 일본 침략자가 일으킨 루거우차오(蘆溝橋) 사변은 멋대로 베이징과 텐진을 점령해서 화북지방을 제2의 동북 지역으로 만들려는 음모라고 주장하고 있다. 이 선언에서는 국민당에게 항전 정책을 실행하라고 요구하면서 "전국의 동포들이여 함께 일어서자! 민족의 생존을 위해 싸우자!"라고 호소하였다. 인민들에게는 각종 항일 활동의 자유를 부여하고, 정부는 일본에 대항하는 지도자를 보호하면서 단결된 역량을 형성하도록 해야 한다고 단언하고 있다.

루산廬山 성명

여러 선생이여! 최근 중국 외부적으로는 평화를 추구하고 내부적으로는 통일을 추구했습니다. 이런 때 갑자기 루거우차오 사변이 발생하여 우리 온 국민이 분노해 마지않을 뿐만 아니라 세계의 여론도 모두 대단히 놀라고 있습니다. 이 사건은 중국의 존망과 관련된 문제일 뿐만 아니라 장차 세계 인류의 미래에 커다란 영향을 미치게 될 것입니다. 여러분은 국난에 관심이 많으니 이 사건에 대해 당연히 특별한 관심이 있을 것입니다. 이에 이 사건의 몇 가지 의미에 관해 여러분께 솔직하게 설명하고자 합니다.

첫째, 중국 민족은 원래 평화를 매우 사랑했고, 국민당 정부의 외교정책은 이전부터 대내적으로는 자존을 추구하고 대외적으로는 공존을 추구한다고 주장했습니다. 올해(1937) 2월에 열린 3차 중앙위원회 전체 회의의 선언은 이에 대해서 더욱 명확하게 표방하고 있습니다. 최근 2년 동안의 대일 외교는 이러한 방침을 유지하면서 과거의 각종 궤도를 벗어난 혼란한 상태를 모두 외교의 정상 궤도에 올려놓고 정당하게 해결할 것을 도모하였습니다. 이러한 노력은 국내외를 막론하고 여러 정책에서 잘 엿볼 수 있을 것입니다. 나는 항상 우리가 국난에 대처하려면 가장 먼저 자기 국가의 지위를 알아야 한다고 생각합니다. 그리고 우리 나라는 약한 나라이기 때문에 국가의 역량을 충실히 평가해야 하며, 국가를 건설하기 위해서는 평화가 절대적으로 필요합니다. 지난 몇 년 동안 고통을 무릅쓰고 대외적으로 평화를 유지한 것은 바로 이러한 이유 때문입니다. 재작년에 제5차 전국 대표대회[8]가 있었는데 나는 외교 보고에서 "평화가 근본적으로 절망

---

8 제5차 전국 대표대회 : 1935년 11월 12일부터 1935년 11월 22일까지 난징에서 개최된 중국 국민당 제5차 전국 대표대회를 말하는데 회의에 참여한 대표는 405명이고, 주석단의 성원은 23명이었다. 이 회의에서 于右任은 주석단의 업무보고를 하고, 장제스는 정치 보고를, 何應欽은 군사 보고를, 孫科는 중앙 집행위원회 업무보고를, 張群은

의 시기에 이르기 전에는 결코 평화를 포기하지 않을 것이다. 그리고 희생이 최후의 순간에 이르기 전까지는 결코 희생을 가볍게 말하지 않겠다."라고 말했습니다. 이어서 올해 2월의 3차 중앙위원회 전체 회의에서는 '최후의 순간'에 대한 해석에서 우리의 평화 애호 방침을 충분하게 표명하였습니다. 우리가 약한 나라의 하나이기는 하지만 만약에 최후의 순간에 직면한다면 곧 전체 민족이 목숨을 버리면서까지 국가의 생존을 구할 수밖에 없습니다. 그때는 더 이상 우리가 중도 타협을 받아들일 수 없습니다. 중도 타협은 곧 모두가 항복하고 모두가 멸망하는 조건인 것을 알아야 합니다. 전국의 국민들은 이른바 마지막 순간의 의의를 확실하게 아는 것이 가장 중요합니다. 일단 최후의 순간이 온다면 우리는 끝까지 희생하고 끝까지 항전해야만 하고, 오직 희생의 결심만이 비로소 최후의 승리를 얻을 수 있습니다. 만약 정처 없이 방황하고 구차하게 편안만을 헛되게 구한다면 곧 민족은 영원히 회복할 수 없는 상태에 빠지고 말 것입니다.

둘째, 이번 루거우차오 사변이 발생한 이후에 간혹 어떤 사람은 그것이 우연하고 돌발적인 사태라고 생각합니다. 한 달 동안 상대방이 여론 혹은 외교상 직간접적으로 표시한 것을 보면 모두 우리에게 사변 발생의 조짐을 느끼게 합니다. 그리고 또 사건이 발생하기 직전에 여러 가지 소문을 퍼트렸습니다. 탕구(塘沽) 협정의 범위를 확대하려고 한다든지, 지동(冀東, 허베이성 동부)의 괴뢰 조직을 확대하려고 한다, 29군을 쫓아내려고 한다, 쑹저위안(宋哲元)을 압박해서 떠나게 하려고 한다는 등의 소문이 헤아릴 수 없을 정도로 많았습니다. 이 사건은 결코 우연이 아니었습니다. 이러한 사건의 경과를 살펴보면, 일본이 오래 전부터 우리 중국의 위급한 처지를 이용하려는 마음을 먹고 있었고, 평화는 그렇게 쉽게 구할 수 있는 것이 아니라는 사실을 알 수 있습니다. 지금 만약 평안 무사하기를 바란다면

중앙 감찰위원회의 업무보고를 했다.

그것은 단지 남의 군대가 제한 없이 우리 나라의 국토를 출입하는 것을 허용하는 것일 뿐입니다. 우리 본국의 군대는 반대로 본국의 땅 안에서 자유롭게 주둔하지 못하게 제한을 받거나, 혹은 다른 사람이 중국 군대를 향해 총을 쏘는데, 우리는 반격할 수 없게 되는 것을 의미할 뿐입니다. 바꾸어 말하면 '다른 사람은 칼과 도마가 되고, 나는 그 위의 고기나 생선이 된다.'라는 것입니다. 우리는 이미 이 지독한 인간 세상의 비참한 상태에 직면하려 하고 있습니다. 이것은 세계에서 아주 약간의 인격만이라도 가진 민족이라면 모두 참을 수 없을 것입니다. 우리가 동북 4성을 상실한 지 이미 6년의 세월이 지났습니다. 이어서 탕구 협정으로 현재는 충돌 지점이 이미 베이핑의 루거우차오에 이르렀습니다. 만일 루거우차오가 남의 압박을 받아 강제로 점령된다면 그것은 우리의 오백 년 역사의 고도이자 북방 정치와 문화의 중심이며 군사적 요충지인 베이핑이 곧 제2의 선양(瀋陽)으로 변하는 것입니다. 오늘날의 베이핑이 만약 과거의 선양으로 변하면 오늘날의 허베이성과 차하르(察哈爾) 또한 과거의 동북 4성이 되는 것입니다. 베이핑이 만약 선양으로 변한다면 난징 또한 베이핑으로 변하지 않겠습니까? 따라서 루거우차오 사변의 귀추는 중국이라는 국가 전체의 문제와 관련되고, 이 일의 종결 여부가 곧 최후의 순간의 경계입니다.

셋째, 만일에 정말로 피할 수 없는 최후의 순간에 이른다면 우리는 당연히 희생할 수밖에 없고 항전할 수밖에 없습니다. 그러나 우리의 태도는 단지 전쟁에 응하는 것이지 전쟁을 추구하는 것이 아닙니다. 전쟁에 응하는 것은 최후의 순간에 대응하는 부득이한 방법입니다. 우리 국민은 정부가 모든 것을 이미 준비하고 있다고 믿어야 합니다. 왜냐하면 우리 나라는 약한 나라이고 또 평화를 옹호하는 것이 우리의 국책이기 때문에 전쟁을 추구해서는 안 됩니다. 우리는 물론 약한 나라의 하나이지만 우리 민족의 생명을 지키지 않을 수 없습니다. 선조들로부터 물려받은 우리들의 역사적인 책임을 감당하지 않을 수 없습니다. 따라서 도저히 어찌할 수 없을 때가 되면 우리는 전쟁에 응하지 않을 수 없습니다. 만약 전쟁이 시작된다면 우리는 약한 국가이기 때문에 더 이상 타협의 기회가 없습니다. 만약에 아주 약간의 토지나 주권이라도 포기해 버린다면 우리는 바로 중화민족의 영원한 죄인이 될 것입니다. 그때는 전체 민족의 생명을 버려서라도 우리는 최후의 승리를 구할 수밖에 없습니다.

넷째, 루거우차오 사건이 중일전쟁으로 확대되지 않을지의 여부는 모두 일본 정부의 태도에 달려 있습니다. 평화의 희망이 끊어질지 이어질지의 열쇠 또한 모두 일본 군대의 행동에 달려 있습니다. 근본적으로 평화의 희망이 사라지기 1초 전까지도 우리는 계속해서 평화를 희망할 것입니다. 평화적인 외교의 방법으로 루거우차오 사건의 해결책을 강구할 것을 희망합니다. 그러나 우리의 입장에는 매우 분명한 네 가지 사항이 있습니다. (1) 어떻게 해결하더라도 중국의 주권과 영토의 완전성을 침해할 수 없습니다. (2) 허베이성과 차하르의 행정조직에 대해 어떠한 불법적인 변경도 용납할 수 없습니다. (3) 지차(冀察, 허베이성과 차하르성) 정무위원회 위원장인 쑹저위안(宋哲元) 등과 같이 중앙정부에서 파견한 지방관리에 대해 마음대로 교체를 요구할 수 없습니다. (4) 제29군이 현재 주둔하는 지역에 대해서는 어떠한 구속도 받아들일 수 없습니다. 이 네 가지의 입장은 약국의 외교에서 최저 한도입니다. 만약 상대방이 처지를 바꿔 생각한다면 응당 동방 민족을 위한 원대한 계획을 세워야 할 것입니다. 양국 관계를 최후의 순간까지 이르게 재촉해서는 안 될 것입니다. 중일 양국 사이에 대대로 영원한 원한을 조성하고 싶지 않다면 우리의 이러한 최저 한도의 입장에 대해 당연히 무시해서는 안 될 것입니다.

우리가 이것을 총괄해 보면 정부는 루거우차오 사건에 대해 이미 일관된 방침과 입장을 확정했습니다. 또 반드시 온 힘을 다해 이러한 입장을 고수할 것입니다. 우리는 평화를 희망하지만 구차한 안정을 바라지는 않습니다. 전쟁에 응할 준비는 하지만 결코 전쟁을 추구하지는 않습니다. 우리는 전국적으로 전쟁에 응한 이후의 형세가 곧 철저한 희생만이 있을 뿐 아주 작은 요행으로라도 그 희생에서 벗어날 가능성이 없다는 것을 잘 알고 있습니다. 전쟁이 일단 시작된다면 남방과 북방을 불문하고, 나이에 노인과 어린이가 없이 어떤 사람이든 모두 영토를 지키고 항전할 책임이 있습니다. 모두가 마땅히 모든 것을 희생할 결심을 해야 하고, 따라서 정부는 반드시 이 큰일을 앞두고 특별히 신중해야 합니다. 전국의 국민들은 반드시 엄숙하고 침착하게 스스로 지킬 것을 준비해야 합니다. 이처럼 안전과 위험, 절멸과 존속이 엇갈리는 상황에서 오직 온 나라가 일치단결해서 기율에 복종하고 엄격하게 질서를 지키는 데 전력을 기울여야 합니다. 여러분들이 각지로 돌아가서 이러한 뜻을 사회에 전달하여 모두가 형세를 명확하게 알고 국가에 충성을 다하도록 하십시오. 이것이 간절하게 원하는 바입니다.

출전 華美晚報編輯部, 『中國全面抗爭大事記』 7월, 華美出版公司, 1938년.

내용 1937년 7월 7일에 일본은 루거우차오 사건을 계기로 전면적으로 중국을 침략하는 전쟁을 일으켰다. 7월 17일에 장제스는 루산에서 유명한 「최후의 순간」이라는 제목으로 연설하였다. 여기서 그는 더 이상 타협할 기회가 없으며 만약에 아주 약간의 토지나 주권이라도 포기해 버린다면 바로 중화민족의 영원한 죄인이라고 하면서 비장한 각오를 나타냈다. 동시에 전쟁이 일단 시작되면 곧 지역에 남방과 북방이 없고, 나이에 노인과 어린이가 없이 어떤 사람이든 모두 영토를 지키고 항전할 책임이 있고, 모두가 마땅히 모든 것을 희생할 결심을 해야 한다는 의지를 보였다.

국민당 정부의 자위 항전 성명서

중국은 일본의 끝없는 침략에 압박을 느끼고 있고, 이에 부득이 자위를 시행하고 폭력에 저항하지 않을 수 없습니다.

근년 이래로 중국 정부와 인민들은 현대 국가의 건설을 끝내고, 자유와 평등의 지위를 획득하기 위해 힘을 합해 노력하고 있습니다. 이런 이유로 대내적으로는 경제와 문화의 부흥에 힘쓰고, 대외적으로는 곧 평화와 정의를 존중하고 있습니다. 무릇 『국제연맹 맹약』과[9] 『구국 공약(九國公約)』[10] 및 『비전 공약(非戰公約)』[11] (중국이 이전에 체결에 참여했던 조약)에 대해서 그 의무를 충실하게 이행하지 않은 것이 없습니다. 대개 '독립'과 '공존'을 인식할 때, 이 양자는 사실상 서로 보완한다고 합니다. 9·18 사변 이래로 일본은 우리 나라의 동북 4성을 침탈하고 쑹후(淞滬)의 전투를 통해 중국 동남지방의 중요한 상업 도시들이 전란의 재해 속에 빠져들게 만들었습니다. 이어서 러허(熱河)가 함락되고, 만리장성 지역에서 전투[12]가 발생하

---

9 『국제연맹 맹약』 : 약칭하면 『국연 맹약』으로 『베르사유 조약』의 일부분이다. 국제연맹을 설립하기 위하여 제정한 규칙으로 26차례의 수정을 거쳐서 1919년 4월 28일에 파리평화회의에서 통과되고, 1920년 1월 10일부터 효력이 발생하였다. 『국제연맹 맹약』이 효력을 발휘한 이후에 국제연맹이 성립되었다.

10 『구국공약』 : 『9개 국가가 중국 사건에 마땅히 적용해야 할 각각의 원칙과 정책에 관한 조약』의 약칭으로 제국주의 열강이 공동으로 중국에 대해 합의한 조약이고, 미국, 영국, 프랑스, 이탈리아, 일본, 포르투갈, 벨기에, 네덜란드와 중국의 북양 정부가 1922년 2월 6일에 워싱턴회의에서 체결했다.

11 『비전공약』 : 『전쟁을 국가 정책의 도구로 사용하는 것을 폐기하는 것에 관한 일반 조약』 또는 『파리 비전공약』, 『파리 부전조약』이라고도 한다. 1927년에 프랑스의 외교부장 아리스티드 브리앙(Aristide Briand)과 미국의 국무장관 프랭크 켈로그(Frank Billings Kellogg)가 제창하여 『켈로그-브리앙 조약』이라고도 한다. 1928년 8월 27일에 프랑스와 미국 등 15개 국가의 대표가 파리에서 체결했다.

12 1933년 3월부터 5월까지 중국 국민당 정부의 지휘하에 있는 국민 혁명군이 만리장성에 인접해 있는 이위안커우(義院口), 렁커우(冷口), 시펑커우(喜峰口), 구베이커우(古北口)

여 도살되고 훼손되는 재앙이 계속 이어지다가 허베이성에 이르렀습니다. 또 계속해서 허베이성 동부에 괴뢰 조직이 설립되고, 차하르의 북쪽에 비적의 군대가 양성되면서 중국의 영토 주권은 마구 침탈되었습니다.

그 외에 예를 들면 여러 대의 비행기가 중국의 영토 안에서 제멋대로 불법적으로 비행하면서 대규모 밀수에 협력하여 중국의 재정과 각국의 상업이 모두 거대한 손실을 보았습니다. 아울러 모르핀이나 헤로인을 공공연히 판매한다거나 무기를 밀매하여 도적을 돕는 등 여러 가지 악랄한 수단으로 중국 사회와 인민이 비인도적인 비참한 지경에 이르게 하였습니다. 이외에도 무리한 요구 및 그들의 일방적이며 자유로운 행동은 이루 헤아릴 수 없습니다. 지금까지도 이미 국가의 독립과 민족의 생존에 충분한 해를 끼쳤습니다. 이러한 침탈에 대해 어떠한 인민도 참고 견뎌내기 힘들었을 것입니다. 그렇지만 중국은 계속 참고 견딘 것이 오늘에 이르렀습니다. 우리는 감히 말하건대 중국이 이렇게 했던 까닭은 최대한의 노력을 하고자 했던 것이고, 일본의 마지막 각오를 기대했던 것입니다. 그런데 루거우차오 사건이 폭발하게 되자 마침내 중국의 조그만 희망마저 단절되기에 이르렀습니다.

루거우차오 사건의 발단은 일본이 톈진 주둔군을 대대적으로 확장하고, 또 조약이 허가되지 않은 장소에서 군사 훈련을 시행했기 때문입니다. 일본의 이러한 행동은 이미 언제 어디서나 사변을 발생시키고도 남을 만합니다. 그런데 올해 7월 7일 심야에 일본군은 마침내 베이핑 근처의 루거우차오에서 불법적인 훈사 훈련을 시행하다가 갑자기 완핑(宛平) 현성(縣城)을 기습 공격했습니다. 이에 우리의 영토를 수호할 책임이 있는 주둔군은 어쩔 수 없이 정당하게 방어했는데, 우리의 무고한 백성들은 생각지도 못한 사이에 생명과 재산을 일본군의 포화 아래서 파괴당했습니다. 무릇 이

등지에서 일본군에 대항해서 전개한 전투이다.

러한 사실은 이미 천하가 모두 함께 지켜본 바입니다.

루거우차오 사건이 발생한 이후에 일본의 행동에서 특별히 주의할 만한 것이 있습니다. 그것은 바로 그들이 항상 입으로는 사건을 해결한다고 하면서 사태가 확대되기를 원하지 않는다고 말한다는 것입니다. 그러나 실제로는 많은 군대와 비행기, 탱크 및 각종 새로운 전쟁 무기를 그들의 본국과 조선 및 우리의 동북 지방에서부터 끊임없이 허베이성 경내로 수송해 왔습니다. 따라서 그들의 말을 들어 보면 그들이 무력 침략을 실행해서 우리의 각 지방을 향해 차례로 진공했다는 사실은 손톱만큼도 절대로 가려질 수 없습니다.

중국 정부는 루거우차오 사건이 발생한 후에도 여전히 성의 있게 일본과 협상하여 지투(冀圖) 사건을 평화적으로 해결하였습니다. 7월 13일에 우리 외교부는 일찍이 일본대사관을 향해 쌍방이 즉시 군사 행동을 중지하자고 제의했으나 일본은 응답하지 않았습니다. 7월 19일에 우리 외교부장은 또 정식으로 서면을 통해 쌍방이 날짜를 정해서 동시에 군사 행동을 중지하고, 동시에 군대를 원래 주둔했던 지점으로 철수시키는 것을 약속하자는 원래의 의견을 다시 제기했습니다. 아울러 중국 정부는 이번의 불행한 사건을 평화적으로 해결하기 위해, 국제적 공법이나 조약에 의해 공인된 쌍방의 직접 교섭, 중재, 제삼자의 판정 등 국제분쟁을 평화적으로 처리하는 어떠한 방법이라도 받아들일 준비가 되었다고 밝혔습니다. 그러나 이상의 여러 가지 제안에 대해서 일본은 모두 응답하지 않았습니다.

이러는 동안 중국의 지방 당국은 평화를 유지하기 위해 일본 측에서 이전에 제의한 해결 방법을 받아들였습니다. 중앙정부 또한 최대한 참고 인내하면서 이 해결 방안에 대해 반대하지 않았습니다. 일본군은 마땅한 구실을 찾지 못한 가운데 갑자기 루거우차오와 랑팡(廊坊) 등지에서 다시 중국 군대를 공격하였습니다. 또 올해 7월 26일에는 최후통첩을 보내서 중국군에게 베이핑에서 철수하라고 요구했습니다. 이것은 쌍방이 약속했던 해결 방법 이외에 생각지도 못하게 발생한 문제로서 우리로서는 도저히 받아들일 수 없는 것입니다. 그런데도 일본군은 또다시 답변을 기다리지 않고 기한이 되기도 전에 중국 문화의 중심지인 베이핑 및 중국과 외국 사이 상업의 중추인 톈진으로 맹렬하게 공격해 들어왔습니다. 난위안(南苑) 부근에서는 일본의 폭격기와 탱크에 의해 포위 공격을 받아 우리 주둔군 가운데 매우 많은 사망자가 발생했습니다. 톈진에서는 사람들의 생명이 도륙되고 공공건축물과 문화 기관 및 상점과 주택이 모두 잿더미가 되었습니다. 이 이후로 끊임없이 진군하여 허베이성 남부를 침입하였고, 아울러 난커우(南口)로 진공해서 전화가 차하르성에 이르렀습니다. 무릇 이처럼 여러 가지 분쟁이 끊임없이 생겨나면서 전투 지역이 확대되었습니다. 그런데 이런 모든 사건이 그곳에서 바로 해결한다든지 혹은 사건을 확대하지 않는다는 어조에 의해서 사건의 실상이 감추어졌습니다.

이처럼 화북 지역에 전화가 만연하고 창궐할 때, 중국 정부는 상하이가 동양의 중요한 도시이기에 국내외 상업과 기타의 각종 이익을 세심하게 고려하였습니다. 그래서 상하이 당국과 보안대에게 어떠한 불길한 사건도 발생하지 않도록 더욱 주의를 기울이라고 여러 차례 명령했습니다. 그런데 바로 8월 9일 저녁 무렵에 일본군 관병이 우리 홍차오(虹橋) 군용기 비행장에 침입하면서 경계 법령을 위반하였기 때문에 사고가 발생했습니다. 이때 공항을 지키는 중국 보안대의 경비병 1명과 일본의 관병 2명이 사망했습니다. 상하이시 당국은 사건이 발생한 후에 즉시 외교적 경로를 통해 공평하게 해결하자고 제의했습니다. 그러나 일본은 마침내 대규모의 전함과 육군, 기타 무장 부대를 상하이로 파견하였습니다. 아울러 중국의 방위력을 제거하거나 감축하기 위한 여러 가지 요구를 제기했습니다. 일본의 공군 또한 상하이, 항저우, 닝보(寧波) 및 기타 장쑤성(江蘇省)과 저장성(浙江省) 연해 지역의 항구에서 마음대로 비행하며 위협했습니다. 그들이 군사 행동을 일으키려는 것은 의심의 여지가 없었습니다. 어제(즉 8월 13일) 이후로 일본군은 마침내 우리 상하이 시내를 향해 맹렬하게 진격했습니다. 이러한 행동은 루거우차오 사건이 발생한 이후에 허베이성으로 많은 군대를 보냈던 것과 같습니다. 이것은 모두 일본이 전통적인 침략 정책을 시행하기 위한 전체적 계략이라는 것을 너무도 분명하고도 쉽게 보여주는 것입니다.

일본은 지금 오히려 쑹후(淞滬) 정전협정을 구실로 삼아, 중국의 존망이 위급한 이때 여전히 정당방위의 수단을 사용할 수 없게 하려고 합니다. 이러한 정전협정은 그 취지가 충돌을 피하고 평화적으로 해결이 진행되는 것을 돕는 데 있습니다. 이를 위해 분쟁 지점에서 쌍방이 각자 자제하는 것을 규정하고 있습니다. 만약 한쪽이 약속을 어기고 자유롭게 진군하면서 동시에 다시 다른 쪽을 구속하여 그에게 앉아서 침략을 받아들이게 한다면 이것은 어떠한 법리로도 인정할 수 없는 것입니다.

중국은 오늘 중국의 영토 주권이 이미 심각하게 일본에 의해 침략을 받았다고 엄숙하게 밝히는 바입니다. 『국제연맹 맹약』이나 『구국공약』 및 『비전공약』은 이미 일본에 의해 남김없이 파괴되었습니다. 이러한 조약들의 가장 큰 목적은 정의와 평화를 유지하는 것입니다. 중국은 당연히 모든 능력을 다해서 그 영토 주권을 수호하고, 위에서 언급한 조약의 존엄성을 유지해야 할 책임이 있습니다. 중국은 영토의 어떠한 일부분이라도 결코 포기해서는 안 됩니다. 만일 침략을 당하면 오직 천부적인 자위권을 행사해서 여기에 대응해야 합니다. 일본이 만일 중국에 대해 야심을 품고 영토 침략을 실행하는 것이 아니라면 마땅히 두 나라 사이의 외교를 통해 합리적인 해결을 도모해야 합니다. 동시에 중국에서의 모든 무력 침략 행위를 중단해야 합니다. 그렇게 한다면 중국은 계속해서 본래의 평화에 대한 염원을 가지고 동아시아와 세계를 위기에서 구해낼 것입니다.

요컨대 이번에 우리는 단지 중국만을 위해서가 아니라 세계를 위해 분투하는 것입니다. 단지 영토와 주권만이 아니라 공법과 정의를 위해 분투하고 있습니다. 우리의 우방이 우리와 더불어 공감한다면 반드시 그들이 책임진 의무를 다할 것이라고 마음속 깊이 확신합니다.

출전 華美晚報編輯部, 『中國全面抗爭大事記』, 華美出判公司, 1938년.

내용 1937년 8월 13일에 일본군이 상하이로 진군하자 중국군이 여기에 대항하면서 쏭후(淞滬) 항전이 시작되었고, 8월 14일에 국민당 정부는 『자위항전성명서』를 발표했다. 이 성명서에는 9·18 사변(만주사변) 이래 일본의 죄악을 폭로하고, 자위를 실행해서 폭력에 저항할 수밖에 없다고 하였다. 또 『국제연맹 맹약』과 『구국공약』 및 『비전공약』을 무시하고 침략을 지속하면 중국은 정의와 평화를 유지하기 위해서 자위권을 행사할 수밖에 없다고 하였다. 같은 날 장제스는 징후(京滬)경비사에 전보를 쳐서 장즈중(張治中)에게 일본군을 향해 진공하게 하고, 73개 사단이 집결하여 상하이 항전에 참여하도록 했다. 이때부터 중국의 전면적인 항전이 시작되었다.

중국공산당의 「태평양전쟁을 위한 선언」

이번 달 8일에 일본 파시스트 정부는 영국과 미국 두 나라에 선전포고하고, 하와이, 필리핀, 홍콩, 싱가포르를 폭격하였으며, 육군은 말레이시아 북부에 상륙하였다. 일본이 선전포고한 후 미국과 영국도 일본에 대해 선전포고하면서 마침내 태평양전쟁이 발발하였다. 이 태평양전쟁은 일본 파시즘이 미국과 영국 및 기타 여러 나라를 침략하기 위해 일으킨 정의롭지 못한 약탈 전쟁이다. 미국과 영국 및 기타 여러 나라에서 일어난 저항의 한 측면은 바로 독립의 자유와 민주를 수호하기 위한 정의로운 해방 전쟁이다. 일본 파시스트의 이러한 새로운 침략 행위는 그들이 10년 동안 중국에 대해 일으킨 침략 행위와 완전히 같은 것이다. 그리고 또 독일과 이탈리아의 파시스트가 유럽과 소련에 대해 일으킨 침략 행위와 완전히 같은 것이다. 태평양전쟁이 발발한 후부터 전 세계의 모든 민주국가 가운데 파시스트 국가의 침략을 받지 않는 곳이 없다. 동시에 전 세계의 모든 민주국가 역시 일어나 저항하지 않은 곳이 없다. 전 세계의 모든 국가와 모든 민족은 최종적으로 침략전쟁을 일으킨 파시스트 전선 및 해방 전쟁을 치르는 반파시스트 전선으로 갈라지는 양상이 이미 명확해졌다.

로스토프에서[13] 승리한 후 위대한 소련의 소비에트군이 이미 독일에 대해 반격하는 단계로 진입하기 시작하였다. 영국과 미국의 두 강대국은 풍부한 자원과 거대한 군사력을 보유하고 있다. 한편 우리 중국은 일본과의 전투에서 이미 5년 동안이나 용감하게 선전하고 있다. 독일, 이탈리아, 일본 등 3개국은 자원이 점차 고갈되어 가고 내부 인심이 동요하고 있다. 이러한 여러 가지 상황에서 어쩌면 히틀러와 무솔리니가 아직은 일시적으로 흉포한 짓을 할 수도 있을 것이다. 어쩌면 일본 파시즘이 태평양 작전 초기에 많은 승리를 거둘 수 있고, 아울러 우리의 윈난(雲南)과 미얀마의 길을 끊을 수 있으며, 여전히 우리에 대해서 잔혹한 전쟁을 계속할 수도 있을 것이다. 그러나 파시즘 전선이 최종적으로 패배하고 반파시즘 전선이 최종적으로 승리의 형세는 이미 확정되었다.

중국 정부와 중국 인민은 지난 5년간의 영광스러운 전쟁을 계속하는 것이 마땅하다. 단호하게 반파시즘 국가 쪽에 서서 일본의 파시즘을 최종적으로 타도하는 투쟁을 위해 자신의 모든 역량을 총동원해야 한다. 이러한 유일한 목적을 위해 반드시 다음과 같은 중요한 임무를 실현해야 한다.

(1) 중국은 영국과 미국 및 기타 일본에 대항하는 여러 우방과 군사동맹을 체결하고 합동 작전을 수행한다. 동시에 일본에 대항하는 태평

---

13 로스토프전투 : 1941년 11월 17일부터 12월 2일까지 제2차 세계대전 중에 일어난 소련과 독일 사이의 대규모 전투이다.

양 상의 모든 민족과 통일전선을 구축하여 완전한 승리를 거둘 때까지 항일전쟁을 견지한다.

(2) 전국의 군대는 적극적으로 적을 타격하고 아울러 대규모 전략적 반격에 적극적으로 대비한다.

(3) 팔로군과 신4군은 계속해서 곤란과 고통을 견디면서 화북과 화중의 후방에서 항전을 견지하며, 적을 분쇄해서 소탕하고 대규모의 적을 견제한다.

(4) 일본 군대와 일본 인민을 향해, 조선·타이완·베트남의 각 민족을 향해, 중국 내부에서 일본에 의해 함락된 지역의 인민을 향해 일본 파시즘에 반대하는 더욱 폭넓은 선전과 선동을 벌인다. 그리고 일본 내부의 반파시스트 전선의 건설을 위해 투쟁한다.

(5) 항일 민족 통일전선을 공고히 하고, 국민당과 공산당 및 기타 당파와의 협력을 확고하게 한다. 국민당과 공산당 두 당 사이에 논쟁을 해결하고, 신4군을 회복하고 팔로군에게 식량과 무기를 공급한다.

(6) 친일파와 친독파를 제재하고 적과 내통한 자를 숙청한다.

(7) 민주정치를 실시하여 전 중국 각 정당과 각 파벌 및 특정 당파에 속하지 않은 인사들의 대표가 모두 정부 조직 안에서 항전과 건국의 책임을 부담할 수 있게 한다.

(8) 남양(南洋) 지역과 각지의 화교 동포들의 내부 단결을 강화하고, 일부 사람들의 도발과 이간질 행위를 반대한다. 동시에 모든 화교는 마땅히 각각의 우방 정부 및 각각의 현지 민족과 협력하여 일본 파시즘의 진공을 반대한다.

중국 공산당 중앙위원회

출전 中國 共産黨 上海市 委員會, 『解放日報』1941년 12월 10일.

내용 『위태평양전쟁적선언(爲太平洋戰爭的宣言)』은 태평양전쟁이 일본 파시즘이 일으킨 정의롭지 못한 약탈 전쟁이라고 규정하였다. 즉 일본 파시스트가 자원을 약탈하고 다른 나라를 침략하기 위해 일으킨 전쟁이라는 것이다. 동시에 미국과 영국 및 기타의 국가들이 국가의 독립과 자유를 지키기 위해 저항하는 정의로운 해방 전쟁이라 선언하고 있다. 중국 정부와 중국 인민은 지난 5년과 마찬가지로 영광스러운 전쟁을 지속하고 반파시즘 국가 측에 서서 모든 역량을 동원하여 일본 파시즘을 최후까지 타도해야 한다고 하면서 이런 목적을 달성하기 위해 8가지의 임무를 실현해야 한다고 선언하였다.

5

신중국의 대외관계

쌍십협정

중국 국민당 정부의 장제스 주석은 항일전쟁에서 승리한 후에 중국 공산당 중앙위원회 주석 마오쩌둥을 초청해서 국가 대계를 논의했다. 마오쩌둥 선생은 8월 28일에 초청에 응해서 충칭에 이르러 장제스 주석을 만나 여러 차례 회담을 진행했다. 동시에 양측은 각각 대표를 파견했다. 정부 측에서는 왕스제(王世傑), 장췬(張群), 장즈중(張治中), 사오리즈(邵力子) 등 4명이었고, 중국 공산당 측에서는 저우언라이(周恩來)와 왕뤄페이(王若飛) 두 명이었다. 여러 차례 우호적이고 화목한 분위기 속에서 협상을 진행하여 아래에 나열한 바와 같은 결과를 얻었다. 아울러 상호 신뢰와 양보의 기초 위에서 앞으로 협상을 계속해서 원만한 해결을 도모하기로 하였다. 이에 특별히 회담의 중요한 내용을 아래와 같이 발표한다.

(1) 평화적 건국에 관한 기본 방침

중국의 항일전쟁이 이미 성공적으로 끝났고, 평화적으로 건국하는 새로운 단계가 곧바로 시작되었다. 반드시 함께 노력해서 평화와 민주적 단결을 제일의 기초로 하고, 아울러 장제스 주석의 영도하에 장기간 협력해서 내전을 피한다. 그리고 독립적이고 자유롭고 평화로운 신중국을 건설하고, 삼민주의를 실시해야 한다고 공동으로 인식했다. 양측은 또한 장제스 주석이 주창한 정치적 민주화, 군대의 국가화, 당파의 평등한 협력이 평화적으로 건국을 달성하기 위해 반드시 거쳐야 할 길이라는 데 공감했다.

(2) 정치 민주화의 문제

훈정(訓政)을 신속히 종결하고 헌정(憲政)을 시행한다. 아울러 먼저 필요한 조치를 시행해서 국민당 정부가 정치협상회의를 개최하고, 각 정당 대표 및 사회적 명망가들을 초청하여 국가 대사를 논의한다. 이를 통해 평화적으로 건국할 방안과 국민대회를 개최하는 여러 가지 문제들을 토론해야 한다고 공동으로 인식했다. 현재 양측은 정치협상회의의 정원과 조직 및 그들의 직권 등의 문제를 모든 당사자와 논의하고 있다. 양측이 동의하는 즉시 협상은 끝나고 정치협상회의가 신속하게 개최될 것이다.

(3) 국민대회에 관한 문제

중국 공산당 측은 국민대회 대표의 재선임과 국민대회 개최 시기의 연기 및 국민대회 조직법과 선거법, 오오헌법 초안의[1] 수정 등 세 가지 주장을 제기했다. 정부 측에서는 국민대회에 이미 선출된 대표는 마땅히 유효해야 한다고 답변하였다. 아울러 그 정원은 합리적으로 증가시키고 합법적으로 해결할 수 있으며, 오오헌법 초안은 원래 일찍이 각계각층의 토론

---

1 오오헌밥 초안 : 『중화민국 헌법 초안』으로 1936년 5월 5일에 발표해서 붙은 이름이다. 항일전쟁 직전에 전국의 인민이 보편적으로 단결, 민주, 항일을 요구하자 국민당 정부는 하는 수 없이 훈정을 끝내고 정치를 국민에게 돌려준다고 하면서 이 헌법 초안을 제정했다. 모두 8장에 147개 조로 구성되었다.

을 거쳐 개정 의견을 낸 것이라고 말했다. 따라서 쌍방 간의 협의는 성사되지 못했다. 그러나 공산당 측에서는 이 문제에 대한 논쟁으로 단결이 깨지는 것을 원하지 않았다. 동시에 양측이 모두 동의하면 이 문제를 정치협상회의에 상정해서 해결하겠다고 하였다.

(4) 인민의 자유에 관한 문제

정부는 모든 민주국가의 인민이 평시에 누리는 신체, 신앙, 언론, 출판, 집회, 결사의 자유를 누릴 수 있도록 보장해야 한다. 현행 법령은 마땅히 이러한 원칙에 따라 각각 폐지하거나 개정되어야 한다고 공동으로 인식했다.

(5) 당파의 합법에 관한 문제

중국 공산당 측에서는 정부가 마땅히 국민당과 공산당 및 모든 정당의 평등하고 합법적인 지위를 승인해야 한다고 제안했다. 정부 측에서는 각 정당이 법률 앞에서 평등하다는 것은 헌정의 상식이었기에 지금이라도 즉시 이를 승인할 수 있다고 밝혔다.

(6) 특무기관에 관한 문제

양측은 정부가 마땅히 사법부와 경찰 이외의 기관이 인민을 체포하고 심문하고 처벌하는 권한을 엄격히 금지해야 한다는 데 동의했다.

(7) 정치범의 석방에 관한 문제

중국 공산당 측에서는 일본의 앞잡이를 제외한 정치범은 정부가 마땅히 일률적으로 석방해야 한다고 주장했다. 정부 측에서는 자동으로 처리하려고 준비하고 있고, 중국 공산당에서는 석방해야 할 사람들의 명단을 제출할 수 있다고 하였다.

(8) 지방자치에 관한 문제

양측은 각 지역에서 마땅히 지방자치를 적극적으로 추진하고 상향식 보통선거를 실시해야 한다는 데 동의했다. 다만 정부는 이것이 국민회의를 개최하는 데 영향을 끼치지 않기를 희망했다.

(9) 군대의 국가화에 관한 문제

중국 공산당 측은 정부가 공평하고 합리적으로 전국의 군대를 재편성하기 위해 시기별 실시 계획을 확정해야 한다고 주장했다. 아울러 군사지역을 다시 획정하고 징집제도를 확정해서 군령의 통일을 도모해야 한다고 지적하였다. 이러한 계획 아래서 중국 공산당은 그들이 이끌었던 항일 군대를 현재의 숫자에서 24개의 사단, 적어도 20개의 사단으로 축소 개편할 수 있음을 알렸다. 아울러 광둥성(廣東省), 저장성(浙江省), 장쑤성(江蘇省) 남부, 안후이성(安徽省) 남부와 중부, 후난성(湖南省), 후베이성(湖北省), 허난성(河南省, 북부는 제외) 등 8개 지역에서 공산당 주도로 항일 부대를 신속하게 복원하는 데 착수해야 한다고 주장했다. 또 상술한 지역에서 점차 철수하고 재편성한 군대를 룽하이로(隴海路)[2] 이북과 장쑤성 북부, 안후이성 북부의 해방구 지역으로 집중시켜야 한다고 주장하였다.

정부 측에서는 전국적인 재편성 계획은 현재 진행 중이라고 답했다. 이번에 제기한 협상의 각종 문제를 전반적으로 해결할 수 있다면 곧 중국 공산당이 이끄는 항일 부대를 20개 사단으로 축소하는 것도 고려할 수 있다고 답변하였다. 또한 주둔지에 관한 문제는 중국 공산당 측에서 방안을 제시하면 토론하여 결정할 수 있다고 말했다.

중국 공산당 측에서는 중국 공산당과 지방에 있는 군사 관련 인력이 군사위원회와 그 부서의 업무에 참여해야 한다고 주장하였다. 정부는 인사 시스템을 보장하고, 원래 부대에 임용되었던 인력을 재편성한 후의 부대에 각급 장교와 보좌관으로 임용해야 한다고 촉구하였다. 그리고 재편성한 후에는 나머지 장교와 보좌관이 구역을 나누어 훈련을 시행하고, 공정하고 합리적인 보급제도를 갖추고, 아울러 정치 교육의 계획을 확정해야

---

2 隴海路 : 농해철로를 말한다. 원래 이름은 隴秦豫海鐵路이고 海蘭鐵路라고도 하며 간략하게 룽하이선이라고 한다. 1904년에 건설되었으며 甘肅省 蘭州에서 江蘇省 連雲港에 이르는 철도이다.

한다고 제안했다.

정부 측에서는 제안된 여러 항목에 모두 문제가 없으며 또 자세한 방법을 협상하기를 원한다고 밝혔다. 중국 공산당 측은 해방구의 민병을 일률적으로 지방 자위대로 편성하자는 의견을 제기했다. 정부 측에서는 다만 지방 정세를 보아서 필요성과 가능성이 있는지 헤아려 보아야만 편성 배치할 수 있다고 밝혔다. 이 항목에 언급된 여러 문제를 구체적으로 계획하기 위해 양측은 3인의 소위원회(군령부와 군정부 및 제18 집단군에서 각각 1명을 파견)를 구성하여 진행하기로 합의했다.

(10) 해방구에 있는 지방정부에 관한 문제

중국 공산당 측에서는 정부가 해방구 내에 있는 각급 민선 정부의 합법적인 지위를 인정해야 한다고 제기했다. 정부 측에서는 해방구라는 용어는 일본이 항복 이후에는 이미 과거의 일로 되었기 때문에 전국에 내려지는 정부의 법령은 반드시 통일되어야 한다고 말했다. 중국 공산당 측에서 제기하기 시작한 방안은 현행 18개 해방구의 상황에 따라 성(省)과 행정구로 재편성하고, 아울러 원래 있었던 그 민선의 각급 지방정부가 명단을 중앙으로 올리고 위임해서 정부의 법령에 통일을 도모한다는 것이었다. 정부 측은 전국 군령이 통일된 후 중국 공산당이 추천한 행정 인원 선출을 고려할 수 있다고 마오쩌둥 선생에게 말했다. 정부는 수복 지역에서 원래 재임하던 항전 업무 인원에 대해 그들의 업무 능력과 성과에 따라 그들이 계속해서 그 지방에서 근무할 수 있는지를 가늠하고 당파 관계에 따라 차별하지 않겠다고 하였다.

이에 중국 공산당 측에서는 두 번째의 해결 방안을 제기했다. 그것은 중앙에 요청해서 산시(陝西)·간쑤(甘肅)·닝샤(寧夏)의 변방 지역과 러허·차하르·허베이·산둥(山東)·산시(山西) 등 5개 성에서 중국 공산당이 추천한 인원을 성의 주석과 위원으로 임명하는 것이었다. 수원(綏遠)·허난·장쑤·안후이·후베이·광둥 등 6개 성에서는 중국 공산당이 추천한 사람을 성의 부주석과 위원으로 임명할 것을 제기하였다(위의 11개 성은 광범위한 해방구가 있거나 부분적인 해방구가 있기 때문이다.). 베이핑·톈진·칭다오(靑島)·상하이의 4개 특별시는 중국 공산당이 추천한 사람을 부시장으로 임명하며, 동북 지방의 각 성에서는 중국 공산당이 추천한 사람들이 행정에 참여할 수 있도록 허용한다는 것이었다.

이것은 여러 차례 토론을 거쳐서 일부를 수정하였다. 그것은 ① 성의 주석과 위원으로 임명하기를 요청한 지역을 산시(陝西)와 간쑤과 닝샤의 변방 지역 및 러허·차하르·허베이·산둥의 4개 성으로 고쳤다. ② 성의 부주석과 위원을 임명하라고 요청한 곳은 산시(山西)와 수원(綏遠)의 두 개 성으로 고쳤다. ③ 부시장을 임명하라고 요청한 곳은 베이핑과 톈진과 칭다오의 3개 특별시로 고쳤다.

정부 측에서는 이에 대해서 중국 공산당이 항쟁 과정에서 현저하게 열성적이었거나 정치적으로 능력이 있는 동지에 대해 정부에 임용 결정을 요청할 수 있다고 답하였다. 그러나 만약 중국 공산당이 어떤 성의 주석과 위원 혹은 어떤 성의 부주석 등을 추천한다고 하면 곧 진정으로 정령과 군령의 통일에 반하는 조치라고 밝혔다.

그러자 중국 공산당 측에서 두 번째 주장을 폐기하겠다고 밝히고, 이를 수정해서 세 번째 해결 방안을 제기했다. 해방구의 각급 민선 정부가 새로 인민 보통선거를 거행하고 정치협상회의에서 파견한 인원의 감독하에 각 당파와 각계의 인사들이 고향으로 돌아가 선거에 참여할 것을 환영한다는 것이었다. 무릇 하나의 현(縣)에서 절반 이상의 향(鄕)이 인민 투표를 실행하고 있다면 바로 현급 인민 투표를 시행할 것을 제의하였다. 하나의 성 또는 하나의 행정구에서 절반 이상의 현이 인민 투표를 실행하고 있다면 바로 성급 혹은 행정구급 인민 투표를 시행한다는 내용이었다. 아울러 선출된 성급, 행정구급, 현급 정부는 일률적으로 중앙에 임명을 요청해서 정부 법령의 통일을 도모할 것을 주장하였다.

정부 측에서는 이런 방식으로 성이나 자치구를 임명하는 것이 정부 법령의 통일을 도모하는 것은 아니라고 답하였다. 다만 현급 인민 투표는 고려해 볼 수 있지만 성급 인민 투표는 반드시 헌법이 반포되기를 기다려서 성의 지위가 확정된 이후에야 비로소 실시할 수 있다고 말하였다. 현재는 단지 중앙정부가 임명한 성(省) 정부가 각 지역으로 가서 행정을 관할하여 정상적인 상태를 회복시켜야만 한다고 하였다.

이에 이르러 중국 공산당 측에서는 네 번째 해결 방안을 제출하였다. 각각의 해방구는 당분간 변함없이 현 상태를 유지하며 헌법에서 민선 성급 정부의 실시를 규정할 때까지 기다렸다가 다시 해결하기로 한다는 내용이었다. 현재는 임시적인 방법을 정해서 평화와 질서의 회복을 보장한다는 것이었다. 동시에 중국 공산당 측에서는 이 문제를 정치협상회의에 상정하여 해결할 수 있다고 보았다. 정부 측에서는 정부 법령의 통일을 반드시 앞당겨 실행되어야 한다고 주장하였다. 그런데 이 문제가 오랫동안 해결되지 않아서 평화 건설에 걸림돌로 여겨지기에 계속해서 구체적인 해결 방안을 협상하기를 간절히 원했다. 중국 공산당 측에서도 계속해서 협의하는 데 동의했다.

(11) 매국노와 괴뢰군에 관한 문제

중국 공산당 측에서는 매국노를 엄벌하고 괴뢰군을 해산할 것을 제안했다. 정부 측에서는 이에 대해 원칙적으로 별다른 문제가 없다고 답하였다. 다만 매국노를 처벌하려면 법에 따라 처리해야 하고, 괴뢰군을 해산하는 것도 반드시 타당하고 신중하게 처리해서 그 지역의 안녕에 영향이 없도록 해야 한다고 밝혔다.

(12) 항복의 수락에 관한 문제

중국 공산당 측에서는 항복 받은 지역을 다시 구획하여 항복 받는 작업에 참가할 것을 제기했다. 정부 측에서는 항복 받는 작업에 참가하는 것은 이미 중앙의 명령을 받은 후이기 때문에 고려해 볼 수 있다고 하였다.

중화민국 34년 국경기념일에 충칭(重慶)에서

왕스제, 장천, 장즈중, 사오리즈, 저우언라이, 왕뤄페이

출전 중국 공산당 상해시 위원회, 『해방일보』 1945년 10월 12일.

내용 1945년 8월 29일부터 공산당 대표와 국민당 정부 대표가 충칭(重慶)에 모여 43일 동안 담판을 벌이고 10월 10일에 서명하여 쌍십협정이라고 한다. 이 회담에서는 평화롭게 건국하는 기본 방침, 정치 민주화, 국민대회, 인민의 자유, 당파의 합법화, 특무기구, 정치범의 석방, 지방자치, 군대의 국가화, 해방구의 지방정부, 매국노와 괴뢰군 및 항복의 수락 등 12개 문제를 나열하였다. 이 가운데 아주 소수의 몇몇 조항만이 협의를 이뤘고, 군대나 해방구 정권의 두 가지 근본적인 문제는 협의를 달성하지 못했다.

대 중국정책 비망록(트루먼대통령)

미국 정부는 지금처럼 참신하고 희망찬 시기에 전 세계적인 평화와 번영은 유엔을 조직한 국가들이 일치단결하여 집단적인 안전을 함께 도모하는 데에 달려 있다고 인식하고 있다.

미국 정부는 강성하고 단결되며 민주적인 신중국이 유엔 조직의 성공과 세계의 평화에 대해 가장 중요하다고 굳게 믿고 있다. 일본이 과거에 진행했던 바와 같은 외국의 침략으로 인해, 혹은 맹렬한 내부 투쟁으로 인한 무조직 상태나 분열을 보이는 중국은 현재 혹은 미래의 안정과 평화에 대해 파괴적인 영향을 끼친다.

미국 정부는 이미 오래전부터 아래와 같은 원칙을 견지해 왔는데 그것은 국내 정치는 각각의 자주 국가 인민의 책임이라는 원칙이다. 그러나 20세기 이래 일련의 사건들이 보여주듯이 만약 세계의 어떤 곳에서 평화가

파괴되면, 그것은 곧 전체 세계의 평화에 위협이 된다. 따라서 미국과 모든 유엔 국가가 절박하게 관심을 가지는 것은 중국 인민들이 평화적으로 협상하는 방법을 통해 그들 내부의 갈등을 신속하게 조정하는 것이다.

미국 정부가 가장 중요하다고 믿는 것은

(1) 국민당 정부와 중국 공산당 및 중국의 기타 의견이 다른 무장 부대는 신속히 협상하여 적대적 행동을 중지한다. 그리고 일본군을 즉각 송환하는 문제를 포함하여 중국 인민의 효율적인 통제하에서 모든 중국을 완전히 회복시킨다.

(2) 전국에 주요한 정당 대표들의 국민회의를 소집해서 조속히 현재 내란의 해결을 도모하고 중국의 통일을 촉진한다.

미국과 기타 유엔 국가들은 현재 중화민국 국민당 정부가 중국에서 유일한 합법적인 정부이며 중국의 통일을 이루기 위해 가장 적합한 기구임을 승인한다.

미국과 영국은 1943년의 카이로선언에 의해, 동시에 소련은 올해 7월에 포츠담선언의 약속과 1945년 8월의 중소조약에 의해, 만주를 중국의 통제하에 귀환하는 것을 포함하여 중국의 해방을 보장한다. 그리고 이러한 협정은 모두 중화민국 국민당 정부와 체결한 것이다.

미국은 일본군의 무장을 해제하고 일본으로 송환하는 데 총체적인 의무를 담당할 것이다. 이는 중국 국민당 정부와 과거에 전쟁을 치르면서 건립한 협력을 계속하기 위해서이다. 동시에 포츠담선언을 이행하기 위한 것이자, 일본이 중국에 잔류하면서 영향을 끼칠 가능성을 제거하기 위한 것이다. 따라서 미국은 중화민국 국민당 정부가 해방된 지역에서 일본군의 무장을 해제하고 본국으로 송환하는 것을 이미 돕고 있고, 이후에도 계속 도울 것이다. 이를 위해 미국 해병대가 즉시 화북지방에 주둔한다.

미국은 중국의 국민당 정부를 승인하고 앞으로도 계속 승인할 것이며 아울러 국제적 사무에서, 특히 중국에서 일본의 영향력을 제거하기 위해 협력할 것이다. 미국은 신속하게 교섭해서 군사적 충돌을 중지시키는 것이 이러한 일을 효과적으로 완성하기 위해 매우 중요하다고 굳게 믿는다. 미국은 지지한다고 해서 군사적으로 간섭한다거나 중국의 어떠한 내전 과정에서도 영향력을 확대하지는 않을 것이다.

미국은 이미 어쩔 수 없이 먼저 일본이 만주를 침략하면서 파괴된 평화를 회복하는 데 매우 큰 대가를 치렀다. 중국에서 일본의 영향력을 완전히 제거하지 않거나 중국이 하나의 통일된 민족이면서 평화적인 국가가 되지 않으면, 태평양에서 평화를 유지하는 것이 설령 깨지지는 않더라도 위협을 받을 수는 있다. 미국이 잠시 중국에서 육군과 해군을 유지하는 목적은 바로 여기에 있다.

미국은 현재 중국의 국민당 정부가 '일당의 정부'라는 사실을 잘 인식하고 있다. 아울러 만약 이 정부의 기초가 확고해져서 국내에 다른 정치적 당파를 받아들인다면 머지않아 중국이 평화적으로 단결하며 민주적인 개혁을 추진할 것을 잘 알고 있다. 따라서 미국은 중국 국내 주요한 정치적 당파들의 대표들이 국민회의를 개최해야 한다고 판단하고 있다. 그리고 방법을 협상해서 그들이 중국 국민당 정부 안에서 공평하고 유효한 대표권을 누릴 수 있게 해야 한다고 힘써 주장한다. 미국 정부는 이러한 조치로 중화민국의 국부인 손중산(孫中山)이 수립했으며, 중국이 민주로 나가는 임시적인 방법이 되었던 일당의 '훈정(訓政)' 제도를 수정할 필요가 있다고 생각한다.

예를 들면 공산당 군대 같은 자치적 성격의 군대가 존재한다는 것은 중국 정치의 단결과 서로 부합하지 않으며, 또 실제로 그러한 상태에서 정치적 단결이 실현될 수도 없다. 광범위한 대의제 정부가 이미 설립되어 있으므로 상술한 자치적 성격을 가진 군대와 중국의 모든 무장 부대는 마땅히 중국 국민군으로 유효적절하게 합성되어야 한다.

미국 정부가 일관되게 말해왔던 자결권에 따른 주장은 중국의 정치 단결을 위해 채택할 필요가 있는 구체적인 절차이며, 중국인이 스스로 제정해야 한다고 생각한다. 아울러 어떠한 외국도 이러한 문제에 간섭하는 것은 타당하지 않다고 생각한다. 그러나 미국이 생각하기에 중국은 기타의 유엔 국가에 대해 그들의 영토 안에 있는 무장 충돌을 일소해야 할 명확한 책임이 있다. 그 이유는 중국 영토 안에서의 무장 충돌이 세계의 안정과 평화에 대한 위협이기 때문이다. 이러한 책임은 국민당 정부와 중국의 모든 정치 및 군사 집단이 모두 분담해야 한다.

중국이 상술한 방침에 비추어 평화와 단결을 향해 전진할 때 미국은 모든 합리적인 방식으로 국민당 정부가 그 국가를 재건하고, 그들의 농업과 공업 경제를 개선하고, 군사 조직을 건립하는 데 도움을 줄 것이다. 미국은 중국이 평화와 질서의 유지에 힘쓰고, 국내에서나 국제적인 방면에서 부담을 책임지게 할 준비가 되어 있다. 이러한 도움을 관철하기 위하여 미국은 또한 합리적인 조건 아래 중국이 제기한 신용 차관과 대출의 요청에 대해 긍정적으로 고려하여 전 중국에서 건전한 경제가 발전토록 하고, 나아가 중국과 미국을 건전한 무역 관계로 발전시킬 준비가 되어있다.

출전 President's Secretary's Files (Truman Administration), 1945 – 1960 세계지식출판사 편집부, 『中美關係資料彙編』 제1집, 세계지식출판사, 1957년.

내용 1945년 12월 15일에 미국의 트루먼 대통령이 발표한 중국과의 외교를 재개하기 위한 기본 지침에 해당한다. 미국은 트루먼 행정부 이래 중국과의 외교 재개를 준비하며, 그것을 위해 충족되어야 할 기본 요건을 확정해 두고 있었다. 그 중요한 내용으로는 미국 정부가 국민당 정부를 중국의 유일한 합법 정부로 승인한다는 것이었다. 또 전국 주요 대표들의 국민회의를 개최해서 조속히 내전을 종식하고 중국의 통일을 촉진하기로 하였다. 아울러 국공 양당이 적대 행위를 종식하기 위해 협상하고, 미국은 어떠한 군사적인 간섭이나 영향력도 행사하지 않겠다고 선언하였다.

타이완의 2·28 사건

2월 27일 밤에 연주(烟酒) 전매국의 사복 특수공작원이 타이베이(台北)시의 옌핑로(延平路)에서 공공연하게 총을 쏴서 남녀 시민을 살해하는 유혈 사건이 발생했다. 수만 명의 군중들이 더 이상 참지 못하고 즉시 경찰국을 둘러싸고 살인범을 군중들 앞에서 총살하라고 요구했다. 그러나 천이(陳儀)는 사납게 계엄을 선포해서 군중들의 분노는 더욱 거세졌다.

28일 이른 아침에 군중들은 장관의 청사로 가서 천이에게 똑같은 요구를 제기했다. 군중들이 막 입구에 도착했을 때 갑자기 기관총 소리가 들리면서 4명의 군중이 장제스 동상 앞에서 쓰러지면서 '2·28' 피의 투쟁에 최초 희생자가 되었다.

이 소식은 신속하게 전체 타이베이에 전파되었고, 중등학교 이상의 각급 학교에서 모두 조직적인 행동을 시작했다. 분노에 불타는 군중들이 타이완성 관영 최대의 백화점인 신타이(新台)공사의 정문으로 몰려 들어가서 모든 상품을 길거리로 던지고 검은 연기가 하늘을 덮을 정도로 태워버렸다.

매국노와 결탁했던 후원후(胡文虎)도, 호표(虎標) 만금유(萬金油)를 판매하던 용안탕(永安堂)도 박살이 났다. 오후에는 위국대(僞國大)[3]에 여성 대표로 참가했던 사모(謝某)가 군중들을 향해 방송으로 "정부는 총을 쏴서 사람을 죽일 일이 없으니 모두 유언비어를 믿지 마십시오."라고 하였다. 군중들은 그녀의 염치없는 거짓말에 대응하여 옌핑로로 몰려가 그녀가 개인적으로

---

3 위국대(僞國大) : 난징 국민당 정부 시기에 명의상 전국 국민을 대표해서 정권을 행사한 기관이다. 1946년과 1948년에 개최되었는데 본문에서 언급한 것은 1946년 11월 15일부터 12월 25일까지 개최된 국민대회이다. 여기서 『중화민국 헌법』을 제정했기에 "制憲國大"라고도 한다. 그러나 장제스가 정치협상회의의 결의를 무시하고 많은 무당파나 국민당 내부의 일부 민주 인사들이 참여하지 않아서 "위국대"라고도 한다.

개설한 의원(醫院)을 가루로 만들어 버렸다. 그리고 그녀가 새롭게 장만한 혼수와 가구와 의복 등을 모조리 거리 한가운데에 쌓아두고 불을 질러 버렸다.

29일에 군대와 경찰의 학살로 인해 군중들의 사상자가 더욱 많아졌으나 반항도 이에 따라서 더욱 강력해졌다. 타이베이의 인민들은 타이완 라디오방송국을 점령하고 세 차례의 긴급 경고를 내보내며 전체 타이베이 인민들에게 자신의 생존을 위해서 적극적으로 전투를 준비하자고 호소했다. 몇 시간 안에 타이완 전체가 즉시 전투 상황에 돌입하여 하늘부터 바다까지 체신과 교통이 갑자기 단절되고 인민들이 모두 들고 일어섰다.

타이중(台中)에서 일어난 인민들은 3월 2일에 타이중시 전체를 통제하고 방송국을 점령했다. 지아이현(嘉義縣) 어느 곳의 군중들은 장제스 군대의 수중에서 무기를 탈취했다. 자동차를 운전해서 조금 전에 탈취한 무기를 들고서 헌병과 경찰을 강압해서 인민들에게 투항하게 했다. 그리고 헌병 주둔군의 수중에서 기관총과 박격포와 척탄통 등을 거두어들였다. 동시에 정부 기관을 접수하고 인민들이 스스로 대표를 선출해서 치안을 관리했다. 인민들의 통제 아래 전화, 전보, 라디오, 기차, 자동차 등이 처음으로 인민들을 위해서 일했다.

3일에 지아이현의 학생이 장제스의 군대와 정식으로 육박전을 벌였다. 비록 2, 3백 명의 학생이 희생되었으나 마침내 지하 요새를 함락시키고, 적군을 교외의 비행장까지 쫓아내고, 시 전체의 창고를 점령하면서 대량의 무기와 장비를 획득했다.

같은 날 타이난(台南市)시의 학생들도 강력한 선전전을 진행했다. 시위하며 행진하는 군중들의 위대한 역량 앞에서 국민당의 군정 기관은 깜짝 놀라 군중들을 향해 무릎을 꿇고 살려달라고 했다. 이렇게 해서 즉시 임시시(市) 정부가 성립되었고, 인민들은 경찰과 헌병과 주둔군의 모든 무기를 이용해서 자신을 무장하고 지아이현으로 가서 전투에 참여하였다.

3월 4일에 가오슝(高雄)시에서 십수 곳 학생이 삼지식 보병용 소총을 가지고 기차역에 주둔하며 지키고 있던 국민당 헌병들을 향해 곧바로 돌진했다. 비록 학생 한 명이 희생당했지만 조금도 위축되지 않고 기차역을 단단히 포위하였다. 이 소식은 즉각 전체 가오슝시로 퍼져나갔다. 청년들은 잇달아 학교로 몰려들어 학교는 곧 인민봉기의 작전 본부가 되었다. 오후 6시에 요새의 지휘관 펑멍지(彭孟輯)가 항복하고 정부를 인민에게 돌려주는 것을 승인하였다. 그러나 이 투항은 거짓이어서 그는 시내에 있는 군대를 요새의 사령부로 집결시켰다. 그리고 1천여 명의 병력이 모여서 인민들에 대한 반격을 시작하였다. 인민들은 한편으로는 인근 각지로 군중들을 보내 경찰의 무장을 거두어들이고 설탕공장을 점령하면서 장제스 정권을 무너트렸다. 또 한편으로는 페이웨(飛越) 산맥에서 숲속 작전으로 이름이 알려진 고산족(高山族) 동포들이 무리를 이루어 산 아래로 내려와 전투에 참여했다. 장제스 군대의 해상방어용 대포가 포격을 가하는 가운데 장제스의 원군이 상륙할 때까지 3일 동안 격전을 치렀다.

3월 8일 오후에 (장제스의 원군이 상륙하기 전에 타이완 대부분이 이미 인민들의 통제 아래 있었다.) 타이중 지아이현의 방송국에서는 빈번하게 "타이완 동부의 우리 동포들이 이미 여러 성시를 점령했다." 혹은 "돼지(장제스)의 군대가 무기를 버리고 산 위로 도주했다."라고 하는 전투 승리 소식을 방송했다. 이에 따라서 전체 타이완 인민들의 투쟁은 더욱 고무되었다. 인민들은 처음으로 자기들의 강력한 역량을 보았다. 그렇게 해서 어제까지 거대하고 완강한 반동적인 세력이 인민들의 눈앞에서 신속하게 무너져 갔다.

타이완 인민들은 자신들의 힘으로 찬란한 역사의 한 페이지를 써 내려 갔다.

3월 8일 오후에 장제스의 원군인 21사단이 타이완에 도착해서 지룽(基隆) 일대에 상륙했다. 원래 후퇴해서 지룽 항무국(港務局)의 옥상에 움츠리고 있던 장제스의 군대는 곧 기관총을 설치하고 상하좌우로 연달아 발사했다. 상륙한 장제스의 군대는 사람이 보이면 바로 죽이고, 죽이고 나면 다시 다른 시가지를 약탈하고, 약탈한 후에는 다시 강간하였다. 그날 밤에 타이베이시에서는 기관총 소리가 끊이지 않아서 군부대나 공군사령부나 관공서 등 여기저기서 기관총 소리가 마치 구슬을 이은 것처럼 촘촘하게 들려왔다. 다음날, 21사단은 다시 전에 없던 대학살을 진행하고 아울러 신속하게 중남부로 진군했다. 타이베이시의 학생 치안대 '처리위원회'의 수많은 학생이 잡혀서 죽거나 생매장되었다. 가오슝시에서는 완강하게 투쟁하다가 피살된 학생들이 더욱 많고 참혹하였다. 장제스의 군대인 21사단이 타이완에 도착한 이후로 학살된 타이완 동포의 총수(원래 타이완에 있던 헌병과 경찰이 죽인 수를 포함하여)는 3만 명 이상이다.

대학살 이후에 다시 산악지역으로 들어간 무장한 인민들이 많이 있지만 이러한 영웅적인 투쟁도 잠시 잠잠해졌다. 그러나 이 상황은 조만간 전환될 것이며 타이완 인민은 지금 새로운 전투와 새로운 반격을 준비하고 있다.

출전 『東北日報』 1947년 6월 29일.

내용 1947년 2월 27일 저녁에 타이완 전매국의 푸쉐퉁(傅学通) 등 몇 명의 공작원들이 밀수 담배를 판매하는 상인들을 체포하는 과정에서 사상자가 발생하였다. 군중들이 격분하였고, 경찰은 주변에서 보고 있던 시민을 총으로 살해하였다. 이에 수백 명의 시민들이 경찰국과 헌병대를 포위하고 살해범의 처벌을 요구하였다. 다음날 민간 단체가 시위를 벌이자, 사태는 더욱 악화되어 '2·28 사건'이 발생하였다. 이후에 사태가 확대되어 3월 2일에는 타이중, 3일에는 타이난, 4일에는 가오슝시에서 군중들의 항전이 이어졌다. 그리하여 3월 8일부터 장제스의 군대는 많은 시민을 학살하고 타이완 각지에서 저항하는 투쟁이 이어지면서 피살된 군중의 수가 3만 명에 이르렀다.

미중관계 백서(애치슨이 트루먼에게 보내는 편지)

저는 이미 대통령께서 바라는 바에 따라 중국과의 관계에 대한 기록을 편찬하였는데 내용은 특별히 지난 5년에 역점을 두었습니다. 이 기록은 현재 간행 중이며, 따라서 바로 미국 국회와 미국 국민에게 제공될 수 있을 것입니다. …(중략)…

평화가 도래했을 때 미국의 중국에 대한 정책은 아래와 같은 세 가지 가능성 가운데 하나를 선택해야 하는 상황에 직면해 있습니다.

(1) 모든 관계에서 완전히 벗어난다.

(2) 군사 방면에서의 간섭을 대규모로 증가시키면서 국민당을 도와 공산당을 격파한다.

(3) 한편으로는 국민당이 최대한 폭넓게 중국에서 그들의 권력을 확립하도록 돕는다. 그리고 또 한편으로는 쌍방이 협상하도록 격려해서 최대한 내란의 발생을 피한다.

첫 번째 길은, 저는 그렇게 할 때 미국의 민의는 우리가 노력해 보기도 전에 우리의 국제적 책임과 우리의 전통적인 대 중국 우호 정책을 포기하는 것과 마찬가지로 느끼리라 믿습니다. 두 번째 길은, 이론적으로 혹은 돌이켜보면, 어쩌면 사람들의 이목을 끌 것 같기는 하지만 완전히 실현 불가능한 일입니다. 세계 대전이 일어나기 전 10여 년 동안에 국민당은 공산당을 타파할 능력이 없었습니다. 세계 대전 후에는 앞에서 언급한 바와 같이 국민당의 역량이 이미 쇠약해졌고 의기소침한 데다가 민심도 얻지 못하고 있습니다. 일본의 수중에서 수복한 지역 내에서의 국민당 문무 관원들의 행동거지로 인해 국민당은 이미 빠른 속도로 이러한 지역에서 인민들의 지지와 명망을 상실했습니다. 다른 측면에서 공산당의 역량은 그들의 과거 어느 시기와 비교해도 강대하며, 또 이미 화북지방 대부분을 통제하고 있습니다. 국민당 부대의 무능 때문에 슬프기는 하지만 이런 점들이 이후에 반드시 확대될 것입니다. 어쩌면 미국의 군사력에 의지해야만 비로소 공산당을 축출할 수 있을 것입니다. 미국 국민은 확실히 1945년 혹은 그 이후에 우리 군대에 이렇게 거대한 의무를 부담시키는 것을 허락하지 않을 것입니다. 그래서 우리는 세 번째 길을 선택해야 합니다. 이 길에서 우리는 실제 상황에 직면해서 기왕에 내전을 피할 수 있고 또 국민당 정부의 세력을 유지하거나 심지어 증가시킬 수 있는 임시의 방법을 협조해서 마련하도록 해야 합니다.

기록에서 보이는 것과 같이 헐리(Patrick Jay Hurley) 장군이 중국 대사로 임명되기 이전에 중국 국민당 정부 스스로 이미 이런 절차를 채택해서 공산당과 실행할 수 있는 협의를 이루었습니다. 일찍이 1943년 9월에 장제스 위원장이 국민당 중앙집행위원회에서 연설할 때 우리는 공산당 문제가 하나의 순수한 정치문제라는 점을 분명하게 인식하고 정치적인 방식으로 해결해야 한다고 말한 바 있습니다. 그 후에도 그는 이러한 관점을 여러 차례 강조했습니다.

정부와 공산당 대표 사이에 군사적 협력과 민정의 문제를 협의하는 종합적 성격의 협상은 1944년 5월에 시안(西安)에서 시작되었습니다. 훗날 1944년 8월부터 1945년 9월까지 헐리 대사가 쌍방의 요청에 따라서 참여하면서 협조하였습니다. 협상은 중단되다 이어졌다가 하며 1년 반 동안 지속되었지만 끝내 최후의 결과를 얻지 못했습니다.

마지막에는 헐리 대사가 임기를 마치고 마셜(George Catlett Marshall) 원수가 중국에 오기 이전인 1945년 10월 11일에 일부 기본적인 문제에 대해 일련의 종합적인 협의에 달성했습니다. 그러나 동시에 양측 군대의 충돌은 계속 증가하여 협의의 집행을 어렵게 하였습니다. 협상을 조속한 시일 내에 성공시키지 못한다면 대규모 내전이 발생할 위험이 실로 절박한 상태였습니다. 바로 이러한 상황에서 마셜 원수가 1945년 12월에 중국 특사로 출발했습니다.

본 백서의 5장과 6장의 두 장에서 마셜 특사와 그 후의 몇 년에 관한 기록에서 보이는 바와 같이 당시 우리의 정책은 두 가지의 목적에 기초했습니다. 목적 중 하나는 정부가 안정을 추구하면서 민주의 길을 따라 나아간다는 조건 아래서 중국이 평화를 얻을 수 있게 한다는 것입니다. 또 다른 목적 중 하나는 국민당 정부에 협조해서 최대한 중국의 넓은 지역에서 그들의 권위를 세우게 한다는 것이었습니다.

사실이 증명하듯이 첫 번째의 목적은 그것의 성공을 양측이 모두 원하지 않았기 때문에 실현될 수 없었습니다. 중국 공산당 측에서는 그들이 일관되게 견지해 온 목적(전 중국을 공산주의화 한다는)을 약하게 하는 자유라는 조건을 받아들이지 않았습니다. 국민당 측에서는 미국 군사 대표의 여러 차례 충고를 받아들이지 않고, 계속해서 무력으로 공산당을 타파할 수 있다는 환상을 품고 있었습니다.

그리고 국민당 정부를 돕는다는 두 번째 목적은 바로 우리가 1945년부터 1949년까지 힘써 추진해 왔던 것입니다. 국민당 정부는 이미 승인을 받은 우방 정부입니다. 우리의 우호 관계에 비추어 볼 때에도, 그리고 국제법에 따를 때에도 우리는 국민당 정부를 도와야만 합니다. 이 정부를 쓰러트리거나 전복시키려고 하는 공산당을 도와서는 안 될 것입니다. 우리가 국민당의 중국을 원조하는 정도는 이 서신에 첨가해서 기록한 제5장과 6장, 7장, 8장에서 상세히 볼 수 있기에 여기에서 장황하게 적시하지는 않겠습니다.

1945년부터 1948년 초가을까지 줄곧 국민당 정부는 인력이나 군사 장비의 측면에서 그들의 상대보다 현저한 우세를 점하고 있었습니다. 확실히 그 시기 동안에는 우리가 운수나 무장이나 보급 등 매우 큰 부분에서 그들 부대에 도움을 주었기 때문입니다. 그들은 마침내 통제하는 지역을 화북과 만주의 대부분에 이르도록 확대할 수 있었습니다. 마셜 장군이 1947년 초에 중국을 떠날 때 국민당은 군사적 성취나 영역의 확장이라는 면에서 최고조에 이르렀습니다. 그러나 그 후 1년 반 동안의 사실이 보여 주듯이 강대하게 보였던 그들의 역량은 허황한 것이었고, 그들의 승리는 모래 위에 건립된 것이었습니다. …(중략)…

중국 국민당 정부가 실패한 원인은 첨부한 기록과 문건에 매우 상세하게 서술하였습니다. 그들의 실패는 모두 미국의 원조가 불충분해서 그렇게 된 것이 아닙니다. 중국에서 군사를 관찰했던 우리 측 인원이 일찍이 보고하기를, 국민당 군대에 결정적 성격이 있는 전투 가운데 1948년 이전에 무기나 탄약이 부족해서 패배한 전투는 한 차례도 없었다고 했습니다. 사실상 우리의 관찰자가 전쟁 초기에 충칭(重慶)에서 발견했던 부패 현상은 국민당의 저항력이 치명적으로 약해지도록 했습니다. 국민당의 지도자들은 그들이 당면한 위기에 대해 이미 대응할 능력이 없다는 것을 증명했습니다. 다른 한편으로 공산당은 매우 엄격한 규율과 미친 듯한 열정을 통해서 인민들에게 그들이 인민의 보호자이자 해방자라고 믿도록 했습니다. 국민당의 부대는 다른 사람이 그들을 격파할 필요도 없이 이미 그들 스스로 무너지고 있었습니다. 역사가 계속해서 증명하듯이 자기에 대한 믿음을 잃은 정부와 사기가 떨어진 군대는 전투의 시련을 견딜 수가 없습니다. …(중략)…

중국의 내지는 이미 공산당의 수중에 있습니다. 공산당의 영수는 이미 그들 중국의 유산을 포기하고, 강대국인 러시아를 따르겠다고 공개적으로 선포했습니다. 이 강대국은 과거의 50년 이래로 차르의 통치기와 공산당의 통치기를 막론하고 모두 같은 계략을 사용하여 동아시아 지역에서 그들의 통제력을 확충하기 위해서 노력했습니다. 그리 오래되지 않은 과거에 여러 나라들이 중국을 통제하려고 시도하는 것에 대해 중국 인민은 매우 분명하게 외국으로부터의 침략이라고 보았습니다. 따라서 적극적으로 대응하여 최후에는 마침내 성공적으로 저항할 수 있었습니다. 우리의 원조와 격려가 일찍이 그들의 저항에 도움이 되었습니다. 그러나 이번에는 외국의 통제가 광대하고 열렬한 운동으로 인해 가려져 이러한 운동을 수 많은 중국인은 토착적이며 민족적이라고 보고 있습니다. 이러한 상황에서 우리의 원조는 계속해서 효과를 거둘 수 없었습니다.

불행하지만 그래도 피할 수 없는 사실은, 미국 정부의 통제가 중국 내전 의 불행한 결과에 영향을 미치지 않았다는 점입니다. 미국이 그 능력의 합 리적인 범위 안에서 일찍이 했거나 할 수 있는 모든 것들이 이러한 결과를 바꿀 수 없었습니다. 미국이 하지 않았던 것 역시 이러한 결과에 영향을 끼치지 못했을 것입니다. 이것은 중국 내부 동향의 결과물이며, 이러한 세 력에 대해 미국 역시 일찍이 영향력을 행사하려고 시도했으나 효과를 거 둘 수 없었습니다. 중국 국내에는 이미 일정한 국면이 형성되었습니다. 이 것이 설령 직책을 다하지 못한 결과라고 하더라도 이미 일정한 국면은 형 성되었습니다.

지금 우리는 사실상 이미 존재하는 형세를 직시해야 마땅하다는 점은 매우 분명합니다. 만약 우리의 정책을 일방적으로 우리가 바라는 바에 따 라 입안한다면 중국이나 우리 자신을 막론하고 모두 도움이 되지 않을 것 입니다. 우리는 중국의 유구한 문명과 민주적 개인주의가 결국 다시 한번 승리하고, 중국은 결국 외래의 제도를 전복시킬 것이라고 믿습니다. 이는 옛날과 마찬가지로 중국의 상황이 가까운 장래에 얼마나 비참해질까라는 문제와 관계가 없습니다. 또 위대한 중국 인민의 대부분이 외국 제국주의 의 이익과 효율을 위하는 어느 정당 때문에 얼마나 잔혹하게 착취를 받게 될까라는 문제와도 관계가 없습니다. 저는 우리가 어떠한 경우에도 중국 에서 현재 혹은 미래에 상술한 바와 같이 모든 면에서의 발전을 촉진할 수 있도록 지원해야 한다고 생각합니다.

그러나 가까운 장래에 우리가 중국에 대해 우호적이고 전통적인 정책을 집행하는 측면에서, 반드시 현재 상황의 진전이 크게 영향을 끼칠 것입니 다. 중국 인민은 공산당 정권이 결코 중국의 이익을 위해서가 아니라 소련의 이익을 위해 활동한다는 사실을 인식하게 될 것입니다. 그런 사실이 밝혀진 이후에 이러한 통치에 대해 일으키게 될 중국인의 반응은 우리의 정치에도 필연적으로 영향을 끼칠 것입니다. 다만 한 가지 분명하게 예상되는 사항이 있습니다. 만약 공산당 정권이 소련 제국주의의 목적과 효력을 위해 행동하며 아울러 중국의 이웃 나라에 대한 침략을 시도한다면, 그것은 우리와 기타 유엔 회원국들이 합의한 유엔 헌장의 원칙을 위반하고 나아가 국제 평화와 안정을 위협하는 요인이 될 것이란 사실입니다.

동시에 우리의 정책은 계속해서 유엔 헌장에 대한 존중, 우리의 중국에 대한 우의, 우리의 전통적인 문호 개방에 대한 지지 및 중국의 독립과 영토 주권의 완전성을 기초로 해야 합니다.

출전 世界知識出版社 編輯部, 『中美關係資料彙編』 제1집, 세계지식출판사, 1957년.

내용 1949년 7월 30일에 보낸 서신이다. 애치슨은 1947년부터 1953년까지 미국 국무장관을 지내면서 제2차 세계 대전 종전 초기에 미국의 대외정책을 주도했던 주요 인사의 한 명이다. 그는 1949년 8월에 미국 국무원이 발행한 『미중 관계 백서』의 편찬을 주관했다. 『애치슨이 투루먼 대통령에게 보내는 편지』는 이 백서의 서문이면서 주요 내용을 요약하고 있다. 주로 미국의 중국에 대한 정책적 방향에 대해서 언급했다. 그 방향은 모든 관계에서 완전히 벗어나거나, 군사적으로 국민당을 도와 공산당을 격파하거나, 국민당을 도우며 공산당과의 협상을 통해 내란 발생을 피하는 세 가지가 있다는 것이다. 그는 이 중에서 세 번째 길을 선택해야 한다고 주장했다.

건국 이래 공산당의 몇 가지 역사 문제에 관한 중공 중앙위원회 결의

(1981년 6월 27일 중국 공산당 제11계 중앙위원회 제6차 전체 회의에서 함께 통과되었다.)

건국 이전 28년 역사의 회고

(1) 중국 공산당은 1921년 성립된 이래, 이미 60년의 빛나는 투쟁 과정을 거쳤다. 건국 이래 32년 동안 당의 경험을 총결산하기 위해서는 건국 이전 28년 동안 당이 인민을 영도해서 진행했던 신민주주의 혁명 투쟁을 간략하게 회고해 볼 필요가 있다.

(2) 중국 공산당은 마르크스·레닌주의와 중국의 노동운동이 서로 결합한 산물이자 러시아의 10월 혁명과 우리 나라의 5·4 운동의 영향 아래서 레닌이 이끄는 코민테른(국제 공산당)의 도움을 받아 탄생했다. 위대한 혁명의 선구자 손중산(孫中山) 선생이 1911년에 이끌던 신해혁명은 청 왕조를 전복시키고 2천여 년 동안의 봉건 군주제를 끝맺었다.

그러나 중국 사회의 반식민지 반봉건적 성격은 결코 변화가 없었다. 당시에 국민당이나 기타 부르주아 계급 및 소부르주아 계급의 정파를 막론하고 모두 국가와 민족의 출구를 찾지 못했고 찾을 수도 없었다. 오직 중국 공산당만이 인민들에게 중국의 출로는 제국주의와 봉건주의의 반동적 통치를 철저히 전복하고 나아가 사회주의로 이행하는 데 있다고 지적했다. 중국 공산당이 창당되었을 때는 겨우 50여 명의 당원만 있었다. 그러나 공산당은 거세고 격렬한 노동운동과 광범한 인민 대중의 반제국주의 반봉건 투쟁을 주도하였다. 이를 통해 아주 빠르게 중국 인민의 전례 없는 지도력으로 발전했다.

(3) 중국 공산당은 중국 내 다양한 민족의 인민을 이끌고 새로운 민주

주의를 위해 투쟁하는 과정에서 국공합작의 북벌 전쟁, 토지혁명 전쟁, 항일전쟁과 전국 해방 전쟁의 네 단계를 거쳤다. 그 사이에 1927년과 1934년에 두 차례의 심각한 실패의 쓰라린 시련을 경험하였다. 그러나 장기적인 무장투쟁 및 여러 측면에서 다양한 형태의 투쟁을 밀접하게 조화시켜 마침내 1949년에 혁명의 승리를 거두었다.

1927년에 장제스와 왕징웨이(汪精衛)가 장악한 국민당은 쑹칭링(宋慶齡)을 걸출한 대표로 하는 국민당 좌파의 완강한 반대에도 불구하고 쑨원이 결정했던 국공합작 정책과 반제국주의 반봉건 정책을 배반하였다. 그리고 제국주의와 결탁하여 공산당과 혁명에 참여한 인민들을 잔혹하게 학살했다. 당시에 공산당은 아직 비교적 미숙했고 또 천두슈(陳獨秀)라는 우경 투항주의의 통솔을 받고 있었다. 그래서 강력한 적의 갑작스러운 습격으로 혁명이 참담한 실패를 경험하면서 당원이 이미 6만여 명으로까지 증가했지만 겨우 1만여 명만이 남게 되었다.

그러나 공산당은 여전히 완강하게 투쟁을 계속했다. 저우언라이 등 동지들이 지도하는 난창(南昌) 봉기는 무장하여 국민당 반동파에게 대항하는 첫 번째 전투였다. 공산당의 '8·7 회의'에서는 토지혁명과 무장봉기를 실행한다는 방침을 확정했다. 회의 후에는 추수 봉기, 광저우 봉기 및 기타 여러 지역의 봉기를 실행했다.

마오쩌둥 동지가 이끄는 후난성(湖南省)과 장시성(江西省) 경계 지역의 추수 봉기는 노동자와 농민 혁명군 제1사단을 창설했고, 징강산(井岡山)에서 최초의 농촌 혁명 근거지를 건립했다. 주더(朱德) 동지가 영도하는 봉기 부대가 오래지 않아 징강산에 도착해서 합류했다. 투쟁이 발전함에 따라 공산당은 장시성(江西省) 중앙혁명 근거지와 샹어시(湘鄂西), 하이루펑(海陸豐), 어위완(鄂豫皖), 충야(瓊崖), 민저간(閩浙贛), 샹어간(湘鄂贛), 샹간(湘贛), 쭤요장(左右江), 촨산(川陝), 산간(陝甘), 샹어촨첸(湘鄂川黔)의 근거지를 창건했다.

이어 노동자와 농민의 홍군 제1, 제2, 제4방면군과 기타 많은 홍군 부대를 건립했다. 국민당 치하의 백구(白區)에서도[4] 어려운 조건 아래서 당과 기타 혁명조직이 발전하면서 대중 혁명 투쟁이 전개되었다. 토지혁명 전쟁에서는 마오쩌둥과 주더 동지가 직접 영도하는 홍군의 제1방면군과 중앙 혁명 근거지가 가장 중요한 역할을 했다.

홍군의 각 방면군은 일찍이 여러 차례에 걸친 국민당군의 '위초(圍剿, 포위해서 토벌하는 작전)'를 연속해서 격파했다. 하지만 왕밍(王明)의 좌경 모험주의가 통솔하면서 시행되었던 다섯 번째 '위초'에 대한 대응이 실패하면서 하는 수 없이 제1방면군은 2만 5천 리의 대장정을 진행했다. 그들은 이동하며 싸우다가 산시(陝西) 북부에 이르러 그곳에서 투쟁을 견지하던 산시 북부의 홍군과 미리 도착한 홍군 제25군과 회합하였다. 제2방면군과 제4방면군도 연이어 대장정을 진행해서 이동하며 싸우면서 산시 북부에 도착했다.

홍군의 주력이 철수한 후에 일부 남방 근거지에서는 고달픈 게릴라전을 견지했다. 왕밍의 좌경적 착오로 인해 맞이한 패배는 혁명 근거지와 국민당 통치지역에서 공히 혁명 역량이 모두 엄청난 손실을 입는 결과를 초래했다. 홍군은 30만 명에서 3만 명 정도로 감소하였고, 공산당원은 30만 명에서 4만 명 정도로 감소했다.

1935년 1월에 공산당 중앙정치국이 대장정 도중에 개최했던 쭌이(遵義) 회의에서 마오쩌둥 동지는 홍군과 공산당 중앙에서 영도적 지위를 확립하였다. 이로 인해 홍군과 공산당 중앙이 극도의 위급한 상황에서 보존될 수 있었다. 아울러 이후에 장궈타오(張國燾)의 분리주의를 극복하고 대장정을 성공적으로 완수해 중국 혁명의 새로운 지평을 열 수 있었다. 이것은 공산당의 역사에서 생사 및 존망과 관련된 전환점이었다.

---

4 백구(白區) : 제2차 혁명전쟁 시기인 1927년부터 1937년 사이에 국민당 통치 지역의 통칭이다. 통상적으로 반혁명군은 백색을 상징으로 하였기 때문에 백구라고 부른다.

일본 제국주의가 우리 나라에 대한 침략을 강화하고 민족적 위기가 전례 없이 심각한 시기에 마오쩌둥 동지를 중심으로 한 공산당 중앙은 정확한 항일 민족 통일전선 정책을 결정하고 실행했다. 공산당은 '12·9' 학생운동을 영도하고, 내전 중단과 항일 구국을 요구하는 강력한 군중들의 투쟁을 일으켰다. 장쉐량(張學良)과 량후청(楊虎城) 두 장군이 일으킨 시안 사변과 우리 당이 촉진했던 이 사변의 평화적 해결은 국민당과 공산당으로 하여금 다시 한번 합작하고 단결해서 항일을 추진하도록 하는 역사적으로 중대한 역할을 수행했다. 그러나 항일전쟁 기간에 국민당 통치 집단은 계속해서 공산당에 대해 반대하고 인민에 대해 반대하면서 소극적으로 항전하였다. 따라서 전면전을 벌이는 항일의 전장에서 차례차례 패배하며 후퇴했다. 우리 당은 통일전선 가운데 독립 자주의 정책을 견지하며 광범한 인민대중과 긴밀한 관계를 맺었다. 그러면서 적의 후방에서 유격전을 전개하여 수많은 항일 근거지를 건립했다. 홍군에서 개편된 팔로군과 신사군은 신속하게 발전하여 항전의 중견 역량이 되었다. 동북 지역 항일 연합군은 매우 어려운 상황에서 전투를 견지하였다. 그들은 적이 점령한 지역과 국민당 통치 지역에서 다양한 형태의 항일 투쟁을 광범위하게 전개하였다. 이러한 방식으로 중국 인민의 항일전쟁은 8년 동안이나 지속될 수 있었다. 아울러 소련 및 기타 국가 인민의 반파시즘 전쟁과 서로 지원하면서 결국은 최후의 승리를 거둘 수 있었다.

항일전쟁 기간에 우리 당은 1942년부터 당 전체에 걸쳐 기풍을 정화하였고, 이러한 마르크스주의 사상 교육 운동은 커다란 성과를 거두었다. 이러한 기초 위에서 1945년에 중국 공산당 제6기 중앙위원회 제7차 전국 대표대회에서 『여러 가지 역사 문제에 관한 결의』를 채택하였다. 이어서 공산당 제7차 전국 대표대회를 거행하면서 역사적 경험을 총결산했다. 그리고 새로운 민주주의의 신중국을 건설하기 위해 정확한 노선과 방침 및 정책을 제정하였다. 그리하여 공산당 전체가 사상적, 정치적 및 조직적으로 전례 없는 통일과 단결을 이룰 수 있었다.

항일전쟁이 끝난 후에 장제스 정부는 미국 제국주의의 원조에 의존하여 평화와 민주를 실현하고자 하는 우리 당과 전국 인민들의 정의로운 요구를 거부하고 서슴없이 전면적인 내전을 일으켰다. 이때 공산당은 전국 각 해방구 인민의 전폭적인 지지를 받았으며, 국민당 통치 지역의 학생운동과 노동운동 및 각계각층 인민들의 투쟁이라는 강력한 협조를 받았다.

여러 민주당파와 무당파 민주인사들의 적극적인 협력을 받으면서 인민해방군을 영도하여 3년 정도 해방 전쟁을 치렀다. 그리고 랴오선(遼沈), 핑진(平津), 화이하이(淮海)의 3대 전투와 도강작전을 진행하면서 장제스의 800만 군대를 소탕하고 국민당 반동 정부를 전복시킴으로써 위대한 중화인민공화국을 건설했다. 이로부터 중국인들은 일어섰다.

(4) 28년 투쟁의 승리는 아래와 같은 점을 충분하게 보여준다.

① 중국 혁명의 승리는 마르크스·레닌주의의 지도 하에서 획득한 것이다. 우리 당은 마르크스·레닌주의의 기본 원리를 창의적으로 운용하였다. 그것을 중국 혁명의 구체적인 실천과 결합하여 위대한 마오쩌둥 사상을 형성해서 중국 혁명의 승리를 쟁취하는 올바른 길을 찾았다. 이것은 마르크스·레닌주의의 발전에 대한 중대한 공헌이다.

② 중국 공산당은 무산계급의 선봉대이고, 전심전력으로 인민을 위해 봉사하며 어떠한 사적 이익도 도모하지 않는 정당이다. 또한 용감하고 능숙하게 인민을 영도하며 백절불굴의 정신으로 적을 향해 맞서 싸우는 정당이다. 중국 각 민족 인민은 직접적인 경험을 통해 이러한 사실을 목격하였다. 그리하여 공산당 주위에서 광범위한 통일전선을 결성하여 우리 역사상 전례 없는 강력한 정치적 단결을 실현했다.

③ 중국 혁명의 승리는 주로 우리 당이 영도하는 완전히 새로우며 동시에 인민의 피와 살로 연결된 인민의 군대에 의존하여 쟁취되었다. 그 인민군대의 장기간에 걸친 전쟁을 통해 강대한 적을 물리치고 취득한 것이다.

이러한 인민의 군대가 없었다면 인민의 해방과 국가의 독립은 불가능했을 것이다.

④ 중국 혁명은 각각의 단계에서 일찍이 각국 혁명 세력의 원조를 받았으며, 이에 대해 중국 인민은 영원히 잊지 못할 것이다. 그러나 중국 혁명의 승리는 근본적으로 중국 공산당이 독립과 자주, 자력갱생의 원칙을 견지하면서 이룬 것이다. 중국의 여러 민족이 자신의 힘에 의지하여 천신만고 끝에 많은 수많은 어려움과 장애를 이겨내고 취득한 것이라고 말할 수 있다.

⑤ 중국 혁명의 승리는 우리 나라에서 극소수의 착취자들이 광범한 노동 인민을 통치했던 역사를 종식시켰다. 그리고 제국주의와 식민주의가 중국 각 민족 인민을 노예화했던 역사를 종식시켰다. 그리하여 노동 인민은 새로운 국가와 새로운 사회의 주인이 되었다. 인민 혁명이 인구가 전체 인류의 4분지 1에 가까운 큰 나라에서 승리를 쟁취함으로써 세계 정치 역량의 비율을 변화시켰다. 그리고 중국과 같이 제국주의와 식민주의의 착취로 억압받는 많은 국가의 사람들을 격려하고 그들의 전진에 대한 믿음을 강하게 했다. 중국 혁명의 승리는 제2차 세계 대전 이후 가장 중대한 정치적 사건이며 국제 정세와 세계 인민의 투쟁 발전에 심오하고 장기적인 영향을 끼쳤다.

(5) 신민주주의 혁명의 승리는 수많은 선열과 전체 당원 동지 및 전국 각 민족 인민이 장기적으로 희생하고 분투한 결과이다. 우리는 모든 공로를 혁명의 영도자들에게 돌려서는 안 되지만 그렇다고 영도자들의 중요한 역할을 과소평가해서도 안 된다. 공산당의 많은 뛰어난 지도자 중에서 마오쩌둥 동지가 가장 중요한 위치에 있다.

일찍이 1927년의 혁명이 실패하기 이전에 마오쩌둥 동지는 이미 무산계급이 농민 투쟁을 영도하는 점의 중요성과 이러한 문제에서 우경화의 위험을 명확하게 지적했다. 혁명이 실패한 후에 그는 공산당 사업의 중점을 도시에서 농촌으로 성공적으로 옮기고 농촌에서 혁명의 역량을 보존하고 회복시키며 또 발전시킨 주요 대표였다. 1927년부터 1949년까지 22년 동안 마오쩌둥 동지는 공산당의 다른 지도자들과 함께 여러 가지 어려움을 극복하였다. 또한 혁명을 비참한 패배에서 위대한 승리로 전환하는 전반적인 전략과 갖가지 정책을 제정하고 그 집행을 이끌었다.

만약 마오쩌둥 동지가 여러 차례 위기에서 중국 혁명을 구하지 않았다면, 만약 그를 비롯한 공산당 중앙이 전체 공산당이나 전국 여러 민족의 인민이나 인민의 군대에 확고한 정확한 정치 방향을 제시하지 않았다면, 우리 당과 인민은 어쩌면 더 오랜 시간 동안 어둠 속에서 헤매고 있었을 것이다. 중국 공산당이 전국의 다양한 민족의 인민을 통솔하는 핵심으로 공인된 것과 마찬가지로 마오쩌둥 동지는 중국 공산당과 중국 각 민족 인민의 위대한 영도자로 공인되었다. 공산당과 인민의 집단 분투에서 생겨난 마오쩌둥 사상은 당의 지도 사상으로 공인되었다. 이것은 중화인민공화국 건국 이전의 28년 역사 발전의 필연적인 결과이다.

출전 中共中央 文獻硏究室, 《三中全會以來重要文獻選編》(하), 人民出版社, 1982년.

내용 1921년에 중국 공산당을 성립하고 신중국을 건국할 때까지 28년 동안 공산당의 중요한 역사적 사건을 체계적으로 회고하고 요약했다. 중국 공산당이 중국 각 민족의 인민을 이끌어 새로운 민주주의를 위해 투쟁하는 과정에서 국공합작의 북벌 전쟁, 토지혁명 전쟁, 항일전쟁, 전국 해방 전쟁의 4단계를 거쳤다고 기술하고 있다. 그동안 1927년과 1934년에 두 번의 커다란 실패의 쓰라린 시련을 겪었고, 장기적인 무장투쟁과 여러 측면과 다양한 형태의 투쟁을 밀접하게 조화시켜서 마침내 1949년 혁명의 승리를 거두었다고 하였다.

미일 군사동맹 조약 체결에 대한 중국 외교부의 성명서

기시 노부스케(岸信介) 일본 총리는 일본 국민의 단호한 반대와 중국 국민 및 평화를 사랑하는 전 세계 각국의 거듭된 경고에도 불구하고 이번 달 16일 미국으로 갔다. 19일에 워싱턴에서 『미·일 안전조약』을 개정한다는 명분으로 미국 정부와 『미·일 군사동맹 조약』을 체결하였다. 이는 일본의 반동파와 미국 제국주의가 서로 결탁하여 새로운 침략과 전쟁을 준비해서 아시아와 세계 평화를 위협하는 매우 심각한 일이다.

중국 인민들은 일본 국민의 독립, 민주, 평화, 중립을 쟁취하고 일본 군국주의의 부활을 반대하는 투쟁에 지속적으로 관심을 기울였다. 기시 노부스케가 정치 무대에 오른 이후에 중국 정부는 일본 반동파가 미국 제국주의를 기반으로 해서 적극적으로 일본 군국주의가 부활하여 대외 확장에 나설 위험성을 계속해서 지적해 왔다.

현재 중국 정부는 이러한 위험성이 이미 현실화하여 일본과 미국이 군사동맹 조약을 체결함으로써 일본 군국주의의 부활이 예고되고 있다는 점에 대해 우려를 지니고 있다. 그리고 일본이 이미 미국의 침략적 성격의 군사 집단에 공공연히 참가하는 것을 심각하게 바라보지 않을 수 없다. 이것은 아시아 각국 인민들에게 엄중한 경각심을 불러일으키는 사안이다.

일본 군국주의가 부활하고 다시 일본 침략이 발생하는 것을 방지하기 위해 동맹국들이 제2차 세계대전 기간과 일본의 항복 이후에 일찍이 일련의 국제협정을 체결했다. 미국 정부는 이러한 협정들을 준수할 의무가 있다. 『미·일 군사동맹 조약』은 이러한 엄숙한 국제협정을 완전히 위반하는 것과 같다.

소련을 비롯한 사회주의 진영 및 평화를 사랑하는 국가와 인민의 공동 노력으로 현재의 국제 정세는 어느 정도 완화되었다. 미국의 통치 집단도 평화를 표방하고 아울러 끊임없이 국제적으로 긴장된 형세를 완화하려는 태도를 보인다. 그러나 바로 이때 미국과 일본이 군사동맹 조약을 체결했다. 이것은 미국의 목적이 침략과 전쟁이며 이른바 긴장 완화나 평화는 그들의 전쟁 준비를 가리는 것에 불과하다는 것을 다시 한번 증명했다.

중화인민공화국 정부는 『미·일 군사동맹 조약』을 강력하게 반대한다. 우리는 일본인들이 꾸준한 투쟁을 전개해서 미국과 일본 반동파의 음모를 좌절시키기 위해 노력할 것이라고 믿는다. 시대는 이미 변해서 미국과 일본 반동파들이 얼마나 사납게 날뛰던지 상관없이, 그들이 일본의 국민을 노예화하고 아시아 각국 인민을 위협하려는 그들의 죄악과 같은 음모는 필연적으로 실패할 것이다.

> **출전** 中華人民共和國 國務院 辦公廳, 『中華人民共和國外交部美日軍事同盟條約締結聲明書』, 중화인민공화국 국무원 공보 1960년 2호 (총 196호).

> **내용** 1960년 1월 14일에 발표되었다. 1960년에 1월 16일에 일본 총리인 기시 노부스케가 미국 워싱턴을 방문하고 3일 후인 19일에 미국 정부와 『미·일 군사동맹 조약』을 체결하였다. 이에 대해서 중국 외교부에서는 이 조약이 새로운 침략과 전쟁을 준비해서 아시아와 세계 평화를 위협하는 일이라고 주장하였다. 특히 일본의 군국주의가 부활하여 대외 확장에 나설 위험성을 계속해서 지적하고 제2차 세계대전 기간에 동맹국들이 체결했던 국제협정을 준수하라고 촉구하였다. 또한 일본 국민이 반대 운동을 전개해서 조약 체결을 좌절시키기를 기대하며, 미국과 일본 정부가 희망하는 목적을 달성하지 못할 것이라고 주장하였다.

센카쿠 제도의 취득과 보유에 관한 관계 각료 합의

1. 센카쿠 제도가 우리 나라 고유의 영토임은 역사적으로나 국제법상으로도 의심할 여지가 없으며, 실제로 우리 나라는 이를 유효하게 지배하고 있다. 따라서 센카쿠 제도를 둘러싸고 해결해야 할 영유권 문제는 애초부터 존재하지 않는다.

2. 정부는 센카쿠 제도에 대해서 평온하고 안정적으로 유지하고, 어업 관리를 도모할 필요가 있다고 판단하였다. 이에 따라 사유지인 센카쿠 3도 즉 우오쓰리 섬(魚釣島), 미나미코 섬(南小島), 기타코 섬(北小島)을 2002년도부터 임차하고 있다.

3. 이번에 소유자가 센카쿠 3도를 매각할 의향을 나타냈다. 따라서 계속 센카쿠 제도에서의 항행안전 업무를 적절하게 실시하면서, 센카쿠 제도의 장기에 걸친 평온하고 안정적인 유지와 관리를 도모하기 위해 본 각료회의에서 다음과 같은 방침으로 추진해 나갈 것을 합의했다.

(1) 가급적 신속하게 센카쿠 3도의 소유권을 취득한다.

(2) 취득 목적에 항행 안전 업무의 실시가 포함되고, 실효성 있는 유지와 관리에 필요한 수단을 가지고 있는 점 등에서 센카쿠 3도의 취득·보유는 해상보안청이 이를 관할한다.

(3) 그밖에 대체성이 없는 국경 낙도를 취득하고 보유한다고 하는 이번 사안의 특수성에 비추어 내각관방의 종합 조정을 거친다. 센카쿠 3도를 장기에 걸쳐 평온하고 안정적으로 유지·관리해 나가는 것의 가치를 부동산에 관한 전문가의 의견을 근거로 하면서 평가한다. 그리고 소유자와의 교섭을 타결로 이끈다.

(4) 관계 부처는 내각관방의 종합 조정을 거쳐서 센카쿠 제도의 장기에 걸친 평온하고 안정적인 유지·관리를 도모하기 위해 그 취득·보유에 있어서 상호 긴밀하게 협력한다.

이상

출전 外務省編, 『日本外交年表竝主要文書』下 (データベース 「世界と日本」)
내용 센카쿠 열도는 역사적으로나 국제법상으로 의심의 여지 없는 일본 고유의 영토이고 실제로 이를 지배하고 있다고 주장하고 있다. 일본 정부는 2002년부터 센카쿠 열도에 속한 사유지 우오쓰리 섬과 미나미코 섬 및 기타코 섬에 대해서 임차해 왔다. 그런데 소유자가 이 3개의 섬을 매각할 의향을 보이자, 각료회의를 통해서 2012년 9월 10일에 센카쿠 열도를 취득하고 보유하는 방안에 대해 합의하고 4가지 방침을 확정하였다. 그 방침은 최대한 신속하게 취득하며, 취득과 보유는 해안보안청이 담당하고, 부동산 관련 전문가의 의견을 근거로 평가하며, 관련 부처가 긴밀하게 협력한다는 것이었다.

댜오위다오釣魚島는 중국의 고유 영토

중화인민공화국 국무원 신문판공실
1. 댜오위다오는 중국의 고유 영토
댜오위다오와 그 부속 도서는 중국 타이완섬의 동북부에 있는 타이완의 부속 도서로서 동경 123도 20분에서 124도 40분까지, 북위 25도 40분에서 26도 00분의 사이의 해역에 분포하고 있다. 댜오위다오(釣魚島), 황웨이위(黃尾嶼), 츠웨이위(赤尾嶼), 난샤오다오(南小島), 베이샤오다오(北小島), 난위(南嶼), 베이위(北嶼), 페이위(飛嶼) 등의 섬과 암초로 구성되어 있으며 총면적은 약 5.69km²이다. 댜오위다오는 그 해역의 가장 서쪽에 위치하며 면적은 약 3.91km²로 그 해역에서 면적이 가장 넓은 섬이고, 가장 높은 곳은 해발 362m이다. 황웨이위는 댜오위다오에서 동북쪽으로 약 27km 떨어진 곳에 있으며 면적은 약 0.91*km²*로 그 해역에서 두 번째로 큰 섬이고 가장 높은 곳은 해발 117m이다. 츠웨이위는 댜오위다오에서 동북쪽으로 약 110km 떨어진 곳에 있으며 그 해역에서 가장 동쪽에 있는 도서로서 면적은 약 0.065*km²*이고 가장 높은 곳은 해발 75m이다. …(중략)…

2. 일본이 절취한 댜오위다오

일본은 메이지유신 이후 대외 침략과 확장에 속도를 더했다. 1879년에 일본은 류큐(琉球)를 병탄하고 이름을 오키나와현으로 고쳤다. 이후 오래지 않아 일본은 은밀하게 댜오위다오를 점거할 것을 도모하고 청일전쟁이 끝날 무렵 댜오위다오를 비밀리에 자기의 판도에 편입시켰다. 뒤이어 일본은 또 중국에 억지로 불평등한 시모노세키조약에 서명하게 해서 타이완섬 전체와 댜오위다오를 포함한 모든 부속 도서를 할양받았다.

(1) 일본이 비밀리에 댜오위다오를 절취할 것을 도모하다.

1884년에 어느 일본인이 처음으로 댜오위다오에 상륙했다고 공언하면서 발견한 그 섬이 '무인도'라고 하였다. 일본 정부는 즉시 댜오위다오에 대한 비밀 조사를 시행하면서 점거를 시도하였다. 일본인의 이러한 시도는 중국의 경각심을 불러일으켰다. 1885년 9월 6일(청 광서 11년 7월 28일)에 『신보(申報)』에 실린 기사를 보면 "타이완의 동북쪽에 있는 섬에서 어떤 일본인이 섬 위에 일장기를 게양하면서 대대적으로 점거할 태세이다."라고 하였다. 그러나 중국의 반응을 의식해서 일본 정부는 섣불리 경거망동하지는 않았다.

1885년 9월 22일에 오키나와현 지사가 댜오위다오에 대한 비밀 조사를 단행하였다. 조사 후에 내무경 야마가타 아리토모(山縣有朋)에게 비밀리에 보고하기를 이러한 무인도들은 "『중산전신록(中山傳信錄)』에 기록된 댜오위다오와 황웨이위 및 츠웨이위와 함께 동일한 도서에 속합니다."라고 하였다. 이어서 그가 말하기를 청조 책봉사(冊封使)의 선박이 이미 상세하게 알았습니다. 아울러 명칭을 부여해서 류큐로 가는 항해의 표식으로 삼았습니다. 그래서 국가에서 국표를 세워야 할지 말아야 할지 의구심이 들기에 지시를 내려주기를 바란다고 하였다.

같은 해 10월 9일에 내무경 야마가타 아리토모가 외무경 이노우에 가오루(井上馨)에게 편지를 보내 의견을 구했다. 10월 21일에 이노우에 가오루가 야마가타 아리토모에게 답장을 보냈다. 그 답장에서 "이런 때에 만약 공공연히 국표를 세우는 등의 조치를 하면 반드시 청국의 의심을 받을 것입니다. 따라서 현재로서는 단지 현지 조사나 그곳 항만의 형상이나 향후 개발을 기대할 수 있는 토지나 물산이 있는지 등에 대한 상세한 조사에 그치는 것이 바람직합니다. 국표를 세우거나 개발에 착수하는 등은 추후 기회를 보아서 하는 것이 좋겠습니다."라고 하였다. 이노우에 가오루는 또 특별히 강조하기를 "이번에 조사하는 일은 모두 관보나 신문에 게재하지 않는 것이 적당할 것 같습니다."라고 하였다. 따라서 일본 정부는 오키나와현이 국표를 건립하는 요청에 동의하지 않았다.

1890년 1월 13일에 오키나와현 지사가 다시 내무대신에게 문의하기를 댜오위댜오 등의 도서가 "무인도라고 해서 지금까지 그 관할이 확정되지 않았습니다." "그것을 본 현에서 관할하는 야에야마 관서의 관할로 귀속시킬 것을 청원합니다."라고 하였다. 1893년 11월 2일에 오키나와현 지사는 다시 국표를 건립해서 판도에 편입시켜 달라고 신청했으나 일본 정부는 여전히 응답하지 않았다. 갑오 전쟁 2개월 전, 즉 1894년 5월 12일에 오키나와현에서 비밀리에 댜오위댜오를 조사하였다. 최종 결론은 "메이지 18년(1885)에 오키나와현 경찰을 파견해서 그 섬에 대한 탐사를 진행한 이래로 더 이상의 조사를 전개하지 않았기 때문에 더욱 확실하고 적절한 보고서를 제공하기 어렵다. …(중략)… 이외에 그 섬에 관한 과거의 기록과 문서 및 우리 나라가 영유했음을 나타내는 문자나 구두 전설의 증거는 없다."라는 것이었다.

일본 외무성에서 편찬한 『일본 외교 문서』에서는 일본이 댜오위댜오의 절취를 시도하는 과정을 명확하게 기록하고 있다. 관련된 문서에서는 당시 일본 정부가 비록 댜오위다오를 노리고 있었으나 이러한 섬들이 중국에 속한다는 것을 잘 알고 있어서 감히 경거망동할 수 없었음을 분명히 보여준다.

1894년 7월에 일본이 갑오 전쟁을 일으켰다. 같은 해 11월 말에 일본군은 중국의 뤼순커우(旅順口)를 점령하여 청조의 패색이 이미 굳어졌다. 이러한 배경에서 12월 27일에 일본의 내무대신 노무라 야스시(野村靖)가 외무대신 무쓰 무네미쓰(陸奧宗光)에게 편지를 보냈다. 그는 "지금과 과거의 상황은 이미 크게 다르기에" 댜오위다오에 국표를 건립하고 판도에 편입시키는 일을 내각회의에 회부해서 결정해 달라고 요구했다. 1895년 1월 11일에 무쓰 무네미쓰는 답장을 보내서 지지를 표시했다. 같은 해 1월 14일에 일본 내각은 비밀리에 결의를 통과시켜서 댜오위다오를 오키나와현의 관할에 편입시켰다.

일본 정부의 공식 문서를 통해 보건대 일본이 1885년에 댜오위다오에 대한 조사를 시작하면서 1895년에 정식으로 절취해서 점유하기까지 시종 비밀리에 진행하고 공개적으로 발표한 적이 없다. 따라서 그들이 댜오위다오에 대한 주권을 주장하는 것은 국제법상의 효력이 없다는 점을 명확하게 증명한다.

(2) 댜오위다오가 타이완섬을 따라 강제로 일본에 할양되었다.

1895년 4월 17일에 청조는 갑오 전쟁에서 패전한 후 강압에 의해 일본과 불평등한 『시모노세키조약』에 조인하고 '타이완섬 전체와 부속된 모든 도서를' 할양했다. 댜오위다오 등의 섬도 타이완의 '부속 도서'가 되어 함께 일본에 할양되었다. 1900년에 일본은 댜오위다오를 '센카쿠 열도(尖閣列島)'로 개명하였다.

3. 미국의 댜오위다오에 대한 은밀한 거래는 불법이고 무효이다.

제2차 세계대전 후에 댜오위다오는 중국으로 돌아왔다. 그러나 1950년대에 미국이 제멋대로 댜오위다오를 그들의 위임 통치의 범위에 편입시켰다가 1970년대에 미국은 댜오위다오의 '시정권(施政權)'을[5] 일본에 '귀속'시켰다. 미국과 일본의 댜오위다오에 대한 은밀한 거래는 중국의 영토 주권을 심각하게 침범하는 행위로서 불법적이고 무효이다. 댜오위다오가 중국에 속한다는 사실은 바뀌지 않았고 바꿀 수도 없다.

(1) '제2차 세계 대전' 후에 댜오위다오는 중국에 귀환하였다.

1941년 12월에 중국 정부는 정식으로 일본에 대해 선전포고하여 중국과 일본 사이에 모든 조약의 폐기를 선언하였다. 1943년 12월에 카이로선언에서 명문화하여 규정하기를 "동북 4성과 타이완과 평후 열도 등과 같이 일본이 중국에서 절취한 영토는 중화민국으로 귀환한다. 기타 일본이 무력으로 혹은 탐욕으로 수탈한 토지 또한 일본의 국경 밖으로 구축하기에 힘쓴다."라고 하였다. 1945년 7월에는 포츠담선언의 제8조에서 규정하기를 "카이로선언의 조항은 반드시 실시되어야 한다. 일본의 주권은 반드시 혼슈, 홋카이도, 규슈, 시코쿠 및 우리가 결정한 기타의 작은 섬으로 제한한다."라고 하였다.

1945년 9월 2일에 일본 정부는 『일본 투항서』에서 포츠담선언을 명확하게 받아들이고, 아울러 포츠담선언의 각종 조항을 충실하게 이행하겠다고 약속하였다. 1946년 1월 29일에 『연합군 최고사령부[6] 훈령 제677호』에서 일본의 시정권이 포함하는 범위를 명확하게 규정했다. 그것은 "일본의 중요한 4개의 섬(홋카이도, 혼슈, 규슈, 시코쿠) 및 대마도와 북위 30도 이북의 류큐 제도를 포함하는 대략 1,000개의 인접한 작은 섬들이었다." 1945년 10월 25일에 중국 전구(戰區, 최고 지휘부)의 타이완성에서 일본의 항복

---

5 신탁통치 지역의 영역이나 주민에 대하여 입법, 사법, 행정의 삼권을 행사하는 권한.

6 연합군 최고사령부 또는 GHQ(General Head Quarters) : 제2차 세계 대전 당시 일본 제국의 항복 이후 1945년 10월 2일부터 샌프란시스코 강화조약이 발효된 1952년 4월 28일까지 7년 동안 일본에 주둔한 연합군 사령부를 말한다.

의식이 타이베이(台北)에서 거행되면서 중국 정부가 공식적으로 타이완을 수복했다. 1972년 9월 29일에 일본 정부는『중·일 연합성명』에서 타이완이 중국과 나눌 수 없는 일부라는 입장에 관하여 충분히 이해하고 존중하였다. 아울러 포츠담선언의 제8조를 견지할 것이라는 입장을 엄숙하게 승낙했다.

이상의 사실들은 카이로선언과 포츠담선언 및『일본 투항서』에 근거해서 댜오위다오가 타이완의 부속 도서이며 타이완과 함께 중국에 귀환해야 한다는 것을 보여준다.

(2) 미국은 불법적으로 댜오위다오를 신탁통치의 범위에 편입시켰다.

1951년 9월 8일에 미국 등 일부 국가가 중국을 배제한 상황에서 일본과 샌프란시스코 대일 평화조약(약칭 "샌프란시스코 강화조약")을 체결했다. 여기서 북위 29도 이남의 남서 제도 등을 유엔이 신탁통치하며 미국이 유일한 시정(施政) 당국이 된다고 규정하였다. 지적할 필요가 있는 점은 그 조약에서 확정된 미국의 신탁 통치하에 두는 남서 제도에 댜오위다오가 절대로 포함되지 않는다는 사실이다.

1952년 2월 29일과 1953년 12월 25일에 류큐 열도 미국민정부는[7] 잇달아 명령 제68호(즉「류큐 정부 장전」)와 명령 제27호(즉「류큐 열도의 지리적 경계에 관한 포고」)를 발포하였다. 이를 통해 제멋대로 신탁통치 범위를 확대하고, 중국 영토인 댜오위다오를 그 안에 포함했다. 이러한 조치는 어떠한 법률적 근거도 없으며, 중국은 단호하게 반대한다.

(3) 미국과 일본이 댜오위다오를 은밀하게 주고받게 한 '시정권(施政權)'

1971년 6월 17일에 미국과 일본은『류큐 제도 및 다이토(大東) 제도에 관한 협정(약칭 오키나와 반환 협정)』을 체결하여 '시정권'의 대상인 류큐 제

---

7 류큐 열도 미국민정부(琉球列島 米国民政府, United States Civil Administration of the Ryukyu Islands, USCAR) : 1950년 12월 15일에 수립되어 1972년 5월 15일에 류큐 열도의 시정권이 일본에 반환되기까지 존속한 미국의 류큐 통치기관이다.

도와 댜오위다오를 일본에 반환했다. 국내외의 중국인들은 한목소리로 비난했다. 같은 해 12월 30일에 중국 외교부는 엄정한 성명을 발표해서 지적했다. "미국과 일본 양국 정부가 오키나와 '반환' 협정에 우리 나라 댜오위다오 등의 도서를 '반환 지역'에 포함한 것은 완전히 불법적이다. 이로써 중화인민공화국이 지닌 댜오위다오 등의 도서에 관한 영토 주권을 털끝만큼도 바꿀 수 없다."라고 하였다. 타이완 당국도 이에 대해서 단호하게 반대 의사를 표시하였다.

중국 정부와 인민들의 강렬한 반대에 직면하여 미국은 어쩔 수 없이 그들의 댜오위다오 주권 귀속 문제에 관한 입장을 공개적으로 명확하게 밝혀야만 했다. 1971년 10월에 미국 정부는 "원래 일본에서 취득한 이러한 도서에 대한 시정권을 일본에 반환하는 것은 주권에 관한 주장을 조금도 훼손하지 않는다. 미국은 일본이 이러한 도서들의 시정권을 우리에게 이양하기 이전에 가지고 있던 법적 권리를 증가시켜 줄 수 없다. 또 일본에 시정권을 반환한다고 해서 다른 요구자들의 권리를 확대시킬 수도 없다. …(중략)… 이러한 도서에 대해 논쟁이 될 만한 어떠한 요구도 모두 당사자들이 서로 해결해야 할 사항이다."라고 하였다.

같은 해 11월에 미국의 상원에서 '오키나와 반환 협정'이 비준될 때 미국 국무원에서 성명을 발표했다. 여기서 말하기를 비록 미국이 그 군도의 시정권을 일본에 반환하기는 하지만 중국과 일본의 양측이 군도에 대하여 서로 영유권을 주장하는 가운데서 미국은 중립적 태도를 보일 것이며 논쟁하고 있는 어느 한쪽에 편향되지 않을 것이라고 밝혔다.

4. 일본이 주장하는 댜오위다오의 주권은 조금도 근거가 없다.

1972년 3월 8일에 일본 외무성은 『센카쿠 열도 소유권 문제에 관한 기본 견해』를 발표하여 일본 정부의 댜오위다오 주권 귀속 문제에 관한 주장을 상세히 논술했다. 첫째 댜오위다오가 "주인이 없는 땅"으로 시모노세키조약에 규정된, 청나라 정부가 일본에 할양한 펑후 열도와 타이완 및 그 부속 도서 범위 안에 포함되지 않는다. 둘째, 댜오위댜오는 샌프란시스코 강화조약 제2조에 규정된 일본이 포기한 영토에 포함되지 않는다. 그리고 그 조약의 제3조에 규정된 남서 제도의 일부분이 되어 미국의 시정하에 포함된다. 아울러 '오키나와 반환 협정'에 근거해서 시정권이 일본에 반환되는 지역 내에 포함된다. 셋째, 중국은 댜오위댜오를 타이완의 일부로 보지 않았다. 샌프란시스코 강화조약 제3조의 규정에 따라 댜오위댜오를 미국 시정 구역 내에 두는 것에 대해 지금까지 어떠한 이견도 제기한 적이 없다는 것이었다.

위에서 언급한 일본의 주장은 사실에 심각하게 위반되고 완전히 불합리한 것이다.

댜오위댜오는 중국에 속하며 근본적으로 "주인 없는 땅"이 아니다. 일본인이 댜오위댜오를 '발견'하기 이전에 중국은 이미 댜오위댜오에 대해 수백 년 동안 유효한 관할권을 행사해 와서 논쟁의 여지가 없는 댜오위댜오의 주인이다. 앞에서 서술한 바와 같이 일본의 여러 정부 공식 문서에서 증명하듯이 일본은 댜오위댜오가 이전부터 중국에 속했으며 국제법상 주인 없는 땅이 절대 아니라는 것을 완전하고 분명하게 알고 있었다. 일본이 이른바 '선점'의 원칙에 따라 댜오위댜오를 "주인 없는 땅"으로 만들어 그들의 판도에 '편입'한 것은 중국의 영토를 침범해서 점유하는 불법적인 행위이며 국제법상 효력이 없다.

댜오위댜오는 지리적으로 혹은 중국의 역사에서 실제로 관할해 왔다는 점으로 보더라도 댜오위댜오는 계속해서 중국 타이완 섬의 부속 도서였다. 일본은 불평등한 시모노세키조약을 통하여 억지로 청조가 댜오위댜오를 포함한 타이완 섬 전체와 모든 부속된 각각의 도서들을 할양하도록 했다. 카이로선언이나 포츠담선언 등 국제법 문서들은 일본이 반드시 조건 없이 그들이 절취한 중국의 영토를 반환해야 한다고 규정하고 있다. 위에서 언급한 문서들은 또 일본의 영토 범위에 대해 명확하게 확정하고 있는

데 그중에는 댜오위댜오가 근본적으로 포함되지 않는다. 일본이 댜오위댜오를 침탈하고자 시도하는 것은 실질적으로 카이로선언과 포츠담선언 등 법률적 문서로 확립된 전후 국제질서에 대한 도전이다. 또한 일본이 받아들여야 할 국제법 의무를 심각하게 위반하는 것이다.

미국 등의 국가가 일본과 체결한 일방적인 강화조약인 샌프란시스코 강화조약에서 규정한 신탁통치의 범위에도 댜오위댜오는 포함되지 않는다. 미국이 제멋대로 신탁통치의 범위를 확대하고 중국의 영토인 댜오위댜오를 불법적으로 그 안에 포함하였다. 나중에 댜오위댜오의 '시정권'을 일본에 '반환'하는 것은 모두 어떠한 법률적인 근거도 없으며 국제법적으로 어떠한 효력도 없다. 위에서 언급한 미국과 일본의 불법 행위에 대해 중국 정부와 국민은 여태까지 명확하게 반대해 왔다.

출전 中華人民共和國 國務院 新聞辦公室, 『釣魚島是中國的固有領土』, 2012年 9月 25日.

내용 일본이 1895년 청일전쟁을 이용해 댜오위댜오를 절취한 것은 불법적이고 무효라고 말하고 있다. 제2차 세계 대전 이후 카이로선언이나 포츠담선언 등 국제법 문서에 따라 댜오위댜오는 중국에 반환되었다는 것이다. 샌프란시스코 강화조약에서 규정한 신탁통치의 범위에 댜오위댜오는 포함되지 않는다고 말한다. 그런데 미국이 신탁통치의 범위를 확대하고, 후에 댜오위댜오 '시정권'을 일본에 '반환'한 것은 법률적인 근거도 없으며 국제법적인 효력도 없다고 주장한다.

저우언라이 총리와 오야마 교수가 말하는 중·일관계

오야마 교수 : 과거 일본 군국주의자들이 장기간 중국을 침략하는데 일본 인민들이 제때 제지하지 못하여 중국 인민들이 거대한 손실을 보았습니다. 저는 일본 인민을 대표하여 중국 인민에게 사과의 뜻을 표합니다. 중화인민공화국 정부와 중국 인민은 일본 인민에 대해 항상 우호적인 태도를 보입니다. 저는 일본 인민을 대표하여 삼가 감사를 드립니다.

저우 총리 : 일본 군국주의자들의 대외 침략 죄행은 중국 인민과 극동의 여러 나라 인민에게 거대한 손실을 입혔습니다. 그뿐만 아니라 일본 국민에게도 전례 없는 재난을 당하도록 했습니다. 저는 일본의 평화를 사랑하는 사람들이 이러한 역사적 교훈을 명심할 것이라 믿습니다. 그리고 다시는 일본이 새로운 군국주의화와 거듭된 대외 침략을 감행하지 않게 하여 현재의 일본이 과거보다 훨씬 심각한 재난을 당하지 않도록 할 것이라고 믿습니다. 오늘날 일본 국민은 민족 독립을 쟁취하고 다시 군국주의화하는 것을 반대하기 위하여 용감하게 투쟁하고 있으며, 중국 인민은 이에 대해 경의를 표합니다.

오야마 교수 : 동양의 여러 나라 특히 중국과 일본은 역사적, 지리적 원인에 의해서 관계가 밀접해야 합니다.

저우 총리 : 우리는 세계 각국과의 정상적인 관계, 특히 일본과 정상적인 관계의 회복을 주장합니다. 그러나 일본 정부는 여전히 계속하여 미국이 중국과 동방 각국을 침략하는 도구가 되고, 여전히 중화인민공화국과 중국 인민을 적대시하는 정책을 계속해서 집행하고 있습니다. 만약에 계속해서 장제스

잔여 비적 집단과 이른바 외교관계를 유지한다면 일본은 곧 날이 갈수록 태평양 일대의 불안 요소가 될 것입니다. 이는 일본이 신중국과의 평화조약을 체결하고 정상적인 외교관계를 수립할 가능성에 방해가 될 것입니다.

오야마 교수 : 저는 중국과 일본의 두 나라가 외교관계를 수립하기 전이라도 두 나라 국민 사이의 문화교류와 경제교류는 절대로 방해되지 않는다고 생각합니다.

저우 총리 : 그렇습니다. 우리는 일본 인민 대표단의 우리 나라 방문을 환영합니다. 동시에 우리 나라 국민도 대표단을 일본으로 파견해서 방문하기를 원합니다. 그러나 오늘날 미국 제국주의와 일본의 반동파는 중국과 일본 두 나라 국민의 우호적인 관계가 발전하는 것을 방해하고 있습니다. 일본의 현 정부는 공공연히 미국 정부의 이른바 금수 조치를 집행하면서 중일 무역의 발전과 문화의 교류를 가로막기 위해 안간힘을 쓰고 있습니다. 따라서 먼저 이러한 장애물을 타파하기 위해서 양국 국민의 공동 노력이 필요합니다.

중국과 일본 두 나라 사이의 무역 관계는 반드시 평등하고 서로에게 이익이 되는 기초 위에 세워야 합니다. 일부 일본인은 '중국이 공업화되면 중일 무역은 곧 미래가 없다.'라고 생각하는데, 이 말이 완전히 틀렸다고 반드시 지적되어야 합니다. 중국이 공업화되어야만 비로소 과거에 이른바 '공업은 일본, 원료는 중국'이라고 하는 제국주의적 경제 관계를 철저하게 변화시킬 수 있습니다. 또한 진정으로 평등하고 상호 이익이 되며 서로에게 없는 깃을 주고받는 관계를 건립할 수 있습니다. 중국이 점차 산업화를 실현하면 중국이라는 국가와 인민의 생산과 수요가 더욱 확대될 것입

니다. 그렇게 되면 국가 간 무역 관계의 발전이 더욱더 필요
하게 될 것입니다. 일본은 중국의 이웃입니다. 평화롭게 공
존한다는 기초 위에서 중일 무역의 발전과 경제적 교류는
완전하게 일본의 이익에도 부합할 것입니다.

오야마 교수 : 1952년 10월에 중국 베이징에서 개최된 아시아 태평양 지
역 평화 회의에서 채택된 일본 문제에 대한 결의는 이미 일
본 인민들에게 점점 더 많은 이해와 지지를 얻고 있습니다.

저우 총리 : 이 결의의 정신은 태평양의 평화와 안전을 지키기 위해서
는 반드시 일본이 미국의 군사기지가 되거나 다시 군국주
의화되어서는 안 된다는 점입니다. 그래야 심해지는 새로운
전쟁의 위험을 막을 수 있습니다.

우리는 독립적이고 민주적이며 평화롭고 자유로운 일본
이 마땅히 자신을 지키는 무장 능력이 있어야 한다고 생각
합니다. 그러나 매우 불행하게도 일본은 현재 미국 군대에
점령되어 미국의 통제를 받고 있습니다. 아울러 미국 침략
자의 의도에 따라 다시 군사적으로 준비해서 일본 군국주
의를 부활시키고 있습니다. 이것은 곧 태평양의 평화와 안
전에 대한 위협이기에 우리는 깊은 주의를 기울이지 않을
수 없습니다. 우리는 마땅히 강대한 신중국이 오늘날 이미
자신의 나라를 보위할 역량을 갖추고 있고 아울러 날이 갈
수록 동방의 평화를 보위하는 중요한 기둥이 된다는 점을
인식해야 합니다.

오늘날 일본 인민은 두 개의 다른 미래 앞에 놓여 있습니
다. 하나는 미국의 종속국 지위에 처한 군국주의 일본인데,
이것은 일본의 반동 세력이 요구하는 것입니다. 또 하나는
독립적이며 평화롭고 민주적이며 자유로운 일본으로, 이것

은 일본 인민들이 애써 노력하는 목표입니다. 오늘의 정세는 일본 인민에게 유리합니다. 두 가지 미래는 반드시 장기적인 투쟁을 거쳐야 하며 우리는 일본 인민이 반드시 최후의 승리를 거둘 수 있으리라 믿습니다.

　중국 인민은 외국 군대에 점령되어 매우 고통스러운 지경에 빠진 일본 인민의 고통을 깊이 이해하고 있습니다. 이러한 고통은 일본 역사상 전에 없는 것입니다. 중국 인민들은 일본 인민들이 그들 조국의 신생과 독립을 얻을 수 있기를 희망합니다. 또한 중국과 일본 두 나라가 평화와 공존의 기초 위에서 진정으로 공존 공영하기를 희망합니다.

오야마 교수 : 당신과 중국 인민들의 일본 인민들에 대한 배려와 우의에 감사드립니다.

출전 田桓 주편, 「周恩來總理會見大山郁夫談中日關係」, 『戰後中日關係文獻集』(1945-1970), 北京, 中國社會科學出版社, 1996년.

내용 1953년 9월 28일에 북경에서 저우언라이 총리가 태평양 전쟁 후 평화운동에 앞장선 일본의 사회운동가이자 정치가인 오야마 이쿠오(大山郁夫)를 만나서 나눈 대화이다. 오야마 이쿠오는 먼저 과거 일본의 침략에 피해를 당한 중국 인민들에게 사과를 표시하였다. 이에 대해 저우언라이 총리는 일본과 미국 정부가 중국에 대해 적대시하는 정책에 우려를 나타냈다. 이후 두 사람은 중국과 일본 두 나라가 서로 대표단을 파견하면서 우호적인 관계를 회복해야 한다고 했다. 특히 저우언라이는 일본이 미국의 군사기지가 되거나 군국주의화되지 않고, 독립적이며 평화롭고 민주적이며 자유로운 일본이 되어서 두 나라가 평화와 공존의 기초 위에서 공존 공영하기를 희망했다.

시사 군도와 난사 군도에 대한 중국 외교부의 입장

시사(西沙) 군도와 난사(南沙) 군도는 중국 남중국해의 제도 중에서 비교적 큰 두 개의 제도이다. 그것들은 동사(東沙) 군도나 중사(中沙) 군도와 마찬가지로 자고이래로 중국의 영토였다. 이러한 사실은 동서고금의 많은 사료와 문서, 지도 및 문화 유물로써 증명할 수 있을 뿐만 아니라 세계의 많은 국가와 광범위한 국제적 여론에서 인정하는 바이다. 근대의 역사에서 두 군도가 비록 한때는 외국에 의해 불법적으로 점령되었으나 그것들이 중국에 속한다는 역사적 사실과 법리적 기초를 절대로 바꿀 수 없었다.

베트남 당국은 지역 패권주의로 영토 확장의 야심을 품고 인도차이나와 동남아시아로의 침략과 확장을 강화하였다. 동시에 시사 군도와 난사 군도를 중국의 영토로 인정했던 과거의 입장과는 달리 1975년에 중국 난사 군도 가운데 일부의 섬을 불법으로 점거하였다. 아울러 공공연히 중국 시사 군도와 난사 군도에 대한 영토 요구를 제기했다. 1979년 9월 28일에 베트남 외교부가 『황사(黃沙)와 장사(長沙) 두 군도에 대한 베트남의 주권』이라는 백서를 공포했다. 그 자체로 모순되고 근거 없이 이른바 '증빙 자료'를 규합하고 조작해서 불법적인 점령과 확장의 야심에 대한 법리적 근거를 찾으려고 시도했으나 이것은 헛수고이다.

역사적 사실은 위조할 수 없고 국제법의 원칙은 짓밟힐 수 없다. 우리는 여기에서 명확한 역사적 사실의 기록과 정부의 공식적 문서를 인용하여 베트남 당국이 조작한 거짓말을 폭로하고 배척하고자 한다. 또한 중화인민공화국이 시사 군도와 난사 군도에 대해 논쟁의 여지가 없는 주권을 향유하고 있음을 착오 없이 명확하게 증명하고자 한다. …(중략)…

4. 베트남 당국의 앞뒤가 모순된 악질적 만행
반드시 지적할 필요가 있는 것은 중국과 베트남 양측이 과거에는 시사 군도와 난사 군도의 귀속 문제에 대해 분쟁이 없었다는 점이다. 상당히 오랜 기간에 베트남 측은 그들 정부의 성명서나 조회(照會), 혹은 신문이나 지도나 교과서에서나 모두 시사 군도와 난사 군도가 자고이래로 중국의 영토였다는 것을 공식적으로 인정했었다.

1956년 6월 15일에 베트남 민주공화국 외교부 부부장인 옹문겸(雍文謙)이 주베트남 중국대사관 대리 대사인 리즈민(李志民)을 접견했다. 이때 "베트남 측 자료에 따르면 역사적으로 볼 때 시사 군도와 난사 군도는 마땅히 중국의 영토에 속합니다."라고 정중하게 말했다. 당시에 배석했던 베트남 외교부 아주국 국장 여록(黎禄)은 더 나아가 "베트남 측 자료를 구체적으로 소개하며 역사적으로 볼 때 시사 군도와 난사 군도는 일찍이 송(宋)나라 때 이미 중국에 속했습니다."라고 지적했다.

1958년 9월 4일에 중화인민공화국 정부는 성명을 발표하여 중화인민공화국 영해의 폭을 12해리로 한다고 선포하였다. 아울러 "이 규정은 …(중략)… 동사 군도, 시사 군도, 중사 군도, 난사 군도 및 기타 중국에 속한 섬들을 포함한 중화인민공화국의 모든 영토에 적용된다."라고 명확히 지적했다. 9월 6일에 베트남 노동당 중앙 기관지인 『인민보(人民報)』는 제1판에서 눈에 띄는 위치에 중국 정부의 이 성명에 대한 자세한 내용을 보도했다. 『인민보』에서는 "1958년 9월 4일에 중화인민공화국 정부가 영해 문제에 대한 성명을 발표했다. 성명에서는 중국 영해의 폭을 12해리(22.224km)라고 규정했다. 이 규정은 중국 본토와 그 연해의 도서와 타이완 및 그 주변의 여러 섬과 펑후(澎湖), 동사, 시사, 중사, 난사 등 여러 군도 및 기타 중국 본토에서 멀리 떨어지거나 중국 연안에서 멀리 떨어진 중국에 속한 도서를 포함한 중화인민공화국의 모든 영토에 적용된다."라고 말했다. 같은 해 9월 14일에 베트남 정부 총리인 팜반동(Phạm Văn Đồng)이 중국 국무원 총리 저우언라이에게 외교 각서를 보냈다. 그 각서에서는 "베트남 민주공화국 정부는 1958년 9월 4일의 중화인민공화국 정부의 영해 결정에 대한 성명을 승인하고 찬성합니다." "베트남 민주공화국 정부는 이 결정을 존중합니다."라고 정중하게 밝혔다. 팜반동의 외교 각서는 베트남 정부가 시사 군도와 난사 군도를 중국 영토로 인정하고 있음을 분명히 보여준다.

1965년 5월 9일에 베트남 민주공화국 정부는 미국 정부가 베트남에서 미군의 '작전구역'을 확정하는 문제에 대해 성명을 발표했다. 성명에서는 "존슨 미국 대통령이 베트남 전역과 베트남 해안을 제외한 폭 약 100해리 부근 해상 및 중화인민공화국 시사 군도의 일부 영해를 미국 무장 부대의 작전구역으로 규정했다."라고 하였다. 이는 "베트남 민주공화국과 그 인접국의 안보에 대한 직접적인 위협이다."라고 지적했다. 베트남 정부는 이 성명에서 시사 군도가 중국 영토임을 다시 한번 명확히 인정했다.

베트남 측은 다른 나라가 시사 군도에 대해 침범하는 행동을 보도할 때도 일찍이 시사 군도가 중국에 속한다는 점을 명확하게 인정했다. 예를 들어 베트남의 『인민보』는 1969년 5월 13일의 보도에서 "5월 10일에 미국 군용기 한 대가 중국 광둥성 시사 군도의 용싱(永興) 섬과 동다오(東島) 영공을 침범했다."라고 하였다. 베트남의 신문들은 이외에도 일찍이 여러 차례 비슷한 보도를 했다.

베트남에서 출판된 정부 측 지도와 교과서에서도 모두 일찍이 시사 군도와 난사 군도가 중국 영토라고 명확하게 인정했다. 예를 들어 1960년에 베트남 인민군 총참모부 지도처에서 편찬한 『세계지도』는 중국의 명칭에 따라 시사 군도와 난사 군도로 표기하였다. 아울러 이 두 군도의 명칭 뒤에는 괄호를 써서 중국에 속한다고 기록하였다. 1972년 5월에 베트남 총리실 측량 및 제도국에서 발행한 『세계지도집』에서도 여전히 중국의 명칭을 사용하여 시사 군도와 난사 군도를 표기하였다. 또 다른 예로 1974년에 베트남 교육출판사에서 출판한 보통학교 9학년 『지리』 교과서의 「중화인민공화국」이라는 과에서는 "난사, 시사의 여러 섬에서부터 하이난다오, 타이완다오, 펑후(澎湖) 열도, 저우산(舟山) 군도에 이르기까지 …(중략)… 이러한 섬들이 활과 같은 모양으로 중국 대륙을 방어하는 하나의 '만리장성'을 이루고 있다."라고 서술하였다.

베트남 측은 만일 영토 주권을 증명하려면 반드시 '국가가 가지고 있는 공식 자료'와 '법리적 가치가 있는 문서'를 내놓아야 한다고 그럴듯하게 강조한다. 우리가 위에서 인증한 것들이 바로 베트남에서 말하는 '국가가 가지고 있는 공식 자료'와 '법리적 가치가 있는 문서'이다. 이것은 베트남 정부가 1974년 이전에는 계속해서 시사 군도와 난사 군도를 중국 영토로 인정했음을 분명하게 설명해 준다. 이제 와서 베트남 당국은 이랬다저랬다 하면서 자기의 말을 식언하고 있다. 이는 시사 군도와 난사 군도를 중국 영토로 인정했던 이전의 입장과 완전히 배치된다. 또한 이것은 국제법상 절대 허용할 수 없는 것이다.

5. 베트남 『백서』의 논거는 근본적으로 확실하지 않다.

베트남 외교부의 『백서』에 인용된 19개 항목의 이른바 '증명자료'는 대체로 두 부분으로 나눌 수 있다. 1조에서부터 5조까지의 앞부분은 일부 베트남의 '고서 자료'를 수집했다. 6조에서 19조까지의 뒷부분에서는 1933년 이후 프랑스 식민 당국과 남베트남 사이공 당국이 중국의 시사 군도와 난사 군도를 침략해서 점령한 일부 자료를 나열하여 제멋대로 중국의 시사 군도와 난사 군도가 베트남 영토임을 증명하려고 하였다. 그러나 진지하게 연구하고 분석해 보면 이러한 '증명자료'의 앞부분은 사슴을 가리켜 말이라 하듯이 재간을 부리는 수법에 불과하다. 뒷부분 역시 근본적으로 타당하지 않으며 법적으로도 무효임을 어렵지 않게 알 수 있다.

베트남 당국은 역사책에 기록된 황사탄(黃沙灘)과 황사저(黃沙渚)를 오늘날 베트남에서는 호앙사 군도(Quần đảo Hoàng Sa)라고 부르고, 서방에서는 파라셀 군도(Paracel Islands)라고 칭한다. 그러니까 이것은 또한 중국의 시사 군도가 된다. 그들이 제시한 가장 중요한 '역사적 근거'는 17세기 두백

(杜伯)이라고 부르는 베트남인이 편찬한 『베트남 지도 중의 광의지역도』와 18세기 려귀돈(黎貴敦)이 쓴 『무변잡록(撫邊雜錄)』이다. 베트남 『백서』에는 이 두 자료를 인용하여 황사탄과 황사저에 대해 아래와 같은 서술이 있다.

"바다 가운데 길게 모래가 있는데 이를 파갈황(罷葛鐄)이라고 부른다(노란 모래의 해변이란 의미이다). …(중략)… 대점문(大占門, 지금 베트남의 꽝남성 다낭시의 대해문)에서 바다를 건너 여기에 이르는데 하루 반나절이 걸린다."

"광의부(廣義府) 평산현(平山縣) 안용사(安永社)는 바다 가까운 곳에 있다. 바다 밖으로 동북쪽에는 섬들이 있다. 여러 개의 산이 있는데 130여 개가 드문드문 흩어져 있다. 산들 사이로 바다에 나가는데 서로 거리가 어떤 곳은 하루 혹은 몇 시간이 걸린다. 산 위로 중간에 물맛이 단 샘이 있고 섬 가운데는 황사저가 있다. 길이는 30여 리이고, 평탄하고 넓으며, 물은 바닥이 보일 만큼 맑다."

베트남 당국은 이 두 단락의 문장을 "가장 빠르고, 가장 근본적 성격을 가진" 두 가지 자료라고 내놓았다. 그러나 상술한 자료를 통해 베트남이 말하는 황사 군도는 근본적으로 중국의 시사 군도가 아니고 두 가지는 완전히 다른 두 개의 지역이라고 정확하게 설명하고 있다.

첫째, 지리적 위치를 보라. 베트남의 자료에서는 따르면 대점문에서 바다를 건너 황사탄까지 하루 반나절밖에 걸리지 않는다고 적고 있다. 사기문(沙淇門, 지금 베트남의 꽝응아이성의 해구)에서부터 황사탄까지는 반나절밖에 걸리지 않는다고 말한다. 그러나 중국 시사 군도는 베트남 중부 해안에서 200해리나 떨어져 있어 당시 항해술에 따라 범선을 타고 항해하면 반나절 혹은 하루 반나절로는 절대로 도달할 수 없는 곳이다.

둘째, 길이와 면적을 보라. 베트남의 자료에서는 '황사저'의 "길이는 30여 리"이고 "평탄하고 넓다."라고 말했다. 그러나 중국 시사 군도 가운데 가장 큰 용싱다오(永興島)도 길이가 겨우 2km 미만이고 면적은 $1.85km^2$에 불과하다.

셋째 지형과 지표의 특징을 보라. 베트남의 자료에서는 황사 군도에 "여러 개의 산이 있는데 130여 개가 드문드문 흩어져 있다."라고 말했다. 그러나 중국 시사 군도의 각각의 섬들은 해발이 겨우 5·6m이고 가장 높은 곳도 15.9m에 불과하다. 또 지세가 낮고 평탄해서 근본적으로 이른바 '여러 개의 산'은 존재하지 않는다. 그리고 시사 군도는 전부 섬과 암초, 모래와 해변이 모두 합해도 겨우 35개에 불과하기에 더욱이 "130여 개의 산"은 말이 안 된다.

상술한 바와 같은 여러 가지를 비교해 보면 베트남이 말하는 황사 군도는 근본적으로 중국의 시사 군도가 아니다. 단지 베트남 중부 해안의 일부 도서나 모래사장에 불과하다는 것을 분명하게 설명하고 있다.

베트남 『백서』에서 『대남실록정편(大南寔錄正編)』이라고 하는 책에서 "자롱[8] 황제가 1816년에 황사 군도를 점유한 사건을 기록하고 있다."라고 했다. 그러나 이 역사책을 아무리 찾아봐도 "점유"했다는 기록은 없다. 이른바 자롱 황제가 "황사 군도를 점유"했다는 설은 프랑스 식민주의자 루이 타베르(Louis Taber) 주교가 쓴 『교지지나지리찰기(交趾支那地理札記)』에서 나온 것이다. 그가 말하기를 "프라셀(Pracel)은 또 파라셀 군도라고도 하는 일부 작은 섬과 바위와 모래사장으로 조성된 미궁(迷宮)이다. 파리에서부터 계산하면 동경 107°에 위치하고 북위 11°까지 뻗어 있는 것 같다." 그리고 또 말하기를 1816년에 자롱이 "그곳에 엄숙하게 깃발을 꽂고, 아울러 정식으로 이러한 바위를 점유하였다. 대개는 그 누구도 이곳에 대해 그와의 논쟁이 발생하지 않을 것이다"라고 하였다. 파리 자오선으로 동경 107도는 그리니치 동경 109도 10분으로 베트남 중부 해안에서 멀지 않은 곳이다. 그런데 우리 나라의 시사 군도는 동경 110도 10분의 동쪽에 있다.

---

8 자롱 황제(Gia Long, 嘉隆, 1762년~1820) : 베트남 최후의 왕조인 응우옌 왕조의 초대 황제로서 재위 기간은 1802년부터 1820년까지이다.

타베르가 말한 파라셀은 북위 11도까지 뻗어 있으나 시사 군도의 최남단은 단지 북위 15도 47분일 뿐이다. 아주 명확하게도 타베르 주교가 말한 파라셀은 베트남 중부 해안의 일부 섬과 모래사장이지 우리 나라의 시사 군도가 아니다.

베트남 측이 말하는 '창사(長沙) 군도' 또한 중국의 난사 군도가 절대로 아니다. 『백서』에서 말하는 '창사 군도'는 이전에 '다창사(大長沙)'라고 불렀다. 중국과 베트남의 여러 역사 서적에 '다창사'에 대한 기록이 있다. 그 위치는 분명히 중국의 난사 군도가 아니라 베트남 연안의 일부 도서와 모래사장을 가리키는 것이다. 베트남의 『백서』에서는 어떠한 가치 있는 역사 자료를 가지고 '창사'가 바로 중국의 난사 군도라는 사실을 증명해 내지 못했다. 그래서 출처가 분명하지 않은 이른바 『대남일통전도(大南一統全圖)』를 내놓았다. 그러나 이 지도에서 '황사'와 '만리 장사'는 베트남 중부 해안과 평행하고 베트남 해안에서 멀리 떨어지지 않은 곳에 표시되어 있다. 중국의 시사 군도와 난사 군도의 지리적 위치가 아닌 곳에 있다는 것을 분명하게 볼 수 있을 것이다.

베트남 당국은 멋대로 사슴을 가리켜 말이라 하는 수법으로 영토적 야망을 위해 근거를 찾아서 세계 인민을 속이려 했으나 이것은 헛수고에 불과하다.

베트남의 『백서』에서 1933년 이후에 프랑스 식민 당국과 남베트남 사이공 당국이 중국의 시사 군도와 난사 군도를 침공하여 점령한 자료를 나열했다. 이를 통해 오늘날 베트남 당국이 중국 시사 군도와 난사 군도에 대해 제기한 영토 요구의 합법성을 증명하고자 했으나 이것은 더욱 설득력이 없다. 국제법에 따르면 침략 행위로 주권이 발생할 수 없고, 침략으로 점유한 다른 나라의 영토에 대한 이른바 "계승"은 당연히 불법적인 것이고, 따라서 역시 무효이다.

출전 중화인민공화국 국무원 판공청, 『不能爭論中國西沙群島與南沙群島主權』, 중화인민공화국 국무원 공보, 1980년 1호(총 328호)

내용 1980년 1월 30일에 공표된 중화인민공화국 외교부의 문서이다. 본 문서는 5개 부분으로 구성되었다. 1부분은 시사 군도와 난사 군도가 중국 고유의 영토임을 주장했다. 2부분은 20세기에 들어 시사 군도와 난사 군도의 주권을 지키기 위한 중국의 투쟁을 서술하였다. 3부분은 중국이 시사 군도와 난사 군도의 주권에 대해 국제적으로 광범위하게 인정받고 있다고 서술했다. 4부분은 베트남 당국의 시사 군도와 난사 군도에 대해서 주권을 주장하는 내용을 서술했다. 5부분에서는 이러한 베트남 당국의 주장을 일일이 비판하는 내용이다. 그 핵심 내용은 베트남이 주장하는 호앙사 군도나 창사 군도가 중국의 시사 군도나 난사 군도가 아니라는 것이다.

중화인민공화국 외교부의 난사 군도에 관한 성명

2월 20일에 베트남 외교부의 대변인이 성명을 발표하여 공공연하게 중국이 함선을 파견하여 난사 군도와 그 부근 해역에서 정상적인 고찰 작업과 순시 업무를 진행한 것에 대하여 질책하였다. 그리고 중국 함선의 철수를 요구함과 동시에 중국이 "이후에 발생할 모든 결과에 대해서 전부 책임을 져야 한다."라고 떠벌였다.

난사 군도와 시사 군도는 중사 군도나 동사 군도와 마찬가지로 역사 이래로 중국의 영토였다. 중국은 이러한 도서와 그 부근 해역에 대해서 논쟁의 여지가 없는 주권을 보유하고 있다. 중국 정부의 이러한 엄정한 입장은 진 세계가 모두 아는 사실이다. 중국 측에서 함선을 난사 군도의 일부 도서와 그 부근 해역으로 파견하여 고찰 작업을 진행하고 정상적으로 순시하는 것은 순전히 주권의 범위 안에 있는 사실로서 베트남 당국은 간섭할 권리가 없다. 오히려 지적할 만한 것은 바로 베트남 당국이 중국 난사 군도의 일부 섬과 암초를 불법적으로 침략해서 점유하고 있다는 사실이다. 베트남 측에서는 반드시 이러한 섬과 암초에서 철수해야만 한다. 만일 베트남 측에서 중국 정부의 일관된 입장을 무시하고 상술한 지역에서 우리의 합법적인 행동을 방해한다면 그들은 반드시 이로부터 야기된 모든 결과에 대해서 전부 책임을 져야 할 것이다.

출전 中華人民共和國 國務院 辦公廳, 『中華人民共和國外交部代辯人關于南沙群島的聲明』, 中華人民共和國 國務院 公報, 1988년 4호(총 557호)

내용 1988년 2월 20일에 베트남 외교부에서 중국이 난사 군도에 함선을 파견하여 조사와 순시 업무를 진행하자 이에 대해서 질책하는 성명을 2월 22일에 발표하였다. 그리고 이후에 발생하는 결과는 모두 중국의 책임이라고 하였다. 이에 대해 중국 외교부에서 난사 군도 등 도서의 영유권을 주장하는 내용이다. 이 지역에서 조사와 순시 업무를 진행하는 것은 순수하게 주권을 행사하는 범위에 속하고 베트남 당국은 이에 대해서 간섭할 권리가 없다고 하였다. 동시에 베트남 당국이 난사 군도의 일부 섬과 암초를 점유한 것이 불법임을 주장하면서 철수할 것을 요구하였다.

중국 외교부의 중·월관계 등의 문제에 대한 비망록

일정한 시기 이래로 베트남 당국은 많은 거짓말을 날조했고, 거리낌 없이 중국을 공격하고 비방했다. 중국·베트남 관계가 심각하게 악화하고 인도차이나와 동남아시아 지역의 정세가 불안해진 원인을 중국 탓으로 돌렸다. 옳고 그름을 혼동하고 침략과 확장의 행적을 은폐하며 그들의 지역 패권주의 정책을 강화하기 위하여 구실을 만들려고 했다. 이를 위해 중국 측

은 사실의 진상을 설명해서 보고 듣는 것을 바로잡을 필요가 있다고 생각
한다.

1. 중국·베트남 관계는 왜 계속해서 악화되었나?

베트남과 미국의 전쟁이 끝난 후에 베트남 당국은 일련의 조치를 취함
으로써 중국·베트남 관계를 악화시켰다. 현재도 이러한 반중 활동은 여전
히 더욱 심각해지고 있다. 그들이 중국·베트남 관계를 개선하기를 원한다
고 공언하고 있지만 그것은 완전히 기만적인 자세이다.

1978년 베트남 공산당 제4기 제4차 중앙위원회 전체 회의와 그 후 몇
차례 회의에서 중국은 "베트남의 직접적인 적"이라고 규정했다. 그리고 중
국에 대한 '진공 전략'을 채택하는 동시에 중국에 대한 반대를 '민족의 임
무'이자 '국제적 의무'라고 확정했다. 1980년 연말에 베트남 의회의 제6기
7차 회의에서는 다시 공공연히 반중국적 내용을 새로운 헌법에 삽입하여
법률적인 형식으로 그들의 반중국 정책을 고정했다. 베트남 당국이 중국
을 반대하는 것을 기본 국책으로 견지함에 따라 그들의 반중국 활동은 갈
수록 과열되고 있다. 그들은 많은 수의 군대를 중국·베트남 국경 지역에
배치하고 끊임없이 계속해서 중국 국경 지역에 대해 무장 도발과 침범 활
동을 수행했다.

1980년 연초부터 1981년 6월 말까지 베트남군이 중국 경내로 총을 쏘
고 대포를 발사하거나 부대를 출동하거나 무장 특공대를 중국 경내로 파
견하여 습격, 소요 및 파괴 활동을 수행한 것이 2,670여 차례나 된다. 특히
올해 5월부터 베트남군은 중국과 베트남 국경에서의 도발이 더욱 격화하
고 있어서 거의 매일 중국 경내로 포격을 가하고 있다. 아울러 여러 차례
중대, 대대, 심지어 사단의 병력을 출동하여 광시성 닝밍현(寧明縣)과 윈난
성 마리포현(麻栗坡縣) 등 지역을 침범하여 국경 지역 상황을 더욱 긴장시
키고 있다.

창끝을 중국으로 향하는 전쟁체제를 구축하기 위해, 중국을 겨냥한 전쟁체제를 구축하기 위해, 베트남 당국은 중국과 가까운 북부의 각 성을 '북부 전장'으로 지정해 전체 육군의 62%, 공군의 75%와 대량의 함정을 배치했다. 중국·베트남 국경 연변에서 베트남 측은 계속해서 '국경 정화'를 통해 변방의 주민들을 강제 이주시키고 건축공사를 시행했다. 무기와 군수 물자의 운송을 증가시키고 아울러 빈번하게 군사 훈련을 시행했다. 베트남 당국은 또한 국내에서 전쟁 분위기를 조성하고 각종 황당무계한 헛소문을 날조하여 베트남에 대한 중국의 '위협'을 선전하는 데 열중했다. 그리고 그들이 무력으로 전쟁을 일삼는 정책을 추진하면서 발생한 정치적 불안, 경제 침체, 국민의 원망과 같은 책임을 전부 이른바 '중국의 심리전' 탓이라고 말한다. 확실히 전력을 다해 중국에 대해 적대적 감정을 부추기는 것은 이미 베트남 당국이 인민들의 불만을 돌리고 내부의 통치를 유지하고 강화하는 중요한 수단이 되었다.

베트남 당국이 지역 패권을 실현하고 소련 패권주의의 세계적 전략에 적응하기 위해 지금 중국을 철저히 적대시하는 정책을 관철하고 있다. 또한 의도적으로 중국과 베트남 관계를 악화시켜 가고 있다는 사실을 사람들에게 보여준다. 이것이 중국·베트남 관계가 지금까지 개선되지 못하는 근본적인 원인이다.

최근에 베트남에서는 '평화 공존의 양자 협정'이나 '상호 불가침조약'을 체결하자는 등의 제안들이 제기되고 있다. 이것은 근본적으로 양국 관계를 개선하려는 목적에서 나온 것이 아니다. 사람들이 베트남 당국의 이와 같은 제안을 분석해 보면 그 속내가 어디에 있는지 어렵지 않게 알 수 있을 것이다.

베트남 당국은 이른바 '중국의 위협'을 날조하며 공공연히 중국에 대해 이러한 있을지도 모르는 '위협'과 '침범'을 중지하자는 내용을 '조약'에 포함할 것을 요구한다. 그들이 억지로 만들어 낸 죄명을 받아들이라고 하는 데, 세상에 이런 법이 어디 있겠는가?

더 무리한 것은 베트남 당국은 중국이 캄보디아의 애국적 군민이 베트남 침략자에 대항하는 투쟁을 지지하는 것을 중지해야 마땅하다고 한다. 동시에 이러한 점을 '조약'의 내용으로 삼아야 한다고 말한다. 이것은 어찌 중국이 정의를 주장하는 태도를 버리고 베트남 당국이 외부로 침략과 확장에 나서도록 내버려 두면서, 그들이 캄보디아의 영토를 점령하는 것을 합법적으로 인정하라는 것이 아니겠는가? 중국 정부는 지금까지 나라와 나라 사이에 우호적인 협력 관계를 발전시키거나 패권주의를 반대하거나 평화를 보장할 목적으로 쌍방이 협정이나 조약을 체결하는 것을 반대하지 않았다. 그러나 베트남 당국은 조약을 체결하는 문제에 있어서 속임수로 우롱하고 중국을 헐뜯으면서 "침략에는 이유가 있다."라는 황당무계한 논리를 펼친다. 그러나 그들이 외부로 침략하고 확장하는 범죄적 행위를 은폐하는 것은 마땅히 단호하게 폭로하고 반박해야 할 범주에 속한다.

모두가 알다시피 중국 정부는 중국·베트남의 양국 관계를 개선하기 위해 일찍이 최선의 노력을 기울였다. 양국 정부 간의 담판을 개최할 것을 제안했고 양국 관계를 근본적으로 해결할 8항의 제안을 제시했다. 그리고 주도적으로 베트남과 함께 패권을 추구하지 않을 의무를 지고 동남아의 평화를 위해 공헌하기를 원한다고 선포했다. 앞으로도 중국 측의 노력은 계속될 것이다. 양국 관계 정상화를 실현하는 대문은 항상 열려 있다. 양국 관계가 개선될지의 여부나 양국 사이에 선린 우호와 협력을 확실히 보장함과 동시에 패권에 반대하고 평화를 유지하는 데 도움이 되는 양자 협정이나 조약을 체결할 수 있을지의 여부는 베트남 측에 달려 있다. 이제는 마땅히 베트남 측에서 행동해야 할 때라고 말할 수 있다.

2. 베트남 당국이 지역 패권을 추구하는 것이 인도차이나 지역에서 긴장 고조되는 근원

베트남 당국은 현재 인도차이나 지역의 긴장 상태에 대해, 베트남 당국이 소련의 지지하에 침략 확장 정책을 추진한 결과가 아니라, 이른바 "중국의 야심" 때문이라고 강변한다. 그들은 마침내 사람들로 하여금 20만 명의 베트남 군대가 캄보디아를 침공한 것이 '중국의 위협'에 대처하기 위한 것이라고 믿게 하려고 했다. 그러나 도대체 누가 이 지역의 혼란과 재난을 일으켰는지는 베트남 당국의 모든 행위가 이미 명확한 답을 제공하고 있다.

1976년 베트남이 통일된 후에 베트남 당국은 인도차이나 지역의 패권 통치를 수립하려는 야심만만한 계획을 추진하는 데 착수했다. 그들은 점차 라오스에 대한 전면적인 통제를 기도하였다. 그리고 1978년 연말에 다시 대규모 침략전쟁을 일으켜 캄보디아의 국토 대부분과 수도 프놈펜을 점령했다. 현재 베트남은 라오스에 5,6만 명의 군대, 거의 1만 명의 전문가, 고문과 비밀경찰이 주둔하면서 라오스의 군사, 정치, 경제, 문화 선전 및 대외 업무를 조종하고 있다. 캄보디아에서 베트남 당국은 괴뢰 정권을 만들고 20만 명의 침략군에게 의존해서 그 점령 지역에 군사 식민 통치를 수립했다.

지난 2년여 동안 베트남 당국은 빈번하게 군사적 공세를 전개하여 캄보디아의 애국 군민을 광적으로 학살하였다. 그리고 제멋대로 자원과 재산을 약탈하고 농경지와 수리시설을 파괴하였다. 심지어 수십만 명의 캄보디아인을 자기의 나라에서 쫓아내고 많은 베트남인을 캄보디아 경내로 이주시켰다. 이로 말미암아 캄보디아의 국토는 유린당하고 민족의 생존은 위기에 직면했다. 베트남 당국은 이 역사의 죄를 도저히 면할 수 없다. 베트남 당국은 이러한 역사적 범죄에서 어떻게 하더라도 벗어날 수 없다.

베트남 당국이 캄보디아와 라오스를 합병한 직접적인 목적은 그들이 맹주가 되는 '인도차이나 연방'을 설립하기 위해서이다. 그들은 선언하기를 인도차이나 3국은 "반드시 분할할 수 없는 전체로 결성되어야 한다."라고 공언하고 있다. 인도차이나 3국은 "이미 연합했으니 그에 대해서 어떻게 호칭하던지 아무렇게나 해도 좋다."라고 한다. 그리고 동남아 국가 연합에게는 이른바 '동남아시아 3국'을 하나의 '집단'으로 보고 그들과 대화하자고 한다. 그렇지 않으면 "동남아의 평화와 안정을 논할 수 없다."라는 등 노골적으로 협박했다. 베트남 당국은 자신들의 행동으로써 그들의 인도차이나 지역에 대한 야심을 보였다. 그러나 사람들에게는 오히려 인도차이나 지역에서 확장주의 야심을 품고 있는 나라가 베트남 당국이 아니라 중국이라고 믿기를 기대하는데 이것이 어찌 헛수고가 아니겠는가?

현재 베트남 당국은 캄보디아 문제에 대한 제34차 및 제35차 유엔 총회의 결의에 맞서 캄보디아에서 철군을 거부하기 위해 필사적으로 속임수를 쓰고 있다. 베트남 당국은 이른바 '인도차이나 그룹'이 아세안과 '지역 회의'를 개최하는 주체가 되도록 하려는 음모를 추진하기 위해 열심히 노력하고 있다. 그리고 캄보디아 문제에 대한 국제회의를 파괴하려고 시도하고 있지만 이미 국제적 여론의 광범위한 반대에 부딪혔다.

베트남 당국은 이른바 '중국 위협'을 날조해서 캄보디아로부터의 철군을 거부하기 위한 구실로 삼는다. 때로는 "중국의 위협이 제거된 후에" 비로소 캄보디아에서 철수할 수 있다고 말한다. 또 어떤 때에는 중국이 캄보디아 애국 세력의 반침략 투쟁을 지지하는 정의로운 입장을 포기해야 된다고 말한다. 이에 덧붙여 이른바 '인도차이나 3국'과 '상호 불가침조약'을 체결하는 것이 그들이 캄보디아에서 철수하는 조건이라고 떠들어대기도 한다. 베트남 당국이 이처럼 터무니없는 핑계를 대는 것은 역시 현재 세계 여론의 주의력을 캄보디아 문제에서 이간시켜 그들에 대한 국제사회의 질책에서 벗어나기 위한 것이다.

최근 베트남 당국은 중국과 캄보디아·라오스와의 관계 문제를 세기하며 중국이 이 두 나라와 무슨 '평화 공존의 양자 협정'과 '상호 불가침조약'을 체결하고자 한다고 하였다. 이것은 단지 그들의 반중국적인 또 하나의 기만책에 불과하다. 현재의 민주 캄보디아 정부는 유엔이 승인한 캄보디아의 유일하고 합법적인 대표이다. 베트남 당국이 세운 괴뢰 정권은 근본적으로 캄보디아를 대표할 권리가 없다. 장래에 베트남이 캄보디아에서 완전히 철수한 후 중국은 독립적이고 중립적이며 동맹을 맺지 않은 캄보디아와 자연스럽게 완전히 평등과 상호 이익의 기초 위에서 쌍방이 만족할 만한 방식을 사용하여 우호적 협력 관계를 발전시킬 것이다.

중국과 라오스 두 나라는 오랫동안 계속해서 우호적으로 지냈다. 다만 최근 몇 년 동안 베트남 당국이 개입해서 중국과 라오스의 관계에 비로소 굴곡이 생겨났다. 1979년에 베트남 당국은 소련과 결탁하여 일찍이 "중국이 라오스와의 국경에 중무장 병력을 집결시켰다."라는 헛소문을 날조하였다. 라오스 당국을 협박해서 반중 정책을 쓰게 함으로써 중국과 라오스 두 나라의 경제와 문화의 협력 관계를 중단시켰다. 올해 5월부터 베트남 당국은 중국과 베트남의 국경에서 긴장 상황을 고조시키는 동시에 다시 낡은 수법을 재연하여 전혀 없는 사실을 있는 것처럼 "중국이 라오스 국경을 위협한다."라고 헛소문을 퍼뜨렸다. 심지어 베트남 무장 대원을 파견하면서 연로한 라오스 군인으로 가장해서 중국과 라오스의 국경에서 분쟁을 일으키고 터무니없이 혼란을 조성해서 새로운 반중국의 소동을 불러일으키고자 하였다.

베트남 당국은 스스로가 반중국일 뿐만 아니라 인도차이나 전체를 모두 그들과 소련 두 국가의 반중국 기지로 만들었다. 이것이 중국과 라오스 관계가 훼손된 원인이다. 이후에 라오스의 독립 주권(대외 문제에 관한 자주권 포함)이 보장된다고만 하면 중국과 라오스 두 나라는 상호 간에 우호적 협력 관계를 새롭게 회복하고 계속 발전시키는 데 어떠한 어려움도 없을 것이다. 베트남 측은 '인도차이나 3국'의 대변인을 자처하며 계략을 써서 중국에게 헹 삼린(Heng Samrin) 괴뢰 집단을 승인하라고 한다. 또한 베트남 당국이 캄보디아를 침공해서 점령하고 라오스를 통제하고 있다는 기정사

실을 승인하며, 베트남이 인도차이나의 맹주임을 인정하라고 한다. 그러
나 이것은 절대로 있을 수 없는 일이다. …(이하 생략)…

출전 中華人民共和國 國務院 辦公廳,『中華人民共和國外交部就中越關係等問
題發表的備忘錄』, 中華人民共和國 國務院 公報 1981년 16호(총 363호).

내용 1981년 7월 13일에 중국 외교부에서 발표한 비망록이다. 본 비망록
은 3개 부분으로 구성되었다. 1부분은 중국과 베트남의 관계가 계속해서 악
화한 원인을 분석하고 있다. 가장 큰 이유는 베트남이 인도차이나 지역의 캄
보디아와 라오스를 침공해서 점령하는 동시에 중국에 대해서는 반중 정책을
시행하고 있기 때문이라는 것이다. 2부분은 베트남이 1976년에 통일된 이후
에 인도차이나의 맹주가 되고자 하였다고 말한다. 그러나 그 원인을 주로 중
국의 패권주의로 돌림으로써 세계의 여론을 돌리고자 하였다는 것이다. 3부
분은 소련과 베트남이 결탁해서 주변 국가를 침공해서 주변 국가에 위협이
되고 있다고 하였다.

[참고 문헌]

• 유인선 외,『사료로 보는 아시아사』, 위더스북, 2014.
• 胡適 著, 閔斗基 編譯,『胡適文選』(삼성문화문고 4), 서울, 삼성문화재단, 1972.
• **翦**伯贊·鄭天挺 主編,『中國通史參考資料』近代部分(修訂本) 上下冊, 北京, 中華書局, 1980.
• 彭明 主編,『中國現代史資料選輯』第一冊(1919-1923), 北京, 中國人民大學出版社, 1987
• 彭明 主編,『中國現代史資料選輯』第二冊(1924-1927), 北京, 中國人民大學出版社, 1988.
• 彭明 主編,『中國現代史資料選輯』第三冊(1927-1931), 北京, 中國人民大學出版社, 1988.
• 彭明 主編,『中國現代史資料選輯』第四冊(1931-1937), 北京, 中國人民大學出版社, 1989.
• 彭明 主編,『中國現代史資料選輯』第五冊(1937-1945) 上下, 北京, 中國人民大學出版社, 1989.
• 彭明 主編,『中國現代史資料選輯』第六冊(1945-1949), 北京, 中國人民大學出版社, 1989.
• 彭明 主編,『中國現代史資料選輯 補編』(全5冊), 北京, 中國人民大學出版社, 1991~1993.
• 周新國·羅瑛 編,『中國近現代史參考資料』, 長春, 吉林人民出版社, 1998.
• 蔣世弟·吳振棣 編,『中國近代史參考資料』, 北京, 高等教育出版社, 1988.
• 北京大學 歷史系 編,『中國近代史參考資料』, 1972.
• 中國人民大學 中國歷史教研室 編,『中國近代史參考資料』, 北京, 中國人民大學, 1956.
• 中國史學會 主編,『中國近代史資料叢刊』,『戊戌變法』, 上海人民出版社, 1957.
• 朱壽朋 撰,『光緒朝東華錄』, 北京, 中華書局, 1984.
• 中山大學歷史系 中國近現代史教研組·研究室 編,『林則徐集』, 北京, 中華書局, 1965.
•『曾國藩全集』, 長沙, 岳麓書社, 1994.
• 張之洞,『勸學篇』(淸末民初文獻叢刊), 北京, 朝華出版社, 2017.
•『孫中山選集』(上下), 北京, 人民出版社, 1956.
•『袁世凱奏議』, 天津古籍出版社, 1987.
• 故宮博物院明**清檔**案部編,『淸末籌備立憲檔案史料』(上下), 北京, 中華書局, 1979.

- 馮桂芬, 『校邠廬抗議』(中國史學會 主編, 『中國近代史資料叢刊』, 『戊戌變法』).
- 齊思和 整理, 『黃爵滋奏議許乃濟奏議合刊』, 北京, 中華書局, 1959.
- 賈楨 等, 『籌辦夷務始末(咸豐朝)』(全8冊), 北京, 中華書局, 1979.
- 中華書局 編輯部, 『籌辦夷務始末(同治朝)』(全10冊), 北京, 中華書局, 2008.
- 『李鴻章全集』(全12冊), 長春, 時代文藝出版社, 1998.
- 鄭觀應, 『盛世危言』(中國史學會 主編, 『中國近代史資料叢刊』, 『戊戌變法』).
- 中共 中央宣傳部, 『中共黨史教學參考資料』, 北京, 人民出版社, 1957
- 蔣介石, 『先總統蔣公思想言論總集』, 臺北, 中央文物供應社, 1984,
- 中共中央書記處 編, 『六大以來-黨內秘密文件』, 北京, 人民出版社, 1981.

II

일본 근현대사

1

개항과 국민 국가의 수립

페리가 지참한 미국 대통령 필모어의 친서

위대하고 선한 친구여. 나는 미국 해군의 최고 계급 장교이자 현재 황제 폐하[1]의 영토를 방문하고 있는 함대 사령관인 매튜 C. 페리 제독을 통해 공개서한을 보냅니다.

내가 페리 제독에게 명령한 것은, 내가 폐하와 폐하의 정부에 극히 친애하는 마음을 갖고 있으며, 내가 제독을 보낸 목적은 미국과 일본이 우호적으로 지내며 서로 통상을 하자고 황제 폐하께 제안하는 것 이외에 아무런 목적도 없다는 점을 황제 폐하가 납득하시도록 전하라는 것입니다.

미국의 헌법과 법률은 타국의 종교적 혹은 정치적 사안에 대한 모든 간섭을 금하고 있습니다. 나는 특히 황제 폐하의 영토에서 평온을 방해할 가

---

1 황제 폐하: 원문은 imperial majesty

능성이 있는 어떠한 행동도 삼가도록 제독에게 명령했습니다.

미국은 대양에서 대양까지 뻗어 있으며, 우리의 오레곤 준주(準州)[2]와 캘리포니아주는 황제 폐하의 영토 바로 맞은편에 있습니다. 우리의 증기선은 캘리포니아에서 일본까지 18일 만에 갈 수 있습니다.

우리의 위대한 캘리포니아주는 은, 수은, 보석 및 기타 많은 귀중한 물품 외에도 매년 약 6,000만 달러의 금을 생산합니다. 일본 또한 부유하고 비옥한 나라이며 매우 귀중한 제품을 많이 생산합니다. 황제 폐하의 신하들은 여러 가지 예술에 능통합니다. 나는 우리 두 나라가 일본과 미국 모두의 이익을 위해 서로 무역을 하기를 바랍니다.

우리는 폐하 정부의 고대 법률이 중국과 네덜란드를 제외하고는 대외무역을 허용하지 않는다는 것을 알고 있습니다. 그러나 세상 상태가 변하고 새로운 정부가 구성됨에 따라, 때때로 새로운 법을 제정하는 것이 현명한 것 같습니다. 황제 폐하의 고대 법률이 처음 제정된 때가 있었습니다.

거의 같은 시기에 신세계라고 불리는 아메리카가 유럽인들에 의해 처음 발견되고 정착되었습니다. 오랫동안 그곳에는 소수의 사람들만 살았고, 그들은 가난했습니다. 그들은 이제 상당히 많아졌고, 그들의 상업은 매우 광범위합니다. 그리고 그들은 폐하께서 고대의 법률을 개정하여 두 나라 사이의 자유 무역을 허용한다면 두 나라 모두에게 매우 이익이 될 것이라고 생각합니다.

만약 폐하께서 대외 무역을 금지하는 고대의 법률을 완전히 폐지하는 것이 불안하다고 생각하신다면 그 법률을 5년 또는 10년 동안 유예하여 실험을 시도해 볼 수 있습니다. 그것이 기대했던 것만큼 유익하지 않다면, 고대의 법률은 복원될 수 있습니다. 미국은 종종 외국과의 조약을 몇 년으로 제한한 다음 그들이 원하는 대로 갱신하기도 하고 갱신하지 않기도 합

---

2 準州 : Territory, 아직 주(state)의 지위를 갖지 못한 지역 자치체.

니다.

나는 페리 제독에게 다른 일도 언급하라고 명령했습니다, 많은 우리 선박이 매년 캘리포니아에서 중국으로 가고 있으며, 또 많은 우리 국민이 일본 연안에서 포경업에 종사하고 있습니다. 때로는 악천후를 만나 우리 선박이 귀국 연안에서 난파하는 경우도 있습니다. 이런 경우 우리가 함선을 보내 데려올 때까지 우리의 불행한 인민을 친절하게 대우하고 그 재산을 보호해주실 것을 요청하고 또 기대하는 바입니다. 나는 이것을 열망합니다.

나는 또 페리 제독에게 폐하께 다음 사항을 고하게 했습니다. 우리가 일본 제국 내에는 석탄과 식량이 풍부하다는 것을 들어 알고 있다는 사실입니다. 우리의 기선이 대양을 가로지를 때 대량의 석탄을 사용합니다. 그것을 멀리 아메리카에서 가지고 오는 것은 편리하지 않습니다. 원컨대 우리기선과 기타 선박이 일본에 정박하여 석탄과 식량 및 물을 공급받도록 허락해 주십시오, 그들은 돈으로 지불하거나 황제 폐하의 신하들이 선호할 수 있는 다른 것으로 지불할 것입니다. 그리고 우리는 황제 폐하께 제국의 남쪽에 우리 선박이 이 목적을 위해 정박할 수 있는 편리한 항구를 지정해 주실 것을 요청합니다. 우리는 이것을 매우 원합니다.

이것들, 즉 우호관계, 통상, 석탄과 식량의 보급, 그리고 난파한 우리 국민의 보호가 바로 황제 폐하의 고명한 도시 에도(江戶)를 방문하기 위해 내가 강력한 군대와 함께 페리 제독을 파견한 유일한 목적입니다.

나는 페리 제독에게 황제 폐하께 몇 가지 선물을 받아주실 것을 간청하도록 지시했습니다. 그것들은 그 자체로는 큰 가치가 없습니다. 그러나 그 중 일부는 미국에서 제조된 제품의 표본이 될 수 있으며, 그것은 우리의 진실하고 존중하는 우정의 표시로 의도되었습니다.

전능하신 하나님께서 황제인 귀하의 위엄을 그분의 위대하고 거룩한 보호 속에 두시기를 바랍니다!

이에 대한 증거로 나는 미국의 위대한 인장이 여기에 찍히도록 하였으며, 나의 이름으로 동일한 인장을 서명하였습니다.

우리의 정부 소재지인 미국의 워싱턴시에서, 1852년 11월 13일
당신의 좋은 친구 밀라드 필모어

출전 『舊條約彙纂』第1卷 第1部, 外務省條約局(데이터베이스『世界と日本』).

내용 미국 동인도함대 사령관 페리가 4척의 함선을 이끌고 우라가(浦賀)에 내항한 것은 1853년 6월 3일이다. 페리는 에도 막부에 압력을 가한 끝에 6월 9일 구리하마(久里浜)에 상륙하여 미 대통령 필모어의 친서와 신임장, 그리고 페리 자신의 친서를 막부에 제출했다. 필모어의 친서에는 페리의 방일 목적이 미일 수교와 자유 무역, 석탄과 식량의 공급, 조난 미국인의 보호라고 하고 있다. 한편 페리의 친서에는 "화친조약을 승인하지 않을 경우 내년에 대군선을 갖추어 도래할 것"이라고 위협하는 문구가 들어 있었다. 이에 놀란 막부는 내년 봄 회답을 약속하고 페리를 물러나게 했지만, 이후 일본에서는 개국론(開國論)과 양이론(攘夷論)으로 들끓게 된다.

미일화친조약

제1조 일본과 미국은 양국 인민이 영구히 변함없는 화친을 맺고, 장소와 사람에 차별을 두지 않는다.

제2조 일본 정부는 이즈(伊豆) 시모다(下田)·마쓰마에(松前) 하코다테(箱館)의 두 항구에 미국 선박이 땔감·물·식품·석탄·기타 필요 물품을 조달하기 위해 도래하는 것을 허가한다. 시모다항은 조약이 조인되는 즉시 개항하고, 하코다테는 내년(1855) 3월부터 시작한다. 지급하는 물품의 가격은 일본 관리가 전달하

며, 대금은 금·은화로 변제한다.

제3조 미국의 배가 일본 해변에 표착했을 때 구조하여 표류민을 시모다 또는 하코다테로 호송하여 본국 사람에게 인도하고, 소지품도 그렇게 한다. 구조와 부양에 드는 경비는 양국이 서로 그렇게 하므로 보상하지 않는다.

제4조 표착 또는 도래한 인민에 대한 대우는 다른 나라에서 그런 것처럼 자유롭게 하며 유폐하지 않고, 정의의 법(just law)에는 복종한다.[3]

제5조 미국의 표류민 혹은 기타 인민이 일시적으로 시모다·하코다테에 체류할 때, 나가사키에서 중국·네덜란드인처럼 거주의 제한을 받아 속박을 받지 않는다. 시모다항 내의 작은 섬 주위 7리(里)[4] 안에는 자유롭게 다닐 수 있다. 하코다테항은 다시 결정한다.

제6조 원하는 다른 물품은 쌍방이 협의하여 결정한다.

제7조 미국 선박이 위의 두 항구에 도래했을 때 금·은화와 물품을 가지고 필요한 물건을 조달하는 것을 허가한다. 물론 일본 정부의 규정에 따라야 한다. 또 미국 선박에서 보낸 물품이 일본인의 마음에 들지 않아 돌려주었을 때는 받아야 한다.

제8조 땔감·물·식품·석탄 및 결핍한 물품을 구할 때는 그곳의 관리를 통해 취급하고, 사적으로 거래해서는 안 된다.

제9조 일본 정부가 외국인에게 지금 미국인에게 허가하지 않은 것을 허가할 경우에는 미국인에게도 똑같이 허가한다. 이것에 대해서는 협상에 시간을 들이지 않는다.

---

3 정의의 법(just law) : 일본의 법에 따르지만은 않겠다는 의미이다.

4 里 : 일본의 1里는 약 4km이다.

제10조 미국 선박이 조난을 당하지 않았을 때는 시모다·하코다테 두 항구 이외에는 함부로 도래하지 않는다.

제11조 부득이한 사정이 생겨 양국 정부가 필요하다고 인정했을 때 미국의 관리를 시모다에 주재시킬 수 있다. 조약 조인 후 18개월 후 일이 없으면 그렇게 하지 않는다.[5]

제12조 이번에 조약이 체결되었으므로 양국 인민은 이것을 굳게 지켜야 한다. 미국 대통령은 의회와 논의하여 동의를 얻은 후 서신을 일본 타이쿤(大君)[6]에게 보내, 지금부터 18개월을 경과하기 이전에 군주가 허가한 약정을 교환한다.

1854년 3월 30일

출전 『舊條約彙纂』第1卷 第1部, 外務省條約局(データベース『世界と日本』)

내용 1854년 1월 다시 일본을 방문한 페리는 에도 막부 관리의 영접을 받으며 요코하마에 상륙하였다. 1개월 이상에 걸친 협상 끝에 3월 30일 시모다·하코다테의 개항, 석탄과 식품, 식수(薪水, 땔감과 식수) 등의 공급 등을 규정한 미일화친조약이 체결되었다. 조약을 맺은 가나가와주쿠(神奈川宿)의 이름을 따서 가나가와조약이라고도 부른다. 그러나 조약에는 미국이 본래 요구했던 통상 규정이 에도 막부의 강력한 반대로 포함되지 않아, 미국은 장래를 대비해 제6조와 제7조를 마련하였고, 제11조의 규정에 따라 1856년 7월 시모다에 부임한 미국 총영사 해리스는 에도 막부와 통상조약 체결 협상을 시도

---

5 영어 원문은 "There shall be appointed by the government of the United States consuls or agents to reside in Simoda, at any time after the expiration of eighteen months from the date of the signing of this treaty; provided that either of the two governments deem such arrangement necessary." 영어 원문의 내용은 '조약 조인 18개월 후 한쪽이 필요하다고 간주하면 영사관을 설치할 수 있다.'이므로, 일본어 번역과는 전혀 다르다.

6 大君 : tycoon. 쇼군을 가리킨다.

하게 된다. 그리고 조약에는 일본이 다른 나라와 조약을 맺을 것에 대비하여 제9조의 편무적 최혜국대우 조항을 명기하였는데, 에도 막부는 영국·러시아·네덜란드와도 화친조약을 체결하였다.

미일수호통상조약 체결 협상

미국은 다른 나라와 달리 동방에 영유하는 나라가 없으며, 새로 동방에 영토를 얻으려는 생각이 없습니다. 미국 정부는 다른 곳에 영토를 획득하는 것을 금하고 있습니다. 다른 나라에서 미국에 편입되기를 원하는 일이 지금까지 자주 있었지만 멀리 떨어져 있는 곳은 모두 거절했습니다. 3년 전 산토이스섬도 미국 편입을 원했지만 거절했습니다. 지금까지 1마일도 전쟁으로 미국에 편입한 적은 결코 없습니다. 지금까지 미국이 다른 나라와 연맹을 한 적은 있지만, 그것은 무력을 사용해서가 아니라 조약을 맺어서 했습니다. 미국의 모습을 알아주십사고 말씀드린 것입니다.

50년 이래 서양에서는 각종 변화가 있었습니다. 증기선 발명 이래 멀리 떨어져 있는 나라도 매우 가까워졌습니다. 전신기 발명 이래 먼 곳의 일도 신속하게 알게 되었습니다. 이 기계를 사용하면 에도에서 워싱턴까지 금세 응답할 수 있습니다. 캘리포니아에서 일본으로 18일 만에 올 수 있게 된 것도 증기선이 발명되었기 때문입니다. 증기선 발명으로 각지의 교역도 더욱 활발해졌습니다. 그렇게 되었기 때문에 서양 각국은 모두 부유해졌습니다. 서양 각국은 온 세계가 한 가족이 되고자 하는 마음을 갖고 있습니다. 그러므로 일부러 외교를 맺지 않는 나라는 세계가 하나가 되는 데 장애가 되므로 제거할 생각으로 있습니다. 어느 정부도 하나가 되는 것을 거부할 권리는 없습니다.

하나가 되기 위해 두 가지 요청이 있습니다. 하나는 사절과 동일한 공사

(公使) 1명을 수도에 두는 것입니다. 다른 하나는 각국 인민이 자유롭게 통상을 하도록 하는 것입니다. 위의 두 가지 바람은 미국만 아니라 다른 나라들의 간절한 소망입니다. 지금 말씀 드리는 것은 서양 각국의 희망이며, 미국은 그렇게까지 바랄 생각은 없습니다. 이 점을 알아 주십시오. …(중략)…

대통령의 바람은 전쟁에 이르지 않고 서로 존중하는 예를 다하여 조약을 맺고자 하는 데 있습니다. 서양의 저명한 제독이 한 말에 특별한 승리를 얻는 전쟁보다 하찮은 무사(無事)가 낫다는 말이 있습니다. 대통령의 생각으로는 미국과 견고한 조약을 맺으면 필시 다른 나라도 그것을 규칙으로 삼을 것이므로, 앞으로 귀국이 걱정할 일 따위는 없을 것이라는 것입니다. 대통령은 귀국의 명예를 떨어트리지 않고 예의를 다해 조약을 맺음으로써 복잡한 일이 없도록 마음을 쓰고 있습니다. 미국 정부의 대리인으로서 군함도 대포도 없이 온 본인과 조약을 맺으면 귀국의 명예가 실추되는 일은 없을 것으로 생각합니다. 이러한 본인과 조약을 맺는 것과 시나가와(品川) 앞바다에 50척의 군함을 이끌고 온 사람과 조약을 맺는 것은 현격한 차이가 있습니다.

이번에 대통령이 나를 파견한 것은 간절한 마음에서 보낸 것이지 다른 생각이 있어서 그런 것이 아닙니다. 다른 나라에서 사절을 파견한 것과는 사정이 다릅니다. 이 점을 잘 살펴봐 주시기 바랍니다. 특히 이번에 개항을 허락하신다고 해도 한 번에 열라고 하는 것이 아닙니다. 차차 시간을 두고 개항하면 되실 것으로 생각합니다. 영국과 조약을 맺으신다면 필시 그렇게는 되지 않을 것이라고 대통령도 말하고 있습니다. 또 아편은 미국과의 조약에 확실하게 명시해두면 영국이 삭제하라고 해도 그렇게는 되지 않을 것입니다. 각국에서 조약을 맺기 위해 사절을 파견해도 세계 제일의 미국 사절과 이렇게 결정하여 맺었다고 하시면 결코 더 이상 이러쿵저러쿵 말하지 않을 것입니다. …(중략)…

본인이 일본에 올 때 홍콩에서 영국의 총독 존 바우링(John Bowing)과 면회를 했는데, 그는 일본에 사절 파견 명령을 받았다고 몰래 말해주었습니다. 그 후 내가 일본에 온 후 4통의 서한을 보내왔습니다. 그가 보내온 서한에 일본 정부와 관련된 사항이 적혀 있었습니다. 그중에는 다음 내용이 적혀 있었습니다. 일본에 갈 때는 일본인이 그때까지 보지 못한 정도의 군함을 이끌고 에도만으로 가서 협상할 생각이라는 것입니다. 에도 이외에 갈 생각은 없다고 말했습니다. 영국의 요청 중 하나는 공사, 관리를 수도에 두는 것이고, 둘째는 일본의 몇 곳에 영국 선박이 와서 자국의 상품을 자유롭게 판매하고 일본의 물품을 구매하고자 하는 것입니다. 만약 이 바람이 이루어지지 않는다면 곧바로 전쟁을 시작할 생각이라고 합니다. 물론 청국의 전쟁[7] 때문에 도래할 시기가 지연되고 있다고 말했습니다. 그 사람의 예상으로는 올 3월에 에도에 왔어야 했는데, 청국의 전쟁 때문에 늦춰지고 있다고 생각됩니다. 프랑스도 사정이 같으므로, 일본에 올 때는 함께 올 것입니다. 현재는 선박 수를 늘리고 있습니다. 마지막 서한에서 말한 바로는 증기선이 도합 50여 척이라고 합니다. 다른 것이 아니라 청국의 전쟁 때문에 지연되고 있습니다. 그렇지 않으면 빨리 올 것입니다. 청국의 전쟁이 끝나면 곧바로 오리라는 것은 조금도 틀림이 없습니다. 상당한 유식자가 하는 말로는 이번 청국의 전쟁은 청국 측에서 길게 버틸 수 있다고는 도저히 말할 수 없다고 합니다, 그렇다면 얼마 후 귀국으로 갈 것입니다. 외람되지만 여러분들은 협의하셔서, 그렇게 될 때의 대처 방법 등을 정해 두도록 하십시오. 저의 생각으로는 통상조약을 맺는 것 이외는 다른 방법이 없는 것으로 생각됩니다.

저의 이름으로 동방에 있는 영국·프랑스의 고관에게 서장을 보내 일본 정부가 통상조약을 맺었고, 또 다른 외국에도 대체로 허가할 것이라는

---

7 청국의 전쟁 : 제2차 아편전쟁을 가리킨다.

뜻을 전달하면, 50척의 증기선도 1척 혹은 2, 3척으로 일이 수습될 것입니다.

오늘은 대통령의 생각과 영국 정부의 의향 등을 은밀하게 말씀드린 것입니다. 제 일생에서 가장 행복한 날입니다. 말씀드린 것들을 채용하여 일본의 안전을 위한 디딤돌로 삼는다면 더없는 행복입니다.

(1857년) 10월

출전 『日本外交年表竝主要文書上卷』, 外務省(데이터베이스『世界と日本』)

내용 1856년 7월 조약 개정의 전권을 위임받고 시모다에 착임한 해리스는 자유 무역, 공사(公使)의 에도 주재, 개항장의 증가를 위해 전력을 기울였다. 동년 11월 에도성에서 쇼군을 알현하고 피어스 대통령의 친서를 전달한 후, 이어 로주(老中) 홋타 마사요시(堀田正睦)의 사저에서 중국에서 진행 중인 제2차 아편전쟁의 상황을 포함한 세계정세를 설명하면서 통상조약 체결의 필요성을 역설하였다. 제2차 아편전쟁이 끝나는 대로 영국과 프랑스가 함대를 이끌고 통상을 요구하러 올 것이라고 위협하는 해리스에 밀려 에도 막부는 12월부터 협상을 시작하였다. 그러나, 독단으로 조약을 체결할 자신이 없던 에도 막부는 천황의 칙허를 받으러 홋타 마사요시 자신이 교토로 갔다.

미일수호통상조약

제1조 앞으로 일본의 쇼군과 미국은 언제나 친하게 지낸다.

제2조 일본과 유럽 어느 나라 사이에 분쟁이 발생했을 때 미국 대통령은 일본 정부의 요청에 따라 우호적인 중개자로 행동한다.

제3조 시모다·하코다테 외에 다음에 기재하는 장소를 다음 기한부터 개항한다.

가나가와 … 서기 1859년 7월 4일

나가사키 … 서기 1859년 7월 4일

니가타 … 서기 1860년 1월 1일

효고 … 서기 1863년 1월 1일

만약 니가타항을 개항하기 어려우면 대신 니가타 근처에서 1항을 개항한다.

가나가와항을 개항한 6개월 후 시모다항은 폐쇄한다. 이 제3조에 기재된 각 항구에 미국인의 거류를 허가한다. 거류하는 자는 돈을 내어 토지를 빌리고, 또 그곳에 건물이 있으면 그것을 구입할 수 있다. 또 주택과 창고를 세우는 것도 허가하지만, 그것을 세우는 것을 빙자해서 요충지를 취해 세우는 일은 결코 해서는 안 된다. 또 이 규정을 엄중하게 하기 위해 그 건물을 신축, 개조, 보수할 일이 있을 때는 일본 관리가 당연히 그것을 조사한다.

거류지 주위에 문과 담을 세우지 않고 출입을 자유롭게 한다.

에도 … 1862년 1월 1일

오사카 … 1863년 1월 1일

위 두 곳은 미국인이 오직 거래하는 동안만 머무를 수 있다. 이 두 곳에서 미국인이 대가를 주고 집을 빌릴 수 있는 적절한 장소 및 산책하는 규정은 향후 일본 관리와 미국 외교관이 협상한다.

쌍방의 국민이 물품을 매매하는 데는 아무런 지장이 없다. 지불 등에 대해 일본 관리는 입회하지 않는다. 일본인이 미국인으로부터 얻은 상품을 매매 혹은 소지할 수 있다. 군용 물품은 일본 관청 이외에 팔아서는 안 된다. 외국인 상호의 거래는 상관 없다. 본 조항은 조약의 비준서가 교환된 후 곧바로 일본 국내에 알려야 한다.

제4조 국내에 수출입하는 모든 물품에 대해서는 별책에 있는 대로 일본의 관청에 관세를 지불한다.[8]

제5조 외국 화폐로서 일본 화폐와 동종류의 화폐는 같은 중량으로 통용한다.(금은 금, 은은 은으로 중량을 가지고 비교하는 것을 말한다) 쌍방의 국민이 서로 물건의 대가를 지불하는 데 일본과 외국의 화폐를 사용할 수 있다.

제6조 일본인에 대해 범죄를 저지른 미국인은 미국 영사재판소에서 조사한 다음 미국의 법률에 의거하여 처벌한다. 미국인에 대해 범죄를 저지른 일본인은 일본 관리가 조사한 다음 일본 법률로 처벌한다.

제7조 일본의 개항장에서 미국인의 유보(遊步)[9] 규정은 다음과 같다.

제8조 일본에 있는 미국인은 스스로 그 나라의 종교를 믿고, 예배당을 거류지 안에 설치할 수 있다. 아울러 그 건물을 파괴하여 미국인이 자신의 종교를 믿는 것을 방해하지 않는다. 미국인은 일본인의 사원과 신사를 훼상하지 않고 또 결코 일본 신불(神佛)의 예배를 방해하거나 신체(神體)와 불상(佛像)을 훼손하

---

8 미일 수호 통상조약(무역장정)의 관세율은 다음과 같다.

수출입	물품	세율
수입	금·은화, 거류자가 사용하는 물품	0%
	선박 도구, 석탄, 건축재, 증기기계, 쌀, 빵가루, 육류 등 거류민의 일용품	5%
	양조주, 증류주	35%
	이외의 모든 물품	20%
수출	금·은화, 도동(棹銅) 이외 모든 수출품	5%

★ 棹銅 : 에도시대에 외국에 수출된 막대 모양의 구리

9 遊步 : 개항장으로부터 통행할 수 있는 거리의 한도를 의미하는 間行里程을 말한다.

는 일이 있어서는 안 된다.

제9조 일본 정부는 미국 영사의 요청에 따라 모든 탈주자 및 도주자를 체포하는 일, 또는 영사가 체포한 죄인을 감옥에 가두는 데 협력한다. 또 육지 및 배 안에 있는 미국인에게 불법을 경계하고 규칙을 준수시키기 위해 영사가 말하는 대로 도와주도록 한다. 이에 소요되는 경비 및 요청에 따라 일본의 감옥에 가둔 자의 비용은 모두 미국 영사가 지불한다.

제10조 일본 정부는 미국으로부터 군함, 증기선, 상선, 포경선, 대포, 군수품 및 무기류, 기타 필요한 물품을 구입 또는 제작을 의뢰하거나, 혹은 그 나라의 학자, 육해군, 각종 기술자 및 선원을 마음대로 고용할 수 있다.

제11조 이 조약에 첨부된 상법의 별책은 본서와 마찬가지로 쌍방의 신민이 서로 준수해야 한다.

제12조 1854년 3월 31일 가나가와에서 체결된 조약 중 이번 조약과 어긋나는 것은 채용하지 않는다. 1857년 6월 17일 시모다에서 교환한 문서는 본 조약에 반영되었으므로 없앤다.

제13조 지금부터 171개월 후, 즉 1872년 7월 4일에 쌍방 정부의 뜻에 따라 양국 중에서 1년 이전에 통지하여, 이 조약 및 가나가와 조약 중 존치한 조항, 그리고 이 조약에 첨부된 별책 등에 대하여 쌍방이 위임한 관리가 협상하여 보충 혹은 개정할 수 있다.

제14조 이 조약은 오는 1859년 7월 4일부터 집행된다. 이 기한 혹은 그 이전이라도 형편에 따라 일본 정부가 미국 워싱턴에서 이 문서를 교환해야 한다. 만약 부득이한 사정이 있어 이 기한 내에 본 문서를 교환하지 못하더라도, 조약의 내용은 이 기한부터 집행된다.

출전 『舊條約彙纂』第1卷 第1部, 外務省條約局(データベース『世界と日本』)

내용 통상조약 체결의 칙허를 얻지 못하고 돌아온 홋타 마사요시(堀田正睦)는 해리스에 요청하여 조약 체결 기일을 4월에서 7월로 연기했다. 그러나 그 사이 제2차 아편전쟁이 영국과 프랑스군의 승리로 끝나고, 1858년 5월 톈진조약이 체결되었다. 그 소식을 접한 해리스는 에도 막부의 당국자를 만나 제2차 아편전쟁이 끝나 영·프군이 내년에 군함을 이끌고 올 것이며, 그 전에 통상조약을 체결해야 한다고 압박하여, 6월 미일수호통상조약이 체결되었다. 조약 내용은 가나기와(神奈川)·나가사키(長崎)·니가타(新潟)·효고(兵庫)의 개항, 에도(江戸)·오사카(大坂)의 개시(開市), 영사재판권, 자유 무역, 협정관세, 에도에 공사(公使), 개항장에 영사(領事) 주재 등이었다. 이 조약에 이어 같은 해 네덜란드·러시아·영국·프랑스와도 거의 동일한 내용의 통상조약을 체결하였는데, 이를 총칭하여 안세이(安政) 5개국조약이라고 한다.

에도 막부가 천황의 칙허를 얻지 못한 채 독단으로 조약을 체결하자 존왕양이파(尊王攘夷派)는 막부를 비판하였다. 또 개항으로 인하여 물가가 폭등하는 등 경제가 혼란해졌다. 이에 에도와 요코하마 등지에서는 외국인을 습격하는 존왕양이운동이 활발히 일어났다.

금·은 유출과 물가 폭등

○ 조약에 따르면 (멕시코 은화) 100달러는 실제로 (안세이 1분은[一分銀]) 311개와 교환하기로 되어 있었다.[10] 그러나 1862년 당시의 환 시세가 100

---

10 1858년의 안세이 5개국조약에 따라 외국 화폐는 일본에서도 통용되며, 同種同量의 교환, 즉 金은 金, 銀은 銀끼리 교환할 수 있었다. 당시 멕시코 1달러짜리 銀貨 100개는 안세이 1分銀 銀貨 311개에 해당하였다. 참고로 일본의 화폐제도는 4진법에 따랐기 때문에 1分銀 은화 4개가 金貨 1兩에 해당한다.

달러에 240개였음은 분명한 사실이다. 각국의 공사관과 영사관은 직원의 봉급 총액과 기타 수리비에 상당하는 일정액의 양은(洋銀)을 화폐 제조비로 100달러당 13개만 공제하고, 매달 일본 화폐와 환전하는 것이 허가되어 있었다. 그래서 봉급 100달러의 관리는 공정 환율에서 13개를 공제한 298개를 받았다. 그리고 그들은 시장의 시세를 상회하는 금액을 다시 달러와 교환했다. 이리하여 100달러의 돈은 139.25달러가 되어, 40% 가까운 마진을 벌어들일 수 있었다.[11]

연봉 3,000파운드인 공사(公使)의 벌이는 누구라도 쉽게 알 수 있듯이 막대한 것이었다. 그러나 그것뿐이 아니었다. 매월 1분은(一分銀) 할당액과 실제 경비의 차액은 다시 달러로 바꾸어, 관청 금고에 납부해야 할 달러를 제한 나머지 마진을 각자의 봉급에 따라 각각 직원에게 분배하였다. 따라서 겉으로는 적은 봉급이라도 유복한 생활을 할 수 있었고, 말을 기르거나 샴페인을 마실 수 있었다.

O 이 해(1863) 9월에 들어 등유 1되 가격은 본래 76문(文)이었던 것이 84문으로 올랐고, 소금 1되는 92문이 되었으며, 이전부터 1개 3문 하던 바늘은 4문이 되었고, 4문 하던 칫솔은 6문으로 올라, 2문짜리 칫솔은 파

---

11 이 메커니즘에 대해 구체적으로 설명하면 다음과 같다. 먼저 외국에서 멕시코 은화 100개를 가져와 일본에서 안세이 1分銀 은화 311개와 교환한다. 그리고 그것을 4진법에 따라 안세이 2分金 금화 155.5개와 다시 교환한다. 그런데 안세이 2分金 금화에 포함된 금의 함유량은 미국 金貨로 0.96달러였다. 멕시코 은화 100개는 미국 금화 99달러 정도였으므로, 150%의 이익을 얻는 것이 된다. 사료에서 약 140%라고 한 것은 공제분을 포함시켰기 때문이다. 단, 당시 일본에서 같이 통용되던, 금 함유량이 많은 다른 금화[天保小判]로 교환하면 3배 가까운 이익을 얻었다. 이리하여 금의 유출이 급격하게 진행되자 막부는 1860년 4월 급히 금 함유량을 낮춰 외국의 금은 比價 1:15에 근접한 금화를 다시 주조하여 금·은의 유출은 드디어 멈추게 되었다.

는 사람이 없다. 분세이(文政)¹²·덴포(天保)¹³경까지 등유는 28문, 소금은 20문 전후, 어유(魚油)는 16문이었는데, 점차 가격이 오르다가, 개항 이후는 갑자기 많이 올랐다. 분세이경부터 덴포 초 무렵까지는 쌀도 3말 5되들이 100표(俵)¹⁴가 37~8냥 정도로, 40냥 이상이 되는 경우는 드물었다. 그러나 요즘은 50냥 이하는 없고, 60냥 전후, 70냥 이상에 이르렀다. 최근 2, 3년 사이는 달리 흉작 소식도 없는데 이렇다. 물가가 오르는 것은 어쩔 수 없지만, 쌀값은 그렇다 치더라도, 특별히 무역품이 아닌 것도 이유 없이 올라 간다. 견사(絹絲)도 이전에는 1돈(匁)¹⁵에 50문 전후였던 것이 5, 6년 전에는 64문이 되었다. 이것은 해외 수출이 활발한 때문일 것인데, 개항 이후는 100문 전후로 올랐고, 지금은 1돈에 180문이 되었다.

출전 『一外交官の見た明治維新』;『幕末貿易史の研究』(『史料日本近現代史』 I 近代日本の形成)

내용 안세이 5개국조약에 따라 실제로 개항한 1859년에서 3, 4년 뒤의 상황을 알려주는 사료이다. 우선 일본 경제에 큰 영향을 끼친 것은 금·은의 유출이었다. 세계 시장과 일본 국내의 금·은 비가(比價)는 큰 차이가 있어, 외국 상인은 은화를 가지고 금화로 바꾸어 큰 이득을 남겼다. 막부는 화폐 개주를 통해 이를 막으려고 하였지만, 물가 상승과 인플레이션을 초래하였다. 1863년 쌀값은 개항 전에 비해 1.5배에서 2배, 그 밖에 등유, 소금, 견사 등의 가격도 급속히 올랐다. 금·은의 유출과 물가 상승은 하급 무사와 서민의 생활을 압박하였다. 생활고의 원인은 외국과 그들에게 문호를 개방한 막부라는 의

---

12 文政 : 일본의 연호. 1818~1830.

13 天保 : 일본의 연호. 1830~1844.

14 俵(효) : 미곡 등을 재는 단위. 시대와 지역에 따라 양이 달랐는데, 에도 막부에서는 3말 5되를 1표로 삼았다. 현재는 60kg.

15 匁(몬메) : 3.75그램.

식이 확산되어 과격한 존왕양이 운동과 반막부 운동이 일어나는 배경이 되었다.

존왕양이운동

외국 오랑캐[外夷]가 처음 건너왔을 때 황국(皇國)의 모든 충의의 용사들은 결사적으로 결전을 벌여 오랑캐를 한 명도 돌려보내지 않겠다고 이를 악물었다. 하지만 더러운 마음을 가진 막부 관리놈들은 싸움이 두려워서 화의를 주장하며, 우선 무비(武備)를 갖춘 후에 물리쳐야 한다고 하면서 마침내 무역을 허가하였다. 그러나 계축년(1853)년에서 이미 10년이 지났는데도 무기는 얼마나 갖추었으며, 무사들이 사기는 얼마나 진작되었는가? 오랜 태평성세에 젖어 있다 보니 마음 자세가 느슨해져 하루가 무사하면 하루를 나약하게 보내, 우유부단과 음란, 주색에 탐닉하며 보냈다. 그러므로 사전 대비와 사물의 개혁에 마음 쓸 겨를이 있을 리 없었다. 오늘 바로 용단을 내리지 않으면 이루어지지 않을 것이다. 이것이 오랑캐를 빨리 쫓아내야 하는 첫 번째 이유이다.

개항 후 후미에(踏繪)[16]의 법을 폐기하고 예배당을 세우며 학교를 만드는 것까지 허가한 것은 엄청난 참사(慘事)이다. 이것은 오랑캐들의 교활한 계책으로, 다른 나라를 빼앗고 다른 나라 백성을 농락하는 술책에 불과하다.

천축은 석가가 태어난 나라지만, 영취산(靈鷲山)[17]의 불상은 오랑캐에 파괴되어 동전으로 주조되었다. 최근 지나도 거의 사교(邪敎) 때문에 초목처

---

16 踏繪 : 에도시대에 크리스트교도가 아니라는 것을 증명하기 위해 동판 등에 새긴 예수나 마리아상을 밟는 것.

17 靈鷲山 : 고대 인도 마가다국의 수도로 王舍城 동북쪽에 있는데, 석가가 법화경 등을 강설한 곳이다.

럼 쓰러져 주공(周公)과 공자 등의 도(道)는 완전히 사라져 버릴 정도로 영락하였다. 불쌍한 일이 아닐쏘냐? 근자에 지나에 갔다가 돌아온 사람에게 들으니, 오랑캐가 세운 병원에서 치료하는 의사는 교사(敎師)인데, 병자가 중병으로 빈사 상태에 있는 틈을 타서 그들의 요사스러운 종교[妖敎]를 간절하게 권유한다고 한다. 전국위상(全國爲上)[18], 혹은 싸우지 않고 사람을 굴복시키는 군대라는 등의 말은 이러한 교활한 계책이 아닌가? 옛날에 포르투갈의 사교가 들어오고부터 시마바라(島原)의 난[19]까지 주살된 교도의 수는 28만 명이라고 전한다. 사교가 국가를 해치는 것이 이와 같다. 교활한 술책을 매우 증오해야 하지 않겠는가? 그런데 이와 같이 28만 명을 죽여서 화근을 끊을 수 있으면 좋겠지만, 나라의 인심이 모두 초목처럼 쓰러지려고 하면 손 쓸 방법이 없다. 비유하자면, 뱀이 팔을 물었으면 그 팔을 자르면 되지만, 뱀의 독이 뱃속에 들어가면 배를 찢을 수는 없는 것과 같다. 그러므로 우유부단하고 고식적인 태도를 버리지 않으면 필연적으로 지나와 천축의 전철을 밟게 될 것이다. 이것이 오랑캐를 빨리 내쫓아야 할 두 번째 이유이다.

만족을 모르고 삼키고 탐하는 오랑캐는 얼마나 불길한 존재인가? 러시아는 캄차카에 성책을 설치하고 우리의 에토로후섬(越篤魯府島)과 우룹프섬(宇留都夫島)에 임하고 있다(우룹프섬[宇留島]은 납호도(臘虎島)라고도 한다. 우룹프섬에서 동북 60여 개의 섬이 소위 에조(蝦夷)[20]의 지시마(千島)[21]이다. 예로부터

---

18 全國爲上:『손자병법』「謀攻篇」에 나오는 말. 싸우지 않고 나라를 온전히 보전시킨 채 적국으로 하여금 항복하게 하는 것이 최상책이라는 의미이다.

19 島原의 亂 : 1637~38까지 규슈의 시마바라·아마쿠사(天草)에서 일어난 농민과 크리스트교도를 주체로 한 봉기.

20 蝦夷 : 에도시대 北海道 중에서 일본이 지배하는 남쪽 일부를 제외한 지역을 가리키던 명칭.

21 千島 : 러시아에서는 쿠릴열도라고 한다.

시가에도 나오는 명소로, 우리 판도에 들어 있는 것은 명백하다. 근자에 우룹프섬을 국경으로 삼은 것은 분카(文化)[22] 이후의 일로써, 실은 러시아가 훔친 것이다). 최근에는 헤이룽장(黑龍江)을 빼앗고 우리 가라후토(唐太)[23]와 동서 에조를 잠식하려 한다. 또 무인도는 오랑캐가 이미 오랫동안 세력을 떨치고 있다. 하지조지마(八丈島), 미야케지마(三宅島) 등도 깊이 생각할 필요가 있다. 하물며 류큐(琉球)는 프랑스 오랑캐가 오랫동안 침을 흘리고 있는 곳인데 어떻게 할 것인가?(무인도는 소위 오가사와라(小笠原) 군도인데, 에조와 같이 항상 추운 불모지도 아니다. 오랑캐가 세력을 펴고 있는 사실은 옥석지림(玉石志林)[24] 1권에 자세하게 나온다. 또 페리가 황국에 올 때 다시 이 섬에 들른 것은 그의 일본기행에 보인다). 영국과 프랑스가 방자하게 황국을 향해 무기를 사용하지 않는 것은 지나에서 장발적(長髪賊)[25]의 세력이 매우 강하기 때문이다. 만일 장발적이 영국과 프랑스에 굴복하면 영국과 프랑스가 우리 나라를 침략하는 것은 필연적인 일이다(하물며 미국 오랑캐가 이전부터 개항을 간절히 바라는 것처럼 교묘한 언사를 사용하는 것은 오로지 아시아에서 제멋대로 행세하기 위해서이다). 러시아는 남진하려는 웅대한 계획을 가지고 있고, 영국과 프랑스는 자신의 인도와 지나의 영지에 화가 미치는 것을 우려하여 러시아를 저지하려 한다. 그것이 오랑캐들이 우리 쓰시마를 두고 다투는 이유이다.

어쨌든 오랑캐는 잔학하고 교활하여 예측할 수 없으므로 꺾어도 제자리로 복구하고, 꺾지 않으면 배반하는 기세가 있어, 오래되면 화가 커지는 우환을 면할 수 없다. 그러므로 용단을 가지고 먼저 제지하는 방법 이외는 없다. 이것이 이적을 쫓아내야 하는 세 번째 이유이다.

개항 이후 우리가 일용하는 차, 견사, 구리, 철, 석탄, 미곡류의 수출로

---

22 文化 : 일본의 연호. 1804~18년.

23 唐太 : 사할린으로 ,일반적으로 樺太라고 표기한다.

24 玉石志林 : 箕作阮甫(미쓰쿠리 겐포, 1799~1863)의 저서.

25 長髪賊 : 태평천국 운동을 가리킨다.

인해 우리의 국력은 얼마나 쇠퇴했는가? 채색 비단과 모포 같이 진기하고 쓸데없는 물건이 도처의 시장과 거리에서 사람들의 눈을 현혹시키고 마음을 어지럽히고 있다. 이를 보고 국내가 번성하다고 말하는 것은, 뱀의 독 때문에 몸이 부은 것을 가지고 자신이 살쪘다고 자랑하는 것과 다르지 않다. 지극히 어리석은 일이다. 또 무역에 익숙한 간상(奸商)들이 교활한 오랑캐와 양금(洋金) 가격을 높게 매매하는 바람에 물가가 더욱 등귀하였다. 가난한 자들이 부모를 봉양하고 자식을 양육하는 방법이 다하여 재산과 집을 잃고 시궁창에 빠지게 되었다. 내 몸의 살을 베어 호랑이를 키우는 것과 같은 모습을 보이고 있는 것이다. 몸이 스러지고 내 살이 다하더라도 호랑이의 욕심은 조금도 충족시키지 못할 것이다. 우리의 국력에는 한도가 있고, 저들의 요구는 끝이 없다. 유한한 것을 가지고 무궁한 것에 대응하니, 망하는 것 이외에 무엇을 기다릴 것인가? 이것이 오랑캐를 빨리 쫓아내야 하는 네 번째 이유이다.

양이의 대업을 이룰 수 있는 큰 기회는 얻기는 어렵고 잃기는 쉽다. 계축년(1853) 천하의 무사 중 칼과 창을 갈면서 분개하지 않는 사람이 없었다. 그러나 이듬해 화의 때문에 사기는 금세 이완되고, 또 무오년(1858) 봄 칙명에 따라 국내가 모두 늠름하게 떨치고 일어섰지만, 간사한 관리의 전횡이 매우 심하여 하늘과 땅이 막히고 정기(正氣)가 억압되었다. 그러나 가무나오비노카미(神直毘神)[26]의 청정한 마음 때문인지 더러운 마음을 가진 악한 놈들은 자취를 감추었다. 대신 맑고 밝은 마음으로 조정을 도우려는 뜻 있는 다이묘들은 상경하고, 막부에서도 히토쓰바시[27]와 에치젠[28]이 다시 나오게 되었다. 지금이야말로 실로 황위를 회복하여 오랑캐들을 쓰러

---

26 神直毘神 : 일본 신화에 등장하는 신으로 不淨을 씻고 禍를 바로잡는 신이라고 한다.

27 一橋慶喜(히토쓰바시 요시노부, 1837~1913) : 에도 막부의 마지막 쇼군(재직 1867~68)인데, 1862년 당시는 쇼군 후견직에 있었다.

28 越前 : 松平慶永(마쓰다이라 요시나가, 1828~90). 1862년 당시 政事總裁職에 있었다.

트리고 내쫓아, 우리를 넘볼 마음을 단념시킬 때이다. 수년 동안 국내의 무사들 사이에 울분이 쌓여 분노와 원한을 품은 것이, 5명이 당겨야 할 강궁에 15다발의 화살을 충분히 재어둔 것과 같다. 오늘 강적을 죽이는 일은 활시위를 놓기만 하면 된다. 아무리 지혜가 많아도 이러한 기회에 편승하는 것보다는 못할 것이므로, 지금이 바로 천재일우의 기회이다. 이 기회를 놓치면 사기는 추락할 것이다. 저 유왕(幽王)의 봉화(烽火)[29]를 귀감으로 삼아야 한다. 이것이 오랑캐를 빨리 쫓아내야 하는 다섯 번째 이유이다.

입으로 말하기도 황송한 아마테라스오미카미(天照大神)[30]께서 천만 년의 긴 세월 동안 자신의 자손이 다스리는 나라라고 위임하신 역대의 천황은 황국을 평온하게 다스려 왔다. 그 통치에 복종하지 않는 나라는 복종시키고, 그렇지 않은 오랑캐는 멸망시켰다. 그런데 현 천황의 치세에 황국을 오랑캐에게 더럽히고, 보물인 백성도 오랑캐에게 혹사당하며, 대신(大神)이 분노하시는 사교를 포교하게 하였다. 이처럼 천지가 개벽한 이래 유례가 없는 오욕을 받고 치욕을 받게 한 것은 분하다는 말로도 애처롭다는 말로도 부족하다. 더럽고 악한 놈들의 화업(禍業)이기는 하지만 한 사람의 백성이라도 일본에 잔존하는 한, 이러한 황국의 원수와 함께 있는 것은 도리가 아니다. 어쨌든 황국의 위광을 빛내, 황국을 정화해야 한다. 이것이 오랑캐를 빨리 쫓아내야 할 여섯 번째 이유이다.

앞서 언급하였듯 사교의 해독은 날로 커지고, 잠식하려는 간교한 계략은 더욱 무르익는데, 우리의 무비는 갖추어질 전망도 없고, 우리 인민은 더욱 곤궁해지고 있다. 오늘이라는 시기를 놓쳐서는 안 되며, 적을 토벌하는 대의를 잃어버려서는 안 된다는 사실은 명백하다. 우유부단하게 세월을 허송하면, 오랑캐의 재앙은 길어지고 심해져서, 이 존귀한 일본도 반드시

---

29 西周의 마지막 왕인 幽王이 褒姒를 웃게 하려고 자주 봉화를 올렸다가 제후의 신뢰를 잃고 나중에는 봉화를 올려도 제후들이 집결하지 않았다는 고사.

30 天照大神 : 일본 신화에 등장하는 태양신으로, 일본 왕실의 조상신으로 추앙되고 있다.

저들의 정삭(正朔)을 받들고 저들에게 조공을 바치게 될 것이다. 그때 가서 양이(攘夷)를 바라더라도 되지 않을 것은, 비유하자면 뱀의 독이 퍼져 사지 육신을 썩히고 있는데, 칼을 빼 팔을 자르는 것과 같다. 한시라도 빨리 천하의 정세를 변화시킬 천황의 판단으로 양이의 조서를 내리시게 해야 한다. 그리하면 천하의 지사는 머리털이 일어나고 감읍하여 옷깃을 적시는 자가 있을 것이다.

출전 久坂玄瑞,「解腕痴言」(1862년 윤8월 28일)(『史料日本近現代史』Ⅰ).

내용 개항에 따른 물가 폭등은 이러한 상황을 초래한 막부에 대한 반감을 낳았다. 그리하여 조정의 권위에 의해 막부의 정치를 개혁하고자 하는 움직임을 활발하게 하였다. 막부가 조정의 허가 없이 미일수호통상조약을 체결한 것은 천황을 일본의 군주로 생각하는 존왕파(尊王派)를 자극하고, 여기에 개항에 반대하는 양이운동(攘夷運動)이 결합하여 존왕양이운동은 반막부 운동으로 전개되어 나갔다. 구사카 겐즈이(久坂玄瑞, 1840~64)는 조슈번 존왕양이운동의 중심인물로, 존왕양이운동의 지침이라고 할 수 있는 이 「해완치언(解腕痴言)」를 저술하였다. 여기서 구사카는 개항이 크리스트교를 만연시켰고 지시마열도 등에 대한 침략을 허용하였으며, 국산품 유출과 물가 폭등을 초래하였다고 하면서, 지금이 바로 양이를 실행할 호기라고 주장하였다.

왕정복고 쿠데타 보도

조슈(長州)가 일어난 것이 계기가 되어 불만을 가진 다이묘들이 연합하였다. 당분간 서로의 고집과 질투를 억제하고 타이쿤(大君, 쇼군)을 퇴위시킨다는 공통의 결의 아래 그들은 곧바로 결속하였다. 이 연합의 통솔자는 일본의 서로 다른 지역에서 있으며, 타이쿤제도에 대한 질투 이외 아무런 공통점이 없는 사쓰마(薩摩), 도사(土佐), 에치젠(越前), 우와지마(宇和島), 게이슈(藝州), 그리고 조슈인데, 대부분은 더욱 강력한 이웃에게 의지해 왔던 많은 군소 다이묘를 재빨리 끌어들였다. …(중략)… 그들의 표어는 "미카도 (帝, 천황)야말로 유일한 국가의 통치자. 18명의 독립된 다이묘회의가 보좌한다."였다. 장래를 생각할 때, 그들은 영국 정부의 태도가 묘하게 불안했을 것이다. 영국 정부는 아직 타이군 정부를 이 나라의 정통 정부로 계속 취급하였다. …(중략)… 그들은 이와 관련하여 불안하게 생각할 일은 아무것도 없다는 사실을 곧 깨달았다. 영국은 동방정책에 충실하며, 도의적인 약속이 무엇이든 가장 약한 자와 손잡을 의도는 없었기 때문이다. 그런 이유로 사태가 시작되어, 이번에는 오랫동안 고대하던 문제 해결에 도달하기까지 진행되었다. '무력에 의해' 사태는 결정될 것이다.

출전 『더 타임즈』(1868년 2월 29일)(『世界史史料』 12)

내용 게이오(慶應) 3년 10월 14일(1867년 11월 9일) 에도 막부의 마지막 쇼군 도쿠가와 요시노부(德川慶喜)는 조정에 정권 반환을 신청하였다(大政奉還). 왕정복고(王政復古)는 하지만, 천황 아래 다이묘(大名) 연합정권을 조직하여 자신이 수반을 맡음으로써 실질적으로는 쇼군의 지배를 재구축하려 한 것이다. 한편, 사쓰마·조슈의 막부 타도파는 조정의 이와쿠라 도모미(岩倉具視) 등과 함께 천황 친정(親政)을 지향하는 무력에 의한 막부 타도를 구상하고, 막부를 타도하라는 비공식 칙서[討幕의 密勅]를 대정봉환이 이루어지기 직전에 입수하였다. 대정봉환으로 막부 타도의 대의명분을 잃어버린 막부 타도파는 12월 9일(1868년 1월 3일) 사쓰마 등 5개 번(藩)의 병력으로 궁궐 문을 봉쇄한 가운데 왕정복고(王政復古)의 명령을 발포하였다. 이 명령으로 막부(幕府)와 셋쇼 (攝政)·간파쿠(關白) 등 구제도가 폐지되고 새로운 정부가 수립되었다. 위 기사는 10월 14일의 대정봉환(大政奉還)부터 12월 9일의 왕정복고(王政復古) 쿠데타 사이의 일본 정세를 전하는 영국 신문 기사로, 1868년 1월 4일 일본에서 발신되었다.

이와쿠라사절단 파견 사유서

대등한 권리를 가지고 서로 능욕하고 침범하지 않으며, 동등한 입장에서 친밀하게 사귀고 무역의 이익을 나누는 것, 이것이 각국이 조약을 맺는 이유이다. 그리고 국가와 국가가 본래 대등한 권리를 가지는 것은 당연하므로, 그 조약도 대등한 권리를 가져야 함은 더 말할 필요가 없다.

그러므로 지구상의 국가가 독립불기(獨立不羈)[31]의 위병(威柄)[32]을 갖추어 다른 나라와 어깨를 나란히 하고, 국력에 맞게 권력을 잘 사용하여 그르치지 않고, 교제의 우의를 잘 보전하고 무역의 이익을 고르게 취하여야 한다. 이는 만국공법이 강약의 세(勢)를 제압하고 중과(衆寡)의 힘을 억제하여 천리(天理)와 인도(人道)의 공의(公義)를 보필하는 데서 기인한다. 그러므로 국가와 국가가 대등한 권리를 가지는 것은 만국공법이 있는 데 기인한다고 할 수 있다.

지금 한 나라의 인민이 자기 나라를 사랑하는 것 또한 자연스러운 일이다. 나라를 사랑하는 마음이 있으면, 국사(國事)를 우려하지 않을 수 없다. 우려가 국사에 이르면, 실무상 우리 나라에 존재하는 권리 여하를 자세히 살펴볼 수밖에 없다. 그것을 자세히 살펴볼 때는 과연 그 권리가 우리에게 있고 잃어버리지 않았는지? 혹은 그것을 타국에 잃어버리고 없지 않은지 잘 알아봐야 한다. 그것을 파악하여 우리 나라가 대등한 권리를 잃고 타국에 능욕과 침범을 받아 호각의 도리를 얻지 못한다면, 분발하여 그것을 회

---

31 獨立不羈 : 독립하여 남의 속박을 받지 아니함.
32 威柄 : 권력.

복하여 능욕을 설욕하고 침범당하지 않는 길을 강구해야 된다. 이것이야 말로 그 나라 사람이 바로 힘써야 할 직무로서, 그 나라 사람으로서의 도리를 다한다고 할 수 있다. 그리고 능욕과 침범을 당하지 않는 길을 강구하여, 이것을 만국공법에 비추어 그 조약이 정리(正理)에 맞는지의 여부를 고찰해야 한다.

우리 나라가 해외 각국과 조약을 맺었을 당시 국내 형세는 어떠했는가? 대대로 이어온 쇄국의 습속이 굳어져 모두 거침없이 개항을 거부하였고, 모두 한결같이 양이론을 주장하였다. 옛 정권은 자의적인 독단으로 국가의 존망에 관계된 이 거대한 사건을 명백하고 정대한 여론과 지혜롭고 과단성 있는 조치로 수습하지 못하였다. 그 목적은 일시적으로 호도하고 고식적으로 세월을 보내는 방략에서 나왔다. 사정은 부득이한 형세였지만, 관리들의 나태와 고식적 태도로 말미암아 외국과 교제할 때 적절하지 못한 일이 많았을 뿐만 아니라 무역에서도 부당한 일이 적지 않았다. 그리고 그 사이 우리 국내에 일이 많아서, 강약의 형세에 편승하여 피차 권리의 경계가 혼란하고 주객이 전도되는 경우가 생기게 되었다. 더욱이 지당한 원칙을 잃어버리고 무엇이 궁극적인 것인지 모르게 되었다.

그래서 정체(政體)가 변혁된 당시부터 잃어버린 권리를 회복하고, 능욕 당하고 침범당하지 않도록 평등을 위해 노력을 다했지만, 이전의 조약은 개정되지 않고 과거의 폐해는 제거되지 않았다. 또 각국 정부와 각국 공사도 동양에 존재하는 일종의 국체와 정치 풍속이라고 여기고 별단의 조치와 능란한 협상을 하여, 우리 나라 법률이 적용될 일도 그들에게 적용할 수 없고, 우리에게 귀속될 권리도 우리에게 귀속시킬 수 없으며, 우리의 규칙에 따르도록 해야 할 일도 따르게 하지 못한다. 우리의 세법에 따르도록 만들어야 할 일도 그들에게 따르게 하지 못하고, 우리에게 자유자재로 조치할 도리가 있는데도 저들과 상의해야 하게 되었다. 기타 모든 국내외와 관계되는 사건에서 피차 대등, 동서 대등의 도리를 다할 수 없었다. 심지어는 떳떳한 협상도 공사(公使)의 희로애락에 따라 곤란을 당하기에 이르렀다. 대저 대등국 정부는 체류 공사에게 불가한 점이 있으면 공법에 따라 그를 본국으로 축출하는 권리를 갖는다. 그런데 일이 이와 같은 능욕과 침범을 받는 데 이르러서는 조금도 대등병립의 국권을 가진다고 할 수 없으며, 평등한 교류를 한다고 할 수 없다. 그러므로 깊이 그렇게 된 연유를 되돌아보아, 분열된 국체를 하나로 만들고 흩어진 국권을 회복하고자 한다. 또 번잡한 제도와 법률의 폐단을 고치고 독단과 구속의 구습을 제거하여 관대하고 간이한 정치로 돌아가게 해야 한다. 나아가 민권을 회복하는 데 힘써, 정령과 법률이 한곳에서 나와 열강과 어깨를 나란히 할 기초를 세우려 한다. 과거의 조약을 개정하여 독립불기의 체제를 정해야 한다.

그러하기 위해 과거의 조약을 개정하려면 열강의 공법에 따라야 한다. 열강의 공법에 따라 우리 나라의 율(律), 민법, 무역법, 형사법, 세법 중에 공법과 어긋나는 것은 변혁하고 개정해야 하며, 그것을 변혁하고 개정하는 데 그 방법과 조치를 고안해야 한다. 그것을 고안하여 실제로 실행하는 데 1년 혹은 2, 3년이 걸릴 것이 있어 일조일석에 그 일을 끝마칠 수 없다고 생각된다. 그리고 조약 개정은 내년 5월, 즉 서기 1872년 7월 1일부터 그 논의를 시작한다는 것이 조약문에 규정되어 있다.

지금 우리 정부에 이런 일이 있으니 이는 성업(成業)을 일으킬 일대 기회를 얻었다고 할 수 있다. 그러나 현장의 형세로 인해 그것을 독촉받고, 순서와 시한의 유예 없이 급하게 할 경우는 다시 곤란을 당할 일대 고비라고도 할 수 있다. 왜냐하면 이 개정 논의를 고안하는 각국 공사는 각자 자국의 이익을 모두 관철시켜려는 목적을 가지고 있기 때문이다. 그들은 우리 나라의 정치 습속이 공법에 맞지 않는 것을 가지고 도리어 자신의 자의적인 뜻을 달성하기 위해 기도할 것이다. 그리하여 공명정대한 이치에 빗대어 제도와 법률, 종교부터 만반의 규칙이 보통의 공의에 반하는 것을 공격할 것이라 예상된다. 저들은 정해진 시한부터 곧바로 보통의 공법을 시행해야 한다고 청구할 것이다. 그러나 우리의 사정이 그것을 급속하게 시행하기 어렵다고 거절하면 필시 그들은 그것을 대신할 청구를 하고, 마침내 위력으로 협상을 벌여 폐해를 초래할지 모른다. 그러므로 고식적인 개정은 국가의 권리를 더욱 상실하는 바탕이 된다는 것은 생각해 보면 분명하다. 이것이 바로 개정의 기회에 곤란을 당할 우려가 있다고 한 까닭이다.

그러므로 곤란을 당할 고비를 성업을 일으킬 기회로 바꾸는 것은 정책의 전환에 있으며, 그 전환의 방법은 전권 사절을 각국에 파견하는 것이다. 전권 사절을 파견하는 이유는, 하나는 우리 나라의 정체가 갱신되었으므로 화친을 더욱 두터이 하기 위해 방문의 예를 취하는 것이며, 또 하나는 조약 개정에 대한 우리 정부의 목적과 희망하는 바를 각국 정부에 보고하고 상의하는 데 있다. 이 보고와 상의는 그들이 논하고자 하는 사안을 우리가 먼저 꺼내고, 그들이 요구하는 바를 우리가 그들에게 요구하는 것이므로 논의가 길어질 것이다. 반드시 우리의 주장에 대해 지당한 것이라 동의하도록 합당한 목적과 구상안을 제시해야 한다. 합당한 목적과 구상안을 가지고 상의하면, 실제 시행 시한(대략 3년을 목표로 한다.) 연기의 합의를 이끌어내는 것도 그다지 어려운 일이 아닐 것이다.

이 보고와 상의는 우리 나라가 만국공법에 바탕을 둔 개혁의 지향점을 보고하고 상의하는 것이지만, 중요한 것은 그것을 우리 나라에서 실제로 시행하는 것이다. 그러므로 그 실효를 실제로 알아보기 위해 개화가 극성한 구미 각국의 국가 체제, 각종 법률, 각종 규칙 등이 실제 실무에서 지장이 없는지를 직접 살펴보아야 한다. 공법을 통해 그것을 실현할 적절한 방법을 탐색하여 그것을 우리 국민에게 시행하는 방략을 세우는 것을 목적으로 삼고, 긴요한 업무로 삼는다. 그러므로 전권 사절은 전권 이사 관리 몇 명이 수행하고, 그것에 서기관·통역관을 부속시키며, 위 전권 이사 관리는 각 과로 나누어, 각각 주임 사무를 담당해야 한다.

제1과 : 제도와 법률의 이론과 그것이 실제로 실행되는 바를 연구하고,

외국사무국, 의사원, 재판소, 회계국 등의 체제와 실제로 그 사무를 행하는 상황을 살펴보고, 그것을 우리 나라에 채용하여 운용하는 목적을 세울 것.

제2과 : 이재(理財) 회계에 관계되는 법칙, 조세법, 국채, 지폐, 관민(官民) 외환, 화재·해상도난 보험 등으로부터 무역, 공작, 철도, 전선, 우편 등의 회사, 금은주조소, 각종 공작장 등의 방법과 규칙을 연구하고, 또 그 체제와 실제로 행해지는 상황을 살펴보고, 그것을 우리 나라에 채용하여 운용하는 것을 목적으로 삼을 것.

제3과 : 각국의 교육 규칙, 즉 국민교육의 방법, 관민의 학교 설립, 비용, 취합하는 법, 각 학과의 순서, 규칙, 그리고 등급을 부여하는 허가장의 법식 등을 연구하고, 관민학교, 무력학교, 각종 예술학교, 병원, 유치원 등의 체제와 실제로 행해지는 상황을 살펴보고, 그것을 우리 나라에 채용하여 운용하는 방법을 목적으로 삼을 것.

전권 사절과 전권 이사는 자신의 주된 임무 외에 우리 나라의 이익이 될 수 있는 것은 모두 연구하고 살펴보아야 한다. 육해군의 법률, 급료의 다과, 지휘하는 방법을 연구하고, 각국의 유명한 항구에 가서 해관의 실상, 군기고, 해군국, 조선소, 병졸주둔지, 성채, 육해군학교, 제철소 등을 살펴보는데, 교습 내용이 가장 긴요한 시찰 대상임을 주의해야 한다. 그리고 부속 서기관은 연구한 것과 살펴본 것을 자세하게 기록하여, 그것을 채용하여 운영하기 쉽게 할 필요가 있다.

外務省調査部編 『大日本外交文書』 제4권(『日本史史料』 近代) ; 勝田孫彌 『大久保利通傳』 下(『史料日本近現代史』 I).

내용 폐번치현(廢藩置縣)을 단행한 메이지 정부는 그 직후인 1871년 11월 외무경 이와쿠라 도모미를 전권대사로 한 사절단을 파견하였다. 사절단의 목적은 국서를 봉정하여 각국과의 우호를 증진하고 조약 개정 예비 교섭을 진행하는 동시에, 조약 개정에 각국이 찬성할 수 있는 국내 개혁의 실행을 위해 구미 각국의 제도와 법률 등을 조사하는 것이었다. 조약 개정 협상은 실패로 끝났지만, 미국을 비롯한 12개국을 방문하여 제도와 법률로부터 각종 산업에 이르기까지 다방면의 서구 문물을 시찰, 조사하고 1년 10개월 만에 귀국하였다.

이와쿠라사절단의 전권 위임 국서

천명에 따라 만세일계(萬世一系)의 제위에 오른 일본국 천황 무쓰히토(睦仁)가 공손히 위망이 융성한 좋은 친구 미국 대통령 그랜트 각하께 말씀드립니다. 짐은 다행히 양국 사이에 존재하는 우애롭고 친밀한 정의를 길이 유지할 것을 바라는 지극한 충정에서 귀중한 사신을 파견합니다. 우대신 정2위 이와쿠라 도모미(岩倉具視)를 특명 전권 대사로 하고, 참의 종3위 기도 다카요시(木戸孝允), 대장경 종3위 오쿠보 도시미치(大久保利通), 공부대보 종4위 이토 히로부미(伊藤博文), 외무소보 종4위 야마구치 마스카(山口尚芳)를 특명 전권 부사로 하여, 그들에게 전권을 합여(合與) 또는 분여(分與)하였습니다. 이들에게 각하의 정부에 가서 양국 평화의 우의를 더욱 굳고 넓게 하기 위해 적절한 장소에서 상의할 것을 위임하였습니다. 그리고 지금 우리 나라와 귀국 정부 사이에 존재하는 조약에 기재된 조약 개정의 기한이 가까워졌으므로 짐은 그것을 개정 수정하여 크게 공권과 공리를 확충하기를 희망합니다. 지금 이 목적을 달성하기 위해 가장 개명된 각국에서 시행되는 제도 가운데 우리 나라 현재의 사정에 적합한 것을 선택하고자 합니다. 이에 이전의 조약에 게재된 취지에 따라 귀 정부와 상의하여 이 조약을 개정하고자 위 특명대사 및 부사 등에게 전권을 분여 혹은 합여하였습니다. 위 사신들을 깊이 믿어 주시기 바랍니다.

메이지 5년(1872) 임신 5월 14일 도쿄 궁성에서 직접 서명하고 옥쇄를 찍었다.

출전 国立公文書館デジタルアーカイブ

내용 1871년 11월 이와쿠라 사절단이 요코하마에서 출항하였다. 사절단은 최초의 방문국인 미국에서 조약 개정의 예비 교섭이라는 당초의 방침을 변경하여, 곧바로 개정 교섭에 들어가기로 결정하였다. 이런 방침의 변경을 승인받고, 전권위임장을 교부받기 위해 오쿠보 도시미치와 이토 히로부미가 일시 귀국하였다. 그들은 조약 개정을 협상할 수 있는 권한이 있다는 1872년 5월 14일부 '국서위임장(國書委任狀)'을 받고 다시 미국으로 향했다.

청일수호조규

제1조 이후 대일본국과 대청국은 더욱 화의(和誼)를 돈독히 하여 천지와 함께 무궁하도록 한다. 또 양국에 속한 방토(邦土)도 각각 예로써 대하여 조금도 침탈함이 없이 영구히 안전하도록 한다.

제2조 양국은 우호를 맺었으므로 반드시 서로를 염려한다. 만약 타국으로부터 불공평하거나 업신여기는 일을 당하여 그것을 알리면, 서로 돕거나 혹은 중간에서 잘 조정하여 우의를 돈독하게 한다.

제3조 양국의 정치(政事)와 법령(禁令)은 서로 다른 점이 있으므로, 그 나라의 정치는 그 나라의 자주(自主)의 권리에 맡겨, 금지하고 있는 것을 간섭하여 집행하라고 요구할 수 없다. 그 나라의 법

령은 서로 도와 각자 상민(商民)을 단속하고, 토인(土人)을 유혹하여 조금이라도 위반하는 일은 허용하지 않는다.

제4조 양국은 병권대신(秉權大臣)을 파견하여 가족과 수행원을 거느리고 수도에 주재하여, 오래 체류하거나 때때로 왕래하여 내지 각지에 통행할 수 있다. 그 경비는 스스로 부담한다. 토지나 집을 임대하여 대신 등의 공관으로 삼거나 화물의 왕래, 전령을 마련하여 서신을 보내는 등의 일은 모두 불편함이 없도록 도와준다.

제5조 양국 관위(官位)는 비록 정해진 관품이 있으나 수여하는 관직은 각기 다르다. 따라서 피차의 직무가 같은 자는 응대할 때나 문서를 주고받을 때 대등의 예를 취한다. 관직이 낮은 자가 상관과 만날 때는 객례(客禮)를 행하고, 공무를 처리할 때는 직무가 같은 관리에게 조회하고 그 상관에게 직접 전달할 수는 없다. 또 쌍방이 방문할 때는 각 관위의 명첩(名帖)을 보낸다. 양국에서 보내는 관원이 처음 부임지에 도착하면 도장이 있는 서장을 보여주어 사칭하는 일이 없도록 막는다.

제6조 이후 양국이 공문을 왕래할 때 대청국은 한문을 사용하고, 대일본국은 일본문을 사용하되 한역문을 첨부하거나 혹은 오로지 한문만을 사용할 것인지는 그 편의에 따른다.

제7조 양국은 이미 우호를 맺었으니, 연해 각 항구에서 서로 장소를 지정하여 상민이 왕래하면서 무역하는 것을 허락한다. 또 별도로 통상장정을 체결하여 양국 상민이 영원히 준수하도록 한다.

제8조 양국의 개항장에는 피차 모두 이사관(理事官)을 두고, 자국 상민을 단속한다. 가재(家財)·산업·공사 소송에 관계된 사건은 모두 이사관의 재판에 귀속시키며, 모두 자국의 법률로 처리

한다. 양국 상민 상호의 소송에는 모두 원서체(願書體)를 사용한다. 이사관은 먼저 잘 이해시켜 되도록 소송에 이르지 않도록 한다. 그것이 불가능하게 되었을 때는 지방관과 교섭하여 쌍방이 입회하여 공평하게 결정한다. 도적이나 절도 등의 사건은 양국 지방관이 체포하여 조사할 뿐 관청이 변상시키는 일은 하지 않는다.

제9조 만약 양국의 개항장에 이사관이 아직 설치되지 않았다면, 무역하는 인민은 모두 지방관이 단속하고 관리한다. 만약 죄를 범하면 본인을 체포하여 조사하고, 그 내용을 가장 가까운 개항장의 이사관과 교섭하여 법률에 따라 처분하도록 한다.

제10조 양국의 관리와 상민은 각 개항장에서 해당 지역의 인민을 고용하여 마음대로 각종 잡일에 종사시킬 수 있다. 고용주가 때때로 단속하여 일을 빙자하여 사람을 속이는 일이 없도록 하며, 별도로 사신(私信)을 검열하여 사단을 일으켜서는 안 된다. 만약 범죄자가 있으면 지방관이 체포하여 처벌하도록 하며, 고용주는 비호할 수 없다.

제11조 양국 상민은 개항장에서 서로 왕래할 때 서로 우애롭게 해야 한다. 도검류를 휴대해서는 안 되며, 위반한 자는 처벌하고 칼은 관청에서 몰수한다. 그리고 각자 본분을 지켜 장기 거주하든 잠시 머물든 모두 반드시 자국 이사관의 통제에 따라야 한다. 의관(衣冠)을 바꾸거나 그 지역 호적에 오르거나 관직에 올라 헷갈리게 해서는 안 된다.

제12조 한 인민이 자국의 법을 위반하여 다른 나라의 관청이나 상선, 회사 등에 숨어들거나 각지로 도망갔을 경우, 해당 인민이 소속한 국가의 관리가 조사하여 교섭하러 오면, 상대국 관리는 신속하게 체포하고, 묵인해서는 안 된다. 죄수를

송환할 때는 도중에 옷과 식사를 제공하고 학대해서는 안 된다.

제13조 양국 인민이 만약 개항장에서 흉악한 자와 결탁하여 도적질이나 악한 일을 하거나, 내지로 잠입하여 방화, 살인, 약탈을 하는 경우, 각 항구의 지방관은 엄중하게 체포하고, 즉시 그 사정을 이사관에 알린다. 만약 흉기를 사용하여 저항하는 경우 누구든 때려죽여도 무방하다. 그러나 그 자를 죽인 사정은 이사관과 만나 함께 조사한다. 만약 그 일이 내지에서 일어나 이사관이 직접 그곳으로 가서 조사할 수 없을 때는 그 지방관이 실제 사정을 이사관에게 조회하여 조사하게 한다. 물론 포박하여 체포한 죄인은 각 항구에서는 지방관과 이사관이 회합하여 조사하고, 내지에서는 지방관이 혼자 조사하여 그 사정을 이사관에게 조회하여 조사하게 한다. 만약 한 나라의 인민이 다른 나라에서 도당을 꾸려 봉기를 획책하여 그 수가 10명 이상에 이르고, 또 다른 나라의 인민을 꾀어 통모하여 지방에 해를 끼치는 일이 있으면 그 나라의 관원이 신속하게 조사한다. 그 경우, 각 항구에서는 이사관과 교섭하여 심의하고, 내지에서는 지방관이 이사관에게 조회하여 조사하게 하고 어느 경우든 일을 범한 지방에서 법을 바로 세운다.

제14조 양국 병선이 개항장에 왕래하는 것은 자국 상민을 보호하기 위해서이므로 모두 미개항장과 내지의 강이나 호수의 지항 (支港)에 들어가는 것을 허가하지 않는다. 위반한 자는 붙잡아 처벌한다. 물론 태풍을 만나 조난을 피하기 위해 들어오는 경우는 이 사례에 해당하지 않는다.

제15조 이후 양국이 만약 다른 나라와 군대를 사용하는 일이 있어

방어해야 할 각 항구에서 포고를 하면, 잠시 무역과 선박의
출입을 정지하여, 잘못하여 손상을 입지 않도록 한다. 또 평
시에 대일본인은 대청국의 개항장 및 가장 가까운 해상, 대
청국인은 대일본의 개항장 및 가장 가까운 해상에서 불화하
는 국가와 서로 싸우거나 약탈해서는 안 된다.

제16조 양국의 이사관은 무역에 종사할 수 없다. 또 조약을 체결하
지 않은 국가의 이사관을 겸직해서도 안 된다. 만약 일을 처
리하는 데 있어 여러 사람의 마음에 부합하지 않는 증거가
있으면, 모두 서면으로 병권대신에게 알려 조사해서 소환하
게 한다. 한 사람의 잘못으로 인하여 양국의 우의를 손상하
지 않도록 방지한다.

제17조 양국 선박의 선인(船印)은 각자 정해진 법식이 있다. 만일 한
나라의 선박이 다른 나라의 선인을 사칭하여 사사로이 불법
을 저지르면, 그 선박과 화물을 모두 몰수한다. 만약 그 선인
이 관원에게서 건네받은 것이라면 관계 당국에 제기하여 파
면시키도록 한다. 또 양국의 서적은 서로가 익히려고 원하면
매매하는 것을 허락한다.

제18. 양국이 의논하여 조규를 정한 것은 미리 규범을 만들어 서로
간에 틈이 생기는 것을 막음으로써 신뢰와 우호관계를 증진시
키려는 뜻을 다하고자 함이다. 이에 양국 흠차전권대신은 증
거를 위해 먼저 날인하여 조인하고, 양국에서 어필(御筆)로 비
준을 끝내고 교환한 후 즉시 판각하여 각지에 통용시킴으로
써 서로의 관민이 널리 준수하여 길이 우호를 이룰 수 있도록
한다.

메이지(明治) 신미 4년(1871) 7월 29일

동치(同治) 10년 신미 7월 29일

출전 『舊條約彙纂』第1卷 第1部, 外務省條約局(データベース『世界と日本』)

내용 메이지 정부는 서양과의 불평등조약 개정을 추진하는 한편, 청과도 외교 관계를 맺으려고 노력하였다. 조선과의 국교 회복 협상이 제대로 진척되지 않는 상황에서, 청과 국교를 맺는 것은 조선과의 국교 회복에도 도움이 된다는 판단도 있었다. 이 조약은 서양과 불평등조약을 맺고 있던 양국이 체결한 평등 조약으로, 당연히 치외법권과 협정관세 규정은 없고, 서로 외교 사절과 영사를 주재시키며, 상호 제한적인 영사재판권을 인정하는 등 쌍무적인 성격을 가지고 있다. 이 수호 조규는 청일전쟁으로 폐기되었으며, 시모노세키조약에 따라 1896년에 체결된 청일통상항해조약에서는 중국이 관세자주권과 치외법권을 상실하였다.

류큐 국왕을 번왕으로 임명하는 조서

짐은 상천(上天)의 경명(景命)[33]을 받아 만세일계의 제위(祭位)를 이어 사해를 보유하고 팔황(八荒)[34]에 군림하고 있다. 지금 류큐는 가까운 남방에 있고 생민(生民)의 갈래는 같으며, 언어와 문자도 다르지 않고 대대로 사쓰마의 부용국이었다. 그리고 너 쇼타이(尙泰)[35]는 성심을 다해 조공한다. 마땅히 높은 관직을 주어야 한다. 관위를 올려 류큐번왕(琉球藩王)으로 삼고, 관작을 내려 화족(華族)[36]에 들어가게 한다. 아아, 너 쇼타이는 번왕의 임무

---

33 景命 : 큰 명령

34 八荒 : 팔방의 멀고 너른 범위라는 뜻으로, 온 세상을 가리킨다.

35 尙泰 : 류큐의 마지막 국왕으로 재위는 1848~1872년. 후에 일본의 화족으로서 류큐 번왕으로 있다가, 1879년 류큐 병합 후 후작이 되었다.

36 華族 : 1869년 版籍奉還 이후 과거의 조정 귀족과 다이묘에 대한 신분 호칭으로 사용되었지만, 1884년 華族令에 의해 메이지유신의 공신, 후에는 실업가에게도 적용되어

를 중히 여기고 뭇사람의 위에 서서, 부디 짐의 뜻을 명심하여 지켜 길이
황실을 보필하라. 삼가 근신하라.

출전 『太政官日誌』明治 5年 第70號(『日本史史料』4 近代).

내용 류큐는 일본과 중국 양쪽에 조공하는 양속 관계에 있었는데, 일본에
서 류큐는 폐번치현의 시점까지 사쓰마번의 부용국(附庸國)이었다. 그러나 폐
번치현 후 류큐의 위치는 애매해졌고, 메이지 정부는 류큐의 일본 귀속을 명
확히 하고자 하였다. 여기에는 또 1871년 11월에 일어난 타이완 원주민의 류
큐인 살해사건이 크게 관련되어 있었다. 사건이 일어나자 류큐를 사실상 지
배하던 사쓰마번(폐번치현 후 가고시마현)의 사족(士族)들은 타이완 정벌운동을
벌였다. 이에 정부는 타이완 출병을 가능하게 하는 조치로서 류큐의 일본 귀
속을 명확히 할 필요가 있었던 것이다. 1872년 9월 14일, 메이지 천황의 즉
위와 서정(庶政) 일신(一新)을 경하하는 류큐의 사절을 도쿄로 불러, 그 자리에
서 류큐국왕 쇼타이를 류큐번왕(琉球藩王)에 책봉하였다. 즉 왕국을 폐지하고
번(藩)을 설치하고, 국왕을 번주(藩主)로 삼은 것이다. 그리고 류큐번으로부터
외교권을 접수하고, 외국과의 외교 사무를 외무성 관할로 하였다.

타이완 출병

메이지 7년(1874) 7월 9일 해외 출사(出師) 건이 각의[廟議]에서 결정
되어 육해 두 군에 갑호(甲號) 밀유(密諭)를 내리고, 또 을호(乙號) 법제 요
령 등의 문서를 갖추어 외무성 4등 출사(出仕)[37] 다나베 다이치(田辺太一)를

公·侯·伯·子·男의 작위가 수여되었다. 귀족원 의원이 되는 등 정치적 특권을 가졌다.
37 出仕 : 관청의 試補.

특명전권공사 야나기와라 사키미쓰(柳原前光)[38]에게 보냈다. 각의가 이렇게 결정된 것은 쓸데없는 일이 아니다. 그렇게 된 데는 이유가 있다. 메이지 4년(1871) 12월 류큐 인민 54명이 타이완 번지(蕃地)에 표착하여 토인(土人)에게 참혹하게 살해된 것은 병호(丙號) 시말에 적혀 있다. 메이지 6년(1873) 2월 빗추(備中)[39] 인민 4명이 마찬가지로 타이완 번지에 표착했다가 토인에게 박탈약취(剝奪掠取)당한 것은 정호(丁號) 시말과 같다. 이에 따라 류큐번왕은 서장을 갖추어 보냈고, 오다(小田) 현령(縣令)은 서장을 상주하였다. 이에 조정에서 문죄(問罪)의 논의가 일어나, 마침내 조치를 강구하였다. 당시 외무경 소에지마 다네오미(副島種臣)를 청국에 파견하여, 타이완에 건너가 문죄하는 것에 대해 베이징의 노신(老臣)과 논의한 것은 무호(戊號) 시말에 있다. 올해 3월 서쪽의 반란[40]이 평정되고, 이어 조정의 논의가 결정되어 육군 중장 사이고 쓰구미치(西鄉從道)를 번지사무도독(蕃地事務都督)에 임명하고, 그에게 칙서 특유(特諭)를 주어 번지로 보낸 것은 기호(己號) 시말에 상세하게 적혀 있다. 도독이 타이완에 도착하여 푸젠 총독에게 조회하고, 그로부터 답신을 받은 것이 경호(庚號)의 두 서한이다. 또 쓰구미치가 번지에서 주민들을 초무(剿撫)한 것은 신호(辛號) 쓰구미치의 서장에 다 적혀 있다.

이에 앞서 5월에 야나기와라 공사를 청국에 파견하였는데, 출발에 즈음하여 내유(內諭)를 그에게 내리고, 또 청국 정부에 조회시킨 우리 정부의 공문 등은 신임호(辛壬號)에 상세하게 적혀 있다. 또 사키미쓰가 상하이

---

38 柳原前光(1850~1894) : 1871년 청일수호조규 체결을 주도하였고, 1874년 특명전권 주청공사에 임명되어 오쿠보 도시미치와 함께 베이징으로 가 타이완 출병 문제를 담당하였다.

39 備中 : 현재 오카야마현 서부에 해당한다.

40 佐賀의 亂 : 佐賀縣의 士族 1만여 명이 1874년 메이지 정부에 반기를 들고 일으킨 봉기.

에 체재할 때 총리아문에서 우리 외무경에게 조회한 문서는 계호(癸號)에 있다. 사키미쓰가 상하이에서 청국 관료 반위(潘霨)와 협상하여 가약(假約)한 자세한 사정은 자호(子號)에서 말했다. 6월에 반위가 타이완으로 건너와 사이고 총독과 만났을 때 응대한 경위는 축호(丑號)이다. 7월 반위가 푸젠에서 상하이에 있는 심병성(沈秉成)을 보내 야나기와라 공사에게 조회한 문서, 그리고 심병성 응대 및 공사가 반위에게 보낸 답신은 모두 인호(寅號)에 들었다.

문죄 착수의 순서와 청국 관계 경위는 앞의 문서를 통해 명료하다. 반위가 먼저 야나기와라와 약속하고, 중간에 사이고와 말을 나눴으며 후에 야나기와라에게 답했다. 모두 모순되고 맞지 않으며 허망하고 깔보는 것이니, 업신여기고 모욕하는 것이 이미 심하다. 이는 저들이 안으로 전쟁할 마음을 갖고 있으면서도 구태여 교만한 태도를 숨기므로 밖으로 드러나는 모습이 이와 같은 것이다. 다만 잠시 공손함과 원망을 뒤섞어 우리로 하여금 저들의 진의를 의심케 하는 것이다. 저들의 군비가 아직 정비되지 않아, 급히 시작하면 패배할 우려를 고려하여, 우리의 칼끝을 느슨하게 하려는 것일 뿐이다.

최근 동양신문에 청국이 군비를 재정비한다는 기사가 누차 속속 실렸다. 하물며 묘호(卯號) 군기대신(軍機大臣) 밀기(密奇)와 심보정(沈葆貞)의 상서(上書) 2편을 보면 모두 우리 병력을 두려워하여 크게 우리를 대비하는 것을 알 수 있다. 이를 증거로 삼아 판단해야 할 것이다. 이를 통해 추측해 보면, 지금 야나기와라가 대화와 서면을 통해 진행하는 베이징의 협상은 극히 쉽지 않을 것이다. 만약 피차의 논의가 생각한 대로 되지 않을 때는 화친[交和]은 곧바로 깨어진다. 일단 화친이 깨어지면 어떤 예측하지 못한 화가 일어날지 실로 알 수 없다. 깊이 숙고하지 않을 수 없다.

군대[兵]는 흉기이고 전쟁은 위험한 것이다. 본디 우리가 원하는 바가 아니다. 그러나 병권(兵權)으로 저들을 저지하지 않는다면 무엇으로 저들의 교만한 태도를 깨트리고, 또 제국이 제국인 소이(所以)를 세울 수 있겠는가? 또 시험 삼아 피차의 유불리를 가지고 말하자면, 오늘 국론을 전쟁으로 결정하면 끝내는 부전(不戰)으로 귀결될 것이며, 만약 오늘 국론을 부전으로 결정하면 끝내는 전쟁으로 귀결될 것이다. 오늘 단번에 전쟁을 결정하고 군대를 급히 진군시켜 해륙으로 병행해서 공격해 들어가야 한다. 그리하면 저들은 아직 군비가 충실하지 않아 당황하여 어찌할 바를 몰라, 마침내 저들이 화친을 청하고 죄를 사죄하게 될 것이다. 안타깝게도 몇 달을 지체하는 것은 저들에게 다소 정비할 시간을 주는 것이다. 그러나 오늘 빨리 그것을 도모하면, 아직 늦지 않다. 이것이 소위 전쟁을 결정하면 마침내 부전으로 귀결한다는 말이다. 만일 오늘 부전으로 결정하여, 저들이 병비(兵備)를 더욱 정비하여 다른 날 대거 우리를 공격하면 저절로 싸우지 않을 수 없다. 이것이 소위 오늘 부전을 결정하면 끝내는 전쟁으로 귀결된다는 말이다.

출전 『大久保利通文書』6(『史料日本近現代史』Ⅰ 近代日本の形成).

내용 1871년 11월 류큐의 어민이 타이완 원주민에게 살해되는 사건이 일어났다. 메이지 정부는 이 사건을 류큐 귀속 문제에 이용하기 위해 사절을 파견했지만, 중국에서는 류큐가 중국의 조공국이므로 류큐인은 일본인이 아니며, 타이완 원주민은 중국의 통치 범위 밖에 있다고 대답했다. 이에 메이지 정부에서는 류큐인은 일본 국민이며, 청이 타이완 원주민을 처벌하지 못한다면 직접 토벌하겠다고 하면서 1874년 5월부터 7월에 걸쳐 타이완 출병을 단행하였다. 이것이 메이지 정부 수립 이후 일본이 행한 최초의 해외 파병이었다. 청 정부는 청일수호조규에 규정된 영토의 상호불가침 조항에 어긋난다고 강하게 항의하면서 군사력을 동원하여 공격하려는 움직임을 보였다. 메이지 정부는 철수하면 사족들의 좋은 공격 거리가 되고, 철수하지 않으면 청과의 개전 가능성이 있는 곤란한 상황에 빠졌다. 위 자료는 이런 상황에서 열린

1874년 7월 9일 회의에서 무력을 배경으로 한 강경 외교를 통해 문제를 해결하자고 주장하는 오쿠보 도시미치의 주장이다. 이 의견은 곧바로 정부의 방침으로 정해졌다. 9월에 오쿠보 자신이 청으로 건너가, 10월에 타이완 출병을 '의거(義擧)'라고 인정하게 만들었다. 이로써 일본은 출병의 명분을 얻었을 뿐만 아니라, 본래의 목적이었던 불평 사족들의 공격 거리를 하나 제거할 수 있었다. 이후 일본은 청이 류큐를 일본의 일부로 인정했다고 하면서 류큐 병합을 추진하게 된다.

류큐 병합

류큐 사법관 모 후레(毛鳳來, 富川 盛奎[도미카와 세이케이])와 마 켄셰(馬兼才, 与那原良傑[요나바루 료케쓰]) 등은 류큐가 조약을 맺고 있는 대국을 향해 청원합니다. 위기에 빠진 소국 류큐에 급히 힘을 빌려줄 것을 요청합니다.

소국인 류큐는 명대 홍무 5년, 즉 서기 1372년에 중국에 조공한 이래, 영락 2년·서기 1399년에 선왕 부네이(武寧)가 명조로부터 중산왕(中山王)에 봉해져서 현재에 이르고 있습니다. 우리 나라는 외번(外藩)에 속하여 중국의 연호와 문자를 사용하고 있습니다만, 내정은 자치를 허가받고 있습니다. 대청국 이후는 2년에 1회의 조공을 정례화하고, 대청국 황제의 즉위 대례에는 축하를 위해 반드시 가신을 파견했습니다. 또한 우리 나라의 국왕이 즉위할 때는 새로운 왕을 중산왕에 봉하는 사절이 방문하고 있습니다. 또 가신의 자제를 베이징의 국자감에 유학시키고 있으며, 만약 우리 나라의 선박이 난파 표착한 경우는 각 성의 총독이나 순무가 식량을 주고 배를 수리하는 등의 원조를 해서 귀국시키고 있습니다.

우리 나라가 중국의 외번이 된 이후 지금까지 500여 년의 시간이 경과했습니다. 함풍(咸豊) 9년·서기 1859년, 즉 일본의 안세이(安政) 6년 네덜란드의 전권공사 자베르가 통상조약 체결을 위해 우리 나라를 방문했는데, 그때 맺은 약 7개 항으로 이루어진 조약에는 한문과 대청국의 연호가 사용되었습니다. 증거 문서가 귀국 공사에게 보존되어 있을 것입니다. 합중국·프랑스국도 우리 나라와 조약을 맺었지만, 그 당시 일본과는 옛 사쓰마번과 왕래가 있었을 뿐입니다.

그러나 동치(同治) 11년·서기 1872년, 즉 일본의 메이지 5년, 전년에 사쓰마번을 폐지한 일본은 우리 나라를 강제로 도쿄 정부의 소관으로 만들고 우리 국왕을 번왕으로 삼고 화족에 포함시켰습니다. 그러나 여전히 협상 사무는 외무성 관할이었습니다. 또한 동치 12년·서기 1873년, 일본의 메이지 6년에는 우리 나라가 네덜란드국·합중국·프랑스국과 맺은 조약의 원본을 일본 외무성으로 넘기라는 통고를 받았습니다. 나아가 동치 13년 ·서기 1874년, 메이지 7년 9월에는 류큐에 관한 모든 사무는 모두 일본의 내무성 관할로 하도록 강제했습니다. 그리고 광서(光緒) 원년 즉 1875년· 메이지 8년에는 일본의 태정관 포고로 청국에 대한 우리 나라의 조공과 우리 나라가 청국의 책봉을 받는 것을 즉시 정지하고, 번(藩) 내의 연호는 메이지를 사용하며 일본 법률에 따라 번 내 관직 제도를 개혁하라는 명령을 받았습니다. 우리 나라는 몇 번이고 일본에 사절을 파견하여 진정했지만, 일본은 결코 받아들이려고 하지 않았습니다.

우리 나라는 소국이지만 지금까지 대청국의 연호를 사용하고 대청국의 은혜로 자치가 허용되었습니다. 현재 일본은 우리 나라에 개혁을 강제하고 있습니다. 우리 나라가 대청국의 연호와 문자를 이용하여 네덜란드국과 조약을 체결한 것은 분명한 사실입니다. 지금 만약 대청국과의 책봉, 조공관계를 이전처럼 할 수 없게 된다면 앞서 맺은 조약은 휴지 조각이나 마찬가지가 되어 버릴 것입니다. 그렇게 되면 우리 나라와 같은 소국은 살아남을 수 없고, 여러 대국에게도 실례가 되며, 특히 대청국에 면목이 없습니다. 네덜란드국은 당초 우리 나라와 같은 소국을 경시하지 않고 정식으로 조약을 맺어 주었습니다. 네덜란드의 이 같은 후의는 감사하기 이를 데 없습니다. 우리 소국이 존망의 위기에 처해 있는 지금, 대국이 일본에 류큐국에 관한 모든 것을 이전대로 하도록 힘을 써주신다면 우리 나라의 모든 신민은 그 은의에 무한한 감사의 뜻을 표할 것입니다. 별도로 대청국의 흠차대신과 프랑스국 전권공사, 합중국 공사에게도 문서를 보내 이상과 같이 조치하도록 부탁할 예정입니다.

출전 『노스 차이나 해럴드』(1879년 1월 31일)(『日本史史料』近代) : (동북아역사재단뉴스 156).

내용 도쿄에서 류큐 구국운동을 이끌던 모 후레와 마 켄셰는 때마침 부임한 청국의 초대 주일공사 하여장(何如璋)을 찾아가 류큐의 구국 방침을 타진했다. 하여장은 류큐 문제의 중요성을 인식하고, 메이지 정부와의 외교 절충을 통해 류큐처분의 진행을 견제하는 한편, 류큐 문제를 국제사회에 부각시키기 위해 구미 각국의 주일 공사에게 청원서를 제출하게 하였다. 모 후레와 마 켄셰가 이 청원서를 제출한 것은 1878년 9~10월경이었다. 그러나 일본은 1879년 3월 마쓰다 미치유키(松田道之) 내무대서기관을 파견하여 폐번치현과 국왕 쇼타이(尙泰)의 도쿄 강제 이주를 전달하고 슈리성(首里成)을 점령하였다. 그리고 다음 달 4월에는 류큐번을 폐지하고 오키나와현을 설치하였다. 이후에도 류큐인들은 류큐국의 부흥과 조공 책봉 관계의 부활을 도모하였으며, 이러한 류큐처분을 둘러싼 일본과 청의 갈등은 청일전쟁 종결 때까지 계속되었다.

조약 개정 협상의 경위

현행 조약이 우리에게 유해한 점은 대략 이와 같으므로, 그것을 개정하려는 희망은 이미 이와쿠라 대사가 구미에 갈 때부터 일어났다. 그곳에서 협상을 시작하려고 시도했지만 실제로 아무런 결과도 얻지 못하였다. 이후 11년간 당시 정부는 오로지 해관세(海關稅) 증가 협상만 하였지만, 그 또한 효과를 보지 못하였다. 메이지 15년(1882)년에 이르러 외무경 이노우에 가오루(井上馨) 백작이 각국 공사와 조약 개정 예비회를 열어 우리 나라 국권 회복의 단서를 열고 개정 협상을 진행하였다. 동 19년(1886) 동 백작은 개정 협상의 기초를 향해 하나의 새로운 경지를 개척하였다. 영사재판권의 폐지를 내지(內地) 전면 개방과 교환한 것이 바로 그것이다. 당시 우리 나라의 민법, 상법 등 법전은 아직 편찬되지 않았을 뿐만 아니라, 민법, 형법 두 법의 재판도 서양인이 보기에 믿을 수 없는 것이 적지 않았으므로, 법전 편찬과 재판관 조직에 만족한 결과를 얻지 못한 것은 당연한 일이었다. 그러나 세액의 증가, 즉 국익상[41]의 협상은 현저하게 진척되었지만, 국권상[42] 불완전한 조항[43]이 있다고 해서 협상이 중지되었다. 동 22년(1889) 오쿠마 시게노부(大隈重信) 백작의 협상은 앞의 협상안과 비교하면 재판권과 기타 조건에서 더욱 진척된 것으로, 이미 유럽의 1~2 대국 정부[44]는 그 성안(成案)에 서명하거나, 혹은 비준하였다. 그러나 여전히 우리 나라 국권상에 불완전한 조항이 있는 것을 면할 수 없다고 해서, 이 또한 성과를 보지 못했다. 우리가 시작하고 우리가 그만둔 모습이 되었다. 아오키 슈조(靑木周藏) 자작이 오쿠마 백작의 뒤를 이어 협상을 계속하게 되면서 마침내

---

41 관세에 관한 사항을 가리킨다.
42 영사재판권에 관한 사항을 가리킨다.
43 외국인의 재판관 임용을 가리킨다.
44 독일은 조인했고, 영국은 찬성하였다.

거의 대등한 조약에 근접한 입안을 제출하여, 영국 정부가 1~2 조항을 제외하고는 그 중요한 부분을 승낙하도록 하게 된 것은 거의 예상 밖의 결과라고 하지 않을 수 없다. 이것은 물론 자작의 면밀한 계획과 숙련된 협상에 힘입은 것이지만, 또 하나는 이노우에, 오쿠마 두 백작의 노심초사의 결과, 그리고 또 하나는 아시아 전국(全局)의 근황이 영국 정부로 하여금 깊이 반성하도록 만든 것이 아닐까 한다. 아시아 전국의 근황이란 바로 시베리아 철도의 기공이다. 시베리아 철도는 영국의 동양에서의 특권을 박탈하는 이기(利器)임은 본관이 췌언할 필요도 없다. 그러므로 아오키 자작은 자신의 능력을 발휘할 수 있는 기회를 만났던 것이다.

출전 『日本外交文書』(『再訂版詳説日本史史料集』).

내용 에도 막부가 체결한 안세이 5개국조약은 모두가 영사재판권과 협정관세를 인정한 불평등조약이었다. 조약 개정은 메이지 정부의 중요한 외교과제였다. 위 사료는 1891년 외무대신이었던 에노모토 다케아키(榎本武揚)가 각의에 제출한 의견서로, 이와쿠라 사절단 파견 이래의 경과를 총괄한 것이다. 영국과의 조약 개정 협상은 아오키 슈조 외무대신(1889. 12. ~1891. 5.) 시기에 거의 완료되었는데, 영국의 정책 변화의 배경으로 러시아의 시베리아 철도 건설을 들고 있는 점이 주목된다. 영국과의 교섭은 1891년 5월 일본 방문 중이던 러시아 황태자 암살 미수 사건, 즉 오쓰 사건(大津事件)으로 아오키가 사직하면서 중단되었다가, 청일전쟁 직전인 1894년 7월 영일통상항해조약이 체결되었다.

영일통상항해조약

일본 황제 폐하와 대영국·아일랜드 연합왕국 겸 인도 황제 폐하는 양국 신민의 교제를 확장하고 증진하여, 양국 간에 존재하는 후의(厚誼)를 유지하기를 바란다. 그리고 이 목적을 달성하기 위해서는 양국 사이에 존재하는 조약을 개정하는 것이 가장 좋다고 확신한다. 이에 공정한 원칙과 상호의 이익을 기초로 하여 그 개정을 완료하기로 결정하고, 그를 위해 일본 황제 폐하는 영국 주재 제국 특명전권공사 자작 아오키 슈조(靑木周藏)[45]를, 대영국 황제 폐하는 킴벌리 백작을 각각 전권위원에 임명하였다. 따라서 각 전권위원은 서로 위임장을 제시한 후 그것이 양호하고 타당한 것을 인정하고 다음 각 조항을 협정하고 결정하였다.

　제1조 양 두 국가 중 한편의 신민은 다른 한편의 판도 내의 어디에 가서 여행하거나 혹은 거주해도 완전히 자유의사에 따른다. 그리고 그 신체와 재산은 완전히 보호를 받는다.

… (중략) …

　제5조 대영국 황제 폐하의 판도 내에서 생산 혹은 제조된 물품은 어느 곳에서 일본 황제 폐하의 판도 내에 수입되거나, 또 일본 황제 폐하의 판도 내에서 생산 혹은 제조된 물품은 어느 곳에서 대영국 황제 폐하의 판도 내에 수입되더라도 모두 별도의 국가에서 생산 혹은 제조된 물품에 부과되는 관세와 다르거나 혹은 그것보다 많은 관세를 부과하는 일이 없어야 한다. 또 두 국가 한편의 판도 내에 다른 국가에서 생산 혹은 제조된 물품의 수입을 금지하지 않으면, 다른 한편의 판도 내에서 생

---

45 靑木周藏(1844~1914) : 1891년 大津事件으로 외무대신을 사임하고, 1892년 주독일공사로 임명되어 독일에 갔다가 주영국공사를 겸임하였다. 당시 외무대신 무쓰 무네미쓰(陸奧宗光)와 함께 영일통상항해조약 체결에 진력하였다.

산 혹은 제조된 동종의 물품을 어디서든 수입하는 것을 금지하는 일이 없어야 한다. 단, 말미 부분의 협정은 목축 혹은 농업에 유용한 식물의 안전을 보호하는 데 필요한 위생상, 그리고 기타의 금지에 적용하지 않는 것으로 한다.

… (중략) …

제15조 양 조약국은 그중 한편의 통상 및 항해를 다른 한편에서 모두 최혜국의 기초에 두는 원칙을 가진다. 그러므로 통상 및 항해에 관련하여 그중 한편이 별개 국가의 정부, 선박, 신민 또는 인민에게 허여하거나, 혹은 장래에 허여하는 모든 특전, 우대 혹은 면제 등은 다른 한편의 정부, 선박, 신민 혹은 인민에게도 즉시, 그리고 무조건 그것을 허여할 것을 양 조약국은 약정한다.

… (중략) …

제20조 본 조약은 그 실시일로부터 양 조약국 사이에 현존하는 1854년 10월 14일 체결된 약정[46], 1866년 6월 25일 체결된 개세약서(改稅約書)[47], 1858년 8월 26일 체결된 수호 통상조약 및 그에 부속된 모든 약정을 대체하는 것으로 한다. 그리하여 당해 조약과 약정들은 상기 기일부터 모두 무효가 되므로, 따라서 대영국이 일본에서 집행한 재판권 및 그것에 속하거나 그 일부로서 대영국 신민이 향유해 온 특전, 특권 및

---

46 영일화친조약 : 미일화친조약에 이어 같은 해 영국과 체결한 화친조약. 미일화친조약과 비슷한 내용으로 나가사키에서 체결되었다.

47 改稅約書 : 1866년 에도 막부가 영국·프랑스·미국·네덜란드와 맺은 관세율 개정에 관한 협약. 영국 등 4개국과 長州藩이 충돌한 시모노세키 전쟁의 배상금을 감면하는 대가로 안세이 5개국조약에서 정해진 5%~35%의 從價稅를 개정하여 5%를 기준으로 하는 從量稅를 부과하기로 하였다. 이로 인해 구미 세력의 일본 시장 진출이 활발해졌고, 조약 개정의 주요 목표 중 하나가 되었다.

면제는 본 조약 실시일부터 달리 통지하지 않고 완전히 소멸한 것으로 한다. 그리고 이들 재판 관할권은 본 조약 실시 후에는 일본 제국 재판소에서 이를 집행한다.

출전 『舊條約彙纂』第1卷 第2部, 外務省條約局(データベース『世界と日本』).

내용 1889년 대일본제국헌법을 제정하고 1890년에는 제국의회가 개설되어, 일본은 정치기구와 법 제도 면에서는 근대 국가로 성립되었다. 한편 남은 과제 중 하나는 불평등조약을 개정하는 일이었다. 개정을 위한 노력은 이와쿠라 사절단의 파견부터 시작되었지만 별다른 진척이 없었다. 그러나 1890년 조약 개정에 부정적이었던 영국이 러시아와 대항하기 위해 일본과의 조약 개정에 나서게 되었다. 그 결과 청일전쟁이 일어나기 직전인 1894년 7월 16일 영일통상항해조약이 체결되어 일본은 영사재판권을 철폐하고 관세자주권의 일부를 회복하였다(실시는 1899년). 관세자주권의 완전 회복은 1911년에 체결된 미일통상항해조약이 최초였다. 참고로 영일통상항해조약은 태평양전쟁이 일어나기 직전인 1941년 7월 영국이 파기를 통고하여 실효하였다.

시모노세키조약

제1조 청국은 조선국이 완전무결한 독립자주국임을 확인한다. 따라서 이 독립자주를 저해하는 조선국의 청국에 대한 공헌전례(貢獻典禮) 등은 앞으로 완전히 이를 폐지한다.

제2조 청국은 다음에 열거하는 토지의 주권 및 당해 지방에 있는 성루, 무기공장 및 관유물을 영원히 일본에 할양한다.

　　1. 다음 경계(經界) 내에 있는 봉천성(奉天省) 남부의 토지
　　　　압록강 입구에서 압록강을 거슬러올라 안핑허(安平河) 입

구에서 봉황성, 해성(海城), 잉커우(營口)에 걸쳐 랴오허(遼河) 입구에 이르는 절취선 이남의 땅 및 전기한 각 성시(城市)를 포함한다. 그리고 랴오허를 경계로 삼는 곳은 해당 강의 중앙을 경계로 삼는다.

　　랴오둥만 동안 및 황해 북안에 있으면서 봉천성에 속하는 섬들

2. 타이완 전도 및 그 부속 도서
3. 펑후열도, 즉 영국 그리니치 동경 119도 내지 120도와 북위 23도 내지 24도 사이에 있는 섬들

제3조 앞 조항에 수록하고 부속 지도에 제시하는 경계선은 본 조약 비준 교환 후 즉시 일·청 양국에서 각 2명 이상의 경계공동획정위원(境界共同劃定委員)을 임명하여, 현지에서 직접 조사하여 확정한다. 그리고 만약 본 조약에 게시된 경계로서 지형상 또는 시정상 이유로 완전하지 않을 때는 해당 경계획정위원이 이를 바로잡는 일을 담당한다.

　　해당 경계획정위원은 가능한 한 신속하게 그 임무에 종사하고, 그 임명 후 1년 이내에 그것을 종료해야 한다.

　　단, 해단 경계획정위원이 바로잡을 때 바로잡은 것에 대해 일·청 양국 정부가 인가하기 전에는 본 조약에 게시된 경계를 유지한다.

제4조 청국은 군비배상금으로 고평은(庫平銀)[48] 2억 냥을 일본에 지불할 것을 약속한다. 이 금액은 도합 8회로 나누어, 1차와 2차는 각각 5천만 냥을 지불한다. 그리고 제1차 불입은 본 조약 비준 교환 후 6개월 이내에, 다음 불입은 본 조약 비준 교환

---

48 庫平銀 : 청대에 사용되었던 화폐로, 庫平이라는 저울로 무게를 달았다.

후 12개월 이내에 한다. 남은 금액은 6년 할부로 나누어 제1차는 본 조약 비준 교환 후 2년 이내에, 제2차는 본 조약 비준 교환 후 3년 이내에, 제3차는 본 조약 비준 교환 후 4년 이내에, 제4차는 본 조약 비준 교환 후 5년 이내에, 제5차는 본 조약 비준 교환 후 6년 이내에, 제6차는 본 조약 비준 교환 후 7년 이내에 지불한다. 또 최초 불입일 이후 아직 불입하지 않은 금액에 대해 매년 100분의 5의 이자를 지불하는 것으로 한다. 단, 청국은 언제라도 해당 배상금의 전액 혹은 일부를 미리 일시에 지불할 수 있다. 본 조약 비준 교환 후 3년 이내에 해당 배상금 총액을 모두 변제하면 모든 이자는 면제한다. 만약 그때까지 2년 반 혹은 그보다 더욱 단기에 이자를 불입했을 때는 이를 원금에 편입한다.

제5조 일본에 할양된 지방의 주민으로서 위의 할양된 지방 밖에 거주하려는 자는 자유롭게 그 소유 부동산을 매각하고 퇴거할 수 있다. 그것을 위해 본 조약 비준 교환일로부터 2년을 유예한다. 단, 위 기한이 만료된 후에도 여전히 해당 지역에서 떠나지 않은 자는 일본의 사정에 따라 일본 신민으로 간주할 수 있다.

일·청 양국 정부는 본 조약 비준 교환 후 즉시 각각 1명 이상의 위원을 타이완성에 파견하여 해당 성의 인수인계를 실시한다. 그리고 본 조약 비준 만료 후 2개월 이내에 인수인계를 완료한다.

제6조 일·청 양국 간의 모든 조약은 교전 때문에 소멸되었으므로, 청국은 본 조약 비준 교환 후 신속하게 전권위원을 임명하여

일본 전권위원과 통상항해조약[49] 및 육로교통무역에 관한 약정을 체결할 것을 약속한다. 그리고 당해 일·청 양국 간 조약은 현재 청국과 유럽 각국 사이에 존재하는 조약, 장정을 기초로 삼는다. 또 본 조약 비준 교환일부터 새로운 조약들이 실시될 때까지는 청국은 일본 정부 관리, 상업, 항해, 육로교통과 무역, 공업, 선박 및 신민에게 모두 최혜국대우를 부여한다. 청국은 그밖에 다음을 양도하고, 그리고 그 양도는 본 조약 조인일로부터 6개월 후에 유효한 것으로 한다.

제1 청국에서 현재 외국에 개방된 각 시항(市港) 외에 일본 신민의 상업, 거주, 공업 및 제조업을 위해 다음 시항을 개방한다. 단, 현재 청국의 개시, 개항장에서 시행되는 것과 동일한 조건에서 동일한 특전과 권익을 향유하는 것으로 한다.

    1. 후베이성(湖北省) 징저우부(荊州府) 사시(沙市)

    2. 쓰촨성(四川省) 충칭부(重慶府)

    3. 장쑤성(江蘇省) 쑤저우부(蘇州府)

    4. 저장성(浙江省) 항저우부(杭州府)

일본 정부는 이상 열기한 시항 중 어느 곳에도 영사관을 둘 권리가 있는 것으로 한다.

제2 여객과 화물 운송을 위해 일본 기선의 항로를 다음 장소까지 확장한다.

    1. 양쯔강(揚子江) 상류 후베이성 이창(宜昌)부터 쓰촨성 충칭까지

    2. 상하이에서 우쑹강(吳淞江)과 운하로 들어가 쑤저우,

---

49 청일통상항해조약 : 시모노세키조약으로 청일수호조규가 폐기되고, 1896년 7월 청일 통상항해조약이 체결되었다. 이 조약은 일본에 영사재판권, 협정관세, 최혜국대우를 인정한 불평등조약으로, 일본은 이를 발판으로 중국 진출을 가속화하였다.

항저우까지

일·청 양국이 새로운 장정을 체결하기 전에는 전기 항로에 적용할 수 있는 한 외국 선박의 청국 내지 수로 항행에 관한 현재 장정을 시행한다.

제3 일본 신민이 청국 내지에서 상품과 생산물을 구매하거나, 또는 그들이 수입한 상품을 청국 내지로 운송하기 위해 위의 구입품 또는 운송품을 창고에 넣을 때, 세금이나 징수금을 납부하지 않고 일시적으로 창고를 빌릴 권리를 갖는다.

제4 일본 신민은 청국의 각 개시, 개항장에서 자유롭게 각종 제조업에 종사할 수 있으며, 또 소정의 수입세만 지불하고 자유롭게 각종 기계류를 청국에 수입할 수 있다.

청국에서 일본 신민이 제조한 모든 제품은 각종 내국 운송세, 내지 부과금, 징수금에 관해, 또 청국 내지에서의 입고(入庫)상 편의에 관해, 일본 신민이 청국에 수입한 상품과 동일한 대우와 동일한 특전 면제를 향유하는 것으로 한다.

이들 양도에 관해 다시 장정을 규정할 필요가 있는 경우에는 이를 본 조항에 규정하는 통상항해조약에 구체적으로 신는 것으로 한다.

제7조 현재 청국 판도 내에 있는 일본 군대의 철수는 본 조약 비준 교환 후 3개월 내에 실시한다. 단, 다음 조항에 게재하는 규정에 따르는 것으로 한다

제8조 청국은 본 조약의 규정을 성실히 시행하는 담보로 일본 군대가 일시적으로 산둥성 웨이하이웨이(威海衛)를 점령하는 것을 승인한다. 그리고 본 조약에 규정한 군비배상금의 제1차와 제2차 지불을 완료하고, 통상항해조약의 비준 교환을 완료한 후 청국 정부가 위 배상금 잔액의 원리금(元利金)에 대해 충분하

고 적당한 협정을 하여 청국 해관세를 저당으로 삼을 것을 승낙했을 때 일본은 그 군대를 전기의 장소에서 철수한다. 만약 또 이에 관해 충분하고 적당한 협정이 체결되지 않을 경우에는 당해 배상금 최종 지불을 완료한 때가 아니면 철수하지 않는다. 물론 통상항해조약의 비준 교환을 종료한 후가 아니면 군대를 철수하지 않는 것으로 한다.

제9조 본 조약 비준이 교환된 후에는 즉시 모든 포로를 송환한다. 그리고 청국은 이렇게 돌려보낸 포로를 학대 또는 처형하지 않을 것을 약속한다.

　　일본 신민으로서 군사상의 간첩 또는 범죄자로 인정된 자는 청국이 즉시 석방할 것을 약속한다. 청국은 또 교전 중 일본 군대와 각종 관계를 가진 청국 신민에 대해 어떠한 처형도 하지 않을 것을 약속한다.

제10조 본 조약 비준 교환일로부터 전투를 중지한다.

제11조 본 조약은 대일본국 황제 폐하와 대청국 황제 폐하가 비준하고, 그리고 위 비준은 즈푸(芝罘)에서 메이지 28년 5월 8일, 즉 광서 21년 4월 14일에 교환한다.

출전 外務省編, 『日本外交年表竝主要文書』上(データベース『世界と日本』).

내용 1895년 4월 17일 시모노세키에서 청일전쟁의 강화조약으로 시모노세키조약이 체결되었다. 중국에서는 마관조약(馬關條約)이라고 부른다. 조약의 내용은 ① 청은 조선이 독립자주국임을 승인한다, ② 청은 랴오둥반도, 타이완, 펑후열도를 할양한다, ③ 청은 2억 냥의 배상금을 지불한다, ④ 청일수호조규를 파기하고 새로운 통상조약을 체결한다, ⑤ 개항장에서 외국 기업의 공장 경영을 인정한다, ⑥ 창장강 하류의 항행권(航行權)을 인정하고 사시(沙市)·충칭(重慶)·쑤저우(蘇州)·항저우(杭州)를 개시(開市)·개항장(開港場)으로 한다 등이었다.

참고로 배상금 수령 방식에 대해 설명하기로 한다. 삼국간섭에 의한 랴오둥반도 환부금까지 합하여 배상금 총액은 2억 3,150만 냥이었다. 일본은 이 배상금을 은이 아니라 영국 통화인 파운드로 환산하여 런던에서 받겠다고 제안하고, 청도 승인하였다(파운드로 환산하면 3,808만 2,000파운드). 일본은 런던에 파운드로 예치된 배상금을 바탕으로 1897년 10월 금본위체제로 전환하였다. 한편 청은 외채를 발행하여, 열강으로부터 차관을 얻어 1895년 10월부터 1898년 5월에 걸쳐 배상금을 전액 지불하였다. 차관의 대가로 철도 부설권과 광산 채굴권 등을 얻은 열강에 의해 중국 분할이 본격적으로 시작되어, 청은 멸망으로 향하게 된다.

'청일전쟁은 문명과 야만의 전쟁이다'

조선해 풍도 부근에서 일·청 양국 사이에 해전이 벌어져 우리 군대가 대승리를 거둔 것은 어제 호외를 통해 독자에 보도하였다. 대저 이번 갈등에 대해 일본 정부가 주의에 주의를 기울여 오로지 평화로운 종결을 희망한 것은 숨길 수 없는 사실이다. 세상에 스스로 자신의 분수를 모르고 사물의 도리를 이해하지 못하는 것만큼 무서운 것은 없다. 저들 지나인은 스스로 힘의 강약을 헤아리지 못하고 무도하게도 도리에 어긋나는 일을 밀어붙여 관철하려 하면서 조금도 고치려는 바가 없었다. 그러므로 부득이 오늘의 상황에 이르러, 개전하자마자 우리 군은 승리의 명예를 얻게 되었다.

나는 이 보도에 접하고 함부로 마냥 기뻐하지만은 않는다. 개전 후 우리 군대가 승리한 것은 무엇보다 일본의 큰 명예로서 축하할 일이지만, 우리 군인의 용감무쌍함에 더하여 문명의 예리한 무기를 가지고 저 부패한 나라의 부패한 군대에 맞서는 것이므로 승패는 이미 명명백백한 것이었다. 그것은 마치 일본도로 풀을 쓸어버리는 것과 다르지 않아, 닿는 곳마다 모두 쓰러진 것은 예사로운 일로서 조금도 놀랄 일이 아니다. 그저 사전에 기대한 바와 같이 일본의 군인이 예상대로 용감무쌍했고, 문명의 이기가 예상대로 예리했던 것을 기뻐할 뿐이다. 본래 (일본의 승리는) 요행이 아니며, 그에 따라 일·청 간의 전쟁이 세계의 표면에 드러나게 되었다.

문명 세계의 사람들은 과연 어떻게 볼까? 전쟁 그 자체는 일·청 양국 사이에서 벌어졌지만, 그 근원을 살펴보면 문명개화의 진보를 꾀하는 나라와 그 진보를 방해하려는 나라의 싸움이었지, 결코 양국 간의 전쟁이 아니었다. 본래 일본인은 지나인에게 사적인 원한을 지니지도 적의를 지니지도 않았다. 그들을 세계 한 국민으로 보고 인간 사회 보통의 교제를 원했을 뿐이다. 그러나 유감스럽게도 그들은 완고하고 무지하여 보통의 도리를 이해하지 못하고 문명개화의 진보를 보고도 그것을 좋아하지 않을 뿐 아니라, 오히려 그 진보를 방해하기 위해 무도하게도 우리에게 반항의 뜻을 보였기 때문에, 어쩔 수 없이 일이 이 지경에 이르게 된 것이다. 일본인의 눈에는 지나인도 없고 지나국도 없다. 다만 세계 문명의 진보를 목적으로 삼아, 그 목적에 반대하고 그것을 방해하는 것을 타도한 것일 뿐이므로, 사람과 사람, 국가와 국가의 사안이 아니라 일종의 종교전쟁으로 볼 수도 있다. 적어도 문명 세계의 사람들은 사안의 시비곡직을 따지지 않고 즉각 우리의 목적에 동의를 표할 것임을 나는 결코 의심하지 않는다.

이리하여 해상의 전투에서는 우리 군대가 승리를 거두어 한 척의 군함을 포획하고 1,500명의 청군을 쓰러트렸다고 한다. 생각건대 육상의 아산에서도 이미 개전하여 그 주둔군을 몰살시켰을 것이다. 저들 정부의 거동은 차치하고, 수천 명의 청군은 모두 무고한 인민으로서 그들을 몰살시키는 것은 가엽게 보이지만, 세계 문명의 진보를 위해 방해물을 배제하는 데 얼마간의 살풍경을 연출하는 것은 도저히 피할 수 없는 운명이다. 그들은 불행하게도 청과 같은 부패한 정부 아래 태어난 불운을 스스로 체념할 수밖에 없을 것이다. 만약 지나인이 이번 실패를 거울삼아, 문명 세력의 무서움을 깨달아 스스로 잘못을 고쳐, 400여 주(州)의 부패한 공기를 일소하여 문명 일신의 여광(餘光)을 받들게 된다면, 얼마간의 손실 따위는 대수로운 것이 아니다. 오히려 문명의 지도자인 일본인에게 몇 번이고 절하며 그 은혜에 감사하게 될 것이다. 나는 지나인이 하루빨리 스스로 깨닫고 그 잘못을 고치기를 바라 마지않는다.

출전 『福沢諭吉全集』 제14권(『史料日本近現代史』 I 近代日本の形成).

내용 청일전쟁에서 일본군의 초전 승리 소식을 들은 후쿠자와 유키치(福沢諭吉)가 쓴 글이다. 그는 문명이라는 잣대로 모든 이해득실을 논하고 있다. 그는 갑신정변 이후 문명이 뒤진 조선·중국에 대한 침략을 용인하고, 1885년에는 유명한 「탈아론(脱亞論)」을 집필하였다. 그리고 청일전쟁도 문명개화의 진보를 꾀하는 일본과 그 진보를 방해하려는 야만적인 조선·중국과의 전쟁, 즉 '문야(文野)의 전쟁'이라고 하면서 일본의 침략을 전면적으로 옹호하고 있다.

청일전쟁 전후 경영 비판

왜 조선을 구해야 하는가? 말하기를 "조선의 독립은 일본의 이익이 되기 때문이다." 왜 지나를 쳐야 하는가? 말하기를 "충분한 승산이 있기 때문이다." 저들은 청일전쟁을 의전(義戰)이라고 주장한다. 그러나 나 같은 바보는 저들의 선언을 액면 그대로 받아들여 보잘것없는 영어로 「일청전쟁(日淸戰爭)의 의(義)」를 세계에 호소한 적이 있는데, 일본의 정치가와 신문기자는 마음속으로 몰래 웃으면서 말했다. "잘한다. 저 바보." 의전이란 저들 지식인이 공언해 거리끼지 않는 바이다. 그러므로 전쟁에서 승리하여 지나에 굴욕을 주자, 동양의 위기가 얼마나 닥쳐왔는지 돌아보지 않고, 전 국민이 모두 전승회로 분주하다. 기울이는 맥주가 몇만 병, 도살하는 소가 수백 마리, 지나 병사를 쓰러트리는 데 멧돼지를 사냥하는 것 같은 마음을 지닌다. 그리고 전쟁을 수습하고 전승국의 위치에 서자, 전쟁의 주목적으로 삼았던 이웃 나라의 독립은 내팽개치고, 신영토의 개척, 신시장의 확장이 전 국민의 주의를 빼앗아, 오로지 전승의 이익을 충분히 거두어들이려고 급급하다. 의전이 만약 진실로 의전이라면 왜 국가의 존재를 희생해서라도 싸우지 않을까? 일본 국민이 만약 인의의 국민이라면 왜 동포인 지나인의 명예를 중시하지 않는가? 왜 이웃 나라 조선에 대한 권유에 힘쓰지 않는가? 나의 탄식은 우리 국민이 진지하지 않은 데 있고, 그들이 의(義)를 믿지 않으면서 의를 주창하는 데 있으며, 그들의 이웃 나라에 대한 친절은 말뿐이고 마음에서 나오지 않는 데 있고, 그들의 의협심이란 것이 천박한 데 있다.

출전 『內村鑑三著作集』 제2권(1896년 8월 15일)(『日本史史料』近代).

내용 청일전쟁은 위의 후쿠자와 유키치의 글에서도 볼 수 있듯이 '문명'이라는 관점에서 정당화되고 선전되었다. 우치무라 간조(內村鑑三)도 처음에는 청일전쟁을 '지나를 각성'시키기 위한 '의전(義戰)'이라고 지지하였다. 그러나 그는 청일전쟁의 목적이 일본의 이익을 추구하는 데 있는 것을 알고, 과거에 청일전쟁을 조선을 독립시키기 위한 의전이라고 지지했던 것이 잘못이었음을 인정하였다. 나아가 실리의 획득에 급급한 일본의 제국주의 정책을 비판하며 전후 경영에 이의를 제기하였다.

삼국간섭

1. 러시아공사의 권고 각서

러시아 황제 폐하 정부는 일본이 청에 요구한 강화 조건을 살펴보았다. 그 요구에 들어 있는 랴오둥반도를 일본이 소유하는 것은 청의 수도를 위험하게 만드는 것일 뿐 아니라, 그와 동시에 조선의 독립을 유명무실하게 만드는 것이다. 이는 앞으로 길이 극동의 영구적인 평화에 장해가 되는 것으로 판단된다. 따라서 러시아 정부는 일본 황제 폐하의 정부에 거듭 성실한 우의를 표하기 위해, 이에 일본 정부에 랴오둥반도의 영유를 확실하게 포기할 것을 권고하는 바이다.

2. 프랑스공사의 권고

프랑스공화국 정부의 의견은, 랴오둥반도를 영유하는 것은 청국의 수도를 위험하게 하고 조선의 독립을 유명무실하게 만들며, 길이 극동의 평화에 장애를 주는 것으로 간주한다.

프랑스공화국 정부는 거듭 이에 일본 정부에 대한 우정을 표하고자 하므로, 제국 정부에 당해 반도의 소유를 확실히 포기해 달라는 우의상의 권고를 하는 것이 프랑스 정부의 의무라고 생각한다.

3. 독일공사의 권고

본국 정부의 훈령에 따라 다음 선언을 합니다. 독일 정부가 청·일 강화 조건을 살펴보니, 귀국이 청구한 랴오둥의 소유는 청국의 수도를 언제까지나 안전하지 못한 위치에 두고, 또 조선의 독립도 수포로 돌아가게 하여, 따라서 동양 평화의 영속을 방해하는 것으로 판단하지 않을 수 없습니다. 그러므로 귀국 정부가 랴오둥의 영구적인 소유를 단념하시도록 본국 정부는 권고합니다.

이 선언에 대해 다음 사항을 말씀드리라고 명령받았습니다. 일·청 사건의 최초부터 본국 정부가 귀국에 간절한 마음의 증거를 나타낸 것이 이번 한 번만이 아니라고 알고 있습니다. 아시는 바와 같이 작년 10월 7일에도 영국 정부가 유럽 각국에 일·청 사건에 간섭하자고 요청했지만, 그때 독일은 일본에 대한 우의 때문에 간섭을 거절했습니다. 그 후 또 올해 3월 8일 본 공사가 본국 정부의 명령에 따라, 귀국 정부가 과도한 청구를 하지 않고, 가능한 한 빨리 강화를 맺도록 권고했습니다. 그때 말씀드린 것은 유럽 각국이 청국의 부탁에 부응하여 간섭할지 모르므로 일본이 과도한 청구를 하지 않고 빨리 강화조약을 체결하는 것이 도리어 이익이 될 것이라는 것이었습니다. 그에 이어 일본이 만약 대륙의 토지 양도를 요구한다면 그것은 매우 큰 간섭을 야기할 요구일 것이라고 말씀드렸음에도 귀국은 이 이기심 없는 권고에 응하지 않았습니다.

현재의 일·청 강화 조건은 완전히 도가 지나쳐서 유럽 각국의 이익 및 비교적 그보다 다소 적지만 독일의 이익에도 해가 된다고 판단됩니다. 그러므로 본국 황제 폐하 정부도 함께 항의를 제출하지 않을 수 없습니다. 또 필요한 경우에는 그 항의를 유효하게 만들 경우도 있을 것입니다. 삼국에 대한 전쟁은 결국 일본에 희망이 없는 것이므로 귀국은 이 사건에 대해 양보하지 못할 일은 없을 것으로 생각합니다. 그리고 일본 정부가 명예를 잃어버리지 않고 지금의 지위에서 물러날 길을 강구하기 위해 회의를 열기를 원하신다면 그 뜻을 전보로 본국 정부에 보내라는 훈령도 받았습니다.

출전 外務省編, 『日本外交年表竝主要文書』上(データベース『世界と日本』).

내용 1895년 4월 17일 시모노세키조약에 의해 일본이 랴오둥반도를 할양받자, 6일 후인 4월 23일 러시아·프랑스·독일 삼국은 일본의 랴오둥반도 영유가 청의 수도를 위협하고, 조선의 독립을 방해한다고 하면서 랴오둥반도의 포기를 권고하였다. 동아시아 진출을 꾀하던 러시아는 일본의 랴오둥반도 할양에 위기감을 느끼고 프랑스와 공동으로 간섭을 계획하였다. 독일도 영국과 대항하는 데 러시아의 동아시아 진출이 오히려 도움이 된다고 판단하고 간섭에 참가하였다. 권고를 받은 일본 정부는 각의를 열고 삼국간섭을 받아들이기로 결정하였다. 그것은 권고를 거부할 경우 청이 조약의 비준을 거부할 것이고, 그렇게 되면 랴오둥반도뿐만 아니라 타이완과 펑후열도의 할양, 배상금도 받지 못하게 된다는 현실적인 판단 때문이었다. 일본 정부는 5월 5일 삼국에 랴오둥반도의 포기를 통고하고, 5월 8일 시모노세키조약의 비준서 교환을 끝냈다. 랴오둥반도는 그해 중에 청에 반환되었고, 일본은 대가로 3,000만 냥(약 4,500만 엔)을 받았다. 삼국간섭 이후 일본에서는 러시아에 대한 적개심이 높아졌다.

타이완 총독부 관제

제1조 타이완 총독부에 타이완 총독을 둔다.
　　　총독은 타이완과 펑후열도를 관할한다.
제2조 총독은 친임(親任)[50]으로 한다. 육해군 대장 또는 중장으로 이에 임명한다.
제3조 총독은 위임의 범위 내에서 육해군을 통솔하고, 내각 총리대신의 감독을 받아 제반 정무를 통리(統理)한다.
제4조 총독은 군정 및 육해 군인, 군속의 인사에 관해 육군대신 혹은 해군대신, 방어 작전 및 동원 계획에 관해서는 참모총장[51] 혹

---

50 親任 : 천황이 친서에 의해 임명한 관리
51 參謀本部 : 1878년에 설치된 천황에 직속하는 육군의 軍令機關. 軍政과 軍令을 함께 담당하던 陸軍省에서 독립하여 군령을 담당, 해군의 軍令部와 함께 천황의 통수권을

은 해군 군령부장[52], 육군 군대 교육에 관해서는 감군(監軍)[53]의 구처(區處)[54]를 받는다.

제5조 총독은 직권 혹은 특별한 위임에 의해 총독부령을 내려, 금고 1년 이하 또는 벌금 200엔 이내의 벌칙을 내릴 수 있다.

제6조 총독은 관할 구역 내의 방비를 관장한다.

제7조 총독은 관할 내의 안녕과 질서를 유지하기 위해 필요하다고 판단될 때는 병력을 사용할 수 있다.

전항의 경우에는 즉시 내각총리대신, 육군대신, 해군대신, 참모총장 및 해군 군령부장에게 그것을 보고해야 한다.

출전 『官報』 1897년 10월 21일(『日本史史料』近代).

내용 일본이 처음 식민지로 영유한 타이완에는 통치기관으로 타이완 총독부가 설치되었다. 타이완에는 대일본제국헌법이 적용되지 않고 육해군 대장 혹은 중장이 임명되는 총독이 행정권과 사법권, 입법권은 물론 타이완 주둔 육해군의 지휘권까지 한 손에 장악하여, 거의 절대적인 권력을 가졌다. 타이완 총독부는 민정 기관임과 동시에 군정·군령 기관이기도 하여, 보조 기관으로 행정과 사법에 관한 사무를 관할하는 민정국과 육해군의 군정과 군령에 관한 것을 관할하는 군무국의 2국(局)을 두었다. 1919년 3·1 운동을 계기로 일본의 식민지 통치 체제가 수정되는 과정에서 총독 무관제가 폐지되어 8대 총독부터 16대 총독까지 문관총독이 임명되었다. 참고로 타이완 총독은 총 19명 임명되었다.

보필하였다. 참모본부의 장관이 참모총장이다.

52 軍令部 : 육군의 參謀本部와 병립하는 존재로, 해군의 작전을 통괄하는 기관이다. 군령부의 장관이 군령부장이다.

53 監軍 : 육군의 교육기관.

54 區處 : 사물을 따로따로 구분하여 처리함.

고다마 겐타로「타이완 통치의 과거와 장래에 관한 각서」

1. 본도(本島)는 7개국 사이에 위치하므로 제국의 북수남진(北守南進)이라는 일대 세력을 펼치는 기지로 삼기에 충분한 설비를 갖출 것.

2. 남진 정책을 완수하기 위해서는 안으로는 통치에 힘쓰고 밖으로는 선린에 노력하여, 가능한 한 국제적인 사단이 발생하는 것을 피하고, 대안(對岸)의 청국에 대하여 남양(南洋)의 통상에서 청국보다 우세를 점할 방책을 강구할 것.

3. 본 도민(島民)의 통치에 완전한 효과를 거두기 위해서는 그저 도내의 통치와 민심 수습만을 주된 목표로 삼아서는 안 된다. 반드시 대안에 있는 푸젠성, 특히 아모이(廈門)의 민심에 주의하여 그 귀추를 살피고, 반사적으로 도민의 안도를 도모하여 통치 목적을 달성할 방침을 취할 것.

4. 본도 재정의 독립을 도모하여 가능한 한 모국의 정치적 변동, 또는 재정의 변경으로 인해 초래될 수 있는 악영향을 피하도록 한다. 또 이미 경험한 것처럼 자주 본도의 통치 방침을 변경하여 모국의 위신을 떨어트리는 일이 있었는데, 그 원인을 제거하는 것이 필요하다. 이에 아편, 식염, 장뇌(樟腦)의 3대 전매로 주된 재원으로 삼고, 지방세 제도로 그것을 보충하여 대략 3년 내에 완성을 도모하고, 공채(公債)로 필요한 사업을 일으켜 지조와 관세의 증가분으로 다시 변제하는 방책을 정할 것.

5. 토지 대장이 상세하지 않고, 인구가 분명하지 않은 것은 모두 말할 필요도 없이 통치의 근본을 문란케 하는 것이다. 특히 신영토를 통치하는 데 이들을 상세하고 분명하게 하는 것은 긴요한 것임을 인지하고, 그를 위한 기관으로 토지조사 제도를 정하고, 또 보갑제[55]를 마련하여 토지 대장과

---

55 타이완의 전통 촌락에 있던 치안, 행정제도를 이용하여 촌락을 파악기 위한 제도. 보정(保正)·이장(里長)에게 질서 유지의 연대 책임을 부과하였다.

인구를 명확히 하여 영구 통치의 준비를 할 것.

6. 항구 건설 사업은 대략 조사를 마쳤지만, 본도는 천혜의 항구가 없다. 이것은 타이완 통치 방책을 주장하는 자들 모두 똑같이 탄식하는 점이다. 조금 안목을 확장하고, 또 제국의 본도 점령의 근본 취지에 따라 경영을 시도한다면, 동양에서 손꼽을 만한 좋은 항구가 본도 인근에 위치하여, 이미 수백 년 동안 도민이 이용하는 항구가 있다. 그것을 이용하는 방법을 강구하는 것은 소위 자연의 은혜를 헛되이 하지 않는 것이자, 본디 제국이 본도를 점령한 뜻에 부합하는 것이다. 소위 동양 유수의 항구란 아모이 항이 바로 그것이다. 부임 이래 이 점에 대해 고심하며 경영하고 있으므로 조만간에 그 목적을 달성하는 시운에 도달하도록 할 것.

7. 아모이 주민의 의향이 근래에 일변하여, 타이완의 통치를 크게 흠모하여 귀화를 바라는 자가 나날이 많아지고 있다. 뿐만 아니라 제반 기업에 대해 총독부의 도움을 요청하려는 경향이 있다. 총독부는 이 기회를 놓치지 않고 활기차게 나아가, 크게 민심의 수습에 노력할 것.

출전 「後藤新平文書」；鶴見祐輔『後藤新平』第2卷(『日本史史料』近代).

내용 일본의 타이완 통치는 그 맞은 편에 있는 푸젠성에 대한 세력 신장 움직임과 밀접하게 관련되어 있었다. 신영토인 타이완의 안전을 확보하면서 대륙 진출의 기반을 닦기 위해서는 푸젠성에 세력을 부식할 필요가 있었던 것이다. 이미 제2대 타이완 총독 가쓰라 다로(桂太郎, 재임 1896. 6.~동년 10.)도 이를 주장했지만, 제4대 타이완 총독 고다마 겐타로(児玉源太郎, 재임 1898. 2.~1906. 4.)는 1899년 타이완을 이러한 '북수남진(北守南進)'의 기지로 만들어야 한다는 의견서를 제출하였다. 여기서 고다마는 남진을 위해서는 타이완 경제의 독립을 도모하고 대안에 있는 아모이와 밀접한 관계를 구축할 것을 제안하였다.

북청사변 출병에 관한 각의 결정

앞서 북청사변(北淸事變)[56]에 대해 각의에서 결정한 요지는, 우리 나라의 책임이 자못 중대한데 재원이 풍족하지 않고 군자금이 부족하므로 먼저 영국 및 기타 각국에 조회한 후에 방침을 결정하려는 데 있었다. 그러나 이후 형세가 날로 위급해지고, 또 유예할 수 없는 바가 있다. 따라서 더욱 숙고하건대 열강의 지원군은 급하게 도착할 수 없고 화북의 형세는 더욱 위급을 고하여, 열강의 공동 운명이 거의 우리의 결단 여하에 달려 있다. 이때 우리 나라는 마땅히 빨리 방침을 정하여 열강을 도와 멀리 베이징을 공격할지, 혹은 위기에 처한 톈진 연합군을 구하여 그들이 복망(覆亡)에서 벗어나도록 하는 데 그칠지, 어느 쪽을 선택하지 않을 수 없다.

지금 청군이 베이징 및 루타이(蘆臺) 방면에서 톈진을 협공하려 하는데, 그 거리가 매우 가깝다. 톈진에 있는 열강 연합군은 20,000명을 넘지 않는데, 고립되어 객지에 의거하고 있다. 더욱이 성벽이 견고하지 않고 식량도 풍족하지 않으므로, 필연적으로 방어를 감당할 수 없을 것이다. 영국은 인도에서, 프랑스는 안남(安南) 통킹에서 각각 군대를 보내 이를 구원하려 하지만, 그들이 다구(大沽)에 도착하는 것은 아마 이번 달 하순부터 8월 상순보다 이전일 수 없다. 독일의 파병은 빨라도 9월 초순이 될 수밖에 없다. 이렇게 오랫동안 지연되어 구원군이 도착하지 않고, 안으로는 다구에서 톈진로 가는 길이 끊겨 식량과 탄약이 떨어지게 되면 톈진은 마침내 함락을 면치 못할 것이다. 만약 톈진이 함락되면, 다구 또한 끝내 지키지 못할 것이다. 어쩌면 불행하게도 전군이 파멸될지도 모르겠다.

만약 불행하게 이렇게 패한다면 사방의 난도(亂徒)가 앞을 다투어 일어나고, 이어 그것이 동남지방으로 번진다면, 각지 총독의 힘은 당연히 그것

---

56 北淸事變 : 의화단 운동을 가리킨다.

을 제지할 수 없고, 청국은 모두 무정부 상태로 변해 버릴 것이다. 이런 때에는 열강에 대군이 있다고 하더라도 쉽사리 그것을 진압할 수 없다. 그러므로 군략상(軍略上)으로 말하자면 우리 나라는 마땅히 먼저 2개 내지 3개 사단의 군대를 보내 톈진을 구하고, 열강의 군대와 함께 길을 나누어 베이징을 공격하여 청국 정부를 응징하고, 반정(反正)[57]의 실질을 거둬야 한다. 만약 세월을 허송하다가 결빙기 가까이 되어서 비로소 군대를 보낸다면, 베이징의 공략은 바랄 수 없게 된다. 그리하여 화란은 더욱 커지고 정복은 더욱 곤란해질 것이다.

또 돌이켜 정략상에서 이를 보면, 영국과 프랑스와 독일은 모두 멀리서 군대를 보내기 때문에 많은 병사를 도저히 보낼 수 없다. 러시아는 국경을 접하고 있지만 시베리아를 사이에 두고 있어서 급하게 대군을 보낼 수 없다. 화북지방에 대군을 보낼 수 있는 것은 오직 우리 나라뿐이다. 지금 각국 공사는 베이징에 있고 위기가 닥쳐오는데, 고립된 군대는 고작 톈진만 지키고 있을 뿐 가서 서로 구원할 수 없다. 하물며 적군이 우세하게 임하여 인심이 흉흉하고 날마다 구원을 바라는 이때, 지리적인 편의가 있고 수십만의 육군을 가진 우리 나라가 각국이 파병을 촉구해도 고작 수천 명을 보내는 데 그치고, 급하게 보내 구원하지 않는다면, 안으로는 국민의 여망에 대해 정부의 당연한 책무를 게을리했다는 질책을 면하기 어렵다. 또한 밖으로는 열강이 마침내 우리 나라가 다른 의도가 있다고 의심하거나, 혹은 과거의 원수를 갚는다고 간주하고 길이 시기심을 풀지 않아, 장래에 유감을 품게 될 것을 우려한다. 지금 열강의 원병이 아직 도착하지 않고 톈진과 다구의 군대가 적에게 고통을 받는 이때 급히 대군을 보내면 그곳의 포위를 풀고, 나아가 베이징의 난을 평정할 수 있을 것이다. 그리하여 난을 진압한 공은 대체로 우리에게 돌아오고, 각국은 길이 우리 나라에 감사할

---

57 反正 : 난리를 평정하여 평온한 상태를 회복함.

것이다. 또 화북의 화란이 오랫동안 평정되지 않고 남중국도 그 화를 입게 되다면, 우리 국민 경제는 과반이 패망하게 되며, 재정도 마침내 그 폐해를 면하지 못할 것이다. 요컨대 군략상으로도 정략상으로도 우리 나라는 급히 군대를 파병하는 것이 이득이라고 생각되므로, 이미 동원을 명한 1개 사단의 군대는 먼저 이를 급히 파병할 필요성이 인정된다.

메이지 33년(1900) 7월 6일 각의

출전 外務省編, 『日本外交年表竝主要文書』上(データベース『世界と日本』).
내용 1899년 산둥성에서 부청멸양(扶淸滅洋)을 내세우며 봉기한 의화단은 청의 지지를 받으며 세력을 더욱 확대하였고, 1900년 6월에는 청의 군대도 가세하여 베이징·톈진 등지의 외국 공사관을 습격하였다. 베이징에서 공사 관원이 살해된 일본은 영국의 요청에 따라 연합군의 일원으로 참가하는 것이 상책이라고 판단하고 파병을 결정하였다. 연합군 중 최대 병력인 2개 사단을 보낸 일본은 러시아와 함께 연합군의 주력으로 진압에 앞장섰다.

제1차 영일동맹

일본 정부와 대영국 정부는 오로지 극동에서 현재의 상태와 평화를 유지하는 것을 희망하고, 또 청 제국 및 한(韓) 제국의 독립과 영토를 유지하는 것, 그리고 당해 2국에서 각국의 상공업이 균등한 기회를 얻는 데 특히 이해관계를 가지므로 이에 다음과 같이 약정한다.

　　제1조 양 조약국은 서로 청국 및 한국의 독립을 승인하므로, 당해 2
　　　　　국 어느 쪽도 전혀 침략적 자세를 취하지 않을 것을 선언한다.
　　　　　그러나 양 조약국의 특별한 이익에 비추어, 즉 대영국은 주로
　　　　　청국에 관해, 일본은 청국에서 가진 이익에 더하여 한국에서

정치상 및 상업상, 공업상 특별히 이익을 가진다. 그러므로 양 조약국은 만약 위의 이익 중에서 타국의 침략적 행동에 의해, 혹은 청국 또는 한국에서 양 조약국 중 한 나라가 그 신민의 생명 및 재산을 보호하기 위해 간섭을 필요로 하는 소요가 발생하여 위협을 받을 경우에는 양 조약국 모두 그 이익을 옹호하기 위해 필요불가결한 조치를 취할 수 있음을 승인한다.

제2조 만약 일본 또는 대영국 중 한편이 상기한 각자의 이익을 방어하기 위해 타국과 전쟁에 말려들었을 때는, 다른 한편의 조약국은 엄정중립을 지키고, 아울러 그 동맹국에 대해 다른 나라들이 교전에 가세하는 것을 막는 데 노력한다.

제3조 위의 경우에 만일 다른 일국 혹은 수 개국이 동맹국에 대해 교전에 가세할 때는, 다른 조약국은 와서 원조를 하고, 협동하여 전투에 임한다. 강화도 동맹국과 상호 합의한 다음 실행한다.

제4조 양 조약국은 어느 쪽도 다른 한쪽과 협의를 거치지 않고 타국과 상기의 이익을 침해하는 별도의 협정을 맺지 않을 것을 약속한다.

제5조 일본 혹은 대영국에서 상기의 이익이 위험에 직면했다고 인정될 때는 양국 정부는 서로 충분히, 그리고 솔직하게 통고한다.

제6조 본 협약은 조인하는 날부터 곧바로 실시하고, 그날부터 5년간 효력을 가지는 것으로 한다. 만약 이 5년이 종료하기 12개월 전에 조약국 어느 쪽에서도 본 협약을 폐지할 의사를 통고하지 않을 때는 본 협약은 조약국 한쪽이 폐기 의사를 표시한 당일부터 1년 후 종료될 때까지는 계속해서 효력을 가지는 것으로 한다. 그러나 종료 기일에 이르러 동맹국의 한쪽이 현재

교전 중일 때는 본 동맹은 강화가 종료될 때까지 당연히 계속되는 것으로 한다.

출전 外務省編, 『日本外交年表竝主要文書』上 (データベース『世界と日本』).

내용 삼국간섭을 주도한 러시아는 그 대가로 1896년 청으로부터 동청철도 (東淸鐵道, 中東鐵道) 부설권을 획득하고, 1898년에는 뤼순과 다롄을 조차함과 동시에 창춘에서 그곳에 이르는 동청철도의 남만주 지선(후의 남만주철도) 부설권도 획득하였다(동청철도와 남만주 지선 모두 1903년에 완성). 더욱이 1900년 의화단 운동을 진압한 후에도 러시아는 철수하지 않고 만주에 눌러앉아 남하 정책을 강화하였다. 이러한 러시아의 동아시아 진출은 영국과 일본 모두에 위협이었고, 양국은 급속하게 접근하게 되었다. 당시 남아프리카 전쟁이 장기화하여 아시아에 힘을 쏟을 여력이 없던 영국은 영일동맹을 통해 권익을 지키려 하였고, 일본은 영국의 지원을 받아 러시아를 견제하는 것이 대중국·대조선 정책에서 이익이라고 판단하였다. 1902년 1월 30일 체결된 제1차 영일동맹은 양국이 중국과 조선에서 갖는 특수 권익을 상호 승인하고, 제3국과 전쟁이 벌어졌을 경우 한쪽은 중립을 지킨다는 규정이었다. 일본은 영국과의 동맹을 배경으로 러일전쟁을 치렀다. 영일동맹은 1905년, 1911년 개정되었고, 1921년의 워싱턴회의의 4개국 조약 체결로 파기되었다.

러일전쟁 개전론

만주 문제에 관한 7박사의 의견서

올해(1903) 6월 초순 도쿄제국대학 교수 도미즈(戶水寬人), 도미이(富井政

章), 데라오(寺尾亨), 다카하시(高橋作衛), 가나이(小野延), 나카무라(中村進午)[58], 오노즈카(小野塚喜平次) 등 7박사가 함께 가쓰라(桂) 총리 등을 방문하여 만주 문제에 관해 심사숙고한 결과를 진술하고 서로 의견을 교환한 후 다시 1편의 의견서를 제출하였다. 당시 7교수의 생각은 단지 성실하게 수뇌부가 큰 결심을 하고 외교를 추진하기를 촉구하는 데에만 있었다. 그러므로 그날 면담의 논점 및 의견서를 세상에 공개하지 않았는데, 어떤 이유에서인지 해당 의견서가 세상에 누설되어, 특히 그 요점을 고의로 무시하는 흔적이 있다. 이래서는 도리어 세간을 그르치게 할 우려가 있어 마침내 이를 발표하기에 이르렀다. 그 의견서의 대요는 다음과 같다.

각서(覺書)

대저 천하의 일이 성사되고 성사되지 않은 그 사이는 간발의 차이도 없다. 기회에 잘 편승하면 화를 복으로 바꿀 수 있고, 기회를 놓치면 복을 화로 바꾼다. 외교는 특히 그러하다. 그런데 돌아보건대 7, 8년 이래 극동에서 일어난 외교 사실을 관찰하건대, 왕왕 이 기회를 놓친 경우가 있다. 3국 간섭으로 랴오둥을 돌려줄 때 불할양(不割讓)의 조건을 부가하지 않은 것은 실로 가장 필요한 기회를 놓친 것으로서, 현재의 만주 문제를 야기한 원인이라고 할 수 있다. 그 다음에 독일이 쟈오저우만(膠州灣)을 넘볼 때 빈약한 해군력으로 긴 시간을 들여 우리 극동에 왔다. 그 함대는 뒤따라오는 군대도 없었고, 의지할 지반이 있었던 것도 아니다. 미미한 군대가 만리에 전개하는 형세였으므로 그 기회를 틈타 정의를 앞세우고 실력으로 임했더라면, 설령 저들이 계학(谿壑)의 욕망[59]을 가지고 있다고 해도 어떻게 이 정의와 이 강력함에 저항할 수 있었겠는가? 당시에 만약 독일이 쟈오저우만에 손을 댈 수 없었다면, 러시아도 쉽사리 뤼순, 다롄의 조차를 요구할 수

---

58 中村進午(1870~1939) : 가쿠슈인(學習院)대학 교수였다.

59 溪壑之慾 : 끝이 없는 욕심을 비유적으로 이르는 말.

없었음이 분명하다. 그러나 우리 나라가 머뭇거리다가 마침내 저들로 하여금 욕망을 채우게 만든 것은 실로 깊은 탄식을 금할 수 없다. 기회를 놓친 결과는 크지 않은가?

북청사건 후 각국이 군대를 철수할 때 상세하게 만주의 철병에 관한 규정을 정했더라면, 오늘 러시아가 철병을 주저하는 여지를 없게 만들었을 것이다. 이 또한 외교의 기회를 놓친 것이라고 하지 않을 수 없다. 지금은 이미 제2차 철병의 기한이 지났는데도 러시아는 여전히 실행하지 않고 있다. 이런 때 허무하게 세월을 보내 조약의 불이행을 불문에 부치거나, 혹은 고식적인 정책으로 일시적인 미봉책을 취한다면, 이것은 실로 천추의 기회를 놓쳐 국가의 생존을 위태롭게 만드는 것이라고 하지 않을 수 없다.

오호라, 우리 나라는 이미 한번 랴오둥 반환 때 호기를 놓쳤고, 다시 쟈오저우만 사건에서 놓쳤으며, 다시 세 번째 북청사변에서 놓쳤다. 어찌 다시 이런 전철을 밟아 실책을 거듭할 것인가? 지나간 일은 어쩔 수 없다. 다만 동쪽에서 호기를 잃어버렸더라도 서쪽에서 거두어들이는 방책을 강구해야 한다. 특히 주의가 필요한 점은 극동의 형세가 더욱 위급해져 과거처럼 몇 차례나 기회를 잃어버릴 여유가 없으며, 이번 기회를 잃어버리면 마침내 일·청·한(日淸韓)이 다시 머리를 들 기회가 없게 될 것이라는 점이 그것이다. 지금은 실로 천재일우의 호기이자, 더욱이 최후의 호기임을 자각해야 한다. 이 기회를 놓쳐 만세의 우환을 남기는 일이 있으면, 현재의 국민은 무엇으로 조상에게 답하며, 무엇으로 후세 자손을 볼 수 있을 것인가?

지금 러시아가 점차 그 세력을 만주에 부식하여 철도의 관통과 성벽 및 포대의 건설 등을 통해 그 기초를 굳건히 하고, 특히 해상에서는 함대의 세력을 한군데로 모아, 바다와 육지에 강세를 강화하여 우리 나라를 위압하려는 것은 최근의 보고가 증명하는 바이다. 그러므로 하루를 미루면 하루의 위기를 더하게 된다. 그러나 현재 우리의 군사력이 저들과 비교하여 그래도 조금 승산이 있음을 기뻐한다. 그러나 이러한 희망을 계속 가질 수 있는 것은 고작 1년 이내에 불과하다.(상세한 군기 사항에 대해서는 수년 동안 연구한 결과 숙지하고 있지만, 사안이 기밀에 속하므로 여기에서는 생략한다.)

지금 러시아는 실제로 우리와 대항할 가능성이 없다. 그런데 그들이 하는 것을 보면 조약을 무시하고 마적을 선동하며, 군대를 위장시켜 조선에 들여보내고 반도의 요충지에 조차지를 얻으려 하는 등, 주변에 동맹국이 없는 것처럼 행동한다. 현재 이미 그렇게 한다. 후일에 저들이 군사력을 극동에 모아 스스로 승산이 있다는 사실을 알면 저들이 어떻게 할지는 뻔하지 않은가? 저들이 만주에 근거지를 확보하면, 다음으로 조선을 넘볼 것은 불을 보는 것 같고, 조선이 그 세력 아래 복속하면, 그 다음에 임하려는 바는 물어볼 것도 없이 명백하다. 그러므로 말하는 것이다. 오늘 만주 문제를 해결하지 않으면 조선은 허망해질 것이며, 조선이 허망해지면 일본의 방위는 도저히 바랄 수 없다. 우리 나라의 상하 인사가 오늘 스스로 그 지위를 자각하여 고식책을 버리고 근본적으로 만주 문제를 해결해야 하는 이유는 실로 여기에 있다.

지금은 우리 나라에 여전히 승산이 있다. 이는 실로 천시(天時)를 얻은 것이다. 그리고 저들은 아직 확고한 근거를 극동에 완성히 못하여 지리(地利)는 완전히 우리에게 있다. 그리고 4천여 만의 동포는 모두 지금 러시아의 행위를 증오하고 있다. 이것이 어찌 인화(人和)를 얻은 것이 아닐쏘냐? 그런데도 지금 아무것도 결정하지 않으면, 이는 천시를 잃고 지리를 버리며 인화에 등을 돌리는 것으로서, 지하에 계신 조상의 유업을 위태롭게 하고, 후세 자손의 행복을 잃어버리는 것이라고 하지 않을 수 없다.

혹자는 말한다. 외교는 신중을 요한다. 영국과 미국의 태도를 연구해야 한다. 독일과 프랑스의 의향을 탐지해야 한다고. 진정 말하는 그대로이다. 그러나 각국의 태도는 대체로 이미 명백하다. 독일과 프랑스가 우리 나라의 편에 서지 않는 것은 명백하며, 또한 러시아를 위해 그 전열에 가담하지 않을 것도 확실하다. 왜냐하면, 영일동맹의 결과로서 러시아에 보조를 맞춰 일본을 적으로 하는 것은 동시에 영국을 적으로 하는 결심을 필요로 하는 것으로서, 그들은 만주를 위해 그런 결심을 하지 않을 것이기 때문이다. 미국의 경우는 그 목적이 만주의 개방에 있어, 만주가 개방되면 그 땅의 주인이 청국이든 러시아든 상관없이 단순히 통상상의 이익을 잃지 않는 것으로 충분하다고 간주한다. 그러므로 극동의 평화, 청국의 보전을 목적으로 하는 외교에서 이 나라를 최후의 동반자로 만들려고 하는 것은 스스로 행동의 자유를 구속하는 것일 뿐이다. 그러므로 미국의 결심을 기다렸다가 강경 수단을 취하려는 것은 적절한 수단이 아니다. 영국의 경우에는 다만 영일조약에 따라 그 의지를 확인하기만 하면 된다. 조약의 해석상 일본이 만약 한 나라를 적으로 할 때 영국은 엄정중립을 지킬 의무가 있다. 이것은 새삼스레 다시 교섭할 필요가 없는 일이다. 또 4월 8일부터 오늘까지 이미 2개월 이상 경과하였다. 이 기간은 영국의 의사를 확인하는 데 이미 충분한 시간이다. 영국에 대한 교섭의 시기는 이미 5, 6주 과거의 일에 속한다. 만약 다시 교섭을 빙자하여 지연시켜 날을 허비함으로써 이 천재일우의 호기를 놓치는 일이 있으면 천하에 이보다 더 통탄할 일이 있을까?

어떤 논자는 말한다. 조선은 어떤 이유에서도 타국의 세력에 들어가게 해서는 안 된다고. 이 주장도 매우 타당하다. 그러나 조선을 지키려면, 만주가 러시아의 손에 들어가게 해서는 안 된다. 특히 주의를 요하는 점은 외교 쟁의의 중심을 만주에 두는 것과 조선에 두는 것에는 커다란 차이가 있다는 것이다. 러시아는 문제를 조선에서 일으키려는 것 같다. 왜냐하면 쟁의의 중심을 조선에 두면, 만주는 당연히 러시아의 세력 안에 들어간 것으로 해석할 수 있는 편의가 있기 때문이다. 그러므로 극동의 현재 문제는 반드시 만주의 보전으로 결정해야 한다. 만약 조선을 쟁의 중심으로 하여 그 쟁의에서 한 걸음이라도 양보하면, 이것은 일거에 조선과 만주를 함께 잃어버리는 것이 될 것이다. 요컨대 만주 문제는 조선의 이익과 관련하여 논할 필요가 없고, 만주 문제는 만주 문제로서 해결할 필요가 있다. 만주에서 사소하고 또 유명무실한 공리(空利)를 얻기 위해 조선에서 우리 나라의 권리를 제한 구속하여 다대한 양보를 하는 것은 실로 현상에서 한 걸음 더 불리한 지경으로 물러나는 것일 뿐이다.

돌이켜 법리적으로 그것을 논구하면, 러시아의 철병은 러시아의 의무임은 말할 필요가 없다. 그리고 그때의 철병이란 단순히 만주의 어느 지점에서 다른 지점으로 군대를 옮긴다는 말이 아니다. 철도 수비대 그 자체도 철수한다는 말이다. 만주 환부 조약 제2조에

> 청국 정부는 만주에서의 통치 및 행정권을 회복함에 있어 1896년 8월 27일 러청은행과 체결한 계약의 기한 및 기타 조약의 엄수를 확인하고, 또 당해 계약 제5조에 따라 철도와 그 직원을 극력 보호할 의무를 부담하고, 또 마찬가지로 만주에 거주하는 일반 러시아 신민과 그들이 창설한 사업의 안전을 옹호할 책무를 승낙한다.

이 조문 중에 인용된 러청은행과의 계약 제5조를 보면

> 철도와 철도에 사용하는 인원은 청국 정부가 법을 마련하여 이를 보호한다.

라고 되어 있다. 그렇다면 만주 철도는 청국의 법에 따라 보호해야 한다. 그리고 청국 법은 일찍이 러시아 병사가 철도를 보호하는 것을 인정한 적이 없다. 그러므로 러시아가 스스로 군대를 가지고 철도를 보호하는 것은 조약에 근거한 것이 아니며, 또 법률에 근거한 것도 아니다. 그러므로 만주의 철병이란 만주 각지의 군대도 철도 수비병도 모두 철수한다는 의미로, 러시아는 만국이 지켜보는 가운데 이 서약을 한 것이다. 그러므로 이것을 이행하지 않을 경우 위기 존망의 관계를 가지는 우리 나라는 최후의 결심을 하고 이것을 요구할 권리가 있다. 그러므로 우리 나라는 엄중하게 철병을 요구해야 한다. 가령 러시아 정치가가 감언으로 우리를 꼬드길지라도,

그것은 만한(滿韓) 교환 또는 그와 유사한 고식적인 퇴양책에 불과하다. 근본적으로 만주 반환 문제를 해결하여 최후의 결심으로 계획을 책정해야 한다.

요컨대 우리는 이유 없이 함부로 개전을 주장하는 것이 아니다. 또 우리의 논의가 적중하여 후세에 선각 예언자라는 명칭을 얻는 것은 도리어 국가를 위해 탄식할 일이라고 생각한다. 오호라, 우리 나라는 천재일우의 호기를 잃어버리지 않도록 주의해야 한다. 다시 이 호기를 잃어버리면 우리 나라의 존립을 위태롭게 하는 것임을 자각해야 한다. 고식책에 만족하여 헛되이 시일을 허비하는 폐해는 결국 패배의 운명을 기다리는 것이다. 그러므로 우리는 주장한다. 지금 최후의 결심을 하고 이 일대 문제를 해결하라고.

출전 『日露開戦論纂』

내용 러일전쟁이 시작되기 직전인 1903년 6월 도미즈 히론도 도쿄대학 교수 등 7명이 가쓰라 총리 등에게 의견서를 제출하였다. 이 시기 대러시아 정책으로는 이토 히로부미 등이 주장한 만한교환론(滿韓交換論)에 입각한 타협안도 있었지만, 의견서는 만한교환론에 반대하면서 조선 문제로 다툴 것이 아니라, 어디까지나 만주 보전 문제로 다투어야 하며, 지금이라면 일본에 승산이 있다고 개전을 주장하였다. 그들은 신문과 잡지에 활발하게 기고하고 신문기자와도 적극적으로 만났다. 그들의 언론 활동은 러일전쟁 개전 여론 형성에 크게 기여하였다. 특히 1903년 10월 러시아의 만주 철병이 실행되지 않자, 일본 국내에서는 개전론 일색이 되었다.

고토쿠 슈스이의 비전론非戰論

군대는 흉기이고 전쟁은 죄악임에는 아무도 이론을 제기할 수 없다. 다만 부득이하여 인도(人道)를 위해 싸우고 정의를 위해 싸우며 자유를 위해 싸우는 경우가 있다. 멀리는 미국 북부의 인민이 노예 폐지를 위해 싸운 것이나, 가까이는 남아공화국 인민이 자유 독립을 위해 싸운 것이 현저한 사례이다. 이렇게 인도, 정의, 자유 없이 사는 것이 싸우다가 죽은 것보다 못할 경우는 참으로 부득이한 경우이다. 그러나 전쟁은 결코 자진해서 선동할 일이 아니다. 그러나 지금 일·러 개전을 주장하는 자가 이유로 드는 것에 대해 나는 심히 의혹이 없지 않다.

'랴오둥은 우리 장졸의 백전(百戰)의 땅이다. 그런데 러시아인은 한 사람의 병사도 죽지 않고 그것을 빼앗았다. 이 원한을 갚아야 한다.'라는 것은 그들이 입버릇처럼 비분강개하는 바이다. 이것은 완전히 복수주의가 아닌가? 소가(曾我) 형제[60]의 피를 이어받은 일본인을 선동하기에는 지극히 편리한 말일지 몰라도, 문명의 도덕 법률은 개인의 복수를 허용하지 않는다. 하물며 조약국, 친교국 사이에서 복수라는 것은 결코 책임 있는 외교가(外交家)가 공공연히 입에 담을 수 없는 말이다. 만약 일국의 외교가 모든 이해와 시비를 제쳐두고, 오로지 감정과 광분에 좌우된다면 일국의 평화를 위해서도 세계의 문명 진보를 위해서도 위험하기 짝이 없는 말이라고 하지 않을 수 없다. 이런 유치하고 난폭한 사상을 가지고 당당한 지위에 있는 사람들이 개전론을 주창하는 데는 어안이 벙벙할 따름이다.

'러시아가 만주를 취하면 조선이 위험하다. 조선을 빼앗기면 쓰시마가 위험하다, 그리고 우리 일본의 존망의 위기'라고 당황해하는 사람이 있다.

---

60 曾我兄弟 : 가마쿠라시대 초기의 무사. 1176년 아버지가 일족인 구도 스케쓰네(工藤祐經)에게 살해되었는데, 1193년 미나모토노 요리토모(源賴朝)가 개최한 사냥대회에서 스케쓰네를 살해하여 아버지의 원수를 갚았다. 이를 다룬 작품에 『曾我物語』가 있다.

이런 논법으로 보자면, 조선을 막기 위해서는 만주를 막아야 하고, 만주를 막기 위해서는 시베리아를 막아야 하며, 시베리아를 막기 위해서는 러시아를 멸망시켜야 한다. 이것이 과연 이룰 수 있는 일인가? 설사 러시아를 일단 만한(滿韓)의 경계 밖으로 몰아낸다고 치더라도, 그것은 여름날의 파리를 쫓아내는 것과 같은 일이다. 우리 일본이 저들이 오기 전에 만한 경영의 기초를 충분히 다질 수 있다면 몰라도, 그렇지 않다면 전쟁을 몇 번 거듭해도 헛수고로 끝날 것이 명백하다. 우리 국민은 러시아인을 몰아내고 충분히 경영할 힘을 가지고 있을까? 러시아가 1,500마일의 철도를 부설하는 사이에, 우리 나라는 7년의 세월을 들여 200마일의 경부철도조차 절반도 부설하지 못하지 않았는가? 이런 상황을 생각하면, 일시적으로 전쟁에 승리한다고 해도, 또다시 경제와 외교에서의 대패배는 명백하지 않은가?

조선에서 우리 경영의 기초가 지금도 확립되지 않은 것은 러시아인의 방해 때문이 아니다. 일본이 빈약하기 때문이며 패기가 없기 때문이다. 일본이 일거에 경부 철도를 완성하고, 다시 경의 철도를 완성하여, 많은 농민과 상인을 조선에 이주시켜 착착 부원(富源)을 개척하여 경제적으로 조선 전국을 우리 손안에 장악하고, 그리고 여력을 신장하여 다시 만주에 들어갔다면, 우리 나라는 능동적이고, 러시아는 수동적인 위치에 서서 주객이 완전히 달라졌을 것이다. 이렇게 실제의 이익에 발판을 굳혀 팽창하지 않는 이상, 제아무리 육해군의 위력이 빛을 발하더라도 전후의 경영에는 역시 눈물을 삼키지 않을 수 없을 것이다. 선례는 멀지 않은 과거, 랴오둥 반환에 있다.

오늘 러시아와 개전하면 말할 필요도 없이 5억, 6억의 전비는 준비해야 한다. 일시적인 통쾌를 탐하기 위해 5억, 6억의 대금을 화약의 연기로 날려버리기보다, 왜 이 돈을 생산적으로 사용하지 않는가? 왜 먼저 조선에서 경제적 팽창의 비용에 쓰지 않는가? 그것도 러시아가 대군을 이끌고 침략해 온다면 어쩔 수 없지만, 현재 저들에게 전의가 없음은 누구나 인정하는 바로서, 만약 개전하게 되면, 그것은 우리의 도발에서 시작되는 것이다.

그런데 저들 개전론자는 어디서 한꺼번에 이런 막대한 전비를 갹출하려는 것일까? 영국에서 무모하게 고금리의 외채를 빌릴지 모르겠다. 국내에서도 공채, 증세를 실시할 것이다. 어떻게든 군비를 변통할 것이다. 그러나 그 결과는 과연 어떻게 될까? 지금이라면 그래도 경제적 팽창의 여력이 있지만, 전후에는 민력(民力)이 완전히 고갈된다고 봐야 한다. 러시아를 완전히 굴복시켜 상당한 배상금을 받지 못하는 것은 저들도 인정하고 있는 바이다. 그리하여 남는 것은 중대한 부담과 채무뿐이 아닌가? 그저 민력의 고갈과 채무 부담을 영원히 남길 뿐 아니라, 만주에도 수비병을 두어야 한다. 랴오둥에도 경계병을 두어야 한다. 가령 러시아가 부설한 철도를 우리 손에 넣었다 하더라도, 이들 철도는 현재 러시아조차도 수지타산이 맞지 않아 애를 먹고 있는 사실을 알아야 한다. 우리 국민은 앞서 타이완을 취하여, 그 경영 비용에 6억의 돈을 사용하였다. 거기에 다시 만주 랴오둥을 취하여 그 사후 처리에 몇 억의 비용을 투입할 수 있을까? 완전히 일본 국민을 아사시키지 않고서는 불가능한 이야기이다.

그리고 만주가 개방되어 많은 자본을 이곳에 투입하여 그 자원을 개척하고 무역을 활성화할 수 있는 나라는 영·미 두 나라이다. 일본은 그럴 여력이 없다. 청일전쟁 때 우리 장졸이 백전을 벌인 공과는 러시아와 독일의 랴오둥 및 산둥의 조차로 나타났다. 러일전쟁의 결과는 바로 영·미의 엄청난 돈벌이가 될 뿐이다. 일본인은 '개가 뼈 빠지게 잡은 먹이, 매의 먹이로 준다.'라는 격이 되고, 서양인은 '다른 사람을 위해 불 속의 밤을 줍는다.'고 한다. 이것이 슬기로운 사람이 할 일인가?

청일전쟁은 인의의 전쟁이라거나 응징의 전쟁이라고, 명분은 상당히 훌륭했다. 그런데 그로 인해 우리 국민은 어느 정도의 이익과 혜택을 입었는가? 수천 명의 순진한 농민의 아들, 노동자의 아들은 목숨을 잃고, 자식을 잃은 부모와 남편을 잃은 아내가 많이 생겨났다. 그리하여 나타날 수 있었던 것은 고작 이토 히로부미의 대훈위 후작, 육해군 장교의 부패, 어용상인의 축재이다. 이뿐만이 아니었다. 다음에 오는 것은 소위 전후경영, 조세 증가, 투기열의 발흥, 도덕의 퇴폐, 국민 대다수의 곤란이 아니었나? 청일전쟁만 해도 그랬다. 하물며 무법하고 난폭한 러일전쟁의 결과는 승패 여하를 불문하고 진실로 우리 일본의 명운을 위태롭게 한다고 해야 할 것이다.

인도, 정의, 자유를 위해 싸운다면 좋다. 가쓰라 아무개를 후작으로 만들기 위해, 육해군 장교의 위계를 높이기 위해, 투기꾼과 어용상인의 이익을 위해 다수의 일본 국민을 선동하여, 자식을 죽이고 재산을 빼앗으며 고통스러운 부담을 후세의 자손에게 남기는 것은 내가 참지 못하는 바이다. 나는 단연코 개전에 반대한다.

출전 『幸德秋水全集』(「日本人」192호, 1903. 9. 5.)

내용 러일전쟁의 주전론이 확산되는 가운데 사회주의자와 기독교 인사 등이 반전론·비전론을 주장하였다. 사회주의자인 고토쿠 슈스이(幸德秋水)는, 전쟁은 국민의 희생 위에 치러지며, 전쟁에 이겨도 그 혜택은 관료나 군인, 어용상인에게 돌아가고 증세를 비롯한 부담은 일반 국민에게 전가된다고 하면서 전쟁에 반대하였다. 그밖에 인도주의적 입장에 선 우치무라 간조도 비전론을 주장했으며, 요사노 아키코(与謝野晶子) 등 문인들이 반전 작품을 발표하여 공감을 얻었지만, 여론에 영향을 끼치지는 못하였다.

포츠머스조약

제1조 일본 황제 폐하와 전(全)러시아 황제 폐하 사이와 양국 및 양국 신민 사이는 장래 평화롭고 친목한다.

제2조 러시아제국 정부는 일본이 한국에서 정치상, 군사상 및 경제상 탁월한 이익을 가지는 것을 승인하고, 일본제국 정부가 한국에서 필요하다고 인정하는 지도, 보호 및 감리의 조치를 취하는 데 있어 그것을 방해 또는 그것에 간섭하지 않을 것을 약속한다.

　　　한국에서 러시아 신민은 다른 외국의 신민 또는 인민과 완전히 동일한 대우를 받는다. 바꾸어 말하면 최혜국의 신민 또는 인민과 동일한 지위에 놓이는 것을 양해한다.

　　　양 조약국은 모든 오해의 원인을 회피하기 위해 러·한 간의 국경에서 러시아 또는 한국 영토의 안전을 침해할 어떠한 군사적 조치도 취하지 않을 것에 동의한다.

제3조 일본과 러시아는 서로 다음 사항을 약속한다.

　1. 본 조약에 부속하는 추가 조항 제1의 규정에 따라 랴오둥 반도 조차권이 그 효력을 미치는 지역 이외의 만주로부터 완전히 그리고 동시에 철군한다.

　2. 위에 적은 지역을 제외하고 현재 일본 또는 러시아의 군대가 점령하거나 또는 그 감리 하에 있는 만주 전부를 모두 완전히 청국 전속의 행정에 돌려준다.

　　　러시아제국 정부는 청국의 주권을 침해하거나 또는 기회균등주의와 배치되는 어떠한 영토상 이익 또는 우선적 혹은 전속적 양도를 만주에서 갖지 않는 것을 선언한다.

제4조 일본과 러시아는 청국이 만주의 상공업을 발달시키기 위해

열강에 공통된 일반적 조치를 취하는 데 있어 그것을 방해하지 않을 것을 서로 약속한다.

제5조 러시아제국 정부는 청국 정부의 승낙을 받아 뤼순·다롄 및 그 부근의 영토와 영해의 조차권 및 해당 조차권에 관련되거나, 또는 그 일부를 구성하는 일체의 권리, 특권 및 양도를 일본제국 정부에 이전 양도한다. 러시아제국 정부는 또 위에 적은 조차권이 그 효력을 미치는 지역에서 모든 공공 건축물과 재산을 일본제국 정부에 이전 양도한다.

양 조약국은 위에 적은 규정에 관한 청국 정부의 승낙을 얻을 것을 서로 약속한다.

일본제국 정부는 위에 적은 지역에서 러시아 신민의 재산권이 완전히 존중될 것을 약속한다.

제6조 러시아제국 정부는 창춘(관성자[寬城子])-뤼순 사이의 철도와 그 지선의 일체 및 동 지방에서 그에 부속하는 일체의 권리, 특권과 재산 및 동 지방에서 당해 철도에 속한, 또는 그 이익을 위해 경영되는 일체의 탄광을 보상을 받지 않고, 또 청국 정부의 승낙을 받아 일본제국 정부에 이전 양도할 것을 약속한다.

양 조약국은 위에 적은 규정에 관한 청국 정부의 승낙을 얻을 것을 서로 약속한다.

제7조 일본과 러시아는 만주에 있는 각자의 철도를 완전히 상공업의 목적에 한해 경영하고, 결코 군사전략의 목적으로 경영하지 않을 것을 약속한다.

당해 제한은 랴오둥반도 조차권이 그 효력을 미치는 지역에 있는 철도에 적용되지 않는 것을 양해한다.

제8조 일본제국 정부와 러시아제국 정부는 교통과 운수를 증진하고,

또 이를 편하게 만들기 위한 목적으로 만주에 있는 그 접속 철도 업무를 규정하기 위해 되도록 빨리 별도의 약정을 체결한다.

제9조 러시아제국 정부는 사할린섬 남부 및 그 부근에 있는 모든 도서와 당해 지방에 있는 모든 공공 건축물 및 재산을 완전한 주권과 함께 영원히 일본제국 정부에 양도한다. 그 양도 지역의 북방 경계는 북위 50도로 정한다. 당해 지역의 정확한 경계선은 본 조약에 부속하는 추가 조항 제2의 규정에 따라 이를 결정한다.

일본과 러시아는 사할린섬 또는 그 부근의 도서에 있는 각자의 영역 내에 보루나 기타 그와 비슷한 군사적 공작물을 축조하지 않기로 서로 동의한다. 또 양국은 각자 소야(宗谷)해협 및 닷탄(韃靼)해협의 자유 항해를 방해할 수 있는 어떠한 군사적 조치도 취하지 않을 것을 약속한다.

제10조 일본에 양도된 지역의 주민인 러시아 신민은 그 부동산을 매각하고 본국으로 퇴거할 자유를 보유한다. 단, 당해 러시아 신민이 양도 지역에 체류를 원할 때는 일본의 법률 및 관할권에 복종할 것을 조건으로 완전히 그 직업에 종사하고, 또 재산권을 행사하는 데 지지와 보호를 받는다. 일본은 정치상 또는 행정상의 권능을 잃은 주민에 대해 위에 적은 지역에서의 거주권을 철회하거나, 또는 그를 당해 지역에서 쫓아낼 충분한 자유를 가진다. 단, 일본은 위에 적은 주민의 재산권이 완전히 존중될 것을 약속한다.

제11조 러시아는 일본해[61]·오호츠크해 및 베링해에 면한 러시아 영

---

61 日本海 : 東海를 가리킨다.

지의 연안에서 어업권을 일본 신민에게 허가하기 위해 일본과 협정할 것을 약속한다.

전항의 약속은 위에 적은 방면에서 이미 러시아 또는 외국 신민에게 속한 권리에 영향을 미치지 않는 것에 쌍방은 동의한다.

제12조 러일통상항해조약[62]은 전쟁 때문에 폐지되었으므로 일본제국 정부와 러시아제국 정부는 전쟁 이전에 효력을 가진 현재의 조약을 기초로 하여 새로 통상항해조약을 체결할 때까지 양국 통상 관계의 기초로서 서로 최혜국 지위의 대우를 부여하는 방법을 채용하기로 약속한다. 그리고 수입세와 수출세, 세관 절차, 통과세와 톤세 및 한쪽의 대변자, 신민과 선박에 대한 다른 쪽 영토에서의 입국 허가와 대우는 모두 위에 적은 방법에 따른다.

제13조 본 조약 실시 후 되도록 신속하게 모든 포로는 서로 송환한다. 일본제국 정부와 러시아제국 정부는 각자 포로를 인수할 1명의 특별위원을 임명한다. 한쪽 정부가 수용한 모든 포로는 다른 쪽 정부의 특별위원 또는 정당하게 위임을 받은 대표자에게 인도하고, 동 위원 또는 그 대표자는 이를 인수한다. 그리고 그 인도 또는 인수는 인도하는 국가가 인수하는 국가의 특별위원에게 통지하고, 편의적인 인원과 인도하는 국가의 편의적인 출입지에서 이를 실시한다.

일본 정부와 러시아 정부는 포로 인도 완료 후 되도록 빨리 포로의 포획 또는 투항일로부터 사망 또는 인도 때까지 포로

---

62 러일통상항해조약 : 1895년에 체결되었다. 러일전쟁으로 효력을 상실했다가 강화조약에 따라 몇 가지 사항을 추가하여 1907년에 다시 체결되었다.

의 보호와 급양을 위해 각자 부담한 직접 비용의 계산서를 서로 제출해야 한다. 이 계산서 교환 후 러시아는 되도록 신속하게 일본이 위에 적은 용도로 지출한 실제 금액과 러시아 정부가 마찬가지로 지출한 실제 금액의 차액을 일본에 돌려줄 것을 약속한다.

제14조 본 조약은 일본 황제 폐하와 전러시아 황제 폐하가 비준해야 한다. 해당 비준은 되도록 빨리, 그리고 어떠한 경우에도 본 조약 조인일로부터 50일 이내에 도쿄 주재 프랑스 공사와 상트페테르부르크 주재 미국 대사를 거쳐 일본제국 정부와 러시아제국 정부에 각각 그것을 통고한다. 그리고 최종 통고일로부터 본 조약은 전부를 통해 완전한 효력을 발생한다. 정식 비준 교환은 되도록 신속하게 워싱턴에서 이를 실시한다.

제15조 본 조약은 영문 및 프랑스문으로 각기 2통을 작성하여 조인한다. 각 본문은 완전히 부합하지만, 해석에 차이가 있을 경우에는 프랑스문에 따른다.

출전 外務省編, 『日本外交年表竝主要文書』 上(データベース『世界と日本』).

내용 1905년 9월 5일 미국의 중재로 러일전쟁의 강화조약이 체결되었다. 러시아는 전쟁 중에 제1차 러시아 혁명이 일어나 강화를 받아들이지 않을 수 없었고, 일본도 더 이상 전쟁을 수행할 여력이 없었다. 이에 양국은 일본의 압도적인 승리로 전쟁이 끝나기 전에 전쟁을 종결시키려는 미국의 중재를 받아들인 것이다. 강화 협상에서 가장 문제가 되었던 것은 사할린 할양과 배상금 문제였는데, 결국 사할린 남부의 할양과 배상금은 없는 것으로 타협이 이루어졌다. 그러나 일본에게 조약의 최대 관심 사항은 제2조의 한국에서의 우월권과 제5조의 랴오둥반도 조차권의 획득이었다. 일본은 이를 바탕으로 한국의 보호국화를 추진하였고, 뤼순과 다롄을 포함한 랴오둥반도 남부의 조차지에는 관동주(關東州)를 설치하고 수비를 위해 군대를 주둔시켰다. 이 군대는 1919년부터 관동군(關東軍)으로 불렸다. 또 남만주의 철도를 경영하기 위해 남만주철도주식회사가 설립되었다.

히비야 방화 사건

○ 국민대회는 예고된 것처럼 어제 오후 1시부터 히비야(日比谷) 공원에서 거행될 예정이었으므로 굴욕 평화를 부인하는 많은 열성 시민들은 강력한 당국의 억압을 예상하고 오전 10시경부터 이미 공원을 향해 달려갔다. 아니나 다를까 경찰은 오늘 오전 3시경부터 공원 주변에 나와 각 문에 엄중한 목책을 설치하고, 거의 경찰들끼리 서로 밀고 밀리는 상황이었다. 문 앞에 경계를 펴 한 사람도 통과시키지 않겠다고 아타케관(安宅關)[63]보다 높은 방벽을 구축한 것이 꺼림칙하다. 이런 줄도 모르고, 또 발기인들이 이미 마수에 빠진 것도 모르고, 속속 몰려드는 신사, 상인, 서생, 노동자와 지방에서 상경한 유지 등이 엄청나게 히비야 정문의 방벽에서 저지당하여 뜨거운 태양 아래 허무하게 도로에 서성거리고 있다. 정오경에는 전차의 통행도 의심스럽게 되었다.

▲ 각 문의 소요

그러나 문 옆에는 철조망 같은 목책이 있고, 그 앞에는 경찰 간부와 순사 등이 흡사 경관대회라도 하는 것처럼 가득 채우고 있다. 무기도 없고

---

63 安宅關 : 12세기말 平氏政權이 멸망한 후 미나모토노 요리토모에 쫓겨 오슈(奥州)로 도망가는 미나모토노 요시쓰네(源義經)를 잡기 위해 현재의 이시카와현(石川縣) 고마쓰시(小松市)에 설치되었다는 關. 역사적인 實在性에 대해서는 의문시되고 있지만, 통과하기 어려운 難所로 많은 문학 작품에 등장한다.

저항 의사도 없는 가련한 시민이 어떻게 그것을 격파하랴. 머뭇거리며 문 밖 도로에서 기다리는 중에 열성이 샘솟아 도로 한쪽에서는 때때로 가두 연설이 열린다. 군중은 곧바로 그곳으로 달려가 주위를 에워싸고 "빨리 해라", "순사 따위 알게 뭐야."라고 절규한다. 또 한 무리는 경계하는 순사를 붙잡고 왜 공원에 시민을 못 들어가게 하느냐고 따진다. 그러자 순사는 크게 당혹한 얼굴빛으로 "우리에게 물어보셔도 대답하기 어렵습니다. 경시청이나 경찰서에 가서 물어보세요."라고 어정쩡한 대답을 한다. 물은 사람은 쓴웃음을 지우며 간다.

▲ 정문 앞의 활극

정오를 20분 지난 바로 그때, 정문 좌측에 펄럭이는 깃발 하나가 있었다. 검은색 테두리를 한 흰 천에 '조강화성립(弔講和成立)', '조육해군군인전사(弔陸海軍軍人戰死)'라고 쓰고, '지바현(千葉県) 겐모치 마사루(劍持勝)'라고 서명하였다. 군중은 그것을 보자 똑같이 "찬성, 찬성" 하는 목소리가 사방에서 일어나, 일동은 또 그 조기 아래 모였다. 조기는 차림새가 멀쩡한 신사 몇 명이 그것을 호위하고, 장년 한 사람이 들었다. 경찰은 당황하여 곧바로 그 사람들을 해산시키려고 했는데, 혈기 왕성한 군중은 이에 크게 격앙하여 그 경관을 뭇매질하려는 기세였다. '어라, 큰일 났다.' 십여 명의 순사가 지원하러 왔지만, 군중은 포위하여 돌을 던지고 지팡이를 휘둘렀다.

마침내 십여 명의 순사는 패배하여, 함께 야마시타문(山下門) 쪽으로 도망가려 하였다. 군중은 함성을 지르며 추격하였고, 더욱 격렬하게 돌을 던졌다. 바로 그때 지나가는 전차를 만난 군중은 그것을 정지시키려고 선로 앞을 가로막았다. 전차는 억지로 지나가려고 하였고, 경찰도 전차에 가세하여 간신히 지나갈 수 있었지만, 차장과 깃발을 흔드는 역무원은 몇 대 얻어맞았다. 이런 혼잡한 한편에서는 가두연설이 여러 곳에서 열렸고, 계속 사방에서 모여드는 사람들도 끊임이 없었다. 개회 시간 전에 이미 이러했으니, 억압은 더욱 격렬해지고 소요는 더욱 심해질 것은 예상하고도 남는다.

▲ 히비야 공원이 마침내 뚫리다.

정문 앞은 앞서 말한 것처럼 목책을 설치하여 엄중하게 경계했지만, 어떻게 해서든 개회하려고 북적대는 민중들은 여기서 한 발짝도 움직이지 않겠다고 막아서서 기회를 기다리고 있었다. 그때 한 신사가 와서 군중을 향해 "지금 이 문을 뚫는데, 여러분은 내가 연설을 하면 맹렬하게 동요해서, 그 혼잡을 틈타 한쪽을 뚫으세요."라고 외치자, 일동은 환성을 지르며 그에 찬성하였다. 신사는 활판으로 인쇄한 결의문을 들고 낭독하였다(결의문은 다른 페이지에 있음). 낭독이 끝남과 동시에 기다리고 있던 군중은 천지를 뒤흔들 듯한 함성을 지르며 동의를 표명하였다.

바로 그때 도쿄시 참사회원(參事會員) 일행이 자동차를 나눠타고 왔지만, 군중에게 가로막혀 도저히 앞으로 나갈 수 없어 일동은 차에서 내렸다. 에마 슌이치(江間俊一), 마루야마(丸山), 나카지마(中島), 마쓰다(松田), 에자키(江崎), 주바치(中鉢), 모리쿠보(森久保), 세키(關)씨 등 여러 사람과 시정(市政)기자단은 "지금 목책을 제거하도록 할 테니까, 길을 비켜라."라고 호통을 치면서 밀고 밀리는 군중을 밀어젖히고 정문에 다가갔다. 에마씨는 쏜살같이 목책을 뛰어넘어 문 안으로 들어가, '당신들은 들어오면 안 돼.'라고 말리는 것도 듣지 않고 무카이다(向田) 서장에게 다가가, 부당한 조치를 힐책하였다. 서장이 먼저 입을 열어 "단속상 어쩔 수 없으므로 이해해 줘."라고 인사말을 하였다. 에마씨가 그 말에 대답하려는 때, 군중은 이미 막고 있는 경찰을 밀어젖히고 들이받아 목책 한곳을 쓰러트림과 동시에 그것을 뚫고 밀물처럼 공원 안으로 들어갔다. 그와 동시에 중앙광장에는 미리 준비한 지휘 깃발, 즉 '조강화문제국민대회(弔講和問題國民大會)'라고 큰 글씨로 쓴 큰 깃발을 내걸고 한발의 호포(號砲)를 쏘았다. 이에 목적했던 국민대회는 수많은 장애와 억압을 배제하고 개회되었다.

▲ 개회 광경

중앙광장에 모인 구름 같은 민중들 중 노동조합 단체는 가장 비장한 태도로 강화 굴욕을 절규하였다. 그런 가운데 후쿠다 와고로(福田和五郎)씨는 중앙의 단상에 올라 결의문을 낭독하였다. 그 사이 음악대는 비장한 곡을 연주하고, 또 위원은 상장(喪章)을 본떠 검은 종이를 붙인 종이 욱일기 5,000자루를 각각 배포하였다. 그리고 회장 고노(河野廣中)씨 외 두어 위원과 유지들의 연설이 있은 후, 1시 35분 만세 소리와 함께 회의를 끝냈다. 일동은 엄숙하게 정문을 나가, 사쿠라다문(櫻田門)에서 들어가 궁성 앞에 엎드려 만세삼창을 외쳤다. 그리고 신토미자(新富座)로 향하는 도중에 누가 말을 꺼냈는지, 일행은 히요시정(日吉町)에 있는 국민신문사로 향했다.

▲ 국민신문사의 참상(민우사 직원 발검, 부상자 수 명)

이날 국민신문사[64]는 공격의 초점이 되었다. 히비야에서 철수한 국민대회 군중은 오후 3시 곧바로 히요시정에 있는 민우사(民友社)[65]를 습격하였다. 그 인원은 1천여 명. 함성을 지르며 먼저 민우사 앞의 유리문을 부쉈다. 그리고 저마다 손에 돌을 주워 던지는데, 계단 위아래의 유리는 한 장도 남김없이 깨졌다. 그러자 모두가 만세를 외치며 돌진하였는데, 순사와 헌병 및 민우회 직원이 열심히 방어하였다. 이에 군중은 더욱 격앙하여 필사적으로 밟아버리자고 큰소리를 지르며 사다리, 널빤지, 통나무를 무기로 삼아 제지하는 자를 닥치는대로 모조리 때렸다. 마침내 기계가 설치된 곳에 난입하여 활자와 그 밖의 물건을 뒤집어엎었다.

---

64 國民新聞 : 1890년 도쿠토미 소호(德富蘇峰)가 창간한 일간신문. 평민주의를 표방하여 인기를 끌었지만, 청일전쟁 이후 해외팽창론으로 기울어 어용신문의 성격이 강하였다. 특히 러일전쟁 후 강화 문제에서는 정부를 지지하여 민중의 공격대상이 되었다.

65 民友社 : 1887년 도쿠토미 소호을 중심으로 조직된 결사이자 출판사. 처음에는 평민주의를 주창했지만, 청일전쟁 후 제국주의로 논조가 변하였다.

이때 한 사람이 경찰에 붙잡혀 끌려가려고 했는데, 그것을 본 사람들은 구하자고 소리를 지르며 경찰을 에워싸고 포위 공격하여 포로가 된 사람을 성공적으로 도로 빼앗았다. 이때 민우사 직원 아무개라는 덩치 큰 남자가 쇠막대기를 휘두르며 군중에게 달려들었다. 군중이 건방지다고 하면서 돌을 던지자 심하게 움츠러들었다. 그는 머리에 큰 돌 세 개를 세게 맞고 일단 물러났다. 그러나 다시 돌아와 달려드는 것을 보니, 어처구니없게도 손에 번쩍이는 칼을 들었다. '이런 기괴한 일이 있나?'라고 하면서 군중은 더욱 분개하고 있는 그때 서생 한 명이 두 팔을 크게 벌리고 그에 맞섰다. 상대는 칼을 마구 휘두르며 심하게 날뛰었다. 용감한 서생은 불행하게도 오른손에 부상을 입고, 군중 중에도 두어 명의 부상자가 나왔다.

이것을 보고 경관은 크게 놀라 그 자를 꽉 껴안아 꼼짝 못하게 하고는 민우사 안으로 밀어 넣었다. 그러나 굴욕을 당한 군중은 눈물을 훔치며 민우사를 불태워야 한다고 절규했다. 그렇게 하자고 찬성하는 목소리는 실로 천하 의분(義憤)의 목소리로 들렸다. 이때 거구의 한 남자가 민우사 앞에 우뚝 서서 길거리 연설을 시작하여 다시 군중의 사기를 드높여, 일제사격과도 같은 투석 공격을 속행하도록 만들었다. 이때 신토미자에서 철수한 순사와 임시 소집된 기마 순사 약 3~40명이 지원하러 와, 군중의 기세를 조금 꺾었다. 그러나 오후 4시를 지나서까지 여전히 '비국민(非國民) 신문이다.' '러시아 스파이 신문[露探新聞]'라고 욕을 퍼부으면서 공격의 화살을 멈추지 않았다. 민우사의 외곽은 이 공격으로 대략 파괴된 것 같다.

▲ 신토미자 연설회의 해산

히비야 공원의 식이 끝나자마자, 오후 2시부터 신토미자에서 연설회를 열 예정이었다. 그래서 이곳도 관계 당국의 경계가 삼엄하여, 이른 아침부터 경관들이 다수 대기하고 있었다. 그런데 도미자 앞에는 '강화문제대연설회(講和問題大演說會)', '대간담회(大懇談會)'라는 큰 간판을 내걸고, 무대에는 붉고 흰 막을 둘러쳤다. 정시가 가까워지자, 차츰 들어온 청중은 오후 1

시에 이미 가득 모여 입추의 여지도 없었다. 장외도 인산인해를 이루어, 성급한 사람들은 담장을 넘어 뛰어들려고 하였고, 안내인들은 경관과 함께 필사적으로 막고 있었다. 그런 와중에 히비야에서 온 사람들은 더욱 증가하여 형세가 마침내 불온해졌다.

△ 예상대로 해산

이리하여 정시도 되기 전에, 다가와(田川) 교바시(京橋) 경찰서장은 이런 불온한 형세를 알아차리고 비번(非番), 당번 할 것 없이 총출동한 순사를 이끌고 나와, 청중에게 "이 집회는 치안경찰법[66]에 따라 해산 명령을 받았으므로 제군들도 즉시 퇴거하라."라고 선언하였다. 이 소리를 듣자마자 청중들은 모두 일어나, "해산 이유를 대라."라고 외치고, 장외에 있던 군중들도 이에 화답하여 금세 시끄러운 논쟁을 야기하였다. 4시를 지나도 여전히 쉽게 해산할 형세가 아니었다.

△ 지붕에 올라가다

그중 한 남자가 신토미자의 서쪽 지붕에 올라 장내로 들어가려는 것을 안내인 류타로(龍太郎)와 고나가(小長)라는 두 사람이 그를 잡아 지붕에서 떨어트렸다. 이에 군중은 크게 격앙하여 두 사람을 향해 비가 쏟아지듯이 돌을 던졌다. 일대 파국을 맞이할 뻔했지만 간신히 제지하였다.

△ 다가와 경찰서장의 부상

이런 북새통 속에 다가와 서장과 승강이를 벌이던 장사와 같은 풍모를 지닌 한 남자는 초조한 나머지 들고 있던 지팡이로 서장을 얼굴을 때려 부상을 입혔다. 경관들이 그를 제압하려는 사이, 서장은 이미 북새통 속에 몸을 피해 도망갔다. 서장은 곧바로 그 동네에 있는 이시이(石井) 의원에 가

---

66 治安警察法 : 청일전쟁 후 노동운동·농민운동이 활발해지는 새로운 사태에 대응하기 위해 1900년에 제정된 치안 입법. 結社의 신고를 의무화하고, 군인 등의 정치 결사 가입 및 여성과 미성년자의 정치 집회 참가 금지, 집회에 대한 경찰관의 금지 및 해산권 등을 규정하였다.

서 치료를 받았다. 이밖에 메이지대학의 학생 히로이 가오루(廣井勳, 22세)라는 자가 돌을 던진 혐의로 경찰서로 연행되었다.

▲ 내무대신 관사의 파괴

국민신문사 앞의 대활극이 조금 수그러들려고 하던 오후 3시 반경 어디서 모였는지 고지마치구(麴町區) 야마시타정(山下町)에 있는 내무대신 관사 앞에 한 무리의 군중이 나타났다. 누군가의 "해치우자."라는 소리와 함께 곧바로 관사에 돌을 던져, 이곳에서도 한바탕 소동이 일어났다. 경관이 사방에서 달려와 제지했지만, 어떻게 말을 듣겠는가? 돌은 더욱 비처럼 날아들고, 마침내 대신 관사 좌우 경비소의 유리창과 좌측 철문을 순식간에 파괴하고, 문안으로 뛰어 들어가려 하였다.

△ 경관이 칼을 뽑다.

이에 경관 5, 6명이 칼을 뽑아 그것을 제지하고, 칼을 든 채 우왕좌왕 분주하게 뛰어다니는 등, 한때는 긴박한 상황이었다. 군중이 다시 증가하는 것을 우려하여 야마시타미쓰케(山下見附)에서 저지하려고 했지만, 도저히 저지하기 어려워 보인다.

○ 내무 대신 관저를 불태우고 더욱 분노가 치솟은 열혈남자의 기세는 더욱 고양되었다. 그들은 "만세! 만세! 러시아 박멸!"을 외치며 히비야 정문에서 왼쪽으로 꺾어 간교(勸業)은행 앞, 즉 히비야 공원 사이와이문(幸門)의 순사파출소로 몰려들었다. "무능한 경찰들아, 너희들은 돌대가리 (경시)총감을 위해 충성을 다하려 하는가? 멍청이 순사들아, 너희는 시체가 산을 이루고 피가 강을 이룬다는 것을 모를 것이다. 용사들이 전장에서 싸운 것이 이런 것이다."라고 부르짖었다. 그들은 순식간에 파출소를 우르르 에워싸고 쇠막대기를 휘둘러 와르르 파괴하였다. 그 순간 남포등이 깨져 불이 타오르기 시작하였다. 불은 하늘에 충천하고 한꺼번에 태워 잿더미가 되었다.

그 후 굴욕 강화를 애도해야 한다고 하면서 그곳을 버리고 도라노몬(虎

ノ門)으로 가서 그곳의 파출소를 습격하여 일거에 무너뜨렸다. 그리고는 그곳에서 두 패로 나뉘어, 한쪽은 시바(芝) 방면으로 갔고, 한쪽은 왼쪽으로 돌아 미나미사쿠마정(南佐久間町) 습격하여 방화하고 도바시(土橋) 파출소로 향했다. 그곳은 인가가 밀집한 장소여서 일반 가정에 누를 끼치는 것은 바라는 일이 아니라고 하면서, 동 파출소를 들어 올려 구보정(久保町) 거리의 대로에 던져 버리고 불을 붙였다. 불길이 솟아오르는 것을 보고, 시바구치(芝口) 잇초메(一町目)의 파출소로 몰려가, 그곳도 불을 질렀다. 이어 난바바시(難波橋)를 건너 이즈모정(出雲町) 파출소에 몰려가, 놀라 소리치는 순사들은 거들떠보지도 않은 채 와 하면서 동 파출소를 들어 올려 옆으로 쓰러트리고 불을 질렀다. 그리고는 "경시총감도 이렇게 할 것이다. 말단 하수인인 너희들은 우리 편에 서면 목숨만은 살려 줄 것이다. 너희들한테는 안 됐지만 국론은 어쩔 수 없어. 잘 생각해라. 그럼 이만 실례할게."라는 말을 남기고, 그로부터 산짓켄호리(三十間堀) 분서(分署)로 봇물이 터진 듯이 몰려가 습격하였디.

출전 『東京朝日新聞』 1905년 9월 7일(『日本史史料』 4 近代)

내용 포츠머스조약에 배상금 조항이 없다는 사실이 알려지자 굴욕적 강화라는 불만이 고조되었다. 그런 가운데 조약 체결일인 9월 5일 대외 강경파 정객들이 도쿄 히비야공원에서 국민대회를 개최하였다. 운집한 군중은 경찰이 목책을 설치하고 입장을 거부하는 것을 보고 격분하여, 경찰과 격돌하였다. 대회는 굴욕적인 조약 파기를 결의하고 폐회했지만, 군중은 어용신문인 국민신문사, 내무대신 관저, 전차, 파출소 등을 습격 방화하고, 출동한 경찰과 난투를 벌여 유혈 사태를 일으켰다. 이튿날 6일에는 계엄령이 발포되었지만, 반대 운동은 전국으로 확산되어, 이듬해 가쓰라 내각은 퇴진하였다. 이 사건으로 사망자 17명, 부상자 2,000여 명이 나왔으며, 체포된 사람은 2,000여 명에 이르렀다.

신해혁명에 대한 각의 결정

제국은 정치적으로나 경제적으로 청과의 사이에 극히 밀접한 관계를 갖고 있다. 이에 제국은 늘 청에 대해 우세한 지위를 차지하려고 노력하고, 아울러 만주의 현 상황에 악영향이 초래되지 않도록 방책을 강구해야 함은 전 내각 시기 각의에서 이미 결정된 바이다.

만주에 있는 조차지의 조차 기간을 연장하고 철도에 관한 제반 문제를 해결하며, 나아가 당해 지방에 대한 제국의 지위를 확정해야 한다. 그리하여 만주 문제를 근본적으로 해결하는 것은 제국 정부가 늘 계책을 게을리해서는 안 되는 바이다. 만약 편승할 기회가 있으면 그것을 이용하여 단안을 내리는 수단을 강구해야 함은 두말할 필요가 없다. 관동주(關東州)[67]의 조차에 관해서는 뤼순과 다롄만 조차 조약[68] 제3조 말미에 규정이 있다. 조차 기한 만료 후 연장 협상을 하는 것은 조약에서 이미 규정한 바이다. 뿐만 아니라 만주에 관한 베이징조약 제13조[69]에 따라 제국은 조차지에 관해서도 최우(最優) 대우를 받기로 되어 있다. 조차 기한의 연장 문제는 우리에게 조약상의 근거를 가지는 사항에 속한다. 그러므로 만주에 관해서는 한동안 현 상태를 유지하면서 그것의 침해를 막는 한편, 호기를 틈타 우리

---

67 關東州 : 關東이란 山海關 이동이라는 의미로, 일본은 1905년 포츠머스조약으로 획득한 뤼순·다롄을 포함한 랴오둥반도 남부의 조차지를 關東州라 불렀다.

68 여대조지조약(旅大租地条约) : 1898년 3월 중국과 러시아 사이에 체결된 조약. 열강의 중국 분할에 편승한 러시아의 압력에 굴하여, 중국은 뤼순과 다롄의 25년간 조차를 인정하였다. 3조 말미에는 "그 기한이 끝나면 양국이 협의하여 그 기한을 연장할 수 있다."라고 되어 있다.

69 만주에 관한 조약(滿洲善後條約) : 포츠머스조약에 따라 러시아로부터 일본에 양도된 만주 이권의 이동을 청이 승인하는 내용으로 1905년 12월 체결되었다. 중국에서는 中日會議東三省事宜正約及附라고 불린다. 본 조약 3개조와 부속 협정 12개조로 이루어지는데, 본문의 제13조는 제12조의 오류로 보인다.

이권을 증진시키는 데 힘써야 한다. 만주 문제의 근본적인 해결은 그 기회가 우리에게 가장 유리하고, 또 성산이 충분할 때를 기다렸다가 실행하는 것이 상책이라고 생각한다.

지나 본부에 대한 제국의 관계를 돌이켜보건대, 체류하는 제국 신민이 많고, 우리의 통상 무역이 많으며, 우리에게 관계를 가진 기업이 증가하고 있다. 제국이 이 지방에서 우세한 지위를 차지하는 기운은 이미 현저하다. 더욱이 청국의 사태는 불안정하여, 향후 형세가 어떻게 될지는 아무도 예견할 수 없다. 그리하여 일단 예측하지 못한 변이 이 지방에서 일어났을 때, 그에 대해 응급수단을 강구할 수 있는 나라는 제국 이외에는 발견할 수 없다. 이 사실은 제국의 지리적 위치와 제국의 실력에 비추어 의심의 여지가 없는 바이다. 어느 면에서는 동아시아에서 제국의 일대 임무도 여기에 있다고 할 것이다. 제국은 앞으로 스스로 위에서 말한 지위를 자각하고, 또 그것을 확립하는 데 힘써야 할 뿐만 아니라, 청국과 열강이 점차 이를 승인하도록 만드는 방법도 지금부터 반드시 강구해야 한다. 그리고 열강이 동아의 대세를 깊이 고려할 때 결국 우리의 우세한 지위를 인정하게 되는 것도 가망이 없지 않다고 생각한다.

그러므로 제국 정부는 만주 문제의 근본적인 해결에 대해 전적으로 우리에게 가장 유리한 시기의 도래를 기다려야 한다. 향후 특히 지나 본부에 힘을 부식하는 데 힘쓰면서, 아울러 타국이 당해 지방에서 우리의 우세한 세력을 인정하도록 만드는 방법을 택하기로 한다. 제국 정부는 기정의 방침에 입각하도록 한다. 또 한편으로는 만주에 관해 러시아와 보조를 맞추어 우리 이익의 옹호를 도모하고, 한편으로는 가능한 한 청국의 감정을 누그러뜨려 그들이 우리를 신뢰하게 만드는 방책을 취한다. 그리고 영국에 대해서는 어디까지나 동맹 조약의 정신을 관철하도록 노력하고, 기타 프랑스와 같이 지나 본부에 이해관계를 가진 각국과도 조화를 강구한다. 또 가능한 한 미국도 우리의 동반자로 끌어들이는 방책을 취함으로써 점차 우리의 목적 달성을 기하는 것이 필요하다고 믿는다.

이상의 취지로 각의 결정을 거쳤으므로 우창(武昌)에서 일어난 이번 혁명 변란에 대해서도 위의 방침에 준하여 수시로 필요한 조치를 취하기로 한다.

출전 外務省編, 『日本外交年表竝主要文書』 上(データベース 『世界と日本』).

내용 이전부터 중국에 우세한 지위를 구축함과 동시에 만주에서 보유하고 있던 기한부 이권을 연장하려고 노리던 일본에 1911년 10월에 발발한 신해혁명(武昌起義)은 그것을 실현할 절호의 기회로 보였다. 일본 정부는 10월 24일 만주는 러시아와 보조를 맞추어 이익을 유지하고, 중국 내륙은 열강, 특히 영국과 협조하면서 세력을 부식하려는 방침을 정했다. 그러나 이듬해 중화민국이 성립되고 청이 멸망하면서 혼란에 편승하여 세력을 부식하려던 정책은 아무런 성과를 거두지 못했다. 이후 일본 정부는 영·미·프·독으로 구성된 4국 차관단에 참가하여 위안스카이 정권에 차관을 제공함으로써 이권을 획득하는 방침으로 전환하였다.

2

다이쇼 시기 대외 정책의 굴곡

제1차 세계 대전 참전

1. 이번 유럽의 대화란은 일본의 국운 발전에 대한 다이쇼 신시대의 천우신조로서, 일본은 즉시 거국일치 단결하여 이 호기를 향유해야 한다.

2. 이 호기를 지키기 위해 안으로는 최근 논란이 되고 있는 폐세(廢稅)·감세 등의 당론(黨論)을 중지하고 내정의 기초를 강고히 해야 한다. 아울러 일체의 당쟁을 배제하고 국론을 세계의 대세에 따르도록 지도하여 외교 방침을 확립해야 한다.

3. 이 대전쟁과 함께 영·프·러의 일치단결은 더욱 강고해질 것이다. 일본은 위 삼국과 일치단결하여 동양에 대한 일본의 권리를 확립해야 한다.

4. 동양에 대해 영국은 해군력, 러시아는 육군력, 프랑스는 재력으로 임하고 있다. 무릇 육해군의 강력함을 모두 보유한 일본은 마땅히 프랑스를 설득하고 영·러에 권하여, 프랑스와 함께 재력으로 일본을 원조하도록 만

드는 방책을 강구해야 한다.

5. 근래 영일동맹에 대한 영국인의 감정이 식으려 하고 있는데, 이 시국에서 영국인이 곧바로 뉘우치도록 만드는 방법을 취해야 한다.

6. 러일협약[1]은 최근 수년간 종잇조각에 불과하다. 이 시국에 즈음하여 점차 구체적, 사실적(事實的) 협약이 되도록 해야 한다.

7. 이상 영·프·러와 성실한 연합적 단결을 이루어, 이런 기초 위에서 일본은 지나의 통치자를 회유해야 한다.

8. 이 시국에 이상 영·프·러 삼국에 보낼 우리 외교관의 선발은 특히 연락이 원활하도록 그 인선을 잘못해서는 안 된다.

9. 유럽의 3대 외교 방면의 인선에 만전을 기함과 동시에 위안스카이를 심복시킬 유력한 특파원 또는 공사를 지나에 선임해야 한다.

메이지유신의 대업은 홍모(洪謨)[2]를 세계에 구한 데 있다. 다이쇼 신정(新政)의 발전은 이 세계적인 대화란의 시국에서 결정되는데, 구미 강국과 병행(駢行)[3] 제휴하여 세계적인 문제에서 일본을 도외시할 수 없도록 하는 기초를 확립하고, 그로써 최근 툭 하면 일본을 고립시키려는 구미의 추세를 근저로부터 일소해야 한다. 이 천재일우의 시기에 처하여, 구구한 당정(黨情) 또는 개별적 감정 때문에 적절한 인재를 적소에 임용하지 못하는 것은 단연코 국가를 위해 바람직하지 못한 일이다.

---

1 러일협약 : 러일전쟁 후 1907년부터 1916년까지 4차례에 걸쳐 일본과 러시아가 맺은 세력권 분할 협정. 처음에는 미국의 만주 진출에 대항하는 협정으로, 만주를 분할 대상으로 삼았다. 그러나 1912년에 체결된 제3차 협정에서는 신해혁명을 계기로 일어난 외몽골 독립 문제와 관련하여 내몽골까지 분할 대상을 넓혔다. 그리고 제1차 세계 대전 중인 1916년에 맺은 제4차 협정에서는 중국에서의 권익을 지키기 위해 상호 군사 원조한다는 비밀 군사 동맹으로까지 강화되었지만, 1917년 러시아혁명이 일어나면서 폐기되었다.

2 洪謨 : 커다란 계획.

3 駢行 : 함께 나아감.

출전 『世外井上公伝』(『史料日本近現代史』Ⅱ 大日本帝国の軌跡)

내용 이노우에 가오루(井上馨)는 제1차 세계 대전을 '천우신조'라고 여겼다. 그것은 영·프·러 등이 아시아에서 손을 뗄 수밖에 없는 시기에 중국에 세력을 신장시킬 수 있고, 또 참전을 통해 일본의 국제적 지위를 향상시킬 수 있는 기회라고 생각했기 때문이다. 당시 일본 국내에서는 영업세 등 3세 폐지 운동이 고조되고 있었고, 무역도 수입 초과로 거액의 부채를 안고 있었는데, 제1차 세계 대전의 발발은 이런 상황을 일거에 해결할 수 있는 기회였다. 이노우에 가오루가 이 서간을 오쿠마 시게노부(大隈重信) 총리 등에게 보낸 1914년 8월 8일 일본은 제1차 세계 대전 참전을 결정하였다. 이러한 일본의 참전 목적이 구체적인 정책으로 나타난 것이 21개조 요구였다.

21개조 요구

제1호 산둥 문제 처분에 관한 조약안

　일본 정부와 지나 정부는 오로지 극동 전체의 평화를 유지하고, 또 양국 사이에 존재하는 우호 선린 관계를 더욱 공고하게 하는 것을 희망하여 이에 다음 조약을 체결하였다.

　　제1조 지나 정부는 독일이 산둥성에 관해 조약, 기타를 통해 지나에 대해 가진 모든 권리·이익·양도 등의 처분에 대해, 일본 정부가 독일 정부와 협정하는 모든 사항을 승인할 것을 약속한다.

　　제2조 지나 정부는 산둥성 내 혹은 그 연해 일대의 토지 또는 도서를 어떠한 명의로라도 타국에 양도 또는 대여하지 않을 것을 약속한다.

　　제3조 지나 정부는 즈푸(芝罘) 또는 룽커우(龍口)와 쟈오저우만에서 지난(濟南)에 이르는 철도를 연결하는 철도의 부설을 일본에

허락한다.

제4조 지나 정부는 되도록 빨리 외국인의 거주와 무역을 위해 자진하여 산둥성의 주요 도시를 개방할 것을 약속한다. 그 지점은 별도로 협정한다.

제2호 남만주와 동부 내몽골에서 일본의 지위를 명확히 하기 위한 조약

일본 정부와 지나 정부는 지나 정부가 남만주와 동부 내몽골에서 일본의 우월한 지위를 승인했으므로, 이에 다음 조항에 합의했다.

제1조 양국은 뤼순·다롄 조차 기한 및 남만주와 안봉(安奉) 두 철도의 각 기한을 모두 다시 99개년씩 연장할 것을 약속한다.

제2조 일본 신민은 남만주와 동부 내몽골에서 각종 상공업을 위한 건물 또는 경작을 위해 필요한 토지의 임차권 또는 소유권을 취득할 수 있다.

제3조 일본 신민은 남만주와 동부 내몽골에서 자유롭게 거주 왕래하고, 각종 상공업 및 기타 업무에 종사할 수 있다

제4조 지나 정부는 본 조약 부속서에 열기한 남만주 및 동부 몽골에 있는 광산 채굴권을 일본 신민에게 허락한다.

제5조 지나 정부는 다음 사항에 관해서는 미리 일본 정부의 동의를 얻을 것을 승낙한다.

(1) 남만주와 동부 내몽골에서 타국인에게 철도 부설권을 부여하거나 또는 철도 부설을 위해 타국인으로부터 자금 공급을 요청하는 것.

(2) 남만주와 동부 내몽골의 각종 세금을 담보로 타국으로부터 차관을 빌리는 것.

제6조 지나 정부는 남만주와 동부 내몽골의 정치, 재정, 군사에 관해 고문, 교관을 필요로 할 경우에는 반드시 먼저 일본에 협의할 것을 약속한다.

제7조 지나 정부는 본 조약 체결일로부터 99년간 일본에 길장(吉長) 철도의 관리, 경영을 위임한다.

제3호 한야평공사(漢冶萍公司)[4]에 관한 협정안

일본 정부와 지나 정부는 일본 자본가와 한야평공사 사이에 존재하는 밀접한 관계에 비추어, 또 양국 정부 공통의 이익을 증진하기 위해 다음 조약을 체결하였다.

제1조 양국은 장래 적당한 시기에 한야평공사를 양국의 공동 관리로 할 것 및 지나 정부는 일본 정부의 동의 없이 동 공사에 속하는 모든 권리, 재산을 스스로 처분하거나 또는 동 공사를 처분하지 않을 것을 약속한다.

제2조 지나 정부는 한야평공사에 속하는 각 광산 부근에 있는 광산에 대해 동 공사의 승낙 없이 그것의 채굴을 동 공사 이외의 사람에게 허가하지 않을 것 및 기타 직접, 간접적으로 동 공사에 영향을 끼칠 우려가 있는 조치를 취하려 할 때는 먼저 동 공사의 동의를 얻을 것을 약속한다.

제4호 중국의 영토 보전을 위한 약정안

일본 정부와 지나 정부는 지나 영토 보전의 목적을 확보하기 위해 이에 다음 조약을 체결하였다. 지나 정부는 지나 연안의 항만 및 도서를 타국에 양도 혹은 대여하지 않을 것을 약속한다.

제5호 중국 정부의 고문으로 일본인을 초빙할 것을 권고, 기타 건

제1조 중앙 정부에 정치, 재정 및 군사고문으로 유력한 일본인을 초

---

4 漢冶萍公司(漢冶萍媒鉄廠礦有限公司) : 1908년 중국 후베이성(湖北省)의 한양(漢陽) 제철소와 대야(大冶) 철광산, 장시성(江西省)의 평향(萍鄕) 탄광을 통합하여 설립한 제철회사. 철광석 확보를 노린 일본이 거액의 차관을 제공하여 금융적으로 종속시켜, 오로지 야하타(八幡) 제철소에 철광석을 공급하는 역할을 하였다. 21개조 요구에서 중·일 공동 관리를 요구했지만 실패하였다.

빙할 것

제2조 지나 내지에 일본의 병원, 사원 및 학교에 그 토지 소유권을 인정할 것.

제3조 종래 일·지 사이에 경찰 사고가 발생한 일이 많고, 불쾌한 논쟁을 빚은 일도 적지 않으므로, 차제에 필요한 지방의 경찰을 일·지 합동으로 하고, 또는 이들 지방의 지나 경찰 관청에 다수의 일본인을 초빙하여, 지나 경찰 기관의 쇄신을 도모하는 데 도움을 줄 것.

제4조 일본에 일정 수량(예컨대 지나 정부 소요 무기의 절반) 이상의 무기 공급을 요청하거나, 또는 지나에 일지(日支) 공동 관리 무기 공장을 설립하고 일본에 기사와 재료의 공급을 요청할 것.

제5조 우창(武昌)과 주장(九江), 난창(南昌)선을 연결하는 철도 및 난창-항저우(杭州) 간과 난창-차오저우(潮州) 간 철도 부설권을 일본에 허락할 것.

제6조 푸젠성에 있는 철도, 광산, 항만의 설비(조선소를 포함함)에 외국 자본을 필요로 할 경우에는 먼저 일본에 협의할 것.

제7조 지나에서 일본인의 포교권을 인정할 것.

출전 対華21ヶ条要求 - Wikisource

내용 일본의 제1차 세계 대전 참전 의도를 가장 잘 보여주는 것이 21개조 요구인데, 여기서는 1915년 1월 18일 일본 정부가 위안스카이 정부에 제시한 원안을 실었다. 21개조 요구는 외무성·육해군·관동도독부 등의 요구를 합쳐 5호 21개조에 이른다. 제1호는 산둥성의 독일 권익 처분, 제2호는 남만주와 동부 내몽골의 각종 권리, 제3호는 한야평공사의 독점, 제4호는 중국 연안 도서와 항만에 관한 것, 제5호는 중국 정부 자체를 일본의 영향 아래 두려는 것이었다. 일본은 제5호를 '희망 사항'으로 몰래 추진하려 했지만, 중국의 반

발은 물론, 미국·영국으로부터 강력한 경고를 받고, 제5호의 대부분을 최후
통첩에서 제외하고 후일의 협의에 맡기기로 했다가, 워싱턴회의에서 철회하
였다.

21개조 요구에 관한 가토 외무대신의 훈령

다이쇼 3년(1914) 12월 3일부 기밀 호외

가토 대신

재경 히오키(日置) 공사 앞

대지(對支) 정책에 관한 건

제국 정부는 시국의 선후책을 도모하고, 또 장래 제국의 지위를 공고히
함으로써 동양의 평화를 영원히 유지하기 위해 차제에 지나 정부와의 사
이에 별지 제1호 및 제4호의 취지의 조약 및 협정을 체결하고자 한다. 그
중 별지 제1호는 산둥 문제의 처분에 관련되고, 별지 제2호는 대체로 남
만주와 동부 내몽골 지방에서 우리의 지위를 명확하게 하는 취지이다. 남
만주 및 동부 내몽골에 관해서는 제국의 지위도, 혹은 지나의 지위도 모두
매우 불명확한 점이 적지 않으므로, 종래 일·지 양국 간에 무용한 오해와
시기를 낳았고, 나아가 양국의 국민적 감정에도 다대한 악영향을 미친 바
가 적지 않았다. 그러므로 제국 정부는 남만주 및 동부 내몽골에서의 기정
사실을 이번에 명확히 함과 동시에, 이 기회에 제국 정부는 소위 만주 분
할 등 동 지방에 대해 아무런 영토적 야심을 갖지 않고 있다는 의지를 표
명한다. 물론 남만주 및 동부 내몽골에 관해서는 우선 별지 제2호 갑안(甲
案)에 따라 협상을 시작하고자 한다. 이것은 어쩌면 지나 정부의 승낙을 받
기 곤란할지 모른다고 생각되지만, 되도록 갑안대로 우리의 희망을 관철
할 수 있도록 절충하고, 부득이한 지경에 이르렀을 때 별지 제2호 을안에

의거해주기 바란다. 다음으로 별지 제3호 한야평(韓冶萍) 문제에 관해서는 이번에 주의상(注意上)의 협정을 약속해 두고, 상세한 점은 추후에 협의 결정하는 것으로 해주기 바란다. 또 별지 제3호 및 제4호는 반드시 조약의 형식으로 할 필요는 없다. 공문 교환 등의 방식도 무방하다. 그에 대해 알고 있기 바란다. 아니면 별지 제1호 및 제2호의 조약 및 제3호와 제4호의 협정은 모두 지나 측이 희망한다면 당분간 밀약(密約)으로 해두는 것도 무방하므로, 이 점 또한 유념해 주기 바란다.

　이상 각 항목 중 별지 제1호는 시국 선후책을 위해 당연한 조치에 속하고, 별지 제2호는 대체로 기정사실의 확인이며, 별지 제3호는 우리 쪽의 한야평공사에 대한 관계에 비추어, 동 공사의 장래를 위해 최선의 방도에 속하는 것으로, 요컨대 이상 3항은 모두 각별히 새로운 사태를 출현시키려는 것이 아니다. 그리고 별지 제4호의 경우는 제국 정부가 누차 내외에 밝힌 지나 영토 보전의 대원칙에서 다시 한 걸음 더 나아가려는 것에 불과하다. 제국 정부는 이 기회에 동아(東亞)에서 제국의 지위를 더욱 확보하고 대국(大局)을 보전하기 위해 이상 각 항목의 실행이 절대로 필요하다고 생각하는 바, 제국 정부는 모든 수단을 다하여 반드시 이것의 관철시키기 위해 매우 공고한 결심을 갖고 있으므로, 귀관도 정부가 뜻하는 바를 잘 명심하여 극력 힘을 다해 주기 바란다. 또 별지 제5호는 별지 제1호 내지 제4호의 각항과는 전혀 별개의 문제로서 이번에 지나에 그 실행을 권고하고자 하는 사항이다. 일·지 양국의 친교를 증진하고 공동 이익을 옹호하기 위해서는 모두가 긴요한 안건으로, 그중에는 이미 일·지 양국 간에 현안이 되어 있는 항목도 있다. 또 가능한 한 우리 쪽의 희망을 실현하도록 힘껏 진력해 주기 바란다.

　또 본건 교섭 중에 지나 당국은 반드시 쟈오저우만 최후의 처분에 관한 제국 정부의 의향을 알고 싶어 할 것이다. 제국 정부는 만약 지나 정부가 완전히 우리의 요구를 응낙하면, 그곳의 반환을 논의하는 것도 무방하다고 생각하고 있으므로 그것도 잘 알아두기 바란다. 물론 반환 실행의 경우는 그곳을 개항하여 상항(商港)으로 만들고, 또 우리 전용 거류지를 설정하는 것이 절대로 필요하다고 생각한다. 그러므로 반환 논의를 발표할 때는 별지 제6호와 같은 취지로 응답하고, 그 결과 공문을 교환할 필요가 있는 경우에는 훈령을 요청한 후 조치하는 것을 명심해 두기 바란다. 이와 같이 훈령한다.

출전 外務省編,『日本外交年表竝主要文書』上(『史料日本近現代史』II 大日本帝国の軌跡).

내용 제1차 세계 대전에 참전한 일본은 1914년 11월 칭다오를 함락하고, 독일 조차지 이외에도 점령지를 확대해 나갔다. 이 사료는 1914년 12월 3일 가토 다카아키(加藤高明) 외무대신이 히오키 공사에게 보낸 훈령으로 21개조 요구에 대한 일본 정부의 견해와 방침을 잘 보여주고 있다. 훈령에 따라 1915년 1월 18일에 제시한 것이 위에 실은 21개조 요구이다. 2월부터 3월에 걸쳐 총 25차례 협상이 이루어졌지만, 중국의 반발로 잘 진척되지 않았다. 그 과정에서 21개조 요구의 전모가 알려지면서 중국 국내에서는 격렬한 반일 감정이 나타났고, 또 미국과 영국은 제5호를 단념하라고 경고하였다. 이에 일본은 4월 26일 수정안을 제출하였고, 협상의 장기화는 불리하다고 판단한 일본은 5월 7일, 48시간(5월 9일 오후 6시)을 기한으로 하는 최후통첩을 보냈다. 중국 정부는 어쩔 수 없이 5월 9일 그것을 수락하고, 마침내 5월 25일 일화조약(日華條約)이 조인되었다. 5호의 대부분은 제외되었지만, 일본은 주요 목표였던 제1호와 제2호의 요구를 관철하여 후일 일본의 중국 침략의 발판을 마련하였다. 한편 중국에서는 위안스카이 정부가 21개조 요구를 받아들인 5월 9일을 '국치기념일(國恥記念日)'로 부르고, 그 철폐를 요구하는 운동이 이윽고 5.4 운동으로 나타났다.

시베리아 출병

시베리아 출병에 관한 외교 조사회 의사록

다이쇼 7년(1918) 7월 16일 이토 미요지(伊藤巳代治)[5] 수기

고토(後藤) 외상 : 이 교섭 안건의 내용을 보니 먼저 미국이 발의한 요점은 체코군 지원[6]을 위해 미·일 양국에서 각 7,000명의 군대를 파견하고, 구원의 목적을 달성한 후에는 즉시 철군한다는 조건을 붙였다. 이 조건에 대해 우리 제국의 입장은 곧바로 동의를 표할 것이 아니라고 믿는다. 체코군이 처한 현재의 위기를 구한 후 즉시 철군한다면, 일단 구원을 끝낸 후 독일과 오스트리아 포로가 서시베리아에 머무르면서 더욱 심하게 날뛰더라도, 제국 군대는 발길을 돌려 즉시 철수해야 한다. 이런 일은 제국의 입장에서는 도저히 수긍할 수 없으므로, 출병 제의에는 대체로 동의를 표하는 것은 말할 필요도 없지만, 제국의 임무를 이행하는 것과 체코군을 구원하는 두 가지 일을 병행하여 그 목적을 완전히 달성하는 방침을 세우지 않을 수 없다. 이것은 이 자리에서 각하들 앞에 제공한 회첩안(回牒案) 기초의 취지다.

---

5 伊藤巳代治(1857~1934) : 메이지헌법 제정에 참가하였고, 시베리아 출병 때는 임시외교조사위원으로 단독 출병을 주장하였다.

6 체코군 지원 : 제1차 세계 대전 발발 당시 체코슬로바키아는 오스트리아·헝가리제국의 지배를 받고 있었다(여기서 말하는 '체코군'은 체코인 병사와 슬로바키아인 병사를 함께 지칭). 오스트리아군으로 동원된 체코군 중 러시아에 포로가 된 이들은 러시아군과 함께 독일에 대항하여 싸웠다. 그러나 러시아 혁명이 일어나 소비에트 정권이 독일·오스트리아와 강화하자, 독일이 서부 전선에 전력을 투입하는 것을 우려한 연합국은 체코슬로바키아의 독립을 약속하고 우수한 장비와 고도의 훈련을 받은 체코군을 유럽으로 호송하여 독일과의 서부 전선에 투입하려는 계획을 세웠다. 이에 10,000여 명의 체코군이 시베리아를 경유하여 블라디보스토크에 집결하였다. 그 사이 체코군은 반혁명세력이 되어 소비에트정권과 싸우고 있었는데, 연합국은 그것을 구출하려 한 것이다.

병사 수에 제한을 받는 것이 불가한 이유는 이미 회첩안에 명료하
게 밝혔으므로 다시 말하지 않는다. …(중략)…

이누카이 쓰요시(犬養毅) : 병사 수 제한이 불가하다고 보는 이유는 회
　　첩안의 내용에 따르면 두 가지로 이해되는데, 이에 대해 설명해
　　주시기 바란다.

고토 외상 : 말씀하신 대로 병사 수 제한이 불가하다고 여기는 이유는
　　한편으로 국민의 자존심 비추어 심히 탐탁하지 않은 점과 또 실
　　제 행동을 개시한 후의 형세 여하를 고려했기 때문이다. 반드시
　　7,000명으로 제한하는 것은 좋은 계책이 아니라는 판단에 따른
　　것이다. …(중략)…

이누카이 : 체코군 구원을 제외하고 우리 제국은 과연 몇천 명의 병사
　　를 보낼 계획인가?

데라우치 총리 : 전체 병사 수에 관해서는 별도로 설명할 필요가 있다
　　고 믿는다. 미국이 7,000명이라고 하는 것은 아마 2개 연대를 보
　　낼 심산이라고 생각한다. 보병 2연대 외에 기병은 조금 동행하겠
　　지만, 포병은 분명히 따라오지 않을 것이다. 블라디보스토크(浦
　　潮) 방면으로 제국에서 보낼 병사 수는 혼성 1여단으로 잡는다. 다
　　시 동원하지 않으면 평시의 1개 사단 정도를 보내면 충분하다고
　　본다.

이누카이 : 그것은 블라디보스토크 방면의 출병에 대한 설명으로 들린
　　다. 그렇다면 블라디보스토크 이외의 출병 계획은 과연 어떤지 그
　　에 대해 설명해 주기 바란다.

이때 오시마(大島) 육군대신은 미리 설명 자료로 준비해서 휴대한 한천
판[蒟蒻摺] 서류, 「극동 노령에 관한 요항(極東露領に關する要項)」이라는 제목의
서류를 참석자에게 배포하였다. 일동은 그것을 보았는데, 제국의 파병 병
력으로서는 우선 연해주 방면에 (1) 야전 1사단, (2) 기병 1여단, (3) 산포

병(山砲兵)[7] 1연대를 근간으로 하는 군대를 보내려 한다고 적혀 있었다. 그리고 그 인마(人馬)의 수를 질문했는데, 육군대신은 사람 약 4만 3,000명, 말은 1만 2,000마리라고 대답했다. 또 서시베리아 방면에는 (1) 야전 3사단, (2) 기병 1여단, (3) 산포병 1연대, (4) 야전 중포병 1연대를 근간으로 하는 군대를 보내려고 한다고 답하였다. 그리고 이 인원은 10만 8,000명, 말 2만 3,000마리라고 대답했다. 요컨대 연해주 방면에는 병사 총 약 2사단(기간 부대는 1사단이지만, 그에 각종 배속 부대를 합산함), 또 서시베리아 방면에는 병사 총 5사단(기간 부대는 약 3사단이지만, 그에 각종 배속 부대를 합산함), 총계 7사단을 출정시키는 것으로 열거되어 있었다. 그리고 마지막에 육군대신은 만일의 경우에 대비하여 이 7사단 이외의 증파 준비에 대해 말하기를 "만일의 경우 출병하는 이상 전군(全軍)을 사용할 각오가 있어야 하지만, 현재의 판단으로는 형세에 다소의 변화가 있어도 약 6개 사단을 증파하는 것으로 충분하다고 할 것이다."라고 말했다. 위 서류에 따르면, 결국 7개 사단을 출동시키고, 그에 대한 임시 증파로서 다시 6개 사단의 출동을 준비하는 것으로, 육군 당국은 이번 미국의 제의에 응낙하는 데 약 13개 사단의 출동 계획을 세우는 것 같다.

출전 外務省編, 『日本外交年表竝主要文書』 上 (『史料日本近現代史』 II 大日本帝国の軌跡).

내용 1918년 7월 출병에 반대하던 미국이 체코군 구출을 구실로 일본과 미국 각각 7,000명의 병력을 블라디보스토크에 한정하여 파병하자고 제안하였다. 이를 기회로 일본은 구체적인 계획을 세웠는데, 그것은 위 자료에 나타나듯이 지역적으로도 병력 수를 보더라도 전면 출병이었다. 일본은 러시아 혁

---

7 山砲兵 : 산포를 주무기로 사용하는 군대. 산포는 산지 등에서 사용하기 적합하도록 대포 전체를 몇 개로 분해하여 운반할 수 있도록 만든 화포이다.

명을 압살하고 쌀소동에 따른 사회 불안을 밖으로 돌리기 위해 일본에 할당된 12,000명을 훨씬 웃도는 73,000명의 병력을 시베리아에 파병하였다. 그후 반혁명 세력이 서서히 해체되어 러시아혁명에 대한 간섭이 실패로 돌아간 것이 명백해지자, 미·영·프는 1920년 철수했지만, 일본은 조선·만주 등지로의 혁명 파급 방지 등을 구실로 계속 주둔하다가 1922년 아무런 성과 없이 철수하였다. 그 사이 최대 동원 병력은 73,000명, 사망자 3,000명, 전비 10억엔에 이르렀다.

파리 강화회의에서 마키노 전권대사의 진술

(전보 번역문) 다이쇼 8년(1919) 4월 22일

지난 1월 나는 일본의 참전 사정과 본건 요구에 관련된 지역의 실정에 비추어 정당하고 공정하다고 판단되는 일본의 요구를 최고 회의에 제출하고 그에 관해 설명한 바 있습니다. 나는 이번 기회를 이용하여 쟈오저우만 조차지 및 산둥에 있는 독일의 권리에 관한 우리 쪽 요구를 더욱 상세하게 설명하려 합니다.

일본 정부가 1914년 8월 15일 독일에 최후통첩을 보내고, 추후에 일본이 지나에 반환할 예정인 위 지역을 무조건 일본에 인도할 것을 요구한 것은 아직 사람들의 기억에 남아 있습니다.

독일이 일정 기간 내에 회답하지 않아, 일본은 마침내 어쩔 수 없이 무력에 호소하기에 이르렀습니다. 일본은 이들 조치를 취함에 있어 늘 영국과 협의하고 협조를 유지하며 행동하였습니다.

쟈오저우만의 독일 근거지는 1914년 11월 7일 점령되어, 산둥철도와 함께 오늘에 이르기까지 일본이 점령하고 있습니다.

일본은 전쟁의 종식을 예측하고 1915년 1월 지나에 쟈오저우만 조차지 반환 및 산둥성에 관한 독일의 다른 권리 처분의 기초에 관해 미리 협정을 맺어두기 위해 지나와 협상한 바 있습니다. 그것은 다름이 아니라 독일이 최종 강화회의에서 일본의 요구에 응하는 것을 거절할 구실을 주지 않고, 또 독일이 앞으로 다시 세력을 회복하여 극동 평화를 침해하는 일이 없도록 하기 위해서였습니다. 그 후 계속해서 이루어진 협의의 결과 1915년 5월 25일 산둥성에 관한 조약 및 그에 부속된 교환공문에 조인하였습니다. 본 조약에서 지나는 산둥성에 관하여 독일이 지나에 대해 가진 모든 권리, 이익 및 양도의 처분에 관해, 일·독 정부 사이에 합의되는 모든 사항을 인정할 것을 승인하였습니다. 일본은 교환공문에서 독일로부터 쟈오저우만 자유 처분권을 획득한 경우에는 다음 조건하에 그것을 반환하기로 선언했습니다.

1. 쟈오저우만 전부를 상항(商港)으로 개방하는 것.
2. 일본 정부가 지정한 지역에 일본 거류지를 설정하는 것.
3. 열강이 희망한다면 국제 거류지를 설정하는 것.
4. 위 지역의 반환에 앞서 먼저 독일 공공 건축물과 재산 및 다른 조건과 절차에 관해 일·지 정부 간에 협정할 것.

이들은 모두 자명한 조건이지만, 몇 가지에 관해 여기서 한마디 하는 것도 무용한 일은 아닐 것입니다. 위 조건 2에 규정한 일본 거류지 설치의 의미는 지나의 많은 개방된 항구 또는 시장에 보이는 것과 같은 특별한 조직 및 법권(法權) 아래 일본인과 타국인(지나인도 포함) 거주를 위해 특히 구획된 시구(市區)의 일부분에만 관한 것입니다.

조건 제4의 '다른 조건과 절차'라는 말은 조차지를 지나에 반환할 때 결정 준수되어야 할 자세한 조건과 절차를 가리킵니다.

1917년 초 일본은 일본의 동맹국과 함께 지나로 하여금 독일과의 외교 관계를 끊게 하고, 가능하다면 그에 대해 선전포고하도록 종용하는 데 진력하였습니다. 마침내 지나는 1917년 3월 14일 독일과 외교 관계를 끊고,

동년 8월 14일 독일에 대해 선전포고하기에 이르렀습니다. 그것은 앞서 언급한 조약이 양국 간에 맺어진 2년 후의 일입니다.

그 후 1918년 9월 24일, 즉 지나의 선전포고 후 1년 이상, 1915년 5월 25일 본건 조약 체결 후 3년 이상이 지났을 때, 도쿄 주재 지나 공사는 일본 외무대신과 많은 공문을 교환하였습니다.[8] 위 공문의 번역물은 이미 최고 회의에 제출하였습니다. 위 공문은 특히 일본 민정(民政)의 철폐, 쟈오지(膠濟) 철도는 그 소유자가 확정되면 일·지 공동 관리 사업으로 경영할 것, 그리고 철도 수비와 경찰 사항을 규정하였습니다.

지나 공사는 또 쟈오지철도와 연결되는 두 철도선의 건설에 관한 차관 조달에 일본 정부의 원조를 요청했습니다. 일본 정부가 그에 응한 결과 지나 정부와 일본 은행가 사이에 이들 차관에 관한 예비 계약이 체결되어, 지나 정부는 계약 조항에 따라 은행가로부터 이미 2천만 엔의 선금을 받았습니다.[9]

나는 가능한 한 명료하게 사태를 설명하기 위해 이전에 나타난 사실을 진술했는데, 그에 따르면

첫째, 일본이 특정 조건하에 쟈오저우만을 지나에 반환할 것. 위 조건은 모두 일본이 산둥성에서 독일을 내쫓기 위해 진력한 공적에 비추어 아무런 불공정 혹은 불공평하다고 판단된 점이 없다는 것입니다.

둘째, 지나의 대독 선전포고는 대략 그 2년 전에 일·지 간에 체결된 조약과 그 부속 협정의 효력에 아무런 관계가 없으며, 또 위 선전포고는 앞서 언급한 조약 및 협정에 관련된 형세를 움직이거나, 또 변경할 수 있는 것이 아니라는 점입니다.

---

8 「山東省に於ける諸問題處理に關する交換公文」을 가리킨다.

9 中華民國政府參戰借款契約 : 1918년 9월 28일 朝鮮銀行, 臺灣銀行, 日本興業銀行으로부터 2천만 엔의 차관을 받기로 계약하였다. 이 사실이 공표된 것은 1919년 4월 파리 강화회의에서였다.

셋째, 지나의 선전포고로부터 1년 이상이 지난 후 체결된 1918년 9월의 협정은 1915년 5월 조약의 존재와 그 효력을 인지하지 않고서는 도저히 체결될 수 있는 것이 아닙니다. 실제로 1915년의 조약 규정의 어느 조항은 후자 규정의 협정 제목이 되어 있습니다. 즉, 1918년의 협정은 1915년 조약의 증보로, 그 후속 조약으로 삼을 작정으로 체결되어, 실제로 전자는 후자의 증보 후속 조약입니다. 또 지나가 실제로 상기 협정 각항에 따라 2천만 엔의 선금을 받은 것은 특히 유의할 점입니다.

나는 또 일·지 간 반환 실행에 관해 신중히 정해진 방침이 있음을 부언하려 합니다. 위 방침 이외의 방책은 양국 간에 협정이 끝난 확정적인 협약에 반하는 것입니다.

일본의 요구는 1915년의 조약 및 1918년 협정의 조항을 실행하는 데 있어 조차지 및 산둥성에서 독일의 권리, 특권 및 양도를 독일로부터 얻으려는 데 있는 것이 분명합니다.

선전포고의 결과 토지 조차에 관한 조약은 곧바로 소멸된다고 주장하는 사람이 있지만, 이런 주장은 국제법상 확립된 법규가 용인하는 바가 아닙니다. 조차지 내에서는 독일의 주권 행사를 허용하고 있는 조차 조약의 성질에 비추어 자오저우만의 조차가 99년이라는 시간의 제한이 있는 점을 제외하면, 순전한 할양으로 인정할 수 있습니다. 그리고 선전포고는 토지 할양 조약 혹은 기타 영토상의 협정을 폐지하는 것이 아님은 일반적으로 인정되는 바입니다.

나는 일본이 치른 희생과 종래의 공적 및 현재의 점령 사실에 근거하여 국민의 명예와 관련된 일본의 요구에 대해 충분한 만족이 주어질 것으로 확신합니다.

나는 이에 대독 예비 조약 중에 들어가야 할 조항의 초안을 제출하고자 합니다. …(후략)…

출전 外務省編, 『日本外交年表竝主要文書』上 (データベース 『世界と日本』).

내용 파리 강화회의에 출석한 일본 대표단은 사이온지 긴모치(西園寺公望)를 단장으로 마키노 노부아키(牧野伸顯), 진다 스테미(珍田捨巳) 등 5명으로 구성되었지만, 실질적으로는 마키노와 진다가 회의에 참석하였다. 산둥 문제에 대해 중국 대표는 일본이 독일 권익을 계승하는 것은 윌슨의 민족자결주의 원칙에 위배되며, 그것을 승인한 일본과 영·프의 협정은 비밀조약이므로 무효라고 하면서, 이것이 보류되지 않으면 조인을 거부할 것이라고 하였다. 한편 일본은 중국이 1915년 5월의 21개조의 규정에 따라 1918년 이미 일본으로부터 2,000만 엔의 철도 차관을 받았다는 사실을 들면서 정당성을 주장하였다. 조정에 나선 미국은 민족자결주의 원칙에 따라 중국의 의견에 동조해야 했지만, 1917년 11월 이시이(石井)-랜싱 협정을 통해 일본의 산둥 권익을 이미 인정했고, 영국과 프랑스도 일본이 제1차 세계 대전에 참전할 때 이미 일본의 산둥 권익을 승인했으므로, 회의에서는 일본의 산둥 권익 계승이 인정되었다.

베르사유조약의 일본 관련 조항

1919년 6월 29일 조인

제1편 국제연맹 규약

　　제22조 이번 전쟁의 결과 이전에 지배하던 국가의 통치에서 벗어난 식민지와 영토 중에서 근대 세계의 격심한 생존경쟁 상태 아래 아직 자립할 수 없는 인민에 대해, 당해 인민의 복지와 발달을 도모하는 것은 문명의 신성한 사명이다. 그 사명 수행의 보장은 본 규약 중에 이것을 포용하는 원칙을 적용한다.

　　　　이 원칙을 실현하는 최선의 방법은 당해 인민에 대한 후견의 임무를 선진국 중 자원, 경험 또는 지리적 위치로 인해 이 책임을 떠맡기에 가장 적합하며, 또 이를 수락하는 국가에 위임하는 것이다. 그 취지는 그 나라를 연맹을 대신하여 위임국으로 하여금 이 후견의 임무를 수행하게 하는 데 있다.

위임의 성질은 인민의 발달 정도, 영토의 지리적 위치, 경제 상태 및 기타 유사한 사정에 따라 차이를 설정하는 것이 필요하다.

제4편 제2관 지나

제128조 독일은 1901년 9월 7일 베이징에서 서명한 최종 의정서의 규정과 그를 보충하는 모든 부속서, 공문(公文) 및 문서로부터 발생하는 이익 및 특권을 모두 중국을 위해 포기한다. 독일은 또 의정서에 입각한 1917년 3월 4일 이후의 배상금 청구권을 중국을 위해 포기한다,

제129조 체약국은 본 조약 실시 후 각자 자국에 관한 것에 한하여 다음 협정을 적용한다.

1. 중국의 신(新) 세율에 관한 1902년 8월 29일의 협정

2. 황푸강(黃浦江)에 관한 1905년 9월 27일의 협정 및 1912년 4월 4일의 추가 가(假)협정

단, 중국은 전기 협정에 의해 독일에 허여한 이익 또는 특권을 향후 독일에 인정할 의무가 없다.

제130조 독일은 톈진 및 한커우(漢口)에 있는 독일 전관 거류지, 기타 중국 영토 내에 존재하거나 또는 존재할 수 있는 독일 정부 소속의 모든 건축물, 부두 및 체선(躉船)[10], 병영, 보루,

---

10 躉船 : 바지선.

무기 및 군수품, 각종 함선, 무선 전신 설비, 기타 공적 재산을 중국에 양도한다. 단 본편 8관 규정의 적용을 방해하지 않는다.

외교관 또는 영사관의 주택 또는 사무소로 사용한 토지 건물은 전기 양도 물건 중에 포함하지 않는다. 또 중국 정부는 1901년 9월 7일의 최종 의정서의 본 조약 실시 당시의 당사국인 열강의 외교 대표자의 동의가 없으면, 베이징 공사관 구역 내에 있는 독일의 공사(公私) 재산의 처분에 대해 아무런 조치도 취할 수 없다.

제131조 독일은 1901년 그 군대가 중국에서 반출한 천문 기계 전부를 본 조약 실시 후 12개월 이내에 중국에 반환하고, 또 그 기계의 해체, 포장, 운반, 보험 및 베이징에서의 설치 등 그 기계의 반환 실행을 위해 필요한 모든 비용을 지불할 것을 약속한다.

제132조 독일은 중국으로부터 취득하여 한커우 및 톈진에서 독일 전관 거류지를 현재 보유하는 기초인 조지권(租地權)의 실효(失效)에 동의한다.

중국은 앞에 기록된 지역에서 주권의 완전한 실현을 회복함과 아울러 각국 사람들의 거주 및 통상을 위해 그것을 개방할 의사를 표명한다. 또 중국은 앞에 기록된 전관 거류지를 실제로 보유하는 기초인 조지권의 실효가 그 전관 거류지 내에서 지구(地區)의 보유자인 동맹 및 연합국 국민의 재산권에 영향이 없을 것임을 표명한다.

제133조 독일은 중국에서 독일 국민의 억류 및 송환에 의해 생기는 중국 또는 동맹국 혹은 연합국 정부에 대한 모든 청구를 포기한다. 또 독일은 1917년 8월 14일 이후 중국에서 독일 선

박의 나포 및 포획, 또는 독일의 재산, 권리 및 이익에 대한
청산, 보관 혹은 관리에 의해 생기는 모든 청구를 포기한다.

단, 청산 잔액에 대한 이해 관계인의 권리는 제10편(경제 조항) 규정의 적용을 받는 것으로, 그 권리에 영향을 주지 않는다.

제134조 독일은 광동 샤멘(沙面)의 영국 전용 거류지 내에 있는 독일 국유 재산을 대영국 정부를 위해 포기한다. 또 상하이의 프랑스 전용 거류지 내에 있는 독일 학교의 재산을 프랑스, 중국 양국 정부를 위해 포기한다.

제4편 제8관 산둥

제156조 독일은 1898년 3월 6일 독일과 중국 사이에 체결한 조약 및 산둥성에 관한 다른 모든 협정에 의해 취득한 권리, 권원(title) 및 특권의 전부, 특히 쟈오저우만 지역, 철도, 광산 및 해저전선에 관한 것을 일본을 위해 포기한다.

칭다오-지난부(濟南府) 사이의 철도(그 지선을 포함하며, 또 각종 부속 재산, 정거장, 공장, 고정 물건 및 차량, 광산, 광업용 설비 및 재료를 포함한다)에 관한 모든 독일의 권리는 그것에 부수되는 모든 권리 및 특권과 함께 일본이 그것을 취득하여 보유한다.

칭다오-상하이 사이 및 칭다오-즈푸(芝罘) 사이의 독일 국유 해저전신선은 이에 부수되는 모든 권리, 특권 및 재산과 함께 무상으로, 그리고 조건 없이 일본이 그것을 취득한다.

제157조 쟈오저우만 지구 내의 독일 국유 동산과 부동산 및 당해 지역에 속하여 독일이 직접 또는 간접적으로 설치 혹은 개량

하고, 또는 비용을 부담함으로써 주장할 수 있는 모든 권리
는 무상으로, 그리고 조건 없이 일본이 그것을 취득하여 보
유한다.

제158조 독일은 쟈오저우만 지역의 민정, 군정, 재정, 사법 및 기타
에 관한 기록, 등기부, 도서, 증서 및 기타 각종 문서를 그
소재 여하를 불문하고 본 조약 실시 후 3개월 이내에 일본
에 인도한다.

독일은 앞서 기록한 두 조항에 규정한 권리, 권원 및 특권
에 관한 모든 조약, 협정 또는 약정에 대해 그 상세한 내용
을 앞서 기록한 기간 내에 일본에 통고한다.

출전 外務省編, 『日本外交年表竝主要文書』上(データベース『世界と日本』).

내용 파리 강화회의가 개최될 때 일본은 3개의 요구만 주장하기로 결정하
였다. 첫째는 산둥의 독일 이권 계승, 둘째는 독일령 남양군도의 병합, 셋째
는 인종차별 철폐 문제이다. 산둥 문제는 일본의 주장대로 인정되었지만, 남
양군도는 사정이 달랐다. 일본은 파리 강화회의에서 남양군도의 병합을 주
장했지만, 민족자결을 주장하는 윌슨이 강하게 반대하여, 결국은 국제연맹의
위임통치라는 형태로 일본이 실질적으로 통치하게 되었다. 위임통치는 민족
자결의 원칙과 모순되지 않도록 만들어진 타협책이었다.

5.4 운동에 관한 사설

냉정하라, 지나인! 산둥 문제가 강화회의에서 어떻게 확정될지 아직 명
확하지 않지만, 어쨌든 대체로 일본의 주장이 용인되고 지나의 요구가 받
아들여지지 않았다는 소식이 전해지자, 갑자기 지나에 불온한 형세가 나

타났다. 산둥성 대표자가 천(陳) 외교부장 대리를 방문하겠다고 경고하고 산둥성민대회 개최 계획이 세워졌으며, 중의원에서 비밀회의가 열리고 국민외교협회 대표자가 총통부를 방문하였으며, 슝시링(熊希齡), 린창민(林長民) 등이 쉬(徐) 총통을 방문하였고 베이징 대학 1천여 명이 차오루린(曹如霖) 교통총장 저택을 습격하여 체포자와 조난자가 나오는 불행한 일이 일어났다. 일종의 분개로 인한 시위 행동은 더욱 격렬해지려 하는 모양이다. 더욱이 일종의 선동가가 이를 배일 운동으로 전환하려 하고 있다. 이는 지나에 중대사일 뿐만 아니라 일본도 가벼이 간과할 수 있는 일이 아니다.

우리는 지나의 지위에 대해, 지나인의 심정에 대해 커다란 동정을 가지고, 그 국가가 자주적이 되고, 그 국민이 자결(自決)하는 날이 하루라도 빨라지기를 간절히 바라고 있다는 점은 지금 더 이상 말이 필요도 없다. 이는 실로 우리 제국의 중국 방침이며, 일·지 친선 정책은 모두 그 출발점을 여기에 두고 있다. 산둥 문제의 해결 또한 이 기초 위에 서 있지 않은 것이 없다. 다만 일에는 순서가 있고 완급이 있다. 달걀을 낳으려면 밤이 필요한데, 달걀을 향해 그것을 요구할 수 없는 것과 같다. 지나인은 이러한 이치를 무시하고, 상대를 모르고 자신을 모르고 쓸데없이 공상적인 결과에 도달하려 한다. 먼저 중간의 장애를 제거하려고 노력하지 않는다. 더욱이 곧바로 그 결론을 얻지 못하는 데 실망하여 분개하고 번민하여 자포자기하고 내란적 폭동을 일으켜, 원도대계(遠圖大計)를 그르치려 한다. 그것에 대해 우리는 지나를 위해 애석하게 여기고 동아를 위해 슬퍼하며, 세계 평화를 위해 우려하지 않을 수 없다. 지나인에게 간절히 냉정하게 생각하라고 요구하지 않을 수 없다. …(중략)…

시험 삼아 세계의 대세를 살펴보라. 국제연맹이 생기려고 하지만, 이것이 앵글로 색슨 인종의 패권 수행 기관이 되지 않을까? 먼로주의가 승인된 이유는 무엇이던가? 인종차별 철폐주의가 배척된 이유는 무엇이던가?[11] 일본인, 지나인, 기타 모든 아시아인, 유색인이 영·미 양국과 그 영토에서 분개를 금할 수 없는 대우를 받는 이유는 무엇이던가? 생각이 여기에 이르면 인종차별 철폐 주장에 공명하여 찬성한 지나인이 산둥에 관한 계약을 파기하고 미국인을 끌어들여 일본인을 배척하려는 등의 구구한 잔꾀를 부리는 것은 본래 있어서는 안 될 심한 모순이다. 지나인은 이러한 속임수가 성공하지 않았다고 해서 분개해서는 안 되며, 또 일본을 원망해서도 안 되는 것이 아닌가?

냉정하라, 지나인! 잘못된 분개 때문에 국가의 혼란을 조장하고 일·지 양국을 이간시키며 지나의 쇠약에 편승하여 관리의 손길을 뻗치려는 야심을 가진 외국인의 선동에 놀아나, 조력자를 오히려 곤란하게 만드는 우를 범하지 말라. 조용히 생각하고 멀리 바라보아 국내의 통일과 치평(治平)을 회복하여 대아시아주의에 따라 친일(親日)을 입국의 정신으로 삼는 것 이외에 택할 길이 없는 것을 깨달아야 한다. 분개, 폭동, 쓸데없이 내외에 누를 더하는 것은 여자의 히스테리, 발광하여 집에 불을 지르고 스스로 우물에 몸을 던지는 것과 같을 뿐이다.

출전 『大阪朝日新聞』 1919년 5월 6일(『日本史史料』 近代).

내용 파리 강화회의에서 일본의 주장이 전면적으로 승인되었다는 소식이 5월 1일 중국에 전해졌다. 그리고 대표단의 보고를 통해 제국주의 열강의 밀약과 베이징 군벌 정부 관료의 매국 외교의 실태도 밝혀졌다. 이에 5·4 운동이 시작되었다. 베이징의 학생들은 항의 행동의 선두에 서서 칭다오 반환, 21

---

11 파리 강화회의에서 일본은, 국제연맹 가입국은 모든 외국인에 대해 '인종 혹은 국적 여하를 불문하고 균등하고 공평하게 대우한다는 원칙'을 국제연맹 규약에 포함시키자고 제안하였다. 그러나 미국은 국내에서 일본인 이민에 대한 강한 반발과 흑인 차별 문제에 영향을 우려하여 반대하였고, 영국도 오스트레일리아의 白濠主義에 배려하여 반대하였다. 그리고 정작 일본 자체도 3·1 운동과 5·4 운동 때 민족자결의 권리를 빼앗아, 일본의 제안은 기만적으로 받아들여졌다.

개조 요구 철폐, 일본 상품 보이콧 등의 슬로건을 내걸고 항의 연설을 하였다. 이러한 5·4 운동에 대해 일본에서는 그것을 산둥 문제에 대한 중국인의 '오해의 결과'이며 외국인 혹은 일부 선동가의 음모로 간주하면서 '지나인의 망동', '광란 상태'라고까지 표현하였다.

'베이징 학생단의 행동을 매도하지 말라'

지난달 4일 베이징 대학을 비롯하여 고등학교 학생들이 파리에서 산둥 문제가 실패한 데 흥분하여, 매국 죄를 열거하며 차오루린(曹如霖)씨의 사저를 방화하고 장쭝샹(章宗祥)[12]씨에게 부상을 입힌 일대 사건은 다른 나라의 일이지만 유감으로 생각한다.

다만 그들이 차오루린·장쭝샹씨의 죄를 성토하는 한편으로 산둥의 직접 회수를 외치고, 나아가 배일의 목소리를 높이는 것 때문에 우리 나라의 신문 등에서는 번번이 이들 학생의 행동을 만매(漫罵)[13]하고 있다. 하지만 불행하게도 나는 그에 동조할 수 없다.

나는 결코 그들의 행동이 용납할 수 없는 폭거가 아니라고 하지 않는다. 그러나 나는 그들의 행동을 평가할 때, 다음 두 가지 사항을 잘못 판단하면 안 된다고 생각한다. 하나는 차오루린·장쭝샹 일파의 청년 정객을 친일파로 보는 것이다. 둘째는 학생들로 대표되는 중화 민중의 배일을 일본 국민 그 자체에 대한 견고한 반감으로 여기는 점이다.

차오루린·장쭝샹씨는 종전에 친일파로 알려져 오기는 했다. 그러나 그들의 소위 친일적 행동은 얼마나 일본 국민의 진실한 요구를 충족시켰는

---

12 주일 공사
13 漫罵 : 만만히 여겨 함부로 꾸짖음.

가? 그들이 우리의 관료, 군벌 내지 재벌의 친구였음은 의심의 여지가 없지만, 일본 국민 그 자체의 친구였는지는 여전히 살펴볼 여지가 있다. 그런데 중화 민중 일반의 배일이 관료, 군벌 내지 재벌로 대표되는 일본에 대한 반감에 지나지 않는다. 그 때문에 많은 일본 국민이 피해를 입었다. 그 사실은 내가 다년간 국내에서 일이 있을 때마다 그들의 중국 정책을 공격한 것을 봐도 명백할 것이다. 이웃 나라의 일반 민중은 아마 우리 나라에 '침략의 일본'과 '평화의 일본'이 있는 것을 모를 것이다. 만약 알면 그들은 배일의 목소리를 낮출 것이다.

그러므로 지나에서 배일의 불상사를 근절하는 방책은 차오루린·장쭝샹 씨 등 친일파를 원조하여 민간의 불만을 압박하는 것이 아니다. 우리 스스로 군벌, 재벌의 대지 정책을 억눌러 일본 국민의 진실한 평화적 요구를 이웃 나라의 친구에게 명백히 알리는 것이다.

그것을 위해 나는 다년간 내가 사랑하는 일본을 관료, 군벌의 손으로부터 해방시키려 노력하였다. 베이징 학생들의 활동은 이 점에서 또 나와 그 지향점과 목표를 완전히 같이하는 것이 아닌가?

우리가 빨리 이 해방운동을 성공시키기 바란다. 또 이웃 나라 민중의 동일한 운동의 성공도 간절히 기원하자. 관료, 군벌의 손에서 해방되어야 비로소 양국 간의 공고한 국민적 친선이 구축될 것이다. 종래의 친선은 실은 도리어 진실한 친선을 방해하는 큰 장애였다.

폭행의 형태를 띠었다고 해서 나는 그들을 나무라고 싶지 않다. 그렇다고 해서 그들의 폭행을 시인하려는 의사는 추호도 없다.

출전 『吉野作造選集』(『日本史史料』近代).

내용 대부분의 신문 논조가 5·4 운동의 성격을 파악하지 못하고 일본 상품 보이콧에 대한 위기의식으로 '지나 응징론'까지 주장하는 가운데, 요시노 사쿠조(吉野作造)는 5·4 운동이 결코 일부 선동가의 선동에 의한 것이 아니라 중국의 민족적 자각에서 나온 것이라는 논설을 발표하였다. 요시노는 5·4 운동을 통해 싹이 튼 근대 중국의 움직임을 적확하게 파악하고, 중국 민중의 배일은 일본의 지배자에 대한 것이며, 일·중 친선은 양국 인민이 군벌, 관료, 재벌의 지배로부터 해방될 때 비로소 가능해진다고 주장하였다.

'모든 것을 버릴 각오 – 태평양(워싱턴) 회의에 대한 나의 태도'

어제까지도 오늘까지도 실제 정치 문제가 아니라고 하면서 오자키(尾崎) 씨 등 일부 소수의 식자를 제외하고 조야에 있는 우리 정치가들이 거들떠보지도 않던 군비 축소 회의가 마침내 미국으로부터 정식으로 제의되었다. 더욱이 태평양과 극동 문제도 이 회의에서 논의될 것이라고 한다. 정부도 국민도 아연실색하여 어찌할 바를 모르고 있는 느낌이다. 그것 봐라. 나는 제1차 세계 대전 때부터 반드시 이런 일이 있을 것이라고 거듭 경고하고, 정부와 국민에게 정책을 바꿀 것을 권유해 왔다. 그러나 그 말을 듣지 않고 사태를 지금에 이르게 하여 주장낭패(周章狼狽)[14]하고 있다. 딱하다고 말하는 것도 바보스럽다. 만약 내가 일본과 관계없는 국외자라면 "꼴좋다."라고 말해주고 싶을 정도이다. 그만큼 나는 우리 나라의 최근 상황을 답답하고 개탄스럽게 생각하고 있다. 푸념에 불과하다는 것을 알면서도 그만 분통 터지는 말이 나온다.

우리 나라의 모든 화근은 누차 언급한 바와 같이 소욕(小欲)에 얽매여 있는 것이고 뜻이 작은 것이다. 나는 지금 세계에서 홀로 일본에만 욕심을 없애라고 주문하지 않는다. 다른 사람이 너의 오른쪽 뺨을 때리면 다른 뺨도 돌려 그쪽으로 향하라고 하지 않는다. 아니, 고래(古來)의 피상적인 관

---

14 周章狼狽 : 매우 당황해 함

찰자에 의해 무욕(無欲)을 주장했다고 오해를 받은 많은 위대한 사상가들도 실은 무욕을 주장한 것이 아니다. 그들은 다만 대욕(大欲)을 주장한 것이다. 대욕을 채우기 위해 소욕을 버리라고 가르친 것이다. 그렇기 때문에 불교의 '공(空)'은 '무(無)'가 아니며, 무량(無量)한 성공덕(性功德)[15]은 원만 구족하는 상(相)을 가리킨다고 일컬어진다. 그런데 우리 국민에게는 그런 대욕이 없다. 조선과 타이완, 지나, 만주, 또는 시베리아, 사할린 등의 조그만 토지와 재산에 눈이 어두워, 그것의 보호와 수확에 급급해하고 있다. 따라서 적극적으로, 세계 규모로 지향하는 여유가 없다. 비근한 예를 들자면, 장기에서 옥(玉)보다 비차(飛車)를 아끼는 꼴이다. 결과는 간신히 도망다닌 비차도 잡히고, 옥도 외통수에 걸린다. 소위 태평양과 극동회의는 바로 이런 상황에 우리 나라가 빠지려는 형세를 나타낸 것이다.

과거사를 되풀이 언급하는 것은 무익한 것 같지만, 지금 대책을 수립하기 위해서는 ― 그래서 나는 뒤에 말하는 바와 같이 늦었지만 아직 이 형세를 만회할 방책이 있다고 믿는다 ― 충분히 과거의 잘못을 음미해 둘 필요가 있다고 생각한다. 과거로 돌아갈 수 있다면, 나는 적어도 올봄에 오자키씨가 군비 축소 문제를 제기했을 때, 그것을 의회가 채택하여 우리 나라가 앞장서서 이 회의의 소집을 영·미에 제기하고 싶었다. 대체로 싸움을 할 때 지키기만 해서는 패배한다. 먼저 치고 나가야 우리에게 유리한 때와 지형과 전투 형식 등을 선택할 수 있다. 이번 회의도 그렇다. 우리가 그것을 제의했으면 우리에게 좋은 장소, 시기와 문제의 범위 등을 선택할 수 있었다. 새삼스레 문제의 범위를 미국에 조회하여 이런저런 좋지 않은 비평을 세계로부터 받는 추태를 연출할 필요가 없었다.

또 우리의 어느 신문은 사안이 극동에 관한 것이므로 회의 개최지는 당연히 도쿄가 되어야 하며, 또 그 용어는 일본어 또는 지나어여야 한다고

---

15 性功德 : 자비심.

논했다. 그렇게 되었다면 우리 나라에 얼마나 편리할지 모른다. 그리고 그것도 내가 주장하는 바와 같이 우리 나라가 주동자가 되어 이 회의를 열었다면 상당히 실현할 수 있는 일이었다. 자신은 이 회의 개최에 아무런 역할도 하지 않고, 다른 사람이 걱정스러워 개최하려고 하니 이러쿵저러쿵 자기 사정을 말한다. 그런 일은 조금이라도 인간의 예의를 아는 사람은 하지 못한다. 영·미가 제의해 오지 않는 한 실제 정치 문제가 아니라고 하면서 다른 사람의 일인 양 시치미를 떼고 있던 일본은 이제 와서 아무것도 할 수 없다. 다만 상대가 시키는 대로 회의에 참석하든지, 아니면 거절하든지, 이 두 개가 있을 뿐이다.

그러나 우리 국민 중 한 사람이라도 과연 이 회의에 참가하는 것을 거절할 수 있다고 생각하는 사람이 있을까? 어느 신문에는 한 각료의 말로 굴욕적인 회의라면 정부는 출석을 거절할 것이라고 쓰고 있지만, 그것은 마음에도 없는 말, 우리가 허세라고 부르는 것이다. 세상 사람들이 말하는 것처럼 속셈은 일본을 괴롭히려는 회의라고 하더라도 표면적으로 내세운 깃발은 군비 축소이고 태평양의 평화이다. 이 회의에 참석을 거부하는 일본이 도덕적으로 완전히 세계에 나설 수 없는 궁상에 빠지는 것은 ― 따라서 세계 전체를 적으로 삼아 싸울 커다란 민력(民力)이 없는 한 정치적으로 파멸밖에 없다는 점은 초등학교 학생이라도 알 것이다.

그러므로 미국 여론도 우습게 보며, 일본이 문제의 범위가 어쩌고 하면서 투덜대더라도 결국은 찬성할 것으로 알고 있다고 말하고 있다. 아무리 깔봄을 당해도 방법이 없다. 실제로 말하는 그대로이다. 자신을 버려야 볕들 날도 있는 법, 회의 주동자의 지위를 그들에게 빼앗긴 지금은 그저 불평 없이 거기에 뛰어들어 궁지에서 벗어날 기회를 찾아내는 것 외에는 방법이 없다. 나는 이 점에서 또 우리 정부가 과단성 없이, 그리하여 미국 여론이 예견한 것처럼 아무 쓸모도 없는 주저를 보인 점을 유감으로 생각한다. 그리고 그것이 당연한 조치였던 것처럼 승인하는 우리 여론의 저열함이란. 그들은 아직 모든 것을 버리고 덤벼들면 빼앗길 것은 없다는 사실을 깨닫지 못하고 있다.

그렇다, 모든 것을 버리고 덤벼드는 것이다. 그것이 제일의, 그리고 유일한 길이다. 그러나 지금 우리 정부나 국민의 생각으로는 이 길은 취할 것 같지도 않다. 그 결과는 어떻게 될지 알고 있다. 대(對)지나 차관단 협상 때 만몽(滿蒙) 제외 운동의 결말이 그것이다.[16] 우리 대사는 자꾸 소욕의 목표물을 유지하려고 노력할 것이다. 그러나 결국 유지할 수 없다. 그리고 일본은 제국주의다, 자기 잇속만 채운다는 악명만 남는다. 만몽 제외 운동의 결말이 그것이었다. 이번 회의의 결말도 그럴 것이 명백하다. 그러므로 지금 우리 정부나 국민의 생각대로 나아가서는 아무리 해도 승산이 없다. 실패에 실패를 거듭할 뿐이다.

그에 반해 만약 우리 정부와 국민에게 모든 것을 버리고 덤빌 각오, 소욕을 버리고 대욕을 취할 총명함이 있었다면, 나는 무엇보다 먼저 우리 나라가 앞장서서 군비 축소 회의를 제의할 수 있었을 것으로 생각한다. 왜냐하면 군비 축소란 것은 별반 대단한 지혜가 필요 없는 극히 간단한 문제이다. 어쩌면 축소 방법에 번거로움이 있다는 설도 있었지만, 요즘 정부 관계자의 설명에 따르면 그것도 진작에 몇몇 구체안이 우리 정부에 만들어져 있었다고 하지 않는가? 그렇다면 무엇을 의심하여 군비 축소는 실제 정치 문제가 아니라는 따위의 말을 했는가? 그것을 발설하면 자신의 소욕을 성취하는 데 장애가 생긴다고 생각하였다. 가능하다면 이런 문제는 일으키

---

16 미국이 중국에 대한 新四國(미·영·프·일)借款團 설립을 제안했을 때, 일본은 가입 조건으로 차관단의 사업 범위에서 만주와 몽골을 제외한다고 미국에 통보하였다. 그것은 포츠머스조약으로 획득한 남만주와 1912년 제3차 러일협약을 통해 획득했다고 간주한 동부 내몽골의 권익을 지키기 위해서였다. 결국 동부 내몽골의 유보는 포기하고, 남만주는 특수 범위로 차관단의 사업 범위 대상 밖으로 하여, 1920년 10월 신4국차관단이 발족하였다.

지 않고 궁핍한 가운데서도 군함을 만들고 육군을 양성하여 생각한 대로 소욕의 만족을 얻고자 하였다. 생각건대 그들은 미국이라 하더라도 우리 나라의 오자키씨와 같은 몇몇 사람들이 군비 축소라고 떠드는 데 불과하다. 당장은 실제 정치 문제로 삼을 수 없을 것이라고 여겼을 것이다. 그것을 우리가 끄집어내어 자승자박에 빠질 필요는 없다고 생각했다. 그것은 모두 소욕에 눈이 먼 결과이다.

둘째, 가령 회의 주동자에게 우리 나라의 국제적 지위를 저하시킬 수 있다고 하더라도, 만약 정부와 국민에게 모든 것을 버리고 덤빌 각오가 되어 있다면 회의 그 자체는 반드시 우리에게 유리하게 전개될 것이 분명하다. 예를 들어 만주를 버린다, 산둥을 버린다, 기타 중국이 우리 나라에 받고 있다고 생각하는 모든 압박을 버린다, 그 결과는 어떻게 될 것인가? 또 가령 조선에, 타이완에 자유를 허용한다, 그 결과는 어떻게 될 것인가? 영국이건 미국이건 심한 곤경에 빠질 것이다. 왜냐하면 그들은 일본만이 이런 자유주의를 취한다면, 세계에서 도덕적 지위를 유지할 수 없게 되기 때문이다. 그때는 지나를 비롯해 세계의 약소국은 일제히 우리 나라를 향해 신뢰의 머리를 숙이게 될 것이다. 인도, 이집트, 페르시아, 하이티, 기타 열강의 속령은 일제히 일본이 타이완과 조선에 자유를 허용한 것처럼 우리에게도 자유를 허용하라고 일어날 것이다.

이것은 실로 우리 나라의 지위를 구지(九地)의 밑바닥에서 구천(九天)[17]의 위로 오르게 하고 영·미, 기타를 그 반대의 지위에 두게 하는 것이 아닐까? 우리 나라가 일단 이런 각오로 회의에 임하면, 생각건대 영·미는 조금 기다려 달라고 우리 나라에 간청할 것이다. 여기에 바로 '자신을 버리는' 것의 재미가 있다. 늦었지만, 일이 일어난 지금 이 각오를 하면 우리 나라는 산다. 더욱이 이것이 유일한 길이다. 그러나 유일한 길은 동시에 우리

---

17 九地·九天 : 땅의 가장 낮은 곳과 하늘의 가장 높은 곳을 말한다.

나라의 국제적 지위를 종래의 수세에서 일변하여 공세로 나아가게 하는 길이다.

이상 나의 주장에 대해 어쩌면 공상이라고 부르는 사람이 있을지 모르겠다. 소욕에 깊이 사로잡힌 자에게는 필시 그런 의문이 생길 것이다. 조선, 타이완, 만주를 버린다, 지나에서 손을 뗀다. 사할린도 시베리아도 필요 없다. 그렇게 하고도 어떻게 일본이 살아갈 수 있겠냐고 할 것이다. 예수는 말했다. "무엇을 먹을까, 무엇을 마실까, 무엇을 입을까 걱정하지 말라. 너희는 먼저 신의 나라와 그의 의를 구하라. 그리하면 이 모든 것을 너희에게 더하시리라.[18]" 그러나 이렇게 말하는 것만으로는 납득하지 못하는 사람들을 위해 나는 다음 호에 결코 염려할 필요가 없음을 구체적으로 논하겠다.

출전 石橋湛山「一切を捨つる覚悟 – 太平洋会議に対する我態度」(『東洋經濟新報』1921년 7월 23일)(『石橋湛山評論集』)

내용 파리 강화회의에 중국과 미국이 참가하지 않음으로써 산둥 문제의 해결은 워싱턴회의로 넘어갔다. 워싱턴회의를 앞두고 『도요게이자이신포(東洋經濟新報)』의 주간이었던 이시바시 단잔(石橋湛山)은 '소일본주의(小日本主義)'에 입각하여 위의 사설을 집필하였다. 소일본주의란 일본이 지배 영역을 해외로 확장하여 국토의 확대와 경제 번영을 지향하는 대일본주의(大日本主義)에 대한 말로, 서구와 같은 자본주의화 및 입헌주의적인 정치체제의 완성과 함께 종래의 무단적인 제국주의 정책에서 평화적, 경제적인 대외 팽창으로 전환할 필요가 있다는 주장이다. 워싱턴회의 당시 일본 정부는 군축 조약의 체결, 만주와 몽골에서 일본 권익의 승인 등에 힘을 쏟았지만, 이시바시는 조선 등 모든 식민지를 버리고 중국에서도 손을 떼야 한다고 주장하였다. 이시바시

---

18 마태복음 6장 31~33절.

가 무단적인 대외 팽창정책에 대해서는 비판적이었지만, 이민과 무역, 자본 수출을 중심으로 한 경제적인 대외 진출에는 적극적이었다는 점에는 주의할 필요가 있다.

태평양에 있는 속지 도서와 영지 도서에 관한 4개국 조약

미국, 영국, 프랑스와 일본은 일반적인 평화를 확보하고, 또 태평양 방면에 있는 속지(屬地) 도서와 영지(領地) 도서[19]에 관한 그 권리를 유지할 목적으로, 조약을 체결하기로 결정하고, 다음과 같이 그 전권위원을 임명하였다. (인명 생략)

위 각 위원은 전권위임장을 제시하고 그것이 양호하고 타당하다는 것을 인정한 후 다음과 같이 협정하였다.

제1조 조약국은 태평양 방면에 있는 속지 도서와 영지 도서에 관한 권리를 존중할 것을 약속한다. 어느 조약국 사이에 태평양 문제에 기인하고, 또 앞서 언급한 권리에 관한 쟁의가 발생하여 외교 수단을 통해 만족할 만한 해결을 얻지 못하고, 또 그 사이에 다행히 현존하는 원만한 협조에 영향을 미칠 우려가 있는 경우에는 위 조약국은 공동 회의를 위해 다른 조약국을 초청하여 당해 사건 전부를 고려, 조정할 목적으로 그 회의에 부친다.

제2조 앞서 언급한 권리를 다른 나라의 침략적 행위에 의해 위협받는 경우 조약국은 위 특수 사태에 급히 대응하기 위해 공동으로 또는 각기 별도로 취할 수 있는 가장 유효한 조치에 관해

---

19 屬地 島嶼와 領地 島嶼 : 영어 원문은 insular possessions and insular dominions.

양해를 이루기 위해 충분히, 그리고 솔직하게 서로 협상한다.

제3조 본 조약은 실시로부터 10년간 효력을 가지며, 또 위 기간 만료 후에는 12월 전의 예고로 이를 종료시킨다. 각 조약국의 권리를 유보한 채 계속 그 효력을 가진다.

제4조 본 조약은 조약국의 헌법상의 절차에 따라 가능한 한 빨리 비준되어야 하며, 또 워싱턴에서 이루어질 비준서 기탁 때부터 실시된다. 1911년 7월 13일 런던에서 체결된 영국과 일본 간의 협약은 이와 동시에 종료하는 것으로 한다. 미국 정부는 비준서 기탁 조서의 인증 등본을 각 서명국에 송부한다.

1921년 12월 13일 워싱턴시에서 작성함

출전 外務省編, 『日本外交年表竝主要文書』下(データベース『世界と日本』).

내용 1921년 11월부터 22년 2월에 걸쳐 개최된 워싱턴회의는 제1차 세계 대전 후 새로운 동아시아 질서를 형성하는 자리였다. 미국의 제창으로 개최된 이 회의에서는 해군 군비 제한, 태평양과 중국 문제가 논의되었다. 회의의 목적은 제1차 세계 대전을 계기로 크게 신장된 일본의 군사력을 억제하고, 일본의 중국과 태평양지역 진출에 제동을 거는 데 있었다.

베르사유조약에서 남양군도(南洋群島)가 일본의 위임통치령이 된 것은 미국에 큰 위협이었다. 위임통치라고는 하지만 사실상의 일본 식민지가 하와이와 식민지 필리핀 사이에 끼어든 것이다. 그리고 장래 일본과 충돌할 경우 영일동맹은 큰 장애가 되었다. 이에 미국은 일본 해군의 군사력 증강을 억제하고, 태평양지역에서 충돌할 경우에 대비하여 태평양지역에서의 현상 유지 및 영일동맹의 파기를 요구한 것이다. 이러한 미국의 의도에 따라 체결된 것이 4국 조약이다.

산둥 이권의 반환

산둥 현안 해결에 관한 조약

일본과 지나는 현안을 우호적이고, 또 양국의 공동 이익에 순응하여 해결하려는 진지한 희망에 촉구되어, 이 현안 해결을 위해 조약을 체결하기로 결정하고, 그를 위해 다음과 같이 전권위원을 임명하였다. …(중략)…

제1장 구(舊) 독일 쟈오저우 조차지의 반환

　제1조 일본은 구 독일의 쟈오저우 조차지를 중국에 반환한다.

　제2조 일본 정부와 지나 공화국 정부는 구 독일 쟈오저우 조차지의 행정 이전과 당해 지역 내의 공유 재산 이전에 관한 세목의 협정을 작성, 실시하고, 또 마찬가지로 조정을 요하는 다른 사항을 해결하는 권한을 가지는 공동위원회를 조직하기 위해 3명의 위원을 임명한다. 공동위원회는 앞서 언급한 목적을 위해 본 조약 실시 직후에 회합한다. …(중략)…

제2장 공유 재산의 이전(제5조~제8조 생략)

제3장 일본 군대의 철수

　제9조 칭다오 - 지난 철도와 지선의 주변에 현재 주둔하는 일본 군대(헌병을 포함)는 지나의 순경 또는 군대가 해당 철도의 보호를 인수받기 위해 파견되면 즉시 철수한다.

　제10조 전조에 규정한 지나의 순경 또는 군대의 배치 및 일본 군대의 철수는 구간을 나누어 행할 수 있다.

　　각 구간에서 위 절차의 완료 기일은 일본과 지나의 당해 관헌 사이에 미리 협정한다.

　　위 일본 군대의 전원 철수는 본 조약 서명일로부터 되도록 3월 이내에, 또 어떤 경우에도 6월을 넘지 않는 사이에 이를 실행한다.

제11조 칭다오의 일본 수비대는 되도록 구 독일 자오저우 조차지의
행정을 지나에 이전함과 동시에, 또 어떤 경우에도 위 이전
일로부터 30일을 넘지 않는 사이에 전부 철수해야 한다.

제4장 칭다오 세관(제12조~제13조)

제5장 칭다오-지난부 철도(제14조~제20조)

제6장 칭다오-지난부 철도의 연장선(제21조)

제7장 광산(제22조)

제8장 구 독일 조차지의 개방(제23조~제24조)

제9장 제염업(제25조)

제10장 해저전신선(제26조)

제11장 무선전신국(제27조)

1922년 2월 4일 워싱턴에서 작성함.

출전 外務省編, 『日本外交年表竝主要文書』下(データベース『世界と日本』).

내용 파리 강화회의에서 산둥의 독일 권익은 일본에 귀속된다고 결정되었다. 중국에서는 이를 계기로 5·4 운동이 일어났고, 중국 전권대사도 조약 조인을 거부하였다. 산둥 문제의 해결은 워싱턴회의로 넘어갔다. 일본은 중국과의 직접 교섭을 통해 산둥 문제를 해결하려 하였고, 중국은 산둥 문제를 워싱턴회의에서 해결하려 하였다. 이러한 교착상태를 타개하기 위해 1921년 10월 영국과 미국이 교섭을 알선하였다. 산둥 문제를 워싱턴회의에서 제외하고 중·일 양국의 교섭 형태로 진행하되, 그 교섭에는 영·미 양국이 입회한다는 것이었다. 협상은 철도 문제 등으로 난항을 거듭했지만, 드디어 1922년 2월 4일 '산둥 현안 해결에 관한 조약'이 체결되어 산둥 문제는 일단락되었다.

21개조 요구가 워싱턴회의에서 소멸된 것은 아니었다. 제1호의 산둥 문제는 거의 해결되었지만, 제2호의 남만주·동부 몽골에 관한 조항 중 뤼순·다롄

조차에 관한 조항은 제2차 세계 대전까지 이어졌고, 제6, 제7, 제8, 제11조 등은 만주사변까지 존속했다가, 만주국 수립으로 새로운 사태를 맞이하였다. 그리고 제3호의 한야평공사에 관한 조항과 제5호 중의 제20조 등도 중일전쟁까지 존속하였다. 결국 일본은 워싱턴회의 이후에도 여전히 중국 동북지방을 중심으로 많은 이권을 보유했고, 그것이 만주사변으로 이어졌다.

워싱턴 해군 군축 조약

미국, 영국, 프랑스, 이탈리아와 일본은 일반적인 평화 유지에 공헌하고 군비 경쟁의 부담을 경감시키는 것을 원하여, 위 목적을 달성하기 위해 각자의 해군 군비를 제한하는 조약을 체결하기로 결정하였다. … (중략) …

제1장 해군 군비의 제한에 관한 일반 규정

제1조 조약국은 본 조약에 따라 각자의 해군 군비를 제한할 것을 약정한다.

제2조 조약국은 제2장 제1절에 게시하는 주력함을 각자 보유할 수 있다. 본 조약이 실시되면 미국, 영국 및 일본의 기성 또는 건조 중인 다른 모든 주력함은 제2장 제2절의 규정에 따라 처분한다. 단, 본항 중의 다음 규정들을 유보한다.

미국은 제2장 제2절에 게시하는 주력함 외에 현재 건조 중인 웨스트 버지니아(West Virginia)급 2척을 완성하고 그것을 보유할 수 있다. 위 2척이 완성되면 노스 다코타(North Dakota)와 델라웨어(Delaware)는 제2장 제2절의 규정에 따라 처분한다.

영국은 제2장 제3절의 대체표(代替表)에 따라 기준 배수량 3만 5,000톤을 넘지 않는 새로운 주력함 2척을 건조할 수 있다. 위 2척이 완성되면 선더러(Thunderer), 킹 조지 5세(King George V), 에이잭스(Ajax)와 센트리온(Centurion)은 제2장 제3절의 규정에 따라 처분한다.

제3조 제2조 규정의 유보 이외에 조약국은 각자의 주력함 건조 계획을 폐지하고, 또 조약국은 제2장 제3절에 게시하는 바에 따라 건조하거나 취득할 수 있는 대체 톤수 이외에 새로운 주력함을 건조하거나 취득할 수 없다.

제2장 제3절에 따라 대체된 군함은 제2장 제2절의 규정에 따라 처분한다.

제4조 각 체약국의 주력함 합계 총 톤수는 기준 배수량에서 미국 52만 5,000톤, 영국 52민 5,000톤, 프랑스 17만 5,000톤, 이탈리아 17만 5,000톤, 일본 31만 5,000톤을 넘을 수 없다.

제5조 기준 배수량 3만 5,000톤을 초과하는 주력함은 어느 조약국도 이를 취득하거나 건조하고, 건조시키며 혹은 그 법역(法域) 내에서 건조를 허가할 수 없다.

제6조 어느 조약국의 주력함도 구경 16인치를 초과하는 포를 장착할 수 없다

1922년 워싱턴에서 서명 조인함.

출전 外務省編, 『日本外交年表竝主要文書』下(데이터베이스『世界と日本』).

내용 워싱턴회의에서 체결된 조약 중 하나로, 1922년 2월 6일 일본·미국·영국·프랑스·이탈리아 사이에 체결되었다. 10년간 주력함 건조를 정지하고, 보유 비율을 영·미 각각 5, 일본 3, 프·이 각각 1.67로 정했다. 이에 따라 일본은 1907년부터 추진하던 '8·8함대' 계획을 단념하고, 제1차 세계 대전 이전부터 시작된 전함 보유 경쟁은 종말을 고했다. 그러나 1930년대 들어 전시체제가 강화되는 가운데, 1934년 12월 일본 정부는 단독으로 워싱턴 해군 군축

조약 폐기를 결정하고 미국에 통고하였다.

중국에 관한 9개국 조약

제1조 지나 이외의 조약국은 다음과 같이 약정한다.
>   (1) 지나의 주권, 독립 및 그 영토적 및 행정적 보전을 존중
>   할 것.
>   (2) 지나가 스스로 유력하고 안정된 정부를 확립하고 유지하
>   기 위해 가장 안전하며 또 가장 장애가 없는 기회를 공여
>   할 것.
>   (3) 지나의 영토에서 모든 국민의 상업 및 공업에 대한 기회균
>   등주의를 유효하게 수립, 유지하기 위해 각자 진력할 것.
>   (4) 우호국의 신민 또는 인민의 권리를 감쇄시키는 특별한 권
>   리 또는 특권을 요구하기 위해 지나의 정세를 이용하는
>   것 및 위 우호국의 안녕에 피해가 있는 행동을 시인하는
>   것을 삼갈 것.
제2조 조약국은 제1조에 기재한 원칙에 위배되거나 해치는 어떠한
조약, 협정, 협약 또는 양해도 상호 간에, 또는 각자 별도로 혹
은 협동하여 다른 일국 또는 수개 국과의 사이에 체결하지 않
을 것을 약정한다.
제3조 모든 국민의 상업 및 공업에 대해 지나에서의 문호개방 또는
기회균등주의를 더욱 유효하게 적용할 목적으로, 지나 이외의
조약국은 다음을 요구하지 않기 위해, 또 각자 국민이 다음을
요구하는 것을 지지하지 않을 것을 약정한다.
>   (1) 지나의 어떤 특정 지역에서 상업상 또는 경제상의 발전에

관해 자기의 이익을 위해 일반적 우월 권리를 설정하기에 이르는 협정.

(2) 지나에서 적법한 상업 혹은 공업을 영위할 권리 또는 공공기업을 그 종류 여하를 불문하고 지나 정부 혹은 지방 관헌과 공동 경영할 권리를 타국 국민으로부터 빼앗는 독점권 또는 우선권. 그리고 그 범위, 기간, 또는 지리적 한계의 관계상 기회균등주의의 실제적 적용을 무효로 만드는 것으로 인정되는 독점권 또는 우선권.

본 조항의 규정은 특정한 상업상, 공업상 혹은 금융업상의 기업 경영 또는 또는 발명 및 연구의 장려에 필요한 재산 또는 권리의 취득을 금하는 것으로 해석되지 않는 것으로 한다.

지나는 본 조약의 당사자인지 아닌지를 불문하고 모든 외국 정부와 국민이 제출한 경제상의 권리 및 특권에 관한 출원을 처리할 때 본 조약의 원칙에 따를 것을 약속한다.

제4조 조약국은 각자 국민 상호 간의 협정 중 지나 영토의 특정 지방에서 세력 범위를 창설하려 하거나, 또는 상호 간의 독점적 기회를 향유하는 것에 대한 반대를 약속한다..

제5조 지나는 모든 철도를 통해 어떠한 종류의 불공평한 차별도 하거나, 또는 허용하지 않을 것을 약속한다. 특히 여객의 국적이나 출발국 혹은 도착국, 화물의 원산지나 소유자 및 보낸 나라 혹은 향하는 나라 또는 여객과 화물이 지나 철도를 통해 수송되기 전 혹은 후에 그것을 운반하는 선박이나 기타 수송기관의 국적 혹은 소유자의 여하에 따라 요금 또는 편의에 직접, 간접적으로 아무런 차별을 설정하지 않는다.

제6조 지나 이외의 조약국은 지나가 참가하지 않는 전쟁에서 지나의 중립국으로서의 권리를 완전히 존중할 것을 약속하고, 지

나는 중립국인 경우에 중립의 의무를 준수할 것을 선언한다.

제7조 조약국은 그중 일국이 본 조약 규정의 적용문제를 포함하여, 이 적용문제의 토의를 바랄 것이라고 인정되는 사태가 발생했을 때는 언제라도 관계 조약국 사이에 충분하고 또 솔직하게 교섭할 것을 약정한다.

제8조 본 조약에 서명하지 않은 국가 중 서명국이 승인한 정부를 가지고 또 지나와 조약 관계를 가진 국가는 본 조약에 가입하도록 초청한다. 위의 목적을 위해 미국 정부는 비서명국에 필요한 통첩을 보내고, 또 수령한 회답을 조약국에 통고한다. 다른 국가의 가입은 미국 정부가 통고를 수령했을 때부터 효력을 발생한다.

제9조 본 조약은 조약국 각자의 헌법상의 절차에 따라 비준되어야 하며, 또 비준서 전부가 기탁된 날부터 실시된다. 위 기탁은 가능한 빨리 워싱턴에서 행한다. 미국 정부는 비준서 기탁 조서의 인증 등본을 다른 조약국에 송부한다.

　　　　　1922년 2월 6일 워싱턴시에서 이를 작성함.

<hr>

출전 外務省編,『日本外交年表竝主要文書』下(データベース『世界と日本』).

내용 워싱턴회의에서 체결된 조약 중 하나로, 1922년 2월 6일 일본·미국·영국·프랑스·이탈리아·네덜란드·벨기에·포르투갈·중국 사이에 체결되었다. 이것은 1899년·1900년 미국의 존 헤이 국무장관이 제시한 '문호개방 통첩'의 주장을 국제법으로 규범화한 것으로, 중국의 주권 존중·영토 보전·문호개방·기회균등의 원칙을 규정하였다. 이에 따라 일본의 중국 진출은 어느 정도 구속받았지만, 일본은 사실상 조약을 무시하였다.

남양청 설치

다이쇼 11년(1922. 3. 30.) 칙령 제107호 「남양청(南洋廳) 관제를 정하다」

　　제1조 남양군도에 남양청을 둔다.

　　제2조 남양청에 다음 직원을 둔다. …(중략)…

　　제3조 장관은 내각총리대신의 지휘 감독을 받아 부내(部內)의 정무
　　　　　를 관리한다. 단, 우편과 전시에 관한 사무는 통신대신, 화폐
　　　　　은행과 관세에 관한 사무는 대장(大藏)대신, 도량형과 계량에
　　　　　관한 사무는 농상무대신의 감독을 받는다.

　　제4조 장관은 그 직권 또는 특별한 위임에 따라 청령(廳令)을 내려, 1
　　　　　년 이하의 징역 혹은 금고, 구류, 200엔 이하의 벌금의 벌칙을
　　　　　가할 수 있다.

　　제5조 장관은 안녕과 질서를 유지하기 위해 임시·긴급을 요하는 경
　　　　　우는 전조의 제한을 초과하는 벌칙을 가하는 명령을 내릴 수
　　　　　있다.

　　　　　전항의 규정에 따라 발포된 명령은 공포 후 즉시 내각총리
　　　　　대신을 거쳐 천황의 재가를 받아야 한다. 천황의 재가를 받지
　　　　　못했을 때 장관은 즉시 그 명령이 앞으로 효력이 없음을 공포
　　　　　해야 한다.

　　제6조 장관은 그 관할 구역의 안녕과 질서를 유지하기 위해 필요하
　　　　　다고 판단했을 경우는 진수부(鎭守府)[20]사령장관 또는 부근의
　　　　　해군주석(主席)지휘관에게 병력의 사용을 청구할 수 있다.

　　제7조 장관은 소속 직원을 지휘 감독하여, 고등관의 공과는 내각총

---

20 鎭守府 : 일본 해군에서 관할 海軍區의 경비와 소속 부대의 감독 등을 담당하던 기관.

리대신에게 문서로 상신하고, 판임관(判任官)²¹ 이하의 진퇴는 직접 행사한다.

제8조 장관은 관할 관청의 명령 또는 처분 중에서 규정과 달라 공익을 해치거나 권한을 침범한다고 판단될 경우에는 그 명령 또는 처분을 취소하거나 정지할 수 있다.

제9조 장관은 그 직권에 속하는 사무의 일부를 관할 관청에 위임할 수 있다.

출전 『公文類聚』제46편(『世界史史料』10).

내용 제1차 세계 대전이 일어나자 독일에 선전포고한 일본은 해군을 파견하여 남양군도(南洋群島)를 점령하고 군정(軍政)을 실시하였다. 남양군도란 태평양 남쪽에 점재하는 마리아나, 캐롤라인, 팔라우, 마셜군도 등 제2차 세계 대전 전 일본이 군사적 지배하에 두었던 섬들로, 일본군이 옥쇄(玉碎)한 사이판, 유황도 등이 포함된다. 1919년 파리 강화회의에서 적도 이북의 구 독일령 남양군도는 국제연맹의 '위임'에 의한 일본의 위임통치령이 되었다. 이에 군정을 철폐하고 현지 행정을 담당하는 기관으로 1922년 4월 남양청을 설치하였다. 남양청 장관은 총리대신, 체신대신 등의 감독하에 있었지만, 청령(廳令) 공포와 치안 유지를 포함한 강력한 행정 권한이 부여되었다. 일본은 이들 섬에 군사기지를 설치하여 본토 방어선으로 삼으려고 했지만, 오히려 미군의 본토 상륙 루트가 되었다.

---

21 判任官 : 천황의 위임을 받아 각 행정관청의 장이 임명하던 하급 관리. 高等官 아래에 있었다.

산둥 출병

산둥 파병에 관한 정부 성명

지나에서 최근의 동란, 특히 난징, 한커우 및 기타 지방에서 일어난 사건을 돌아보건대, 병란에 즈음하여 지나 관헌의 보호가 충분하지 못하여 거류 제국 신민의 생명, 재산이 중대한 위해를 입었고, 또 심지어는 제국의 명예가 훼손되는 폭거가 일어났다. 따라서 현재 화북의 동란이 절박한 때, 이런 종류의 사건이 재발할 우려가 없지 않다. 지금 위 동란은 지난(濟南) 지방에 파급되려 하고 있어, 그곳에 거류하는 제국 신민의 생명과 재산의 안전에 위구심을 금할 수 없다. 그곳에 거류하는 제국 신민이 1천여 명에 이르고, 더욱이 그곳은 해안과 멀리 떨어져 있는 오지이므로 창장강 연안 각지처럼 도저히 해군력으로 그것을 보호하기 불가능하다. 제국 정부는 불상사의 재발을 예방하기 위해 육군 병력으로 거류 국민의 생명과 재산을 보호하지 않을 수 없게 되었다. 그러나 이를 보호하기 위해 파병을 준비하는 데는 상당한 시일이 필요하고, 더욱이 전국(戰局)은 시시각각으로 악화하고 있다. 이에 비추어 응급조치로서 우선 만주에 주둔하는 부대에서 약 2,000명의 병사를 칭다오에 파견해 두기로 결정하였다. 이 육군 병력에 의한 보호는 본디 거류 국민의 안전을 기하기 위한 자위상의 부득이한 긴급 조치일 뿐이다. 지나 및 그 인민에 대해 아무런 비우호적 의도를 가지는 것이 아닐 뿐더러 남북 양군(兩軍) 어느 쪽 군대에 대해서도 그 작전에 간섭하여 군사행동을 방해하는 것이 아니다.

제국 정부는 이와 같이 자위상 부득이한 조치로서 파병을 단행하지만, 처음부터 오랫동안 주둔시킬 의도가 없으며, 동 지방의 국민이 전란의 화란을 입을 우려가 없게 되면 곧바로 파병군 전부를 철수시킬 것을 이에 선언한다.

出전 外務省編,『日本外交年表竝主要文書』下(데이터베이스『世界と日本』).

내용 1915년 21개조 요구 이후 많은 일본인이 산둥으로 이주하였고, '산둥권익'이 반환된 1922년 이후에도 그대로 남아 있는 일본인이 많았다. 1927년 장제스가 이끄는 국민혁명군이 산둥성에 접근하자, 다나카 기이치(田中義一) 내각은 거류민 보호를 구실로 그해 5월부터 이듬해까지 3차에 걸쳐 출병을 단행하였다. 사료는 제1차 출병 때 발표된 일본 정부의 성명이다. 1928년 5월에는 국민혁명군과 충돌한 지난(濟南)사건이 일어났다(제3차 출병). 일본군이 지난을 점령했기 때문에 국민혁명군은 일본군과의 결전을 피해 지난을 우회하여 베이징으로 진격하여, 1928년 6월 9일 베이징에 입성하였다. 일본군은 1929년 철수했지만, 지난사건 이후 중국인의 제국주의 국가에 대한 악감정은 주로 일본을 향하게 되었다.

산둥 출병 반대 운동

지나에서 손을 떼라! 출병에 절대 반대하라!
국민혁명군이 화북에 다가오자 다나카 내각은 다시 군대를 증파한다.
대지비간섭전국동맹(對支非干涉全國同盟)을 만들라.

반동적인 다나카 군사 내각은 드디어 거대한 군대를 지나에 출병하기 시작했다. 26일 군함 도키와(常盤)는 칭다오를 향해 출발했는데, 산둥군(山東軍)이 패퇴하여 쉬저우(徐州)가 함락되면 곧바로 지난에 출동할 예정이다. 우한(武漢)정부[22]의 근거지 후베이성(湖北省) 한가운데를 흐르는 창장강

---

22 武漢國民政府 : 北伐軍의 武漢 점령에 따라 광저우(廣州)에 있던 국민정부가 1927년 1월 1일 우한으로 이동하였다. 4월 장제스는 상하이 쿠데타를 일으키고 난징국민정부를 수립하였다. 이에 국민정부는 난징과 우한으로 분열되었다. 우한국민정부는 7월에

의 주장(九江)-충칭(重慶) 사이는 군함 사가(嵯峨), 아타케(安宅)가 끊임없이 떠돌면서 위협하고, 양쯔강 하류에는 십수 척의 군함, 수만 명의 군대가 활약하고 있다. 그뿐만이 아니다. 히메지(姬路)에서 혼성여단이 파견되어 칭다오-지난 간 전선(全線)을 봉쇄하려 하고 있다.

지금 다나카 군사 내각은 거류민 보호라는 이름 아래 동, 남, 북의 세 곳으로부터 거대한 군대를 움직여 혁명 중국에 대해 전방위적으로 무력간섭을 개시하였다. 다나카 총리는 북방의 형세도 안정되었으므로 이제 출병의 필요는 없다고 하고 있다. 그러나 와카쓰키(若槻) 내각 때는 어땠는가? 정부는 입으로는 대중국 불간섭을 말하면서 몰래 다수의 군함과 병사를 파견하여 활발하게 무력간섭을 하여 국민혁명을 뭉개버리려고 하지 않았던가? 더욱이 다나카 총리는 공공연히 증병(增兵)을 주장한 장본인이다. 이제 와서 출병하지 않는다고 해도, 그것은 거짓말이 뻔하다! 절대 전제적인 정치기관인 추밀원은 정부의 출병책에 쌍수를 들고 찬성했다.

남지나에서 국민혁명의 승리는 최근 북지나의 노동 대중을 자극하여 급속하게 계급적으로 성숙하게 만들고 있다. 그들은 타도 군벌, 타도 제국주의의 투쟁에 감연히 참가하려 하고 있다. 북지나 노동 대중의 계급적 성숙, 그것이 바로 우리 제국주의 부르주아지가 가장 두려워하며, 극력으로 억압하려는 것이다! 정부는 이미 장제스를 억누르고 장쭤린(張作霖)을 돕는 일 따위는 하지 않는다. 그들은 배신자 장제스와 협력하여 오로지 지나 노동 대중의 자각, 그 계급적 성숙을 압살하려고 획책하고 있다. 그를 위해 수만 명의 군대를 다시 증파하려 하고 있다. 일본의 대지비간섭동맹은 출병 반대 운동을 전국적으로 일으키기 위해 31일 전국협의회를 열고, 노동당은 일본노동당에 대지비간섭운동의 공동 전선을 제창하였다. 모든 노동단체는 우익 간부의 배신에 저항하여 출병 반대 항의 운동을 일으키고

汪兆銘(汪精衛)이 실각하면서 난징국민정부에 통합되었다.

있다.

대중국 출병에 절대 반대하라! 제국주의 전쟁의 유발에 대해 싸워라! 대지비간섭운동을 출병 반대에 집중하라! 한 사람의 병사도 지나에 두지 마라! 전(全) 무산대중은 출병 반대 운동에 참가하라!

출전 『無産者新聞』 84호(1927년 5월 28일)(『日本史史料』 近代).

내용 산동 출병에 앞서 무산정당(無産政黨)은 1927년 1월부터 대중국 불간섭 운동을 전개하였다. 5월에는 노농당 등 22개 단체가 참가하여 '대지비간섭동 맹(對支非干涉同盟)'이 결성되어 산동 출병 반대 운동을 전개하였다. 이 '대지비 간섭동맹(對支非干涉同盟)'을 토대로 1929년 11월 일본반제동맹(日本反帝同盟)이 결성되었다.

장쭤린張作霖 폭살 사건의 전말

(전략)

만주모중대사건(滿洲某重大事件)[23]이라고 세상에는 전해지지만, 장쭤린(張作霖)이 베이징에서 철수하여 봉천으로 돌아가는 도중에 그 폭파가 있고, 그에 대한 보도가 신문에 실리자, 그날 공작[24]은 나에게,

"아무래도 수상해. 다른 사람에게는 말하지 못하지만, 일본 육군 어딘가

---

23 滿洲某重大事件 : 張作霖 爆殺事件은 당시 다나카 내각의 기사 금지 명령에 따라 일반 국민에게는 알려지지 않았고, 滿洲某重大事件으로 불렸다.

24 西園寺公望(사이온지 긴모치, 1849~1940) : 교토의 귀족 출신으로 1906년과 1911년 두 차례 총리로 내각을 조직하였다. 이후 元老로서 총리가 교체될 때 천황에게 후임 총리를 추천하는 등 정계에 힘을 가졌다. 1919년 파리 강화회의의 수석 전권이 되는 등 열강과의 협조외교를 지지했고, 정당정치의 건전한 발전을 위해 노력하였다.

가 범인이 아닐까?"

라고 하면서 걱정하셨다.

　그 후 시간이 지나 다나카 총리가 몰래 공작에게 와서 "아무래도 일본 군인인 것 같습니다."라고 하므로, 공작은,

　"만일에라도 일본 군인인 것이 밝혀지면 단연코 처벌해서 우리 군의 기강을 유지해야 해. 일본 육군의 신용은 물론이고, 국가의 면목을 생각해서라도 당당하게 처리해야 돼. 설령 일시적으로는 지나에 대한 감정이 나빠지더라도, 그것이 국제적 신용을 유지하는 방법이다. 이렇게 해야만 일본 육군에 대한 과거의 불신도 회복할 수 있다. 일본 육군도 이제 이렇게 기강을 문란케 하는 자가 있으면 엄격하게 처벌받는다는 사실을 알아야 돼. 다시 말하면 지나나 만주에서 육군이 지금까지 불신을 받을 일을 했지만, 지금은 이미 세상이 바뀌어 군기가 엄격하여 그런 일은 하지 못하게 되었다는 것을 알아야 돼. 그래야 지나에도 오랫동안 좋은 감정을 가지게 할 수 있다. 또 국내에서는 다나카 총리가 군부 출신이기 때문에 군부를 누를 수 있고, 한편으로는 정우회(政友會) 같은 강력한 정당이기 때문에 과감하게 이렇게 할 수 있었다고 할 것이야. 그럴 경우, 훌륭하게 국군의 기강을 유지시켰다는 사실이 정당에도 다나카 본인에게도 매우 좋은 영향을 주지 않겠는가? 과감하게 하시오. 그리고 만약 조사 결과 실제로 일본 군인인 것을 알게 되면 그 순간에 처벌해."

라고 권고하셨다. 그러나 총리는 머지않아 즉위식[25]을 앞두고 있고, 인기도 오르고 의회도 가까운 시일 내에 열린다는 점을 고려하여 "즉위식이 끝나면 어떻게든 해보겠습니다."라고 애매한 대답을 했다. 그러자 공작은,

　"폐하께만은 빨리 가서 말씀드려라."

_____

25 쇼와천황(재위 1926~1989)의 즉위식이 1928년 11월 10일 교토에서 거행되기로 예정되어 있었다.

라고 권하였다.

당시 이 사건에 관해 거의 모든 정우회 간부의 의견은 만약 이것이 실제로 일본 군인의 소행이라면 어둠 속에 묻어 버리라는 것이었고, 유력 각료들도 다나카 총리에게,

"처벌은 결코 안 된다. 일본 군인이 했다는 사실이 처벌 때문에 밝혀지면, 그것은 부하 군인이 그런 짓을 했다는 말이 되므로, 그런 사실이 외국에 알려지면 폐하의 얼굴에 먹칠을 하는 것이다. 폐하가 무슨 면목으로 각국의 대사나 공사를 만나실 수 있겠는가? 아무리 생각해도 사이온지(西園寺)의 말은 잘못이다."

라고 하면서 이 범죄를 어둠 속에 파묻으려는 운동이 활발하였다. 다나카 총리도 과감히 처단하는 것을 매우 주저했다.

그러나 공작이 여러 번 다나카 총리에게 채근하자, 총리도 어쩔 수 없이 폐하의 어전에 가서,

"장쭤린 폭파 사건은 아무래도 우리 제국의 육군 중에 그 범인의 혐의가 다소 있으므로, 현재 육군대신에게 조사하게 하였습니다. 조사 후 육군대신이 자세하게 말씀드리도록 하겠습니다."

라고 폐하께 말씀드렸다.

그 후 육군대신이 입궐하여 폐하께 이 사건의 대강을 설명드리고, 더욱 충분히 조사한 다음 다시 말씀드리겠다고 하자. 폐하는,

"국군의 군기는 엄격하게 유지하도록 하라."

라고 말씀하셨다.

그 후 이 사건에 대해 육군 측은 오히려 범인의 뜻이 국가에 대한 충성심에서 나온 것으로 그 행위는 장하다고 하면서, 마음속으로 몰래 칭송하는 자도 많았다. …(중략)…

의회에서는 이 문제에 대해 야당에서 질문이 나와, 정부도 상당히 곤혹스러워 하는 것 같지만, 대체로 무사히 끝났다.

그 후 총리는 육군과 각료 사이에 끼여 대체로 아무 하는 일 없이 보냈다. 그러는 사이에 폐하로부터 다시 독촉이 있었고, 공작도,

"무위(無爲)로 세월을 보내는 것은 국가의 체면상으로도, 폐하의 육군 기강 유지의 점에서 보더라도 좋지 않아."

라고 하시고, 다시 자신에게 혼잣말처럼,

"이 사건만은 내가 살아 있는 한 흐지부지 끝내지 못하게 할거야."

라고 하셨다.

그래서 5월 중순 무렵 드디어 총리는 사건의 전말을 상주하여,

"장쭤린 사건에 대해 육군과 관동청(關東廳)[26], 만철(滿鐵)[27]에 명령을 내려 여러 가지로 조사했습니다만, 다행히 일본 육군에는 범인이 없다는 사실이 판명되었습니다. 그러나 어쨌든 이 사건이 일어난 것은 경비 책임자의 실수였고, 그 사실에 대해서는 행정처분으로 매듭짓겠습니다."

라고 말씀드리고, 후일 관동군[28] 사령관을 예편시키고, 하수인이었던 참모를 전근시키는 것으로 끝냈다.[29]

---

[26] 關東廳 : 일본이 關東州를 통치하기 위해 1919년에 설치한 기관. 일본은 관동주를 통치하기 위해 처음에는 關東總督府, 이어 關東都督府를 두었지만, 1919년 3·1 운동 후 행정을 담당하는 관동청과 주둔군을 지휘하는 關東軍으로 분할되었다. 관동청은 관동주의 관할, 滿鐵의 감독, 철도 연선의 경찰권을 가졌고, 장관에는 문관이 임명되었다. 소재지는 旅順.

[27] 滿鐵(南滿州鐵道株式會社) : 포츠머스조약으로 창춘 이남 철도(남만주철도) 경영권과 그 연선에 있는 광산 개발권을 얻은 일본이 1906년 그것을 운영하기 위해 설립한 회사. 일본 정부가 반액을 출자한 국책회사로, 일본은 만철을 통해 만주로의 진출을 꾀하였다.

[28] 關東軍 : 기원은 러일전쟁 후 설치된 關東都督府가 관할하던 關東州와 남만주철도 수비대이다. 1919년 3.1 운동 후 관동도독부가 폐지되고, 관동청과 관동군사령부가 설치되어 민정과 군정이 분리되었다. 1932년 '만주국' 수립 이후는 관동군사령관이 關東長官·駐滿特命全權大使를 겸임하여 행정과 군정의 권력을 장악하였다.

[29] 河本大作(1883~1959) : 하수인인 참모는 고모토 다이사쿠로 1930년 예편되었다. 만주사변 때는 자금 조달 등 뒤에서 암약하였고, 이후에는 만철 등에서 근무하였다.

폐하께서는 처음에 "이 사건의 범인은 일본 육군 군인인 것 같습니다."라고 말씀드렸기 때문에 "국군의 군기는 엄격하게 유지하도록 하라."라는 의미의 말씀이 계신 것이다. 그러나 그 후 여러 방면의 정보를 통해 더욱 범인이 제국 군인이었다는 사실, 즉 당연히 군법회의에 회부해야 할 성질의 내용을 가진 사건이었음이 명료해졌다. 그럼에도 불구하고 이 사건을 범인 불명으로 처리하고, 그 책임자를 단순히 행정처분으로 종결시킨 것은 제국 육군의 기강을 유지하는 방법이 아니라고 걱정하시며, 다나카 총리에게,

"네가 처음 말한 것과는 다르잖아."

라고 하면서 안으로 들어가셔서 스즈키(鈴木) 시종장에게

"다나카 총리가 하는 말은 전혀 모르겠다. 다시는 듣기 싫다."

라고 하셨다. 시종장도 취임 초기여서 익숙하지 않아, 폐하의 그 말씀을 그대로 다나카 총리에게 전했다. 다나카 총리는 눈물을 흘리며 송구해서, 그 자리에서 사의를 결정하고 총사직을 결행하여, 다나카 내각은 마침내 무너졌다.

출전 『西園寺公と政局』(『史料日本近現代史 II』).

내용 중국에서 북벌이 진행되던 당시 일본의 관동군은 봉천 군벌 장쭤린을 이용하여 만주에서 지배권 확대를 획책하였다. 그러나 장쭤린이 일본에 비협조적이며, 장쭤린이 패배하면 국민혁명이 만주로 파급되는 것을 우려한 관동군은 장쭤린에게 만주로의 철수를 권고하였다. 이 권고에 따라 장쭤린은 6월 3일 베이징을 떠났다. 그러나 6월 4일 장쭤린을 태운 기차가 봉천 교외에서 폭파되어 장쭤린은 중상을 입고 사망하였다. 다음 달인 7월 장쭤린의 아들 장쉐량(張學良)이 대립하던 장제스와의 제휴를 표명하고 '역치(易幟)'하여, 중국 통일이 완성되었다. 한편 이 사건의 처리에 불만을 가진 쇼와천황의 질책으로 다나카 내각은 1929년 7월 2일 총사직하였다.

참고로, 전후 열린 도쿄재판의 기소장에서 일본의 침략 전쟁을 위한 공동 모의의 시작을 이 장쭤린 폭살 사건이 일어난 1928년 1월 1일부터라고 규정하고 있다. 1928년에는 4월의 제2차 산둥 출병, 5월의 지난사건, 6월의 장쭤린 폭살 사건, 8월의 파리 부전 조약 등 여러 가지 사건이 있었는데, 어쨌든 도쿄재판의 검찰 측은 침략 전쟁의 계획과 준비가 1928년부터 시작되었다고 규정하였다.

3

군국주의의 대두와 태평양전쟁

만주사변

〈현지의 동지들〉

현지의 계획은 이렇게 진행되었다. 혼조(本庄) 사령관이 부임한 것은 (1931년) 8월이었다. 새로운 사령관이라고 하지만 혼조씨는 지나 관계의 대선배이자 중후한 성격의 인격자로, 장군감이라는 이름에 걸맞는 사람이었다.

이렇게 중요한 시기의 군사령관으로는 적임자였다. 중앙의 인사 당국도 그 점을 잘 고려했을 것이다.

우리는 자세한 것은 혼조씨에게 아무것도 말하지 않았지만, 평소 관찰한 바로는 비상시에는 분명히 든든한 존재가 될 것으로 판단하였다.

미야케(三宅) 참모장 이하 막료 대부분에게는 계획을 밝히지 않았다. 폭파 공작은 4월에 장쉐량의 군사고문(시바야마 겐시로[柴山兼四郎] 소좌)에 대한 보좌관으로 부임한 이마다 신타로(今田新太郎)[1] 대위에게 할당되었다. 이마다 대위는 한학자를 부친으로 둔 검도의 달인으로, 순정파이자 정의감에 불타는 열혈 인물이었다.

필요 이상의 인물에게 비밀을 누설하는 것은 위험하므로, 동지의 선정에 고심했다.

폭파 공작은 비전문가에게 맡기면 아무래도 발각되기 쉬우므로 군인이 제일 좋다. 그러나 폭파 직후 곧바로 병사를 모아 행동을 개시하는 이상, 봉천 주둔 부대 중견 간부에게는 아무래도 비밀을 밝히지 않을 수 없었다. 그래서 한 사람씩 술을 먹여 하고 싶은 말을 하게 해서, 괜찮겠다는 인물에게는 계획을 밝혀 동지를 모아 나갔다.

그렇게 모은 사람들이 가와시마(川島) 대위, 오노(小野) 대위(모두 봉천 주둔 독립수비대 시마모토[島本] 대대의 중대장), 고지마(小島) 소좌(봉천 주둔 제29연대), 나쿠라(名倉) 소좌(동 대대장), 미타니(三谷) 소좌(봉천헌병대) 등이었다. 보조 작업에는 아마카스 마사히코(甘粕正彦)[2] 예비역 대위, 와다 게이(和田勁)[3] 예비역 중위 등이 참가했다.

시마모토 대대장에게는 아무것도 밝히지 않았기 때문에, 사건 당일 밤은 아닌 밤중에 홍두깨격으로 당황했던 것 같다.

---

1 今田新太郎(이마다 신타로 : 1896~1949) : 만주사변 당시 張学良의 군사고문 芝山兼四郎의 보좌관으로 만주사변 주모자 중 한 사람이다. 현장에서 직접 철도 폭파 작업을 지휘하였다.

2 甘粕正彦(1891~1945) : 관동대지진 발생 2주일 후 발생한 甘粕事件의 장본인. 아마카스 사건은 1923년 9월 16일 아마카스가 무정부주의자인 오스기 사카에(大杉榮)와 내연의 처 이토 노에(伊藤野枝) 및 그 조카를 살해한 사건이다. 10년 형을 받고 복역 중 1926년에 가출소, 육군의 관비로 프랑스에 유학했다가 만주로 건너가 관동군의 특무공작을 수행하고 만주국 건설에 중요한 역할을 하였다.

3 和田勁(1895~1958) : 일본 육군 군인. 관동군의 외부에서 만주사변에 관여한 후, 만주국 육군중장 등을 역임하였다. 이사하라 간지의 오른팔이라 일컬어진다.

한편 사건 발생과 함께 만철 연변 각지에 폭탄을 투척하기로 하였다. 그리하여 영사가 치안 불량을 이유로 구원을 요청하게 만들어 지체없이 출병하기 위해 아마카스 마사히코 등이 잠행(潛行)하기로 결정되었다. 9월 18일 직후 하얼빈과 지린(吉林) 등지에서 일어난 이런 종류의 사건은 미리 계획된 것이었다.

또 현장 부근의 경계와 연락에 밥줄이 끊어진 낭인이나 청년을 이용하기로 하고, 와다 게이가 이들을 통솔하기로 결정하였다.

자금은 내지에서 고모토 다이사쿠(河本大作)를 통해 전달되어, 당장 어려움은 없었다.

〈계획의 발각〉

우리는 처음에 철도 폭파를 9월 28일에 실행할 계획이었다. 폭음을 신호로 봉천 주둔군 병사(兵舍, 보병 제29연대)에 장착해둔 28밀리 요새포(要塞砲)가 북대영(北大營)의 지나군 병사를 포격하고, 이와 동시에 재(在)봉천 부대가 야습을 감행하여 이를 점령한다는 것이었다. 그런데 이 요새포는 본래 여기에 있었던 것이 아니다. 이 해 봄에 나가타(永田) 군사과장이 만주를 시찰하러 왔을 때 우리가 "재만(在滿) 관동군은 총 병력 1만 명에 불과한 데 비해, 장쉐량군은 질이 양호하다고 할 수는 없지만, 약 22만 병력을 가지고 있고, 더욱이 프랑스에서 수입한 것을 중심으로 30기의 비행기까지 가지고 있다. 우리는 비행기가 1대도 없고 봉천에 중포 1문도 없다. 이래서는 비상시에 곤란하지 않겠는가?"라고 해서 뤼순 요새에서 분해하여 운반하여 설치한 것이다.

중포를 설치한다고 하면 신경을 곤두세울 것이므로, 우물을 판다는 구실로 주위를 에워싸고 밖에서는 무엇이 있는지 모르게 했다. 그럼에도 대포의 존재가 어렴풋이 알려진 듯, 영사관 등에서는 떠보기도 했다. 28cm의 거포라고 하지만 성능이 나빠 설치해도 도움이 되지 않는 데다가 조작할 포병도 없었다.

그래도 북대영으로부터의 직선거리를 재어, 처음부터 조준을 맞춰두었다. 이렇게 해두면 눈을 감고 쏴도 명중한다. 문제는 위협이었고, 실제 효과는 그다지 기대하지 않았다.

이 중포 설치는 9월 10일을 지나 완료했지만, 임시 포병에게 조작법을 가르치고 탄약을 모으는 데 시간이 걸린다. 그리고 수수를 베어낸 후가 작전에 적합하다(수수가 우거져 있으면 비적(匪賊)이 숨어도 발견하기 어렵다)는 관점에서 9월 28일이 선정된 것이다.

그것이 9월 18일로 앞당겨진 것은 다음에 설명하는 사정 때문이다.

9월 15일 이전부터 연락하고 협의하던 하시모토(橋本) 중좌로부터 "계획이 발각되어 다테카와(建川)[4]가 파견되기로 결정되었으므로 폐를 끼치지 않도록 가능한 한 빨리 해라. 다테카와가 도착해도 명령을 전해 듣기 전에 시간을 맞추도록 하라."라는 전보가 특무기관에 날아들었다.

후에 들으니 이런 사정이었다.

우리가 만주에서 여러 가지로 획책하고 있는 것을 현지에 파견된 외교기관이 어렴풋이 눈치를 챈 듯, 소문은 바다를 넘어 내지에도 전해졌다.

돈으로 매수한 낭인이 술을 마시고 허풍을 떨거나, 탄약과 물자를 집중시키고 있던 것, 거기에 나도 술김에 다소 과한 말을 한 것이 원인으로 생각하지만, 어쨌든 그런 정보가 시데하라(幣原) 외무대신의 귀에 들어가 각의에서 언급되었다. 육군대신은 미나미 지로(南次郎)[5]인데, 그 사람은 젊잖고 갈피를 잡을 수 없는 사람으로, 시데하라가 쿡쿡 찔러보아도 무슨 말을

---

4 建川美次(다테카와 요시쓰구 : 1880~1945) : 만주사변 당시 참모본부 제1부장으로서 육군대신과 참모총장으로부터 관동군에게 군사 행동을 정지하라는 명령을 전달하라는 임무를 받고 봉천으로 파견되었다. 비행기로 갈 수 있음에도 불구하고 부관(釜關)연락선과 경부·경의선을 타고 이동하였고, 만주에 가서도 요정에서 술만 마시는 등 작위적으로 명령 전달을 늦춤으로써 관동군의 행동을 소극적으로 측면에서 지원했다.

5 南次郎(1874~1955) : 육군대장. 조선총독. A급 전범으로 종신형을 언도받았다.

하는지 알 수 없는 대답만 하면서, "군이 제멋대로 그런 일을 할 리가 없다고 생각합니다."라고 뿌리쳤다. 그러나 시데하라가 하야시(林) 봉천영사로부터 발송된 전보를 보여주자, 조금 당황하여 "어쨌든 사실인지 아닌지 조사해 보겠다."라고 대답하고는, 돌아오자마자 다테카와 제1부장을 불렀다.

미나미의 물음에 다테카와는 "그런 것을 계획하고 있다는 소문이 있기는 합니다."라고 대답했다. 그러자 미나미는 "그건 안돼. 네가 가서 그만두라고 해."라고 하였다. 이에 다테카와 자신이 그것을 말리는 임무를 띠고 봉천으로 가게 되었다, 다테카와는 난처하게 되었다고 생각하고 하시모토와 네모토(根本)를 불러 그 사실을 알렸다, 그래서 다테카와의 암시에 따라 앞에서 말한 전보를 재빨리 관동군에 보낸 것이다. 이때 하시모토 등 중앙에 있던 동지들은 파랗게 질려 허둥대었던 모양이다. 당시 도이하라(土肥原) 봉천특무기관장[6]은 도쿄에서 귀임하던 중이었는데, 18일 경성(京城)에서 간다(神田) 중좌와 만나 봉천으로 가고 있었다.

다테카와는 15일 밤 도쿄를 출발하여 도중에 천천히 열차와 연락선을 이용하여 몰래 만주로 향해, 18일 오후 본계호(本溪湖)역에 마중 나간 이타가키(板垣)[7] 대좌와 함께 봉천역에 내렸다. 나는 역에서 바로 자동차로 다테카와를 봉천 야나기정(柳町)에 있는 요정 기쿠몬(菊文)으로 보냈다.

〈9월 18일 밤〉

한편 다테카와로부터 전보를 받은 나는 9월 16일 오후 봉천특무기관의 2층에 관계자 전원을 모아 대책을 협의하였다.

---

6 土肥原賢二(1883~1948) : 1931년 여름에 봉천특무기관장에 취임, 모략 부분의 우두머리로서 만주국 건국과 화북분리공작에서 중심적 역할을 하였다. 만주사변 때 봉천임시시장이 되었다. 도쿄재판에서 A급 전범으로 사형 판결을 받았다.

7 板垣征四郎(이타가키 세이시로 : 1885~1948) : 만주사변 당시 관동군 고급참모로서 만주사변의 주모자 중 한 사람이다. 도쿄재판에서 A급 전범으로 사형 판결을 받아 처형되었다.

때마침 본조 신임 군사령관의 초도 순시가 있어서, 이날 이타가키와 이시하라(石原)[8]도 봉천에 체재하고 있었다.

모인 사람은 이타가키, 이시하라, 나, 이마다(今田) 외에 실행부대에서 가와시마(川島), 오노(小野) 두 대위, 고지마(小島), 나쿠라(名倉) 두 소좌 등으로, 봉천 헌병대의 미타니(三谷) 소좌는 결석했다. 결행 여부를 둘러싸고 논의가 비등하였다. 나는 "다테카와가 어떤 명령을 가지고 왔는지 모른다. 만약 천황의 명령이라도 가지고 왔으면, 우리는 역신이 된다. 그래도 결행할 용기가 있는가? 어쨌든 다테카와를 만난 다음 어떻게 할지 정하자."라고 주장하였다. 그러나 이마다는 "이번 계획은 이미 여기저기 누설되었다. 다테카와를 만나 기세가 꺾이기 전에 반드시 결행하자."라고 씩씩대었다. 격론이 끝이 없어 드디어 가위바위보를 해서 일단 내 의견에 따르기로 정해졌다.

그러나 이튿날 이마다가 내가 있는 곳에 와서 "무슨 일이 있어도 다테카와가 오기 전에 하자."라고 하였다. 나는 "도쿄와 보조를 맞춰두는 것이 상책이야."라고 설득했지만, 어떻게 해도 이마다가 말을 듣지 않으므로, 드디어 나도 동의하여 "다테카와는 내가 책임지고 설득하겠다."라고 약속하여 18일 밤 결행이 결정되었다. 그 후 우선 고지마를 부르고, 가와시마, 나쿠라를 불러 "18일로 정했다. 너희들 대대는 일사천리로 진격하여 봉천성을 하룻밤에 손에 넣어라. 가와시마는 북대영만 손에 넣으면 된다."라고 시달하고, 현장 부근의 게릴라부대 와다 게이 등에게도 연락하여 준비를 갖추었다.

18일 다테카와를 기쿠몬에 들여보낸 나는 목욕옷으로 갈아입은 다테카와와 술을 마시면서 넌지시 그의 의향을 살폈다. 애주가인 다테카와는 풍

---

8 石原莞爾(이시하라 간지 : 1889~1949) : 만주사변 당시 관동군 작전참모로서 만주사변 주모자 중 한 사람이다.

모부터 태연자약한 호걸이다. 그럼에도 머리는 치밀하고 감이 좋다. 내가 하는 말은 대체로 알아들은 것 같았지만, 설마 오늘 밤에 하리라고는 생각지 못했던 것 같았다. 그러나 만류할 생각이 없다는 것은 대체로 확실하였다. 엉뚱한 곳에서 기분을 내고 있는 다테카와를 버려두고 특무기관으로 돌아왔다. 이타가키도 돌아와 있었다. 이시하라는 군사령관을 따라 전날 뤼순으로 돌아갔고, 이다마는 계획 지도를 위해 나가서 모습이 보이지 않았다. 18일 밤은 반원에 가까운 달이 수수밭으로 져서 어두웠지만, 하늘은 온통 별이 쏟아지는 듯한 밤이었다.

시마모토(島本) 대대 가와시마 중대의 가와모토 스에모리(河本末守) 중위는 철도 연선 순찰 임무를 띠고 몇 명의 부하를 데리고 류탸오거우(柳條溝)[9]로 향했다. 북대영의 병영을 옆에서 바라보면서 약 800미터 정도 남하한 지점을 골라 가와모토는 직접 레일에 기병용 소형 폭탄을 장착하고 점화하였다. 10시가 조금 지난 시각, 엄청난 폭발음과 함께 끊어진 레일과 침목이 날아서 흩어졌다.

그러나 장쭤린 폭살 때와 같은 대규모 폭발은 아니었다. 이번에는 열차를 전복시킬 필요가 없었을 뿐만 아니라, 만철선을 달리는 열차에 피해를 주지 않도록 해야 했다. 그래서 공병을 시켜 계산해 보니까, 직선 부분에서 한쪽 레일이 조금 끊어져도 고속 열차라면 잠시 기울어졌다가 곧바로 다시 달릴 수 있었다. 그런 안전한 길이를 조사하여 사용 폭약의 양을 정했다.

폭파와 동시에 휴대전화로 대대본부와 특무기관에 보고가 들어왔다. 그 지점에서 4km 북방의 문관둔(文官屯)에 있던 가와시마 중대장은 즉시 병사를 이끌고 북대영에 돌격을 개시했다.

---

9 柳條溝 : 봉천(현재의 瀋陽) 북쪽에 있는 곳으로, 당시 일본에는 柳條溝로 전해져 柳條溝로 사용되었지만, 현재는 류탸오후(柳條湖)가 옳은 것으로 판명되어 柳條湖로 사용되고 있다.

이마다 대위는 현장 부근에서 직접 폭파작업을 지휘했지만, 본래 검도의 달인이다. 돌격할 때 직접 일본도를 빼 들고 병영으로 쳐들어갔다. 가타오카(片岡), 오쿠도(奧戶), 나카노(中野) 등 웅봉회(雄峯會)의 낭인들도 이에 협력하였다.

특무기관에서는 아무것도 모르고 연회에서 돌아와 곤히 자고 있던 가와모토 대대장이 급보를 받고 허둥지둥 달려왔을 때, 이타가키가 군사령관 대리로 명령을 내렸다. 제29연대와 시마모토 대대는 곧바로 병사를 집합시켜 전투에 참가하였다.

북대영의 지나 측은 아무것도 모른 채 자고 있는 자가 많았던 데다가 무기고 열쇠를 가진 장교가 외출 중이어서 무기가 없어 우왕좌왕하는 사이에 일본군이 돌입하였다. 이전부터 내통하고 있던 지나 병사도 나오는 상황이었다. 거기에 28cm 중포가 굉음과 함께 포격을 시작했으므로, 대부분의 지나 병사는 패주하고, 해 뜰 무렵까지는 봉천시 전체가 우리 손에 들어와, 군정이 실시되어 임시 시장에 도이하라 대좌가 취임했다.

출전 『別冊知性 五巻 秘められた昭和史』(1956년 12월)(『日本史史料』 5 現代).

내용 1931년 9월 18일 일어난 류타오후(柳條湖)사건이 관동군의 계획적인 범행이었음은 9월 19일 하야시 규지로(林久治郎) 봉천총영사가 보낸 전보 "이번 사건은 오로지 군부의 계획적 행동에서 나온 것으로 상상된다."를 통해 시데하라 외무대신 등 정부 관계자는 알고 있었고, 리튼 보고서를 통해서도 어느 정도 알 수 있지만, 대부분의 일본 국민이 그것을 알게 된 것은 패전 이후이다. 사료는 당시 봉천특무기관에 근무하던 하나야 다다시(花谷正)가 1956년에 주모자의 한 사람으로서 처음 만주사변의 진상을 말한 것이다. 하나야의 구술을 바탕으로 잡지 편집부가 정리한 것이지만, 당시 사료로만 알 수 없는 주도면밀한 계획과 사건의 전말을 알 수 있다.

일만의정서 日滿議定書

의정서

일본은 만주국이 그 주민의 의사에 입각하여 자유롭게 성립하여 독립된 한 국가를 이루게 된 사실을 확인하였다. 만주국은 중화민국이 가진 국제 협정은 만주국에 통용할 수 있는 한 그것을 존중할 것을 선언했다. 일본 정부와 만주국 정부는 일·만 양국 간의 선린 관계를 영원히 공고히 하고, 서로 영토 주권을 존중하여 동양 평화를 확보하기 위해 다음과 같이 협정하였다.

1. 만주국은 장래 일·만 양국 간에 별도의 약정을 체결하지 않는 한 만주국 영역 내에서 일본 또는 일본국 신민이 종전의 일지(日支) 간 조약, 협정, 기타 약정 및 공적, 사적 계약에 의해 가지는 모든 권리 이익을 확인 존중한다.

2. 일본과 만주국은 조약국 한쪽의 영토와 치안에 대한 모든 위협은 조약국 다른 쪽의 안녕과 존립에 대한 위협이라는 사실을 확인하고, 양국이 공동으로 국가의 방위애 임할 것을 약속한다. 그를 위해 필요한 일본 군대가 만주국 내에 주둔하는 것으로 한다.

본 의정서는 서명일로부터 효력을 발생한다.

본 의정서는 일본문과 한문으로 각각 2통을 작성한다. 일본문 본문과 한문 본분 사이에 해석을 달리할 경우에는 일본문 본문에 의거한다.

위의 증거로 아랫사람은 각각 본국 정부로부터 정당한 위임을 받아 본 의정서에 서명 조인하였다

쇼와 17년(1932) 9월 15일, 즉 대동(大同) 원년 9월 15일 신징(新京)에서 이를 작성함.

출전 外務省編『日本外交年表竝主要文書』下(『日本史史料』5 現代).

내용 이시하라 간지 등 관동군 수뇌는 만주 점령 후 점령지를 식민지로 직접 통치할 생각이었지만, 국제 여론을 우려하는 내부의 반대로 친일 정권 수립으로 방침을 전환하였다. 이에 1932년 3월 1일 청의 마지막 황제 푸이(溥儀)를 집정으로 하는 신국가, '만주국'이 수립되었다. 당시 이미 중국 정부는 만주사변을 국제연맹에 제소하였고, 국제연맹은 리튼 조사단 파견을 결정하였다. 일본군은 국제사회의 이목을 돌리기 위해 1월에 상하이사변을 일으켰고, 리튼 조사단이 파견되기 전에 기정사실을 만들기 위해 만주국을 수립한 것이다. 그리고 일본은 리튼 조사단의 보고서가 정식으로 제출되기 전에 '만주국'의 승인을 서둘러, 동년 9월 15일 일만의정서(日滿議定書)를 체결하였다. '만주국'은 독립국의 태세를 갖추었지만, 일본은 집정(執政)(34년 3월 이후는 황제) 아래에 있는 국무원을 비롯하여 중앙과 지방의 행정기관에 강력한 발언권을 가졌고, 정치기구와 법체계도 일본인 관리가 만들어낸 것으로, 건국 선언에 천명된 '오족협회(五族協和)', '왕도락토(王道樂土)'도 허울에 불과하였다.

리튼 조사단 보고서

제4장 1931년 9월 18일 당일 및 그 후 만주에서 발생한 사건의 개요
…(중략)…

이상은 소위 9월 18일 사건에 대해 양국 당사자가 조사단에 말한 것이다. 쌍방이 다르고 모순되는 것은 분명하지만, 이것은 그 사정에 비추어 특별히 이상하게 여길 필요가 없다.

사건은 직전의 긴장 상태와 흥분을 생각하고, 또 특히 야간에 일어난 사건에 관한 이해 관계자의 진술에는 반드시 상이한 점이 있을 수 있음을 감안하였다. 그리하여 우리는 극동 체재 중에 사건 발생 당시 또는 그 직후 봉천에 있던 대표적인 외국인과 가능한 한 많이 회견을 했다. 그중에는 사

건 직후 현지를 시찰하거나, 또 먼저 일본 측의 정식 설명을 들은 신문 통신원과 기타 사람들이 있다. 이해 관계자의 진술과 함께 이러한 의견을 충분히 고려하고 다수의 문서 자료를 숙독하며, 또 접수 또는 수집한 증거를 신중하게 연구한 결과 조사단은 다음 결론에 도달하였다.

일·중 양군 사이에 긴장된 분위기가 존재한 점은 의심할 여지가 없다. 조사단에 명백하게 설명한 것처럼 일본군은 중국군과의 사이에 적대 행위가 일어날 수 있음을 예상하고 신중하게 준비된 계획을 가지고 있었다. 9월 18일~19일 밤에 이 계획은 신속하고 정확하게 실시되었다. 중국군은 보고서 149쪽에 언급한 훈령에 입각하여 일본군에 공격을 가하거나, 또는 특히 상기 시각 및 장소에서 일본인의 생명 혹은 재산을 위험하게 만들 계획을 가지고 있었던 것은 아니다. 그들은 일본군에 대해 연계가 있거나 명령을 받은 공격을 가한 것이 아니라, 일본군의 공격과 그 후의 행동에 당황한 것이다. 9월 18일 오후 10시부터 10시 30분 사이에 철도 노선 위 혹은 그 부근에서 폭발이 있었던 것은 분명한 사실이다. 그러나 철도에 대한 손상은 만약 그것이 있었다고 해도, 창춘에서 출발하여 남쪽으로 가는 열차의 정시 도착을 방해하는 것이 아니어서, 그것만으로는 군사 행동을 정당화하기에 충분하지 않다. 위에서 기술한 그날 밤 일본군의 작전은 정당한 자위수단으로 인정할 수 없다. 물론 이것을 가지고 조사단은 현지에 있던 일본 장교가 자위를 위해 행동하고 있을 수도 있었다는 가설을 배제하려는 것이 아니다.

제6장 '만주국'

…(중략)…

결론

1931년 9월 18일 이래 일본 군헌(軍憲)의 군사상 및 민정상의 활동은 본질적으로 정치적 고려에 의해 이루어졌다. 동삼성(東三省)[10]의 전진적 군사 점령은 중국 관헌의 손으로부터 순차적으로 치치하얼, 진저우(錦州) 및 하얼빈을 빼앗고, 끝내는 만주의 모든 중요한 도시에 이르렀다. 그리고 군사 점령 후에는 늘 민정이 회복되었다. 1931년 9월 이전에는 들리지 않았던 독립운동이 일본군의 만주 입성에 따라 가능해졌음이 분명하다.

일본에서 전개되고 있는 신(新) 정치운동과 밀접한 접촉을 유지하고 있는(제4장 참조) 일본의 문관과 장교 그룹은 그들이 현지에 있는지의 여하를 불문하고 9월 18일의 사건 후 만주 사태의 해결책으로 이 독립운동을 계획하고 조직하며 또 수행하였다.

그들은 이런 목적을 가지고 중국인의 생명과 행동을 이용하여 전(前) 정권에 불평을 품은 주민 중 소수민족을 이용하였다.

일본의 참모본부가 당초부터 혹은 얼마 후부터 이러한 자치 운동의 이용을 자각하고 있었음이 분명하다. 그 결과 참모본부는 이러한 운동의 조직자에게 원조와 지도를 하였다.

모든 방면의 증거에 입각하여 본 위원회는 '만주국' 창설에는 많은 요소가 기여하고 있지만, 그것과 아울러 가장 유효하며, 더욱이 우리가 보기에 그것 없이는 새로운 국가의 형성은 있을 수 없었다고 생각되는 2개의 요소가 있다. 그것은 일본 군대의 존재와 일본 문무 관헌의 활동이라고 확신한다.

이러한 이유에서 현재의 정권이 진실로 자발적인 독립운동에 의해 생겨났다고는 생각할 수 없다. …(중략)… '정부' 및 공공사무에 관해서는 가령 각 부국의 명의상 장관은 만주에 거주하는 중국인이라고 하더라도, 주된 정치적 및 행정적 권력은 일본인 관리 및 고문의 손에 있다. …(중략)… 우리는 '만주국 정부'가 지방의 중국인에 의해 일본의 앞잡이로 지목되어, 중

---

10 東三省 : 黑龍江省·吉林省·遼寧省을 가리킨다.

국 측 일반인의 지지가 없는 것이라는 결론에 도달했다. …(중략)…

제9장 해결의 원칙 및 조건

…(중략)…

단순한 원상회복이 문제의 해결이 될 수 없다는 사실은 내가 위에서 기술한 것으로 분명할 것이다. 본 분쟁이 지난 9월 이전의 상태에서 발생한 점에 비추어, 동 상태의 회복은 분쟁을 되풀이하는 결과를 초래할 것이며, 그런 것은 모든 문제를 단순히 이론적으로 취급하여 현실의 상황을 무시하는 것이다.

앞의 2장에서 기술한 바에 비추어 만주에서 현 정권의 유지와 승인도 마찬가지로 만족하지 못할 것이다. 이런 해결은 현행 국제 의무의 근본적 원칙 혹은 극동 평화의 기초인 양국 간의 양호한 양해와 배치된다. 이것은 또 지나의 이익에 위배되고, 또 만주 인민의 희망을 무시할 뿐 아니라, 결국은 일본의 영원한 이익이 될 수 있을지도 의문이다.

현 정권에 대한 만주 인민의 감정에 대해서는 아무런 의문이 없다. 그러나 중국은 동삼성의 완전한 분리를 영구적 해결이라고 간주하여, 자진하여 그것을 승인할 일은 없을 것이다. …(중략)…

만약 일·중 양국 정부가 쌍방의 주요 이익이 일치한다는 것을 인정하고, 또 평화 유지와 상호 우호 관계의 수립도 위의 이익에 포함시킬 의지가 있다면, 양국 간 분쟁 해결책의 기초적 대강(大綱)은 위에서 서술한 고안(考案)에 의해 충분히 명시될 것이다. 앞서 기술한 것처럼 1931년 9월 이전 상태로의 복귀는 문제가 아니다. 장래에 만족할 정권은 과격한 변경 없이 현 정권보다 진전시킬 수 있을 것이다. 다음 장에서 나는 이를 위해 하나의 제안을 제출하겠지만, 나는 우선 만족스러운 해결 방법으로서 준거할 필요가 있는 일반적 원칙을 밝히고자 한다. 그 원칙은 다음과 같다.

(1) 일·중 쌍방의 이해와 양립할 것

양국은 연맹국이므로 각각 연맹국이 동일한 고려를 해줄 것을 요구할 권리를 가진다. 양국이 이익을 얻지 않는 해결은 평화를 위한 해결책이 되지 않을 것이다.

(2) 소련의 이익에 대한 고려

제3국의 이익을 고려하지 않고 두 이웃 국가 사이에 평화를 강구하는 것은 공정 혹은 현명하지 않으며, 또 평화에 이바지하는 방법도 아니다.

(3) 현존하는 다변적 조약과의 일치

어떠한 해결이라도 연맹 규약, 부전조약(不戰條約)[11] 및 워싱턴 9개국 조약의 규정에 합치할 필요가 있다.

(4) 만주에서 일본 이익의 승인

만주에서 일본의 권익은 무시할 수 없는 사실로서 어떠한 해결 방법도 그것을 승인하고, 또 일본과 만주의 역사적 관련을 고려하지 않는 것은 만족할 만한 것이 아니다.

(5) 일·중 양국 사이 신조약 관계의 성립

만주에서 양국 각자의 권리, 이익 및 책임을 신조약에서 다시 선언하는 것은 합의에 의한 해결의 일부로서, 장래 분규를 회피하고 상호 신뢰와 협력을 회복하기 위해 바람직하다.

(6) 장래의 분쟁 해결에 대한 유효한 규정

앞선 기술에 부수적인 것으로서 비교적 중요하지 않은 분쟁의 신속한 해결을 쉽게 하기 위해 규정을 마련할 필요가 있다.

(7) 만주의 자치

---

11 不戰條約 : 1928년 8월 파리에서 프랑스·미국·영국·독일·일본을 포함한 15개국이 조인, 이어 63개국이 가입하였다. 국제분쟁 해결 수단 및 국책 수행 수단으로 전쟁을 포기한다고 선언하였지만, 自衛戰爭을 인정하고 제재 규정이 없어 실효성이 없었다. 일본은 제1조에 전쟁 포기를 "각자 인민의 이름으로 엄숙히 선언한다."라는 어구가 천황 주권에 반한다고 하여, 이듬해 이 어구는 일본에 적용되지 않는다는 유보 조건을 붙여 비준하였다.

만주의 정부는 중국의 주권 및 행정적 보전과 일치하며, 동삼성의 지방적 상황 및 특징에 부합하도록 고안된 광범위한 범위의 자치를 확보하도록 고쳐져야 한다. 신(新) 문치제도는 선량한 정치의 본질적 요구를 만족시키도록 구성되고 운용될 필요가 있다.

(8) 내부적 질서 및 외부적 침략에 대한 보장

만주의 내부적 질서는 유효한 지방적 헌병대에 의해 확보되어야 한다. 외부적 침략에 대한 안전도 헌병대 이외 모든 무장대의 철수 및 관계국 사이의 불침략 조약의 체결에 의해 보장되어야 한다.

(9) 일·중 양국 간 경제적 제휴의 촉진

본 목적을 위해 양국 사이에 신(新)통상조약의 체결이 바람직하다. 이런 조약은 양국 간의 통상 관계를 공정한 기초 위에 두어, 쌍방의 정치 관계의 개선과 일치시키는 것을 목적으로 한다.

(10) 중국의 개조에 관한 국제적 협력

현재 중국의 정치적 불안정이 일본과의 우호관계에 대한 장애이며, 또 극동에서 평화의 유지가 국제적 관심 사항이므로, 세계의 다른 부분에 대한 우려이기도 하다. 위에서 언급한 조건은 중국에서 강고한 중앙 정부 없이는 실행할 수 없으므로, 만족스러운 해결에 대한 최종적 요건은 고(故) 손일선(孫逸仙)[12] 박사가 제의한 것처럼 중국의 내부적 개조에 대한 일시적인 국제 협력이다.

출전 外務省 假驛 『日支紛争に関する国際連盟調査委員会の報告』(『日本史料』現代).

내용 만주사변이 일어나자 중국은 곧바로 국제연맹에 이를 제소하였다. 격론 끝에 국제연맹은 실정 파악을 위해 조사단 파견을 결정하고, 1931년 12월

---

12 孫逸仙 : 孫文을 가리킨다.

영국의 리튼을 단장으로 선임하였다. 일본은 국제사회의 이목을 만주에서 돌리기 위해 1932년 1월 상하이사변을 일으켰고, 리튼 조사단이 파견되기 전에 기정사실로 만들기 위해 '만주국'을 수립하였다. 리튼 조사단은 1932년 3월부터 6월까지 현지의 류타오후를 비롯하여 일본, 중국, 만주 각지에서 조사를 벌이고, 10월 2일 보고서를 공표하였다.

보고서의 골자는 만주사변은 일본의 침략 행위로 자위를 위한 행동으로 인정할 수 없으며, '만주국'은 독립 국가로 인정할 수 없다는 점이었다. 그러나 동시에 만주에서 일본의 특수 권익의 존재와 그것이 중국에 의해 침해된 사실을 인정하고, 단순히 사변 발발 이전 상태로의 복귀는 문제의 해결이 될 수 없다고 하면서 중·일 양국의 이익 양립, 만주에서 일본 이익의 승인, 만주의 자치 등 10개 항목을 사태 해결을 위한 일반 원칙으로 제시하였다. 이와 같이 조사단의 보고는 반드시 일본에 전면적으로 불리한 것이 아니었지만, 5·15 사건 이후 군부 주도의 파시즘 체제로 급히 기울기 시작한 일본은 강하게 반발하였다.

국제연맹 탈퇴 통고문

제국 정부는 동양의 평화를 확보하고, 나아가 세계의 평화에 공헌하려는 제국의 국시(國是)가 각국 간의 평화와 안녕을 기도하는 국제연맹의 사명과 그 정신을 같이 하는 것을 인정하였다. 그리하여 과거 13년에 걸쳐 원(原) 연맹국으로서, 또 상임이사국으로서 이 숭고한 목적의 달성에 노력해 온 점을 기쁘게 생각한다. 그리고 그 사이 제국이 늘 여타 국가에 뒤지지 않는 열성을 가지고 연맹의 사업에 참가한 것은 엄연히 움직일 수 없는 사실이다. 동시에 제국 정부는 현재 국제 정세에 비추어 세계 각 지방의 현실 사태를 바탕으로 연맹 규약을 운영하는 것이 필요하며, 또 이런 공정한 방침에 따라야 비로소 연맹이 그 사명을 다하고, 그 권위의 증진을 기할 수 있음을 확신한다.

1931년 9월 일지(日支)사건과 관련한 국제 연맹에 대한 부탁을 보건대, 제국 정부는 시종 위의 확신에 입각하여 연맹의 각종 회의나 기타 기회에 연맹이 본 사건을 공정하고 타당한 방법으로 처리하기를 희망하였다. 그리하여 진실로 동양 평화의 증진에 기여함과 동시에 그 권위를 높이기 위해서는 동 방면의 현실의 사태를 적확하게 파악하고 당해 사태에 적용(適應)하여 규약을 운용하는 것이 중요하다고 제창하였다. 특히 지나는 완전한 통일국가가 아니라서, 그 국내 사정 및 국제 관계는 극도로 복잡하고 난삽하여 변칙, 예외의 특수성이 많다. 따라서 일반 국제 관계의 규준인 국제법의 원칙과 관례는 지나에 적용될 때 현저한 변경이 가해져, 그 결과 실제로 특수하고 이상한 국제관행이 성립되어 있는 것을 고려하는 것이 절대로 필요하다고 역설하고 강조해 왔다.

그러나 과거 7, 8개월간 국제 연맹의 심의 경과를 살펴보건대 연맹국 다수는 동양에서의 현실 사태를 파악하지 않거나 또는 그것을 직시하여 정당한 고려를 하지 않고 있다. 뿐만 아니라, 국제 연맹 규약, 기타 제 조약 및 국제법의 제 원칙의 적용, 특히 그 해석에서 제국과 이들 연맹국 사이에 누차 중대한 의견의 차이가 있음이 분명해졌다. 그 결과 올해 24일 임시총회가 채택한 보고서는 제국이 동양의 평화를 확보하려는 것 이외에 아무런 다른 의도가 없는 정신을 고려하지 않고 있다. 동시에 사실 인정 및 그에 입각한 논단에서 심한 오류에 빠져 있다. 특히 9월 18일 사건 당시 및 그 후 일본군의 행동을 자위권의 발동이 아니라고 억단(臆斷)하고, 또 동 사건 전의 긴장 상태 및 사건 후 사태의 악화가 지나 측에 전 책임이 있는 것을 간과하였다.

그 때문에 동양의 정국에 새로운 분규의 원인을 만드는 한편, 만주국 성립의 진상을 무시하고 또 만주국을 승인한 제국의 입장을 부인하여, 동양에서 사태 안정의 기초를 파괴하려 한다. 특히 그 권고 중에 제시된 조건이 동양의 강녕(康寧) 확보에 아무런 공헌도 하지 못하는 것은 올해 2월 25일 제국 정부 진술서에서 상술한 바이다.

요컨대 연맹국 다수는 일지사건의 처리에 즈음하여 현실적으로 평화를 확보하기보다 적용 불가능한 방식의 존중이 더욱 중요하다고 간주하고 있다. 또 장래에 일어날 분쟁의 화근을 제거하기보다 가공적인 이론의 옹호가 더욱 귀중하다고 간주하는 것으로 볼 수밖에 없다. 다른 한편 이들 연맹국과 제국 사이의 규약 및 기타 조약의 해석에서도 중대한 의견의 차이가 있다. 이에 제국 정부는 평화 유지의 방책, 특히 동양 평화 확립의 근본 방침에 대해 국제 연맹과 그 소신을 완전히 달리하는 것을 확신했다. 따라서 제국 정부는 더 이상 국제 연맹과 협력할 여지가 없음을 믿고, 국제 연맹 규약 제1조 3항에 입각하여 제국이 국제 연맹에서 탈퇴함을 통고하는 바이다.

출전 外務省編,『日本外交年表竝主要文書』下(データベース『世界と日本』).

내용 일본이 일만의정서를 체결하고 괴뢰국 '만주국'을 승인한 것은 국제연맹에 대한 명확한 도전이었다. 국제연맹은 1933년 2월 24일 임시총회를 열고 리튼 보고서를 기초로 '만주국' 불승인, 일본군 철수 권고안을 찬성 42, 반대 1(일본), 기권 1(시암, 태국)로 채택하였다. 일본 대표 마쓰오카 요스케(松岡洋右)는 총회를 퇴장하고, 1933년 3월 27일 일본은 국제연맹 탈퇴를 통고하였다. 일본은 스스로 국제적 고립의 길을 택하였다.

탕구塘沽 정전협정

관동군 사령관 원수 무토 노부요시(武藤信義)는 쇼와 8년(1933) 5월 25일 미윈(密雲)에서 국민정부 군사위원회 북평(北平)분회 대리위원장 허잉친(何

應欽)이 군사(軍使)이자 동 분회 참모인 쉬옌머우(徐燕謀)를 통해 보낸 정식 정전 제의를 수리하였다. 이에 따라 관동군 사령관 원수 무토 노부요시로부터 전권을 위임받은 동 군 대표 관동군 참모부장(參謀副長) 육군 소위 오카무라 야스지(岡村寧次)는 탕구에서 국민정부 군사위원회 북평분회 대리 위원장 허잉친으로부터 정전협정에 관한 전권을 위임받은 슝빈(熊斌)과 다음 정전협정을 체결하였다.

1. 중국군은 빨리 옌칭(延慶), 창핑(昌平), 가오리잉(高麗營), 순이(順義), 퉁저우(通州), 샹허(香河), 바오디(寶抵), 린팅커우(林亭口), 닝허(寧河), 루타이(瀘臺)를 통과하는 선 이서와 이남 지구로 일률적으로 철수하고, 이후 이 선을 넘어 전진하지 않는다.

2. 일본군은 제1항의 실행을 확인하기 위해 수시로 비행기 및 기타 방법으로 이를 시찰한다.

   중국군 측은 이에 대해 보호 및 제반 편의를 제공하는 것으로 한다.

3. 일본군은 제1항에 제시된 규정을 중국군이 준수하는 것을 확인한 경우에는 앞서 언급한 중국군의 철수선을 넘어 추격을 속행하지 않고 주체적으로 대략 장성선(長城線)으로 귀환한다.

4. 장성선 이남으로서, 제1항에 제시된 선 이북과 이남 지역 내의 치안 유지는 중국 측 경찰 기관이 맡는다.

5. 본 협정은 조인과 동시에 효력을 발생하는 것으로 한다.

   위의 증거로 두 대표는 이에 기명 조인하였다.

쇼와 8년(1933) 5월 31일

출전 外務省編,『日本外交年表竝主要文書』下(『日本史史料』現代).

내용 동북 3성을 제압한 관동군은 항일의 거점이 되어 있던 열하성(熱河省)을 '만주국'에 편입하려고 획책하였다. 1933년 2월 열하성에 침입한 이래 점령지를 확대, 5월에는 북평(베이징) 근처까지 이르렀다. 침략 행위에 대한 국제 여론이 악화하자 일본은 정전을 모색했고, 공산당과의 내전을 우선한 장제스 정부도 일본의 침공을 저지하기 위해 이에 응하여, 1935년 탕구정전협정이 체결되었다. 이로써 확대일로를 달리던 일본군의 침략 행위는 일단 정지되었다.

화북 분리 공작

○ 우메즈(梅津)·허잉친(何應欽) 협정(1935. 6. 10)

우메즈[13]·허잉친 협정에 관한 와카스기(若杉) 참사관 보고
북평본성(北平本省) 6월 10일 오후 발착(發着)

와카스기 참사관

히로타(廣田) 대신

제180호

왕전(往電) 제177호에 관해

오늘 10일 오후 허잉친(何應欽)은 다카하시 보좌관에게 중앙의 훈령에 따라, 아군 측의 요구를 전부 수용하여 다음과 같이 회답하였다.

1. 허베이성(河北省) 내 당부(黨部)의 철수에 관해 10일 명령을 내려 당일 개시한다.

2. 제51군의 이주(移駐)는 11일부터 철도 수송을 개시하여, 6월 25일경 완료 예정.

---

13 梅津美治郎(1882~1949) : 1934년 지나주둔군 사령관이 되어, 1935년 우메즈·허잉친 협정 등 화북 분리 공작을 추진하여, 중국 본토 침략의 계기를 만들었다. 육군대장. 1945년 9월 2일 대본영을 대리하여 시게미쓰 마모루(重光葵)와 함께 항복 문서에 조인하였다. 도쿄재판에서 A급 전범으로 종신형을 언도받았다.

3. 중앙군 제25사(師)와 제2사를 허베이 밖으로 이주시키기로 결정함.

4. 국민정부는 전국에 배외배일의 금지를 명령한다.

본건 회담 발표는 다카하시 보좌관이 톈진과 협의 후 할 것이므로, 본 전보를 발표하지 않도록 조치해 주시기 바랍니다.

○ 도이하라(土肥原)·친더춘(秦德純) 협정(1935. 6. 27)

도이하라[14]·친더춘(秦德純) 협정에 관한 와카스기 참사관 보고
북평본성 6월 24일 오후 발착

와카스기 참사관

히로타 대신
제204호

차하르(察哈爾) 문제 처리에 관해 북평에 와 있는 도이하라 소장은 23일 밤 마쓰이(松井) 중좌 및 다카하시 무관과 함께 친더춘(秦德純)과 회견했다. 대요는

1. 쑹저위안(宋哲元)군을 대략 정전협정선(昌平-延慶의 선)의 연장선 이서로 철수시킬 것.

2. 차하르성에서 헌병대, 국민당기관(國民黨部)과 남의사(藍衣社)[15]를 철수시키고, 배일행위를 금지할 것.

3. 위의 1과 2는 2주간 이내에 실행을 완료할 것.

---

14 土肥原賢二(1883~1948) : 육군대장, 만주사변 때는 만주특무기관장으로서 모략 공작을 담당하였고, 만주국 건국과 화북 분리 공작에서 중심적 역할을 하였다. 도쿄재판에서 A급 전범으로 사형 판결을 받았다.

15 藍衣社 : 장제스 정권의 독재 유지와 반대 세력 박멸을 목적으로 한 국민정부의 정보·공작기관. 장제스 직속 기관으로 정식 명칭은 三民主義力行社, 남색 제복을 입어서 藍衣社로 불렸다.

4. 장베이(張北)사건[16]에 관해 사죄하고, 직접 책임자를 처벌할 것.

위 사항을 요구했는데, 친더춘은 중앙에 훈령을 요청한 다음 회답하기로 약속했다고 한다. 위의 우리 쪽 요구사항은 절대 극비에 부쳐달라는 것이 군 측의 희망이므로 그렇게 알아달라.

북평본성 6월 27일 오후 발착

와카스기 참사관

히로타 대신

제114호

왕전 제211호에 관해

27일 친더춘이 도이하라 소장에게 제출한 문서 회답 내용의 대요는 다음과 같다.

1. 장베이사건에 관해 유감의 뜻을 표하고 책임자를 파면한다.

2. 일·지 국교에 좋지 않은 영향을 끼친다고 판단되는 기관을 차하르성에서 철수한다.

3. 일본 측의 차하르성 내에서 정당한 행위를 존중한다.

4. 창핑, 옌칭, 다린바오(大林堡)를 거쳐 장성에 이르는 선 이동의 지역 및 두스커우(獨石口) 북측에서 장성을 따라 장자커우(張家口) 북쪽을 거쳐 장베이현(張北縣) 남쪽에 이르는 선 이북의 지역에서 쑹저위안군을 철수시키고, 철수 후의 치안은 보안대가 담당하게 한다.

5. 이상의 철수는 6월 23일부터 2주간 이내에 철수를 완료한다.

이상의 회답 내용은 절대 극비에 부쳐달라는 것이 군 측의 희망이므로

---

16 張北事件 : 1935년 관동군의 특무기관원이 張北에서 중국군에 수일간 감금당한 사건. 일본은 이를 구실로 도이하라·친더춘 협정을 맺었다.

그렇게 알아달라.

출전　外務省編,『日本外交年表竝主要文書』下(『日本史史料』現代).

내용　1935년 이후 중국주둔군을 중심으로 '만주국'에 인접하는 중국 동북부의 5성(허베이, 산둥, 산시[山西], 차하르, 수원[綏遠])을 국민정부의 지배에서 분리하여 일본의 지배하에 두려는 공작이 급속하게 추진되었다. 이를 '화북 분리 공작'이라고 한다. 화북을 만주처럼 만드는 것은 반공과 자원·시장 확보를 위해 반드시 필요하다고 생각하였다. 1935년 5월 중국공산당의 항일운동이 탕구협정에 의해 비무장 지대가 된 화북을 거점으로 전개되고 있다는 이유로 중국에 압력을 가해 허베이성에서 중국군의 철수 등을 요구하였다. 6월 10일 우메즈·허잉친 협정이 체결되어 중국군은 허베이성에서 철수하고 모든 항일운동이 금지되었다. 그리고 같은 달 6월 27일 허베이성 북쪽의 차하르성에서도 도이하라·친더춘 협정이 체결되었다. 일본의 침략에 대해 중국 공산당은 8.1 선언을 발표하여 국민당에 내전 정지와 일치 항일을 주장하였고, 공산당의 지도 아래 12·9 학생운동이 일어나 전국으로 확산되었으며, 이듬해에는 시안사건이 일어났다. 이러한 가운데 일본에서는 1936년 2·26 사건이 일어나 내각은 거의 군의 허수아비로 전락하였고, 외교 정책도 군의 방침을 받아들였다.

일·독 방공협정

○ 공산 인터내셔널에 대한 일·독 협정
　　제1조 조약국은 공산 인터내셔널[17]에 대해 서로 통보하고, 필요한 방

―――――――――

17 공산 인터내셔널 : 코민테른.

위[18] 조치에 대해 협의하며, 또 긴밀한 협력을 통해 위 조치를 달성할 것을 약속한다.

제2조 조약국은 공산 인터내셔널의 파괴 공작에 의해 국내의 안정을 위협받는 제3국에 대해 본 협정의 취지에 따른 방위 조치를 취하고, 또 본 협정에 참가할 것을 공동으로 권유한다.

제3조 본 협정은 일본어와 독일어 본문을 정문으로 삼는다. 본 협정은 서명일로부터 실시되며, 또 5년간 효력을 지닌다. 조약국은 위 기간 만료 전 적당한 시기에 이후 양국 협력의 양태에 대해 양해를 구한다.

　　쇼와 11년(1936) 11월 25일 베를린에서 본서 2통을 작성한다.

ㅇ 공산 인터내셔널에 대한 협정의 부속 의정서

(1) 양 조약국의 당해 관원은 공산 인터내셔널의 활동에 관한 정보의 교환 및 공산 인터내셔널에 대한 계발(啓發)과 방어 조치에 긴밀히 협력한다.

(2) 양 조약국의 당해 관원은 국내 또는 국외에서 직접 또는 간접적으로 공산 인터내셔널에 복무하거나 그 파괴 공작을 조장하는 자에 대해 현행법의 범위 내에서 엄격한 조치를 취한다.

(3) 전기 (1)에 규정된 양 조약국 당해 관원의 협력을 용이하게 하기 위해 상설 위원회를 설치한다. 공산 인터내셔널의 파괴 공작을 막기 위해 필요한 그밖의 방위 조치는 위 위원회에서 연구하고 협의한다.

　　　　　　　　　　　　　　　　1936년11월25일 베를린에서

---

18 防衛 : 독일어 Abwehr의 번역어로 '방첩' 혹은 '파괴 활동에 대한 대항'이라는 의미를 포함한다.

○ 공산 인터내셔널에 대한 협정의 비밀 부속 협정

　　제1조 조약국의 한쪽이 소비에트사회주의공화국연방으로부터 도발
　　　　에 의하지 않은 공격을 받거나 또는 도발에 의하지 않은 공격
　　　　의 위협을 받을 경우 다른 조약국은 소비에트사회주의공화국
　　　　연방의 지위에 부담을 가볍게 할 수 있는 효과를 발생시키는
　　　　모든 조치를 취하지 않을 것을 약속한다.

　　제2조 조약국은 본 협정의 존속 기간에 상호의 동의없이 소비에트
　　　　사회주의공화국연방과의 사이에 본 협정의 정신과 양립하지
　　　　않는 모든 정치적 조약을 체결하는 일이 없어야 한다.

　　제3조 본 협정은 일본어와 독일어 본문을 정문으로 삼는다. 본 협정
　　　　은 오늘 서명된 공산 인터내셔널에 대한 협정과 동시에 실시
　　　　되며, 또 동일한 유효 기간을 지닌다.

　　　　　　　　　　　　　　　　　　　1936년 11월 25일 베를린에서 작성

출전 外務省編, 『日本外交年表竝主要文書』 下(データベース 『世界と日本』).

내용 1936년 11월 25일 일본과 독일은 공산 인터내셔널(코민테른, 실제로는 소련)의 위협으로부터 국가를 방어하기 위해 협력하기로 하고 일·독 방공협정을 체결하였다. 이는 전년인 1935년 코민테른이 파시즘의 대두에 대한 운동 방침으로 민족 통일전선의 결성을 제시한 데 따른 것이었다. 다만, 이것은 엄밀한 군사동맹은 아니고, 협정 당사자 중 하나가 소련과 전쟁에 돌입했을 때 다른 나라는 전쟁 수행 면에서 소련의 부담을 경감하는 조치를 취하지 않는다는 내용이었다.

그에 앞서 이미 1936년 10월 독일과 이탈리아는 베를린-로마 추축을 형성하고 있었는데, 따라서 일·독 방공협정은 일본이 추축국에 가세한다는 의미였다. 1937년 11월에는 이탈리아가 참가하여 일·독·이 삼국 방공협정이 체결되어, 파시즘 국가의 국제적 협력 체제가 구축되었다. 소련은 삼국 방공

협정에 강하게 반발하여 일본과 소련 사이에 노몬한 사건 등 대규모 국경 분쟁이 발생하였다.

중일전쟁의 발발

루거우차오 부근 전투 상보
(1937년 7월 8일부터 7월 9일 지나주둔군[19] 보병 제1연대)

사변의 발단

1. 제8중대의 야간 연습 중에 지나 측으로부터 사격을 받음. 제8중대는 7월 7일 오후 7시 30분부터 야간 연습을 실시하여 용자묘(龍子廟) 부근으로부터 동쪽 대와요(大瓦窯)를 향하여 어스름을 이용하여 적의 진지에 접근, 이어 여명에 돌격하는 동작을 연습함. 그리고 해당 중대장이 용왕묘를 등지고 동쪽을 바라보며 연습을 실시한 것은, 용자묘 부근에는 야간에 지나군이 배치되어 있는 것을 미리 알아서, 그들의 오해를 피하기 위함이었다. 이 연습 중에 당해 중대는 오후 10시 40분경 용자묘 부근의 지나군 진지로부터 갑자기 몇 발의 사격을 받음. 이에 중대장은 즉시 연습을 중지하고 집합 나팔을 불었음. 그러나 다시 루거우차오(蘆溝橋) 성벽 방면에서 십수 발의 사격을 받음.

---

19 支那駐屯軍 : 의화단운동 후 체결된 신축조약에서 청이 외국 군대의 베이징 주둔을 인정했을 때 설치된 군대로, 만주사변을 일으킨 관동군과는 별개의 조직. 양자 간에 지휘명령 관계가 없다. 만주사변은 탕구정전협정으로 일단 정전이 성립되었지만, 지나주둔군은 관동군에 대항하여 1935년경부터 화북 분리 공작을 시작하였다. 1936년 5월에는 약 5,600명으로 증원되어, 루거우차오 부근의 豊臺에도 주둔하면서 실전을 방불케 하는 연습을 거듭하였다.

이 사이 중대장은 대와요 서방 투치카 부근에 중대를 집결시킴. 그러나 병사 1명이 없는 것을 알고 단호하게 응징하기로 결정하고 응전 준비를 하면서 전령을 파견하여 풍대(豊臺)에 있는 대대장에게 급보함.

2. 대대장의 조치

대대장은 정자초(正子稍) 앞 풍대 관사에서 제8중대의 보고를 접하고, 즉시 출동하기로 결정, 비상소집을 명함과 동시에 연대장에게 보고함.

출전 『現代史史料』12, 日中戰爭(4) みすず書房(『日本史史料』現代).

내용 1937년 7월 7일 북평(北平, 베이징) 교외의 루거우차오 부근에서 야간 연습 중이던 일본군과 중국군이 충돌하여 중일전쟁의 발단이 되었다. 일본군에 대한 발포로 교전 상태가 되었지만, 누가 발포했는지에 대해서는 지금도 정설이 없다. 이튿날부터 양측이 교섭하여 일단 수습되었지만, 일본은 북평과 톈진 사이의 일본인 보호를 구실로 일본, 만주, 조선에서 5개 사단을 파견하여 총공격을 개시했고, 화북에서의 전투와 함께 상하이에서도 일본군 중위 사살 사건을 계기로 전면적인 전쟁으로 돌입하였다(제2차 상하이사변).

루거우차오사건에 관한 일본 정부 성명

제국은 일찍부터 동아의 영원한 평화를 염원하여 일·지 양국의 친선 제휴에 힘을 쏟은 지 오래되었다. 그러나 난징정부는 배일, 항일로써 국론을 앙양하고 정권을 강화하는 도구로 삼았다. 더불어 자국의 국력을 과신하고 제국의 실력을 경시하는 풍조와 어우러져, 더욱이 적화세력과 야합하여 반일, 모일(侮日)이 더욱 심해져, 제국에 적대하려는 기운을 자아내었다. 최근 몇 번이나 야기된 불상사는 모두 이에 연유하지 않은 것이 없다. 이번 사변의 발단도 이런 기세가 그 발화점을 우연히 용딩허(永定河)에서 선택한 것에 불과하다. 통주(通州)에서 신인이 공노할 잔혹 사건[20]의 원인 또한 이에 기인한다. 나아가 지나 중남부에서는 지나 측의 도전적 행동으로 말미암아 제국 신민의 생명과 재산이 이미 위험에 처해 있으며, 우리 거류민이 다년간 땀 흘려 건설한 안주처에서 눈물을 머금고 마침내 일시에 철수하지 않을 수 없게 되었다.

돌아보면 사변 발생 이래 누차 발표한 것처럼 제국은 은인자중하여 사건의 불확대를 방침으로 정해, 힘써 평화적이고 국지적으로 처리하려고 기도하였다. 평진(平津)지방에서 지나군의 누차에 걸친 도전과 불법행위에 대해서도 우리 지나주둔군은 교통선의 확보와 우리 거류민 보호를 위해 참으로 부득이한 자위 행동만을 수행하였다. 더욱이 제국 정부는 일찍부터 난징정부에 도전적 언동의 즉시 정지와 현지 해결을 방해하지 않도록 주의를 환기했음에도 불구하고, 난징정부는 우리의 권고를 듣지 않았다. 뿐만 아니라 도리어 우리에게 더욱 전비를 갖추어 엄존하는 군사협정을 깨트리고 군대를 북상시켜 우리 지나주둔군을 위협하였다. 또 한커우(漢口)와 상하이, 기타 지방에서는 군대를 모아 더욱 도전적 태도를 노골화하고, 상하이에서는 마침내 우리를 향해 포화를 퍼부어 제국 군함에 폭격을 가하기에 이르렀다.

이렇게 지나 측이 제국을 멸시하여 온갖 불법과 포학을 저질러, 지나 전국에 있는 우리 거류민의 생명과 재산이 위험에 빠지게 되었다. 이에 제국 정부는 이미 은인자중의 한도에 도달해, 지나군의 폭려(暴戾)를 응징함으로써 난징정부의 반성을 촉구하기 위해 단호한 조치를 취하지 않을 수 없게 되었다.

이와 같은 일은 동양의 평화를 염원하고 일·지의 공존공영을 희망하는

---

20 通州事件 : 1937년 7월 29일 通州(현재 베이징시)에서 지나주둔군이 수립한 괴뢰정권인 冀東防共自治政府의 중국인 보안대가 일본군의 통주수비대와 통주특무기관 및 일본인·조선인 거류민을 습격하여 200명 이상을 죽인 사건.

제국이 충심으로 유감으로 생각하는 바이다. 그러나 제국이 바라는 바는 일·지의 제휴에 있다. 그를 위해 지나에서 배외항일운동을 근절하여 이번 사변과 같은 불상사 발생의 근원을 제거함과 동시에 일·만·지 삼국 간의 융화, 제휴의 실질을 거두려는 것 이외에 다른 뜻은 없다. 본래 추호도 영토적 의도를 가지고 있지 않다. 또 지나 국민을 항일에 놀아나게 하고 있는 난징정부와 국민당의 각성을 촉구하려 하지만, 무고한 일반 대중에게는 아무런 적의도 갖고 있지 않다. 또 열강의 권익 존중에는 최선의 노력을 아끼지 않을 것임은 두말할 필요도 없다.

출전 外務省編, 『日本外交年表竝主要文書』下(『日本史史料』現代).

내용 위 사료는 중일전쟁이 전면전으로 치닫게 된 직후인 1937년 8월 15일 일본 정부가 낸 성명으로 사실상의 선전포고라고 할 수 있다. 실질적인 전쟁임에도 불구하고 처음부터 이것을 '전쟁'이라 부르지 않고 북지사변(北支事變), 제2차 상하이사변 후부터는 지나사변(支那事變)으로 불렀다. 이렇게 '전쟁'이라고 부르지 않은 이유는 ① 1928년의 부전조약에 가입한 것 이외에도, ② 1935년 제정된 미국의 중립법에 저촉되어, '전쟁'이 벌어지면 미국의 지원을 받을 수 없기 때문이다. 미국의 중립법은 교전국에 무기, 탄약, 물자의 수출 금지, 금융·자금의 지원을 금지하는 법으로, 전쟁으로 명명하면 미국과의 무역이 중지될 것을 우려했기 때문이다.

난징 대학살에 대한 극동국제군사재판소 판결

난징포학사건(南京暴虐事件)

1937년 12월 초 마쓰이(松井)[21]가 지휘하는 중지나방면군(中支那方面軍)이 난징시에 접근하자, 100만 주민의 절반 이상 및 국제안전지대를 조직하기 위해 잔류한 소수 사람을 제외한 중립국 인원 전부가 이 시에서 피난했다. 중국군은 이 시를 방어하기 위해 약 5만의 군대를 남기고 철수했다. 1937년 12월 12일 밤 일본군이 남문에 쇄도하자, 잔류군 5만 명의 대부분은 시의 북문과 서문으로부터 철수했다. 중국군 거의 전부는 시에서 철수하든지, 무기와 군복을 버리고 국제안전지대로 피난했기 때문에, 1937년 12월 13일 아침 일본군이 시에 들어왔을 때 저항은 일체 없었다.

일본군은 시내에 무리 지어 각종 잔학 행위를 범했다. 한 목격자에 따르면 일본군은 이 시를 황폐화시키고 더럽히기 위해 마치 야만인 무리처럼 군대를 풀어놓았다. 이 시는 포획된 사냥감처럼 일본인의 수중에 들어갔고, 이 시는 단순히 조직적인 전투로 점령된 것만이 아니었다. 전투에 승리한 일본군은 사냥감에 달려들어 끝없는 폭행을 저질렀다는 사실이 목격자들에 의해 진술되었다. 군대는 개별적으로, 혹은 2~3명씩 작은 집단으로 온 시내를 돌아다니며 살인, 강간, 약탈, 방화를 저질렀다. 그것에는 아무런 규율도 없었다. 많은 병사들이 술에 취해 있었다. 이렇다 할 도발도 구실도 없는데도 중국인 남녀와 아이들을 무차별적으로 죽이면서 병사들은 시가지를 돌아다녔다. 곳에 따라서는 대로나 골목길에 피해자의 사체가 어지러이 나뒹굴 정도였다. 다른 증인에 따르면 중국인은 토끼처럼 내몰렸고, 움직이는 것이 보인 자는 누구라도 사격을 받았다. 이들 무차별 살인에 의해 일본이 시를 점령한 최초의 2, 3일 사이에 적어도 1만 2,000명의 비전투원인 중국인 남녀와 아이들이 사망했다.

많은 강간 사건이 있었다. 희생자나 그것을 지키려 했던 가족이 조금이

---

21 松井石根(878~1948) : 도쿄재판에서 난징대학살의 책임을 물어 사형 판결을 받아 처형되었다.

라도 반항하면, 그에 대한 벌로 자주 살해되었다. 어린 소녀도 나이 많은 여성조차도 시내 전체에서 다수가 강간당했다. 그리고 이들 강간에 관련하여 변태적, 기학적(嗜虐的)인 행위의 사례가 많았다. 다수의 부녀자가 강간당한 후 살해되고, 그 시체는 절단되었다. 점령 후 최초의 1개월 사이에 약 2만 건의 강간 사건이 시내에서 발생했다.

일본 병사는 원하는 물건은 무엇이든 주민에게서 빼앗았다. 병사가 도로에서 무기를 갖지 않은 일반인을 불러 세우고 몸을 조사하여 값어치 있는 물건이 아무것도 발견되지 않으면 사살하는 일이 목격되었다. 매우 많은 주택과 상점이 침입을 받아 약탈당했다. 약탈된 물자는 짐가방에 담겨 운반되었다. 일본 병사는 점포나 창고를 약탈한 후 그곳에 방화한 일도 자주 있었다. 가장 중요한 상점가인 태평로(太平路)가 화재로 불타고, 또 시의 상업 구역이 한 구역, 한 구역씩 잇달아 깡그리 불태워졌다. 아무런 그럴싸한 이유도 없는데도 병사들은 일반인의 주택을 불태웠다. 이런 방화는, 수일 후에는 일관된 계획에 따른 것처럼 보였고, 6주간이나 계속되었다. 이리하여 시의 약 3분의 1일 파괴되었다.

일반 남자들에 대한 조직적인 대량 학살은 중국군이 군복을 벗어 던지고 주민 속에 섞여 있다는 구실로 지휘관의 허가를 받은 것으로 생각되는 자에 의해 이루어졌다. 일반 중국인은 한곳에 모아 손을 뒤로 포박당한 채 성 밖으로 연행되어 기관총과 총검에 의해 그곳에서 집단별로 살해되었다. 병역 연령에 속한 중국인 남자 2만 명이 이렇게 죽은 것을 알고 있다.

독일 정부는 그 대표자로부터 "개인이 아니라 전(全) 육군의, 즉 일본군 자체의 포학과 범죄행위"에 대해 보고를 받았다. 그 보고의 후반부에 '일본군'을 '짐승 같은 집단'이라고 형용하고 있다.

성 밖의 사람들은 성안의 사람들보다 조금은 나았다. 난징에서 200리(里, 500m) 이내의 모든 중국 부락은 대체로 같은 상태였다. 주민은 일본군에게서 피하려고 시골로 도망가 있었다. 곳곳에서 그들은 피난민 부락을 조직했다. 일본은 이들 부락의 대부분을 점거하고 피난민에게 난징의 주민에게 가했던 것과 동일한 짓을 했다. 난징에서 피난한 일반인 중에서 57,000명 이상이 붙잡혀 수용되었다. 수용 중에 그들은 기아와 고문을 당하여, 마침내 다수가 사망하였다. 살아남은 자 중 다수는 기관총과 총검으로 살해되었다.

몇몇 커다란 중국군 부대가 성 밖에서 무기를 버리고 항복했다. 그들이 항복하고 12시간 내에 양쯔강 강기슭에서 기관총 난사로 인해 그들은 집단으로 사살되었다.

이렇게 하여 위와 같은 포로 3만명 이상이 살해되었다. 이렇게 학살된 이들 포로에 대해 재판의 흉내조차 실시되지 않았다.

후일의 통계에 의하면, 일본군이 점령한 후부터 최초의 6주 사이에 난징과 그 주변에서 살해된 일반인과 포로의 총수는 20만 이상이었음을 보여준다. 이들 수치가 과장이 아님은 매장 단체와 기타 단체가 매장한 사체가 15만 5,000명에 이른 사실에 의해 증명되고 있다. 이들 단체는 또 시체의 대부분이 손이 뒤로 묶여 있었다고 보고하고 있다. 이들 수치는 일본군에 의해 사체가 불태워지거나 양쯔강에 던져지거나, 혹은 기타 방법으로 처분된 사람들을 계산에 넣지 않은 것이다. 대좌(大佐)였던 무토(武藤)[22]는 1937년 11월 10일 당시 마쓰이의 막료(幕僚)로 들어가, 난징 진격 기간 중 마쓰이와 함께 있었고, 그 시(市)의 입성식과 점령에 참가했다. 난징 함락 후 후방 지구의 사령관으로 있을 때 난징에서 자행되고 있는 잔학 행위에 대해 들었다고 무토도 마쓰이도 인정하고 있다. 이들 잔학 행위에 대해 여러 외국 정부가 항의를 제기한 것도 들었다고 마쓰이는 인정하고 있다. 이 사태를 개선하는 효과적인 방책은 아무것도 강구되지 않았다. 마쓰이가 난징에 있던 12월 19일 시의 상업 구역이 불탔다는 증거가 한 사람의

---

22 武藤章(1892~1948) : 도쿄재판에서 A급 전범으로 기소되어 사형 판결을 받았다.

목격자에 의해 본 법정에 제출되었다. 이 증인은 그날 주요 상업 구역에서만 14건의 화재를 목격했다. 마쓰이와 무토가 입성한 이후도 사태는 몇 주간이나 바뀌지 않았다.

출전 『極東國際軍事裁判記錄』第10卷(『日本史史料』現代).

내용 중일전쟁의 중국인 희생자 수는 1,300만 명이라고 일컬어지고 있다. 일본군은 중국 각지에서 학살사건을 일으켰지만, 그중에서도 특히 1937년 12월 수도 난징으로 진격할 때부터 점령 후까지 일본군이 자행한 살해, 강간, 방화, 약탈, 즉 '난징 대학살'은 당시 이미 외국의 비판을 받을 정도로 유명했다. 일본 국내에서도 정부, 군 당국, 언론은 이미 알고 있었지만, 일반 일본 국민은 도쿄재판을 통해 비로소 알게 되었다. 일본의 패전 후 열린 극동국제군사재판(도쿄재판)에서는 난징 대학살의 희생자를 20만 명이라고 하고 있지만, 중국에서는 30만 명이라고 주장하고 있다.

'국민정부를 상대로 간주하지 않는다'

제국 정부는 난징 공략 후 지나 국민정부에 반성할 최후의 기회를 주기 위해 오늘에 이르렀다. 그러나 국민정부는 제국의 진의를 이해하지 못하고 함부로 항전을 획책하고, 안으로는 인민이 겪고 있는 도탄의 고통을 살피지 않고, 밖으로는 동아 전체의 평화를 돌아보지 않는다. 따라서 제국 정부는 이후 국민정부를 상대로 간주하지 않고, 진실로 제국과 제휴할 수 있는 신흥 지나 정부의 성립, 발전을 기대하며, 그것을 기다려 양국 국교를 조정하여 갱생 신지나(新支那)의 건설에 협력하고자 한다. 물론 제국이 지나의 영토와 주권 및 지나에 있는 열강의 권익을 존중하는 방침에는 조금도 변함이 없다. 지금 동아 평화에 대한 제국의 책임은 더욱 무겁다. 정부는 국민이 이 중대한 임무 수행을 위해 더욱 분발해 주기를 바라 마지않는다.

(참고) 보충 설명
쇼와 13년(1938) 1월 18일
앞으로 국민정부를 상대로 간주하지 않는다고 하는 말은 동 정부를 부정한다는 말보다 강한 말이다. 원래 국제법상에서 말하자면, 국민정부를 부정하기 위해서는 신정부를 승인하면 그 목적을 달성하지만, 중화민국 임시 정부[23]는 아직 정식 승인의 시기에 도달하지 않았기 때문에, 이번에는 국제법상 신례(新例)를 만들어 국민정부를 부인함과 동시에 그것을 말살하려 하는 것이다. 또 선전포고라는 말이 유포되고 있지만, 제국은 무고한 지나 민중을 적대시하는 것이 아니다. 또 국민정부를 상대로 간주하지 않는 원칙에서 선전포고도 있을 수 없다.

출전 外務省編, 『日本外交年表竝主要文書』下(『日本史史料』現代).
내용 중일전쟁 초반의 군사적 우세에 편승하여 유리한 조건으로 해결을 도모하려던 일본은 독일을 통해 평화 공작을 벌였지만 아무런 성과를 거두지 못하였다. 이에 일본 정부는 1938년 1월 16일 '국민정부를 상대로 간주하지 않는다.'는 성명을 발표하고, 양국은 주재 대사를 소환하였다. 일본 정부는 싸우고 있는 상대국 정부를 부인함으로써 평화 협상의 길을 닫아 버렸다.
　처음에 일본은 난징이 함락되면 국민정부가 항복하리라고 생각했지만, 장제스는 충칭으로 거점을 옮기며 항전을 계속하고, 미국과 영국도 각종 방식으로 장제스 정부에 대한 지원을 계속하였다. 일본은 이러한 국면을 타개하

---

23 中華民國臨時政府: 난징 함락 이튿날인 1937년 12월 14일 베이징에 수립된 일본의 괴뢰정권. 1940년 汪兆銘 정권에 흡수되었다.

기 위해 국민정부 내의 반장제스 세력인 왕징웨이(汪精衛)와 접촉하여 충칭 정부의 분열을 획책하는 한편, 1938년 11월 3일 '동아 신질서의 건설'을 발표하였다. 이 성명은 중일전쟁의 목적을 천명하고 국민정부를 대신하는 친일 정권(반장제스 정권)의 출현을 모색하려는 것이었다. 중일전쟁 초기 일본의 전쟁 목적은 '지나군의 횡포를 응징'하는 것이었다. 그러나 전쟁의 장기화에 따라 새로운 명분으로 제시된 것이 '동아 신질서의 건설'이었다. 여기서 말하는 '동아'는 일본, 만주, 조선, 중국을 대상으로 한 것이다. 1940년 3월 왕징웨이를 수반으로 하는 난징국민정부가 수립되자, 일본은 이를 중국의 정통 정부로 승인하고 평화 협상을 추진하려 하였다. 그리고 1940년 7월 제2차 고노에(近衛) 내각이 들어서면서 전쟁의 새로운 목적으로 '대동아 신질서'가 제시되었다.

미일통상항해조약 폐기 통고

1939년 7월 26일 재미 호리우치(堀內) 대사 발신

헐(Hull) 미 국무장관이 주미 호리우치(堀內) 대사에게 보낸 통첩
최근 수년간 미국 정부는 미국과 외국 간 현행 통상항해조약들을 이들 각 조약이 체결된 여러 목적에 더욱 부합하도록 하기 위해 어떠한 변경이 이루어져야 할지를 결정할 목적으로 검토하고 있습니다. 이를 검토하는 중에 미국 정부는 1911년 2월 21일 워싱턴에서 서명된 미국과 일본 간 통상항해조약[24]이 새로운 고려를 요하는 조항을 포함하고 있다는 결론에 도

---

[24] 1911년 미국과 미일통상항해조약을 개정하여 관세자주권을 회복한 新美日通商航海條約을 가리킨다. 미일통상항해조약은 1894년 영일통상항해조약에 따라 체결된 조약으로, 일본은 1858년의 미일수호통상조약에서 인정했던 영사재판권 철폐에 성공

달했습니다. 이 고려에 대한 방법을 준비하고, 또 새로운 사태들이 요구하는 것처럼 미국의 이익을 한층 더 보장하고 또 신장시키기 위해 미국 정부는 이 조약 제17조에 실린 절차에 따라, 이에 본 조약이 종료되기를 바라는 동 정부의 희망을 통고합니다. 또 위 통고에 따라 본 조약은 그 부속 의정서와 함께 오늘부터 6개월의 기간이 만료되면 종료될 예정입니다.

출전 外務省編, 『日本外交年表竝主要文書』下(『日本史史料』 現代).

내용 만주사변 이후, 특히 중일전쟁 이후 일본의 중국 지배권은 확대되었다. 일본은 군사적 필요를 이유로 중국 내 제3국의 무역과 여행의 자유를 제한하고 화북과 화중에서도 독점적으로 경제를 지배하였다. 이에 대해 미국은 일본이 미국의 통상 권익을 방해하고 있다고 하여, 1939년 7월 26일 미일통상항해조약의 파기를 통고하였다(1940. 1. 26. 실효). 이에 따라 미국과의 무역은 단절되고, 많은 전략 물자를 미국에 의존하고 있던 일본에서는 자원을 동남아시아에서 구하자는 남진론(南進論)이 강화되었다.

프랑스령 북부 인도차이나 진주에 대한 마쓰오카·앙리 협정

앙리 도쿄 주재 프랑스 대사의 서한

서간으로 말씀드립니다. 본 대사는 프랑스 정부가 극동의 경제적, 정치적 분야에서 일본의 우월적 이익을 인정한다는 뜻을 각하께 통보하는 영광을 가졌습니다.

프랑스 정부는 일본이 극동에 있는 프랑스의 권리와 이익, 특히 인도차이나의 영토 보전과 인도차이나 연방 전체에 대한 프랑스의 주권을 존

하였다.

중해 주기 바랍니다. 나아가 그러한 사항을 프랑스 정부에 보장하기 바랍니다.

경제 분야에서 프랑스 정부는 인도차이나와 일본 사이의 교역을 증진시키고자 합니다. 동시에 인도차이나에서 일본과 그 신민에게 가능한 한 가장 유리하고, 또 어떠한 경우에도 다른 제3국의 지위에 비해 우월한 지위를 보장하는 방법에 대해 신속하게 상의할 용의가 있습니다.

일본이 프랑스에 요구한 군사상 특수 편의의 제공에 대해 프랑스는 일본이 이들 편의의 공여를 바라는 근본 목적이 오로지 장제스 장군과의 분쟁 해결을 도모하려는 데 있다는 사실을 인지하고 있습니다. 따라서 이는 임시적이며, 당해 분쟁이 해결되었을 때는 해소되고, 또 이것은 중국과 국경을 접한 인도차이나의 주(州)에 한하여 통용되는 것이라는 점을 알고 있습니다. 위의 조건 하에 프랑스 정부는 인도차이나에 있는 프랑스군 사령관에게 일본군 사령관에 협조하여 위의 군사적 문제를 처리하라고 명령할 용의가 있습니다. 일본 제국 정부가 제출한 요구는 그 어느 것도 미리 제외되지 않으며, 또 프랑스군 당국에 발포되는 훈령은 그 권한을 제한하는 것이 아닙니다. 위에서 언급한 협상은 다음 조건에 따라 이루어져야 합니다.

양국 군사령관은 군인의 명예를 걸고 일본군이 필요로 하는 것과 그것을 만족시킬 수 있는 방법을 정확하게 알리는 정보를 교환하기로 한다. 일본군이 필요로 하는 것은 인도차이나에 접한 중국의 각 주(州)에서 벌이는 군사행동에 관한 것으로 한정하기로 한다.

정보 교환이 이루어진 후 일본군이 필요한 군사적 편의 공여를 위해 일본과 프랑스군 당국 사이에 상호 우호적인 접촉이 이루어지는 것으로 한다. 프랑스 정부는 일본군에 제공되는 각종 편의에 수반되는 재정적 부담을 아무것도 지지 않는 것으로 한다. 이 편의 제공은 군사점령의 성격을 갖는 것이 아니라, 엄격하게 작전상의 필요에 한정되는 것으로 한다. 아울러 프랑스군 당국의 중개에 따라, 또 그 감리 하에 이루어지는 것으로 한다.

　마지막으로 일본 정부는 자신의 전쟁 행위에 의해, 그리고 일본 군대의 존재로 말미암아 인도차이나에 초래될 수 있는 적(敵) 부대의 행위에 인도차이나가 입는 손해에 대해 배상 책임을 지는 것을 약속한다.

　위 사항을 말씀드림과 동시에 본 대사는 이에 거듭 각하께 경의를 표합니다.

1940년 8월 30일

출전 外務省編,『日本外交年表竝主要文書』下(データベース『世界と日本』).

내용 1939년 5월 노몬한 사건 이후 남진론(南進論)이 우세해지는 가운데 제2차 세계 대전이 일어나, 1940년 6월에는 파리가 함락되고 프랑스에는 비시 정권이 들어섰다. 이를 장제스 정권에 대한 지원의 차단과 동남아시아 침략의 호기로 여긴 일본은 인도차이나로의 침공을 획책하였다. 처음에는 프랑스 당국과 협의를 통한 평화적인 진주를 추진하여 8월 30일 위의 마쓰오카·앙리 협정이 체결되었다. 협정 내용은 일본이 인도차이나에서 프랑스의 주권과 인도차이나의 영토 보전을 존중하는 조건으로, 프랑스는 일본군의 임시 주둔 승인, 장제스 정권에 대한 지원 루트의 차단을 약속하였다. 그러나 현지의 일본군은 단독으로 무력 진주에 나서, 프랑스군과 교전하여 하노이 등지를 점령하였다. 북부 프랑스령 인도차이나 진주로 장제스 정권에 대한 지원 루트는 차단되었고, 미국과 영국의 일본에 대한 경계심은 더욱 높아져, 미국은 일본에 대한 일부 군수 물품 수출을 금지하였다. 또 프랑스령 북부 인도차이나 진주가 시작된 지 4일 후인 9월 27일 일·독·이 삼국동맹이 체결되었다.

일·독·이 삼국동맹

일본, 독일 및 이탈리아 간 삼국 조약

대일본제국 정부, 독일국 정부 및 이탈리아 정부는 세계 만방이 자신에 걸맞는 지위를 얻는 것이 항구 평화의 선결 조건임을 인정한다. 이에 대동아(大東亞) 및 유럽 지역에서 각기 그 지역에 거주하는 민족의 공존공영을 위해 신질서를 건설하고 또 그것을 유지하는 것을 지향한다. 삼국 정부는 이 취지에 부합하는 노력에 대해 상호 제휴하고 또 협력하기로 결정했다. 그리하여 삼국 정부는 다시 세계 각지에서 동일한 노력을 하려는 국가들에 대해 협력을 아끼지 않으며, 그것을 통해 세계 평화에 대한 삼국의 최종적인 포부가 실현되기를 바란다. 따라서 일본제국 정부, 독일 정부 및 이탈리아 정부는 다음과 같이 협정하였다.

제1조 일본은 유럽에서 신질서를 건설하는 데 있어 독일과 이탈리아의 지도적 지위를 인정하고, 또 그를 존중한다.

제2조 독일과 이탈리아는 대동아에서 신질서를 건설하는 데 있어 일본의 지도적 지위를 인정하고 또 그것을 존중한다.

제3조 일본, 독일 및 이탈리아는 앞서 언급한 방침에 따라 노력할 때 서로 협력할 것을 약속한다. 또 세 조약국 중 어느 한 나라가 유럽 전쟁 혹은 중·일 분쟁에 참가하지 않은 다른 나라에 의해 공격을 받았을 때는 3국은 모든 정치적, 경제적 및 군사적 방법으로 서로 원조할 것을 약속한다.

제4조 본 조약 실시를 위해 각각 일본 정부, 독일 정부 및 이탈리아 정부에 의해 임명된 위원으로 구성되는 혼합전문위원회가 지체없이 개최되는 것으로 한다.

제5조 일본, 독일, 이탈리아는 앞의 각 조항이 세 조약국 각각과 소련 사이에 현존하는 정치적 상황에 아무런 영향도 끼치지 않

는 것임을 확인한다.

제6조 본 조약은 서명과 동시에 실시되며, 실시일로부터 10년간 유효한 것으로 한다.

　　　　위 기간 만료 전 적당한 시기에 조약국 중 한 국가의 요구에 따라 조약국은 본 조약의 갱신에 관해 협의한다.

위의 증거로서 아랫사람은 각각 본국 정부로부터 정당한 위임을 받아 본 조약에 서명하고 조인했다.

쇼와 15년 9월 27일, 즉 1940년, 파시스트력 18년 9월 27일 베를린에서 본서 3통을 작성함.

출전 外務省編, 『日本外交年表竝主要文書』下(『日本史史料』現代).

내용 1939년 8월 독일과 소련 사이에 독·소 불가침조약이 체결되자 일·독·이 삼국 방공협정은 의미가 없어졌다. 독일은 영국과 그 배후에 있는 미국을 대상으로 한 군사동맹 체결을 강하게 요구했지만, 독·소 불가침조약 체결에 불신감을 가진 일본은 소극적이었다. 그러나 제2차 세계 대전 초반 독일의 군사적 승리에 고무된 일본은 중일전쟁의 장기화를 타개하기 위한 장제스 정부 지원 루트의 차단과 자원 확보를 위한 동남아시아 진출의 호기로 여겼고, 그러한 동남아 진출은 당연히 미국을 자극할 것이 예상되었다. 이러한 이해관계가 일치한 삼국은 1940년 9월 27일 일·독·이 삼국동맹을 체결하였다. 삼국동맹 체결과 동시에 일본은 프랑스령 북부 인도차이나에 대한 무력 진주를 단행하고 소련에 급속하게 접근하여 다음해 4월 일·소 중립조약을 체결하였다.

일·소 중립조약

일본과 소비에트연방 간 중립조약

대일본제국 및 소비에트연방은 양국 간의 평화 및 우호 관계를 공고히 하기 위하여 중립조약을 체결하기로 결정하고 다음과 같이 협정하였다.

제1조 양 조약국은 양국 간에 평화 및 우호 관계를 유지하고, 또 서로 상대 조약국의 영토 보전 및 불가침을 존중할 것을 약속한다.

제2조 조약국 중 한편이 하나 또는 둘 이상의 제3국으로부터 군사 행동의 대상이 될 경우에는 상대 조약국은 당해 분쟁의 전(全) 기간 중에 중립을 지켜야 한다.

제3조 본 조약은 양 조약국에서 비준을 종료한 날부터 실시되며, 또 5년의 기간 동안 효력을 갖는다. 양 조약국 중 어느 한쪽도 위 기간 만료 1년 전에 본 조약의 폐기를 통고하지 않을 때는 본 조약은 다음 5년간 자동적으로 연장되는 것으로 인정된다.

제4조 본 조약은 가능한 빨리 비준되어야 한다. 비준서 교환은 도쿄에서 되도록 빨리 한다.

출전 外務省編, 『日本外交年表竝主要文書』下(『日本史史料』現代).

내용 미국과의 대결을 피할 수 없다고 생각한 제2차 고노에 내각의 외무대신 마쓰오카 요스케는 북방의 안전을 확보한 다음 남진정책을 취할 필요가 있다고 판단하고 우선 일·독·이 삼국동맹에 소련을 끌어들이려고 획책했지만, 독일의 반대로 실현되지 못하였다. 마쓰오카는 직접 모스크바로 가서 스탈린과 외무대신 모로토프를 만나 협상한 결과, 소련은 독일의 발칸반도 진출을 경계하고 그것을 견제하는 의미에서 중립조약 체결에 동의하였다.

이 조약에 의해 소련은 전력을 독일전에 집중할 수 있게 되어, 스탈린그라드 전투에서 독일군의 진격을 저지하고, 1943년부터 공세에 나서게 되었다. 한편 일본은 그해 7월부터 프랑스령 남부 인도차이나에 대한 진주를 단행하여 미국과의 대결을 가속화하였다.

조약의 기간은 5년이었고, 만료 1년 전에 폐기를 통고할 수 있게 되어 있었다. 1945년 4월 1일 미군의 오키나와 상륙작전이 시작되자 소련은 대일 전쟁에 참가를 서두르게 되었다. 4월 5일 소련은 소련 주재 일본 대사를 불러 일·소 중립조약을 연장하지 않을 것을 통고하였다. 직후 소련은 미국에 이 사실을 통보하였는데, 이는 독일과의 전쟁이 끝나는 대로 얄타 협정에 따라 대일전에 참가하겠다는 의미였다. 한편 미국은 소련이 참전하기 전에 대일전을 끝내기 위해 원자폭탄의 개발을 서두르게 된다.

프랑스령 남부 인도차이나 진주

남부 프랑스령 인도차이나 진주 요구에 관한 가토 주프랑스 대사에 대한 훈령

제273호

프랑스 주재 가토 대사 앞

1. 제국 정부는 최근의 긴박한 새로운 국제 정세에 대처하고 동아공영권 확립에 매진하기 위해 프랑스령 인도차이나 남부에서 군사기지를 획득하고 황군(皇軍)을 진주시키기로 묘의(廟議)[25]에서 결정하였다. 아울러 프랑스 정부에 다음과 같이 제의하기로 하였다.

이것은 영·미의 방해가 있어도 그것을 배제하고 실현하려는 제국 정부

---

25 廟議: 조정에서 열리는 회의.

의 굳은 결의하에 이루어진 결정이다. 프랑스 정부 및 프랑스령 인도차이나 당국의 반대가 있어도 이를 강행하려는 것이다.

2. 생각건대 일본과 프랑스령 인도차이나의 관계는 작년 이후 점차 개선되고 있지만, 아직 만족할 만한 상태에는 이르지 않았다. 또 영·미가 우리 나라에 대한 포위망을 압축하려고 하고 있는 때, 지금 바로 프랑스령 남부 인도차이나에서 확고한 지위를 획득하지 않으면, 결국 프랑스령 인도차이나가 완전히 우리 편에 동조하도록 만들지 못할 것이다. 최근 프랑스가 추축국에 접근하려는 태도에 비추어 미묘한 관계가 있지만, 제국의 자존자위 및 남방정책 추진을 위해서 참으로 부득이한 조치이다.

3. 그러므로 곧바로 프랑스 측과 교섭을 개시하여, 공동 방어부터 일본군 진주에 이르기까지 일단 대국적으로 설명한 후 별전(別電) 274호를 제의하고, 일본 시각 20일 중에 상대의 수락 여부를 받아내기 바란다. 단, 프랑스가 제국의 요구를 수락하여 평화적인 진주의 형식을 취하는 것은 우리 쪽이 가장 희망하는 바이다. 하지만 교섭에 장시간의 여유를 둘 경우에는 프랑스 측에 지연의 기회를 주어, 그 사이에 영·미가 수선을 피우는 일은 극력 피해야 한다. 그러므로 최단기간 내에 교섭을 추진하여 적어도 위에 적은 기일까지 프랑스 측으로 하여금 '예스' 혹은 '노'의 회답을 하도록 재촉하라. 그리고 상대편이 승낙할 경우에는 즉시 별전 267호의 문서를 교환해 주기 바란다.(현재 군은 20일 전후에 출발하려고 착착 준비하고 있다. 위의 출발 시기는 작전상 절대로 변경이 불가하므로 그 무렵까지 프랑스 측이 승낙하면 평화적인 진주가 되고, 거절할 경우에는 무력 진주가 된다. 위 사항은 귀하만 알고 있으라.)

4. 우리 쪽의 이번 요구는 비상(非常)한 결의 하에 이루어진 것이다. 일단 프랑스가 우리 쪽의 요구를 거절하여 제국이 독자적인 입장에서 황군을 진주시키게 되면, 프랑스령 인도차이나의 지위에 중대한 변혁을 초래할지 모른다. 이 점을 충분히 상대편에 인식시켜 주기 바란다, 다만, 프랑스 측

이 수락할 경우에는 프랑스령 인도차이나의 보전과 주권 존중은 엄연히 보장할 용의가 있음은 말할 필요도 없다. 이번의 제의 그 자체는 보기에 따라서는 이 책임을 완수하려는 충정에서 나온 것이므로 상대를 설득할 때 충분히 이용해 주기 바란다. 또 프랑스 측이 수락할 경우에는 프랑스령 인도차이나에 물자 및 무기 등을 동맹국 수준으로 제공할 호의를 가지고 있음은 물론이다.

제274호(별전)
프랑스 주재 가토 대사 앞 7월 12일
1. 최근 급변하는 국제 정세와 대동아공영권의 일부인 남양(南洋) 방면에서 제3국의 군사적, 정치적 공세에 기인하는 긴박한 사태는 제국이 자존 자위를 위해 부득이 모든 필요한 유효 수단을 강구하게 만들었다. 프랑스령 인도차이나, 특히 그 남부의 상황은 심각하다. 프랑스 내 제국과의 제휴를 바라지 않는 일파와 드골파는 영·미와 각종 합작을 시도하고 있다. 이러한 정세에 제국은 우려를 금할 수 없다. 프랑스령 인도차이나가 영·미의 대일 포위정책에 동조하여 프랑스 본국을 이탈하여 시리아와 같은 상황이 된다면, 이는 다만 프랑스에 일대 손실일 뿐만 아니라, 또 제국에도 중대사라고 하지 않을 수 없다. 이런 사태를 예방하고 프랑스령 인도차이나를 제3국의 침공으로부터 안전하게 해야 한다. 일본과 프랑스령 인도차이나의 제휴를 완전하게 하는 것은 프랑스의 책무임은 물론 대동아의 안정을 염원하는 제국의 책무로서, 더욱이 사태는 지금 하루도 방치하기 어려울 정도로 절박하다. (상대가 이런 사태는 없다고 부정할 경우에는, 지금은 그런 사태가 없을지라도 영국의 의도에 비추어 조만간 이런 사태에 이를 것이 명백하다고 응수해 주기 바란다.)
그리고 과거에 타결한 정치적 양해로는 위 목적을 달성하기 불충분하므로, 제국으로서는 차제에 적극적으로 프랑스령 인도차이나의 공동 방어를 위해 프랑스와 군사적 협력을 바라는 바이다.

2. 생각건대 최근 사태에서 프랑스 본국이 혼자 힘으로 세계 각지에 걸쳐 있는 식민지를 유효하게 방어하는 것이 극히 곤란한 입장에 있는 지금, 프랑스령 인도차이나 사태는 전술한 바와 같이 절박하게 다가오고 있다. 프랑스령 인도차이나를 동아공영권의 일부로 중시하는 제국은 수수방관할 수 없다. 프랑스가 진실로 인도차이나의 안전을 기도한다면 경제적 분야뿐만 아니라 군사적 분야에서도 제국과 완전한 제휴와 협력으로 나아가는 것이 필요하다고 생각한다. 프랑스 정부가 세계의 대세를 명찰하여 어디까지나 일본을 신뢰하여 본 제의를 허심탄회하게 받아들이는 것이 진실로 프랑스령 인도차이나를 혼란에서 구하는 유일한 길이라고 믿는다.

3. 그러므로 제국 정부는 프랑스 정부에 대해 프랑스 공동 방위를 위해 다음 사항을 승낙하고, 즉시 필요한 조치를 취해 줄 것을 요청한다.

… (이하 생략)

출전 外務省編,『日本外交年垃主要文書』下(データベース『世界と日本』).

내용 일·소 중립조약 체결 2개월 후인 6월 22일 독소전쟁이 시작되자, 일본군 가운데는 미국과의 협상을 중단하고 실력으로 사태를 해결해야 한다는 주전론이 대두하였다. 정부는 미국과의 전쟁을 회피하기 위해 협상을 계속하는 한편, 프랑스의 비시 정부에 압력을 가해 '인도차이나 공동 방어'를 명목으로 군대 파견을 인정하게 만들었다. 그에 따라 1941년 7월 28일 일본군의 진주가 시작되고, 나아가 라오스, 캄보디아 전역으로 확대되었다.

일본군의 남부 프랑스령 인도차이나 진주로 장제스 정부에 대한 자원 루트는 완전히 차단되었고, 영국과 네덜란드의 식민지도 위협을 받게 되었다. 이에 대한 대항 수단으로 미국은 7월 25일 재미 일본 자산을 동결하고, 8월 1일에는 대일 석유 수출을 전면 금지하는 조치를 취하였으며, 영국과 네덜란드도 이에 동조하였다. 일본은 이것을 소위 ABCD 포위망이라고 선전하면서, 그것의 타파를 군사행동의 구실로 삼았다.

태평양전쟁의 개전 결정과 천황

쇼와 16년(1941) 9월 5일 천황의 질의에 대한 답변

「제국 국책 수행 요령」에 관한 어전회의 개최 전날인 9월 5일 저녁, 갑자기 육해군 통수부장을 불러 고노에(近衛) 총리 입회하에 하문하셨다.

그 동기는 고노에 총리가 9월 4일 연락회의[26]가 결정한 「제국 국책 수행 요령」에 대해 상주하였는데, 그에 관해 하문이 있었다. 총리가 그것은 두 총장이 말씀드려야 한다고 답변하자, 천황 폐하는 내일 회의 때 두 총장에게 질문할 것이라고 하셨다. 이에 총리는 "통수부장도 다른 국무대신이 있는 자리에서는 만족하실 만한 대답을 할 수 없습니다. 지금 불러서 하문하시는 것이 어떻겠습니까?"라고 대답한 데 따른 것으로 추측된다.

하문과 답변의 일부는 다음과 같다.

　천황 : 되도록 평화적으로 추진하라. 외교와 전쟁 준비는 병행하지 말
　　　　고 외교를 선행시키라.

이에 대해 여러 가지로 답변함.

　천황 : 남방작전은 예정대로 가능할 것으로 생각하는가?

참모총장이 이에 대해 말레이섬 등의 작전 예정을 상세하게 답변함.

　천황 : 예정대로 진행되지 않는 일이 있을 것 아닌가?

　총장 : 이전부터 육해군에서 수차례 연구하고 있으므로 대체로 예정대
　　　　로 진행될 것으로 생각합니다.

---

26 大本營政府連絡會議 : 중일전쟁 개시 이후 統帥(대본영)와 國務(정부)의 통일을 꾀하기 위해 설치된 회의.

천황 : 상륙작전이 그렇게 쉽게 될 것으로 생각하는가?

총장 : 쉽다고는 생각하지 않습니다만, 육해군 모두 상시로 훈련하고 있으므로, 일단 된다고 생각합니다.

천황 : 규슈의 상륙 연습에서는 배가 많이 침몰되었는데, 그렇게 된다면 어떻게 하는가?

총장 : 그것은 적의 비행기가 격추되기 전에 선단의 항행(航行)을 시작했기 때문으로, 그렇게는 되지 않을 것으로 생각합니다.

천황 : 날씨의 장애는 어떻게 할 것인가?

총장 : 장애를 배제하고 해야 합니다.

천황 : 예정대로 될 것으로 생각하는가? 경이 대신이었을 때, 장제스는 곧바로 항복한다고 했지만, 아직 하지 않고 있지 않은가?

참모총장은 다시 이 기회에 자신이 생각하고 있는 것을 말씀드리겠다고 전제하고, 일본의 국력이 점차 감소하고 있는 점을 언급하며, 탄발력(彈撥力)[27]이 있을 때 국운을 흥륭시킬 필요가 있는 것, 그리고 곤란을 배제하면서 국운을 타개할 필요가 있음을 상주하였다.

천황 : 절대로 이길 수 있나?(큰 소리로)

총장 : 절대로라고는 말하기 어렵습니다. 그러나 승산이 있는 것만은 말씀드릴 수 있습니다. 반드시 이긴다고는 말하기 어렵습니다. 그리고 일본으로서는 잠깐의 평화 이후, 계속해서 국난이 닥쳐서는 안 됩니다. 20년, 50년의 평화를 추구해야 한다고 생각합니다.

천황 : 그래, 알았다.(큰 소리로)

총장 : 저희는 결코 좋아서 전쟁을 시도하려는 것이 아닙니다. 평화적으로 힘을 다하다가, 중대한 사태에 도달했을 때 전쟁을 할 생각

---

27 彈撥力 : 힘을 가했을 때 적절하게 변형되기 쉽고, 또 원상으로 회복되는 힘. 즉 미국이 공격했을 경우, 대응할 능력이 있는 상태를 가리킴.

입니다.

나가노(永野) 군령부(軍令部) 총장은 오사카 겨울의 진(陣)[28] 등 기타 사례를 말씀드렸는데, 천황은 흥미롭게 들으시는 것 같았다. 마지막으로 총리대신이 다음과 같이 답변하였다.

　　총리 : 두 총장이 말씀드리는 바와 같이 마지막까지 평화적 외교 수단을 다하다가, 부득이할 때 전쟁을 하는 것에 대해 두 총장과 저희는 마음이 완전히 하나입니다.

스기야마(杉山) 총장의 소감

　남방작전에 대해 상당히 걱정하시는 것으로 사료된다.

무관장(武官長)의 소감

　이 중대 사항을 한 번의 연락회의에서 결정한 것이 총리에게 여러 가지 하문을 하신 이유가 아닐까 사료된다.

出전 井上淸『天皇の戰爭責任』(『史料日本近現代史』Ⅱ 大日本帝国の軌跡).

내용 미국의 대일 경제제재 강화에 대항할 시기를 놓칠까 우려하던 군부는 조기 개전론으로 기울었다. 9월 4일 대본영정부연락회의에서는 10월 하순까지 외교 협상을 통한 요구 관철의 전망이 보이지 않을 경우 미국·영국·네덜란드와 개전을 결의한다는 「제국 국책 수행 요령」이 승인되고, 9월 6일 어전

---

28 大阪 겨울의 陣 : 1614년 10월 德川家康은 전국의 다이묘를 동원하여 도요토미 히데요시의 아들 히데요리(秀賴)의 본성 오사카성을 공략하였지만, 성공하지 못하고 12월 강화하였다. 이를 오사카 겨울의 진이라고 한다. 강화 협상에서 오사카성의 바깥 해자를 형식적으로 메운다는 약속이 있었는데, 에도 막부는 그것을 무시하고 안쪽 해자까지 메워 버렸다. 그리고 이듬해인 1615년 에도 막부는 다시 오사카성을 공격하였는데, 해자를 상실한 오사카성은 함락하고 히데요리 모자는 자살하였다. 이를 오사카 여름의 진이라고 한다. 나가노 오사미 총장이 오사카의 진을 예로 들어 하고자 한 말은, 오사카 여름의 진이 일어났을 때처럼 일본이 절대로 이길 수 없는 상태가 되기 전에 얼마간이라도 승리의 가능성이 있는 지금 개전하는 것이 옳다는 의미이다.

회의에서 가결되었다. 회의 당일 천황은 관례에 따라 한 마디도 발언하지 않았다. 그러나 그 전날인 9월 5일 쇼와 천황은 고노에 총리와 스기야마 겐(杉山元) 참모총장, 나가노 오사미(永野修身) 군령부 총장을 불러 전쟁의 전망에 대해 질문하고, 그리고 개전을 허락하였다. 이후 일본에서는 고노에 내각에서 도조 히데키(東條英機) 내각으로 교체되었고, 11월 5일의 어전회의에서 11월 말까지 협상이 마무리되지 않으면 개전한다는 방침이 정해졌다.

헐 노트

미국 및 일본 간 협정의 기초 개략

제1항 정책에 관한 상호 선언안(案)

미국 정부와 일본 정부는 함께 태평양의 평화를 바라고, 그 국책은 태평양지역 전반에 걸친 영속적이고 광범한 평화를 목적으로 하며, 양국은 위 지역에서 아무런 영토적 계획을 갖고 있지 않다. 타국을 위협하거나 인접국에 침략적으로 무력을 행사할 의도도 없으며, 또 그 국책은 상호 간 및 모든 타국 정부와의 사이에 있어 관계의 기초인 다음의 근본적인 제 원칙을 적극적으로 지지하고 또 그것을 적용할 것을 천명한다.

(1) 모든 국가의 영토 보전 및 주권의 불가침 원칙
(2) 다른 여러 나라의 국내 문제에 대한 불간여 원칙
(3) 통상상의 기회 및 대우의 평등을 포함한 평등 원칙
(4) 분쟁의 방지와 평화적 해결 및 평화적 방법과 수단에 의한 국제 정세의 개선을 위한 국제 협력 및 국제 조정 준거의 원칙

일본 정부와 미국 정부는 만성적인 정치 불안정의 근절, 빈번한 경제적 붕괴의 방지 및 평화의 기초 설정을 위한 상호 간 및 타국가, 타국 민과의 사이의 경제 관계에서 다음 원칙을 적극적으로 지지하고 또 실

제적으로 적용하는 데 합의하였다.

(1) 국제 통상 관계에서 무차별 대우의 원칙

(2) 국제적 경제 협력 및 과도한 통상 제한에 나타난 극단적인 국가 주의 철폐의 원칙

(3) 모든 국가의 무차별적인 원료, 물자 획득의 원칙

(4) 국제적 상품 협정의 운영에 관해 소비 국가 및 민중 이익의 충분한 보호의 원칙

(5) 모든 국가의 주요 기업과 연속적 발전에 기여하고, 또 모든 국가의 복지에 합치되는 무역 절차에 의한 지불을 허용하게 만드는 것 등 국제 금융기구 및 협정 수립의 원칙

제2항 미국 정부와 일본 정부가 취해야 할 조치

미국 정부와 일본 정부는 다음과 같은 조치를 취할 것을 제안한다.

1. 미국 정부와 일본 정부는 영국, 중국, 일본, 네덜란드, 소련, 태국 및 미국 사이에 다변적(多邊的)인 불가침 조약의 체결에 노력한다.

2. 양국 정부는 미국, 영국, 중국, 일본, 네덜란드 및 태국 정부가 프랑스령 인도차이나의 영토 주권을 존중하고, 또 인도차이나의 영토 보전에 위협이 발생할 경우, 이러한 위협에 대처하는 데 필요하고 또 적당하다고 간주되는 조치를 강구할 목적으로 즉시 협의할 것을 서약하는 협정의 체결에 노력한다. 이 협정은 또 협정 조약인 각국 정부가 인도차이나와의 무역, 혹은 경제 관계에서 특혜적 대우를 요구하거나 또는 받지 않기 위해, 또 각 조약국이 프랑스령 인도차이나와의 무역 및 통상에서 평등 대우를 확보하기 위해 진력할 것을 규정하기로 한다.

3. 일본 정부는 중국 및 인도차이나로부터 모든 육, 해, 공군 병력 및 경찰력을 철수한다.

4. 미국 정부와 일본 정부는 임시로 수도를 충칭에 두고 있는 중화

민국 국민정부 이외에 중국에서 어떠한 정부 또는 정권도 군사적, 경제적으로 지지하지 않는다.

5. 양국 정부는 외국 조계와 거류지 내, 그리고 그와 연관된 각종 권익 및 1901년의 단비(團匪)사건[29] 의정서에 의한 각종 권리도 포함한, 중국에 있는 모든 치외법권을 포기한다.

   양국 정부는 외국 조계 및 거류지에서 각종 권리 및 1901년의 단비사건 의정서에 의한 각종 권리를 포함한, 중국에서의 치외법권 포기에 대해 영국 정부 및 기타 정부들의 동의를 얻어내도록 노력한다.

6. 미국 정부와 일본 정부는 호혜적 최혜국대우와 통상 장벽의 축소 및 생사(生絲)를 자유 품목으로 그대로 두려는 미국 측의 의도에 입각하여 미국과 일본 사이에 통상협정 체결을 위해 협의를 시작한다.

7. 미국 정부와 일본 정부는 각각 미국에 있는 일본 자금, 일본에 있는 미국 자금에 대한 동결 조치를 철폐한다.

8. 양국 정부는 엔(円)과 달러의 환율 안정에 관한 안(案)에 대해 협정하고, 위 목적을 위해 적당한 기금을 조성하는 데 동의하고 그 반액(半額)을 일본에서, 반액을 미국에서 공여하는 데 동의한다.

9. 양국 정부는 그 어느 한쪽이 제3국과 체결하고 있는 어떠한 협정도 그 국가에 의해 본 협정의 근본 목적, 즉 태평양지역 전반의 평화 확립 및 유지와 모순되는 것으로 이용되지 않도록 노력한다.

10. 양국 정부는 타국 정부로 하여금 본 협정에 규정된 기본적인 정치적, 경제적 원칙을 준수하고, 또 그것을 실제적으로 적용시키기 위해 노력해야 한다.

---

29 團匪事件 : 의화단 운동을 가리킨다.

출전 外務省編, 『日本外交年表竝主要文書』下(『日本史史料』現代).

내용 태평양전쟁을 앞두고 1941년 4월 16일부터 12월 8일 개전까지 일본과 미국은 주미 노무라 기치사부로(野村吉三郎) 일본 대사와 코델 헐(Cordell Hull) 미 국무장관 사이에 약 50여 차례에 걸쳐 전쟁을 회피하기 위한 협상을 했다. 그러나 일본의 중국·동남아시아로의 침략을 둘러싼 입장 차를 메우지 못하고, 결국 태평양전쟁으로 돌입하였다.

위 사료는 1941년 11월 26일 마지막 협상 때 미국이 제시한 것으로, '헐 노트'라고 부른다. 헐 노트는 미국이 이전부터 주장해온 4원칙을 전제로 삼아, ① 프랑스령 인도차이나와 중국으로부터의 전면 철수 ② 장제스 정부만을 인정할 것 ③ 일·독·이 삼국동맹의 무효화를 요구하였다. 그러나 예상대로 헐 노트의 내용은 일본의 요구와 동떨어진 것이었다. 이미 11월 5일 어전회의에서 11월 말까지 협상이 타결되지 않으면 개전한다고 결정하고 있던 일본은 이것을 최후통첩으로 받아들이고, 12월 1일 어전회의에서 최종적으로 개전을 정식으로 결정하였다. 그리고 12월 8일 마침내 일본군은 진주만 공격과 말레이반도 점령 작전에 나서, 태평양전쟁이 시작되었다.

미드웨이 해전의 패전

○ 이모토 구마오(井本熊男) 중좌(中佐) 업무 일지(참모본부 작전과 부원)

(6월 6일)

정오 전. 군령부 제1과에서 참모본부 작전과장 이하에게 오라고 해서 출두했다. 해군의 표정은 침통했다. 야마모토 중좌가 미드웨이 방면의 전황을 설명하였다. 어제 5일부터 오늘에 걸쳐 항공 작전을 실시했지만, 전황이 불리하여 아카기(赤城), 가가(加賀), 소류(蒼龍), 히류(飛龍) 4척이 침몰하고, 연합함대는 전장을 이탈하여 하와이 서쪽 약 1천 해리에 집결 중이라는 것이었다. 전혀 예기하지 않은 상황의 출현에 한때 경악했다.

이번 연합함대의 출동은 진지함이 결여되었다. 전함의 행렬을 갖추어 시위 행동을 행하여, 적이 나타나면 가볍게 해치울 생각으로 출동한 것이 분명하다. 서전(緖戰)의 전과에 취해서는 안 된다. 군인이 전장에 임할 때는 진지하고 필사적이어야 한다.

FS작전[30]은 일시 중지, 적어도 2개월은 연기될 것이다.

○ 다나카 신이치(田中新一) 중장의 전후 회상(참모본부 제1과장)

(6월 7일)

생각지도 못했던 대패배, 태평양의 패업은 무너졌다.

스기야마 총장이 말했다. "나가노 총장이 말한 2년간의 태평양 재해권 확보는 깨어졌다. 다르게 방향을 바꾸어야 한다."

○ 다나카 신이치 중장의 전후 회상

포트 모레스비 공략[31]의 실패, 이어 미드웨이의 패전으로 외곽 요지 작전은 두 번째 차질을 빚었다. FS작전도 없다고 생각해야 한다.

태평양 공세 전략의 목표인 오스트레일리아에 대한 기도도, 적 함대 주력의 일소도 단념할 수밖에 없게 되었다. 태평양 정면 공세 전략의 좌절이다. 전쟁 제2기의 전쟁 지도요령(3월 7일 결정)의 핵심이 완전히 난관에 봉착하였다.

문제는 무엇보다 앞으로 전쟁을 끝까지 수행할 수 있을지에 있다. 일본

---

30 FS작전 : 태평양전쟁 중에 일본군이 미국과 오스트레일리아를 분단하기 위해 피지, 사모아 방면으로 진공하려던 계획의 작전명. 사용 예정이던 항공모함을 미드웨이 해전에서 잃어 계획은 변경, 연기되었다가 중지되었다.

31 포트 모레스비(Port Moresby) 공략 : 1942년 3월부터 일본군은 뉴기니아섬의 동부 파푸아반도의 모레스비의 지배를 두고 연합군과 전투를 벌였다.

본토도, 남방 요충지도, 나아가 본토와 남방 사이 해상교통도 직접 비행기와 잠수함의 공격에 노출되는 것이 아닐까?

서태평양 제해권, 적어도 일본 본토와 남방 간의 해상권은 유지할 수 있을까? 그것이 무너지면 일본의 전쟁 주도권은 그 즉시 붕괴된다.

출전 『史料日本近現代史』Ⅱ 大日本帝国の軌跡

내용 진주만 공습 때 미국 태평양 함대의 항공모함은 하와이에 없었기 때문에 피해를 입지 않았다. 장기전으로 가면 승산이 없다고 판단한 일본은 미군 비행장이 있던 미드웨이를 공격하여 그곳에 항공모함을 유인하여 결전을 벌인다는 작전을 세웠다. 1942년 6월 15일부터 17일 사이에 하와이 서북쪽 약 2,000km 떨어진 미드웨이에서 해전이 벌어졌지만, 일본군은 이 전투에서 진주만 기습에 활약했던 항공모함 4척을 비롯한 많은 조종사와 병사를 잃었다. 이 전투를 계기로 일본은 제해권을 상실하고, 이후 전쟁의 주도권은 미국으로 넘어갔다.

4

패전 이후 새로운 길의 모색

항복 문서

1. 아래 서명자는 미국, 중화민국 및 영국 정부의 수반이 1945년 7월 26일 포츠담에서 발표하고, 후에 소비에트사회주의공화국연방이 참가한 선언의 조항을, 일본 천황, 일본 정부 및 일본제국 대본영[1]의 명령에 따라, 그리고 그를 대리하여 수락한다. 위 4국은 이하 연합국으로 칭한다.

2. 아래 서명자는 일본제국 대본영, 그리고 모든 지역에 있는 모든 일본 군대와 일본 지배하에 있는 모든 군대가 연합국에 무조건 항복할 것을 포고한다.

3. 아래 서명자는 모든 지역에 있는 모든 일본 군대와 일본 신민에게 적

---

1 大本營 : 전시 또는 사변에 즈음하여 설치된 천황 직속의 최고 통수부로, 청일전쟁, 러일전쟁, 중일전쟁, 태평양전쟁 때 설치되었다. 처음에는 參謀總長이 幕僚長에 임명되었지만, 1903년 參謀總長·海軍軍令部長이 각각 육군과 해군의 막료장으로 되었다.

대 행위를 즉시 중지하고, 모든 선박, 항공기 및 군용·비군용 재산을 보존하고 훼손을 방지하며, 연합국최고사령관 또는 연합국최고사령관의 지시에 따라 일본 정부의 각 기관이 부과하는 모든 요구에 응할 것을 명령한다.

4. 아래 서명자는 일본제국 대본영으로 하여금 모든 지역에 있는 모든 일본 군대 및 일본 지배하에 있는 모든 군대의 지휘관에게, 자신과 그 지배하에 있는 모든 군대에 무조건 항복하라는 명령을 즉시 내릴 것을 명한다.

5. 아래 서명자는 모든 관청, 육군과 해군 직원에게 연합국최고사령관이 항복을 위해 적당하다고 인정하여 직접 발포하거나, 혹은 그의 위임을 받아 발포하는 모든 포고, 명령 및 지시를 준수하고, 또 그것을 시행할 것을 명한다. 아울러 위 직원은 연합국최고사령관에 의해, 또는 그의 위임에 따라 특별히 임무에서 해임되지 않는 한 각자의 지위에 머물면서 계속해서 각자의 비전투적 임무를 수행할 것을 명한다.

6. 아래 서명자는 포츠담선언의 조항을 성실하게 이행할 것, 그리고 위 선언을 실시하기 위해 연합국최고사령관 또는 기타 특정한 연합국 대표자가 요구하는 모든 명령을 발포하고, 이와 관련된 모든 조치를 취할 것을 천황, 일본 정부 및 그 후계자를 대리하여 약속한다.

7. 아래 서명자는 일본제국 정부와 일본제국 대본영에 현재 일본의 지배하에 있는 모든 연합국 포로와 피억류자를 즉시 석방하고, 그들에 대한 보호, 치료, 부양 및 지시받은 곳으로의 즉시 이송을 위한 조치를 취할 것을 명한다.

8. 천황과 일본 정부의 국가 통치 권한은 본 항복 조항을 실시하기 위해 연합국최고사령관에 종속하는 것으로 한다.

　　1945년 9월 2일 오전 9시 4분 일본 도쿄만에서 서명함

　　대일본국 천황 폐하와 일본 정부의 명에 따라, 또 그를 대신하여

시게미쓰 마모루(重光葵)

일본제국 대본영의 명령에 따라, 또 그를 대신하여

우메즈 요시지로(梅津美治郎)

1945년 9월 2일 오전 9시 8분 도쿄만에서 미국, 중화민국, 영국 및 소비에트사회주의공화국연방을 대리하여, 그리고 일본과 전쟁 상태에 있는 다른 연합 각국의 이익을 위해 수락한다.

연합국최고사령관 더글러스 맥아더

미국 대표자 C. W. 니미츠

중화민국 대표자 쉬융창(徐永昌)

… (이하 생략) …

出典 『官報』號外 1945. 9. 2(『日本史史料』現代).

내용 1945년 7월 26일 일본의 무조건 항복을 권고하는 포츠담선언이 발표되었지만, 일본 정부는 7월 28일 이를 '묵살'한다고 발표하였다. 그러나 히로시마와 나가사키에 원자폭탄이 투하되고 소련이 참전하자, 일본은 8월 10일 천황제 유지를 조건으로 포츠담선언을 수락한다고 결정하고 연합국에 통고하였지만 받아들여지지 않았다. 8월 14일 다시 어전회의가 열려, 연합국에 포츠담선언의 수락을 통고하고, 국민에게는 8월 15일 천황 자신이 녹음 방송으로 포츠담선언의 수락, 즉 무조건 항복을 발표하였다. 8월 28일 미군 선발대에 이어, 8월 30일 맥아더가 도착하여 일본 본토의 점령이 개시되었고, 9월 2일에는 도쿄만의 미주리호 함상에서 일본 정부와 연합국 9개국 대표가 항복 문서에 조인하여, 전쟁은 공식적으로 끝났다.

항복 후 미국의 초기 대일 방침(SWNCC150-4-A)

1945년 9월 22일

본 문서의 목적

본 문서는 항복 후 초기의 전반적인 대일본 정책에 관한 성명서이다. 본 문서는 대통령의 승인을 거쳐 연합국최고사령관과 미국의 관계 각 중앙정부 부처 및 기관에 지침으로 배포되었다. 본 문서는 일본 점령에 관한 여러 문제 중 정책 결정을 필요로 하는 모든 사항을 망라하고 있지 않다. 본 문서에 포함되지 않았거나 충분히 논의되지 않은 사항은 이미 별개로 다루었으며, 그렇지 않은 사항은 장래 별개로 취급한다.

제1부 궁극의 목적

일본에 관한 미국의 궁극적 목적으로 초기 정책이 따라야 할 것은 다음과 같다.

(1) 일본이 다시 미국에 위협이 되고, 또 세계의 평화와 안전에 위협이 되지 않도록 확실히 하는 것.

(2) 타국의 권리를 존중하고 연합국 헌장의 이상과 원칙 및 미국의 목적을 지지하는 평화적이고 책임 있는 정부를 궁극적으로 수립하는 것. 미국은 이러한 정부가 가능한 한 민주주의적 자치의 원칙에 합치하기를 희망한다. 그러나 자유롭게 표시한 국민 의사에 지지받지 않는 정치형태를 일본에 강요해서는 안 된다.

이들 목적은 다음과 같은 주요 수단을 통해 달성되어야 한다.

(1) 일본의 주권은 혼슈, 홋카이도, 규슈, 시코쿠 및 카이로선언과 미국이 이미 참가했거나 장래에 참가하는 다른 협정으로 결정되는 주변 작은 섬들로 한정된다.

(2) 일본은 완전히 무장해제되고 비군사화되어야 한다. 군국주의자의

권력과 군국주의의 영향력은 일본의 정치 생활, 경제생활 및 사회생활로부터 제거되어야 한다. 군국주의와 침략 정신을 표시하는 제도는 강력히 억압되어야 한다.

(3) 일본 국민은 개인의 자유에 대한 욕구와 기본 인권, 특히 종교, 집회, 언론, 출판의 자유가 더욱 존중되도록 장려되어야 하며, 또 민주주의적, 대의적(代議的) 조직이 형성되도록 장려되어야 한다.

(4) 일본 국민은 평상시의 수요를 충족시킬 수 있도록 경제를 자력으로 발달시킬 수 있는 기회를 부여받아야 한다.

제2부 연합국의 권한

1. 군사점령

항복 조항을 실시하고 상술한 궁극적 목적이 달성되도록 촉진하기 위해 일본 본토는 군사점령되어야 한다. 이 점령은 일본과 전쟁 상태에 있는 연합국에 이익이 되도록 행동하는 군사행동의 성격을 가진다. 이러한 이유로 대일 전쟁에서 지도적 역할을 한 다른 국가의 군대가 점령에 참가하는 것을 환영하고 또 기대하고 있지만, 점령군은 미국이 임명하는 최고사령관의 지휘하에 있는 것으로 한다. 협의 및 적당한 자문기관을 설치함으로써 주요 연합국을 만족시킬 수 있는 일본 점령 및 관리를 실시하기 위한 정책을 수립하기 위해 모든 노력을 다해야 한다. 그러나 주요 연합국의 의견이 일치하지 않을 경우 미국 정책에 따르는 것으로 한다.

2. 일본 정부와의 관계

천황 및 일본 정부의 권한은 항복 조항의 실시, 일본 점령 및 관리를 시행하기 위해 수립된 정책을 실행하는 데 필요한 모든 권력을 가진 최고사령관에 종속한다. 현재 일본 사회의 성격과 최소한의 병력 및 자원으로 목적을 달성하려는 미국의 희망에 비추어, 최고사령관은 미국의 목적 달성을 만족하게 촉진할 수 있는 한, 천황을 포함하여 일본 정부 기구 및 기관을 통해 그 권한을 행사해야 한다. 일본 정부가 최고사령관의 지시 아래 국내 행정 사항에 관해 통상적인 정치 기능을 행사하는 것은 허용된다. 단, 이 방침은 천황 또는 다른 일본 권력자가 항복 조항을 실시하는 데 있어 최고사령관의 요구를 만족스럽게 수행하지 못할 경우, 최고사령관이 정치 기구 또는 인사의 변경을 요구하거나 또는 직접 행동하는 권리 및 의무에 의해 제한되는 것으로 한다. 나아가 또 이 방침은 최고사령관이 미국의 목적 달성을 지향하는 혁신적 변화에 대항하여 천황 또는 다른 일본 정부 기관이 행동하는 것은 용인하지 않는다. 다시 말하면 이 방침은 일본의 현존 정치형태를 이용하려는 것이지, 그것을 지지하려는 것이 아니다. 봉건적, 권위주의적 경향을 수정하려는 정치형태의 변경은 일본 정부에 의한 것이든, 일본 국민에 의한 것이든 따지지 않고 허용되며, 또 지지된다. 이러한 변경의 실현을 위해 일본 국민 또는 일본 정부가 반대자를 억압하는 실력을 행사할 경우, 최고사령관은 휘하 부대의 안전 및 점령의 다른 모든 목적의 달성을 확실히 하는 데 필요한 경우에만 간섭하는 것으로 한다.

3. 정책의 공표

일본 국민과 세계는 점령의 목적과 정책 및 그것의 달성이 얼마나 진전되고 있는지에 관해 완전한 정보를 제공받는다.

제3부 정치

1. 무장해제와 비군사화

무장해제와 비군사화는 군사점령의 주요 임무로서, 즉시 단호하게 실행되어야 한다. 육해군 지도자와 그 협력자는 일본 국민에게 현재와 장래의 문제 해결을 위해 수행한 역할을 철저하게 알리는 모든 노력을 경주해야 한다. 일본은 육해공군, 비밀경찰 조직 또는 어떠한 민간항공도 보유하지 않는다. 일본의 육상, 항공 및 해군 병력은 무장해제되고 또 해체되어야 하며, 일본 대본영, 참모본부(군령부) 및 모든 비밀경찰 조직은 철폐되어야 한다. 육해군 자재, 육해군 선박, 육해군 시설 및 육해군과 민간 항공기는 인도되고, 또 최고사령관의 요구에 따라 처분되어야 한다. 일본 대본영과 참모본부(군령부)의 고위 직원, 일본 정부의 기타 육해군 고위 직원, 기타 초국가주의적 및 군국주의적 조직의 지도자, 기타 군국주의 및 침략의 주요 추진자는 구금하여 장래의 처분에 대비하여 구류되어야 한다. 군국주의와 호전적 국가주의의 적극적 추진자였던 자는 공직 및 공적 또는 중요한 사적 책임이 있는 어떠한 지위에서도 배제되어야 한다. 초국가주의적 또는 군국주의적인 사회, 정치, 직업 및 상업 단체와 기관은 해산되고 또 금지되어야 한다. 이론상 및 실천상의 군국주의와 초국가주의(준[準]군사훈련을 포함한다)는 교육제도에서 제거되어야 한다. 직업적 구(舊)육해군 장교와 하사관 및 기타 모든 군국주의와 초국가주의 추진자는 감독적, 교육적 지위에서 배제되어야 한다.

　2. 전쟁범죄인

　최고사령관 또는 적당한 연합국 기관에 의해 전쟁범죄인으로 고발된 자(연합국 포로 또는 그 국민을 학대한 혐의에 의해 고발된 자를 포함한다.)는 체포하여 재판에 회부하고, 유죄로 판결이 나면 처벌된다. 연합국 중 다른 나라로부터 그 국민에 대한 범죄를 이유로 요구된 자는 최고사령관에 의해 재판을 위해, 또는 증인으로서, 혹은 기타 이유에 의해 필요하다고 간주되지 않는 한, 당해 국가에 인도되어 구금된다.

　3. 개인의 자유 및 민주주의 과정으로의 회구 장려

제4부 경제

　1. 경제상의 비군사화
　2. 민주주의 세력의 조장
　3. 평화적 경제활동의 재개
　4. 배상 및 반환

5. 재정, 화폐 및 은행정책

6. 국제통상 및 금융정책

7. 재외 일본 자산

8. 일본 국내에서 외국 기업에 대한 기회 균동

9. 황실 재산

출전 中村政則·山際晃 編 『資料日本占領』 I (『日本史史料』 現代).

내용 미국은 1944년 12월 1일 대일 정책 결정기관으로 국무성·육군성·해군성 3성의 조정위원회(약칭 SWNCC)를 설치하였다. 1945년 6월 동 위원회는 패배 후 일본에 관한 포괄적인 문서로서 SWNCC 150을 작성하였다. 이후 상황의 변화에 따라 군정(軍政)에서 간접 통치로의 수정, 천황을 포함한 기존 통치 기구를 이용한 점령 정책의 추진, 연합국의 의견이 갈릴 경우 미국의 정책이 이를 결정한다는 구절의 삽입 등 수차례의 개정을 거쳐 9월 22일 발표되었다. 이 문서는 점령의 궁극적 목적으로 평화롭고 책임 있는 정부의 수립과 자유로운 국민의 의사에 따른 정치형태의 확립을 들고, 그밖에 연합국의 권한과 일본 정부와의 관계, 정치와 경제의 방침을 기술하고 있다.

일본국헌법의 제정과 맥아더

○ 맥아더가 제시한 헌법 개정의 필수요건

헌법 개정의 '필수 요건(musts)'으로 최고사령관(맥아더)으로부터 제시된 3개의 기본적 사항

1. 천황은 국가의 최상위에 존재한다(head of the state).
   황위 계승은 세습에 따른다.

천황의 직무 집행와 권능 행사는 헌법에 입각하여, 또 헌법에 규정된 국민의 기본적 의사에 따르는 것으로 한다.

2. 국권의 발동인 전쟁은 폐지한다. 일본은 분쟁 해결의 수단으로, 나아가 자신의 안전 유지 수단으로서도 전쟁을 포기한다. 이제 일본은 세계를 움직이고 있는 더욱 숭고한 이상에 의거하여 자신의 방어와 보전을 도모한다.

일본은 육·해·공군 어느 것도 보유가 인정되지 않으며, 또 어떠한 일본의 무력에도 교전권이 부여되지 않는다.

3. 일본의 봉건제도는 폐지된다.

귀족의 권리는 황족의 경우를 제외하고 해당 현존하는 자 한 세대에 한하여 인정된다.

화족(華族)의 특권은 앞으로 어떠한 국민적 또는 공민적인 정치 권력도 수반하지 않는다.

예산의 형태는 영국 제도를 따른다.

○ GHQ 초안 전달 때의 기록(1946. 2. 13.)

우리는 휘트니 장군[2]을 따라 오전 10시 정각 외무대신 관저에 도착했다. 외무대신 보좌관 시라스(白洲)씨의 안내를 받아 햇빛이 잘 드는 현관으로 들어가자, 그곳에는 외무대신 요시다(吉田)씨, 국무대신이자 정부의 헌법문제조사위원회 위원장인 마쓰모토(松本) 박사와 통역을 맡은 외무성의 하세가와(長谷川)씨가 기다리고 있었다. 그들 앞에 있는 테이블에는 휘트니 장군의 검토를 위해, 이전에 제출된 마쓰모토 헌법 초안을 참조한 것으로 보이는 서류와 메모가 흩어져 있었다.

---

2 휘트니 장군(Courtney Whitney, 1897~1969) : 미 육군소장. 1945년 8월 30일 맥아더와 함께 일본에 왔다. 12월 GHQ 민정국장에 취임하여, 일본국헌법 제정 때는 개정작업을 총지휘하였다. 인천 상륙작전에도 참가하였다.

휘트니 장군은 태양을 등지고 앉았고, 맞은 편에 앉은 일본인의 얼굴 위로 환한 햇살이 쏟아졌다.. 휘트니 장군 옆에 앉은 사람도 일본인을 마주보고 앉았다. 휘트니 장군은 천천히, 그리고 모든 단어에 힘을 실어 발언함으로써 마쓰모토 초안에 대한 논의를 즉시 중단시켰다

"며칠 전 당신들이 제출한 헌법 개정안은 자유와 민주주의 문서로서 최고사령관이 수용하기 불가능합니다. 일본 국민은 과거에 보였던 것 같은 부정과 자의적 통제로부터 그들을 보호할 자유롭고 개명적인 헌법을 매우 강하게 필요로 하고 있습니다. 이를 충분히 인식하고 있는 최고사령관은 여기에 지침한 문서를 현재 일본의 정세가 요구하고 있는 여러 원리를 구현하고 있는 문서라 판단하고 있습니다. 그리하여 나에게 문서를 여러분에게 제시하라고 지시했습니다. 여러분들이 이 문서의 내용을 충분히 이해할 수 있도록, 그리고 여러분들이 자유롭게 이 문서를 검토하고 토의할 수 있도록 나와 나의 장교들은 이제 물러나겠습니다."

휘트니 장군의 이 발언에 일본 관리들은 깜짝 놀랐다. 특히 요시다씨의 얼굴에는 충격과 걱정이 역력하였다.

…(중략)…

휘트니 장군이 말을 이어갔다.

"여러분 이제 여러분은 이 문서의 내용을 잘 알고 계실 것입니다. 나는 우리 모두가 카드를 테이블 위에 뒤집어 놓기를 바라면서, 최고사령관이 이 문서를 여러분에게 제출하게 된 정신과 고려 사항을 여러분에게 어느 정도 설명하고자 합니다. 최고사령관은 최근 여러 정당이 발표한 정강이 헌법 개정을 주된 목적으로 삼고 있고, 또 국민들 사이에 헌법 개정이 필요하다는 인식이 점차 높아지고 있는 것을 지켜보았습니다. 국민들로 하여금 헌법 개정을 이뤄낼 수 있도록 하는 것이 최고사령관이 뜻하는 바입니다. 아시다시피 최고사령관은 천황을 전범 조사 대상으로 삼으려는 외부의 증대되는 압력에 맞서 천황을 굳건히 변호해 왔습니다. 그는 그것이

옳고 정의로운 일이라고 생각했기 때문에 천황을 옹호해왔고, 앞으로도 능력이 닿는 한 그 길을 계속할 것입니다. 그러나 여러분, 최고사령관은 전지전능하지 않습니다. 그러나 그는 이 새로운 헌법의 조항들이 수용된다면, 실제 문제로서 천황은 안전해질 것으로 생각합니다. 나아가 이를 수용함으로써 일본이 연합국의 관리로부터 자유로워질 날이 훨씬 빨라질 것이며, 연합국이 국민을 대신해 요구하는 필수적인 자유를 국민에게 제공할 수 있을 것으로 생각합니다.

최고사령관은 이 헌법을 당신들이 원한다면 당신들의 정부와 당이 채택하고 인민에게 발표할 수 있도록 전폭적인 지원을 하라고 지시했지만, 당신들에게 이를 요구하지는 않습니다. 그러나 그는 헌법에 명시된 원칙들이 당신들에 의해, 국민 앞에 제시되기를 원합니다. 그러나 그렇지 않다면 자신이 직접 제시하기로 결심했습니다. 따라서 그는 이 수단을 통해 패전국인 일본이 세계 다른 나라들 사이에서 지속적인 평화를 위해 도덕적 리더십을 발휘할 수 있는 기회를 제공했습니다.

이번이 많은 사람들에 의해 반동으로 간주되는 보수 세력이 권력을 유지할 수 있는 마지막 기회입니다. 하지만 맥아더 장군은 보수세력이 좌로 급격하게 기울어야만 가능하다고 생각하고 있습니다. 이 헌법을 받아들이면 최고사령관이 당신들의 입장을 지지할 것이라고 확신합니다. 나는 헌법 초안을 받아들이는 것이 생존의 유일한 희망이며, 최고사령관은 일본 국민이 이 헌법을 선택하든, 아니면 이러한 원칙을 구현하지 않는 어떤 형태의 헌법을 선택하든 자유롭게 선택할 수 있어야 한다고 결정했습니다."

휘트니 장군이 연설하는 내내 요시다씨는 손바닥을 바지에 천천히 앞뒤로 비볐다. (이하 생략)

출전 国立国会図書館 日本国憲法の誕生
(https://www.ndl.go.jp/constitution/shiryo/03/072shoshi.html)

내용 1945년 10월 11일 맥아더는 시데하라 총리에게 대일본제국헌법의 개정을 요구하였다. 일본 정부는 마쓰모토 조지(松本烝治) 국무대신을 중심으로 헌법 문제조사위원회를 설치하고 개정 작업에 들어갔다. 그러나 1946년 2월 1일 신문에 게재된 일본 정부의 헌법 개정안(마쓰모토안)이 일본의 민주화에 불충분하다고 판단한 맥아더는 민정국(民政局)에 헌법 초안 작성을 명하였다. 그때 맥아더가 헌법 초안에 들어가야 할 필수 요건으로 제시한 것이 위의 자료이다(맥아더 3원칙, 맥아더 노트). 이에 따라 2월 10일 GHQ의 헌법 초안이 완성되었다.

두 번째 자료는 2월 13일 민정국에서 작성한 GHQ의 초안을 일본 정부에 전달했을 때의 모습을 전하고 있다. 여기에는 GHQ가 헌법 초안을 작성하고 있다는 사실을 모른 채, 2월 8일 제출한 헌법 개정안에 대한 회답을 기대하고 있던 일본 정부가 GHQ 초안의 제시라는 예상외의 사태에 직면하여 충격을 받는 모습이 잘 나타나 있다. 천황의 안전과 점령 기간의 단축을 내비치면서 압박하는 미국에 밀려, 일본 정부는 이 GHQ 초안을 바탕으로 새로 일본 정부의 개정 초안을 작성하고, GHQ의 승인을 거쳐 3월 6일 발표하였다. 이후 6월부터 제국의회의 심의를 거쳐, 11월 3일 국민 주권, 기본적 인권 존중, 평화주의의 3대 원칙을 기본으로 하는 일본국헌법(신헌법, '평화헌법')이 공포되고, 이듬해 5월 3일 시행되었다.

극동국제군사재판소 헌장

제1장 재판소의 구성
　　제1조 재판소의 설치
　　　　　　극동의 중대 전쟁범죄인을 공정하고 신속히 심리하고 처벌하기 위해 극동국제군사재판소를 설치한다.

재판소의 상설 장소는 도쿄로 한다.

제2조 재판관

본 재판소는 항복 문서의 서명국 및 인도, 필리핀이 신청한 사람 중에서 연합국최고사령관이 임명하는 6명 이상, 11명 이내 재판관으로 구성한다.

제2장 관할 및 일반 규정

제3조 상급 직원 및 서기국

(1) 재판장 : 연합국최고사령관은 재판관 1명을 재판장에 임명한다.[3]

(2) 서기과

① 재판소 서기과는 연합국최고사령관이 임명하는 서기장 외에 필요한 수효의 부서기장, 서기, 통역, 기타 직원으로 구성한다.

② 서기장은 서기과의 사무를 편성하고 이를 지휘한다.

③ 서기과는 본 재판소로 보내진 모든 문서를 수리하고 재판소의 기록을 보관하며, 재판소와 재판관에게 필요한 서류를 제공하고 기타 재판소가 지시하는 직무를 수행한다.

제4조 개정 및 정족수, 투표 및 결석

(1) 재판 및 정족수 : 재판관 6명이 출석했을 때, 위 재판관은 재판소의 정식 개정을 선언할 수 있다. 전 재판관의 과반수 출석으로 정족수의 성립 요건으로 한다.

(2) 투표 : 유죄 인정과 양형 및 기타 본 재판소가 하는 모든 결정과 판결은 출석 재판관 투표의 과반수로 결정한다.

---

3 재판장 : 오스트레일리아의 웹(Webb) 재판관이 임명되었다.

찬부 동수인 경우는 재판장의 투표로 결정한다.

(3) 결석 : 재판관 중에서 일시 결석하였지만 이후 출석할 수 있는 경우에는 그 후의 모든 심리에 참가하는 것으로 한다. 단 공개 법정에서 그 재판관이 결석한 때 이루어진 심리에 대해 잘 알지 못한다는 이유에 의해 자신의 무자격을 선언한 경우에는 이에 해당하지 않는다.

제2장 관할 및 일반 규정

제5조 사람 및 범죄에 관한 관할

본 재판소는 평화에 반하는 죄를 포함한 범죄로 인해 개인 또는 조직의 구성원으로 소추된 극동 전쟁범죄인을 심리하고 처벌할 권한을 가진다.

다음에 언급하는 하나 또는 복수의 행위는 개인에게 책임이 있는 것으로 하고, 본 재판소 관할에 속하는 범죄로 한다.

(1) 평화에 반하는 죄 : 선전포고 또는 선전포고 없는 침략전쟁, 혹은 국제법, 조약, 협정 또는 서약에 위배된 전쟁의 계획, 준비, 개시, 또는 수행, 혹은 이러한 여러 행위의 무엇인가를 달성하기 위한 공통 계획 또는 공동모의에 참가.

(2) 통례의 전쟁범죄 : 전쟁 법규 또는 관례 위반.

(3) 인도에 반하는 죄 : 전쟁 전 또는 전시 중에 행해진 살인, 학살, 노예적 학대, 추방 및 기타 비인도적 행위, 혹은 범행지의 국내법 위반 여부를 불문하고 본 재판소의 관할에 속한 범죄의 수행 또는 그와 관련해 행해진 정치적, 인종적 이유에 입각한 박해 행위.

상기 범죄의 어떤 것을 범하려는 공통 계획이나 공동모의의 입안, 그 실행에 참가한 지도자, 조직자, 교사자 및 공범자는 이런 계획을 수행할 때 행한 모든 행위에 대해 그것을 어떤 사람이 행했는지를 불문하고 책임을 갖는다.

제6조 피고인의 책임

언제인지 불문하고 피고인이 보유한 공무상 지위 혹은 피고인이 자기 정부나 상사의 명령에 따라 행동한 사실은 모두 그 자체가 당해 피고인으로 하여금 기소된 범죄에 대한 책임을 면하게 하는 데 충분하지 않은 것으로 한다. 단, 이런 사정은 본 재판소에서 정의의 요구상 필요하다고 인정하는 경우 형의 경감을 위해 고려할 수 있다.

제7조 절차 규정

본 재판소는 본 헌장의 기본 규정에 준거하여 절차 규정을 제정하고, 또 그것을 수정할 수 있다.

제8조 검찰관

(1) 수석 검찰관 : 연합국군최고사령관이 임명하는 수석 검찰관은 본 재판소 관할에 속한 전쟁범죄인에 대한 피의 사실을 조사하고 소추하는 직책을 갖는다. 또 위 최고사령관에게 법률상으로 적절히 조력한다.

(2) 참여 검찰관 : 일본과 전쟁 상태였던 각 연합국은 수석 검찰관을 보좌하기 위해 참여 검찰관 1명을 임명할 수 있다. …(중략)…

제3장 피고인에 대한 공정한 심리

제9조 공정한 심리를 위한 수속(생략)

제10조 심리 전의 신청 또는 동의(생략)

제4장 재판소의 권한 및 심리의 집행

제11조 권한(생략)

제12조 심리의 집행(생략)

제13조 증거

    (1) 증거 : 본 재판소는 증거에 관한 전문 기술적 규칙에 구속

      되지 않는다. …(중략)…

제14조 재판 장소

    재판은 도쿄에서 한다. 이후 행해지는 재판은 본 재판소가 결

    정하는 장소에서 하기로 한다.

제15조 재판 절차의 진행(생략)

제5장 유죄·무죄의 판결과 형의 선고

제16조 형벌(생략)

제17조 판결 및 심사

    판결은 공개 법정에서 선언해야 하며, 또 판결 이유를 제시해

    야 한다. 재판 기록은 연합국최고사령관의 심사를 받기 위해

    신속히 송부되어야 한다. 선고된 형은 연합국최고사령관의

    지령에 따라 집행되어야 하며, 연합국최고사령관은 언제라도

    선고된 형을 경감 또는 가중하지 않는 한, 기타 변경은 할 수

    있다.

맥아더 원수의 명령에 따라

참모부 육군소장 참모장 리처드 지니 마샬

출전 『東京裁判ハンドブック』(『日本史史料』現代).

내용 극동국제군사재판소 헌장은 극동국제군사재판(도쿄재판)에 앞서 1946
년 1월 19일 맥아더의 승인을 받아 재판소의 구성, 관할 등을 정한 것으로, 5
장 17조로 구성되어 있다. 이 헌장은 뉘른베르크재판을 위한 국제군사재판
소 헌장을 모델로 작성되어, 재판소의 관할에 속하는 범죄로 '평화에 반하는
죄(A급 범죄)' '통례의 전쟁범죄(B급 범죄)' '인도에 반하는 죄(C급 범죄)'를 규
정하고 전쟁 책임자 개인의 형사책임을 물었다. 그러나 뉘른베르크 재판과

달리 최고사령관이 수석 검찰관을 임명하도록 하여 미국의 의견과 주도권이 보장되어 있어, 쇼와 천황의 불기소를 가능하게 하였다.

극동국제군사재판소 기소장

극동국제군사재판소
제1호
미국, 중화민국, 영국, 소비에트사회주의공화국연방, 오스트레일리아, 캐나다, 프랑스, 네덜란드, 뉴질랜드, 인도 및 필리핀
대(對)
피고인(被告人) － 아라키 사다오(荒木貞夫)[4], 도이하라 겐지(土肥原賢二)[5], 하시모토 긴고로(橋本欣五郎)[6], 하타 슌로쿠(畑俊六)[7], 히라누마 기이치로(平沼騏一郎)[8], 히로타 고키(廣田弘毅)[9], 호시노 나오키(星野直樹)[10], 이타가키 세이

---

[4] 荒木貞夫(1877~1966) : 육군대장. A급 전범으로 종신형을 언도받았다.

[5] 土肥原賢二(1883~1948) : 육군대장, 모략 부분의 우두머리로서 만주국 건국과 화북분리공작에서 중심적 역할을 하였다. A급 전범으로 사형 판결을 받아 처형되었다.

[6] 橋本欣五郎(1890~1957) : 육군대좌, 중의원의원. A급 전범으로 종신형을 언도받았다.

[7] 畑俊六(1879~1962) : 육군대장. A급 전범으로 종신형을 언도받았다.

[8] 平沼騏一郎(1867~1952) : 文官, 총리. A급 전범으로 종신형을 언도받았다.

[9] 廣田弘毅(1878~1948) : 문관, 외교관, 총리. 도쿄재판에서 문관으로는 유일하게 사형 판결을 받았다.

[10] 星野直樹(1892~1978) : 문관. A급 전범으로 종신형을 언도받았다.

시로(板垣征四郎)[11], 가야 오키노리(賀屋興宣)[12], 기도 고이치(木戸幸一)[13], 기무라 헤이타로(木村兵太郎)[14], 고이소 구니아키(小磯国昭)[15], 마쓰이 이와네(松井石根)[16], 마쓰오카 요스케(松岡洋右)[17], 미나미 지로(南次郎)[18], 무토 아키라(武藤章)[19], 나가노 오사미(永野修身)[20], 오카 다카즈미(岡敬純)[21], 오카와 슈메이(大川周明)[22], 오시마 히로시(大島浩)[23], 사토 겐료(佐藤賢了)[24], 시게미쓰 마모루(重光葵)[25], 시마다 시게타로(嶋田繁太郎)[26], 시라토리 도시오(白鳥敏夫)[27], 스즈키 데

---

11 板垣征四郎(1885~1948) : 만주사변의 주모자. 육군 대장. A급 전범으로 사형 판결을 받아 처형되었다.

12 賀屋興宣(1889~1977) : 문관. A급 전범으로 종신형을 언도받았다.

13 木戸幸一(1889~1977) : 문관, 정치가. A급 전범으로 종신형을 언도받았다.

14 木村兵太郎(1888~1948) : 육군대장. A급 전범으로 사형 판결을 받아 처형되었다.

15 小磯国昭(1880~1950) : 육군대장, 조선총독, 총리. A급 전범으로 종신형을 언도받았다.

16 松井石根(!878~1948) : 육군대장. 난징대학살의 책임을 물어 사형 판결을 받아 처형되었다.

17 松岡洋右(1888~1946) : 문관. A급 전범으로 기소되었지만, 판결 전에 사망하였다.

18 南次郎(1874~1956) : 육군대장. 조선총독. A급 전범으로 종신형을 언도받았다.

19 武藤章(1892~1948) : 육군중장. A급 전범으로 사형 판결을 받아 처형되었다.

20 永野修身(1880~1947) : 해군대장. A급 전범으로 기소되었지만, 판결 전에 사망하였다.

21 岡敬純(1890~1973) : 해군중장. A급 전범으로 종신형을 언도받았다.

22 大川周明(1886~1957) : 사상가이자 초국가주의자. A급 전범으로 기소되었지만, 정신장애로 면소되었다.

23 大島浩(1886~1975) : 육군중장. 일·독 방공협정, 일·독·이 삼국동맹 체결을 획책하였다. A급 전범으로 종신형을 언도받았다.

24 佐藤賢了(1895~1975) : 육군중장. A급 전범으로 종신형을 언도받았다.

25 重光葵(1887~1957) : 문관. A급 전범으로 7년 금고형을 받았다.

26 嶋田繁太郎(1983~1976) : 해군대장. A급 전범으로 종신형을 언도받았다.

27 白鳥敏夫(1987~1949) : 문관. 일·독·이 삼국동맹 체결을 주도, A급 전범으로 종신형을 언도받았다.

이이치(鈴木貞一)[28], 도고 시게노리(東鄕茂德)[29], 도조 히데키(東條英機)[30], 우메즈 요시지로(梅津美治郎)[31]

기소장

이하 본 기소장이 언급한 기간 내 일본의 대내·대외 정책은 범죄적 군벌이 지배하고 지도하였다. 이런 정책은 중대한 세계적 분쟁과 침략 전쟁의 원인인 동시에 평화를 애호하는 각국 국민과 일본 국민 자신의 이익을 크게 훼손하는 원인이 되었다.

일본의 국민정신은 아시아, 아니 전 세계 다른 민족보다 일본이 민족적으로 우월하다고 주장하는 유해한 사상에 조직적으로 중독되었다. 일본 의회제도는 광범위한 침략 도구로 사용되었고, 또 당시 독일에서는 히틀러와 나치당이, 이탈리아에서는 파시스트당이 확립한 것과 같은 조직을 도입하였다. 일본의 경제적, 재정적 자원은 대부분 전쟁 목적에 동원되었고, 그 때문에 일본 국민의 복지는 저해되었다.

피고인들의 공동모의는 다른 침략국, 즉 나치 독일과 파시스트 이탈리아 통치자가 참가하여 약정되었다. 본 공동모의의 주된 목적은 침략 국가가 세계 다른 부분을 지배하거나 착취하는 것, 또는 본 재판소 헌장에서 정의한 것과 같은 평화에 반하는 죄, 전쟁범죄 및 인도에 반하는 죄를 범하거나, 범하는 것을 장려하는 데 있었다. 이렇게 자유의 기본 원칙과 존엄한 인격을 위협하고 훼손했다.

이러한 기도를 촉진하고 달성하기 위해 이들 피고인은 권력, 공직, 개인

---

28 鈴木貞一(1888~1989) : 육군중장. A급 전범으로 종신형을 언도받았다.

29 東鄕茂德(1882~1950) : 문관. A급 전범으로 20년 금고형을 받았다.

30 東條英機(1884~1948) : 육군대장. 총리 재임 중에 태평양전쟁을 일으켰다. 패전 후 자살에 실패, A급 전범으로 사형 판결을 받아 처형되었다.

31 梅津美治郎(1882~1949) : 육군대장. 항복 문서 조인 때 시게미쓰와 함께 조인하였다. A급 전범으로 종신형을 언도받았다.

적 명성과 세력을 이용하여 미국, 중화민국, 영국, 소비에트사회주의공화국연방, 오스트레일리아, 캐나다, 프랑스, 네덜란드, 뉴질랜드, 인도, 필리핀 및 다른 평화적 국가들을 향해 국제법과 신성한 조약의 서약, 의무 및 보증에 위배하여 침략 전쟁의 계획, 준비, 개시 내지 수행을 의도하고 실행했다. 이 계획은 포로, 일반 수용자와 해양 표류자를 살해, 상해 및 학대하고, 이들에게 적당한 식량, 수용소 의복, 의료 또는 기타 적당한 조치를 취하지 않았다. 또 이들을 비인도적 조건 아래 강제 노역에 복무시키고 치욕을 주어, 널리 승인된 전쟁 법규와 관례를 침범하고자 했고, 그것을 실행했다. 또 일본의 이익을 위해 피정복민의 인적, 경제적 자원을 착취하고 공사(公私) 재산을 약탈하며, 군사적인 필요 이상으로 도시와 촌락을 함부로 파괴하였다. 아울러 각국의 무력한 일반 민중을 대량 학살, 능욕, 약탈, 겁략, 고문, 기타 야만적인 잔학 행위를 행하였다. 육해군은 일본 정부의 관리와 기관으로 하여금 권위주의적 통제를 강화하게 하였고, 저 익찬회(翼贊會)[32]라는 것을 창설하여 국가주의적 팽창정책을 가르쳤다. 또 전쟁 선전물을 배포하고 신문과 라디오를 엄격히 통제하여 일본 국민의 여론을 정신적으로 침략 전쟁에 대비하게 하였다. 그리고, 피정복 각국에 괴뢰정권을 수립하였으며, 무력을 통해 일본을 팽창시키려는 계획을 추진하기 위해 독일 및 이탈리아와 군사동맹을 체결하였다.

그러므로 상기 각국은 1945년 7월 20일의 포츠담선언, 1945년 9월 2일의 항복 문서 및 본 재판소 헌장에 따라 중대 전쟁범죄인의 피의 사실을 조사하고 소추하기로 하였다. 이를 위해, 각자의 정부를 대표하여 정당하게 임명된 하기(下記)의 서명 대표자를 통해 상기의 모든 자들이 이하 열거하는 각 사안에 대해 본 재판소 헌장에서 정의한 평화에 반하는 죄, 전

---

32 大政翼贊會 : 1940년 10월 고노에 후미마로(近衛文麿) 주도로 정계 재편성을 위해 결성한 관제 조직. 모든 정당이 해산하고 이에 가입, 중일전쟁·태평양전쟁을 뒷받침하는 국민 동원 체제의 중추 조직이 되었다.

쟁범죄, 인도에 반하는 죄 및 이상의 죄에 대한 공통 계획이나 공동모의의 죄가 있다고 적발하였다. 이에 이들을 이 소송의 피고인으로 하고, 그 성명은 각각 기재된 후술의 사유에 의해 기소된 자로 명기한다.

제1류 평화에 반하는 죄

아래 각 사유에 대해서는 평화에 반하는 죄를 묻는다.

이 죄는 여기에 기재된 자와 그 각각이 극동국제군사재판소 헌장 제5조, 특히 제5조의 (1)과 (2) 및 국제법, 또는 이 중 어느 하나에 개별적인 책임이 있다고 규정할 수 있는 행위이다.

사유 제1

모든 피고인은 다른 많은 사람과 함께 1928년(쇼와 3년) 1월 1일부터 1945년(쇼와 20년) 9월 2일까지의 기간에 공통 계획, 공동모의 입안이나 실행에 지도자, 교사자, 공범자로 참가한 자로서, 전술한 계획을 실행할 때 본인 자신이 행했건 타인이 행했건 불문하고 모든 행위에 책임을 진다.

이런 계획이나 공동모의의 목적은 일본이 동아시아와 태평양, 인도양 및 이들 지역 내부나 이와 인접한 모든 국가와 도서에서 군사적, 정치적, 경제적 지배를 획득하는 데 있다. 그 목적을 위해 독자적 힘으로, 또는 이 계획 내지 공동모의에 유치하거나 강제로 가입시킬 수 있는 다른 국가와 공동으로 전쟁을 수행하였다. 아울러 그 목적에 반대하는 국가나 국가들에 선전을 포고한, 또는 포고하지 않은 1차례 혹은 수차례의 침략 전쟁 및 국제법, 조약, 협정 및 보증에 위배되는 1차례 혹은 수차례의 전쟁을 수행하였다.

…(사유 제2~제36까지 생략)…

제2류 살인

아래 각 사유에 대해서는 살인죄 및 살인 공동모의 죄를 묻는다. 이 죄는 여기에 기재된 자 및 그 각각에게 개별적인 책임이 있다고 주장할 수 있는 행위이며, 동시에 전술한 헌장 제5조의 전 항목, 국제법 및 일본을 포함하여 범죄가 행해진 국가들의 국내법 또는 그들의 하나 혹은 둘 이상을 위배한 평화에 반하는 죄, 조약상의 전쟁범죄 및 인도에 반하는 죄이다.

…(사유 제37~제52까지 생략)…

제3류 통례의 전쟁범죄 및 인도에 반하는 죄

아래 사유에 대해서는 통례의 전쟁범죄 및 인도에 반하는 죄를 묻는다. 이 죄는 여기에 기재된 자 및 그 각각이 극동국제군사재판소 헌장 제5조, 특히 제5조 의(2)와 (3) 및 국제법 또는 그 중 어느 하나에 의해 개개인에게 책임이 있다고 주장할 수 있는 행위이다.

…(소인 제53~제55까지 생략)…

미국 대표 수석검찰관
조셉 키난

출전 日本国立国会図書館デジタルコレクション
(https://dl.ndl.go.jp/info:ndljp/pid/1453148)

내용 점령군은 1945년 9월 11일 도조 히데키를 필두로 12월 말까지 약 100명에 달하는 A급 전범 용의자를 체포하였다. 이들 중 도조 히데키 등 28명의 A급 전범 용의자를 처벌하는 극동국제군사재판(도쿄재판)이 1946년 5월 3일부터 도쿄 이치가야(市ヶ谷)의 구 참모본부 건물에서 열렸다. 기소장에서 검찰은 제1류 '평화에 반하는 죄(A급 범죄)'에는 28명의 피고인 모두가 해당한다고 하였고, 판결도 모두 유죄였다. 따라서 극동국제군사재판에 회부된 주요 전쟁범죄자(전범)를 'A급 전범'이라 부른다. 제2류 '살인'은 뉘른베르크국제군사재판소 헌장이나 그것을 모델로 한 극동국제군사재판소 헌장에는 없

는 독자적인 사유로, 진주만 공격을 추급하기 위해 독립 사유로 설정되었다고 한다. 이에 따라 '인도에 반하는 죄'는 독립 사유가 되지 못하고, 극동국제군사재판에서 '인도에 반하는 죄'는 거의 논단되지 않았다.

점령 정책의 전환

나 자신을 포함한 많은 미국인에게 가장 놀랄 만한 일이자 독일과 일본에 대한 우리 승리에서 가장 실망스러운 측면 중 하나는, 점령 문제와 관련해 우리가 부담해 온 책임과 비용이었다. 처음에 어느 정도 부담이 될지 인식한 사람은 거의 없었다. 현재는 우리 나라 모든 시민이 우리의 점령 정책이 '무엇'이며 또 '어떤 이유에 근거했는지'를 당연히 의심하게 되었다.

이 기회에 나는 일본에 대해 이야기하고자 한다. 일본이 항복한 직후 우리 나라의 정책 목적은, 첫째는 '일본이 다시는 세계 평화와 안전에 위협이 되지 않도록 보증하는 것'이었다. 둘째는 '국제적인 책임을 수행하고 다른 나라의 권리를 존중하며 연합국의 목적을 지지하는 민주적이고 평화로운 일본 정부를 가급적 빨리 확립하는 것'이었다.

그 바탕에는 일본의 침략 방지, 즉 무장해제를 통한 직접 방지와 두 번 다시 침략 전쟁의 정신을 발전시키지 않는 정부의 창설을 통한 간접 방지라는 생각이 있었다. 일본의 참된 행복 또는 국가로서의 강력함은 분명히 부차적인 고려 사항이었다. 다시 말하자면 일본으로부터 우리 자신을 지키는 것이 먼저였고, 전승 연합국에 끼친 손해에 대한 배상금 지불이 먼저였다.

이런 태도는 최초 지령의 중점에 명백하게 나타나 있다. 지령의 일부분에는 "일본은 일본의 경제를 지탱하고 배상금을 징수할 수는 있지만 재무장은 할 수 없도록 하는, 그러한 산업을 유지하는 것은 허용(장려되는 것이 아니라 허용되는 것이다)되는 것으로 한다. 종국적으로는 세계 무역에 일본의 참가가 허용되는 것으로 한다."라고 되어 있다.

1945년에 점령의 주목적이 악의를 가지고 공격하고 우리 군대와 민간인에게 잔학한 행위를 저지른 적으로부터 우리를 보호하는 데 있었음은 이해할 수 있다. …(중략)… 그리고 그것은 당시 우리 국민의 감정과 의견에 합치하였다.

그 후 세계 정치와 경제에, 국방상 문제에, 또 인도적인 고려 사항에 새로운 정세가 발생했다. 지금 우리가 향후 방침을 결정할 때는 이런 변화를 충분히 고려해야 한다. 그러나 이러한 변화는 대부분이 최초의 방침을 결정한 후에 발생했음을 기억해야 한다.

…(중략)…

또 우리는 미국이 점령지 구제 자금으로 매년 수억 달러를 계속해서 영원히 투입할 수 없으며, 피점령국이 자기 생산과 수출로써 자신의 필수품 대금을 지불할 수 있게 될 때 비로소 비참한 사고 없이 이런 기여를 중단할 수 있다는 것도 인식하고 있다.

이런 사정으로 많은 분야에서 일본의 경제 상황을 개선하려 노력하였다. 이런 경제적 인식이 강화됨에 따라 광범위한 비군사화라는 처음 생각과 자립적 국가의 건설이라는 새로운 목적 사이에 마찰을 일으키는 부분이 생기는 일을 피할 수 없었다.

농업의 경우에는 우연히 두 개의 목적이 사실상 서로 부딪히지 않았다. 봉건적 토지 보유의 타도는 전쟁을 일으킨 세력을 몰락시켰다. 동시에 토지가 널리 분배되면서 다수의 지주에게 의욕이 생겼고, 그에 따라 전체의 생산이 증대되는 경향이 있었다.

그러나 제조업에서는 사정이 다르다. 합성고무, 조선, 화학 또는 비철금속 공장의 파괴는 분명히 일본의 잠재적인 전쟁 능력을 파괴하지만, 이런 파괴는 또 잠재적인 평화 유지 능력에도 불리하게 작용할 수 있다.

재벌 해체는 그 자체로는 특별히 중대 문제를 일으키지 않을지 모른다. 그렇지만 어느 단계에서는 극단적인 산업 집중 배제가 전쟁 능력을 더욱 약화시키기는 하지만, 동시에 일본 산업의 제조 능률을 침해하고, 따라서 일본이 자립할 수 있는 시기를 늦출지 모른다.

이것이 우리의 딜레마이다. 일본이 순수한 농업국으로 생존할 수 없는 것과 마찬가지로, 상인과 장인, 기술자의 국가로 자립할 수 없음도 명백하다. 적어도 어느 정도 대량 공업생산이 뒷받침되지 않는 한 일본에는 경제적 적자가 계속될 것으로 예상할 수 있다.

비군사화와 경제 부흥의 또 다른 모순점은 인사의 경우에 나타난다. 일본의 전쟁 기구 – 군사상, 산업상 – 를 건설하고 운영할 때 가장 적극적이었던 사람들은 이 나라에서 가장 유능하고 가장 성공한 실업 지도자이며, 그들의 조력은 대부분 일본의 경제 부흥에 기여할 것이다.

우리는 지금 그들을 어떻게 해야 할까? 우리는 일본의 전쟁 조직을 그대로 방치할 수도 없고, 또 제2차 세계 대전의 발발을 도운 지도자가 권력을 쥐게 할 수도 없다. 다른 한편으로 일본의 산업 능력자를 무력화시킬 둘 수도 없다.

…(중략)…

국무부과 육군성은 적당한 지점에서 선을 그으려고 애쓰고 있다. 그리고 그렇게 하는 데 있어 그들은 점령 초기 이래 나타난 정치와 군사 및 경제적인 사정의 변화를 충분히 고려하려고 하고 있으며, 또 고려할 것이다.

출전 大蔵省財政史室編『昭和財政史―終戦から講和まで』(『日本史史料』現代).

내용 냉전의 개시와 중국 혁명의 진전은 대일 점령 정책을 크게 전환시켰다. 미국의 육군장관 로열은 1948년 1월 6일 샌프란시스코에서 행한 연설에서 일본의 비군사화와 경제 민주화를 중심으로 한 초기 대일 점령 정책의 재검토를 요청하였다. 일본의 전시경제에 관여했던 유능한 실업 지도자는 일본 경제의 부흥을 촉진하는 데 중요하다고 주장하였다. 그는 경제적 자립을 통해 일본을 전체주의의 위협에 대한 반공의 방어벽으로 만들기 위해서는 경제 부흥 정책이 필요하다고 하면서 대일 정책의 전환을 요구하였다.

6·25 전쟁과 경찰예비대

(전략)

6월 25일 북조선 공산군이 갑자기 38도선을 넘어 남조선에 침입하여, 아시아 일각에 전쟁 상태를 출현시켰습니다. 국제연합은 곧바로 가맹국 대다수의 동의를 얻어 침략자의 무력 제재를 결정하고, 평화 회복 유지에 온 힘을 다해 노력하고 있습니다. 그러나 불행하게도 지금 남조선에는 혼란 상태가 나타나 있습니다. 이 돌발 사건은 결코 강 건너 불이 아닙니다. 공산 세력의 위협이 이미 얼마나 우리 나라 주변에 다가와 있는지 실증하는 것입니다. 적색 침략자가 얼마나 마수를 휘두르고 있는지는 조선 사건에 여실히 나타나 있습니다. 단적으로 말하면 우리 나라 자체가 이미 위기에 노출되어 있습니다.

이때 국제연합 각국이 감연히 일어서서, 많은 희생을 돌보지 않고 피침략자를 구원하러 출동한 것은 우리의 마음을 크게 든든하게 해줍니다. 만약 큰 전쟁이 발발했을 경우, 군비를 철폐한 우리 나라의 안전보장은 어떻게 할 것인가, 어떻게 보장받을 것인가, 국민이 걱정하는 바입니다. 이 우려 때문에 여러 논의가 일어나고 있는 것은 여러분이 알고 계시지만, 국제연합의 이번 조치는 인심의 안정에 크게 기여하고, 또 인심에 크게 영향을 끼칠 것으로 생각합니다. 우리 나라는 현재 적극적으로 국제연합의 행동에 참가할 입장이 아니지만, 가능한 범위에서 이에 협력하는 것은 매우 당연한 일로 생각합니다.

이런 사태에 직면하여, 아직도 여전히 전면 강화(全面講和)라느니 영세중립이라는 논의가 있습니다만, 이것은 설령 참된 애국심에서 나온 것이라 할지라도 완전히 현실에서 유리된 주장입니다. 스스로 공산당의 모략에 빠지려는 위험천만한 사상입니다. 우리 나라의 안정은 우리 국민 자신이 스스로 나서서 평화를 사랑하고 국제 정의에 참가하는 국민의 정신, 태도를 내외에 명료히 해야 지켜집니다. 평화와 질서를 존중하는 자유국가와 함께 세계의 평화에 공헌하려는 국민의 기개를 명료하게 내외에 표명함으로써 초래되는 것입니다. 단적으로 말하면, 그렇게 함으로써 자유주의 국가의 일원으로 받아들여져, 우리 나라의 안전이 보장받게 되는 것입니다.

국민이 일치하여 평화를 확보하고 민주주의 제도의 수립에 노력해야 할 현재, 일부 국민 사이에는 과격한 사상을 고취하거나 타인을 선동하고 혹은 반미 운동을 사주하는 움직임이 있습니다. 국내 치안을 문란케 하여 국가의 재건, 부흥을 저해할 뿐만 아니라, 마치 우리 나라에서 공산주의가 격화하고 있는 것처럼 가장하여, 조기(早期) 강화의 기운을 저지하려는 사람이 있는 것을 참으로 유감으로 생각합니다. 정부는 법이 정한 바에 따라, 특히 치안 유지를 위해 노력할 생각입니다. 정부가 이전에 일본공산당 중앙위원과 그 기관지 아카하타(赤旗)의 편집 책임자에게 공직 추방 절차를 밟은 것도 이런 취지에서 나온 것입니다.

정부는 일찍이 치안 유지를 위해 경찰제도에 깊이 유의하여, 계속 연구해 왔습니다. 그런데 지난 8일 우리 나라의 경찰과 해상보안 제도에 관해 맥아더 원수로부터 최근의 치안 상황에 비추어, 그리고 우리 나라의 경찰이 여러 민주적 국가의 수준까지 충분히 도달할 때까지 그 수를 증가시키는 것이 허용되었습니다. 또 해상보안청도 우리 나라의 긴 해안선을 불법입국자나 밀무역으로부터 지키기 위해 더욱 많은 인원이 필요하다는 사실이 분명해졌습니다. 정부는 우리 나라의 치안에 대해 늘 심대한 관심을 갖고 계신 연합국최고사령관의 호의를 재빨리 구체화하여, 소수 불법 파괴분자의 민주 정체에 대한 교란을 방지하고, 밀출·밀입국 단속을 엄중히 할 것입니다. 이를 위해, 부여된 권한에 입각하여 경찰예비대 75,000명을 증가시키고, 또 해상보안청 정원을 8,000명 증가시켜, 종래의 국가지방경찰[33] 및 자치체경찰[34]과 함께 우리 나라의 치안 유지에 만전을 기하고자 합니다.

출전 『朝鮮問題戰後資料』第1卷(データベース「世界と日本」).

내용 6·25 전쟁이 발발하자. 7월 8일 맥아더는 요시다 시게루(吉田茂) 총리에게 서간을 보내 75,000명의 경찰 예비대의 창설과 8,000명의 해상보안청의 증원을 지시하였다. 이는 6·25 전쟁에 출동하는 주일 미군의 공백을 메우기 위한 조치였다. 8월 10일 요시다는 국회에 의견을 구하지 않고 경찰 예비대령을 공포하고 실시하였다. 경찰예비대라고는 하지만 이것은 재군비의 시작으로, 1952년 보안대(保安隊)로 개조되었다가, 1954년 자위대(自衛隊)로 개칭되었다.

위 자료는 1950년 7월 14일 요시다 시게루 총리가 제8차 국회에서 행한 시정방침 연설 중 일부이다. 6·25 전쟁이 발발한 이후 첫 번째 열린 임시국회에서 요시다는 이웃나라 한국에서 일어난 전쟁에 대한 '유감'이나 '동정'의 표명도 없는 것이 주목된다. 6·25 전쟁의 작전기지가 된 일본에서는 전쟁 특수를 누렸고, 정치가와 재계 인사의 공직 추방 해제, 레드 퍼지 등 이른바 '역

---

[33] 國家地方警察 : 인구 5,000명 미만의 촌락 등을 관할하기 위해 국가가 유지한 경찰. GHQ가 내무성을 해체하고 경찰제도를 분권화시킨 결과 만들어졌다. 정원은 30,000명 이하.

[34] 自治體警察 : 국가의 지휘 감독을 받지 않고 자기 경비로 유지하는 경찰로, 모든 市와 인구 5,000명 이상의 자치단체에 두어졌다. 국가지방경찰과 마찬가지로 경찰권의 지방분권화를 위해 실시었으며, 총 정원은 95,000명.

코스'가 진행되었다.

샌프란시스코 강화조약 단독 강화 반대 운동

〈성명〉

1년 전 전쟁의 원인과 평화의 기초에 대해 공통의 견해를 내외에 표명한 우리는, 강화와 강화 후의 보장에 관한 최근의 문제에 대해 다시 성명을 발표한다. 우리에게 이 문제는 실로 비할 바가 없이 중대하여, 그것을 어떻게 처리하는가는, 생각건대, 일본의 운명을 마지막으로 결정하게 될 것이다. 전쟁을 개시할 때 우리가 스스로 우리의 운명을 결정할 기회를 놓친 것을 새삼 반성하면서, 지금 우리는 자기 손으로 자기의 운명을 결정하기를 원한다. 즉, 우리는 평화에 대한 의지와 조국에 대한 애정의 인도를 받으면서 평화를 둘러싼 여러 문제를 신중하게 연구하고, 마침내 자신의 정치적 입장을 넘어 공통의 견해를 발표하기에 이르렀다. 연합군에 의한 점령이 일본의 민주화에 중요한 자극과 기초를 부여한 것은 아마 누구라도 인정할 것이다. 그러나 향후 일본 민주화의 발전이 일본 국민 자신의 책임과 창의 하에서만 가능하다는 사실도 의심의 여지가 없다. 이것은 일본 국민이 강화를 확립하여 세계 각국 국민과의 사이에 자유로운 교통과 성실한 협력 관계를 확립하는 것을 필수 조건으로 한다. 지금 강화와 점령 종결은 모든 일본 국민의 절박한 필요이자 요구이다.

그러나 강화가 실질적인 의미를 갖기 위해서는 형식과 내용 모두 완전할 필요가 있다. 그렇지 않으면 설령 명목은 강화일지라도 실질은 도리어 새로운 전쟁의 위기를 증가시키는 것이 될 것이다. 이런 의미에서 강화는 필연적으로 전면 강화여야 한다. 이 전면 강화를 곤란하게 만드는 세계적 대립이 존재하는 것은 분명하지만, 저 국제군사재판에서 발휘된 것과 같은 국제적 정의 혹은 국제적 도의가 여전히 면면히 이 대립의 밑바닥을 흐르고 있는 것은 우리를 한없이 고무하고 있다. 다시 일본이 포츠담선언을 수락하고 모든 연합국에 항복한 이유를 생각하면, 우리가 모든 연합국과 평화적 관계의 회복을 바라는 것은 대체로 당연한 요구라고 해야 할 것이다.

우리의 일반적 결론은 위와 같다. 다시 그와 관련하여 우리가 진지한 토론 끝에 도달한 공통의 사항을 다음에 약술하기에 앞서, 우리가 토론의 전제로 삼은 두 개의 원칙을 지적할 필요를 느낀다. 첫째는 우리의 헌법에 제시되어 있는 평화적 정신에 입각하여 세계 평화에 기여한다는 신성한 의무이며, 둘째는 일본이 한시라도 빨리 경제적 자립을 달성함으로써 외국의 부담이 되는 지위에서 벗어나려는 바람이다.

1. 일본의 경제적 자립은 일본이 아시아 각국, 특히 중국과의 사이에 광범하고 자유로운 무역 관계를 갖는 것이 가장 중요한 조건이다. 말할 필요도 없이 이 조건은 전면 강화의 확립을 통해서만 충족될 것이다. 전해지는 바와 같은 단독 강화는 일본과 중국, 기타 각국과의 관계를 절단하는 결과가 되어, 저절로 일본의 경제를 특정 국가에 대한 의존과 예속의 지위에 서게 할 수밖에 없다. 경제적 자립[의 상실]이 나아가 정치적 자립 상실의 기초가 되는 것은 두말할 필요도 없다. 이는 국민 생활의 저하는 물론, 또 일본은 스스로 원하지 않으면서 평화에 대한 잠재적 위협이 될 것이다. 우리는 단독 강화가 약속하는 것처럼 보이는 눈앞의 이익보다 일본의 경제적, 정치적 독립이 중요하다고 간주한다.

2. 강화에 관한 각종 논의가 두 개 세계의 존재라는 사실에서 유래하는 것은 말할 필요도 없다. 그러나 양자 사이에 일반적 조정을 위한, 또 대일 전면 강화를 위한 불굴의 노력이 계속되고 있다. 이는 양자의 평화적 공존에 대한 우리의 신념을, 나아가 전면 강화에 대한 우리의 바람을 든든하게 지지하고 있다. 대저 우리 헌법의 평화적 정신을 충실하게 지키는 한, 우

리는 국제 정세가 동요하는 대로 수동적인 태도로 강화 문제에 임할 것이 아니라, 스스로 나서서 두 개 세계의 조화를 꾀하는 적극적인 태도로 임하는 것이 요구된다. 우리는 과거의 전쟁 책임을 속죄하는 의미에서도 다가오는 강화를 통해 양자의 접근 내지 조정이라는 곤란한 사업으로 한 걸음 더 나아가야 할 책무를 갖고 있다. 소위 단독 강화는 우리를 서로 대립하는 두 개의 진영 중 한쪽으로 보내 그것과의 결합을 조장하는 것이다. 반면, 다른 쪽과의 사이에 여전한 전쟁 상태를 남기는 데 그치지 않고, 다시 그것과의 사이에 불행한 적대관계를 낳아, 전체적으로 세계적 대립을 격화시킬 것이다. 이는 우리가 도저히 견딜 수 없는 바이다.

3. 강화 후의 보장에 대해서 우리는 끝까지 중립 불가침을 희망하고, 아울러 국제연합에의 가입을 희망한다. 국제연합은 적어도 그 헌장이 제시하는 것을 보면, 인류가 먼 옛날부터 쌓아 온 평화를 향한 노력의 현대적 결정체이다. 평화를 기원하는 세계 모든 사람들과 함께 우리도 이것에 많은 신뢰와 기대를 보낸다. 제3차 국제연합총회에서 채택된 '세계인권선언'에 보이는 것처럼 우리가 거기에 선언된 여러 권리, 특히 사회적, 경제적 권리를 단순히 국내뿐만 아니라, 실로 국제적으로 요구할 수 있다는 것은 우리에게 새로운 용기를 준다. 중립 불가침도 국제연합 가입도 모두 전면 강화를 전제로 하는 것임은 명백하다. 단독 강화 또는 사실상의 단독 강화 상태에 부수적으로 생기는 특정 국가와의 군사협정, 특정 국가를 위한 군사기지의 제공 등은, 그 명목이 무엇이든 우리 헌법의 전문(前文)과 제9조에 반하여 일본과 세계의 파멸에 힘을 빌려주는 것이다. 우리는 도저히 이를 승인할 수 없다. 일본의 운명은 일본이 평화의 정신에 투철하면서, 또 의연하게 자주독립의 길로 나아갈 때만 열린다.

〈결어〉

1. 강화 문제에 대해 우리 일본인이 희망을 말하자면, 전면 강화 이외에는 없다.

2. 일본의 경제적 자립은 단독 강화로 달성되지 않는다.

3. 강화 후의 보장에 대해서는 중립 불가침을 희망하고, 아울러 국제연합의 가입을 바란다.

4. 이유 여하를 막론하고 어떤 나라에도 군사기지를 제공하는 것에는 절대로 반대한다.

　　　　　쇼와 25년(1950) 1월 15일

　　　　　　　　　　　　　　　평화문제간화회(平和問題懇話會)

출전 『世界』 1950년 3월호(『日本史史料』 現代).

내용 중국과 소련을 포함한 모든 연합국과 강화를 맺어야 한다는 '전면 강화론'과 서방 측만과의 강화도 어쩔 수 없다는 '단독 강화론(편면 강화론)'이 대립하였다. 1949년 1월 도쿄와 교토의 연구자·지식인으로 조직된 평화문제간화회는 '전면 강화론'을 주장하는 대표적인 그룹이었다. 전면 강화·중립·비무장을 주장하는 간화회의 주장과 게재지 『세계』의 논조는 일본사회당과 일본노동조합총평의회(總評)에 큰 영향을 주었다.

샌프란시스코 강화조약에 대한 소련 외무성의 각서

소련 정부는 1951년 3월 29일 미국 정부로부터 일본과의 강화조약 초안을 접수하였다. 이와 관련하여 소련 정부는 다음과 같은 의견을 말할 필요가 있다고 생각한다.

일본과의 전쟁이 끝난 지 이미 5년이 지났음에도 불구하고 일본의 평화 정착 문제는 여전히 해결되지 않고 남아 있다. 이러한 상황은 무엇보다도 미국 정부가 취한 입장의 결과로 만들어졌다. 미국 정부는 다양한 구실로 강화조약의 체결뿐만 아니라 준비 자체를 연기해 왔다. 이와 관련하여 미국 정부는 적절한 국제 협정에 따라 예정된 대로 다른 정부와 공동으로 일본과 강화조약을 준비하자는 소련의 제안을 반복적으로 거부했다. 그 결과 외국 군대에 의한 일본 점령은 용납할 수 없을 정도로 계속되고 있다.

1. 소련 정부의 의견은 무엇보다도 먼저 일본과의 강화조약이 잘못 준비된 것에 대한 우려이다.

강화조약의 미국 초안에 첨부한 각서에서 미국 정부는 그 초안이 미국 정부 대표 및 소련을 포함한 다른 여러 국가 정부 대표 간의 의견 교환을 거쳐 작성되었음을 선언하고 있다. 소련 정부가 올해 3월 초 일본과의 강화조약 준비와 관련하여 미국 대표와의 별도 협상을 거부한다는 성명을 발표했기 때문에 그것은 사실이 아니라는 점에 주의해야 한다. 이와 관련하여 소련 정부는 일본과의 강화조약 준비가 어느 한 정부의 일이 아니고, 다른 이해관계 정부의 의견을 묻는 것이 아니라, 적절한 국제 협정에 규정된 대로 모든 정부의 공동 업무가 되어야 한다는 입장을 견지하였다. 그럼에도 불구하고 미국 정부는 일본과의 강화조약 체결을 위한 별도의 준비를 자제하지 않고, 그 권리를 독점적으로 자기에게만 행사하려 하였다. 이는 소련·중국·영국과 공동으로 일본과의 강화조약을 준비하고, 다른 이해관계국 등의 참여하에 수행해야 한다는 의무를 위반한 것이다.

1945년 8월 2일 포츠담협정에 따라 미국·소련·중국·영국·프랑스 등 5개국 외무장관 협의회가 설립되었다. 이와 관련하여 포츠담협정에는 외무장관 협의회가 우선 '평화 정착을 위한 준비 작업'을 위해 만들어지고, 해당 강화조약을 작성할 때 "협의회는 적국(敵國)에 지시한 항복 조건에 서명한 국가를 대표하는 회원들로 구성된다."라고 직접 명시되어 있다. 이탈리아·헝가리·불가리아·핀란드와의 강화조약은 이에 따라 준비되고 체결되었다. 일본 항복 문서에 서명한 미국·소련·중국·영국이 일본과의 강화조약 초안을 마련하는 것도 앞서 언급한 포츠담협정에서 비롯된 것이다. 1947년 초 소련 정부는 일본과의 강화조약 준비에 착수하기 위해 중국·미국·소련·영국 대표로 구성된 외무장관 협의회 특별회의를 소집할 것을 제안하였다. 이와 관련하여 일본과의 전쟁에 군대를 동원하여 참가한 모든 국가가 일본과의 강화조약 작성을 위한 준비 작업에 참가할 것으로 예상되었다. 그러나 이 제안 및 일본과의 강화조약 체결을 서두르기 위한 소련 정부의 다른 반복적인 노력은 긍정적인 결과를 얻지 못하였다. 미국 정부가 일본과의 강화조약 준비를 위한 외무장관회의 소집과 이 조약의 심의를 위한 강화회의 소집의 필요성을 무시했기 때문이다.

소련 정부는 일본과의 강화조약 준비에서 중국을 배제하는 것이 허용되지 않는다는 점을 특히 언급할 필요가 있다고 생각한다. 중국은 수년 동안 군국주의 일본의 잔인한 침략을 받았고, 일본 제국주의에 맞서 장기간 힘든 전쟁을 벌였으며, 일본의 침략으로 인해 가장 큰 희생을 치른 것으로 알려져 있다. 따라서 중화인민공화국 정부가 중화 인민의 유일한 법적 대표로서 일본과의 강화조약 체결과 극동의 항구적 평화 구축에 특별한 관심을 갖는 것은 당연한 일이다. 일본과의 강화조약 준비 작업에 중화인민공화국이 참여하지 않으면 극동의 진정한 평화 정착이 불가능하다는 것은 명백한 사실이다.

이를 보면 미국 정부는 소련·중화인민공화국 및 기타 국가를 일본과의 강화조약 준비에서 배제하고 이 문제를 독점적으로 자신의 수중으로 가져와, 미국 정부가 만족할 만한 조약의 조건을 지시하는 절차를 거쳐 일방적으로 일본에 강요하기 위해 노력하는 것으로 보인다. 이 목적을 위해 일본 현 정부가 미국 점령 당국에 의존하는 것을 이용하고 있다.

2. 소련 정부의 의견은 둘째, 문제의 본질적인 관점에서 볼 때 강화조약의 미국 초안에는 열강 간의 기존 합의와 양립할 수 없는 몇 가지 잘못된 주장이 포함되어 있다는 사실에 관한 것이다.

1943년 카이로선언, 1945년 포츠담선언, 1945년 얄타협정 등 잘 알려진 국제 문서에서 미국·영국·중국·소련 정부는 향후 일본과의 강화조약과 관련하여 확실한 의무를 지니게 되었다.

이들 문서에서 일본의 영토 경계가 정의되었고, 일본에 "자유롭게 표명된 일본 국민의 의사에 따라 평화적인 경향을 가지면서 책임 있는 정부"가 수립되면, 그 후 점령군이 일본에서 철수한다고 밝혔다.

이들 문서와 열강 간의 후속 합의에서 일본에서는 "일본 국민에게 있는 민주적 경향의 부활에 대한 모든 장애물을 제거"해야 하며 국가의 평화로운 경제 발전을 위한 광범위한 가능성을 열어야 한다고 명시하고 있다. 이와 함께 군국주의자들의 권위와 영향력을 끝내고 일본의 비무장화를 달성해야 한다고 명시하고 있다

미국의 강화조약 초안은 위에서 언급한 문서에서 비롯한 강대국들의 이러한 의무를 어느 정도 무시하고 있다.

우선 영토 문제에 대해 이야기해야 한다. …(중략)…

위에서 언급한 국제 협정 중에서 강화조약의 미국 초안에 포함된 군사 관련 규정은 더욱 큰 의미를 가지고 있다. 미국 초안에는 일본 군국주의의 복원을 막기 위한 보장이 포함되어 있지 않을 뿐만 아니라, 일반적으로 일본 군대의 규모와 관련하여 어떠한 제한도 명시되어 있지 않다고 해도 무방하다.

일본과 함께 제2차 세계 대전의 주요 침략국 중 하나였던 이탈리아와의 강화조약에는 이탈리아 군대의 비율, 해군 함대 인원 수, 공군 규모에 대한 정확한 제한이 포함되어 있는 것으로 알려져 있다. 반면, 미국의 초안에는 일본 군대에 대한 제한이 포함되어 있지 않다. 따라서 일본은 이탈리아에 비해 특권적인 위치에 있지만, 이에 대한 근거는 없다. 이로써 일본은 소위 '자위'를 위해 군대 규모 문제를 스스로 결정할 것으로 보인다. 소련 정부는 이것이 일본이 군국주의를 복원하는 것을 허용하는 것과 같다고 생각한다. 그러한 입장은 일본의 비군사화에 관한 열강의 합의와 결코 부합되지 않는다는 것이 매우 명백하다.

마찬가지로 미국의 초안에는 점령군의 일본 철수 기간이 명시되어 있지 않고 강화조약 체결 이후에도 일본에 미 점령군과 군사기지를 그대로 두도록 설계되어 있다는 사실도 간과할 수 없다. 따라서 미국이 일본을 위해 준비하고 있는 '평화 정착' 이후에도 일본의 군사점령은 중단되지 않고 미국은 일본의 진정한 주인으로 남게 될 것이다.

알려진 바와 같이 이탈리아와의 강화조약에서는 강화 체결 후 3개월 이내에 이탈리아에서 점령군을 철수하도록 규정하고 있다. 따라서 일본은 이탈리아와 비교하여 더 나쁜 위치에 빠지고, 미국은 일본과의 강화조약 후 일본 점령을 무제한으로 계속할 수 있는 무제한의 권리를 받았다. 이 모든 것은 1945년 포츠담선언과 결코 조화를 이룰 수 없다는 것은 매우 분명하다.

여기에 이미 현재 미국 정부가 일본 항복 문서에 서명한 국가들 간에 합의된 것과 다른 목적으로 미군에 의한 일본 점령을 활용하고 있다는 점을 추가할 필요가 있다. 일본 영토에 주둔하고 있는 미 점령군은 일본 영토와 그 물적, 인적 자원을 한국에 대한 무력 개입에 활용하고 있다. 이는 미국군이 일본의 비군사화와 민주화를 위한 조치를 수행할 목적으로만 점령할 권리를 부여한 국제 협약과 양립할 수 없다.

마지막으로 미국 초안은 일본의 평화로운 경제 발전과 관련하여 제한을 제거해야 할 필요성을 무시한다. 평화로운 경제 발전과 타국과의 정상적인 무역이 존재하지 않으면, 일본의 경제 도약과 일본 국민의 복지 성장을 위한 신뢰할 수 있는 기반을 만들 수 없다는 것은 분명하다.

소련 정부는 또 이해 당사국 회의에서 조약 초안에 대해 다른 발언도 할 예정이다.

3. 소련 정부는 강화조약의 신속한 체결을 지속적으로 주장하면서 강화조약은 제2차 세계 대전 기간 중 열강 간에 체결된 국제 협정에 기초하여 작성되어야 하며, 조약 초안의 준비는 미국·중화인민공화국·소련 및 영국

대표가 공동으로 수행하고 극동위원회[35]의 모든 회원국이 이 문제에 참여해야 한다고 생각한다.

이에 따라 소련 정부는 다음과 같이 제안한다.

첫째, 1951년 6월 또는 7월에 미국·중국·영국·소련 대표로 구성된 외무장관회의 회의를 소집하여 일본과의 강화조약 체결을 위한 준비 작업에 착수한다. 이 작업에는 전쟁에 군대를 파병한 모든 국가의 대표를 참가시킨다는 생각을 가지고 있으며, 그 강화조약 초안은 강화회의의 심의를 위해 제출될 수 있다.

둘째, 카이로선언·포츠담선언·얄타협정에 기초하여 일본과 강화조약 체결을 추진하되, 다음과 같은 기본 목표에 따라 진행한다.

   A. 일본은 평화를 사랑하고 민주적이며 독립적인 국가가 되어야 한다.

   B. 일본 국민에게 민주적 권리가 보장되어야 하며, 이탈리아와의 강화조약에 명시된 것처럼 국민의 민주적 권리를 박탈하는 것을 목적으로 하는 정치적, 군사적 또는 군사적 성격의 조직이 존재하는 것은 허용되어서는 안 된다.

   C. 일본 군국주의의 부활을 막기 위해 이탈리아와의 강화조약에서 정한 것처럼 자위권 요건을 초과하지 않도록 일본 군대 규모에 대한 제한을 조약에 명시해야 한다.

   D. 일본이 평화로운 경제를 발전시키는 데 어떠한 제한도 두지 않는다.

   E. 일본과 다른 국가와의 무역에 관한 모든 제한을 제거한다.

셋째, 일본이 군국주의 일본과의 전쟁에 군대를 파병한 국가에 대항하

---

35 極東委員會 : 1946년 2월 일본을 점령 관리하기 위해 설치된 연합국 최고 정책 결정 기관. 거부권을 가진 미·영·소·중 등 11개국으로 구성되었다. 처음에는 활발하게 활동했지만, 늦게 발족되어 미국 정부와 GHQ의 정책을 추인하는 경우도 많았다.

는 어떠한 연합에도 참여하지 않을 것을 조약에 명시한다.

넷째, 일본과의 강화조약 체결 후 모든 점령군은 1년 이내에 일본 영토에서 철수하고, 외국은 일본에 군대나 군사기지를 주지 않겠다는 것을 조약에 정확하게 명시한다.

다섯째, 일본과 강화조약을 체결하는 국가가 일본의 국제연합 기구 가입을 지지한다는 데 동의한다.

1951년 5월 7일 모스크바

출전 『日本外交主要文書·年表』(1)(データベース『世界と日本』).

내용 1951년 3월 29일 제시된 샌프란시스코 강화조약의 미국 초안에 대해 소련은 그것이 절차상으로도 내용상으로도 국제 협약에 명시된 규정과 어긋난다고 비판하고 있다. 소련은 카이로선언과, 포츠담선언, 얄타협정에 근거하여 강화조약을 작성하기 위해 6월 내지 7월에 미국·영국·중화인민공화국·소련의 4국 외상회의 개최를 제안하였다.

샌프란시스코 강화조약

일본과의 평화조약

연합국과 일본은 양자의 관계가 앞으로 공통의 복지를 증진하고 또 국제 평화와 안전을 유지하기 위해 주권을 가지는 대등한 국가로서 우호적인 연대하에 협력하는 국가 간의 관계여야 한다는 것을 결의하고, 따라서 양자 간에 전쟁 상태가 존재하는 결과로서 지금도 미해결인 문제를 해결하는 평화조약을 체결하기를 희망한다.

일본은 국제연합에 가맹을 신청하고, 또 모든 경우에 국제연합헌장의 원칙을 준수하고 세계인권선언의 목적을 실현하기 위해 노력한다. 또 국제연합헌장 제55조와 제56조에 규정되고, 또 이미 항복 후 일본의 법제를 통해 만들어지기 시작한 안정과 복지의 조건을 일본 국내에 창조하기 위해 노력한다. 아울러 공사(公私)의 무역과 통상에서 국제적으로 승인된 공정한 관행에 따를 의사를 선언한다.

연합국은 전항에서 언급한 일본의 의사를 존중한다.

따라서 연합국과 일본은 이 평화조약을 체결하기로 결정하고, 그에 따라 아래의 전권위원을 임명하였다. 이들 전권위원은 전권위임장을 제시하고, 그것이 양호 타당함을 인정받은 후 다음 규정을 협정하였다.

제1장 평화

제1조 (a) 일본과 각 연합국 사이의 전쟁 상태는 제23조가 정한 바에 따라 이 조약이 일본과 해당 연합국 사이에 효력을 발생하는 날 종료한다.

(b) 연합국은 일본과 그 영해에 대한 일본 국민의 완전한 주권을 승인한다.

제2장 영역

제2조 (a) 일본은 한국의 독립을 승인하고 제주도와 거문도, 울릉도를 포함한 한국에 대한 모든 권리, 권한 및 청구권을 포기한다.

(b) 일본은 타이완과 펑후열도에 대한 모든 권리, 권한 및 청구권을 포기한다.

(c) 일본은 지시마(千島)열도, 그리고 일본이 1905년 9월 5일 체결한 포츠머스조약의 결과로 주권을 획득한 사할린의 일부와 그에 인접한 섬들에 대한 모든 권리, 권한 및 청구권을 포기한다.

(d) 일본은 국제연맹의 위임통치 제도에 관한 모든 권리, 권한 및 청구권을 포기하고, 또 이전에 일본의 위임통치

하에 있던 태평양의 섬들에 신탁통치 제도를 전개하는 1947년 4월 12일의 국제연합안전보장이사회의 행동을 수락한다.

(e) 일본은 일본 국민의 활동에 유래하거나 또는 다른 것에 유래하는 것을 불문하고 남극 지역의 어떤 부분에 대한 권리 혹은 권한, 또는 어느 부분에 관한 이익에 대해서도 모든 청구권을 포기한다.

(f) 일본은 신남(新南)군도와 시샤(西沙)군도에 대한 모든 권리, 권한 및 청구권을 포기한다.

제3조 일본은 북위 29도 이남의 서남군도(류큐군도와 다이토군도를 포함한다), 소후암(孀婦岩) 남쪽의 남방군도(오가사와라[小笠原]군도, 니시노시마(西之島) 및 가잔[火山]열도를 포함한다) 및 오키노토리섬(沖の鳥島)과 미나미토리섬(南鳥島)을 미국을 유일한 정치 감독자로 하는 신탁통치 제도하에 두기로 하는 국제연합에 대한 미국의 어떠한 제안도 동의한다. 이러한 제안이 이루어지고 또 가결될 때까지 미국은 영해를 포함한 이들 군도(群島)의 영역과 주민에 대해 행정, 입법 및 사법상의 권력 전부 및 일부를 행사하는 권리를 가지는 것으로 한다. …(중략)…

제3장 안전

제6조 (a) 연합국의 모든 점령군은 이 조약이 효력을 발생한 후에 가능한 빨리, 그리고 어떠한 경우에도 90일 이내에 일본에서 철수해야 한다. 단, 이 규정은 하나 혹은 둘 이상의 연합국을 한편으로 하고 일본을 다른 한편으로 하여 쌍방 사이에 체결된, 혹은 체결될 2개 국가 혹은 다수국 사이의 협정에 입각하여, 또는 그 결과로 외국 군대가 일본 영역에 주둔(stationing) 또는 체재(retention)하는 것을 방해하지

않는다.

제4장 정치와 경제 조항

제11조 일본은 극동국제군사재판소와 일본 국내 및 국외의 다른 연합국 전쟁범죄 법정의 재판을 수락하고, 또 이들 법정이 일본에 구금되어 있는 일본 국민에게 부과한 형을 집행하는 것으로 한다. 이들 구금된 자를 사면하거나 감형하고 가출소시키는 권한은 각 사건에 형을 부과한 하나 또는 둘 이상의 정부 결정과 일본의 권고에 입각한 경우 이외에는 행사할 수 없다. 극동국제군사재판소가 형을 선고한 자의 경우 사면, 감형, 가출소 등의 권한은 재판소에 대표자를 보낸 정부의 과반수의 결정 및 일본의 권고에 입각한 경우 이외에는 행사할 수 없다.

제5장 청구권과 재산

제14조 (a) 일본은 전쟁 중에 발생시킨 손해와 고통에 대한 배상을 연합국에 지불해야 한다. 그러나 또 존립 가능한 경제를 유지해야 하므로 현재 일본의 자원은 일본이 앞서 기재한 모든 손해와 고통을 완전하게 배상함과 동시에 다른 채무를 이행하기에 충분하지 않음도 승인받는다. …(중략)…

(b) 연합국은 이 조약에 별도의 규정이 있는 경우를 제외하고, 연합국의 모든 배상 청구권, 전쟁 수행 과정에서 일본과 그 국민이 취한 행동 때문에 발생한 연합국과 그 국민의 다른 청구권, 그리고 점령에 따른 직접적인 군사비에 관한 연합국의 청구권을 포기한다. …(중략)…

제19조 (a) 일본은 전쟁 때문에 발생했거나 혹은 전쟁 상태가 존재했기 때문에 취해진 행동으로 인해 발생한 연합국과 그

국민에 대한 일본과 그 국민의 모든 청구권을 포기하고, 또 이 조약이 효력을 발생하기 전에 일본 영역에서 어떤 연합국의 군대 혹은 행정 당국의 존재, 직무 수행이나 행동 때문에 발생한 모든 청구권을 포기한다.

출전 外務省編 『主要条約集』(データベース 『世界と日本』).

내용 중국이 공산화되고 6·25 전쟁이 발발하자 미국은 동아시아에서 일본의 역할을 중시하여 일본 점령 통치의 종료를 서둘렀다. 1951년 미국의 샌프란시스코에서 강화회의가 열려, 9월 8일 연합국 48개국과의 사이에 강화조약이 체결되었다. 그러나 회의에는 식민지 지배를 받았던 한국과 최대 교전국인 중국 등은 초청받지 못하였고, 소련을 비롯한 사회주의 진영의 3국은 서명을 거부하였다. 이로써 일본은 점령 상태를 벗어나 독립국으로서 주권을 회복하였다(조약 발효는 1952. 4. 28.).

미일안보조약

일본과 미국 사이의 안전보장조약

일본은 오늘 연합국과의 평화조약에 서명하였다. 일본은 무장이 해제되어 있으므로 평화조약의 효력 발생 시에 고유의 자위권을 행사하는 유효한 수단을 갖지 않는다.

무책임한 군국주의가 아직 세계에서 일소되지 않았으므로 일본에는 위험이 상존한다. 따라서 일본은 평화조약이 일본과 미국 사이에 효력을 발생하는 것과 동시에 효력을 발생하는 미국과의 안전보장조약을 희망한다.

평화조약은 일본이 주권국으로서 집단적 안전보장 협정을 체결할 권리를 가진 것을 승인하고, 더욱이 국제연합헌장은 모든 국가가 개별적, 집단적 자위의 고유한 권리를 가지는 것을 승인하고 있다.

이들 권리를 행사하는 데 있어 일본은 방위를 위한 잠정 조치로서 일본에 대한 무력 공격을 저지하기 위해 일본 국내와 그 부근에 미국이 그 군대를 유지하는 것을 희망한다.

미국은 평화와 안전을 위해 현재 약간의 자국 군대를 일본 국내와 그 부근에 유지할 의사가 있다. 단, 미국은 일본이 공격적인 위협이 되거나, 혹은 국제연합헌장의 목적과 원칙에 따라 평화와 안전을 증진하는 것 이외로 사용될 수 있는 군비를 가지는 것을 늘 회피하지만 일본이 직접 침략과 간접 침략으로부터 자국을 방어하기 위해 점진적으로 스스로 책임을 지기를 기대한다.

따라서 양국은 다음과 같이 협정하였다.

제1조 평화조약과 이 조약이 효력을 발생함과 동시에 미 육군과 공군, 해군을 일본 국내와 그 부근에 배치하는 권리를 일본은 허용하고, 미국은 이것을 수락한다. 이 군대는 극동에서 국제 평화와 안전을 유지하는 데 기여하고, 하나 혹은 둘 이상의 외부 국가에 의한 교사 혹은 간섭에 의해 일어날 수 있는 일본의 대규모 내란과 소요를 진압하기 위해 일본 정부의 명시적인 요청에 따라 제공되는 원조를 포함하여, 외부로부터의 무력 공격에 대한 일본의 안전에 기여하기 위해 사용할 수 있다.

제2조 제1조에서 언급한 권리가 행사되는 동안 일본은 미국의 사전 동의 없이 어떠한 기지도, 그리고 기지에서의 혹은 기지에 관한 어떠한 권리, 권력과 권능도, 또 주둔 혹은 연습할 권리 및 육군, 공군, 해군이 통과할 권리를 제3국에 허용하지 않는다.

제3조 미국 군대의 일본 국내 및 그 부근 배치를 규율하는 조건은 양국 정부 간의 행정협정으로 결정한다.

제4조 이 조약은 국제연합이나 기타에 의해 일본 구역에서 국제 평화

와 안전을 유지하기에 충분한 국제연합의 조치 혹은 이를 대신하는 개별적 혹은 집단적 안전보장 조치가 효력을 발생했다고 일본과 미국 정부가 인정했을 때는 언제든지 효력을 상실하는 것으로 한다.

출전 外務省編 『主要条約集』(データベース『世界と日本』).

내용 샌프란시스코 강화조약이 체결된 1951년 9월 8일 당일에 미국과 일본 사이에 안전보장조약이 체결되었다. 이 조약은 미군의 일본 주둔 근거가 되어, 미군은 '점령군'에서 '주류군(駐留軍)'으로 불리게 되었다. 그러나 이 조약은, 미국은 일본에 군대를 주둔시키는 권리를 가지지만, 일본의 안전에 대한 의무는 지지 않는 등 많은 문제점을 포함하고 있었다.

일화평화조약 日華平和條約

일본과 중화민국 사이의 평화조약

일본과 중화민국은 역사적, 문화적 유대와 지리적 근접성에 비추어 서로가 선린관계를 희망하는 것을 고려하고, 공통의 복지 증진과 국제 평화 및 안전 유지를 위한 긴밀한 협력의 중요성을 생각하고, 양자 사이에 전쟁 상태가 존재하는 결과 생긴 여러 문제를 해결할 필요가 있음을 인정하여, 평화조약을 체결하기로 결정하고, 다음과 같이 전권위원을 임명했다.

… (중략) …

제1조 일본과 중화민국 사이의 전쟁 상태는 이 조약이 효력을 발생하는 날 종료된다.

제2조 일본은 1951년 9월 8일 미국의 샌프란시스코에서 서명된 일본과의 평화조약(이하 샌프란시스코조약) 제2조에 따라, 타이완

과 평후열도, 신난군도(新南群島), 시사군도(西沙群島)에 대한 모든 권리, 권한 및 청구권을 포기한 것을 승인한다.

제3조 일본과 그 국민의 재산으로서 타이완 및 평후열도에 있는 것, 일본과 그 국민의 청구권(채권을 포함한다)으로서 타이완 및 평후열도에서 중화민국 당국 및 그 주민에 대한 것의 처리, 일본에서 중화민국 당국과 주민의 재산 및 일본과 그 국민에 대한 중화민국 당국과 주민의 청구권(채권을 포함한다)의 처리는, 중화민국 정부와 일본 정부 간의 특별 협정의 주제로 한다. 국민과 주민이라는 용어는 이 조약에서는 항상 법인을 포함한다.

제4조 1941년 12월 9일 이전에 일본과 중국 사이에 체결된 모든 조약과 협약, 협정이 전쟁의 결과 무효가 되었음을 승인한다.

제5조 일본은 샌프란시스코조약 제10조의 규정에 따라, 1901년 9월 7일 베이징에서 서명된 최종 의정서 및 이를 보충하는 모든 부속서와 서간, 문서의 규정에서 발생하는 모든 이득과 특권을 포함한 중국에서의 모든 특수 권리와 이익을 포기하고, 또 앞서 언급한 의정서와 부속서, 서간, 문서 중 일본에 관련한 부분을 폐기하는 데 동의한 것을 승인한다.

제6조 (a) 일본과 중화민국은 국제연합헌장 제2조의 원칙을 상호 관계의 지침으로 삼는 것으로 한다.

(b) 일본과 중화민국은 국제연합헌장의 원칙에 따라 협력하기로 하고, 특히 경제 분야에서 우호적 협력을 통해 공통의 복지를 증진하기로 한다.

제7조 일본과 중화민국은 무역, 해운, 기타 통상 관계를 안정되고 우호적인 기초 위에 두기 위해 조약 또는 협약을 되도록 빨리 체결하도록 노력키로 한다.

제8조 일본과 중화민국은 민간항공운송에 관한 협정을 되도록 빨리

체결하도록 노력키로 하다.

제9조 일본과 중화민국은 공해에서 어업의 규칙 또는 제한과 어업의 보존 및 발전을 규정하는 협정을 되도록 빨리 체결하도록 노력키로 한다.

제10조 이 조약의 운용상 중화민국 국민에는 타이완 및 펑후열도의 모든 주민과 이전에 그 주민이었던 자 및 그들의 자손으로 타이완과 펑후열도에서 중화민국이 현재 시행하고, 또는 앞으로 시행하는 법령에 의해 중국 국적을 가진 자를 포함하는 것으로 간주한다. 또 중화민국의 법인은 타이완 및 펑후열도에서 중화민국이 현재 시행하고, 또는 앞으로 시행하는 법령에 입각하여 등록되는 모든 법인을 포함하는 것으로 간주한다.

제11조 이 조약 및 이를 보충하는 문서에 별도의 규정이 있는 경우를 제외하고, 일본과 중화민국 사이에 전쟁 상태가 존재하는 결과로 생긴 문제는 샌프란시스코조약의 해당 규정에 따라 해결하는 것으로 한다.

제12조 이 조약의 해석 또는 적용에서 생기는 분쟁은 교섭 또는 기타 평화적 수단에 의해 해결하는 것으로 한다.

제13조 이 조약은 비준되어야 한다. 비준서는 되도록 빨리 타이베이(臺北)에서 교환되어야 한다. 이 조약은 비준서 교환일에 효력을 발생한다.

제14조 이 조약은 일본어, 중국어 및 영어에 의한 것으로 한다. 해석의 차이가 있는 경우에는 영어 본문에 따른다.

이상의 증거로서 각 전권위원은 이 조약에 서명 날인하였다.

출전 『条約集』 第30集 第56巻(「DB 世界と日本」)

내용 중화민국(타이완)은 샌프란시스코 강화회의에 참가하지 못했기 때문에 샌프란시스코 강화조약과는 별개의 조약을 맺을 필요가 있었다. 이에 1952년 4월 28일 샌프란시스코 강화조약이 발효되기 직전에 일화평화조약(日華平和條約)이 체결되었다. 이 조약은 중화인민공화국 수립과 6·25 전쟁 발발 등 동아시아 정세의 변화에 대응하여 미국을 중심으로 한 반공 동맹의 일환으로 체결되었는데, 1972년 일본과 중국의 국교가 재개되면서 무효화되었다.

일·소 국교 정상화

일본과 소비에트사회주의공화국연방의 공동선언

1956년 10월 13일부터 19일까지 모스크바에서 일본과 소비에트사회주의공화국연방의 전권위원단 사이에 협상이 이루어졌다.

상호 이해와 협력의 분위기 속에 이루어진 협상을 통해 일본과 소비에트사회주의공화국연방의 상호 관계에 대해 격의 없는 광범위한 의견 교환이 이루어졌다. 일본과 소비에트사회주의공화국연방은 양국 간 외교 관계의 회복이, 극동의 평화와 안전의 이익에 합치하는 양국 간의 이해와 협력의 발전에 기여하는 것이라는 데 완전히 의견이 일치하였다.

일본과 소비에트사회주의공화국연방의 전권위원단 사이에 이루어진 이 협상의 결과 다음 합의가 성립하였다.

1. 일본과 소비에트사회주의공화국연방 사이의 전쟁 상태는 이 선언이 효력을 발생하는 날 종료하고, 양국 사이에 평화와 우호 선린 관계를 회복한다.

2. 일본과 소비에트사회주의연방 사이에 외교와 영사 관계를 회복한다. 양국은 대사의 자격을 가진 외교사절을 지체 없이 교환하는 것으로 한다. 또 양국은 외교 기관을 통해 양국 국내에 각각의 영사관을 개설하는 문제

를 처리하는 것으로 한다.

3. 일본과 소비에트사회주의공화국연방은 상호 관계에서 국제연합헌장의 원칙들, 특히 동 헌장 제2조에 언급한 다음 원칙을 지침으로 하는 것을 확인한다.

(a) 국제분쟁을 평화적 수단에 의해 국제 평화와 안전 및 정의를 위험하게 만들지 않도록 해결할 것.

(b) 국제관계에서 무력에 의한 위협 또는 무력의 행사는 어떠한 국가의 영토 보전 또는 정치적 독립에 대한 것도, 또 국제연합의 목적과 양립하지 않는 다른 어떠한 방법에 의한 것도 삼갈 것.

일본과 소비에트사회주의공화국연방은 각자 상대 국가가 국제연합헌장 제51조에 언급한 개별적 또는 집단적 자위의 고유한 권리를 갖는 것을 확인한다.

일본과 소비에트사회주의공화국연방은 어떠한 경제적, 정치적 또는 사상적인 이유를 불문하고 직접, 간접으로 한편의 국가가 상대 국가의 국내 사항에 간섭하지 않을 것을 서로 약속한다.

4. 소비에트사회주의공화국연방은 국제연합 가입에 관한 일본의 신청을 지지하는 것으로 한다.

5. 소비에트사회주의공화국연방에서 유죄 판결을 받은 모든 일본인은 이 공동선언의 효력 발생과 함께 석방되어 일본에 송환되는 것으로 한다.

또 소비에트사회주의공화국연방은 일본의 요청에 따라 소식이 끊어진 일본인에 대해 계속해서 조사하는 것으로 한다.

6. 소비에트사회주의공화국연방은 일본에 대한 모든 배상 청구권을 포기한다.

일본과 소비에트사회주의공화국연방은 1945년 8월 9일 이래 전쟁의 결과로 생긴 각자의 국가와 단체 및 국민이 상대방 국가와 단체 및 국민에게 가진 모든 청구권을 상호 포기한다.

7. 일본과 소비에트사회주의공화국연방은 무역, 해운, 기타 통상 관계를 안정되고 우호적인 기초 위에 두기 위해 조약 또는 협정 체결을 목적으로 하는 협상을 가능한 한 빨리 개시하는 데 동의한다.

8. 1956년 5월 14일 모스크바에서 서명된 북서태평양 공해에서의 어업에 관한 일본과 소비에트사회주의공화국연방 사이의 조약 및 해상에서 조난한 사람의 구조를 위한 협력에 관한 일본과 소비에트사회주의공화국연방 사이의 협정은 이 선언의 효력 발생과 동시에 효력을 발생한다.

일본과 소비에트사회주의공화국연방은 어류와 기타 해양생물자원의 보존 및 합리적 이용에 관해 일본과 소비에트사회주의공화국연방이 가진 이해관계를 고려하여, 협력의 정신으로 어업 자원의 보존과 발전 및 공해에서의 어업 규제와 제한을 위한 조치를 취하기로 한다.

9. 일본과 소비에트사회주의공화국연방은 양국 간에 정상적인 외교 관계가 회복된 후 평화조약의 체결에 관한 협상을 계속하는 데 동의한다.

소비에트사회주의공화국연방은 일본의 요청에 부응하고, 또 일본의 이익을 고려하여 하보마이군도(齒舞群島)와 시코탄섬(色丹島)[36]을 일본에 인도하는 데 동의한다. 단, 이들 섬은 일본과 소비에트사회주의공화국연방 사이의 평화조약이 체결된 후에 실제로 인도하는 것으로 한다.

10. 이 공동선언은 비준되어야 한다. 이 공동선언은 비준서 교환일에 효력을 발생한다. 비준서 교환은 가능한 한 신속하게 도쿄에서 이루어져야 한다.

출전 『条約集』(「DB 世界と日本」)

내용 1951년 샌프란시스코 강화조약에 소련이 서명하지 않았기 때문에 일본과 소련은 법적으로는 전쟁이 계속되는 상태였다. 이러한 일본과 소련 사

---

36 齒舞群島·色丹島 : 소위 '北方領土'의 일부이다.

이의 전쟁 상태를 종결시키고 국교를 회복하기 위해 1956년 10월 19일 공동 선언이 발표되었다. 전쟁 상태가 종결되었음에도 평화조약이 아닌 것은 이른 바 북방영토(남쿠릴열도) 문제가 해결되지 않았기 때문이다. 소련은 평화조약 체결 후 하보마이·시코탄을 일본에 건네준다고 약속했지만, 견해의 차이 때 문에 아직 평화조약이 체결되지 않았다. 그리고 소련의 거부권 행사로 실현 되지 않았던 일본의 국제연합 가맹이 실현되었다(1956. 12. 18).

안보 개정 저지 국민회의 결성의 촉구

우리 나라는 미일안전보장조약과 그에 수반된 행정협정[37], MSA협정(일 본과 미국 사이 상호 방위 원조 협정)[38]에 따라 미군의 국내 주둔을 인정하고 군사기지를 제공해 왔습니다.

그 사이 이들 기지는 조선동란[39]과 타이완해협 분쟁 때 조선과 중국에 대한 미국의 전진기지가 되어 일본은 전쟁 당사자가 되었습니다.

방어를 위한 군사기지가 사실상 공격을 위한 기지가 되어 있습니다. 이 사실은 국민들 사이에 짓눌린 듯 답답한 불안을 야기했습니다.

---

37 행정협정 : 샌프란시스코 강화조약이 발효되는 1952년 4월 28일 공포한 '일본과 미국 사이의 안전보장조약 제3조에 따른 행정협정'으로, 안보조약에 따라 주둔하는 미군의 다양한 조건을 규정하기 위한 협정이다. 미군은 일본 국내의 어디라도 기지를 건설할 수 있고, 일본은 그에 필요한 편의를 제공하며, 철도와 통신, 전력은 미군이 우선하고, 미군과 그 가족은 치외법권을 갖는다는 등의 내용을 담고 있다.

38 MSA협정 : MSA(Mutual Security Act: 상호안전보장법)는 미국의 경제 원조를 받는 국 가에 방위 의무를 부과하는 법률로, 1951년 10월 트루먼 정권에서 제정되었다. 일본 과는 1954년 3월 체결했는데, 이 협정에 따라 7월에 방위청이 설치되고, 육·해·공의 세 자위대가 설치되었다.

39 朝鮮動亂 : 6·25 전쟁을 가리킨다.

스나가와(砂川) 등지의 군사기지에 반대하는 투쟁 때 일본 정부는 토지를 지키는 농민과 노동자, 학생에게 경찰을 동원하여 곤봉 세례를 퍼붓고 일본인의 요구와 이익을 짓밟으면서까지 미국의 방침에 충실했습니다.

우리는 이런 다양한 경험을 통해 '일본의 독립이 제한되고 국민이 모르는 사이에 전쟁 당사국이 되어 있다.'라는 엄중한 현실이 미일안전보장조약에 의해 의무화되어 있는 것을 피부로 이해하고 그 폐지를 요구해 왔던 것입니다.

지금 정부는 이 안전보장조약을 개정하려 하고 있습니다. 개정은 조약을 폐지하기 위해서가 아니라 조약 체제를 강화하는 목적에서 이루어지는 것입니다. 개정을 통해 일본이 공동 방어 의무를 지고 그에 따라 자위대 증강과 핵무장이 요구된다는 것, 한국·타이완과 동맹을 맺어 중국이나 소련을 공격하는 기지를 자진해서 떠맡는 것, 헌법이 부정되고 민주주의와 평화의 기조가 무너지는 것 등등은 일본의 운명, 민족의 장래를 위해 예사롭지 않은 중대사입니다.

우리는 과거에 무책임한 국군주의와 군사동맹이 국민의 의사와 달리 전쟁을 도발하여 중국을 비롯한 아시아 각국과 일본 국민을 도탄의 고통으로 몰아넣은 것을 잊어서는 안 됩니다.

지금 기시(岸) 내각이 걸어가고자 하는 길이 그 길과 너무나 흡사한 것을 우리는 강조하고자 합니다.

우리는 이렇게 일본의 평화와 민주주의를 위기로 내몰고 국민 생활을 파괴하는 안전보장조약 개정에 절대로 반대합니다.

우리는 일본의 안전보장이 어떠한 군사 블록에도 가입하지 않고 자주독립의 입장을 견지하며 적극적인 중립외교를 관철함으로써 비로소 확보된다고 믿습니다.

이것은 평화헌법을 왜곡하지 않고 엄수함으로써 실현할 수 있다고 생각합니다.

국민 여러분!

우리는 이번에 이와 같은 방침을 실현하기 위한 공동 투쟁 기관으로 '안보조약 개정 저지 국민회의'를 결성하게 되었습니다.

전국의 각 단체가 이 국민회의에 빠짐없이 참가하기를 충심으로 요청합니다. 경찰관 직무집행법 개악안을 철회시킨[40] 국민의 힘으로 '안보조약의 폐지와 개정 저지'를 위해 일어섭시다.

평화를 사랑하는 전국의 단체 여러분!

중앙의 국민회의는 3월 28일에 결성대회를 개최합니다.

안보조약 폐지를 요구하고 개정에 반대하는 모든 정당과 단체를 망라한 이런 회의를 각지에서 조직해 주십시오. 선거운동에서 여러분의 힘이 국민의 관심을 일깨워 국민운동을 발전시키도록 노력합시다.

학자, 문화인들과도 제휴를 강화하여 우리의 싸움을 더욱 전진시켜 주십시오.

노동자 여러분!

우리들 사이에는 안보조약이 우리 직장과 직접 관계가 없다는 착각이 있습니다.

그러나 조합 운동을 탄압하고 근무 평가를 강요하며 해고를 합리화하려는 정부와 독점자본의 방침이 군국주의의 부활을 꾀하는 정책의 구체적인 표출이라는 점을 여러분은 잘 알고 계시리라 생각합니다.

노동자 계급이 이 정책을 저지하기 위해 일어서지 않는다면, 기시 내각은 아무런 저항도 받지 않고 이 전쟁 정책을 실현해 버릴 것입니다. 지금 즉시 직장에서 토론을 추진하여 4월 15일의 직장대회를 기점으로 여러분

---

40 경찰관 직무집행법 개악안 철폐 : 1958년 기시 내각은 영장없이 신체를 검사하고 보호를 명목으로 구금이 가능하도록 경찰관 직무집행법을 개정하려 했지만, 격렬한 반대운동이 일어나 개정안을 철회하였다. 당시는 미일안전보장조약 개정 회담이 열리는 상황이어서, 경찰관 직무집행법 개정 반대운동은 안보 개정과 연동된 운동이었다.

의 결의를 확실하게 하나로 정리해 주십시오,

그리고 경찰관 직무집행법 개악 반대 투쟁에 나섰을 때와 같이 단호한 실력 행사에 나서 조인을 저지합시다.

노동자 계급의 확신에 찬 투쟁이 바로 국민의 마음을 지탱하는 기둥입니다.

일본사회당·전일본농민조합연합회·헌법옹호국민연합·일본평화위원회·원수폭금지일본협의회·일중우호협회·일중국교회복국민회의·인권을 지키는 부인협의회·전국군사기지반대연락회의·전일본청년학생공투회의·일본노동조합총평의회·평화와 민주주의를 지키는 도쿄공투회의·중립노조연락회의

출전 日本平和委員会編『平和運動二〇年史料集』(『日本史史料』現代).

내용 1959년 3월 28일 미일안전보장조약 개정 협상이 본격화하는 가운데 일본노동조합총평의회(總評), 일본사회당 등이 결성대회를 열고 '안전보장조약 개정 저지 국민회의'를 발족하였다. 국민회의에는 135개 단체가 참가하였고, 총평 등 13개 단체가 간사단체회의를 구성하였다. 국민회의는 4월 15일의 제1차 통일 행동을 시작으로 60년 10월의 제23차 통일 행동까지 지속적으로 대중운동을 조직, 지도하는 역할을 수행하여 1년여에 걸친 안보투쟁의 추진력이 되었다.

신안보조약

일본과 미국 사이의 상호협력 및 안전보장조약

일본과 미국은 양국 사이에 전통적으로 존재하는 평화와 우호 관계를 강화하고 민주주의의 각 원칙 및 개인의 자유와 법의 지배를 옹호하는 것

을 희망한다. 또 양국 사이 더욱 긴밀한 경제적 협력을 촉진하고, 또 각각의 국가에서 경제 안정과 복지 조건이 증진되기를 희망하며, 국제연합헌장의 목적과 원칙에 관한 신념, 모든 국민과 모든 정부와 함께 평화롭게 살아가려는 바람을 재확인한다. 아울러 양국이 국제연합헌장이 정한 개별적 또는 집단적 자위의 고유한 권리를 가지고 있음을 확인한다. 또한 양국이 극동에서 국제 평화와 안전의 유지에 공통 관심을 가지고 있음을 고려하여, 상호 협력 및 안전보장조약을 체결하기로 결의하고, 이에 따라 다음과 같이 협정한다.

제1조 양국은 국제연합헌장이 정한 바에 따라 각자 관련된 국제분쟁을 평화적 수단에 의해 국제 평화와 안전 및 정의를 위태롭게 하지 않도록 해결한다. 그리고 각자의 국제관계에서 무력에 의한 위협 또는 무력행사가 어떤 국가의 영토 보전 또는 정치적 독립에 반하는 것, 또 국제연합의 목적과 양립하지 않는 다른 어떠한 방법에 의한 것은 삼갈 것을 약속한다.

양국은 평화를 애호하는 다른 국가와 협동하여 국제 평화와 안전을 유지하는 국제연합의 임무가 더욱 효과적으로 수행되도록 국제연합을 강화하는 데 노력한다.

제2조 양국은 자유로운 제도들을 강화함으로써, 이들 제도의 기초를 이루는 원칙의 이해를 강화함으로써, 그리고 안정과 복지의 조건을 조장함으로써 더욱 평화적이고 우호적인 국제관계의 발전에 공헌한다. 양국은 국제 경제정책의 차이를 제거하는 데 노력하고, 또 양국 사이의 경제적 협력을 촉진한다.

제3조 양국은 개별적으로, 그리고 상호 협력하여, 계속적이고 효과적인 자조(自助)와 상호 원조를 통해 무력 공격에 대항할 각자의 능력을 헌법상의 규정을 지키는 조건으로 유지하고 발전시킨다.

제4조 양국은 이 조약 실시와 관련해 수시로 협의하고, 또 일본의 안전 또는 극동의 국제 평화와 안전에 위협이 발생했을 때는 언제라도 어느 한쪽 양국의 요청에 따라 협의한다.

제5조 각 양국은 일본의 행정이 미치는 영역에서 어느 한쪽이 무력 공격을 받을 경우 그것이 자국의 평화와 안전을 위험하게 만드는 일임을 인정하고, 자국의 헌법상의 규정과 절차에 따라 공통의 위험에 대처하도록 행동할 것을 선언한다.

위에 언급한 무력 공격과 그에 따라 취한 모든 조치는 국제연합헌장 제51조의 규정에 따라 즉시 국제연합안전보장이사회에 보고해야 한다. 그 조치는 안전보장이사회가 국제 평화와 안전을 회복하고 또 유지하기 위해 필요한 조치를 취했을 때는 그만두어야 한다.

제6조 일본의 안전에 기여하고, 또 극동에서 국제 평화와 안전의 유지에 기여하기 위해 미국은 그 육군, 공군 및 해군이 일본에서 시설과 구역을 사용할 수 있다.

위에 언급한 시설과 구역의 사용 및 일본내 미국 군대의 지위는 1952년 2월 28일 도쿄에서 서명한 일본과 미국 사이의 안전보장조약 제3조에 입각한 행정협정(개정을 포함)을 대신할 개별 협정 및 합의할 다른 규정에 따라 개정한다.

제7조 이 조약은 국제연합 헌장에 입각한 양국의 권리와 의무 또는 국제 평화와 안전을 유지하는 국제연합의 책임에 대해서는 어떠한 영향도 끼치지 아니하며, 또 끼치는 것으로 해석되어서는 안 된다.

제8조 이 조약은 일본과 미국 각자의 헌법상 절차에 따라 비준되어야 한다. 이 조약은 양국이 도쿄에서 비준서를 교환한 날 효력이 발생한다.

제9조 1951년 9월 8일 샌프란시스코에서 서명한 일본과 미국 사이의 안전보장조약은 이 조약이 효력을 발생할 때 효력을 상실한다.

제10조 이 조약은 일본 구역에서 국제 평화와 안전 유지를 위해 충분히 규정한 국제연합의 조치가 효력을 발생했다고 일본 정부와 미국 정부가 인정할 때까지 효력을 가진다.

물론 이 조약이 10년간 효력을 존속한 이후에는 어느 조약국도 다른 조약국에 이 조약을 종료시킬 의사를 통고할 수 있으며, 그 경우 이 조약은 그런 통고가 이루어진 1년 후 종료한다.

출전 『官報』号外 1960. 6. 22.(『日本史史料』現代).

내용 1951년에 체결된 안보조약은 자위대가 발족하기 전에 체결된 것으로, 미군이 일방적으로 일본을 보호하는 측면이 강하였다. 1955년 보수 합동에 의해 탄생한 자민당 정권은 급속하게 회복하기 시작한 일본의 경제력을 배경으로 안보조약을 미일 양국의 대등한 조약으로 개정하려 하였다. 1957년 기시 노부스케(岸信介) 총리와 아이젠하워 대통령 사이의 합의를 거쳐 개정작업에 들어가, 1960년 1월 19일 조인하였다. 신조약은 일본의 군사력 증강을 의무화하고, 일본 영역에서 미일 어느 쪽이 무력공격을 받았을 때 공동으로 대응한다고 규정하는 등 쌍무성을 높였다. 이에 대해 미국의 군사전략에 휘말려들 우려가 있다는 반대 운동이 격렬하게 일어났다. 하지만 의회에서 압도적 다수를 차지하는 자민당은 중의원에서 단독으로 가결을 강행하고, 참의원의 승인을 받지 않은 채 1개월 후인 1960년 6월 19일 그 효력이 개시되었다. 기시 내각은 조약의 비준서를 교환한 후 총사직하였다.

신안보조약 체결에 대한 소련의 반응

미일안보조약과 하보마이·시코탄 반환 조건에 관한 소련 각서

올해(1960) 1월 19일 소위 '상호 협력과 안전에 관한 조약'이 일본과 미국 사이에 조인되었다. 본 조약의 내용은 극동과 태평양 지역의 정세 및 광범위한 이 지역에 있는 다수의 국가, 가장 먼저 소련과 중화인민공화국 같은 직접적인 이웃 국가의 이해에 중대한 영향을 끼치는 것이다.

이 조약에 따르면 일본 정부가 자발적으로 동의하여 일본 영역에 장기간 외국 군대가 주둔하고 군사기지를 두는 것이 다시 확정되었다. 동 조약 제6조에 따르면 미국에 "그 육군, 공군, 해군이 일본에서 설비와 지역을 사용하는 것이 허용된다."고 규정되어 있다. 동 조약 중 그것을 실시하기 위한 협의와 관련된 여러 조항으로 말미암아 일본 국민의 의사와 관계없이 일본이 군사 분쟁에 휘말려들 수 있다는 사실을 감출 수 없다.

이 조약에 의해 사실상 일본 점령의 영구화, 일본 영역을 외국의 지배하에 두는 것, 일본에서 오키나와와 오가사와라(小笠原)를 분리하는 것 등이 구체화되었다. 이와 더불어 이 조약의 각 규정에 따라 불가피하게 발생하는 일본의 군사적, 경제적, 정치적 의존 등은 이 조약 발효 후 일본의 주권이 도대체 실제로 얼마나 남을까라는 당연한 의문을 불러일으킨다. 향후도 일본에 외국 군대가 주둔한다는 사실은 이미 일본이 행위에 제한을 받는다는 것을 의미한다. 이렇게 새로운 군사조약을 체결함으로써 실질적으로 일본은 자신의 손으로 주권국으로서의 권리 중 현저한 부분을 외국에 양도하고 자국의 국가적 독립을 상실하는 사태에 이르렀다.

조약에서 확정되어 있는 자기의 군사적 잠재력을 증대시켜야 한다는 일본의 의무도 이와 직접적인 관계가 있다.

이 조약을 강화하기 위해 필요한 일본의 재무장 계획 중 일본 군대를 일본 영내에 배치되어 있는 외국군과 마찬가지로 로켓, 핵무기로 무장하는 것이 특히 중요하다는 것은 누구에게도 비밀이 아니다.

이것 자체로 일본은 평화 우호에 관한 일본 정부의 수차례 성명에 반하고, 전쟁과 군사력을 사용한 위협으로부터 영구 거부를 선언한 자국 헌법에 반하여, 광범위한 재군국주의화의 길로 공공연히 들어선 것이다.

생각건대 일본 정부는 13년 전에 채택한 헌법의 본문 중에 기술되어 있는 '영구'는 이미 지나간 과거의 것이라고 보고 있는 것 같다. 1947년에는 일본의 기본법에서 전쟁이 엄중하게 비난받고 있었는데, 1960년 일본의 대외 정책은 군국주의화와 극동의 평화 유지에 반대하는 군사동맹에 직접 참가하는 방향으로 더욱 명확하게 기울고 있다.

소련 정부는 새로운 전쟁 발생의 위협을 증대시키는 국제정치상의 조치가, 그 어떠한 것이라도 얼마나 위험을 수반하는가에 대해 여러 번 일본 정부에 대해 주의를 환기하였다. 현재는 주지하는 바와 같이 이런 류의 경고를 하는 데 특히 중대한 근거가 있다.

일본이 새로운 전쟁 조약을 체결한 것은 향후 일본의 안전보장에 도움이 되지 않는다. 오히려 그것은 일본을 새로운 전쟁으로 끌어들이는 결과가 됨으로써 불가피하게 초래되는 파멸의 위험을 심화시키는 것이다. 로켓, 핵무기 전쟁이 벌어질 수 있는 현재의 조건에서 협소하고 인구가 조밀하며, 더욱이 외국의 군사기지가 산재하는 영토를 가진 일본이 가장 먼저 히로시마, 나가사키의 비극적 운명을 경험할 위험이 있는 것을 모르는 사람이 누가 있을까?

현대에는 국가의 진실한 국력, 그 국제적 위신, 그리고 그 위정자들의 현명함은 그 국가의 군대를 보충하는 새로운 사단의 숫자라든가, 이미 존재하고 있는 외국 기지에 더하여 다시 몇몇 기지가 그 영역 내에 설치되는가에 의해 정해지는 것이 아니다. 국가의 권위, 그 국제적 사업에서의 역할은 우선 첫째로 평화 강화 사업에 얼마나 기여하는가에 달려 있다. 또 그 지도자가 국제적 긴장 완화에 대해, 군비 철폐에 대해, 모든 군사적 기계의 철거에 대해, 얼마나 투쟁하는가, 나아가 외국 군사기지, 즉 '냉전'의 잔재가 다른 어느 나라에도 존재하지 않도록 얼마나 단호하게 투쟁하고 있는가에 있다.

일본 정부가 조약에 조인하는 것이 일본 영토를 외국 군사기지로 만들기 위해 국가의 문호를 더욱 넓게 여는 것이라고 인정해도 좋을까? 회답이 그 자체로 명료해지기 위해서는 이런 질문을 하면 충분할 것이다.

소련 정부 수뇌 흐루쇼프가 국제연합에서 제공한 전반적 완전 군축에 관한 소련의 제안이 전 세계에서 어떤 반향을 불러일으켰는지는 잘 알려져 있는 바이다. 여러 국가의 국민들은 이 제안이 실현되는 가운데 인류를 전쟁과 군비의 부담으로부터 구하는 길을 희구하고 있다. 국제연합 총회가 전반적 완전 군축의 구상을 담은 결의를 만장일치로 채택하고, 이 결의에는 일본 대표도 찬성 투표를 한 것은 일본 정부도 잘 알고 있다. 10개국으로 구성되어 특별히 설치된 군축위원회는 가까운 장래에 본 제언의 검토에 착수해야 하지만, 일본 정부는 위원회의 활동 결과를 기다리지 않을 뿐만 아니라, 위원회 업무 개시조차 기다리지 않고 군축 목적에 정반대의 목적을 추구하는 새로운 군사조약을 체결한 것이다.

소련 정부는 일본의 평화적, 독립적 발전을 지향하는 일본의 방책에는 전폭적인 지지를 할 용의가 항상 있다. 소련은 종래와 같이 다른 강국과 공동으로 일본의 중립에 필요한 보장을 할 용의가 있다. 소련 정부는 주지하는 것처럼 소련·중화인민공화국과 일본 사이에 평화 우호 조약을, 미국과 기타 태평양 국가들의 동의 하에 체결할 것을 주장하였다. 소련 정부는 소련이 일본과 소련 국민을 위해 일본과 소련 사이의 접근을 조성하는 진정한 선린관계를 조정(調整)하여, 호혜 통상, 문화와 기타 연계를 확대하기를 희구하고 있음을 여러 차례 강조해 왔다.

그러나 소련 정부는 일본이 극동의 평화를 저해하고 소·일 관계 발전에 장애가 되는 새로운 군사조약을 체결하는 조치를 당연히 묵과할 수 없다.

이 조약은 사실상 일본의 독립을 빼앗고, 일본이 항복한 결과 일본에 주둔하고 있는 외국 군대가 향후 일본 영토에 계속 주둔하는 것과 관련하여 하보마이, 시코탄섬을 일본에 양도하겠다고 한 소련 정부의 약속을 실현할 수 없게 하는 새로운 정세가 조성되었다.

평화조약 조인 후 이들 섬을 일본에 양도하기로 승낙한 것은, 소련 정부가 일본의 희망에 부응하여 소·일 협상 당시 일본 정부가 표명한 일본의 국민적 이익과 평화 애호의 의도를 고려했기 때문이다.

그러나 소련은 일본 정부가 조인한 새로운 조약이 소련과 중화인민공화국을 향하는 것임을 고려하여 이들 섬을 일본에 양도함으로써 외국 군대의 사용 영토가 확대되는 것을 촉진할 수 없다.

따라서 소련 정부는 일본 영토에서 모든 외국 군대가 철수하고, 또 소·일 간 평화조약이 조인되는 것을 조건으로 해서 비로소 하보마이와 시코탄섬이 1956년 10월 19일 소·일 공동선언에 규정된 대로 일본에 양도될 것이라는 점을 성명할 필요가 있다고 판단했다.

이상을 통해 명확한 것처럼 일본 정부에는 극동에서 평화 보장의 이익에 반하는 군사조약의 서명과 관련하여 발생하는 모든 결과에 대해 엄중한 책임이 있다.

모스크바, 1960년 1월 27일

출전 『日本外交主要文書·年表』(1)(データベース『世界と日本』).

내용 1960년 신안보조약이 체결되자 소련은 즉시 각서를 발표하고 이 조약이 소련과 중화인민공화국을 향한 군사조약이라고 반발하였다. 소련은 신조약 체결을 일·소 공동선언에서 규정한 하보마이·시코탄 양도 문제와 관련시켜, 외국 군대의 철수와 평화조약 체결을 조건으로 두 섬의 양도를 선언하였다.

6·15 사건의 실황 라디오 중계

○ 1960년 6월 15일 오후 10시 30분경

아나운서 : 여기는 국회 앞입니다. 안보 반대, 국회 즉시 해산을 요구한 제18차 통일 행동은 마침내 피를 불러, 사망자까지 나온 국회 주변은 여전히 이상한 흥분에 휩싸여 있습니다. 10시 이전부터 내리기 시작한 비에도 굴하지 않고, 사람들은 국회 주변에서 정말이지 분노를 주체할 수 없다는 얼굴로 조용히 빗속에 우두커니 서 있습니다. 국회 출입문 앞에서 국회 주변의 여러 가지 모습을 전해 드리겠습니다.

이 출입문 앞에는 구내의 경찰부대가 있고, 그리고 국회 밖에서부터 노동조합원과 학생들이 경찰에게 저마다 소리를 지르고 있습니다. 저쪽 중의원 의원면회소에서는 중경상자가 연달아 실려 나오고 있는데, 확실히는 모르지만 구급차 50대가 부상자를 연달아 실어날랐다고 합니다. 지금도 여전히 사이렌 소리와 함께 부상자가 실려 나오고 있습니다.

그리고 지금 정문 앞에 갔던 구보타(久保田) 아나운서가 돌아왔으므로 상황을 들어보기로 하겠습니다.

구보타 아나운서 : 정문은 10분 전쯤 장갑차 10대가 늘어서서 바리케이드를 치고 있었는데, 약 5,60명의 학생이 거기에 줄을 매달아 장갑차를 밖으로 내보내고, 그 틈을 뚫고 국회 안으로 들어가려고 했지만, 결국 성공하지 못했습니다. 약 5분 정도 그런 행동을 계속하다가 포기했습니다. 여전히 정문에서 바리케이드를 사이에 두고 장갑차의 경찰과 전학련(全學連), 노조의 대치가 계속되고 있는 상황입니다.

아나운서 : 마이크 주변에 매우 많은 사람들이 모여 있으므로, 오늘의

상황 등을 들어보기로 하겠습니다. 저마다 부르짖는 소리가 노조 원과 학생들의 목소리입니다.

목소리 : 그래도 되는거야? 이 놈들아.

목소리 : 사람 목숨을 지키라는 경찰이 사람을 죽였단 말이야.

목소리 : 헬멧 밑에 있는 머리로 생각해 보란 말이야.

아나운서 : 앞쪽으로 가서 구내 근처의 상황을 살펴보았습니다만, 대체 로 이와 같은 상황입니다. 잠시만요, 부인, 기모노를 입으셨는데 요, 오늘은 ……

여성 : 텔레비전을 보고 있었는데 너무나 심한 것에 흥분해서요. 학생 중에는 구급차에 수용되어 이름이 나오는 경우도 있는데, 학교 측 으로부터 압력을 받아 싫다는 사람도 있다고 하더라고요. 그래서 그것이 걱정이 되어 한 사람이라도 급한 환자가 도움을 받았으면 하고, 서둘러 약국에 가서 상처에 바르는 약을 사고, 붕대와 탈지 면을 가지고 차를 타고 급히 달려온 겁니다.

아나운서 : 그러셨군요. 감사합니다.

여성 : 진짜 그만둬야 한다고 생각해요. 기시씨가 이런 비상시국을 풀 어야 할 때라고 생각해요, 총리대신으로서.

아나운서 : 감사했습니다. 이미 11시가 가까워졌는데 국회 주변은 여 전히 삼엄하고, 흥분의 도가니라고 할 수 있는 상황인데, 언제까 지 이런 상태가 계속될지 예측할 수 없습니다.

국회 정문 부근에서 장갑차에 불이 붙어, 지금 장갑차가 불타 는 중이라는 정보가 들어왔습니다.

O 16일 오전 1시 30분경

아나운서 : 여기는 국회 앞에 나와 있는 FM 자동차입니다. 벌써 심야 1시 반이 가까워지고 있지만, 삼엄한 국회 주변은 여전히 그때 국

회 돌입 때 그 비극이 일어났던 그때와 완전히 똑같습니다. 때로는 강하게, 때로는 약하게 여전히 비가 내리고 있습니다만, 삼엄한 국회 주변은 여전히 변함이 없습니다. 앞서 여러 가지 뉴스를 전해드렸습니다만, 그 후에 알게 된 정보를 여기서 전해드리도록 하겠습니다.

약 10분 전입니다만, 일단 조용해진 이 FM 자동차가 있는 남쪽 출입문 바로 근처에 지원 경찰이 속속 도착하여, 이상한 흥분이 다시 고조되고 있는 상황입니다.

이 FM 자동차는 남쪽 출입문 바로 앞에 9시경부터 지키고 있습니다만, 그 앞에 경시청의 장갑차가 전부 4대, 5대 세워져, 장갑차에 포위되어 있는 느낌입니다.

(빠른 어조로) 바로 눈앞에서 경찰이 경찰봉을 휘두르고 있습니다. 눈앞에서 경찰이 경찰봉을 휘두르고 있어요. '이 자식'이라고 하고 있어요. 지금 때리고 있습니다. 마이크를 가까이 대어보겠습니다. (난잡한 소리가 들어온다) 경찰이 격렬하게 폭력을 휘두르고 있습니다. (이 자식, 뭐 하는 짓이야 등의 말) 마이크도 경찰이 땅에 끌어 내렸습니다. (사이렌 소리) 경찰에게 지금... 멱살을 잡혔습니다. 지금 실황 중계 중입니다만, 경찰이 제 얼굴을 때렸습니다. 그리고 목을 움켜쥐고 '너 뭐하고 있어'라고 합니다. 이것이 현재 상황입니다. (검거해, 검거) 맞은 편에서 '검거하라'고 하면서, 심한 폭력입니다. 저도 목덜미를 잡혔습니다. 엄청난 상태입니다. 법률도, 그리고 질서도 뭐도 없는 상태입니다. 그저 증오뿐입니다. 분노에 타오른 경찰, 그리고 학생들의 증오만 있습니다.

아나운서 : 지금 시마(島) 아나운서가 멱살을 잡혔습니다. 엄청난 기세로 경찰에게 맞았는데, 이때 경찰의 형상은 전혀 인간이라는 생각이 들지 않는 격한 표정에 가득 차 있었습니다. 오로지 존재하는

것은 동물로서의 증오뿐이라고, 이렇게까지 극언을 해도 아마 과언은 아니라고 생각됩니다. 아, 또 그곳에서 지금 이 마이크에서 불과 10미터도 떨어지지 않은 곳에서 경찰이, 경찰이... 엄청난 폭력입니다. 경찰의 엄청난 폭력입니다. 이것이 현장의 상황입니다. 이것이 일본 현대의 상황입니다.

경찰이 점점 늘어나고 있습니다. 장갑차가 줄지어 있습니다. 남쪽 출입문 앞, 국회 기자클럽 앞입니다. 관저와 국회 남쪽 출입문 사이입니다. 격렬한 난투가 벌어지고 있습니다. 그 뒤에 경찰이 속속 늘어나고 있습니다. (자동차 소리) 트럭도 늘어나고 있습니다. 1시 반입니다. 시위대가 뿔뿔이 흩어져 도망하고 있는 그런 상황입니다.

출전 臼井吉見編『安保·一九六〇』(『史料日本近現代史』Ⅲ 戦後日本の道程).

내용 1960년의 '안보투쟁'은 사회당과 공산당 등 기성 정당뿐만 아니라 노조와 학생, 시민들이 참가하여 매일 국회의사당을 포위하는 등 엄청난 규모로 확대되었다. 일본이 핵전쟁에 가담하여 다시 전쟁의 길로 들어서는 것에 대한 강한 위기감에서 나온 반대 운동으로, 패전 후 민중운동은 최고조에 달했다. 5월 20일 신안보조약이 중의원에서 자민당의 단독 가결 강행으로 승인되자, 그에 반대하는 데모가 더욱 격렬하게 벌어졌다. 6월 10일에는 아이젠하워 미 대통령 방일 준비를 위해 방문한 비서관이 공항에서 데모대에 포위되는 사건이 발생했다. 또 6월 15일에는 전학련(全學連) 주류파가 국회 구내로 돌입하여 집회를 열었는데, 기동대의 실력행사로 인해 전학련 소속 도쿄대학 여학생 간바 미치코(樺美智子)가 사망하고 다수의 부상자가 나왔다. 위에 든 자료는 6월 15일 당일의 라디오 실황 중계이다. 조약은 참의원의 승인 없이 6월 19일 자동 성립되었다. 안보투쟁에 의해 아이젠하워 대통령의 방일은 취소되고 기시 내각은 퇴진하였다.

북폭北爆 지지를 표명하는 사토 총리의 발언

1. 발족 이래 사토(佐藤) 내각은 자유를 지키고 평화를 관철하는 것을 외교의 기본 원칙으로 삼고 있다. 평화헌법을 지키고, 전쟁에는 말려들지 않으며, 스스로 침략 전쟁 따위는 않는다는 태도를 앞으로도 관철해 나갈 것이다. 베트남전쟁이 계속되면 미일안전보장조약이 이용되어, 외국이 일본의 기지를 공격하여 일본이 피하려 해도 일본이 전쟁에 말려들 우려가 있다고 불안을 가진 사람이 있다. 그러나 평화를 관철한다는 기본적 태도를 견지하는 이상, 그런 걱정은 없다는 것을 확실히 단언한다.

2. 미일안전보장조약은 베트남 문제와는 관계가 없다. 앞서 방일한 로지미 특사도 나에게 일본을 전쟁에 말려들게 할 수 있는 일은 하지 않는다, 하노이를 폭격하거나 북베트남의 일부를 점령하는 일은 절대로 하지 않는다고 약속하였다. 미국의 북폭은 베트콩[41]에 대한 보급을 차단하기 위한 활동으로 보급로만 폭격하고 있으며, 그 때문에 베트콩도 활동 범위를 축소하고 있다.

3. 서로 독립을 존중하고 내정불간섭이 확립되면 평화는 지켜진다. 북폭만 그만두고 북에 대해서 아무것도 요구하지 않는 것으로는 수습되지 않는다. 앞서 프랑스의 폴 전 총리와 회담했을 때, 일본은 미국에, 프랑스는 중화인민공화국 등에 공작을 벌이기로 한 것도 한쪽에 대한 공작만으로는 불충하기 때문이다.

4. 그런데도 학자 그룹은 미국의 북폭만 비난하고 있다. '손바닥도 서로 부딪혀야 소리가 난다.'는 말이 있듯이, 미국의 북폭에는 나름의 이유가 있고, 폭격을 받는 쪽에도 책임이 있다. 북쪽은 미국을 제국주의라고 비난하지만, 미국은 북으로부터의 침투가 없어지면 폭격은 그만둔다고 하지 않

---

41 베트콩 : 남베트남민족해방전선, 나아가 베트남인 공산주의자에 대한 멸칭.

는가?

　5. 우리가 가장 두려워해야 할 것은 적색 제국주의다. 그들은 전 세계를 적화시키지 않으면 멈추지 않는다고 하기 때문이다. 중화인민공화국이 일본의 공업력과 결합하면 세계 지배도 가능하며, 이미 일본의 35%, 즉 공산당과 사회당 좌파는 적화되었다는 견해를 가진 중화인민공화국 수뇌조차 있다고 들었다. 적색 제국주의와는 끝까지 대결해야 한다. 그것을 위해서는 자유주의, 민주주의 아래서 살기 좋은 사회를 실현하여 자유주의가 공산주의보다 우월하다는 것을 실증해야 한다.

　출전 『朝日新聞』 1965년 5월 8일(『日本史史料』 現代).

　내용 1964년 통킹만 사건을 구실로 북베트남의 해군기지를 폭격한 미국은 이듬해부터 북폭(北爆)을 본격화하였다. 그와 동시에 오키나와의 미군기지에서도 미군 폭격기가 출동하여 북베트남을 공격하였다. 이런 움직임 속에서 사토 총리는 미국의 행동을 지지하는 연설을 하여 베트남전쟁에 반대하는 사람들의 비판을 받았다. 한편 일본에서는 '베트남에 평화를! 시민연합(ベ平連, 베헤이렌)'이 중심이 되어 반전 평화운동을 전개하였다.

오키나와 반환 협정

　일본과 미국은 일본 총리대신과 미국 대통령이 1969년 11월 19일, 20일과 21일에 류큐군도와 다이토(大東)군도(동년 11월 21일 발표된 총리대신과 대통령 사이의 공동성명에서 말하는 '오키나와')의 지위에 대해 검토하고, 이들 군도의 일본 조기 복귀를 달성하기 위한 구체적인 협정에 관해 일본 정부와 미국 정부가 곧바로 토의에 들어가는 데 합의한 점에 유의하여[42], 양 정부가 이 협의를 진행하였다. 그 결과 이들 군도의 일본 복귀가 앞서 언급한 공동성명의 기초 위에서 이루어지는 것을 재확인한 것에 유의하여, 일본은 류큐군도와 다이토군도의 영역과 주민에 대한 행정, 입법 및 사법상 모든 권력을 행사하기 위한 완전한 권능 및 책임을 인수하기를 희망하고 있다. 이를 고려하여 다음과 같이 협정하였다.

　　제1조

　　　　1. 미국은 2에 정의하는 류큐군도와 다이토군도에 대해 1951년 9월 8일 샌프란시스코시에서 서명된 일본과의 평화조약 제3조 규정에 입각한 모든 권리와 이익을 이 협정의 효력 발생일부터 일본을 위해 포기한다. 일본은 그와 함께 이들 군도의 영역과 주민에 대한 행정, 입법 및 사법상의 모

---

42 사토 에이사쿠(佐藤榮作) 총리대신과 닉슨 대통령의 공동성명 중 오키나와 반환 관련 부분은 다음과 같다. "총리대신은 미·일 우호 관계의 기초 위에 서서 오키나와의 施政權을 일본에 반환하여 오키나와가 정상적인 모습으로 복귀하기를 바라는 일본 본토와 오키나와에 있는 일본 국민의 강한 희망에 답해야 할 시기가 도래했다는 견해를 피력하였다. 대통령은 총리대신의 견해에 이해를 표하였다. 총리대신과 대통령은 또 현재와 같은 극동 정세 아래에서 오키나와에 있는 미군이 중요한 역할을 수행하고 있는 점을 인정했다. 토의 결과, 양자는 미·일 양국 공통의 안전보장상의 이익은 오키나와의 시정권을 일본에 반환하기 위한 협정에서 만족시킬 수 있다는 점에 의견이 일치되었다. 따라서 양자는 일본을 포함한 극동의 안전을 손상하지 않고 오키나와의 일본 조기 복귀를 달성하기 위한 구체적인 협정에 관해 양국 정부가 곧바로 협의에 들어가는 데 합의하였다. 나아가 양자는 입법부의 필요한 지지를 얻어 앞서 언급한 구체적 협정이 체결되는 것을 조건으로 1972년 중에 오키나와의 복귀를 달성하도록, 이 협의를 촉진하는 데 합의하였다. 이와 관련하여 총리대신은 복귀 후에 오키나와의 국지(局地) 방어 책무는 일본 자체의 방위를 위한 노력의 일환으로 서서히 그것을 담당하겠다는 일본 정부의 의도를 밝혔다. 또 총리대신과 대통령은 미국이 오키나와에서 양국 공통의 안전보장상 필요한 군사상의 시설 및 구역을 미일안전보장조약에 입각하여 유지하는 데 의견이 일치하였다."

든 권력을 행사하기 위한 권능 및 책임을 인수한다.

2. 이 협정 적용상 '류큐군도와 다이토군도'는 행정, 입법 및 사법상의 모든 권력을 행사하는 권리가 일본과의 평화조약 제3조 규정에 따라 미국에 부여된 모든 영토와 영해 중, 그러한 권리가 1953년 12월 24일 및 1968년 4월 5일 일본과 미국 사이에 서명된 아마미(奄美)군도에 관한 협정과 남방(南方)군도 및 기타 군도에 관한 협정에 따라 이미 일본에 반환된 부분을 제외한 부분을 말한다.

제2조

일본과 미국 사이에 체결된 조약과 기타 협정(1960년 1월 19일 워싱턴에서 서명된 일본과 미국 사이의 상호 협력과 안전보장조약 및 그에 관련된 협정, 그리고 1953년 4월 2일 도쿄에서 서명된 일본과 미국 사이의 우호통상항해조약을 포함하지만, 이들에 한정되지 않는다.)은 이 협정의 효력 발생일로부터 류큐군도와 다이토군도에 적용되는 것이 확인된다.

제3조

1. 일본은 1960년 1월 19일에 워싱턴에서 서명된 일본과 미국 사이의 상호 협력과 안전보장조약 및 이에 관련된 협정에 따라 이 협정의 효력 발생일에 류큐군도와 다이토군도에 있는 시설과 구역의 사용을 미국에 허가한다.

2. 미국이 1의 규정에 따라 이 협정의 효력 발생일에 사용이 허가된 일본과 미국 사이의 시설과 구역에 대해, 1960년 1월 19일에 서명된 일본과 미국 사이 상호 협력과 안전보장조약 제6조에 입각한 시설과 구역 및 일본에서 미국 군대의 지위에 관한 협정 제4조의 규정을 적용할 경우 동 조항 1의 "그들이 미국 군대에 제공된 때의 상태"란 당해 시설과

구역이 미국 군대에 의해 최초로 사용된 때의 상태를 말하며, 또 동 조항 2의 '개량(改良)'에는 이 협정의 효력 발생일 전에 가해진 개량을 포함하는 것을 양해한다.

제4조

1. 일본은 이 협정의 효력 발생일 전에 류큐군도와 다이토군도에서 미국 군대 혹은 당국의 존재, 직무 수행 혹은 행동으로부터 발생한 미국 및 그 국민, 그리고 이들 군도의 현지 당국에 대한 일본 및 그 국민 모두의 청구권을 포기한다. …(이하 생략)…

출전 外務省編『わが外交の近況』(外交靑書) 16号(データベース『世界と日本』)

내용 1945년 제2차 세계 대전 종결 이후 오키나와는 일본 본토와 분리되어 미국이 단독 점령하였다. 1951년 샌프란시스코 강화조약이 체결된 이후에도 오키나와는 미국의 시정권(施政權) 아래 있었다. 조국복귀운동(祖國復歸運動)이 고양되는 가운데 1960년대 후반부터 오키나와 반환 협상이 열렸다. 1969년 사토·닉슨 공동 성명에 입각하여 1971년 6월 19일 오키나와 반환 협정이 체결되고, 1972년 5월 15일 오키나와는 일본에 반환되었다. 반환 후에도 미군 기지가 존속된다는 협정의 내용에 오키나와 주민들은 불만을 표명하였고, 전국적으로 반대 투쟁이 전개되었다.

센카쿠열도尖閣列島에 대한 일본 정부의 입장

센카쿠열도는 메이지 18년(1885) 이후부터 일본 정부가 오키나와현 당국 등의 경로를 통해 여러 차례 현지 조사를 실시하여, 이곳이 무인도일 뿐만 아니라 청조(淸朝)의 지배가 미치고 있는 흔적이 없음을 확인하였다.

이에 메이지 28년(1895) 1월 14일에 각의에서 현지에 경계 표지물을 부설하고 정식으로 우리의 영토로 편입시키기로 결정하였다.

센카쿠열도는 그때 이후 역사적으로 계속해서 우리 나라 영토인 남서제도(南西諸島)[43]의 일부를 구성하고 있으며, 메이지 28년 5월에 발효한 시모노세키조약 제2조에 입각하여 청국에서 할양받은 타이완과 평후열도에 포함되지 않는다.

따라서 샌프란시스코 강화조약에서도 센카쿠열도는 그 조약의 제2조에 입각하여 우리 나라가 포기한 영토에 포함되지 않으며, 그 조약의 제3조에 근거하여 남서제도의 일부에 포함되어 미국이 시정권 아래 있다가, 작년 (1971) 6월 17일 서명된 일본과 미국 사이의 협정(오키나와 반환협정)에 따라 우리 나라에 시정권이 반환되기로 되어 있는 지역에 포함되어 있다. 이 상의 사실은 우리 나라 영토로서의 센카쿠열도의 지위를 무엇보다 명료하게 보여주는 것이다.

또 중국이 센카쿠열도를 타이완의 일부라고 생각하지 않았던 사실은, 샌프란시스코 강화조약 제3조에 근거하여 미국의 시정권 하에 두어진 지역에 동 열도가 포함되어 있는 사실에 대해 종래에 아무런 이의를 제기하지 않았던 점을 봐서도 분명하며, 중화민국 정부도 중화인민공화국 정부도 1970년 후반 동중국해 대륙붕의 석유개발 움직임 표면화되면서 비로소 센카쿠열도 영유권을 문제로 삼기 시작하였다.

또 종래 중화민국 정부와 중화인민공화국 정부는 소위 역사적, 지리적 내지 지질적인 근거라고 몇 가지를 제시하고 있지만, 그 어떤 것도 중국의 영유권 주장을 충분히 뒷받침할 수 있는 국제법상 유효한 논거라고 말할 수 없다.

---

43 南西諸島 : 규슈 남단에서 타이완 북동단 사이의 해역에 징검다리식으로 이어져 있는 도서의 총칭. 일본의 행정구분으로는 가고시마현과 오키나와현에 속한다.

출전 『外交靑書』16号(データベース『世界と日本』).

내용 센카쿠열도(댜오위댜오)는 역사적으로 타이완의 일부로서, 1895년 시모노세키조약에 의해 일본에 할양된 중국의 고유 영토라는 중국의 주장에 대해, 일본은 무주지 선점론에 입각하여 일본의 고유 영토라고 주장하고 있다.

중일공동성명

일본 정부와 중화인민공화국 정부의 공동성명

일본 내각총리대신 다나카 가쿠에이(田中角榮)는 중화인민공화국 국무원 총리 저우언라이(周恩來)의 초청에 따라 1972년 9월 25일부터 9월 30일까지 중화인민공화국을 방문하였다. 다나카 총리대신을 오히라 마사요시(大平正芳) 외무대신, 니카이도 스스무(二階堂進) 내각관방장관과 기타 정부 직원이 수행하였다.

마오쩌둥 주석은 9월 27일 다나카 가쿠에이 총리대신과 회견하였다. 쌍방은 진지하고 우호적인 대화를 나눴다.

다나카 총리대신과 오히라 외무대신, 저우언라이 총리와 지펑페이(姬鵬飛) 외교부장은 일본과 중국 양국의 국교 정상화를 비롯한 양국 간 여러 문제와 쌍방이 관심을 가진 기타 문제들에 대해 시종 우호적인 분위기 속에서 진지하고 솔직하게 의견을 교환하였다. 이어 다음과 같은 양국 정부의 공동성명을 발표하는 데 합의하였다.

일본과 중국 양국은 바다 하나를 사이에 둔 이웃 나라이며, 오랜 전통적 우호의 역사를 가졌다. 양국 국민은 양국 사이에 지금까지 존재하고 있는 비정상적인 상태에 종지부를 찍는 것을 갈망하고 있다. 전쟁 상태가 종결되고 중·일 국교 정상화라고 하는 양국 국민의 소망이 실현되면 양국 관계의 역사에 새로운 페이지를 열게 될 것이다.

일본 측은 과거에 일본이 전쟁을 통해 중국 국민에게 중대한 손해를 끼친 것에 대한 책임을 통감하고 깊이 반성한다. 또 일본 측은 중화인민공화국 정부가 제기한 '복교삼원칙(復交三原則)'[44]을 충분히 이해하는 입장에서 국교 정상화의 실현을 도모한다는 견해를 재확인한다. 중국 측은 이를 환영하는 바이다.

일본과 중국 양국은 사회제도에 차이가 있음에도 불구하고 양국은 평화 우호 관계를 수립해야 하며, 또 수립하는 것이 가능하다. 양국 간 국교를 정상화하고 서로 선린 우호 관계를 발전시키는 것은 양국 국민의 이익에 합치하는 바이며, 또 아시아의 긴장 완화와 세계 평화에 공헌하는 것이다.

1. 일본과 중화인민공화국 사이에 있던 지금까지의 비정상적인 상태는 이 공동성명이 발표되는 날 종료된다.

2. 일본 정부는 중화인민공화국이 중국의 유일한 합법 정부임을 승인한다.

3. 중화인민공화국 정부는 타이완이 중화인민공화국 영토의 불가분의 일부임을 거듭 표명한다. 일본 정부는 이 중화인민공화국의 입장을 충분히 이해하고 존중하며 포츠담선언 8항[45]에 입각한 입장을 견지한다.

4. 일본 정부와 중화인민공화국 정부는 1972년 9월 29일부터 외교관계를 수립하기로 결정하였다. 양국 정부는 국제법과 국제관행에 따라 각자의 수도에 상대방의 대사관 설치와 그 임무 수행을 위해 필요한 모든 조치

---

[44] 復交三原則 : 중국이 일본과 국교 정상화의 조건으로 제시한 세 가지 원칙. ① 중화인민공화국 정부가 중국을 대표하는 유일한 합법 정부이다. ② 타이완은 중화인민공화국 영토의 불가분의 일부이다. ③ 일본이 타이완과 맺은 평화조약은 불법이고, 무효이며, 폐기되어야 한다.

[45] 포츠담선언 8항 : 카이로선언의 조항은 이행되어야 하며, 또 일본의 주권은 혼슈, 홋카이도, 규슈 및 시코쿠 및 우리가 결정하는 작은 섬들에 국한되어야 한다.

를 취하고, 또 가능한 한 빨리 대사를 교환하기로 결정하였다.

5. 중화인민공화국 정부는 중·일 양국 국민의 우호를 위해 일본에 대한 전쟁 배상의 청구를 포기할 것을 선언한다.

6. 일본 정부와 중화인민공화국 정부는 주권과 영토 보전의 상호 존중, 상호 불가침, 내정에 대한 상호 불간섭, 평등과 호혜 및 평화 공존의 원칙에 입각하여 양국 간의 항구적인 평화 우호 관계를 확립하는 데 합의한다.

두 정부는 위의 여러 원칙과 국제연합헌장의 원칙에 입각하여, 일본과 중국이 상호 관계에서 모든 분쟁을 평화적 수단에 의해 해결하고 무력 또는 무력에 의한 위협에 호소하지 않을 것을 확인한다.

7. 일본과 중국 양국의 국교 정상화는 제3국에 대한 것이 아니다. 양국 모두 아시아·태평양지역에서 패권을 추구해서는 안 되며, 이러한 패권을 확립하려는 다른 어떠한 국가 혹은 그런 국가의 집단이 시도하는 데도 반대한다.

8. 일본 정부와 중화인민공화국 정부는 양국 간의 평화 우호 관계를 강고하게 하고 발전시키기 위해 평화우호조약 체결을 목적으로 협상을 하는 데 합의하였다.

9. 일본 정부와 중화인민공화국 정부는 양국 간의 관계를 더욱 발전시키고 인적 왕래를 확대하기 위해 필요에 따라 또한 기존의 민간 결정도 고려하면서 무역, 해운, 항공, 어업 등의 사항에 관한 협정을 체결할 목적으로 협상을 하는 데 합의하였다.

1972년 9월 29일 베이징에서

출전 外務省編 『わが外交の近況(昭和四八年版)』(『日本史史料』現代).

내용 1951년의 샌프란시스코 강화조약에 중국은 초대받지 못하였다. 1952년 4월 일화평화조약이 체결된 이후 일본은 미국의 극동 정책에 따라 타이완의 장제스 정권과만 외교 관계를 유지하였다. 냉전이라는 국제 정세와 문화

대혁명이라는 중국 내부의 혼란 등으로 양국의 화해는 실현되지 않았다. 그러나 1971년 7월 키신저 미 대통령 특별보좌관이 중국을 방문하고 이어 이듬해 닉슨 대통령이 중국을 방문하자, 미국의 외교 방침 변화에 놀란 일본은 급히 중국과 국교를 정상화하였다. 일본은 중화인민공화국이 중국의 유일한 합법 정부임을 승인하고 만주사변 이래 양국의 비정상적인 상태의 종결과 외교 관계의 수립을 선언하고, 중국은 청구권을 포기하였다. 이로써 중일전쟁부터 단절되었던 양국의 국교는 회복되고, 이와 동시에 일본은 중화민국과 단교하였다.

록히드 사건

ㅇ 미키 총리대신이 포드 미국 대통령에게 보낸 서한(1976. 2. 4.)

작년 여름에 우리는 일·미 양국이 영원한 친구임을 인정하고 민주주의의 옹호와 일·미 친선의 발전을 위해 서로 협력할 것을 맹세했습니다. 그리고 서로 믿으며 솔직하게 의견을 개진할 것을 약속하였습니다.

지금 일·미 양국은 록히드 문제라는 유쾌하지 않은 문제에 직면해 있습니다. 이에 나는 신뢰의 정신에 입각하여 이 문제에 관심을 표명하고자 합니다.

대통령 각하, 어제 일본 국회는 중대한 결의를 했는데, 그 결의를 귀국 정부에 전달합니다. 헌법 규정에 따라 국권의 최고기관인 국회가 이러한 이례적인 결의를 한 것은 그만큼 일본 국회가 이번 록히드 사건의 사태 규명을 중대시하고 있기 때문입니다.

일본 정부 관계자가 록히드사에서 돈을 받았다는 미 상원 다국적기업소위원회 공청회 뉴스는 일본 정계에 커다란 충격을 주었습니다. 관계자의 이름이 밝혀지지 않고 사건이 흐지부지 파묻히는 것은, 도리어 일본 민주주의 정치에 치명상이 될 수 있다는 깊은 우려가 현재 일본에 확산되고 있습니다. 나도 그 우려에 공감하고 있습니다. 나는 관계자의 이름이 있다면 그것을 포함해서 모든 관계 자료를 밝히는 것이 일본의 정치를 위해서도, 나아가 먼 장래까지 이어질 일·미 관계를 위해서도 좋다고 생각합니다.

대통령 각하, 지금 일본에서도 진상 규명에 최대한 노력을 기울이고 있지만, 문제를 더욱 명확하게 해명하기 위해 귀국이 계속해서 협력해 주실 것을 희망합니다. 나는 일본의 민주정치가 본 사건 해명의 시련을 감내할 수 있는 힘을 지니고 있다고 확신하고 있습니다. 우리는 진실을 규명할 용기, 그리고 그 결과와 마주해 나갈 자신감을 갖고 있습니다.

대통령 각하, 나는 다국적기업의 행동에 대한 새로운 국제적 규범 제정이 필요하다는 귀하의 의견에 동감합니다. 이에 대해서는 향후 양국이 긴밀히 협의해 나가고자 합니다.

대통령 각하. 귀하가 최근 다망한 것은 잘 알고 있습니다. 하지만 모쪼록 나의 진의를 이해해 주시어 미국 의회와 미국 정부가 일본 국회와 정부의 요청에 부응해 진상 규명에 더욱 협력해 주도록 귀하가 진력해 주시기를 간절히 바라 마지않습니다.

○ 포드 미국대통령이 미키 총리대신에게 보낸 서한(1976. 3. 11.)

나는 귀하의 (1976년) 2월 24일자 서한을 수령하였습니다. 나는 록히드 사가 일본에서 행한 활동에 대해 제기되어 있는 의혹을 지체없이 해명하고자 하는 귀하의 바람에 완전히 동의하고 있음을 확언하고자 합니다. 미국 정부는 본 사건에 대한 수사를 더욱 진행하려는 귀하의 노력을 계속해서 지지하는 바입니다.

국무성은 상원과 증권거래위원회가 보유하고 있는 일본에 관련된 모든 정보를 제공해 달라는 귀하의 요청을 상원과 증권거래위원회에 송부했습니다. 나는 귀국 정부가 상원 다국적기업소위원회로부터 제공받고자 요청한 자료 중 대부분은 이미 제공되었다고 믿습니다. 우리는 증권거래위원회가 그 조사 과정에서 수집하고 있는 정보를 귀국 정부와 나누기 위한 협정(arrangement)을 체결할 용의가 있습니다.

나는 그러한 협정을 작성하기 위해 미·일 양국 정부 당국자가 지체없이 회합할 것을 제안하고자 합니다. 이러한 절차는 일본에서 파견된 법 집행 당국자가 미국의 법 집행 당국자와 긴밀히 협력하여 미국의 수사·조사 기관이 보관하고 있는 관계 정보를 비밀 취급 방식으로 입수할 수 있게 할 것입니다. 증권거래소의 법적, 행정적 관행상, 조사와 관련된 어떤 자료도 그 조사가 완료될 때까지 공개하지 않기로 되어 있습니다. 그런 정보가 적절한 시기가 도래하기 이전에 알려지는 것은 그 조사를 저해하고, 또 미국에서 궁극적으로 취해질 수 있는 법 집행 조치를 저해하게 될 가능성이 다분합니다. 그것은 또 관계된 개인이 궁극적으로 형사소송의 피고인이 되는가의 여부와 관계없이 그 개인의 권리를 침해할 수 있습니다. 앞서 기술한 미국의 법제와 관행상의 기본 요건은 존중되어야 합니다. 물론 일본의 법제와 관행상의 기본 요건도 마찬가지로 존중되어야 합니다. 이들 원칙이 보장된다면, 나는 우리가 효과적으로 협력할 수 있다고 확신하고 있습니다.

내가 여기서 설명하고 있는 협정은 귀국 정부가 이 사건에 대해 지장 없이 조사를 진행할 수 있게 할 것입니다. 나는 이와 같은 협정이 귀하에게 만족스러운 것이기를 희망합니다.

총리대신 각하, 나는 본 사건이 가능한 한 빨리 해명되는 것이 미·일 양국의 이익에 합치된다는 귀하의 생각에 완전히 동감합니다. 나는 또 부패 행위에 대한 새로운 규범 제정이 필요하다는 귀하의 말씀을 환영하며, 그러한 행위의 제거를 목적으로 하는 국제 협정을 만들기 위한 미국의 제안을 일본 정부가 지지할 수 있기를 희망합니다. 총리대신 각하, 마지막으로 나는 이 불행한 사건이 아시아 및 세계의 평화와 진보에 계속해서 극히 중요한 미·일 양국 간의 기본적이고 항구적인 우정을 손상하는 일이 없다고 확신하고 있으며 귀하도 이것을 확신하고 계실 것으로 믿습니다.

출전 『三木內閣総理大臣演説集』(データベース「世界と日本」)

내용 록히드 사건 의혹의 중심은 1972년 8월 하와이에서 열린 다나카-닉슨 회담 때 다나카 가쿠에이 총리가 총리대신의 직권으로 록히드사의 대형 항공기를 대량 도입하기로 약속한 대가로 5억 엔을 수뢰하고, 그와 관련하여 록히드사가 관계자들에게 거액의 공작 자금을 제공한 것이다. 이러한 사실은 1976년 2월 미 상원에서 발각되었다. 미키 다케오(三木武夫) 총리는 철저한 진상 규명을 약속하고 위의 자료와 같이 미국에도 협조를 요청하였으며, 국회에서는 관계자들에 대한 증인 신문이 이루어졌다. 도쿄지검도 수사에 착수하여 미국과의 사법 공조 협정을 통해 자료를 입수, 다나카 전 총리를 비롯하여 정부 고관과 회사 관계자를 체포, 기소하였다. 1977년부터 열린 재판은 1983년 1심 판결이 내려져, 다나카 전 총리는 징역 4년의 실형 판결을 받았다.

중일평화우호조약

일본과 중화인민공화국 사이의 평화우호조약

일본과 중화인민공화국은 1972년 9월 29일 베이징에서 일본 정부와 중화인민공화국 정부가 공동성명을 발표한 이래 양국 정부와 양국 국민 사이의 우호 관계가 새로운 기초 위에 커다란 발전을 이룩하고 있는 것에 만족감을 지닌다. 양국은 앞의 공동성명이 양국 간 평화 우호 관계의 기초가 되는 것임과 함께 앞의 공동성명에 제시된 원칙들이 엄격하게 준수되어야 함을 확인하고, 국제연합헌장의 원칙이 충분히 존중되어야 함을 확인하는 바이다. 이에 아시아와 세계의 평화와 안정에 기여할 것을 희망하여 양국 간의 평화 우호 관계를 강고하게 하고 발전시키기 위해 평화우호조약을 체결하기로 결정하고, 그를 위해 다음과 같이 각각 전권위원을 임명하였다.

　　제1조

　　　　1. 양국은 주권과 영토 보전의 상호 존중, 상호 불가침, 내정에 대한 상호 불간섭, 평등과 호혜 및 평화 공존 원칙의 기초 위에 양국 간 항구적인 평화 우호 관계를 발전시키는 것으로 한다.

　　　　2. 양국은 앞의 각 원칙과 국제연합헌장의 원칙에 입각하여 상호 관계에서 모든 분쟁을 평화적 수단으로 해결하고 무력 또는 무력에 의한 위협에 호소하지 않을 것을 확인한다.

　　제2조

　　　　양국은 그 어느 쪽도 아시아·태평양 지역에서도, 그리고 다른 어떤 지역에서도 패권을 추구해서는 안 되며, 또 이러한 패권을 확립하려고 하는 다른 어떤 국가 또는 국가 집단의 시도에도 반대하는 것을 표명한다.

　　제3조

　　　　양국은 선린우호의 정신에 입각하여, 평등과 호혜, 내정에 대한 상호 불간섭의 원칙에 따라 양국 간의 경제 관계 및 문화 관계가 한층 발전하고 양국 국민의 교류가 촉진되기 위해 노력한다.

　　제4조

　　　　이 조약은 제3국과의 관계에 관해 각 조약국의 입장에 영향을 미치지 아니한다.

　　제5조

1. 이 조약은 비준되어야 하며, 도쿄에서 이루어지는 비준서 교환일에 효력을 발생한다. 이 조약은 10년간 효력을 가지며 그 후는 2의 규정에 정하는 바에 따라 종료할 때까지 효력을 존속한다.
2. 어느 한쪽의 조약국도 1년 이전에 다른 조약국에 문서 통해 예고함으로써, 최초 10년 기간 만료 때 혹은 언제라도 조약을 종료시킬 수 있다.

1978년 8월 12일 베이징에서 서명 조인

출전 外交青書 23号(データベース『世界と日本』).

내용 1972년 국교 정상화 이후 일본과 중국 양국은 교전 상태를 종료시키고 정식 국교를 수립하기 위한 평화조약 체결 협상을 계속하였다. 그러나 중일공동성명 제7항에 들어 있는 이른바 '패권 조항'을 평화조약에도 넣을 것인가의 여부를 둘러싸고 협상은 난항을 거듭하였다. '패권 조항'이란 일본과 중국 양국을 포함해 모든 국가의 패권에 반대한다는 지극히 당연한 내용인데, 당시 아직 소련과 대립을 계속하고 있던 중국의 입장에서는 '소련의 패권에 반대한다'는 것이 주안점이었다. 이 조항이 중일평화우호조약에 포함된다는 것은 소련의 입장에서 보자면, 일본과 중국이 소련의 패권에 공동으로 대응한다는 의미가 되어 소련이 강하게 반발하였고, 일본 국내에서도 반대 의견이 강했다. 그러나 1976년 마오쩌둥의 사망 등 중국 정세가 변화하여, 제4조의 문언을 삽입하는 것으로 타협이 이루어졌다.

[참고 문헌]

- 유인선 외 지음,『사료로 보는 아시아사』, 위더스북, 2016.
- 『再訂版詳說日本史史料集』, 山川出版社, 東京, 2016.
- 『詳說日本史史教授料』, 山川出版社, 東京, 1994.
- 『新日本史史料集』, 桐原書店, 東京, 1999.
- 歷史学研究会 編,『日本史史料』4 近代, 東京, 岩波書店, 1997.
- 歷史学研究会 編,『日本史史料』5 現代, 東京, 岩波書店, 1997.
- 歷史学研究会 編,『世界史史料』10, 東京, 岩波書店, 2006.
- 歷史学研究会 編,『世界史史料』12, 東京, 岩波書店, 2013.
- 歷史科学協議会 編,『史料日本近現代史』Ⅰ 近代日本の形成, 東京, 三省堂, 1985.
- 歷史科学協議会 編,『史料日本近現代史』Ⅱ 大日本帝国の軌跡, 東京, 三省堂, 1985.
- 歷史科学協議会 編,『史料日本近現代史』Ⅲ 戦後日本の道程, 東京, 三省堂, 1985.
- 『開国』, 東京, 岩波書店, 1991.
- 加藤陽子,『満州事変から日中戦争へ』(シリーズ 日本近現代史 ⑤), 東京, 岩波書店, 2007.
- 加藤陽子,『戦争まで_歴史を決めた交渉と日本の失敗』, 東京, 朝日新聞社, 2016.
- 加藤陽子,『それでも´日本人は「戦争」を撰んだ』, 東京, 新潮社, 2016.
- 祝田秀全,『銀の世界史』, 東京, ちくま新書, 2016.
- Ⅰ. ニッシュ/宮本盛太郎監訳『日本の外交政策(1869~1942)_霞が関から三宅坂へ』, 京都, ミネルヴァ書房, 1994.
- 『幸徳秋水全集』, 東京, 明治文献, 1968.
- 岡本隆司,『ラザフォ_ド・オルコック』, 東京, ウェッジ, 2012.
- 秋田茂,『イギリス帝国の歴史』, 東京, 中公新書, 2012.
- 松尾 다카요시 編,『石橋湛山評論集』, 東京, 岩波書店, 1984

| 편역자 소개 |

이근명

한국외국어대학교 사학과 교수. 서울대학교 동양사학과를 졸업하고 같은 대학에서 박사 학위를 취득하였다. 역사학회 회장, 송원사학회 회장 등을 역임하였다. 주된 저작으로『남송시대 복건 사회의 변화와 식량 수급』,『왕안석 자료 역주』,『왕안석 평전』,『송명신언행록』,『아틀라스 중국사』(공저),『사료로 읽는 동아시아의 접경-전근대편』등이 있다.

조복현

경희대학교 후마니타스 칼리지 교수. 중국 허베이대학 역사연구소에서 박사 학위를 취득하였다. 현재 송원사학회 회장을 지내고 있으며, 주요 저작으로『송대 관원의 봉록제도』,『중국 송대 가계 수입과 생활비』(상하),『사료로 읽는 동아시아의 접경-전근대편』등이 있다. 송대 경제사 및 북방민족사의 연구에 주된 관심을 지니고 있다.

서각수

한국외국어대학교 역사문화연구소 초빙연구원. 서울대학교 역사교육과를 졸업하고, 일본 교토대학 일본사학과에서 박사과정을 수료한 후 교직에 종사하였다. 주요 역서로『새로 쓴 일본사』,『관동대지진 조선인 학살 관련 번역 자료집 1』,『고대 중일관계사』,『사료로 읽는 동아시아의 접경-전근대편』등이 있다.

접경인문학 자료총서 010

사료로 읽는 동아시아의 접경 근현대편

초판 인쇄 2024년 10월 15일
초판 발행 2024년 10월 20일

편 역 자 | 이근명·조복현·서각수
펴 낸 이 | 하운근
펴 낸 곳 | 學古房

주   소 | 경기도 고양시 덕양구 통일로 140 삼송테크노밸리 A동 B224
전   화 | (02)353-9908 편집부(02)356-9903
팩   스 | (02)6959-8234
홈페이지 | www.hakgobang.co.kr
전자우편 | www.hakgobang@naver.com
등록번호 | 제311-1994-000001호

ISBN 979-11-6995-607-9 94080
     979-11-6995-489-1 (세트)

값 49,000원